РУССКО-АНГЛО-НЕМЕЦКО-ФРАНЦУЗСКИЙ СЛОВАРЬ
ПО ВЫЧИСЛИТЕЛЬНОЙ ТЕХНИКЕ
ОСНОВНЫЕ ТЕРМИНЫ

RUSSIAN-ENGLISH-GERMAN-FRENCH DICTIONARY
OF COMPUTER SCIENCE
BASIC TERMS

RUSSISCH-ENGLISCH-DEUTSCH-FRANZÖSISCHES
WÖRTERBUCH DER RECHENTECHNIK
GRUNDBEGRIFFE

DICTIONNAIRE RUSSE-ANGLAIS-ALLEMAND-FRANÇAIS
D'INFORMATIQUE
TERMES PRINCIPAUX

E.K. MASLOVSKY
B.I. ZAICHIK
N.S. SKOROKHOD

RUSSIAN-ENGLISH-GERMAN-FRENCH DICTIONARY OF COMPUTER SCIENCE

Basic Terms

5400 Terms

Supervised by E.K. Maslovsky, Cand. Sc. (Tech.)

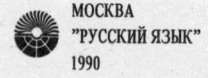

МОСКВА
"РУССКИЙ ЯЗЫК"
1990

Е.К. МАСЛОВСКИЙ
Б.И. ЗАЙЧИК
Н.С. СКОРОХОД

РУССКО-АНГЛО-НЕМЕЦКО-ФРАНЦУЗСКИЙ СЛОВАРЬ ПО ВЫЧИСЛИТЕЛЬНОЙ ТЕХНИКЕ

Основные термины

5400 терминов

Под общим руководством
канд. техн. наук Е.К. Масловского

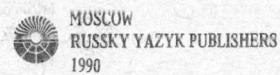

MOSCOW
RUSSKY YAZYK PUBLISHERS
1990

ББК 32.97
М31

Редактор французского текста канд. техн. наук В.И. Сеничкин

М31 Масловский Е.К., Зайчик Б.И., Скороход Н.С.
Русско-англо-немецко-французский словарь по вычислительной технике. Основные термины: 5 400 терминов / Под общим руководством канд. техн. наук Е.К. Масловского. - М.: Рус. яз., 1990. - 393 стр.
ISBN 5 - 200 - 00784 - 4

Словарь содержит 5 400 основных терминов по следующим разделам: организация и технические средства ЭВМ; языки программирования и программное обеспечение; применение ЭВМ; сети передачи данных; базы данных и базы знаний; экспертные системы.

Словарь предназначен для советских и иностранных специалистов по вычислительной технике, студентов, аспирантов и преподавателей вузов. Будет полезен также для переводчиков специальной литературы. Содержит алфавитные указатели английских, немецких и французских терминов.

М $\frac{2404000000-164}{015(01)-90}$ 244-89   ББК 32.97 + 81.2-4

ISBN 5 - 200 - 00784 - 4

© Издательство «Русский язык», 1990

ПРЕДИСЛОВИЕ

Современный этап научно-технической революции, затрагивающей практически все сферы человеческой деятельности, предполагает всестороннюю компьютеризацию общества во всех развитых странах при одновременной интенсификации международных контактов специалистов, которым есть что сказать друг другу. Практика такого интернационального взаимодействия заинтересованных в техническом прогрессе деловых людей и специалистов показывает, что два специалиста в области вычислительной техники или два менеджера, проявляющие интерес к применению вычислительных систем, например в области управления производством, способны всегда понять один другого, если они помимо своего родного языка владеют хотя бы в минимальной степени еще каким-либо из «ведущих» иностранных языков: русским, английским, немецким или французским. Однако для организации такого диалогового общения четырех неоднородных систем им, как известно, необходимо иметь дружественный интерфейс в виде специального четырехъязычного словаря основных терминов.

В условиях возрастающего всеобщего международного интереса к Советскому Союзу как возможному деловому партнеру подобный дружественный интерфейс должен помогать «незнакомцам» лучше познавать сильные стороны и практические достижения друг друга, обмениваться опытом, находить наилучшие способы расширения взаимовыгодных торговых отношений, создания совместных предприятий и международных научно-исследовательских коллективов.

Именно этим целям и призван служить выпускаемый издательством «Русский язык» «Русско-англо-немецко-французский словарь по вычислительной технике», который содержит около 5 тысяч наиболее важных терминов по цифровым ЭВМ, программированию, обработке данных и применению средств вычислительной техники. При этом отобранная для включения в словарь терминология охватывает такие вопросы как архитектура и периферийные устройства ЭВМ, проектирование и диагностика цифровых устройств, микропроцессоры и микроконтроллеры, алгоритмические языки, проектирование программных изделий, передача данных, вычислительные сети, методы доступа, кодирование и представление информации, базы данных и базы знаний, экспертные системы, автоматизированные системы управления производством, системы автоматизированного проектирования, персональные ЭВМ.

В основу процедуры отбора терминов была положена относительная частота их употребления в современной технической литературе, а также собственный практический опыт переводческой работы авторов. Русская и английская части словаря подготовлены Е.К. Масловским, немецкая - Б.И. Зайчиком, французская - Н.С. Скороход при активном участии В.И. Сеничкина как специального редактора, которому авторский коллектив выражает искреннюю признательность.

Понимая, что заданный объем 5 тысяч терминов может оказаться достаточным далеко не для всех категорий пользователей словаря, авторы и издательство с благодарностью примут любые замечания, способствующие его улучшению и приближению к практическим нуждам потребителей при последующих изданиях. Свои замечания и предложения направляйте, пожалуйста, по адресу: Москва 103012, Старопанский пер., д.1/5, издательство «Русский язык».

Авторы

О ПОЛЬЗОВАНИИ СЛОВАРЕМ

Словарная статья словаря состоит из расположенных в виде столбца терминов на русском, английском, немецком и французском языках.

Ведущие русские термины набраны полужирным шрифтом и расположены в алфавитном порядке. Для составных терминов принята алфавитно-гнездовая система подачи. Это значит, что составные термины даны на определяемое слово - имя существительное, которое в случае инверсии отделяется от определения косой чертой. В гнезде термины расположены по алфавиту определений, которые рассматриваются как одно слитно написанное слово, например:

  байт

  байт / адресуемый

  байт данных

  байт / значащий

  байт / идентифицирующий

Термины, состоящие из двух слов и пишущиеся через дефис, располагаются после гнезда словосочетаний с их первым словом, например:

  регистр

  регистр адреса

  регистр / адресуемый

  регистр частного

  регистр числа

  регистр-защёлка

Каждая словарная статья имеет свое буквенно-цифровое обозначение (например А1, А2, А3 и т.д.), причем каждая буква алфавита имеет собственную нумерацию, что дает возможность находить эквиваленты к английским, немецким и французским терминам с помощью расположенных в конце книги алфавитных указателей, в которых каждый термин дан с тем же буквенно-цифровым обозначением, что и в основном тексте словаря.

В переводах разные значения отделяются арабскими цифрами, близкие значения - точкой с запятой, синонимичные варианты - запятой.

Для экономии места в ряде случаев взаимозаменяемые части синонимичных терминов заключены в квадратные скобки, например:
    reduzierte [verdichtete] Daten
следует читать:
    reduzierte Daten, verdichtete Daten.

Факультативная часть термина может быть заключена в круглые скобки, например:

> capteur (magnétique) à induction

следует читать:

> capteur magnétique à induction, capteur à induction.

Пояснения к терминам даны в скобках курсивом, например:

> divisor *(a number)*.

Условные обозначения языков:

- *r* — русский,
- *e* — английский,
- *d* — немецкий,
- *f* — французский.

Сокращения и грамматические пометы, принятые в словаре:

- *см.* — смотри,
- *f* — женский род,
- *m* — мужской род,
- *n* — средний род,
- *pl* — множественное число.

Термины в указателях упорядочены также по алфавитно-гнездовой системе и даны без инверсии, т.е. с прямым порядком слов. Повторяющееся первое слово словосочетания в целях экономии места заменено знаком ~ (тильда).

РУССКИЙ АЛФАВИТ

А а	К к	Х х
Б б	Л л	Ц ц
В в	М м	Ч ч
Г г	Н н	Ш ш
Д д	О о	Щ щ
Е е	П п	Ъ ъ
Ё ё	Р р	Ы ы
Ж ж	С с	Ь ь
З з	Т т	Э э
И и	У у	Ю ю
Й й	Ф ф	Я я

A

A1   r   АБД *m* см. администра́тор ба́зы да́нных

A2   r   абоне́нт *m*
      e   1. subscriber *(of a network)* 2. user *(of a multiuser computer system)*
      d   1. Teilnehmer *m (im Rechnernetz)* 2. Benutzer *m (im Mehrnutzer-Rechnersystem)*
      f   1. abonné *m (d'un réseau)* 2. utilisateur *m (d'un système informatique multi-utilisateur)*

A3   r   абоне́нт *m* / вызыва́емый
      e   acceptor
      d   angerufener Teilnehmer *m*
      f   appelé *m*

A4   r   абоне́нт *m* / вызыва́ющий
      e   caller
      d   Anrufer *m*, anrufender Teilnehmer *m*
      f   appelant *m*, demandeur *m*

A5   r   ава́рия *f*
      e   crash *(an unrecoverable failure of a system)*
      d   Bruch *m*, Zusammenbruch *m*, Havarie *f (Katastrophenausfall eines Systems)*
      f   panne *f*, crash *m (anglais) (erreur non récupérable d'un système)*

A6   r   або́ст *m*
      e   abend *(abnormal end of operation)*
      d   Abnormalhalt *m*, fehlerbedingte [vorzeitige] Beendigung *f*, ABEND *n*
      f   arrêt *m* anormal, fin *f* anormale *(d'une opération)*

A7   r   або́ст *m* с восстановле́нием
      e   recoverable abend
      d   Abnormalhalt *m* mit Wiederanlauf
      f   arrêt *m* anormal restaurable [recouverable]

A8   r   автоко́д *m*
      e   1. autocode *(automatic coding of signals)* 2. usercode *(lower level programming language)*
      d   Autokode *m*
      f   1. autocode *m (codage automatique de signal)* 2. langage de programmation de bas niveau

A9   r   автома́т *m*
      e   automaton
      d   Automat *m*
      f   automate *m*

A10   r   автома́т *m* / кле́точный
      e   cellular automaton
      d   zellularer Automat *m*
      f   automate *m* cellulaire

A11   r   автома́т *m* / коне́чный
      e   finite-state machine
      d   endlicher Automat *m*
      f   automate *m* final

A12   r   автома́т *m* Ми́ли
      e   Mealy automaton
      d   Mealyscher Automat *m*, Mealy's Automat *m*
      f   automate *m* de Mealy

A13   r   автома́т *m* Му́ра
      e   Moore automaton
      d   Moorescher Automat *m*, Moore's Automat *m*
      f   automate *m* de Moore

A14   r   автома́т *m* / самовоспроизводя́щийся
      e   self-reproducing automaton
      d   selbstreproduzierbarer Automat *m*
      f   automate *m* autoreproductible

A15   r   автома́т *m* синтакси́ческого ана́лиза
      e   parsing automaton
      d   Syntaxanalyseautomat *m*

АВТОМАТ

    f automate *m* d'analyse syntaxique

A16 *r* автома́т *m* с коне́чной па́мятью
    e finite-memory automaton
    d Automat *m* mit endlichem Speicher
    f automate *m* à mémoire finale

A17 *r* автома́т *m* / цифрово́й
    e digital automaton
    d digitaler Automat *m*
    f automate *m* digital

A18 *r* автома́т *m* / чита́ющий
    e reading machine
    d Lesemaschine *f*
    f automate *m* lecteur, autolecteur *m*

A19 *r* автоматиза́ция *f*
    e automation
    d Automatisierung *f*, Automat(isat)ion *f*
    f automatisation *f*, automation *f* (*anglais*)

A20 *r* автоматиза́ция *f* / ги́бкая
    e 1. flexible automation (*with restructurable links*) 2. programmable automation (*using programmable controllers*)
    d 1. flexible Automatisierung *f* (*mit flexibler Bearbeitungsfolge ohne manuelle Umstellvorgänge*) 2. Softautomation *f* (*mit Anwendung von programmierbaren Steuereinheiten*)
    f 1. automatisation *f* souple [flexible] (*avec des liens restructurable*) 2. automatisation *f* programmable (*avec l'utilisation des contrôleurs programmables*)

A21 *r* автоматиза́ция *f* / жёсткая
    e hard(-wared) automation
    d Hartautomation *f*
    f automatisation *f* rigide [dure]

A22 *r* автоматиза́ция *f* проекти́рования
    e design automation
    d Entwurfsautomatisierung *f*
    f automatisation *f* de conception

A23 *r* автоматиза́ция *f* с примене́нием программи́руемых устро́йств
    e programmable automation
    d Softautomation *f*, Automatisierung *f* mit Anwendung von programmierbaren Steuereinheiten
    f automatisation *f* programmable

A24 *r* автоматиза́ция *f* с примене́нием ЭВМ
    e computerization, automation through computer application
    d rechnergestützte Automatisierung *f*
    f automatisation *f* numérique

A25 *r* автоматиза́ция *f* технологи́ческих проце́ссов
    e process automation
    d Prozeßautomatisierung *f*
    f automatisation *f* des processus

A26 *r* автоматиза́ция *f* управле́ния предприя́тием
    e factory automation
    d Fabrikautomation *f*, Betriebsautomatisierung *f*
    f automatisation *f* de la gestion des entreprises

A27 *r* автоматиза́ция *f* управле́ния произво́дством
    e production control automation
    d Automatisierung *f* der Fertigungssteuerung
    f automatisation *f* de la gestion industrielle

A28 *r* автома́тика *f*
    e 1. automatics (*area of science*) 2. automation (*circuitry and devices*)
    d Automatik *f*
    f automatisme *m* (*branche de science*) 2. équipement *m* automatique (*circuiterie et appareillage*)

A29 *r* автомати́ческий
    e 1. automatic 2. self-acting (*unmaintained*)
    d 1. automatisch 2. selbstwirkend
    f automatique

АДМИНИСТРАТОР

A30   *r* автономный
     e 1. off-line *(e.g. operating mode of a system)* 2. stand-alone *(separate)* 3. autonomous *(self-controlled)*
     d 1. off-line, getrennt *(z.B. Arbeitsmodus eines Rechners)* 2. selbständig 3. autonom
     f 1. hors ligne *(par exemple mode d'exploitation d'un système)* 2. autonome *(séparé ou autocommandé)*

A31   *r* автоопрóс *m*
     e autopoll
     d automatische Abfrage *f*
     f appel *m* sélectif automatique

A32   *r* автоотвéт *m*
     e autoanswer
     d automatische Anrufbeantwortung *f*
     f réponse *f* automatique

A33   *r* адáптер *m* графических устройств
     e graphics adapter
     d Grafikadapter *m*
     f adaptateur *m* des unités graphiques

A34   *r* адáптер *m* / интерфéйсный
     e interface adapter
     d Interface-Adapter *m*, Schnittstellenadapter *m*
     f adaptateur *m* d'interface

A35   *r* адáптер *m* канáлов
     e channel adapter
     d Kanaladapter *m*
     f adaptateur *m* des canaux

A36   *r* адáптер *m* межканáльной свя́зи
     e channel-to-channel adapter
     d "Kanal-(zu)-Kanal"-Adapter *m*
     f adaptateur *m* de liaison entre canaux [canal-canal]

A37   *r* адáптер *m* межпроцéссорной свя́зи
     e on-line adapter
     d On-line-Adapter *m*
     f adaptateur *m* de communication interprocesseur

A38   *r* адáптер *m* периферийных устройств
     e peripheral adapter
     d Peripherieadapter *m*
     f adaptateur *m* de périphériques, adaptateur *m* périphérique

A39   *r* адáптер *m* сбóра дáнных
     e front-end
     d Front-end-Adapter *m*
     f adaptateur *m* de l'acquisition de données

A40   *r* адáптер *m* / связнóй
     e communication adapter
     d Datenanschlußgerät *n*
     f adaptateur *m* de communication [de couplage]

A41   *r* адáптер *m* сопряжéния
     e interface adapter
     d Schnittstellenadapter *m*
     f adaptateur *m* d'interface

A42   *r* адáптер *m* / шинный
     e bus adapter
     d Busadapter *m*
     f adaptateur *m* de bus

A43   *r* адаптировать
     e adapt *(e.g. a software module for a specific application)*
     d adaptieren, anpassen *(z.B. einen Softwaremodul für spezifische Anwendungen)*
     f adapter *(par exemple un module de programme à une application spécifique)*

A44   *r* администрáтор *m*
     e administrator *(a person)*; manager *(a person or a program)*
     d Administrator *m*, Datenerfassungsüberwacher *m*, DE-Überwacher *m (Person)*; Verwalter *m (Person oder Programm)*
     f administrateur *m (une personne)*; gestionnaire *m (une personne ou un programme)*

A45   *r* администрáтор *m* / аварийный
     e alert manager *(for switching into alarm mode)*
     d Alarmverwalter *m*, Alarmverwaltungsprogramm *n*
     f gestionnaire *m* d'alarme *(pour la mise en mode alarme)*

A46   *r* администрáтор *m* бáзы дáнных

АДМИНИСТРАТОР

    e 1. database manager *(a software tool)* 2. database administrator *(a person)*
    d 1. Datenbankverwalter *m*, DB-Verwalter *m (Softwarewerkzeug)* 2. Datenbankverwalter *m (Person)*
    f 1. gestionnaire *m* d'une base de données *(un logiciel)* 2. administrateur *m* d'une base de données *(une personne)*

A47 *r* администра́тор *m* ба́зы зна́ний
    e knowledge base manager
    d Wissensbasisverwalter *m*
    f administrateur *m* d'une base de connaissances

A48 *r* администра́тор *m* маши́ны
    e computer manager
    d Rechnerverwalter *m*, Computerverwalter *m*
    f administrateur *m* d'un ordinateur

A49 *r* администра́тор *m* па́мяти
    e memory manager *(a program of operating system)*
    d Speicherverwalter *m*, Speicherverwaltungsprogramm *n (Programm des Betriebssystems)*
    f gestionnaire *m* de la mémoire *(un programme de système d'exploitation)*

A50 *r* администра́тор *m* полиэкра́нного режи́ма
    e window manager
    d Window-Manager *m*
    f gestionnaire *m* de fenêtres

A51 *r* администра́тор *m* сетевы́х ресу́рсов
    e network resource manager
    d Netzressourcen-Manager *m*
    f gestionnaire *m* de ressources de réseau

A52 *r* а́дрес *m*
    e address
    d Adresse *f*
    f adresse *f*

A53 *r* а́дрес *m* / абсолю́тный
    e actual address
    d absolute Adresse *f*
    f adresse *f* absolue

A54 *r* а́дрес *m* / ба́зовый
    e base address
    d Basisadresse *f*
    f adresse *f* de base

A55 *r* а́дрес *m* / ве́кторный
    e vector address
    d Vektoradresse *f*
    f adresse *f* vectorielle

A56 *r* а́дрес *m* / виртуа́льный
    e virtual address
    d virtuelle Adresse *f*
    f adresse *f* virtuelle

A57 *r* а́дрес *m* возвра́та
    e return address
    d Rückkehradresse *f*
    f adresse *f* de retour

A58 *r* а́дрес *m* вы́зова
    e call address
    d Aufrufadresse *f*
    f adresse *f* d'appel

A59 *r* а́дрес *m* / вычисля́емый
    e calculated address
    d errechnete Adresse *f*
    f adresse *f* calculée

A60 *r* а́дрес *m* загру́зки / нача́льный
    e load address
    d Ladeadresse *f*
    f adresse *f* de chargement initial

A61 *r* а́дрес *m* за преде́лами а́дресного простра́нства
    e out-of-range address
    d Adresse *f* außerhalb des Adreßraums
    f adresse *f* hors de l'espace adressable

A62 *r* а́дрес *m* / исполни́тельный
    e 1. executive address 2. effective address
    d effektive Adresse *f*
    f adresse *m* executive

A63 *r* а́дрес *m* / ко́свенный
    e indirect address
    d indirekte Adresse *f*
    f adresse *f* indirecte

A64 *r* а́дрес *m* / нача́льный
    e initial address
    d Anfangsadresse *f*
    f 1. adresse *f* initiale *(par exemple pour chargement)* 2. adresse *f* de début *(d'un programme)* 3. adresse *f* de départ *(d'une exécution)*

АДРЕСАЦИЯ

A65   r   áдрес *m* / недействи́тельный
       e   invalid address
       d   ungültige Adresse *f*
       f   adresse *f* invalide

A66   r   áдрес *m* / непосре́дственный
       e   immediate address *(within an instruction)*
       d   unmittelbare Adresse *f*
       f   adresse *f* immédiate *(dans une instruction)*

A67   r   áдрес *m* / нея́вный
       e   implicit address
       d   implizite Adresse *f*
       f   adresse *f* implicite

A68   r   áдрес *m* обраще́ния
       e   call address *(of a programm)*
       d   Aufrufadresse *f*
       f   1. adresse *f* de référence *(specifiée par une référence)* 2. adresse *f* d'appel *(d'un programme)*

A69   r   áдрес *m* / однозна́чный
       e   unique address
       d   eindeutige Adresse *f*
       f   adresse *f* unique

A70   r   áдрес *m* остано́ва
       e   1. stop address *(in the end of a run)* 2. halt address *(for a checking)*
       d   Haltadresse *f*
       f   adresse *f* d'arrêt *(à la fin d'une exécution ou pour une vérification)*

A71   r   áдрес *m* / относи́тельный
       e   1. relative address 2. offset address *(with displacement)*
       d   1. relative Adresse *f* 2. Offset-Adresse *f*
       f   1. adresse *f* relative 2. adresse *f* relative *(avec un déplacement)*

A72   r   áдрес *m* па́мяти
       e   memory address
       d   Speicheradresse *f*
       f   adresse *f* de memoire

A73   r   áдрес *m* переда́чи управле́ния
       e   jump address *(in a jump instruction)*
       d   Sprungadresse *f (im Sprungbefehl)*
       f   adresse *f* de saut *(dans une instruction de saut)*

A74   r   áдрес *m* / перемеща́емый
       e   relocatable address
       d   versetzbare [verschiebbare] Adresse *f*
       f   adresse *f* translatable

A75   r   áдрес *m* перехо́да
       e   jump address
       d   Sprungadresse *f*
       f   adresse *f* de saut

A76   r   áдрес *m* / предвари́тельно устано́вленный
       e   preset address
       d   voreingestellte Adresse *f*
       f   adresse *f* établie

A77   r   áдрес *m* со смеще́нием
       e   offset address
       d   Offset-Adresse *f*
       f   adresse *f* par rapport à la base

A78   r   áдрес *m* то́чки вхо́да
       e   entry-point address
       d   Eintrittspunktadresse *f*, Eintrittsstellenadresse *f*
       f   adresse *f* d'un point d'entrée

A79   r   áдрес *m* / физи́ческий
       e   physical address
       d   physikalische Adresse *f*
       f   adresse *f* physique

A80   r   áдрес *m* / фикти́вный
       e   dummy address
       d   Scheinadresse *f*
       f   adresse *f* fictive

A81   r   áдрес *m* хране́ния
       e   store address
       d   Speicheradresse *f*
       f   adresse *f* de stockage

A82   r   áдрес *m* / я́вно за́данный [я́вный]
       e   explicit address
       d   explizite Adresse *f*
       f   adresse *f* explicite

A83   r   áдрес *m* яче́йки па́мяти
       e   location addres
       d   Speicherzellenaresse *f*
       f   adresse *f* de disposition

A84   r   адреса́т *m*
       e   1 destination *(a terminal point)* 2. addressee *(an addressable object)*
       d   Adressat *m*
       f   destinataire *m*

A85   r   адреса́ция *f*
       e   addressing

АДРЕСАЦИЯ

    d Adressierung *f*
    f adressage *m*

A86 *r* адреса́ция *f* / абсолю́тная
    e absolute addressing
    d absolute Adressierung *f*
    f adressage *m* absolu

A87 *r* адреса́ция *f* / ба́йтовая
    e byte addressing
    d Byteadressierung *f*
    f adressage *m* d'octet [de byte (*anglais*)]

A88 *r* адреса́ция *f* / виртуа́льная
    e virtual addressing
    d virtuelle Adressierung *f*
    f adressage *m* virtuel

A89 *r* адреса́ция *f* / и́ндексная
    e indexed addressing, indexing
    d indizierte Adressierung *f*
    f adressage *m* indexé

A90 *r* адреса́ция *f* ко́дом кома́нды
    e inherent addressing
    d eingeschlossene [implizite] Adressierung *f*
    f adressage *m* intrinsèque

A91 *r* адреса́ция *f* / ко́свенная
    e indirect addressing
    d indirekte Adressierung *f*
    f adressage *m* indirect

A92 *r* адреса́ция *f* / лави́нная
    e flooding (*of messages in a network*)
    d Lawinenadressierung *f*
    f adressage *m* sous forme avalanche

A93 *r* адреса́ция *f* / манда́тная
    e capability-based addressing
    d möglichkeitsbezogene Adressierung *f*
    f adressage *m* de mandat

A94 *r* адреса́ция *f* / многоу́ровневая ко́свенная
    e multilevel addressing
    d Mehrebenenadressierung *f*, Multiebenenadressierung *f*
    f adressage *m* indirect aux niveaux multiples

A95 *r* адреса́ция *f* / непосре́дственная
    e immediate addressing
    d unmittelbare Adressierung *f*
    f adressage *m* immédiat

A96 *r* адреса́ция *f* / относи́тельная
    e relative addressing
    d Relativadressierung *f*
    f adressage *m* relatif

A97 *r* адреса́ция *f* / относи́тельная и́ндексная
    e based indexed addressing
    d indizierte Basisadressierung *f*
    f adressage *m* basé indexé

A98 *r* адреса́ция *f* паке́тов / мно́жественная
    e multihoming
    d Multihoming *n*
    f multi-adressage *m* (*de paquets*)

A99 *r* адреса́ция *f* по ба́зовой страни́це
    e base-page addressing
    d Basisseitenadressierung *f*
    f adressage *m* par la page de base

A100 *r* адреса́ция *f* / поби́товая
    e bit addressing
    d Bitadressierung *f*
    f adressage *m* de bit

A101 *r* адреса́ция *f* по счётчику кома́нд
    e program counter addressing
    d Befehlszähleradressierung *f*
    f adressage *m* par le computer des instructions

A102 *r* адреса́ция *f* по теку́щей страни́це
    e current-page addressing
    d Adressierung *f* im laufenden Speicherabschnitt
    f adressage *m* par la page courante

A103 *r* адреса́ция *f* / пряма́я
    e direct addressing
    d Direktadressierung *f*, direkte Adressierung *f*
    f adressage *m* direct

A104 *r* адреса́ция *f* / расши́ренная
    e extended addressing
    d erweiterte Adressierung *f*
    f adressage *m* étendu

A105 *r* адреса́ция *f* / реги́стровая
    e register addressing
    d Registeradressierung *f*
    f adressage *m* par registre

A106 *r* адреса́ция *f* / символи́ческая
    e symbolic addressing
    d symbolische Adressierung *f*

АЛГОРИТМ

      f adressage *m* symbolique

A107 *r* адреса́ция *f* с индекса́цией и бази́рованием
      e index and base register addressing, double register addressing
      d indizierte Basisregisteradressierung *f*
      f adressage *m* basé indexé

A108 *r* адреса́ция *f* с нулевы́м смеще́нием / и́ндексная
      e zero offset indexed addressing
      d indizierte Nullversatzadressierung *f*
      f adressage *m* indexé au déplacement nul

A109 *r* адреса́ция *f* со смеще́нием на конста́нту / и́ндексная
      e constant offset indexed addressing
      d indizierte Konstantenversatzadressierung *f*
      f adressage *m* indexé au déplacement constant

A110 *r* адреса́ция *f* с переме́нной длино́й а́дреса
      e extensible addressing
      d erweiterbare Adressierung *f*
      f adressage *m* extensible

A111 *r* адреса́ция *f* / широковеща́тельная
      e broadcast addressing
      d Rundspruchadressierung *f*
      f adressage *m* en mode diffusion générale

A112 *r* а́дресность *f*
      e addressness
      d Adreßkapazität *f*
      f nombre *m* d'adresses dans une instruction

A113 *r* адресу́емость *f*
      e addressability
      d Adressierbarkeit *f*
      f adressabilité *f*

A114 *r* адресу́емый
      e addressable
      d adressierbar
      f adressable

A115 *r* аккумуля́тор *m*
      e accumulator, accumulating register
      d Akkumulator *m*, Akkumulatorregister *m*, Akku *m*
      f accumulateur *m*, registre *m* accumulateur

A116 *r* активиза́ция *f*
      e activation *(e.g. of a procedure)*
      d Aktivierung *f (z.B. einer Prozedur)*
      f activation *f (par exemple d'une procédure)*

A117 *r* актуализа́ция *f*
      e updating *(e.g. of database)*
      d Aktualisierung *f (z.B. einer Datenbasis)*
      f mise *f* à jour *(par exemple d'une base de données)*

A118 *r* а́лгебра *f* / бу́лева
      e Boolean algebra
      d Boolesche Algebra *f*
      f algèbre *f* booléenne [de Boole]

A119 *r* а́лгебра *f* выска́зываний
      e propositional algebra
      d Aussagenlogik *f*
      f algèbre *f* des propositions

A120 *r* а́лгебра *f* / информацио́нная
      e information algebra
      d Informationsalgebra *f*
      f algèbre *f* d'information

A121 *r* а́лгебра *f* / реляцио́нная
      e relational algebra
      d relationelle Algebra *f*
      f algèbre *f* relationnelle

A122 *r* алгори́тм *m*
      e algorithm
      d Algorithmus *m*
      f algorithme *m*

A123 *r* алгори́тм *m* / аппара́тно-реализо́ванный
      e hardware algorithm
      d Hardwarealgorithmus *m*, gerätetechnisch realisierter Algorithmus *m*
      f algorithme *m* matériel

A124 *r* алгори́тм *m* ветвле́ния
      e branching algorithm
      d Verzweigungsalgorithmus *m*
      f algorithme *m* de branchement

A125 *r* алгори́тм *m* вы́бора реше́ния
      e decision algorithm

АЛГОРИТМ

      d Entscheidungsalgorithmus *m*
      f algorithme *m* de prise de décision

A126 *r* алгори́тм *m* / вычисли́тельный
      e computational algorithm
      d Rechenalgorithmus *m*, rechnerischer Algorithmus *m*
      f algorithme *m* de calcul

A127 *r* алгори́тм *m* замеще́ния страни́ц
      e paging algorithm
      d Seitenwechselalgorithmus *m*
      f algorithme *m* de substitution des pages

A128 *r* алгори́тм *m* логи́ческого вво́да
      e inferencing algorithm
      d Inferenzalgorithmus *m*, Schlußfolgerungsalgorithmus *m*
      f algorithme *m* d'inférence

A129 *r* алгори́тм *m* / модели́рующий
      e modeling algorithm
      d Simulationsalgorithmus *m*
      f algorithme *m* de simulation

A130 *r* алгори́тм *m* / систоли́ческий
      e systolic algorithm
      d systolischer Algorithmus *m*
      f algorithme *m* systolique

A131 *r* алгори́тм *m* управле́ния
      e control algorithm
      d Steuerungsalgorithmus *m*
      f algorithme *m* de contrôle [de commande]

A132 *r* АЛУ *n см.* устро́йство / арифмети́ческо-логи́ческое

A133 *r* алфави́т *m*
      e alphabet
      d Alphabet *n*
      f alphabet *m*

A134 *r* алфави́т *m* ве́рхнего реги́стра
      e uppercase alphabet
      d Großbuchstabenalphabet *n*
      f alphabet *m* de registre supérieur

A135 *r* алфави́т *m* ни́жнего реги́стра
      e lowercase alphabet
      d Kleinbuchstabenalphabet *n*
      f alphabet *m* de registre intérieur

A136 *r* алфави́тный
      e alpha, alphabetic(al)
      d alphabetisch
      f alphabétique

A137 *r* амперса́нд *m*
      e ampersand *(& character)*
      d Ampersand *m (&-Zeichen)*
      f ampersand *m (caractère &)*

A138 *r* ана́лиз *m* / временно́й
      e timing analysis
      d Zeitablaufanalyse *f*
      f analyse *f* temporelle

A139 *r* ана́лиз *m* / дисперсио́нный
      e analysis of variance, ANOVA
      d Varianzanalyse *f*
      f analyse *f* dispersive

A140 *r* ана́лиз *m* / семанти́ческий
      e semantic analysis
      d semantische Analyse *f*
      f analyse *f* sémantique

A141 *r* ана́лиз *m* / синтакси́ческий
      e parsing
      d Syntaxanalyse *f*, Parsing *n*
      f analyse *f* syntaxique

A142 *r* ана́лиз *m* / систе́мный
      e systems analysis
      d Systemanalyse *f*
      f analyse *f* système

A143 *r* ана́лиз *m* / структу́рный
      e structured walkover *(e.g. of a program)*
      d Strukturanalyse *f*
      f analyse *f* structurale

A144 *r* ана́лиз *m* / чи́сленный
      e numerical analysis
      d numerische Analyse *f*
      f analyse *f* numérique

A145 *r* анализа́тор *m*
      e analyzer
      d Analysator *m*
      f analyseur *m*

A146 *r* анализа́тор *m* / лекси́ческий
      e lexical analyzer
      d lexikalischer Analysator *m*
      f analyseur *m* de lexique

A147 *r* анализа́тор *m* / синтакси́ческий
      e parser
      d Syntaxanalisator *m*, Parser *m*
      f analyseur *m* syntaxique

АРИФМЕТИКА

A148   *r* ана́логовый
      e analog, analogous
      d analog
      f analogique

A149   *r* апостро́ф *m*
      e quotation mark
      d Apostroph *m*
      f apostrophe *f*

A150   *r* аппара́тно-реализо́ванный
      e hardware-implemented
      d gerätetechnisch realisiert, hardwarerealisiert
      f réalisé en matériel

A151   *r* аппара́тно-совмести́мый
      e hardware-compatible
      d hardware-kompatibel
      f compatible (en) matériel

A152   *r* аппара́тный
      e hard *(non programmable)*; hardware
      d gerätetechnisch
      f matériel *(non programmable)*

A153   *r* аппарату́ра *f*
      e hardware
      d Hardware *f*, Gerätetechnik *f*
      f matériel *m*, équipement *m*

A154   *r* аппарату́ра *f* обме́на
      e exchange
      d Vermittlungsstelle *f*
      f matériel *m* d'échange

A155   *r* арби́тр *m*
      e arbitrator *(a scheme for elimination of conflicts)*
      d Arbiter *m*, Verwalter *m* *(Schaltkreis zum Konfliktlösen)*
      f arbitre *m*, arbitreur *m* *(un schéma d'élimination des conflits)*

A156   *r* арбитра́ж *m*
      e arbitration *(common bus access control)*
      d Arbitrierung *f* *(Buszugriffssteuerung in Systemen mit Busstruktur)*
      f arbitrage *m* *(contrôle d'accès à un bus commun)*

A157   *r* арбитра́жный
      e arbitrated
      d arbitriert
      f d'arbitrage

A158   *r* арифме́тика *f*
      e arithmetic *(arithmetical operations)*
      d Arithmetik *f*
      f arithmétique *f* *(opérations arithmétiques)*

A159   *r* арифме́тика *f* / а́дресная
      e address arithmetic
      d Adreßarithmetik *f*, Adreßrechnen *n*
      f arithmétique *f* d'adresse

A160   *r* арифме́тика *f* / дво́ичная
      e binary arithmetic
      d Binärarithmetik *f*
      f arithmétique *f* binaire

A161   *r* арифме́тика *f* / дво́ично-десяти́чная
      e BCD arithmetic
      d BCD-Arithmetik *f*, Binär-Dezimal-Arithmetik *f*
      f arithmétique *f* décimale codée binaire

A162   *r* арифме́тика *f* / десяти́чная
      e decimal arithmetic
      d Dezimalarithmetik *f*, Dezimalrechnung *f*
      f arithmétique *f* décimale

A163   *r* арифме́тика *f* повы́шенной то́чности
      e multilength arithmetic
      d Rechnen *n* mit mehrfacher Wortlänge
      f arithmétique *f* à précision élevée

A164   *r* арифме́тика *f* поря́дков
      e exponent arithmetic
      d Exponentenarithmetik *f*
      f arithmétique *f* des exposants

A165   *r* арифме́тика *f* с пла́вающей запято́й [с пла́вающей то́чкой]
      e floating-point arithmetic
      d Gleitpunktarithmetik *f*, Gleitkommaarithmetik *f*
      f arithmétique *f* en virgule flottante

A166   *r* арифме́тика *f* с фикси́рованной запято́й [с фикси́рованной то́чкой]
      e fixed-point arithmetic
      d Festpunktarithmetik *f*, Festkommaarithmetik *f*
      f arithmétique *f* en virgule fixe

A167   *r* арифме́тика *f* / целочи́сленная

АРМ

    e integer arithmetic
    d Ganzzahlarithmetik *f*
    f arithmétique *f* entière

A168 *r* АРМ *п см.* ме́сто / автоматизи́рованное рабо́чее

A169 *r* АРМ *п* констру́ктора
    e engineering workstation
    d Arbeitsplatz *m* eines Konstrukteurs, CAE-Arbeitsplatz *m*
    f poste *m* [station *f*] de travail de constructeur

A170 *r* АРМ *п* программи́ста
    e software workstation; programmer's workbench
    d Programmierarbeitsplatz *m*
    f poste *m* de travail de programmeur, station *f* de développement de logiciel

A171 *r* АРМ *п* проекти́ровщика
    e design workstation
    d entwurfsorientierter Arbeitsplatz *m*, CAD-Arbeitsplatz *m*
    f poste *m* [station *f*] de travail d'un concepteur

A172 *r* архитекту́ра *f*
    e architecture
    d Architektur *f*, Aufbau *m*
    f architecture *f*

A173 *r* архитекту́ра *f* / ба́зовая
    e foundation architecture
    d Basisarchitektur *f*, Grundaufbau *m*
    f architecture *f* de base

A174 *r* архитекту́ра *f* / древови́дная
    e tree-structured architecture
    d Baumstruktur *f*, Baumarchitektur *f*
    f architecture *f* arborescente [d'arbre]

A175 *r* архитекту́ра *f* / кольцева́я эстафе́тная
    e token-ring architecture
    d Ringtokenstruktur *f*, Token-Ring-Architektur *f*
    f architecture *f* en anneau à jeton

A176 *r* архитекту́ра *f* / конве́йерная
    e pipelined architecture
    d Pipeline-Architektur *f*
    f architecture *f* pipeliné [de type pipeline, à pipeline]

A177 *r* архитекту́ра *f* / контролеприго́дная
    e easy-to-test architecture
    d testfreundliche Architektur *f*
    f architecture *f* contrôlable [facile à tester]

A178 *r* архитекту́ра *f* / многопо́льзовательская
    e multiuser architecture
    d Mehrnutzerarchitektur *f*
    f architecture *f* multi-utilisateur [à plusieurs utilisateurs]

A179 *r* архитекту́ра *f* / многоши́нная
    e multibus architecture, multithread architecture
    d Multibusarchitektur *f*, Multibusstruktur *f*
    f architecture *f* multibus

A180 *r* архитекту́ра *f* / мо́дульная
    e modular architecture
    d modulare Architektur *f*, Modulararchitektur *f*
    f architecture *f* modulaire

A181 *r* архитекту́ра *f* / откры́тая
    e open architecture
    d offene Architektur *f*
    f architecture *f* ouverte

A182 *r* архитекту́ра *f* / пото́ковая
    e data-flow architecture
    d Datenflußstruktur *f*, Datenflußarchitektur *f*
    f architecture *f* de flôt [de flux] de données

A183 *r* архитекту́ра *f* / N-разря́дная
    e N-bit architecture
    d N-Bit-Architektur *f*
    f architecture *f* (de) N bit

A184 *r* архитекту́ра *f* / распределённая
    e distributed architecture
    d verteilte Architektur *f*
    f architecture *f* répartie

A185 *r* архитекту́ра *f* / реги́стровая
    e register-oriented architecture
    d Registerarchitektur *f*
    f architecture *f* orientée registre

A186 *r* архитекту́ра *f* / секциони́рованная

АССЕМБЛИРОВАНИЕ

    e slice architecture
    d Scheibenarchitektur *f*
    f architecture *f* en tranche

A187 *r* архитекту́ра *f* / сетева́я
    e network architecture
    d Netzarchitektur *f*, Netzstruktur *f*
    f architecture *f* de réseau

A188 *r* архитекту́ра *f* с о́бщей ши́ной
    e unified-bus architecture
    d Unibusstruktur *f*, Unibusarchitektur *f*, Architektur *f* mit gemeinsamem Bus
    f architecture *f* de bus commun [de bus générale, de bus unique]

A189 *r* архитекту́ра *f* со сплошно́й адреса́цией
    e flat-address architecture *(without memory segmentation)*
    d Flachadressenarchitektur *f* *(ohne Speichersegmentierung)*
    f architecture *f* plane *(sans segmentation de la mémoire)*

A190 *r* архитекту́ра *f* с поби́товым отображе́нием
    e bit-map architecture
    d Bit-map-Architektur *f*, Bit-map-Struktur *f*
    f architecture *f* bit-map *(anglais)*

A191 *r* архитекту́ра *f* / сте́ковая
    e stack architecture
    d Kellerspeicherstruktur *f*, Kellerspeicheraufbau *m*
    f architecture *f* de pile

A192 *r* архитекту́ра *f* / ши́нная
    e bus architecture
    d Busarchitektur *f*, Busstruktur *f*
    f architecture *f* de bus

A193 *r* ассе́мблер *m*
    e assembler *(a language or a program)*
    d Assembler *m*, Assemblierer *m*
    f 1. assembleur *m* *(un programme)* 2. langage *m* d'assemblage

A194 *r* ассе́мблер *m* / двухпроходно́й
    e two-pass assembler
    d 2-Schritt-Assembler *m*, Zwei-Schritt-Assembler *m*
    f assembleur *m* à deux passages

A195 *r* ассе́мблер *m* / обра́тный
    e disassembler
    d Disassembler *m*, Reassembler *m*
    f désassembleur *m*

A196 *r* ассе́мблер *m* "оди́н к одному́"
    e one-to-one assembler
    d "Eins-zu-Eins"-Assembler *m*
    f assembleur *m* un à un

A197 *r* ассе́мблер *m* / однопроходно́й
    e single-pass assembler
    d Ein-Schritt-Assembler *m*
    f assembleur *m* à un passage

A198 *r* ассе́мблер *m* / перемеща́емый
    e relocatable assembler
    d verschieblicher [verschiebbarer] Assembler *m*
    f assembleur *m* relogeable [translatable]

A199 *r* ассе́мблер *m* / постро́чный
    e one-line assembler
    d Zeilenassembler *m*
    f assembleur *m* par ligne

A200 *r* ассе́мблер *m* / резиде́нтный
    e resident assembler
    d residenter Assembler *m*
    f assembleur *m* résident

A201 *r* ассе́мблер *m* символи́ческого языка́
    e mnemonic assembler
    d mnemonischer Assembler *m*
    f assembleur *m* mnémonique

A202 *r* ассе́мблер-эмуля́тор *m*
    e assemulator
    d Assemulator *m*
    f assembleur *m* émulateur

A203 *r* ассембли́рование *n*
    e assembling
    d Assemblieren *n*, Assemblierung *f*
    f assemblage *m*

A204 *r* ассембли́рование *n* / обра́тное
    e disassembling
    d Disassemblierung *f*, Reassemblierung *f*

АССОЦИАТИВНЫЙ

    f désassemblage *m*

A205 *r* **ассоциативный**
    e 1. associative *(e.g. search)* 2. content addressable *(memory)*
    d 1. assoziativ *(z.B. Suche)* 2. assoziativ, inhaltsadressierbar *(Speicher)*
    f 1. associatif *(par exemple recherche)* 2. adressable par (le) contenu *(mémoire)*

A206 *r* **АСУ** *f см.* **система управления / автоматизированная**

A207 *r* **АСУП** *f см.* **система управления производством / автоматизированная**

A208 *r* **атрибут** *m*
    e attribute
    d Attribut *n*
    f attribut *m*

A209 *r* **атрибут** *m* **данных**
    e data attribute
    d Datenattribut *m*
    f attribut *m* (de) données

A210 *r* **атрибут** *m* **/ обязательный**
    e mandatory attribute
    d obligatorisches Attribut *n*
    f attribut *m* obligatoire

A211 *r* **атрибут** *m* **/ поисковый**
    e search attribute
    d Suchattribut *n*
    f attribut *m* de recherche

A212 *r* **атрибут** *m* **по умолчанию**
    e default attribute
    d Standardattribut *n*
    f attribut *m* (pris) par défaut

A213 *r* **атрибут** *m* **секретности**
    e security attribute
    d Sicherheitsattribut *n*
    f attribut *m* de sécurité

A214 *r* **аттестация** *f*
    e validation
    d Gültigkeitserklärung *f*, Gültigkeitsnachweis *m*
    f validation *f*

A215 *r* **аттестация** *f* **программы**
    e program validation
    d Gültigkeitsnachweis *m* eines Programms
    f validation *f* d'un programme

Б

Б1 *r* **база** *f*
    e base
    d Basis *f*
    f base *f*

Б2 *r* **база** *f* **геометрических данных**
    e geometric database *(e.g. in CAD system)*
    d geometrische Datenbasis *f* *(z.B. in einem CAD-System)*
    f base *f* de données géométriques *(par exemple dans un système CAD)*

Б3 *r* **база** *f* **данных**
    e database
    d Datenbasis *f*
    f base *f* de données

Б4 *r* **база** *f* **данных для хранения фактов**
    e factbase *(in expert systems)*
    d Faktenbasis *f (in Expertensystemen)*
    f base *f* de (données pour stocker des) faits *(en systèmes experts)*

Б5 *r* **база** *f* **данных / многопользовательская**
    e multiuser database
    d Mehrnutzer-Datenbasis *f*
    f base *f* de données (du type) multi-utilusateur

Б6 *r* **база** *f* **данных / наполненная**
    e populated database
    d geladene [besetzte] Datenbasis *f*
    f base *f* de données remplie

Б7 *r* **база** *f* **данных / распределённая**
    e distributed database
    d verteilte Datenbasis *f*
    f base *f* de données répartie

Б8 *r* **база** *f* **данных / реляционная**
    e relational database
    d relationnele Datenbasis *f*
    f base *f* de données relationnelle

БАЙТ

Б9 r база f данных с графи́ческим языко́м запро́сов
 e graphical-interface database
 d Datenbasis f mit grafischer Schnittstelle, Datenbasis f mit grafischer Anfragensprache
 f base f de données à l'interface graphique

Б10 r база f данных с инверти́рованной спи́сковой структу́рой
 e inverted list database
 d Datenbasis f mit invertierter Listenstruktur
 f base f de données en listes inversées

Б11 r база f данных систе́мы приня́тия реше́ний
 e decision support database
 d Datenbasis f für Entscheidungsvorbereitung, entscheidungsorientierte Datenbasis f
 f base f de données d'un système de prise de décision

Б12 r база f данных с кольцево́й структу́рой
 e ring database
 d Datenbasis f mit Ringstruktur
 f base f de données en anneau

Б13 r база f данных со сме́шанной структу́рой
 e hybrid database
 d Datenbasis f mit gemischter Struktur
 f base f de données à structure mixte [de données à structure coexistée]

Б14 r база f данных с просто́й спи́сковой структу́рой
 e direct list database
 d Datenbasis f mit direkter Listenstruktur
 f base f de données aux listes directes

Б15 r база f данных с сетево́й структу́рой
 e network database
 d Datenbasis f mit Netzstruktur
 f base f de données en réseau

Б16 r база f данных с цепно́й структу́рой
 e chain database
 d Datenbasis f mit Kettenstruktur
 f base f de données en chaîne

Б17 r база f зна́ний
 e knowledgebase, base of knowledge
 d Wissensbasis f
 f base f de connaissances

Б18 r база f пра́вил
 e rule base (in expert systems)
 d Basis f von Regeln, Regelbasis f (im Expertensystem)
 f base f de règles (dans un système expert)

Б19 r база f прое́ктных зна́ний
 e design knowledgebase
 d Entwurfswissensbasis f
 f base f de connaissances conceptionnelles

Б20 r база f те́кстовых да́нных
 e text database
 d Textdatenbasis f
 f base f de données textuelles

Б21 r база f фа́ктов см. база да́нных для хране́ния фа́ктов

Б22 r бази́рование n
 e basing (in addressing)
 d Basing n (beim Adressieren)
 f représentation f basée (à l'adressage)

Б23 r ба́зисный
 e basic (e.g. access method)
 d Basis... (z.B. Zugriffsmethode)
 f de base (par exemple mode d'accès)

Б24 r байт m
 e byte
 d Byte n
 f octet m, byte m (anglais), multiplet m

Б25 r байт m / адресу́емый
 e addressable byte
 d adressierbares Byte n
 f octet m adressable

Б26 r байт m да́нных
 e data byte
 d Datenbyte n
 f octet m de données

Б27 r байт m / зна́чащий
 e significant byte

БАЙТ

       d signifikantes Byte *n*
       f octet *m* significatif

Б28 *r* байт *m* / идентифици́рующий
       e identification byte
       d Kennbyte *n*
       f octet *m* d'identification, octet *m* identifiant

Б29 *r* байт *m* / информацио́нный
       e data byte
       d Datenbyte *n*
       f octet *m* d'information

Б30 *r* байт *m* / мла́дший
       e low byte
       d niedriges Byte *n*
       f octet *m* de l'ordre bas

Б31 *r* байт *m* / мла́дший знача́щий
       e least significant byte
       d niederwertiges Byte *n*
       f octet *m* significatif de l'ordre le plus bas

Б32 *r* байт *m* / оши́бочный
       e error byte
       d Fehlerbyte *n*, fehlerhaftes Byte *n*
       f octet *m* faux

Б33 *r* байт *m* па́мяти
       e memory byte
       d Speicherbyte *n*
       f octet *m* de mémoire

Б34 *r* байт *m* / префиксный
       e prefix byte
       d Präfixbyte *n*
       f octet *m* préfixe

Б35 *r* байт *m* / пятиразря́дный
       e five-bit byte
       d Fünf-Bit-Byte *n*
       f multiplet *m* de cinq bits, quintet *m*

Б36 *r* байт *m* / рабо́чий
       e effective byte
       d effektives Byte *n*
       f octet *m* effectif

Б37 *r* байт *m* / са́мый мла́дший
       e lowest byte
       d niedrigstes Byte *n*
       f octet *m* de l'ordre le plus bas

Б38 *r* байт *m* / са́мый ста́рший
       e highest byte
       d höchstes Byte *n*
       f octet *m* de l'ordre le plus haut

Б39 *r* байт *m* состоя́ния
       e status byte
       d Zustandsbyte *n*
       f octet *m* d'état

Б40 *r* байт *m* спо́соба адреса́ции
       e address mode byte
       d Adressierungsmodusbyte *n*
       f octet *m* (de) mode d'adressage

Б41 *r* байт *m* / ста́рший
       e high byte
       d hohes Byte *n*
       f octet *m* de l'ordre haut

Б42 *r* байт *m* / ста́рший знача́щий
       e most significant byte
       d hochwertiges Byte *n*
       f octet *m* significatif de l'ordre le plus haut

Б43 *r* байт *m* / управля́ющий
       e control byte
       d Steuerbyte *n*
       f octet *m* de contrôle [de commande]

Б44 *r* ба́йтовый
       e byte-oriented
       d byteorientiert
       f orienté octet

Б45 *r* банк *m*
       e bank
       d Bank *f*
       f banque *f*

Б46 *r* банк *m* да́нных
       e data bank
       d Datenbank *f*
       f banque *f* de données

Б47 *r* банк *m* да́нных / анке́тный
       e dossier data bank (*with identification of request database items*)
       d personenbezogene Datenbank *f* (*mit Identifizierung von angeforderten Datenbasiselementen*)
       f banque *f* dossier (*avec identification des items de base de données requis*)

Б48 *r* банк *m* да́нных / статисти́ческий
       e statistical data bank (*without identification of request datbase items*)

БИБЛИОТЕКА

    d statistische Datenbank *f* (*ohne Identifizierung von angeforderten Datenbasiselementen*)
    f banque *f* de données statistique (*sans identification des items de base de données requis*)

Б49 *r* бараба́н *m* / магни́тный
    e (magnetic) drum
    d Magnettrommel *f*
    f tambour *m* magnétique

Б50 *r* бараба́н *m* / печа́тающий
    e type drum (*of a printer*)
    d Drucktrommel *f*, Typentrommel *f* (*eines Druckers*)
    f tambour *m* d'impression (*d'une imprimante*)

Б51 *r* барье́р *m* / коммуникацио́нный
    e communication(al) barrier
    d Kommunikationsbarriere *f*
    f barrière *f* de communication

Б52 *r* без разруше́ния
    e nondestructive (*e.g. data reading*)
    d nichtzerstörend (*z.B. Datenlesen*)
    f non destructif, sans destruction (*par exemple lecture de données*)

Б53 *r* безадресный
    e addressless
    d adressenlos, adressenfrei
    f sans adresse

Б54 *r* безде́йствующий
    e idle
    d stillstehend, im Ruhezustand, außer Betrieb
    f dormant

Б55 *r* безотка́зный
    e failure-free
    d störungsfrei, ausfallfrei
    f sans pannes

Б56 *r* безоши́бочный
    e error-free
    d fehlerfrei
    f sans erreurs

Б57 *r* безызбы́точность *f*
    e nonredundancy
    d Nichtredundanz *f*
    f non-redondance *f*

Б58 *r* безызбы́точный
    e irredundant, nonredundant
    d nichtredundant
    f non-redondant

Б59 *r* бесско́бочный
    e parenthesis-free
    d klammerfrei
    f sans parenthèses

Б60 *r* библиоте́ка *f* исхо́дных мо́дулей
    e source library
    d Quellenprogrammbibliothek *f*, Bibliothek *f* für Quellenmodule
    f bibliothèque *f* des programmes [des modules] d'origine

Б61 *r* библиоте́ка *f* макрокома́нд
    e macro library
    d Makrobibliothek *f*
    f bibliothèque *f* de macros [de macro-instructions]

Б62 *r* библиоте́ка *f* перемеща́емых мо́дулей
    e relocatable library
    d verschiebbare Bibliothek *f*, Bibliothek *f* von Objektmoduln
    f bibliothèque *f* des modules translatables [des modules relogeables]

Б63 *r* библиоте́ка *f* по́льзователя
    e user-defined library
    d Anwenderbibliothek *f*
    f bibliothèque *f* utilisateur

Б64 *r* библиоте́ка *f* програ́мм
    e program [routine] library
    d Programmbibliothek *f*
    f bibliothèque *f* des programmes

Б65 *r* библиоте́ка *f* програ́мм вво́да-вы́вода
    e input-output library
    d Eingabe-Ausgabe-Programmbibliothek *f*, E/A-Programmbibliothek *f*
    f bibliothèque *f* des programmes d'entrée/sortie [des programmes d'E/S]

Б66 *r* библиоте́ка *f* процеду́р
    e procedure library
    d Prozedurbibliothek *f*
    f bibliothèque *f* des procédures

Б67 *r* библиоте́ка *f* с прямы́м до́ступом

БИБЛИОТЕКА

- *e* direct-access library
- *d* Bibliothek *f* mit direktem Zugriff, Direktzugriffsbibliothek *f*
- *f* bibliothèque *f* à accès direct

Б68 *r* библиоте́ка *f* станда́ртных мо́дулей
- *e* building block library
- *d* Bausteinbibliothek *f*
- *f* bibliothèque *f* des modules standardisés

Б69 *r* библиоте́ка *f* станда́ртных подпрогра́мм
- *e* subroutine library
- *d* Unterprogrammbibliothek *f*
- *f* bibliothèque *f* des sous-programmes standardisés

Б70 *r* библиоте́ка *f* станда́ртных те́кстов
- *e* boilerplate
- *d* Standardtextbibliothek *f*, Bibliothek *f* für vorformulierte Texte
- *f* bibliothèque *f* des textes standardisés

Б71 *r* библиоте́ка *f* станда́ртных фигу́р
- *e* shape library (*in computer graphics*)
- *d* Bibliothek *f* für grafische Grundelemente
- *f* bibliothèque *f* graphique (*dans la graphique d'ordinateur*)

Б72 *r* библиоте́карь *m*
- *e* librarian (*a person or a program*)
- *d* 1. Bibliotheksverwaltungsprogramm *n* 2. Archivar *m*
- *f* bibliothécaire *m* (*une personne ou un programme*)

Б73 *r* бина́рный
- *e* binary
- *d* binär
- *f* binaire

Б74 *r* БИС *f см.* схе́ма / больша́я интегра́льная

Б75 *r* бит *m*
- *e* bit
- *d* Bit *n*
- *f* bit *m*

Б76 *r* бит *m* в секу́нду
- *e* bits per second
- *d* Bits *n pl* je Sekunde, bit/s
- *f* bits *m pl* par seconde

Б77 *r* бит *m* защи́ты
- *e* security bit
- *d* Schutzbit *n*
- *f* bit *m* de protection

Б78 *r* бит *m* / информацио́нный
- *e* data bit
- *d* Informationsbit *n*, Datenbit *n*
- *f* bit *m* d'information

Б79 *r* бит *m* на дюйм
- *e* bits per inch
- *d* Bits *n pl* je Zoll, Bits/Zoll
- *f* bits *m pl* par pouce, bpp

Б80 *r* бит *m* па́мяти
- *e* storage bit, memory bit
- *d* Speicherbit *n*
- *f* bit *m* (de) mémoire

Б81 *r* бит *m* / поле́зный
- *e* effective bit
- *d* Nutzbit *n*
- *f* bit *n* efficace

Б82 *r* бит *m* / ста́ртовый
- *e* start bit
- *d* Startbit *n*
- *f* bit *m* de départ [de début]

Б83 *r* бит *m* / сто́повый
- *e* stop bit
- *d* Stopbit *n*
- *f* bit *m* d'arrêt [de stop]

Б84 *r* бит *m* / управля́ющий
- *e* control bit
- *d* Steuerbit *n*
- *f* bit *m* de contrôle

Б85 *r* бланк *m*
- *e* 1. form (*a document*) 2. sheet
- *d* 1. Formular *n* 2. Vordruck *m*
- *f* 1. formulaire *m* (*un document*) 2. feuille *f*

Б86 *r* бланк *m* для коди́рования
- *e* coding form
- *d* Kodier(ungs)blatt *m*, Kodier(ungs)formular *n*
- *f* feuille *f* de codage

Б87 *r* бланк *m* запро́са
- *e* request sheet
- *d* Anforderungsblatt *n*, Anforderungsformular *n*
- *f* feuille *f* de requête

Б88 *r* бланк *m* / програ́ммный
- *e* coding sheet

БЛОК

    d Kodier(ungs)blatt *n*,
       Kodier(ungs)formular *m*
    f feuille *f* de programme

Б89 *r* блок *m*
    e 1. block (*a group*) 2. unit (*a device*) 3. module (*in a modular donstruction*) 4. assembly (*an integral component*)
    d 1. Block *f* 2. Baugruppe *f*, Einheit *f* 3. Baustein *m* 4. Baueinheit *f*
    f 1. bloc *m* (*un groupe*) 2. unité *f* (*un appareil*) 3. module *m* (*d'une construction modulaire*) 4. ensemble *m* (*un composant integré*)

Б90 *r* блок *m* ввода-вывода
    e input-output unit
    d Eingabe-Ausgabe-Baustein *m*, E/A-Baustein *m*
    f unité *f* d'entrée-sortie

Б91 *r* блок *m* / вентильный
    e gate unit
    d Gattereinheit *f*
    f unité *f* de portes

Б92 *r* блок *m* ветвления
    e decision block (*in a flowchart*)
    d Entscheidungsblock *m* (*eines Flußdiagramms*)
    f bloc *m* de décision (*dans un organigramme*)

Б93 *r* блок *m* данных
    e data block
    d Datenblock *m*
    f bloc *m* de données

Б94 *r* блок *m* данных списковой структуры
    e list data block
    d Listendatenblock *m*
    f bloc *m* de données en listes

Б95 *r* блок *m* / добавочный
    e hook
    d Zusatzblock *m*, Erweiterungsblock *m*
    f bloc *m* (d')extension

Б96 *r* блок *m* записей
    e record block
    d Satzblock *m*
    f bloc *m* d'enregistrements

Б97 *r* блок *m* защиты памяти
    e memory guardian
    d Speicherschutzbaustein *m*
    f unité *f* de protection de mémoire

Б98 *r* блок *m* из нескольких записей
    e multirecord block
    d Multisatzblock *m*, Mehrsatzblock *m*
    f bloc *m* de plusieurs enregistrements

Б99 *r* блок *m* индексации
    e indexing unit
    d Indizierungsblock *m*
    f unité *f* d'indexation

Б100 *r* блок *m* коммутации
    e switching unit
    d Vermittlungseinheit *f*, Schalteinheit *f*, Schaltbaustein *m*
    f unité *f* de commutation [d'aiguillage]

Б101 *r* блок *m* / компоновочный
    e 1. building block (*a standard component*) 2. assembly unit (*a part of a whole*)
    d 1. Baukasten *m* (*Standardbaustein*) 2. Bauelement *n*, Baustein *m*
    f 1. brique *f* (*composant standard*) 2. unité *f* d'assemblage (*partie d'un ensemble entier*)

Б102 *r* блок *m* лексического анализа
    e scanner
    d lexikalischer Analysator *m*
    f analyseur *m* de lexique

Б103 *r* блок *m* магнитных головок
    e magnetic-head assembly
    d Magnetkopfeinheit *f*
    f ensemble *m* de têtes magnétiques

Б104 *r* блок *m* микропрограммного управления
    e microprogram unit
    d Mikrosteuerwerk *n*, Mikroprogramm-Steuerwerk *n*
    f unité *f* microprogrammée

Б105 *r* блок *m* обработки
    e processing block (*in a flowchart*)
    d Verarbeitungsblock *m* (*eines Flußdiagramms*)

БЛОК

    f bloc *m* de traitement *(dans un organigramme)*

Б106 *r* блок *m* объяснéния
    e explainer *(in expert systems)*
    d Erklärungskomponente *f*
    f unité *f* d'explication *(dans les systèmes experts)*

Б107 *r* блок *m* / оперáторный *см.* блок обрабóтки

Б108 *r* блок *m* оцéнки результáта тестúрования
    e test answer evaluator
    d Testdatenauswerter *m*
    f unité *f* d'évalution du résultat de test

Б109 *r* блок *m* пáмяти
    e 1. memory block *(a group of locations)* 2. memory unit *(a storage device)*
    d 1. Speicherblock *m* 2. Speicherbaustein *m*; Speichereinheit *f*
    f 1. bloc *m* de mémoire 2. unité *f* de mémoire

Б110 *r* блок *m* парáметров
    e parameters pack
    d Parameterblock *m*
    f bloc *m* de paramètres

Б111 *r* блок *m* питáния
    e power module
    d Versorgungseinheit *f*
    f bloc *m* [unité *f*] d'alimentation

Б112 *r* блок *m* подкáчки информáции для печáти
    e print spooler
    d Druckerspooler *m*
    f spoule *m* d'impression

Б113 *r* блок *m* / программный
    e programm block
    d Programmeinheit *f*
    f bloc *m* de programme

Б114 *r* блок *m* прогрáммы
    e code block
    d Programmblock *m*
    f bloc *m* d'un code

Б115 *r* блок *m* раскрáски изображéния на экрáне
    e screen painter
    d Bildschirm-Maler *m*
    f unité *f* de coloriage de l'ecran

Б116 *r* блок *m* / расширúтельный
    e extension chassis *(a physical unit)*
    d Erweiterungsbaustein *m*
    f châssis *m* (d')extension *(unité physique)*

Б117 *r* блок *m* / резéрвный
    e standby block
    d Reserveblock *m*, Standby-Block *m*
    f bloc *m* de réserve

Б118 *r* блок *m* синхронизáции
    e clock unit
    d Taktgeberbaustein *m*, Synchronisationseinheit *f*
    f bloc *m* de synchronisation, unité *f* d'horloge

Б119 *r* блок *m* сообщéний
    e message block
    d Nachrichtenblock *m*
    f bloc *m* de messages

Б120 *r* блок *m* / стандáртный
    e basic block
    d Grundbaustein *m*, Standardbaustein *m*
    f bloc *m* de base, bloc *m* standard

Б121 *r* блок *m* / съёмный
    e plug-in unit
    d Steckeinheit *f*
    f bloc *m* [unité *f*] détachable

Б122 *r* блок *m* управлéния
    e control unit
    d Steuerbaustein *m*, Steuereinheit *m*
    f unité *f* de contrôle

Б123 *r* блок *m* управлéния выборкой комáнд
    e command control block
    d Befehlssteuereinheit *f*
    f bloc *m* de commande

Б124 *r* блок *m* управлéния пáмятью
    e memory management unit, MMU, memory manager
    d Speicherverwaltungseinheit *f*, MMU *f*
    f unité *f* de gestion mémoire, gestionnaire *m* de mémoire

Б125 *r* блок *m* формировáния изображéния
    e imager *(in machine vision)*
    d Imager *m*, abbildendes System *n*

БОБИНА

    f afficheur *m (en vision par ordinateur)*

Б126 *r* блок *m* / функциона́льный
    e operational unit
    d Funktionsbaustein *m*
    f bloc *m* fonctionnel, unité *f* fonctionnelle

Б127 *r* блок-мультипле́ксный
    e block-multiplexing *(e.g. a channel)*
    d blockmultiplex
    f multiplexé par blocs *(par exemple un canal)*

Б128 *r* блок-схе́ма *f*
    e flowchart, flow diagramm, block diagram
    d Flußdiagramm *n*
    f organigramme *m*

Б129 *r* блок-схе́ма *f* обрабо́тки да́нных
    e data flowchart
    d Datenflußplan *m*
    f organigramme *m* de traitement

Б130 *r* блок-схе́ма *f* програ́ммы
    e program(ming) flowchart
    d Programmablaufplan *m*
    f organigramme *f* de programme

Б131 *r* блоки́рование *n*
    e 1. blocking *(packing)* 2. locking
    d 1. Blocken *n*, Blockung *f* 2. Blockieren *n*, Sperren *n*
    f 1. blocage *m (empaquetage)* 2. verrouillage *m*

Б132 *r* блоки́рование *n* за́писей
    e record blocking
    d Satzblockierung *f*
    f blocage *m* d'enregistrements

Б133 *r* блокиро́вка *f*
    e 1. blocking *(e.g. a path)* 2. lock *(disable)* 3.lockout *(switching off)* 4. lockup, deadlock *(nonresolvable situation)* 5. interlock *(for safety)*
    d 1.Blockierung *f* 2. Verriegelung *f*, Sperre *f* 3. Sperre *f* 4. Verklemmung *f*, Totalblockierung *f* 5. gegenseitige Verriegelung *f*
    f 1. blocage *m (par exemple d'une voie)* 2. suppression *f (interdiction)* 3. verrouillage *m (mise hors circuit)* 4. embrassement *m* mortel *(situation non-résoluble)* 5. interblocage *m (pour la sauvegarde)*

Б134 *r* блокиро́вка *m* за́писи в па́мяти
    e memory write lock
    d Speicherschreibsperre *f*
    f verrouillage *m* [blocage *m*, interdiction *f*] d'écriture

Б135 *r* блокиро́вка *f* / защи́тная
    e safety interlock
    d Sicherheitsverriegelung *f*, Sicherheitssperre *f*
    f verrouillage *m* [blocage *m*] de protection

Б136 *r* блокиро́вка *f* клавиату́ры
    e keyboard lockout
    d Tastatursperre *f*
    f verrouillage *m* de clavier

Б137 *r* блокиро́вка *f* по вре́мени
    e time-out
    d Timeout *n*, Zeitsperre *f*
    f intervalle *m*; pause *f*

Б138 *r* блокиро́вка *f* / по́лная
    e strong lockout
    d Vollsperre *f*
    f verrouillage *m* fort

Б139 *r* блокиро́вка *f* / части́чная
    e weak lockout
    d Teilsperre *f*
    f verrouillage *m* faible

Б140 *r* блокно́т *m* / электро́нный
    e scratchpad
    d Notizblock *m*, Notizblockspeicher *m*
    f mémoire *f* "scratchpad" *(anglais)*, cahier *m* électronique

Б141 *r* бло́чно-ориенти́рованный
    e block-oriented
    d blockorientiert
    f orienté bloc

Б142 *r* бло́чный
    e block-structured
    d blockstruktuiert
    f structuré en blocs

Б143 *r* боби́на *f*
    e reel, spool *(in a cassette)*
    d Spule *f*
    f bobine *f*

Б144 *r* боби́на *f* / подаю́щая

27

БОБИНА

    e feed reel, feed spool
    d Zuführungsspule *f*
    f bobine *f* débitrice

Б145 *r* боби́на *f* / приёмная
    e take-up reel, take-up spool
    d aufnehmende Spule *f*, Aufwickelspule *f*
    f bobine *f* réceptrice

Б146 *r* бод *m*
    e baud
    d Baud *n*
    f baud *m*

Б147 *r* большинство́ *n*
    e majority
    d Majorität *f*
    f majorité *f*

Б148 *r* боро́здка *f* (*видеодиска*)
    e groove
    d Spur *f*
    f sillon *m*

Б149 *r* бу́ква *f* ве́рхнего реги́стра
    e uppercase letter
    d Großbuchstabe *m*
    f lettre *f* de registre supérieur

Б150 *r* бу́ква *f* / загла́вная [прописна́я]
    e capital letter
    d Großbuchstabe *m*
    f lettre *f* majuscule, majuscule *f*

Б151 *r* бу́ква *f* ни́жнего реги́стра
    e lowercase letter
    d Kleinbuchstabe *m*
    f lettre *f* minuscule, minuscule *f*

Б152 *r* бу́ква *f* / строчна́я
    e lowercase letter
    d Kleinbuchstabe *m*
    f lettre *f* minuscule

Б153 *r* бу́квенно-цифрово́й
    e alpha(nu)meric
    d alphanumerisch
    f alphanumérique

Б154 *r* бу́квенный
    e alphabetic(al)
    d alphabetisch
    f alphabétique

Б155 *r* бума́га *f* / бескопи́рочная
    e action [carbonless, nocarbon-required] paper
    d druckempfindliches [selbstschreibendes] Papier *n*, Durchschreibpapier *n*
    f papier *m* non carbone

Б156 *r* бума́га *f* в фо́рме непреры́вной ле́нты
    e continuous paper
    d Endlospapier *n*
    f papier *m* en continu [sans fin]

Б157 *r* бума́га *f* для печа́тающих устро́йств
    e stationery
    d Druckerpapier *n*
    f papier *f* (*pour les imprimantes*)

Б158 *r* бума́га *f* / копирова́льная
    e carbon paper
    d Kohlepapier *n*
    f papier *m* carbone

Б159 *r* бума́га *f* / проводя́щая
    e conducting paper
    d leitfähiges Papier *n*
    f papier *m* conducteur

Б160 *r* бума́га *f* / рулóнная
    e continuous stationery
    d Rollenpapier *n*
    f papier *m* sans fin [en continu]

Б161 *r* бума́га *f* с веду́щими отве́рстиями
    e pin-feed paper
    d Papier *n* mit Führungslochrand
    f papier *m* à perforation pour transport

Б162 *r* бума́га *f* / сло́женная сто́пкой
    e stack-to-stack paper
    d gestapeltes Papier *n*
    f papier *m* en feuille à feuille

Б163 *r* бума́га *f* / сфальцо́ванная гармо́шкой
    e accordion-folded [concertino-folded] paper
    d Leporello-Papier *n*
    f papier *m* en accordéon

Б164 *r* бума́га / термографи́ческая
    e thermal paper
    d thermisches Papier *n*
    f papier *m* thermographique

Б165 *r* бума́га *f* / термочувстви́тельная
    e heat-sensitive paper
    d wärmeempfindliches Papier *n*
    f papier *m* thermosensible

Б166 *r* бума́га *f* / фальцо́ванная
    e fan-fold paper

БУФЕРИЗАЦИЯ

    d (zickzack)gefaltetes Papier *n*
    f papier *m* plié en zig-zag

Б167 *r* бума́га *f* / электростати́ческая
    e high-resistance paper
    d elektrostatisches Papier *n*
    f papier *m* électrostatique

Б168 *r* бума́га *f* / электрочувстви́тельная
    e electrosensitive paper
    d elektrosensitives Papier *n*
    f papier *m* électrosensible

Б169 *r* бу́фер *m*
    e buffer
    d Puffer *m*
    f tampon *m*, buffer *m*

Б170 *r* бу́фер *m* вво́да-вы́вода
    e input-output buffer, I/O buffer
    d Eingabe-Ausgabe-Puffer *m*, E/A-Puffer *m*
    f tampon *m* [buffer *m*] d'entrée-sortie, tampon *m* [buffer *m*] d'E/S

Б171 *r* бу́фер *m* да́нных
    e data buffer
    d Datenpuffer *m*
    f tampon *m* de données

Б172 *r* бу́фер *m* для хране́ния сообще́ний
    e communication buffer
    d Kommunikationspuffer *m*, Datenübertragungs-Pufferspeicher *m*
    f tampon *m* de communication (*pour stocker des messages*)

Б173 *r* бу́фер *m* за́писи
    e write buffer
    d Schreibpuffer *m*
    f tampon *m* d'écriture [d'enregistrement]

Б174 *r* бу́фер *m* / ка́дровый
    e frame buffer (*in a display*)
    d Bildwiederholungsspeicher *m*
    f tampon *m* de trame (*en unité de visualisation*)

Б175 *r* бу́фер *m* кома́нд
    e instruction buffer
    d Befehlspuffer *m*
    f tampon *m* des instructions

Б176 *r* бу́фер *m* / межпроце́ссорный
    e interprocessor buffer
    d Interprozessorpuffer *m*
    f tampon *m* interprocesseur

Б177 *r* бу́фер *m* на многоразря́дное сло́во
    e full-word buffer
    d Vollwortpuffer *m*
    f tampon *m* (à un) mot, tampon *m* en mot entier

Б178 *r* бу́фер *m* на одну́ строку́
    e row buffer
    d (Ein)zeilenpuffer *m*
    f tampon *m* (de) ligne

Б179 *r* бу́фер *m* на полусло́во
    e half-word buffer
    d Halbwortpuffer *m*
    f tampon *m* (à un) demi-mot

Б180 *r* бу́фер *m* / пересы́лочный
    e send buffer
    d Sendepuffer *m*
    f tampon *m* de transfert

Б181 *r* бу́фер *m* перифери́йных устро́йств
    e peripheral buffer
    d Peripheriepuffer *m*
    f tampon *m* des périphériques

Б182 *r* бу́фер *m* предысто́рии (*процесса*)
    e look-aside buffer
    d Look-aside-Puffer *m*
    f tampon *m* "look-aside" (*anglais*), tampon *m* de l'information récédente

Б183 *r* бу́фер *m* регенера́ции
    e refresh buffer
    d Refresh-Puffer *m*, Auffrischungspuffer *m*
    f tampon *m* [buffer *m*] de rafraichissement

Б184 *r* бу́фер *m* режи́ма реа́льного вре́мени
    e real-time buffer
    d Echtzeitpuffer *m*
    f tampon *m* (de mode) temps réel

Б185 *r* бу́фер *m* состоя́ния
    e status buffer
    d Zustandspuffer *m*
    f tampon *m* d'état

Б186 *r* бу́фер *m* счи́тывания
    e read buffer
    d Lesepuffer *m*
    f tampon *m* de lecture

Б187 *r* буфериза́ция *f*
    e buffering

БУФЕРИЗАЦИЯ

  d Pufferung f
  f tamponnage m,
   tamponnement m

Б188 r буферизация f при
   передаче сообщений
  e in-transit buffering
  d In-transit-Pufferung f,
   Transitpufferung f
  f tamponnage m des messages,
   tamponnage m de
   communication [de transfert]

Б189 r буферизованный
  e buffered
  d gepuffert
  f tamponné

Б190 r быстродействие n
  e (operating) speed
  d Schnellwirkung f
  f vitesse f (de traitement)

Б191 r быстродействие n
   вычислительной машины
  e computer speed
  d Rechnergeschwindigkeit f
  f vitesse f (de traitement) d'un
   ordinateur

Б192 r Бэйсик m
  e Basic (a programming
   language)
  d BASIC n
   (Programmiersprache)
  f Basic m (un langage de
   programmation)

В

В1 r валик m для протяжки
   бумаги
  e paper roller
  d Papiervorschubrolle f
  f rouleau m d'entrainement de
   papier

В2 r валик m / лентопротяжный
  e tape-feed roll(er)
  d Bandvorschubrolle f;
   Streifenvorschubrolle f
  f rouleau m d'entrainement de
   bande

В3 r валик m / прижимной
  e pinch roller
  d Andruckrolle f
  f rouleau m pinceur [presseur,
   de pression]

В4 r вариант m
  e alternative (of a choice);
   option (of a configuration);
   version (of a program)
  d Alternative f (bei der Wahl);
   Option f, Variante f (der
   Konfiguration); Version f
   (eines Programms)
  f variante f alternative (d'un
   choix); option f (d'une
   configuration); version f
   (d'un program)

В5 r вариант m проектного
   решения
  e design alternative
  d Entwurfsalternative f
  f alternative f de conception

В6 r варианты m pl
   пользовательских
   возможностей
  e user options
  d Anwenderoptionen f pl
  f options f pl (d')utilisateur

В7 r введение n параграфов
  e paragraphing
  d Paragrapheneintragen n
  f découpage m en paragraphes

В8 r ввод m
  e entry (a physical action);
   input (e.g. of data); lead-in
   (a terminal part of a
   physical line)
  d Einführung f, Einbringen n;
   Eingabe f (von Daten);
   hereingeführter Anschluß m,
   Zuleitung f
  f entrée f

В9 r ввод m / бесформатный
  e formatless input; form-free
   entry
  d formatfreie Eingabe f
  f entrée f sans format

В10 r ввод m в действие
  e implementation (e.g. of a
   computer system)
  d Implementierung f (z. B.
   eines Rechnersystems)
  f mise f en marche

В11 r ввод m в реальном времени
  e real-time input
  d Echtzeiteingabe f
  f entrée f temps réel

В12 r ввод m / графический
  e graphical input

ВВОД-ВЫВОД

- d grafische Eingabe f, Grafikeingabe f
- f entrée f graphique

B13 r ввод m данных
- e data input
- d Dateneingabe f
- f entrée f de données

B14 r ввод m заданий / дистанционный
- e remote job entry
- d Jobferneigabe f
- f entrée f de travaux à distance

B15 r ввод m / клавишный
- e keystroke entry
- d Tasteneigabe f
- f entrée f par touches

B16 r ввод m / кнопочный
- e push-button entry
- d Drucktastencingabe f
- f entrée f par bouton

B17 r ввод m / отсроченный
- e deferred entry
- d verzögerte Eingabe f
- f entrée f différrée

B18 r ввод m / пакетный
- e batch entry
- d Stapeleingabe f
- f entrée f par lots

B19 r ввод m путём заполнения форм
- e "fill-in-the-blanks" input
- d Eingabe f durch Formularausfüllen
- f entrée f par remplissage des blancs

B20 r ввод m / речевой
- e voice input
- d Spracheingabe f
- f entrée f vocale [de voix]

B21 r ввод m / ручной
- e manual entry
- d manuelle Eingabe f
- f entrée f manuelle

B22 r ввод m / сенсорный
- e touch input
- d Berührungseingabe f
- f entrée f sensorielle

B23 r ввод m с клавиатуры
- e keyboard entry; keyboard input
- d Tastatureingabe f
- f entrée f par clavier

B24 r ввод m с клавиатуры / повторный
- e rekeying
- d Tastatur-Wiedereingabe f
- f entrée f répétée par clavier

B25 r ввод m с перфоленты
- e punched tape input
- d Lochstreifeneingabe f
- f entrée f par bande perforée

B26 r ввод m с подсказкой
- e prompted entry
- d Eingabe f mit Bedienerhinweis
- f entrée f suggérée

B27 r ввод m с терминала
- e terminal input
- d Terminaleingabe f
- f entrée f par terminal

B28 r ввод m / форматированный
- e form entry
- d formatierte [formatgebundene] Eingabe f
- f entrée f formatée

B29 r ввод-вывод m
- e input/output, I/O
- d Ein-/Ausgabe f, E/A
- f entrée/sortie f, E/S

B30 r ввод-вывод m / параллельный
- e simultaneous input/output *(in parallel with other operations)*
- d parallele Ein-/Ausgabe f
- f entrée/sortie f simultanée *(parallèlement avec d'autres operations)*

B31 r ввод-вывод m / речевой
- e verbal input/output
- d Sprach-Ein-/Ausgabe f
- f entrée/sortie f vocale [de voix]

B32 r ввод-вывод m / совмещённый
- e concurrent input/output
- d konkurrierende Ein-/Ausgabe f
- f entrée/sortie f concurrente

B33 r ввод-вывод m с распределением памяти
- e memory-mapped input/output
- d speicherzugeordnete Ein-/Ausgabe f
- f entrée/sortie f avec répartition de mémoire

ВВОД-ВЫВОД

B34   *r*   ввод-вывод *m* с распределением по портам
- *e* port-mapped input/output
- *d* portzugeordnete Ein-/Ausgabe *f*
- *f* entrée/sortie *f* avec répartition entre des ports

B35   *r*   ввод-вывод *m*, управляемый данными
- *e* data-directed input/output
- *d* datengesteuerte Ein-/Ausgabe *f*
- *f* entrée/sortie *f* contrôlée par les données

B36   *r*   вводимый оператором
- *e* operator-entered
- *d* vom Bediener eingegeben
- *f* entré par opérateur

B37   *r*   ведение *n* базы данных
- *e* database maintenance
- *d* Datenbasiswartung *f*, Datenbasispflege *f*
- *f* maintenance *f* de base de données

B38   *r*   ведение *n* диалога
- *e* dialog(u)ing
- *d* Dialogführung *f*
- *f* processus *m* de dialogue

B39   *r*   ведение *n* записей
- *e* record-keeping
- *d* Satz-Keeping *n*
- *f* maintenance *f* d'enregistrements

B40   *r*   ведомый
- *e* slave
- *d* Slave-...
- *f* esclave

B41   *r*   ведущий
- *e* master
- *d* Master-...
- *f* maître

B42   *r*   вектор *m* прерываний
- *e* interrupt vector
- *d* Unterbrechungsvektor *m*, Interruptvektor *m*
- *f* vecteur *m* d'interruptions

B43   *r*   вектор *m* признаков
- *e* attribute vector
- *d* Attributvektor *m*
- *f* vecteur *m* d'attributs

B44   *r*   вектор *m* приращений
- *e* incremental vector
- *d* inkrementaler Vektor *m*
- *f* vecteur *m* d'incrément

B45   *r*   вектор *m* состояния
- *e* state vector
- *d* Zustandsvektor *m*
- *f* vecteur *m* d'état

B46   *r*   вектор *m* / тестовый
- *e* test vector
- *d* Testvektor *m*
- *f* vecteur *m* de test

B47   *r*   вектор-операнд *m*
- *e* operand vector
- *d* Operandenvektor *m*
- *f* vecteur *m* opérande

B48   *r*   векторизация *f*
- *e* vectoring
- *d* Vektorisierung *f*
- *f* vectorisation *f*

B49   *r*   величина *f*
- *e* value *(in mathematical sense)*; magnitude
- *d* Wert *n*, Größe *f*
- *f* valeur *f*

B50   *r*   величина *f* / переменная
- *e* variable
- *d* Variable *f*
- *f* variable *f*

B51   *r*   величина *f* / пороговая
- *e* threshold
- *d* Schwellenwert *m*
- *f* valeur *f* de seuil

B52   *r*   величина *f* / постоянная
- *e* constant
- *d* Konstante *f*
- *f* constante *f*

B53   *r*   величина *f* / случайная
- *e* random value; variate
- *d* Zufallsvariable *f*
- *f* variable *f* aléatoire

B54   *r*   величина *f* со знаком
- *e* signed magnitude
- *d* vorzeichenbehaftete Größe *f*
- *f* valeur *f* signée

B55   *r*   вентили *m pl* / каскадно-включённые
- *e* cascaded gates
- *d* hintereinandergeschaltete [kaskadenartig geschaltete] Gatter *n pl*
- *f* portes *f pl* en cascade

B56   *r*   вентиль *m*
- *e* gate
- *d* Gatter *n*
- *f* porte *f*

ВЕНТИЛЬ

B57
- r вентиль m / входной
- e in-gate
- d Eingangsgatter n
- f porte f d'entrée

B58
- r вентиль m выдачи суммы
- e sum-out [sum readout] gate
- d Summenausgabegatter n
- f porte f de lecture de somme, porte f de total

B59
- r вентиль m И
- e AND gate
- d UND-Gatter n
- f porte f ET

B60
- r вентиль m ИЛИ
- e OR gate
- d ODER-Gatter n
- f porte f OU

B61
- r вентиль m ИЛИ - НЕ
- e NOR gate
- d NOR-Gatter n, NICHT ODER-Gatter n
- f porte f ON [OU-NON]

B62
- r вентиль m И - НЕ
- e NAND gate
- d NAND-Gatter n, NICHT-UND-Gatter n
- f porte f ET-NON

B63
- r вентиль m исключающее ИЛИ
- e exclusive OR gate
- d Exklusiv-ODER-Gatter n, EXOR-Gatter n
- f porte f OU exclusif

B64
- r вентиль m НЕ
- e NOT gate
- d NICHT-Gatter n
- f porte f NON

B65
- r вентиль m / незадействованный
- e spare gate
- d Reservegatter n
- f porte f réservée

B66
- r вентиль m обмена информацией
- e swap gate
- d Datenaustauschgatter n, Datentransfergatter n
- f porte f d'échange d'information [d'échange de données]

B67
- r вентиль m обратного кода
- e complement gate
- d Komplementgatter n
- f porte f de complément

B68
- r вентиль m переноса
- e carry gate
- d Übertragsgatter n
- f porte f de report

B69
- r вентиль m / пороговый
- e threshold gate
- d Schwellenwertgatter n, Schwellenwertglied n
- f porte f de seuil

B70
- r вентиль m прямого кода
- e true gate
- d Direktkodegatter n
- f porte f de code droit

B71
- r вентиль m с N входами
- e N-input gate
- d Gatter n mit N-Eingängen
- f porte f à N entrées

B72
- r вентиль m с двумя входами
- e double-input gate
- d Doppeleingangsgatter n
- f porte f à deux entrées

B73
- r вентиль m сложения
- e add gate
- d Addiergatter n
- f porte f d'addition

B74
- r вентиль m сложения по модулю два
- e add without carry gate, partial sum gate, modulo-two sum gate
- d Exklusiv-ODER-Gatter n, EXOR-Gatter n, Antivalenzgatter n
- f porte f d'addition sans retenue, porte f de la somme partielle, porte f d'addition en module 2

B75
- r вентиль m с тремя состояниями
- e tri-state gate
- d Tristate-Gatter n, Gatter n mit drei Zuständen
- f porte f à trois états

B76
- r вентиль m / счетверённый
- e quad gate
- d Vierfachgatter n
- f porte f quadruple

B77
- r вентиль m считывания
- e readout gate
- d Lesegatter n
- f porte f de lecture

ВЕНТИЛЬ

B78 r вéнтиль m / управлÿемый
 e controllable gate, C-gate
 d Steuergatter n
 f porte f contrôlable

B79 r вéнтиль m устанóвки на нуль
 e zero gate
 d Nullsetzgatter n
 f porte f zéro

B80 r вéнтильный
 e gated
 d gattergesteuert
 f de porte

B81 r вéнтиль-формировáтель m
 e gate driver
 d Gattertreiber m
 f porte f formateur

B82 r верификáтор m
 e verifier
 d Prüfer m
 f vérificateur m

B83 r верификáтор m топологи́ческих схем
 e artwork verifier
 d Vorlagenprüfer m, Zeichenvorlagenprüfer m
 f vérificateur m des schémas topologiques

B84 r верификáция f
 e verification
 d Verifizierung f
 f vérification f

B85 r верификáция f временны́х соотношéний
 e timing verification
 d Zeitablaufverifizierung f, Verifizierung f von zeitlichen Ablauffolgen
 f vérification f des relations temporelles

B86 r верификáция f дáнных
 e data verification
 d Datenverifizierung f
 f vérification f de données

B87 r вероÿтность f / априóрная
 e a priori probability, prior probability
 d Wahrscheinlichkeit f a priori
 f probabilité f a priori

B88 r вероÿтность f / безуслóвная
 e unconditional probability
 d unbedingte Wahrscheinlichkeit f
 f probabilité f inconditionnelle

B89 r вероÿтность f / довери́тельная
 e confidence probability
 d fiduziäre Wahrscheinlichkeit f
 f probabilité f de confidence

B90 r вероÿтность f наступлéния собы́тия
 e event probability
 d Ereigniswahrscheinlichkeit f
 f probabilité f d'événement

B91 r вероÿтность f перехóда (в какое-либо состояние)
 e transition probability
 d Übergangswahrscheinlichkeit f
 f probabilité f de transition

B92 r вероÿтность f / пóлная
 e composite [total] probability
 d totale Wahrscheinlichkeit f
 f probabilité f totale [complète]

B93 r вероÿтность f / услóвная
 e conditional probability
 d bedingte Wahrscheinlichkeit f
 f probabilité f conditionnelle

B94 r вéрсия f
 e version
 d Version f
 f version f

B95 r вéрсия f / ди́сковая
 e disk-based version (of operational system)
 d Plattenversion f (des Betriebssystems)
 f version f sur disques (d'un système d'exploitation)

B96 r верши́на f
 e vertex (e.g. of a graph); top (e.g. of a stack)
 d Knoten m, Knotenpunkt m (z.B. eines Graphen); obere Grenze f, Dach n (z.B. eines Kellerspeichers)
 f sommet m (par exemple d'un graphe); tête f (par exemple d'une pile)

B97 r верши́на f / вися́чая
 e dangling vertex
 d hängender Knoten (punkt) m
 f sommet m pendant

B98 r верши́на f / внýтренняя
 e inner vertex

ВЗАИМОДЕЙСТВИЕ

    d innerer Knoten (punkt) *m*
    f sommet *m* intérieur

B99 *r* верши́на *f* / достижи́мая
    e accessible vertex
    d erreichbarer Knoten *m*
    f sommet *m* accessible

B100 *r* верши́на *f* / изоли́рованная
     e isolated vertex
     d isolierter Knoten *m*
     f sommet *m* isolé

B101 *r* верши́на *f* / инциде́нтная
     e incident vertex
     d Inzidenzknoten *m*
     f sommet *m* incident

B102 *r* верши́на *f* / коне́чная
     e terminal vertex
     d Endknoten *m*
     f sommet *m* terminal

B103 *r* верши́на *f* / корнева́я
     e root vertex
     d Wurzelknoten *m*
     f sommet *m* de racine

B104 *r* верши́на *f* / нача́льная
     e initial vertex
     d Anfangsknoten *m*
     f sommet *m* initial

B105 *r* верши́на *f* сте́ка
     e top of stack
     d obere Grenze *f* des Kellerspeichers
     f sommet *m* [tête *f*] d'une pile

B106 *r* вес *m* разря́да
     e place value
     d Stellenwert *m*
     f poids *m* de position

B107 *r* ветвле́ние *n*
     e branch(ing)
     d Verzweigung *f*
     f branchement *m*

B108 *r* ветвле́ние *n* вперёд *см.* ветвле́ние с перехо́дом вперёд

B109 *r* ветвле́ние *n* наза́д *см.* ветвле́ние с перехо́дом наза́д

B110 *r* ветвле́ние *n* на не́сколько путе́й
     e multiway branch(ing)
     d Mehrweg-Verzweigung *f*
     f branchement *m* multivoie

B111 *r* ветвле́ние *n* с перехо́дом вперёд
     e forward branching (*in a program*)
     d Vorwärtsverzweigung *f* (*in Programm*)
     f branchement *m* en avant (*dans un programme*)

B112 *r* ветвле́ние *n* с перехо́дом наза́д
     e backward branching (*in a program*)
     d Rückwärtsverzweigung *f*
     f branchement *m* en arrière (*dans un programme*)

B113 *r* ветвле́ние *n* / усло́вное
     e conditional branch(ing)
     d bedingte Verzweigung *f*
     f branchement *m* conditionnel

B114 *r* ветвь *f*
     e branch (*e.g. of a program*); leg (*e.g. of a circuit*); path (*in an algorithm*)
     d Zweig *m*
     f branche *f* (*p.e. d'un programme, d'un circuit, d'un algorithme*)

B115 *r* ветвь *f* / выполня́емая
     e execution path
     d Ablaufzweig *m*
     f branche *f* exécutée [d'exécution]

B116 *r* ветвь *f* / стержнева́я
     e main path
     d Hauptzweig *m*
     f branche *f* principale

B117 *r* взаимоблокиро́вка *f*
     e deadlock (*of processes*)
     d gegenseitige Blockierung *f*, Verklemmung *f* (*von Prozessen*)
     f blocage *m* mutuel (*des processus*), embrassement *m* mortel (*des processus*)

B118 *r* взаимоде́йствие *n*
     e interaction
     d Wechselwirkung *f*, Interaktion *f*
     f interaction *f*

B119 *r* взаимоде́йствие *n* / односторо́ннее
     e one-way interaction
     d einseitige Wechselwirkung *f*
     f interaction *f* unilatérale

ВЗАИМОДЕЙСТВИЕ

B120 r взаимодействие n открытых систем
e open-system interconnection, OSI
d Wechselwirkung f von offenen Systemen
f interconnection f des systèmes ouverts, ISO

B121 r взаимодействие n сетей
e internetting
d Wechselwirkung f von Netzen
f interaction f des réseaux

B122 r взаимодействие n с пользователем
e user interaction
d Zusammenwirkung f mit dem Benutzer
f interaction f avec l'utilisateur

B123 r взаимозависимый
e interdependent
d gegenseitig abhängig
f interdépendant

B124 r взломщик m / компьютерный
e computer trespasser
d Computerpirat m
f pirate m d'ordinateur

B125 r вид m шрифта
e type face
d Schrifttyp m
f type m de caractères

B126 r видеоимпульс m
e videopulse
d Videoimpuls m, Bildimpuls m
f impulsion f vidéo

B127 r видеоконтроллер m
e video controller
d Videokontroller m
f contrôleur m vidéo [de visualisation]

B128 r видеомонитор m
e video monitor
d Videomonitor m, Bildmonitor m
f moniteur m vidéo [de visualisation]

B129 r видеосигнал m
e videosignal
d Videosignal n, Bildsignal n
f signal m vidéo

B130 r видимый
e visible
d sichtbar
f visible

B131 r визуализация f
e viewing, visualization
d Sichtbarmachung f
f visualisation f, prise f de vue

B132 r Винчестер m
e Winchester (*a disk drive*)
d Winchester-Laufwerk n
f disque m Winchester

B133 r виртуализация f
e virtualization
d Virtualisierung f
f virtualisation f

B134 r виртуальный
e virtual
d virtuell
f virtuel

B135 r владелец m авторских прав (*напр. на программное изделие*)
e copyright owner (*e.g. for a software product*)
d Copyright-Besitzer m (*z.B. für ein Programmprodukt*)
f propriétaire m de droit d'auteur (*p.e. d'un programme*)

B136 r владелец m данных
e data owner
d Dateneigentümer m
f propriétaire m de données

B137 r владелец m линии связи
e common carrier (*a company*)
d Fernmeldebetriebsgesellschaft f
f maître m de ligne de télécommunications

B138 r владелец m набора данных
e data set owner (*in databases*)
d Dateieigentümer m (*Datenbasis*)
f propriétaire m d'un ensemble de données (*dans les bases de données*)

B139 r вложение n
e nest(ing); embedding
d Einschachtelung f, Verschachtelung f; Einbettung f
f imbrication f; emboîtement m

B140 r вложенность f

　　　　e nesting, nested structure
　　　　d Verschachtelung *f*,
　　　　　　verschachtelte Struktur *f*
　　　　f imbrication *f*, structure *f*
　　　　　　imbriquée

B141　*r* вло́женность *f* бло́ков
　　　　e block nesting
　　　　d Blockschachtelung *f*
　　　　f imbrication *f* de blocs

B142　*r* вло́женность *f* опера́торов
　　　　e nesting of statements
　　　　d Verschachtelung *f* von
　　　　　　Anweisungen
　　　　f imbrication *f* d'operateurs

B143　*r* вло́женный
　　　　e nested
　　　　d eingeschachtelt, verschachtelt
　　　　f imbriqué

B144　*r* вмеша́тельство *n*
　　　　e interference (*operator's
　　　　　　action*)
　　　　d Eingriff *m* (*Bedieneraktion*)
　　　　f interférence *f* (*action
　　　　　　d'opérateur*)

B145　*r* внесе́ние *n* запла́т в
　　　　　　програ́мму
　　　　e patching a program
　　　　d Programm-Direktkorrektur *f*
　　　　　　(*Direkteingabe von
　　　　　　Programmänderungen*)
　　　　f correction *f* de bogue

B146　*r* внесе́ние *n* измене́ний
　　　　e correction
　　　　d Korrektur *f*
　　　　f correction *f*

B147　*r* внутрисхе́мный
　　　　e in-circuit
　　　　d schaltungsintegriert,
　　　　　　schaltungsintern
　　　　f intracircuit

B148　*r* возбуди́тель *m* ши́ны
　　　　e bus driver
　　　　d Bustreiber *m*
　　　　f transmetteur *m* de bus

B149　*r* возбужда́емый высо́ким
　　　　　　у́ровнем сигна́ла
　　　　e active-high
　　　　d high-aktiv
　　　　f activé par niveau haut de
　　　　　　signal

B150　*r* возбужда́емый ни́зким
　　　　　　у́ровнем сигна́ла
　　　　e active-low

　　　　d low-aktiv
　　　　f activé par niveau bas de
　　　　　　signal

B151　*r* возбужде́ние *n*
　　　　e initiation (*e.g. of a line*)
　　　　d Initiierung *f*, Aktivierung *f*
　　　　f initiation *f*, activation *f*

B152　*r* возведе́ние *n* в сте́пень
　　　　e exponentiation
　　　　d Potenzierung *f*
　　　　f exponentiation *f*

B153　*r* возвра́т *m* в испра́вное
　　　　　　состоя́ние
　　　　e recovery
　　　　d Wiederherstellung *f*
　　　　f recouvrement *m*, restauration
　　　　　　f

B154　*r* возвра́т *m* в исхо́дное
　　　　　　положе́ние
　　　　e reset
　　　　d Rücksetzen *n*, Rückstellen *n*
　　　　f remise *f* [mise *f*] à l'état
　　　　　　initial

B155　*r* возвра́т *m* в то́чку реста́рта
　　　　e backout
　　　　d Rückkehr *m* zum
　　　　　　Wiederanlaufpunkt, Backout
　　　　　　n
　　　　f relance *f* au point de reprise

B156　*r* возвра́т *m* из
　　　　　　подпрогра́ммы
　　　　e return from a subroutine
　　　　d Rücksprung *f* aus dem
　　　　　　Unterprogramm
　　　　f retour *m* d'un sous-
　　　　　　programme

B157　*r* возвра́т *m* каре́тки
　　　　e carriage return
　　　　d Wagenrücklauf *m*
　　　　f retour *m* de chariot

B158　*r* возвра́т *m* к предыду́щему
　　　　　　состоя́нию
　　　　e backtracking
　　　　d Rückverzweigung *f*,
　　　　　　Backtracking *n*
　　　　f retour *m* arrière

B159　*r* возвра́т *m* на одну́ пози́цию
　　　　e backspacing
　　　　d Rücksetzen *n* um eine Stelle
　　　　f espacement *m* arrière

B160　*r* возвра́т *m* строки́
　　　　e line starve
　　　　d Zeilenrücktransport *m*

ВОЗВРАТ

      f retour *m* à la ligne

B161 *r* возвра́т *m* / цикли́ческий
      e wraparound (*from the end to the beginning*)
      d zyklische Adreßfolge *f*
      f retour *m* en boucle (*de la fin au début*)

B162 *r* возде́йствие *n*
      e action
      d Aktion *f*, Bedienungsmaßnahme *f*
      f action *f*

B163 *r* возде́йствие *n* / возмуща́ющее
      e perturbation (action)
      d Störung *f*, Störwirkung *f*
      f perturbation *f*, action *f* perturbatrice

B164 *r* возде́йствие *n* / входно́е
      e input action
      d Eingangseinwirkung *f*
      f action *f* d'entrée

B165 *r* возде́йствие *n* / регули́рующее
      e control action
      d Regelwirkung *f*
      f action *f* de commande

B166 *r* возде́йствие *n* / случа́йное
      e random action
      d Zufallseinwirkung *f*
      f action *f* aléatoire

B167 *r* возде́йствие *n* / типово́е
      e type action
      d typische Wirkung *f*
      f action *f* type

B168 *r* возде́йствие *n* / управля́ющее
      e control (action)
      d Steuereinwirkung *f*
      f action *f* de contrôle

B169 *r* возмо́жности *f pl*
      e capabilities (*possibilities*); facilities (*supported by hardware or software*); options (*a choise*); features (*properties*)
      d Möglichkeiten *f pl*; Features *f pl*; Fähigkeiten *f pl*
      f capabilités *f pl* (*possibilités*); facilités *f pl* (*supportées par le matériel ou le logiciel*); options *f pl* (*une choix*); caractéristiques *f pl* (*propriétés*)

B170 *r* возмо́жности *f pl* / вырази́тельные
      e expressiveness (*e.g. of a language*)
      d Ausdrucksmöglichkeiten *f pl*
      f capabilités *f pl* expressives (*par exemple d'un langage*)

B171 *r* возмо́жности *f pl* / вычисли́тельные
      e computational capabilities
      d Rechenvermögen *n*
      f capabilités *f pl* de calcul

B172 *r* возмо́жности *f pl* / диагности́ческие
      e diagnostic features
      d Diagnosefähigkeit(en) *f (pl)*
      f facilités *f pl* diagnostiques

B173 *r* возмо́жности *f pl* / досту́пные для по́льзователя
      e user options
      d Anwenderoptionen *f pl*
      f options *f pl* d'utilisateur

B174 *r* возмо́жности *f pl* зада́ния ти́пов
      e type ahead features
      d Typenangabefähigkeit *f*
      f possibilités *f pl* de définition des types

B175 *r* возмо́жности *f pl* исправле́ния оши́бок
      e error-correcting capabilities
      d Fehlerkorrekturfähigkeiten *f pl*
      f capabilités *f pl* de correction d'erreurs

B176 *r* возмо́жности *f pl* организа́ции се́ти
      e networking capabilities
      d Netzaufbaumöglichkeiten *f pl*
      f capabilités *f pl* de création de réseau

B177 *r* возмо́жности *f pl* повторе́ния
      e retry features
      d Wiederholungsmöglichkeiten *f pl*
      f propriétés *f pl* [facilités *f pl*] de repassage

B178 *r* возмо́жности *f pl* / ра́звитые

ВОССТАНОВЛЕНИЕ

       e comprehensive [advanced] facilities
       d erweiterte Möglichkeiten *f pl*
       f facilités *f pl* avancées

B179 r возмо́жности *f pl* реализа́ции режи́ма с пла́вающей то́чкой [с пла́вающей запято́й]
       e floating-point features
       d Gleitpunkteinrichtungen *f pl*
       f facilités *f pl* virgule flottante

B180 r возмо́жности *f pl* самоконтро́ля
       e self-checking features
       d Selbstprüfungsfähigkeiten *f pl*
       f facilités *f pl* d'autocontrôle

B181 r возмо́жности *f pl* структури́рования
       e structural features
       d Strukturiermöglichkeiten *f pl*
       f facilités *f pl* de structuration

B182 r возмо́жности *f pl* / факультати́вные
       e options
       d Optionen *f pl*
       f options *f pl*

B183 r возмо́жности *f pl* / функциона́льные
       e functional capabilities, functionality
       d Funktionsmöglichkeit(en) *f (pl)*
       f capabilités *f pl* fonctionnelles

B184 r возмо́жность *f* многокра́тного использования
       e reusability
       d Wiederverwendbarkeit *f*, Wiederbenutzbarkeit *f*
       f réutilisabilité *f*

B185 r возмо́жность *f* повто́рного вхо́да
       e reentrance feature *(of a program)*
       d Wiedereintrittsfähigkeit *f (eines Programms)*
       f facilité *f* de réentrance *(d'un programme)*

B186 r возмущéние *n*
       e perturbation; disturbance *(noise)*
       d Störwirkung *f*, Störung *f*
       f perturbation *f*

B187 r возмущéние *n* / внéшнее
       e external disturbance
       d Fremdstörung *f*
       f perturbation *f* extérieure

B188 r возмущéние *n* / скачкообра́зное
       e step disturbance
       d Sprungstörung *f*
       f perturbation *f* de saut

B189 r вокóдер *m*
       e vo(co)der
       d Vocoder *m*
       f vocodeur *m*

B190 r вопро́с *m*, тре́бующий отве́та "да - нет"
       e yes-no question
       d Ja-Nein-Frage *f*
       f question *f* oui-non

B191 r восприя́тие *n*
       e sensing *(e.g. of punched tape holes)*; perception *(through sensors)*
       d Abfühlen *n*, Abtasten *n*, Wahrnehmung *f (mittels Sensoren)*
       f réception *f (p.e. des trous de ruban perforé)*; perception *f (par capteurs)*

B192 r воспроизведéние *n*
       e playback *(of records)*; reproducing, reproduction
       d Wiedergabe *f (der Schaltplatte)*; Reproduktion *f*
       f reproduction *f*

B193 r восстановлéние *n*
       e reset *(e.g. of initial state)*; reclaiming *(e.g. of address)*; recovery *(e.g. after malfunction)*
       d Rücksetzen *n*, Zurücksetzen *n (z.B. in die Anfangsstellung)*; Wiedergewinnung *f (z.B. einer Adresse)*, Wiederherstellung *f (z.B. nach einem Ausfall)*
       f remise *f (par exemple à l'etat initial)*; restauration *f (par exemple d'une adresse)*, recouvrement *m (par exemple après une défaillance)*; rétablissement

B194 r восстановлéние *n* / авари́йное

ВОССТАНОВЛЕНИЕ

- *e* fallback recovery
- *d* Notfall-Wiederherstellung *f*
- *f* remise *f* en service après une panne

B195 *r* восстановле́ние *n* / аппара́тно-управля́емое
- *e* hardware-controlled recovery
- *d* hardwaregesteuerte Wiederherstellung *f*
- *f* reprise *f* [restauration *f*] commandée par le matériel

B196 *r* восстановле́ние *n* ба́зы да́нных
- *e* database restore
- *d* Datenbasis-Rückspeicherung *f*
- *f* restauration *f* de base de données

B197 *r* восстановле́ние *n* изображе́ний
- *e* image restoration
- *d* Bildregenerierung *f*
- *f* restauration *f* d'images

B198 *r* восстановле́ние *n* по́сле вы́хода из стро́я
- *e* crash recovery
- *d* Wiederherstellung *f* nach Ausfall
- *f* reprise *f* après une panne

B199 *r* восстановле́ние *n* / програ́ммно-управля́емое
- *e* software-controlled recovery
- *d* softwaregesteuerte Wiederherstellung *f*
- *f* reprise *f* [restauration *f*] commandée par (le) logiciel

B200 *r* восстановле́ние *n* работоспосо́бности по́сле оши́бки
- *e* error recovery
- *d* Erneuerung *f* nach Fehler
- *f* reprise *f* [remise *f*] après une erreur

B201 *r* восстановле́ние *n* синхрониза́ции
- *e* retiming
- *d* Wiederherstellung *f* der Zeitsteuerung
- *f* reprise *f* [recouvrement *m*] d'horloge

B202 *r* восстановле́ние *n* фа́йла
- *e* file reset
- *d* Dateirückspeicherung *f*
- *f* restauration *f* d'un fichier

B203 *r* восстановле́ние *n* фу́нкций / непо́лное
- *e* degraded recovery
- *d* degradierte [verminderte] Wiederherstellung *f*
- *f* recouvrement *m* dégradé

B204 *r* восстановле́ние *n* ци́кла
- *e* cycle reset
- *d* Zyklusrückstellung *f*
- *f* remise *f* de cycle [de boucle]

B205 *r* восходя́щий
- *e* bottom-up
- *d* aufsteigend, hochsteigend, von unten nach oben aufgehend
- *f* ascendent, montant, levant

B206 *r* вре́мя *n* безотка́зной рабо́ты / сре́днее
- *e* mean time between failures, MTBF
- *d* mittlerer Ausfallabstand *m*, mittlere störungsfreie Betriebszeit *f*
- *f* temps *m* moyen entre erreurs [moyen entre pannes, moyen entre défaillances, moyen entre défauts], TMEE

B207 *r* вре́мя *n* включе́ния
- *e* turnon time
- *d* Einschaltzeit *f*
- *f* temps *m* d'enclenchement

B208 *r* вре́мя *n* возвра́та в исхо́дное состоя́ние
- *e* resetting time
- *d* Rücksetzzeit *f*
- *f* temps *m* de retour

B209 *r* вре́мя *n* восстановле́ния
- *e* recovery time
- *d* Wiederherstellungszeit *f*
- *f* temps *m* de recouvrement

B210 *r* вре́мя *n* вы́борки
- *e* select [access] time
- *d* Zugriffszeit *f*
- *f* temps *m* d'accès [d'extraction]

B211 *r* вре́мя *n* вы́борки из ОЗУ
- *e* fetch time
- *d* Abholzeit *f*
- *f* temps *m* d'accès à la mémoire centrale

B212 *r* вре́мя *n* выключе́ния

ВРЕМЯ

    e turnoff time
    d Ausschaltzeit *f*
    f temps *m* de débranchement

B213 *r* время *n* выполнения
    e execution time
    d Ausführungszeit *f*
    f temps *m* d'exécution

B214 *r* время *n* выполнения задачи
    e task time
    d Task(ausführungs)zeit *f*, Aufgaben(ausführungs)zeit *f*
    f temps *m* d'execution d'une tache

B215 *r* время *n* выполнения команды
    e instruction time
    d Befehlszeit *f*
    f temps *m* d'exécution d'une instruction

B216 *r* время *n* выполнения операции
    e operation time
    d Operationszeit *f*
    f temps *m* (d'exécution) d'une opération

B217 *r* время *n* вычислений
    e computing time
    d Rechenzeit *f*
    f temps *m* de calcul

B218 *r* время *n* для вспомогательных работ
    e miscellaneous time
    d Hilfsoperationszeit *f*, Zeit *f* für Ausführung von Hilfsarbeiten
    f temps *m* de travaux auxiliaires

B219 *r* время *n* доступа
    e access time
    d Zugriffszeit *f*
    f temps *m* d'accès

B220 *r* время *n* / доступное машинное
    e available machine time
    d nutzbare Maschinenzeit *f*, verfügbare Rechnerzeit *f*
    f temps *m* (de) machine disponible

B221 *r* время *n* загрузки
    e load time
    d Ladezeit *f*
    f temps *m* de chargement

B222 *r* время *n* задержки
    e delay time
    d Verzögerungszeit *f*
    f temps *m* de délai [de retard]

B223 *r* время *n* / машинное
    e computer time, machine time
    d Rechenzeit *f*
    f temps *m* de machine [d'ordinateur]

B224 *r* время *n* на передачу и подтверждение приёма
    e round-trip time
    d Round-trip-Zeit *f*
    f temps *m* de transmission et d'accusé de réception

B225 *r* время *n* нарастания сигнала
    e rise time
    d Anstiegszeit *f*
    f temps *m* de montée d'impulsion

B226 *r* время *n* / не предназначенное для пользователей
    e out-of-service time
    d für Benutzer nicht geeignete Rechnerzeit *f*
    f temps *m* hors service

B227 *r* время *n* освобождения устройства
    e device takedown time
    d Gerätefreigabezeit *f*
    f temps *m* de libération [de détachement] d'un dispositif

B228 *r* время *n* переключения
    e switch(ing) time, turnover time (*into opposed state*)
    d Schaltzeit *f*, Umschaltzeit *f*
    f temps *m* de commutation [de basculement] (*à un état opposé*)

B229 *r* время *n* перехода
    e transition time
    d Übergangszeit *f*
    f temps *m* de transition [de passage]

B230 *r* время *n* подготовки к работе
    e setup time
    d Vorbereitungszeit *f*
    f temps *m* de préparation au travail

B231 *r* время *n* позиционирования
    e positioning time

ВРЕМЯ

    d Positionierzeit *f*
    f temps *m* de positionnement

B232   *r* **время** *n* **поиска**
    e search time
    d Suchzeit *f*
    f temps *m* de recherche

B233   *r* **время** *n* **поиска и извлечения информации**
    e information retrieval time
    d Informationswiederauffindungszeit *f*
    f temps *m* nécessaire à retrouver une information

B234   *r* **время** *n*, **потерянное из-за неисправностей**
    e fault time
    d Ausfallzeit *f*
    f temps *m* perdu à cause de défauts

B235   *r* **время** *n* **пребывания в выключенном состоянии**
    e off time
    d Ausschaltzeit *f*, Ruhezeit *f*
    f temps *m* d'état hors circuit

B236   *r* **время** *n* **пребывания во включённом состоянии**
    e on time
    d Einschaltzeit *f*, Betriebszeit *f*
    f temps *m* d'état en circuit

B237   *r* **время** *n* **прогона**
    e run(ning) time
    d Durchlaufzeit *f*
    f temps *m* de déroulement [de marche, de passage]

B238   *r* **время** *n* **промежуточного хранения**
    e holding time
    d Haltezeit *f*
    f temps *m* de stockage temporaire

B239   *r* **время** *n* **простоя ЭВМ**
    e computer dead time
    d Rechnerausfallzeit *f*, Rechnerleerzeit *f*
    f temps *m* perdu [mort] d'un ordinateur

B240   *r* **время** *n* **/ рабочее**
    e operation time
    d Betriebszeit *f*
    f temps *m* d'occupation

B241   *r* **время** *n* **распространения сигнала**
    e propagation time
    d Laufzeit *f*, Signallaufzeit *f*
    f temps *m* de propagation de signal

B242   *r* **время** *n* **/ реальное**
    e real time
    d Echtzeit *f*, Realzeit *f*
    f temps *m* réel

B243   *r* **время** *n* **сохранения информации**
    e data-retention time
    d Datenaufbewahrungszeit *f*, Datenspeicherzeit *f*
    f temps *m* de rétention de données

B244   *r* **время** *n* **установления сигнала**
    e settling time
    d Einschwingzeit *f*
    f temps *m* d'établissement de signal

B245   *r* **время** *n* **цикла**
    e cycle time
    d Zykluszeit *f*
    f temps *m* de cycle

B246   *r* **вставка** *f*
    e insertion; stuffing *(e.g. of bits for transmission rates matching)*
    d Einfügung *f*; Auffüllen *n* *(z.B. mit Bits für Datenübertragungratesteuerung)*
    f insertion *f*; intercalation *f* *(par exemple de bits pour régler des vitesses de transmission)*

B247   *r* **вставка** *f* **битов**
    e bitstuffing
    d Auffüllen *n* mit Bits
    f insertion *f* de bits

B248   *r* **вставление** *n*
    e insertion *(e.g. of a diskette into a drive)*; inclusion *(e.g. of comments into a program)*
    d Einstecken *n* *(z.B. einer Diskette ins Laufwerk)*; Einfügen *n* *(z.B. eines Kommentars ins Programm)*
    f insertion *f* *(p.e. d'une disquette dans une unité de disquette)*; inclusion *f* *(p.e. des commentaires dans un programme)*

ВХОД

B249　r　встроенный
　　　e　built-in; onboard
　　　d　eingebaut; auf der Steckeinheit
　　　f　intégré; à bord; incorporé

B250　r　встроенный в кристалл
　　　e　on-chip
　　　d　chipintern, chipintegriert; schaltkreisintegriert
　　　f　(intégré) sur la puce

B251　r　вход m
　　　e　entrance, entry (*e.g. of a program*); input (*for a signal*)
　　　d　Eintritt m, Eingang m (*z.B. ins Programm*); Eingabe f, Eingang m (*eines Signals*)
　　　f　entrée f

B252　r　вход m / адресный
　　　e　address input
　　　d　Adreßeingang m
　　　f　entrée f d'adresse

B253　r　вход m / аналоговый
　　　e　analog input
　　　d　Analogeingabe f, Analogeingang m
　　　f　entrée f analogique

B254　r　вход m без регистра-защёлки
　　　e　inlatched input
　　　d　Eingang m ohne Latch (register)
　　　f　entrée f sans registre verrou

B255　r　вход m в программу
　　　e　program entry
　　　d　Programmeingang m, Programmeintritt m
　　　f　entrée f de programme

B256　r　вход m в систему
　　　e　log-in, logon
　　　d　Logon n, Anmeldung f
　　　f　arrivée f (*dans un système*)

B257　r　вход m единицы
　　　e　one input
　　　d　Einereingang m, "1"-Eingang m
　　　f　entrée f de un [de 1], entrée f d'une unité

B258　r　вход m / запрещающий
　　　e　inhibiting input
　　　d　Sperreingang m
　　　f　entrée f d'inhibition [d'interdiction, de défense]

B259　r　вход m / инверсный [инвертирующий]
　　　e　inverting input
　　　d　invertierender Eingang m
　　　f　entrée f d'inversion

B260　r　вход m / информационный
　　　e　data entry; data input
　　　d　Dateneingang m
　　　f　entrée f de données

B261　r　вход m / неинвертирующий
　　　e　uncomplemented input
　　　d　nichtinvertierender Eingang m
　　　f　entrée f non inversante

B262　r　вход m нуля
　　　e　zero input
　　　d　Nulleingang m, "0"-Eingang m
　　　f　entrée f de zéro

B263　r　вход m переноса
　　　e　carry input
　　　d　Übertragseingang m, Carry-Eingang m
　　　f　entrée f de report

B264　r　вход m / разрешающий
　　　e　enable input
　　　d　Freigabeeingang m
　　　f　entrée f de validation [d'autorisation]

B265　r　вход m сброса
　　　e　reset input
　　　d　Rücksetzeingang m
　　　f　entrée f de remise à zéro

B266　r　вход m сигнала установки в единицу
　　　e　set input
　　　d　Setzeingang m
　　　f　entrée f du signal de mise à un

B267　r　вход m синхронизации
　　　e　clock input
　　　d　Takteingang m
　　　f　entrée f de synchronisation [d'horloge, de rythme]

B268　r　вход m с регистром-защёлкой
　　　e　latched input
　　　d　Eingang m mit Latch (register)
　　　f　entrée f à registre verrou

43

ВХОД

B269 r вход m / стробируемый
 e gated input
 d gattergesteuerter Eingang m
 f entrée f de porte [de fenêtre]

B270 r вход m / счётный
 e complementing input
 d Zähleingang m
 f entrée f de (signal de) basculement

B271 r вход m / тактирующий
 e clock input
 d Takteingang m
 f entrée f d'horloge

B272 r входимость f / повторная
 e reentrance, reenterability
 d Wiedereintrittsfähigkeit f, Ablaufinvarianz f, Reenterabilität f
 f réentrance f

B273 r входящий
 e incoming
 d einkommend
 f entrant

B274 r вхождение n
 e entry (e.g. of the character in a string); occurence (a case of using)
 d Eintritt m, Eintreten n
 f occurence f (p.e. d'un caractère dans une chaîne de caractères ou d'un cas d'utilisation)

B275 r выбор m из двух альтернатив
 e binary decision
 d Binärentscheidung f
 f décision f binaire

B276 r выбор m конфигурации
 e configuring
 d Konfigurieren n
 f choix m de configuration, configuration f

B277 r выбор m маршрута
 e routing
 d Routing n, Weglenkung f, Wegsuchen n
 f routage m, acheminement m

B278 r выбор m масштаба
 e scaling
 d Skalierung f
 f choix m d'échelle

B279 r выбор m на основе меню
 e menu selection, menu picking
 d Menüauswahl f
 f sélection f par menu

B280 r выбор m по умолчанию
 e defaut option
 d Standardoption f, Option f im Normallfall
 f option f par défaut

B281 r выбор m программной ветви
 e branching decision
 d Verzweigungsentscheidung f, Programmzweigauswahl f
 f décision f de branchement, choix m de branche (d'un programme)

B282 r выборка f
 e sample (a part of general population in statistics); sampling (as on action); drawing selection (of discrete data); access (from memory location)
 d Stichprobe f (Teil der Grundgesamtheit); Stichprobenentnahme f (Prozeß); Auswahl f (von Daten); Zugriff m (zu den Speicherzellen)
 f échantillon m (une partie de population totale dans la statistique); échantillonnage m (une action); sélection f (de données discrètes); accès m (à la mémoire); extraction f

B283 r выборка f из памяти
 e memory access
 d Speicherzugriff m
 f accès m à la mémoire

B284 r выборка f команды
 e instruction fetching
 d Befehlsholen n
 f appel m à l'instruction, lecture f [extraction f] de l'instruction

B285 r выборка f / несмещённая
 e unbiased sampling
 d erwartungstreue Stichprobe f
 f échantillonnage m sans biais

B286 r выборка f операнда
 e operand fetching
 d Operanden(ab)holen n

ВЫВОД

      f appel *m* [sélection *f*, extraction *f*] d'operande

B287 *r* вы́борка *f* / паралле́льная
    e simultaneous access
    d Simultanzugriff *m*, paralleler Zugriff *m*
    f accès *m* parallèle [simultané]

B288 *r* вы́борка *f* по приорите́ту
    e priority selection
    d Prioritätsauswahl *f*, Vorrangauswahl *f*
    f accès *m* [sélection *f*] par priorité

B289 *r* вы́борка *f* / предвари́тельная
    e prefetching
    d Vorausholen *n*
    f prélecture *f*, appel *m* préalable

B290 *r* вы́борка *f* / произво́льная
    e random access
    d wahlfreier Zugriff *m*
    f accès *m* arbitraire

B291 *r* вы́борка *f* сло́ва
    e word selection
    d Wortauswahl *f*
    f sélection *f* de mot

B292 *r* вы́борка *f* / случа́йная
    e random sampling
    d zufällige Auswahl *f*
    f échantillonnage *m* aléatoire [au hasard, hasardé]

B293 *r* вы́борка *f* / смещённая
    e biased sampling
    d erwartungsuntreue Stichprobe *f*
    f échantillonnage *m* biais

B294 *r* вы́вод *m*
    e 1.lead, pin (*a conductor*) 2. lead-out (*a part of a line*) 3. output (*e.g. of data*) 4. inference (*in logic*) 5. deduction, inferencing (*a procedure*) 6. terminal (*end point*)
    d 1. Anschluß *m*, Pin *n* 2. Zuleitung *f* 3. Ausgabe *f* (*von Daten*) 4. Inferenz *f*; Schlußfolgerung *f* 5. Endpunkt *m*
    f 1. patte *f*, broche *f* (*un conducteur*) 2. bout *m* (*une partie ou un tronçon de la ligne*) 3. sortie *f* (*p.e. de données*) 4. inférence *f* (*dans une logique*) 5. déduction *f*, inférence *f* (*une procédure*) 6. terminaison *f*, extrémité *f* (*point final*)

B295 *r* вы́вод *m* / автоно́мный
    e off-line output
    d Off-line-Ausgabe *f*
    f sortie *f* hors ligne

B296 *r* вы́вод *m* / бесформа́тный
    e formless output
    d formatfreie Ausgabe *f*
    f sortie *f* sans format

B297 *r* вы́вод *m* графи́ческих да́нных
    e plotted output
    d Grafikdatenausgabe *f*
    f sortie *f* de données graphiques

B298 *r* вы́вод *m* да́нных
    e data output
    d Datenausgabe *f*
    f sortie *f* de données

B299 *r* вы́вод *m* да́нных в реа́льном вре́мени
    e real-time output
    d Echtzeitausgabe *f*
    f sortie *f* temps réel

B300 *r* вы́вод *m* да́нных / графи́ческий
    e graphic(al) output
    d grafische Ausgabe *f*, Grafikausgabe *f*
    f sortie *f* graphique

B301 *r* вы́вод *m* да́нных на печа́ть
    e printout
    d Druck(er)ausgabe *f*
    f sortie *f* par impression

B302 *r* вы́вод *m* да́нных / после́довательный
    e serial output
    d serielle Ausgabe *f*
    f sortie *f* séquentielle [successive, en série]

B303 *r* вы́вод *m* да́нных при прого́не програ́ммы
    e run-time output
    d Laufzeitausgabe *f*
    f sortie *f* pendant le déroulement de programme

B304 *r* вы́вод *m* / дедукти́вный
    e deductive reasoning

ВЫВОД

    d deduktive Schlußfolgerung *f*
    f raisonnement *m* déductif

B305 *r* вы́вод *m* / информацио́нный
    e data pin
    d Datenpin *m*
    f broche *f* de données [d'information]

B306 *r* вы́вод *m* / краево́й
    e edge-assigned terminal
    d Randanschluß *m*
    f terminaison *f* de bord

B307 *r* вы́вод *m* / логи́ческий
    e inference (*a result*); inferencing (*a process*)
    d Inferenz *f*, Schlußfolgerung *f*; Schließen *n*
    f inférence *f* (*un résultat*); processus *m* d'obtention d'une inférence

B308 *r* вы́вод *m* микросхе́мы
    e pinout
    d IC-Anschluß *m*
    f broche *f* [patte *f*, sortie *f*] d'un microcircuit

B309 *r* вы́вод *m* на печа́ть с подка́чкой да́нных
    e print spooling
    d Drucker-Spooling *n*
    f sortie *f* par impression à spoulage [par impression à multiconversion]

B310 *r* вы́вод *m* / нестро́гий
    e nonmonotonic conclusion
    d nichtmonotone Schlußfolgerung *f*
    f conclusion *f* non monotone

B311 *r* вы́вод *m* / обо́рванный
    e open lead
    d offener Anschluß *m*
    f bout *m* ouvert [coupé]

B312 *r* вы́вод *m* / паучко́вый
    e spide-like lead
    d Spinnenanschluß *m*, Zwischenträgerbrückenanschluß *m*
    f bout *m* [terminaison *f*, extremité *f*] en araignée

B313 *r* вы́вод *m* пита́ния
    e power lead
    d Stromversorgungsanschluß *m*, Versorgungspin *n*
    f sortie *f* d'alimentation

B314 *r* вы́вод *m* / пла́вающий
    e floating terminal
    d floatender Anschlußpunkt *m* (*beim Routing*)
    f bout *m* flottant, terminaison *f* flottante

B315 *r* вы́вод *m* результа́тов прого́на програ́ммы
    e post-run output
    d Ausgabe *f* nach Abschluß eines Programmlaufs
    f sortie *f* de résultat d'éxecution (*d'un programme*)

B316 *r* вы́дача *f* / контро́льная
    e monitor control dump
    d Monitorsteuerauszug *m*
    f vidage *m* moniteur

B317 *r* выделе́ние *n* ве́нтилей
    e gate extraction (*in VLSI designing*)
    d Gate-Extraktion *f* (*beim VLSI-Entwurf*)
    f extraction *f* de portes (*dans la conception de circuits d'integration à très grande échelle*)

B318 *r* выделе́ние *n* па́мяти
    e memory allocating
    d Speicherplatzzuordnung *f*, Speicherzuweisung *f*
    f allocation *f* (de) mémoire

B319 *r* выделе́ние *n* при́знаков
    e feature extraction
    d Merkmalextraktion *f*
    f extraction *f* de caractéristiques [d'atributs]

B320 *r* выделе́ние *n* ресу́рсов
    e resource allocation
    d Ressourcenzuordnung *f*, Systemmittelzuordnung *f*
    f allocation *f* de ressources

B321 *r* выделе́ние *n* сигна́ла на фо́не поме́х
    e signal extraction
    d Signalentzerrung *f*
    f extraction *f* de signal

B322 *r* вы́зов *m*
    e call(ing)
    d Anruf *m*, Anwahl *f*, Aufruf *m*

ВЫРАВНИВАНИЕ

    f appel *m*, appelation *f*, demande *f*

B323 *r* вы́зов *m* / несанкциони́рованный
    e unauthorized call
    d unberechtigter Aufruf *m*
    f appel *m* non autorisé

B324 *r* вы́зов *m* подпрогра́ммы
    e subroutine call
    d Unterprogrammaufruf *m*
    f appel *m* de sous-programme

B325 *r* вы́зов *m* по значе́нию
    e call by value
    d Wertaufruf *m*
    f appel *m* par valeur

B326 *r* вы́зов *m* по и́мени
    e call by name
    d Namenaufruf *m*
    f appel *m* par nom

B327 *r* вы́зов *m* по но́меру
    e dialing; dial-up
    d Wählen *n*
    f appel *m* par numéro

B328 *r* вы́зов *m* по прерыва́нию
    e interrupt call
    d unterbrechungsgesteuerter Aufruf *m*
    f appel *m* par interruption

B329 *r* вы́зов *m* по ссы́лке
    e call by reference
    d Referenzaufruf *m*
    f appel *m* par référence

B330 *r* выключа́тель *m*
    e switch
    d Schalter *m*, Ausschalter *m*
    f aiguilleur *m*

B331 *r* выключе́ние *n*
    e switching, switching off
    d Ausschalten *n*
    f débranchement *m*

B332 *r* выпаде́ние *n* разря́да
    e digit fallout
    d Stellenausfall *m*
    f perte *f* de chiffre

B333 *r* выполне́ние *n*
    e execution
    d Ausführung *f* (*eines Befehls*); Ablauf *m* (*eines Programms*)
    f exécution *f*

B334 *r* выполне́ние *n* в режи́ме интерпрета́ции
    e interpretive execution
    d interpretierende Ausführung *f*
    f exécution *f* d'interprétation

B335 *r* выполне́ние *n* кома́нд, вводи́мых с клавиату́ры
    e direct keyboard execution
    d Ausführung *f* der von der Tastatur eingegebenen Befehle
    f exécution *f* directe [immédiate] des instructions chargées par clavier

B336 *r* выполне́ние *n* / одновреме́нное
    e concurrent execution
    d simultane [gleichzeitige] Ausführung *f*
    f exécution *f* concurrente

B337 *r* выполне́ние *n* / повто́рное
    e reexecution (*e.g. of program*); retry (*e.g. of data entry*)
    d Wiederausführung *f* (*z.B. eines Programms*); Wiederholung *f* (*z. B. der Dateneingabe*)
    f réexécution *f* (*p.e. d'un programme*); répétition *f* (*p.e. d'entrée de données*); réitération *f*

B338 *r* выполне́ние *n* / цикли́ческое
    e looping execution
    d Schleifenausführung *f*, zyklische Ausführung *f*
    f exécution *f* cyclique [bouclée]

B339 *r* вы́пуск *m*
    e release (*a variant or an action*)
    d Herausgabe *f*; Ausgabe *f*
    f livraison *f* (*une variante ou une action*)

B340 *r* выра́внивание *n*
    e adjustment (*e.g of a paper in a printer*); alignement
    d Ausrichten *n* (*z.B. von Papier im Drucker*); Justierung *f*
    f ajustage *m*, ajustement *m* (*p.e. de papier dans une imprimante*); alignement *m*, justification *f*

B341 *r* выра́внивание *n* масси́вов зна́ков
    e justification

ВЫРАВНИВАНИЕ

       d Justierung *f*
       f justification *f*

B342 *r* выра́внивание *n* по
       пе́рвому зна́ку
       e left(-hand) justification
       d linksbündige Justierung *f*
       f justification *f* à gauche

B343 *r* выра́внивание *n* по
       после́днему зна́ку
       e right(-hand) justification
       d rechtsbündige Justierung *f*
       f justification *f* à droite

B344 *r* выраже́ние *n*
       e expression
       d Ausdruck *m*
       f expression *f*

B345 *r* выраже́ние *n* /
       аналити́ческое
       e formula
       d Formel *f*
       f expression *f* analytique

B346 *r* выраже́ние *n* / бу́лево
       e Boolean expression
       d Boolescher Ausdruck *m*
       f expression *f* booléenne

B347 *r* выраже́ние *n* над
       масси́вами
       e array expression
       d Feldausdruck *m*
       f expression *f* à tableaux

B348 *r* выраже́ние *n* / си́мвольное
       e character expression
       d Zeichenausdruck *m*
       f expression *f* à caractères

B349 *r* выраже́ние *n* с и́ндексами
       e subscript expression
       d Indexausdruck *m*
       f expression *f* indicée

B350 *r* выраже́ние *n* / хо́рновское
       e Horn clause
       d Hornsche Klausel *f*
       f clause *f* de Horn

B351 *r* выраже́ние *n* / чи́сленное
       e numerical expression
       d numerischer Ausdruck *m*
       f expression *f* numérique

B352 *r* выска́зывание *n*
       e proposition
       d Aussage *f*
       f proposition *f*

B353 *r* выска́зывание *n* / и́стинное
       e true proposition
       d wahre Aussage *f*
       f proposition *f* vraie

B354 *r* выска́зывание *n* / ло́жное
       e false proposition
       d falsche Aussage *f*
       f proposition *f* fausse

B355 *r* выска́зывание *n* / просто́е
       e simple proposition
       d einfache Aussage *f*
       f proposition *f* simple

B356 *r* выска́зывание *n* / сло́жное
       e compound proposition
       d komplexe Aussage *f*
       f proposition *f* composée

B357 *r* высокоскоростно́й
       e high-speed
       d Hochgeschwindigkeits...
       f rapide

B358 *r* выставле́ние *n* флажка́
       e flag activation
       d Flagsetzen *n*, Setzen *n* eines Flags
       f activation *f* d'un drapeau

B359 *r* выта́лкивание *n* (да́нных) из сте́ка
       e pop
       d Auskellern *n*, Entkellern *n*
       f dépilage *m*, dépilement *m*

B360 *r* вы́ход *m*
       e exit (*e.g. of a flow-chart*); output (*a result*)
       d Ausgang *m*; Ausgabe *f*
       f point *m* de sortie (*p.e. sur un bloc-diagramme*); sortie *f* (*un résultat*)

B361 *r* вы́ход *m* / ана́логовый
       e analog output
       d Analogausgabe *f*, Analogausgang *m*
       f sortie *f* analogique

B362 *r* вы́ход *m* без (реги́стра-)защёлки
       e unlatched output
       d Ausgang *m* ohne Latch(register)
       f sortie *f* sans registre verrou

B363 *r* вы́ход *m* го́дных изде́лий
       e yield
       d Ausbeute *f*
       f rendement *m*

B364 *r* вы́ход *m* / двои́чный
       e binary output
       d Binärausgang *m*
       f sortie *f* binaire

ВЫЧИСЛЕНИЕ

B365   r   выход *m* единицы
       e   one output
       d   Einerausgang *m*, "1"-Ausgang *m*
       f   sortie *f* de l'unité

B366   r   выход *m* из-под контроля
       e   runaway
       d   Weglaufen *n*
       f   passage *m* hors contrôle

B367   r   выход *m* из системы
       e   logout, logoff
       d   Logoff *n*, Abmeldung *f*
       f   sortie *f* hors système

B368   r   выход *m* из цикла
       e   loop exit
       d   Schleifenausgang *m*
       f   achèvement *m* de boucle

B369   r   выход *m* / инверсный
       e   inverted output, inverting output
       d   invertierter Ausgang *m*
       f   sortie *f* inverse

B370   r   выход *m* / мультиплексный
       e   multiplexed output
       d   Multiplexausgang *m*
       f   sortie *f* multiplexée

B371   r   выход *m* нуля
       e   zero output
       d   Nullausgang *m*, "0"-Ausgang *m*
       f   sortie *f* de zéro

B372   r   выход *m* обратного кода
       e   complementary output
       d   Komplementausgang *m*
       f   sortie *f* de complément [de code complémentaire]

B373   r   выход переноса
       e   carry output
       d   Übertragsausgang *m*, Carry-Ausgang *m*
       f   sortie *f* de report

B374   r   выход *m* прямого кода
       e   true output
       d   Direktkodeausgang *m*
       f   sortie *f* de code droit

B375   r   выход *m* / *N*-разрядный
       e   *N*-bit output
       d   *N*-Bit-Ausgang *m*
       f   sortie *f* à *N* bits

B376   r   выход *m* / речевой
       e   voice output
       d   Sprachausgang *m*
       f   sortie *f* vocale [de voix]

B377   r   выход *m* с (регистром-)защёлкой
       e   latched output
       d   Latch-Ausgang *m*
       f   sortie *f* à registre verrou

B378   r   выход *m* с тремя состояниями
       e   three-state [tri-state] output
       d   Tristate-Ausgang *m*, Ausgang *m* mit drei Zuständen
       f   sortie *f* à trois états

B379   r   выход *m* суммы
       e   add output, sum output
       d   Summenausgang *m*
       f   sortie *f* de somme

B380   r   выходы *m pl* / дополняющие
       e   complementary outputs
       d   Komplementärausgänge *m pl*
       f   sorties *f pl* complémentaires

B381   r   вычёркивание *n*
       e   deletion
       d   Streichen *n*, Löschen *n*
       f   suppression *f*, effacement *m*

B382   r   вычисление *n*
       e   calculating, calculation (*using a calculator*); computing, computation (*using a computer*); evaluation
       d   Berechnung *f*; Rechnung *f*, Rechnen *n* (*auf Computern*); Auswertung *f*
       f   calcul *m*, comptage *m*, évaluation *f*, compte *m*

B383   r   вычисление *n* в реальном времени
       e   real-time computation
       d   Echtzeitrechnen *n*
       f   calcul *m* (en) temps réel

B384   r   вычисление *n* по формуле
       e   formula computing
       d   Formelauswertung *f*, Formelrechnung *f*
       f   évaluation *f* par formule

B385   r   вычисление *n* / пошаговое
       e   step-by-step computation
       d   schrittweise Rechnung *f*
       f   calcul *m* pas à pas

B386   r   вычисление *n* / рекурсивное
       e   recursive computation
       d   rekursive Rechnung *f*
       f   comptage *m* [calcul *m*] récursif

ВЫЧИСЛЕНИЕ

B387 r вычисле́ние n с двойно́й то́чностью
 e double-precision computation
 d Rechnung f mit doppelter Genauigkeit [mit doppelter Stellenzahl]
 f calcul m à precision double

B388 r вычисле́ние n с двойны́м просчётом
 e double calculation
 d doppelte Rechnung f
 f calcul m double

B389 r вычисле́ние n / си́мвольное
 e symbolic computation
 d symbolische Rechnung f
 f calcul m symbolique

B390 r вычисле́ние n с обы́чной то́чностью
 e single-precision computation
 d Rechnung f mit einfacher Genauigkeit
 f calcul m à precision simple

B391 r вычисле́ние n с пла́вающей запято́й
 e floating-point computation
 d Gleitkommarechnung f
 f calcul m en virgule flottante

B392 r вычисле́ние n с фикси́рованной запято́й
 e fixed-point computation
 d Festkommarechnung f
 f calcul m en virgule fixe

B393 r вычисле́ния n pl / волновы́е
 e wavefront computations
 d Wellenfrontrechnen n
 f calcul m ondulatoire

B394 r вычисле́ния n pl в паке́тном режи́ме
 e batch computing
 d Rechnen n im Stapelbetrieb
 f calcul m par lots, calcul m en mode train de travaux, calcul m en batch (anglais)

B395 r вычисле́ния n pl в те́мпе поступле́ния да́нных
 e on-line computing
 d On-line-Rechnen n, mitlaufendes Rechnen n
 f calcul m en ligne

B396 r вычисле́ния n pl / отказоусто́йчивые
 e fault-tolerant computing
 d fehlertolerantes Rechnen n
 f calcul m tolérant de pannes

B397 r вычисле́ния n pl / персона́льные
 e personal computing
 d personelle Rechnung(en) f (pl)
 f calcul m personnel [individuel]

B398 r вычисле́ния n pl / распределённые
 e distributed calculating
 d verteilte Rechnung(en) f (pl)
 f calcul m réparti

B399 r вычисле́ния n pl / табли́чные
 e spreadsheet calculations
 d Tabellenkalkulation f
 f calcul m en [sous] forme de table

B400 r вычисли́тель m
 e calculator
 d Rechner m, Rechengerät n
 f calculateur m

B401 r вычисли́тельный
 e computational
 d rechnerisch
 f à calculer, calculateur

B402 r вычита́емое n
 e subtrahend
 d Subtrahend m
 f nombre m à soustraire

B403 r вычита́ние n
 e subtraction
 d Subtrahieren n, Subtraktion f
 f soustraction f

B404 r вычита́ние n путём сложе́ния
 e subtraction by addition
 d Subtrahieren n mittels Addition
 f soustraction f par addition

B405 r вычита́тель m
 e subtractor, subtracter
 d Subtrahierer m, Subtraktor m
 f soustracteur m

B406 r вычита́тель m / паралле́льный
 e parallel subtracter
 d paralleler Subtrahierer m
 f soustracteur m parallèle

B407 r вычита́тель m / по́лный
 e full subtracter, three-input subtracter

ГЕНЕРАТОР

      d Vollsubtrahierer *m*, Subtrahierer *m* mit drei Eingängen
      f soustracteur *m* complet [à trois entrées]

В408 *r* вычита́тель *m* / после́довательный
      e serial subtracter
      d serieller Subtrahierer *m*
      f soustracteur *m* successif

Г

Г1 *r* ГАП *n см.* произво́дство / ги́бкое автоматизи́рованное

Г2 *r* гарантоспосо́бность *f*
      e dependability
      d Betriebssicherheit *f*
      f capacité *f* de garantie

Г3 *r* гаше́ние *n*
      e 1. clearing *(cleaning)* 2. suppression *(in order to delete)*
      d 1. Löschen *n*, Löschung *f* 2. Unterdrückung *f*, Austastung *f*, Dunkeltastung *f*
      f 1. nettoyage *m* 2. suppression *f*, annulation *f*

Г4 *r* гаше́ние *n* зна́ков *(на экране дисплея)*
      e character blanking
      d Zeichenunterdrückung *f*
      f suppression *f* [annulation *f*] des caractères *(sur écran)*

Г5 *r* гаше́ние *n* изображе́ния
      e display suppression
      d Bildaustastung *f*
      f suppression *f* d'image

Г6 *r* гаше́ние *n* па́мяти
      e memory clearing
      d Speicherlöschung *f*
      f nettoyage *m* de mémoire

Г7 *r* генера́тор *m* бу́квенно-цифровы́х зна́ков
      e alpha(nu)meric generator
      d alphanumerischer Generator *m*
      f générateur *m* alphanumérique

Г8 *r* генера́тор *m* / ве́кторный
      e vector generator *(in a computer graphics)*
      d Vektorgenerator *m* *(Computergrafik)*
      f générateur *m* de vecteur *(dans la graphique d'ordinateur)*

Г9 *r* генера́тор *m* ве́кторов
      e vector generator *(in a testing)*
      d Vektorgenerator *m* *(Diagnosehilfe)*
      f générateur *m* des vecteurs *(de test)*

Г10 *r* генера́тор *m* видеосигна́лов
      e video generator
      d Videogenerator *m*, Bildgenerator *m*
      f générateur *m* vidéo

Г11 *r* генера́тор *m* входны́х сигна́лов
      e input-stimulus generator
      d Eingangssignalgenerator *m*
      f générateur *m* de signaux d'entrée

Г12 *r* генера́тор *m* выходно́й програ́ммы
      e output routine generator
      d Ausgangsroutinengenerator *m*
      f générateur *m* de programme de sortie

Г13 *r* генера́тор *m* графи́ческих изображе́ний
      e graphics generator
      d Grafikgenerator *m*
      f générateur *m* de graphiques

Г14 *r* генера́тор *m* да́нных
      e data generator
      d Datengenerator *m*
      f générateur *m* de données

Г15 *r* генера́тор *m* докуме́нтов
      e document generator
      d Beleggenerator *m*
      f générateur *m* de documents, formateur *m* de documents

Г16 *r* генера́тор *m* / задаю́щий
      e clock
      d Taktgenerator *m*
      f horloge *f* principale, rythmeur *m* principale

Г17 *r* генера́тор *m* заде́ржки
      e delay generator
      d Verzögerungsgenerator *m*
      f générateur *m* de délai [de retard]

Г18 *r* генера́тор *m* зна́ков

ГЕНЕРАТОР

    e character generator
    d Zeichengenerator *m*
    f générateur *m* de caractères

Г19 *r* генера́тор *m* изображе́ний
    e pattern generator
    d Mustergenerator *m*
    f générateur *m* d'images

Г20 *r* генера́тор *m* ко́да
    e code generator
    d Kodegenerator *m*
    f générateur *m* de code

Г21 *r* генера́тор *m* ко́довых комбина́ций
    e pattern generator
    d Kodemustergenerator *m*, Mustergenerator *m*
    f générateur *m* des combinaisons codées

Г22 *r* генера́тор *m* ли́ний
    e line generator *(in a visual display unit)*
    d Liniengenerator *m (im Bildschirmgerät)*
    f générateur *m* de lignes *(dans une unité de visualisation)*

Г23 *r* генера́тор *m* макрокома́нд
    e macrocommand generator, macroinstruction generator
    d Makrogenerator *m*, Generator *m* von Makrobefehlen
    f générateur *m* de macro-instructions

Г24 *r* генера́тор *m* маши́нных слов
    e word generator
    d Wortgenerator *m*
    f générateur *m* de mots

Г25 *r* генера́тор *m* объясне́ний
    e explanation generator *(in expert systems)*
    d Erklärungsgenerator *m (im Expertensystem)*
    f générateur *m* d'explication *(dans les systèmes experts)*

Г26 *r* генера́тор *m* отчётов
    e report generator, reporter
    d Listengenerator *m*
    f générateur *m* de rapports

Г27 *r* генера́тор *m* пилообра́зного напряже́ния
    e sawtooth generator
    d Sägezahnspannungsgenerator *m*
    f générateur *m* de tension en dents de scie

Г28 *r* генера́тор *m* пилообра́зной фу́нкции
    e ramp generator
    d Sägezahngenerator *m*
    f générateur *m* de fonction en dents de scie

Г29 *r* генера́тор *m* прикладны́х програ́мм
    e application generator
    d Anwendersoftwaregenerator *m*, Generator *m* von Anwenderprogrammen
    f générateur *m* d'applications

Г30 *r* генера́тор *m* програ́мм
    e program generator
    d Programmgenerator *m*
    f générateur *m* de programmes

Г31 *r* генера́тор *m* развёртки
    e sweep generator
    d Kippgenerator *m*, Ablenkgenerator *m*
    f générateur *m* de balayage

Г32 *r* генера́тор *m* речевы́х сигна́лов
    e speech generator
    d Sprachgenerator *m*
    f générateur *m* de signaux vocaux

Г33 *r* генера́тор *m* ре́чи
    e speech generator
    d Sprachgenerator *m*
    f générateur *m* de la parole

Г34 *r* генера́тор *m* сигна́лов
    e signal generator
    d Signalgenerator *m*
    f générateur *m* de signaux

Г35 *r* генера́тор *m* си́мволов
    e symbol generator
    d Zeichengenerator *m*
    f générateur *m* de symboles [de caractères]

Г36 *r* генера́тор *m* синхронизи́рующих и́мпульсов
    e timing generator
    d Zeitsignalgenerator *m*, Taktgenerator *m*
    f générateur *m* de tops [d'impulsions] de synchronisation

Г37 *r* генера́тор *m* случа́йных чи́сел

ГЕОМЕТРИЯ

      e random-number generator
      d Zufallszahlengenerator *m*
      f générateur *m* des nombres aléatoires

Г38 *r* генера́тор *m* строби́рующих и́мпульсов
      e gate generator
      d Auftastimpulsgenerator *m*, Gatterimpulsgenerator *m*, Torimpulsgenerator *m*
      f générateur *m* d'impulsions sélectrices [d'impulsions de fenêtre]

Г39 *r* генера́тор *m* строк те́кста
      e line generator
      d Zeilengenerator *m*
      f générateur *m* de lignes

Г40 *r* генера́тор *m* ступе́нчатой фу́нкции
      e staircase generator
      d Treppengenerator *m*
      f générateur *m* de fonction en escalier

Г41 *r* генера́тор *m* / та́ктовый
      e clock
      d Taktgenerator *m*
      f générateur *m* de rythme, rythmeur *m*

Г42 *r* генера́тор *m* та́ктовых и́мпульсов
      e clock(-pulse) generator
      d Taktimpulsgenerator *m*
      f générateur *m* d'impulsions d'horloge, générateur *m* de rythme, rythmeur *m*

Г43 *r* генера́тор *m* те́стовых да́нных
      e test data generator
      d Testdatengenerator *m*
      f générateur *m* (de données) de test

Г44 *r* генера́тор *m* те́стовых набо́ров
      e test pattern generator
      d Testmustergenerator *m*, Prüfmustergenerator *m*
      f générateur *m* de combinaisons de test, générateur *m* de jeu d'essais

Г45 *r* генера́тор *m* / то́чечный
      e dot generator *(in a plotter)*
      d Punktgenerator *m* *(im Plotter)*
      f générateur *m* de points *(dans un traceur)*

Г46 *r* генера́тор *m* частоты́ сле́дования би́тов
      e bit-rate generator
      d Bitratengenerator *m*
      f générateur *m* de fréquence de bits

Г47 *r* генера́тор *m* чи́сел
      e number generator
      d Zahlengenerator *m*
      f générateur *m* des nombres

Г48 *r* генера́тор *m* штрихо́в
      e stroke generator
      d Strich(zeichen)generator *m*
      f générateur *m* de traits

Г49 *r* генера́тор *m* шу́ма
      e noise generator
      d Rauschgenerator *m*
      f générateur *m* de bruit

Г50 *r* генера́ция *f*
      e generation
      d Generierung *f*, Erzeugung *f*
      f génération *f*

Г51 *r* генера́ция *f* маши́нной програ́ммы
      e code generation
      d Maschinenkodeerzeugung *f*
      f génération *f* de code

Г52 *r* генера́ция *f* поме́х
      e noise generation
      d Rauschgenerierung *f*
      f génération *f* de bruit

Г53 *r* генера́ция *f* систе́мы
      e system generation
      d Systemgenerierung *f*
      f génération *f* de système

Г54 *r* генери́рование *n*
      e generation
      d Generierung *f*, Erzeugung *f*
      f génération *f*, production *f*

Г55 *r* генери́рование *n* отчётов
      e report generation
      d Listenerstellung *f*
      f génération *f* de rapports

Г56 *r* геоме́трия *f* / вычисли́тельная
      e computational geometry
      d Computergeometrie *f*
      f géométrie *f* calculatrice

Г57 *r* геоме́трия *f* / констру́ктивная бло́чная
      e constructive solid geometry *(graphical synthesis of*

ГИБКИЙ

    images through combining of geometrical bodies)
    d Konstruktionskörpergeometrie f, Körpergeometrie f
    f géométrie f constructive des solides, géométrie f de type CSG (synthèse graphique d'images par combinaison des primitives [solides] géométriques).

Г58   r ги́бкий
    e 1. flexible (in a functional sense) 2. floppy (in a physical sense)
    d flexibel
    f flexible

Г59   r ги́бкость f
    e flexibility
    d Flexibilität f
    f flexibilité f

Г60   r ги́бкость f / эксплуатацио́нная
    e versatility
    d vielseitige Verwendbarkeit f, Anpassungsfähigkeit f
    f versatilité f, flexibilité f d'usage

Г61   r гибри́дный
    e hybrid
    d hybrid
    f hybride

Г62   r гигаба́йт m
    e gigabyte (10^9 byte)
    d Gigabyte n (10^9 Byte)
    f gigaoctet m (10^9 octets)

Г63   r гигаге́рц m
    e gigacycle, gigahertz (10^9 hertz)
    d Gigahertz n, GHz (10^9 Hertz)
    f gigahertz (10^9 hertz)

Г64   r гигафло́пс m
    e gigaflops (billion of floating point operations per second)
    d Gigaflops m (Milliarde von Gleitpunktoperationen je Sekunde)
    f gigaflops m (billion d'operations à virgule flottante par seconde)

Г65   r гиперви́зор m
    e hypervisor (a program for operational systems management)
    d Hypervisor m (Verwaltungsprogramm für Betriebssysteme)
    f hyperviseur m (un programme pour la maintenance de systèmes d'exploitation)

Г66   r гипергра́ф m
    e hypergraph
    d Hypergraph m
    f hypergraphe m

Г67   r гиперте́кст m
    e hypertext (including audio and visual images)
    d Hypertext m (Kombination eines Textes mit akustischen und visuellen Mustern)
    f hypertexte m (inclusif des images audiovisuelles)

Г68   r гипо́теза f / нулева́я
    e null hypothesis
    d Nullhypothese f
    f hypothèse f nulle

Г69   r гипо́теза f / проста́я
    e single hypothesis
    d einfache Hypothese f
    f hypothèse f simple

Г70   r гипо́теза f / сло́жная
    e composite hypothesis
    d zusammengesetzte Hypothese f
    f hypothèse f composée [complexe]

Г71   r гипо́теза f / целева́я
    e goal hypothesis
    d Zielhypothese f
    f hypothèse f de but [d'objectif]

Г72   r гистере́зис m
    e hysteresis
    d Hysterese f, Hysteresis f
    f hystérésis f

Г73   r гистогра́мма f
    e histogram, column diagram, bar graph, frequency diagram
    d Balkendiagramm n
    f histogramme m

Г74   r глитч m
    e glitch
    d Störimpuls m (kürzer als die spezifizierte minimale Impulsdauer)
    f glitch m

Г75   r глоба́льный

ГНЕЗДО

    e global
    d global
    f global

Г76 *r* глосса́рий *m*
    e glossary
    d Glossar *n*
    f glossaire *m*

Г77 *r* глубина́ *f* детализа́ции
    e granularity
    d Körnigkeit *f*
    f granularité *f*

Г78 *r* глубина́ *f* / логи́ческая
    e logical depth *(of a logic curcuit)*
    d logische Tiefe *f* *(einer Logikschaltung)*
    f profondeur *f* logique *(d'un circuit logique)*

Г79 *r* глубина́ *f* па́мяти
    e memory depth *(of a logical analyzer)*
    d Speichertiefe *f* *(eines Logikanalysatoren)*
    f profondeur *f* de mémoire *(d'un analyseur logique)*

Г80 *r* глубина́ *f* / после́довательностная
    e sequential depth *(of a logic circuit)*
    d sequentielle Tiefe *f* *(einer Logikschaltung)*
    f profondeur *f* séquentielle *(d'un circuit logique)*

Г81 *r* глубина́ *f* / процеду́рная
    e procedural depth
    d Prozedurtiefe *f*
    f profondeur *f* procédurale

Г82 *r* глубина́ *f* тести́рования
    e test thoroughness
    d Testtiefe *f*
    f profondeur *f* de test

Г83 *r* гнездо́ *n*
    e jack *(of a switching board)*; nest *(embedding)*; slot *(for plug-in)* socket *(a panel)*
    d Steck(er)buchse *f* *(einer Stecktafel)*; Schachtelung *f* *(z.B. bei Verschachtelung von Unterprogrammen)*; Steckplatz *m*; Sockel *m*, Fassung *f*
    f jack *m* *(d'un tableau de connexion)*; nid *m* *(imbrication)*; prise *f* femelle *(pour enficher)*; douille *f*

Г84 *r* гнездо́ *n* в объедини́тельной пла́те
    e backplane slot
    d Steckplatz *m* auf Kartenchassis [auf der Mutterplatine]
    f jack *m* de plaque de connexion

Г85 *r* гнездо́ *n* в пане́ли
    e board slot
    d Steckplatz *m* einer Platine, Platinensteckplatz *m*
    f jack *m* de panneau

Г86 *r* гнездо́ *n* для БИС
    e LSI socket
    d Sockel *m* für LSI-Schaltkreise
    f douille *f* de circuit LSI

Г87 *r* гнездо́ *n* для вне́шних соедине́ний
    e peripheral slot
    d Steckplatz *m* für Peripheriebausteine
    f jack *m* de raccordement extérieur

Г88 *r* гнездо́ *n* для интегра́льной схе́мы
    e IC socket
    d Sockel *m* [Fassung *f*] für integrierte Schaltung, IC-Sockel *m*
    f jack *m* de circuit intégré

Г89 *r* гнездо́ *n* для кристаллодержа́телей
    e chip-carrier socket
    d Chipträgersockel *m*
    f douille *f* de monture [de support] du cristal

Г90 *r* гнездо́ *n* для монтажа́ накру́ткой
    e wire-wrap socket
    d Sockel *m* für Drahtwickelverbindung
    f douille *f* de connexion enroulée [de connexion par torsade], connecteur *m* enroulé

Г91 *r* гнездо́ *n* для пла́ты
    e card slot
    d Kartensteckplatz *m*
    f connecteur *m* femelle pour la plaquette à circuit imprimé

Г92 *r* гнездо́ *n* для расшири́тельных моду́лей
    e expansion slot

ГНЕЗДО

       d Erweiterungssteckplatz *m*
       f jack *m* d'expansion

Г93 *r* гнездо *n* / испытательное
       e test nest
       d Prüfklinke *f*
       f jack *m* d'essai

Г94 *r* гнездо *n* / коммутационное
       e patchhole
       d Vermittlungsklinke *f*
       f jack *m* de connexion

Г95 *r* гнездо *n* / контактное
       e pin jack
       d Buchse *f*, Steckbuchse *f*
       f jack *m* de broche, douille *f* à contact, alvéole *m*

Г96 *r* гнездо *n* / подпружиненное
       e spring jack
       d Federbuchse *f*
       f jack *m* à ressort

Г97 *r* гнездо *n* / расширительное
       e expansion slot
       d Erweiterungssteckplatz *m*
       f jack *m* d'expansion

Г98 *r* годограф *m*
       e locus
       d Hodograf *m*
       f hodographe *m*

Г99 *r* головка *f*
       e head
       d Kopf *m*
       f tête *f*

Г100 *r* головка *f* / воспроизводящая
       e playback head
       d Wiedergabekopf *m*
       f tête *f* de lecture

Г101 *r* головка *f* / вращающаяся
       e rotating head, rotary head
       d Rotationskopf *m*
       f tête *f* rotative

Г102 *r* головка *f* графопостроителя / пишущая
       e plotting head
       d Schreibkopf *m*, Plotterkopf *m*
       f tête *f* de traçage

Г103 *r* головка *f* для магнитной ленты
       e magnetic tape head
       d Magnetbandkopf *m*
       f tête *f* de bande magnétique

Г104 *r* головка *f* записи
       e record(ing) head
       d Aufzeichnungskopf *m*, Aufnahmekopf *m*
       f tête *f* d'enregistrement

Г105 *r* головка *f* / записывающая
       e write head, writing head
       d Schreibkopf *m*
       f tête *f* d'enregistrement [d'écriture]

Г106 *r* головка *f* / магнитная
       e (magnetic) head
       d Magnetkopf *m*
       f tête *f* magnétique

Г107 *r* головка *f* / многодорожечная
       e multitrack head
       d Mehrspur(magnet)kopf *m*
       f tête *f* multipiste [à plusieurs pistes]

Г108 *r* головка *f* / многосекционная
       e multiple head
       d Vielfachkopf *m*
       f tête *f* multiple

Г109 *r* головка *f* / неподвижная
       e fixed head
       d Festkopf *m*, feststehender Magnetkopf *m*
       f tête *f* fixe

Г110 *r* головка *f* / печатающая
       e print(ing) head
       d Druckkopf *m*
       f tête *f* d'impression [imprimante]

Г111 *r* головка *f* / плавающая
       e (air-)floating head
       d fliegender [schwimmender] Magnetkopf *m*
       f tête *f* flottante

Г112 *r* головка *f* / подвижная
       e movable head
       d bewegbarer [positionierbarer] Kopf *m*
       f tête *f* mobile

Г113 *r* головка *f* с переменным усилием прижима
       e ramp-load head
       d Kopf *m* mit veränderbarem Andruck
       f tête *f* à pression variable

Г114 *r* головка *f* / стирающая
       e erase [erasing] head
       d Löschkopf *m*
       f tête *f* d'effacement

ГРАММАТИКА

Г115 r головка f считывания
 e sensing head
 d Abtastkopf m
 f tête f de lecture [de reproduction]

Г116 r головка f / считывающая
 e read(ing) head
 d Lesekopf m
 f tête f lectrice [de lecture, de reproduction]

Г117 r головка f / универсальная
 e combined head, read/write head
 d kombinierter Kopf m, Lese-Schreib-Kopf m
 f tête f combinée [de lecture-enregistrement]

Г118 r головка f / фиксированная
 e fixed head
 d Festkopf m, feststehender Magnetkopf m
 f tête f fixe

Г119 r голосование n
 e voting
 d Voting n, Votieren n
 f vote m

Г120 r голосование n / поразрядное
 e bit-by-bit voting
 d Bit-für-Bit-Voting n
 f vote m bit par bit

Г121 r гонки f pl фронтов сигналов
 e (logic) race
 d Race n, Signalwettrennen n
 f courses pl des signaux

Г122 r горизонт m / временной
 e time horizon
 d Zeithorizont m
 f horizon m de temps [temporel]

Г123 r готовность f
 e availability
 d Verfügbarkeit f
 f disponibilité f

Г124 r готовый к непосредственному использованию
 e turnkey
 d schlüsselfertig
 f disponible pour utilisation immédiate, disponible pour "tourner la clé"

Г125 r ГПС f см. система / гибкая производственная

Г126 r градиент m
 e gradient
 d Gradient m
 f gradient m

Г127 r градиент m плотности
 e density gradient
 d Dichtegradient m
 f gradient m de densité

Г128 r грамматика f
 e grammar
 d Grammatik f
 f grammaire f

Г129 r грамматика f / автоматная
 e finite state grammar
 d reguläre Grammatik f
 f grammaire f d'états finis

Г130 r грамматика f / доминационная
 e dominance grammar
 d Dominationsgrammatik f
 f grammaire f de dominance

Г131 r грамматика f / исходная
 e source grammar
 d Quellengrammatik f
 f grammaire f source [initiale]

Г132 r грамматика f / категориальная
 e categorial grammar
 d Kategoriengrammatik f
 f grammaire f de catégories, grammaire f catégorielle

Г133 r грамматика f / контекстная
 e context-sensitive grammar
 d kontextabhängige Grammatik f
 f grammaire f à contexte dépendant

Г134 r грамматика f / контекстно-свободная
 e context-free grammar
 d kontextfreie Grammatik f
 f grammaire f à contexte libre, grammaire f sans contexte

Г135 r грамматика f / неоднозначная
 e ambiguous grammar
 d mehrdeutige Grammatik f
 f grammaire f ambigue

Г136 r грамматика f непосредственных составляющих

ГРАММАТИКА

      e phrase structure grammar
      d Phrasenstrukturgrammatik *f*, Satzstrukturgrammatik *f*
      f grammaire *f* de composants immediats

Г137 *r* грамма́тика *f* / обобщённая
      e generalized grammar
      d verallgemeinerte [generalisierte] Grammatik *f*
      f grammaire *f* généralisée

Г138 *r* грамма́тика *f* о́бщего ви́да
      e unrestricted grammar
      d unbeschränkte Grammatik *f*
      f grammaire *f* sans contraintes

Г139 *r* грамма́тика *f* ограниче́нного конте́кста
      e bounded context grammar
      d Grammatik *f* mit begrenztem Kontext
      f grammaire *f* à contexte limité

Г140 *r* грамма́тика *f* / однозна́чная
      e unambiguous grammar
      d eindeutige Grammatik *f*
      f grammaire *f* non ambiguë

Г141 *r* грамма́тика *f* / о́стовная
      e skeletal grammar
      d Skelettgrammatik *f*
      f grammaire *f* squelettique

Г142 *r* грамма́тика *f* / попо́лненная
      e augmented grammar
      d erweiterte Grammatik *f*
      f grammaire *f* augmentée

Г143 *r* грамма́тика *f* / порожда́ющая
      e generative grammar
      d generative Grammatik *f*
      f grammaire *f* générative

Г144 *r* грамма́тика *f* / проста́я
      e simple grammar
      d einfache Grammatik *f*
      f grammaire *f* simple

Г145 *r* грамма́тика *f* / распознаю́щая
      e recognizing grammar
      d interpretierende Grammatik *f*
      f grammaire *f* de reconnaissance

Г146 *r* грамма́тика *f* со сла́бым предше́ствованием
      e weak precedence grammar
      d Grammatik *f* mit schwachen Vorgängerbeziehungen
      f grammaire *f* à prédécession faible

Г147 *r* грамма́тика *f* с предше́ствованием
      e precedence grammar
      d Grammatik *f* mit Vorgängerbeziehungen
      f grammaire *f* de prédécesseur

Г148 *r* грамма́тика *f* / те́стовая
      e test grammar
      d Testgrammatik *f*
      f grammaire *f* de test

Г149 *r* грамма́тика *f* / трансформацио́нная
      e transformational grammar
      d Transformationsgrammatik *f*
      f grammaire *f* transformationnelle

Г150 *r* грамма́тика *f* / форма́льная
      e formal grammar
      d formale Grammatik *f*
      f grammaire *f* formelle

Г151 *r* гра́мотность *f* / компью́терная
      e computer literacy
      d Computeralphabetismus *m*
      f instruction *f* informatique

Г152 *r* грани́ца *f* ба́йта
      e byte boundary
      d Bytegrenze *f*
      f limite *f* d'octet

Г153 *r* грани́ца *f* зна́ка
      e character boundary
      d Zeichengrenze *f*
      f limite *f* de caractère

Г154 *r* грани́ца *f* / отказоопа́сная
      e failure bound
      d Ausfallgrenze *f*
      f limite *f* de panne [de défaut, de défaillance]

Г155 *r* грани́ца *f* распростране́ния неиспра́вности
      e fault contained boundary
      d Fehlererweiterungsgrenze *f*
      f portée *f* de panne

Г156 *r* граф *m*
      e graph
      d Graph *m*
      f graphe *m*

Г157 *r* граф *m* без ци́клов
      e circuit-free graph
      d zyklusfreier Graph *m*

ГРАФИК

      f graphe *m* acyclique [sans cycles]

Г158 *r* граф *m* / взве́шенный
      e weighted graph
      d bewerteter [gewichteter] Graph *m*
      f graphe *m* pondéré

Г159 *r* граф *m* / двудо́льный
      e bipartite graph
      d zweiteiliger Graph *m*
      f graphe *m* biparti

Г160 *r* граф *m* / древови́дный
      e tree graph
      d Baumgraph *m*
      f graphe *m* arborescent

Г161 *r* граф *m* / информацио́нный
      e information graph
      d Informationsgraph *m*
      f graphe *m* d'information

Г162 *r* граф *m* / информацио́нный пото́ковый
      e data-flow graph
      d Datenflußgraph *m*
      f graphe *m* de flux de données

Г163 *r* граф *m* / неориенти́рованный
      e undirected graph
      d ungerichteter Graph *m*
      f graphe *m* non orienté

Г164 *r* граф *m* опера́ций
      e activity graph
      d Aktivitätsgraph *m*
      f graphe *m* d'activité

Г165 *r* граф *m* описа́ний
      e attributed graph
      d Attributengraph *m*
      f graphe *m* d'attributs

Г166 *r* граф *m* / ориенти́рованный
      e oriented graph, directed graph
      d gerichteter Graph *m*
      f graphe *m* orienté [dirigé]

Г167 *r* граф *m* перехо́дов
      e transition graph
      d Transitionsgraph *m*
      f graphe *m* de transitions

Г168 *r* граф *m* / плана́рный
      e planar graph
      d Planargraph *m*, planarer Graph *m*
      f graphe *m* plan [plat]

Г169 *r* граф *m* / по́лный
      e complete graph
      d vollständiger Graph *m*
      f graphe *m* complet

Г170 *r* граф *m* / поме́ченный
      e labeled graph
      d markierter Graph *m*
      f graphe *m* étiqueté [à label]

Г171 *r* граф *m* / пото́ковый
      e flow graph
      d Flußgraph *m*
      f graphe *m* de flux

Г172 *r* граф *m* / рёберный
      e line graph
      d Kantengraph *m*
      f graphe *m* d'arête

Г173 *r* граф *m* / свя́зный
      e connected graph
      d zusammenhängender Graph *m*
      f graphe *m* connexe

Г174 *r* граф *m* / синтакси́ческий
      e syntactic graph
      d syntaktischer Graph *m*
      f graphe *m* syntaxique

Г175 *r* граф *m* состоя́ний
      e state graph
      d Zustandsgraph *m*
      f graphe *m* d'états

Г176 *r* граф *m* с пе́тлями
      e graph with loops
      d Graph *m* mit Schleifen
      f graphe *m* avec les boucles

Г177 *r* граф *m* транза́кций
      e transaction graph
      d Transaktionsgraph *m*
      f graphe *m* de transactions

Г178 *r* граф *m* / цикли́ческий
      e cyclic graph
      d zyklischer Graph *m*
      f graphe *m* cyclique

Г179 *r* гра́фик *m*
      e 1. graph *(a diagram)*; plot *(a curve)* 2. schedule *(a plan)*
      d 1. grafische Darstellung *f*, Diagramm *n*; Kurve *f*, Kurvenbild *n* 2. Ablaufplan *m*, Zeitplan *m*
      f 1. graphique *m* *(un diagramme)*; courbe *f* 2. plan *m* *(p.e. un horaire)*

Г180 *r* гра́фик *m* за́пуска програ́ммы
      e run schedule

ГРАФИК

      d Ablaufplan *m*, Programmablaufplan *m*
      f plan *m* de démarrage d'un programme

Г181 *r* график *m* работы вычислительной машины
      e computer schedule
      d Rechnerdurchlaufplan *m*
      f plan *m* de travail d'un ordinateur, horaire *m* d'un ordinateur

Г182 *r* график *m* / сетевой
      e network graph, network diagram
      d Netzwerkdiagramm *n*
      f diagramme *m* [graphique *m*] de réseau

Г183 *r* графика *f*
      e graphics
      d Grafik *f*
      f graphique *m*

Г184 *r* графика *f* / блочная
      e block graphics
      d Blockgrafik *f*
      f graphique *m* par blocs

Г185 *r* графика *f* / буквенно-геометрическая
      e alphageometric graphics
      d alphageometrische Grafik *f*
      f graphique *m* alpha-géométrique

Г186 *r* графика *f* / буквенно-мозаичная
      e alphamosaic graphics
      d alphamosaische Grafik *f*
      f graphique *m* alpha-mosaïque

Г187 *r* графика *f* / векторная
      e vector graphics
      d Vektorgrafik *f*
      f graphique *m* vectoriel

Г188 *r* графика *f* / геометрическая
      e geometric graphics
      d geometrische Grafik *f*, Geometriegrafik *f*
      f graphique *m* géométrique

Г189 *r* графика *f* / интерактивная
      e interactive graphics
      d interaktive Grafik *f*
      f graphique *m* interactif [conversationnel]

Г190 *r* графика *f* / координатная
      e coordinate graphics
      d Koordinatengraphik *f*, Liniengrafik *f*
      f graphique *m* coordonné

Г191 *r* графика *f* / машинная
      e computer graphics
      d Computergrafik *f*
      f infographie *f*

Г192 *r* графика *f* монолитных тел
      e solid graphics
      d Körpergrafik *f*
      f graphique *m* de solides

Г193 *r* графика *f* / растровая
      e raster graphics, scan graphics
      d Rastergrafik *f*
      f graphique *m* de scrutation [de balayage], graphique *m* de trame [de rastre]

Г194 *r* графика *f* с побитовым отображением
      e bit-mapped graphics
      d Bit-map-Grafik *f*
      f graphique *m* à bit-map, graphique *m* de visualisation par bits

Г195 *r* графика *f* с точечной адресацией
      e dot-addressable graphics
      d punktadressierbare Grafik *f*
      f graphique *m* à l'adressage par points

Г196 *r* графика *f* / трёхмерная
      e three-dimensional graphics
      d dreidimensionale Grafik *f*, 3D-Grafik *f*
      f infographie *f* tridimensionnelle, graphique *m* tridimensionnel [à trois dimensions, en trois dimensions, en 3D]

Г197 *r* графика *f* / цветная
      e color graphics
      d Farbgrafik *f*
      f graphique *m* de couleur [coloré]

Г198 *r* графика *f* / экранная
      e on-screen graphics
      d Bildschirmgrafik *f*
      f graphique *m* sur écran, infographie *f* sur écran

Г199 *r* графопостроитель *m*
      e plotter
      d Plotter *m*, Kurvenschreiber *m*
      f traceur *m* *(de courbes)*

Г200 *r* графопостроитель *m* / автоматический

  e autoplotter
  d automatischer Plotter *m*,
   Autoplotter *m*
  f traceur *m* automatique, auto-
   traceur *m*

Г201 *r* графопостроитель *m* /
   двухкоординатный
  e X-Y (coordinate) plotter
  d X-Y-Plotter *m*
  f traceur *m* à deux
   coordonnées, traceur *m* X-Y

Г202 *r* графопостроитель *m* /
   каллиграфический
  e calligraphic plotter *(as
   opposed to raster one)*
  d kalligrafischer Plotter *m*
  f traceur *m* calligraphique
   *(contrairement à celui de
   trame)*

Г203 *r* графопостроитель *m* /
   многоперьевой
  e multiple-pen plotter
  d Plotter *m* mit mehreren
   Zeichenstiften
  f traceur *m* multiplume

Г204 *r* графопостроитель *m* /
   многоцветный
  e multicolor plotter
  d Mehrfarbenplotter *m*
  f traceur *m* multicouleur

Г205 *r* графопостроитель *m* /
   перьевой
  e pen-type plotter
  d Zeichenstift-Plotter *m*, Pen-
   Plotter *m*
  f traceur *m* à plume

Г206 *r* графопостроитель *m* /
   печатающий
  e printer-plotter
  d Drucker-Plotter *m*
  f traceur-imprimante *m*

Г207 *r* графопостроитель *m* /
   планшетный
  e flatbed plotter
  d Flachbettplotter *m*
  f tablette *f* graphique

Г208 *r* графопостроитель *m* /
   рулонный
  e belt-bed plotter
  d Walzenplotter *m*,
   Walzenschreiber *m*
  f traceur *m* en rouleau

Г209 *r* графопостроитель *m* с
   полистовой подачей
   (бумаги)
  e sheet-fed plotter
  d PLotter *m* mit Blattzuführung
  f traceur *m* en feuilles

Г210 *r* графопостроитель *m* /
   цифровой координатный
  e digital point plotter
  d digitaler Punktplotter *m*
  f traceur *m* digital à
   coordonnées

Г211 *r* группа *f* абонентов
  e subscriber cluster
  d Teilnehmergruppe *f*
  f equipe *f* [groupe *m*]
   d'abonnés

Г212 *r* группа *f* блоков памяти
  e memory bank
  d Speicherbank *f*
  f banc *m* de mémoire

Г213 *r* группа *f* дорожек
   (магнитного барабана)
  e band
  d Spurengruppe *f*
  f groupe *m* de pistes *(d'un
   tambour magnétique)*

Г214 *r* группа *f* информационных
   объектов
  e data group
  d Datengruppe *f*
  f groupe *m* de données

Г215 *r* группа *f* каналов
  e channel bank
  d Kanalbündel *m*, Kanalgruppe
   f
  f groupe *m* de canaux

Г216 *r* группа *f* каналов связи /
   магистральная
  e trunk group
  d Leitungsbündel *m*
  f groupe *m* de voies magistral
   [de voies principal]

Г217 *r* группа *f* линий связи
  e link group *(of the same
   multiplexor)*
  d Übertragungsleitungsbündel
   m, Übertragungskanalbündel
   m
  f groupe *m* de liasons [de
   lignes] *(du même
   multiplexeur)*

Г218 *r* группа *f* пользователей
  e user group

ГРУППА

      d Benutzergruppe *f*,
Anwendergruppe *f*
      f groupe *m* d'utilisateurs

Г219 *r* гру́ппа *f* / роди́тельская
      e parent group *(of data in a database)*
      d Stammgruppe *f (von Daten in einer Datenbasis)*
      f groupe *m* parent *(de données d'une base de données)*

Г220 *r* гру́ппа *f* устро́йств
      e bank
      d Bank *f*
      f groupe *m* de dispositifs

Г221 *r* группирова́ние *n*
      e grouping *(in classes)*; clustering *(a concentration)*
      d Klasseneinteilung *f*; Gruppierung *f*
      f classement *m*; groupement *m*, groupage *m*

Д

Д1 *r* дамп *m*
      e dump
      d Speicherauszug *m*, Dump *m*, Speicherausdruck *m*
      f vidage *m*

Д2 *r* дамп *m* / авари́йный
      e disaster dump
      d Katastrophenumspeicherung *f*
      f vidage *m* de dépannage

Д3 *r* дамп *m* / защи́тный
      e rescue dump
      d Rettungsumspeicherung *f*
      f vidage *m* protecteur

Д4 *r* дамп *m* изменённых да́нных
      e changed data dump
      d Speicherauszug *m* der Änderungen
      f vidage *m* des données changées

Д5 *r* дамп *m* / контро́льный
      e monitor control dump
      d Überwachungsdump *m*
      f vidage *m* moniteur

Д6 *r* дамп *m* / мгнове́нный
      e snapshot dump
      d Schnappschußspeicherauszug *m*
      f vidage *m* par instant [instantané]

Д7 *r* дамп *m* операти́вной па́мяти
      e core memory dump
      d Arbeitsspeicherauszug *m*
      f vidage *m* de mémoire centrale

Д8 *r* дамп *m* / рабо́чий
      e executive dump
      d Speicherauszug *m* [Ausdruck *m*] während der Ausführung
      f vidage *m* executif

Д9 *r* дамп *m* содержи́мого экра́на
      e screen dump
      d Bildschirminhaltausdruck *m*
      f vidage *m* d'écran

Д10 *r* да́нное *n*
      e datum
      d Datum *n*
      f donnée *f*

Д11 *r* да́нные *pl*
      e data *pl*
      d Daten *pl*
      f données *pl*

Д12 *r* да́нные *pl* / агреги́рованные
      e aggregated data *pl*
      d aggregierte Daten *pl*
      f données *f pl* agrégées

Д13 *r* да́нные *pl* / ана́логовые
      e analog data *pl*
      d Analogdaten *pl*
      f données *pl* analogiques [analogues]

Д14 *r* да́нные *pl* большо́го объёма
      e mass data *pl*
      d Massendaten *pl*
      f données *pl* de masse

Д15 *r* да́нные *pl* / бу́квенно-цифровы́е
      e alpha(nu)meric data *pl*
      d alphanumerische Daten *pl*
      f données *pl* alphanumériques

Д16 *r* да́нные *pl* / бу́квенные
      e alphabetic data *pl*
      d alphabetische Daten *pl*
      f données *pl* alphabétiques

Д17 *r* да́нные *pl* / введённые
      e entry

ДАННЫЕ

      d Eingangsdaten *pl*,
eingegebene Daten *pl*
      f données *pl* chargées
[mémorisées]

Д18 *r* да́нные *pl* вво́да-вы́вода
      e input/output data *pl*, I/O data *pl*
      d Eingabe-Ausgabe-Daten *pl*, E/A-Daten *pl*
      f données *pl* d'entrée-sortie, données *pl* d'E/S

Д19 *r* да́нные *pl* в упако́ванном форма́те
      e packed data *pl*
      d gepackte Daten *pl*
      f données *pl* condensées [en format condensé, paquetées]

Д20 *r* да́нные *pl* в фо́рме корте́жей
      e tuple-structured data *pl*
      d tupelstrukturierte Daten *pl*
      f données *pl* sous forme de cortèges, données *pl* structurées en cortèges

Д21 *r* да́нные *pl* в фо́рме спи́ска
      e list-structured data *pl*
      d listenstrukturierte Daten *pl*
      f données *pl* sous forme de liste, données *pl* structurées en liste

Д22 *r* да́нные *pl* в фо́рме с пла́вающей то́чкой
      e floating-point data *pl*
      d Gleitkommadaten *pl*
      f données *pl* en virgule flottante

Д23 *r* да́нные *pl* в фо́рме с фикси́рованной то́чкой
      e fixed-point data *pl*
      d Festkommadaten *pl*
      f données *pl* en virgule fixe

Д24 *r* да́нные *pl* в фо́рме фа́йла
      e filed data *pl*
      d dateigebundene Daten *pl*
      f données *pl* en fichier

Д25 *r* да́нные *pl* / входны́е
      e input data *pl*
      d Eingabedaten *pl*
      f données *pl* d'entrée

Д26 *r* да́нные *pl* / вы́борочные
      e sampled data *pl*
      d Stichprobendaten *pl*
      f données *pl* échantillonnées [d'accès]

Д27 *r* да́нные *pl* / выходны́е
      e output data *pl*
      d Ausgabedaten *pl*
      f données *pl* de sortie

Д28 *r* да́нные *pl* / графи́ческие
      e graphic data *pl*
      d Grafikdaten *pl*, grafische Daten *pl*
      f données *pl* graphiques

Д29 *r* да́нные *pl* / двои́чные
      e binary data *pl*
      d Binärdaten *pl*
      f données *pl* en binaire

Д30 *r* да́нные *pl* / достове́рные
      e valid data *pl*
      d gültige Daten *pl*
      f données *pl* valides [saines]

Д31 *r* да́нные *pl* / досту́пные
      e available data *pl*
      d verfügbare Daten *pl*
      f données *pl* accessibles

Д32 *r* да́нные *pl* зада́чи
      e problem data *pl*, task data *pl*
      d Aufgabendaten *pl*, Problemdaten *pl*
      f données *pl* de problème

Д33 *r* да́нные *pl* испыта́ний
      e test data *pl*
      d Testdaten *pl*
      f données *pl* de test

Д34 *r* да́нные *pl* / коди́рованные
      e coded data *pl*
      d kodierte Daten *pl*
      f données *pl* codées

Д35 *r* да́нные *pl* ли́чного хара́ктера
      e private data *pl*
      d Privatdaten *pl*, private Daten *pl*
      f données *pl* privées

Д36 *r* да́нные *pl* / ло́жные
      e false data *pl*
      d falsche Daten *pl*
      f données *pl* fausses [erronées]

Д37 *r* да́нные *pl* / машиночита́емые
      e machine-readable data *pl*
      d maschinell lesbare Daten *pl*
      f données *pl* lisibles (par ordinateur)

ДАННЫЕ

Д38
- r да́нные pl / недостове́рные
- e invalid data pl
- d ungültige Daten pl
- f données pl invalides

Д39
- r да́нные pl / незашифро́ванные
- e clear data pl
- d Klartextdaten pl
- f données pl pures

Д40
- r да́нные pl / ену́жные
- e garbage, gibberish, hash
- d bedeutungslose Daten pl
- f maculature f, ordure f, données pl sans valeur

Д41
- r да́нные pl / необрабо́танные
- e raw data pl
- d Rohdaten pl
- f données pl crues [brutes]

Д42
- r да́нные pl / непо́лные
- e incomplete data pl
- d nichtvollständige Daten pl
- f données pl incomplètes

Д43
- r да́нные pl / непосре́дственно получа́емые
- e immediate data pl
- d Direktdaten pl
- f données pl immédiates

Д44
- r да́нные pl / непра́вильные
- e bad data pl
- d falsche Daten pl
- f données pl movaises [erronées]

Д45
- r да́нные pl / неформати́рованные
- e nonformatted data pl
- d nichtformatierte Daten pl
- f données pl non formatées

Д46
- r да́нные pl / обновля́емые
- e updatable data pl
- d Änderungsdaten pl
- f données pl de renouvellement

Д47
- r да́нные pl / общедосту́пные
- e public data pl
- d allgemein zugängliche Daten pl
- f données pl publiques

Д48
- r да́нные pl / о́бщие
- e common data pl
- d gemeinsame Daten pl, Common-Daten pl
- f données pl communes

Д49
- r да́нные pl ограни́ченного до́ступа
- e classified data pl
- d geheimzuhaltende Daten pl
- f données pl à accès restreint

Д50
- r да́нные pl о местоположе́нии
- e locational data pl
- d Positionsdaten pl, Lagedaten pl
- f données pl de position

Д51
- r да́нные pl / операти́вные
- e on-line data pl
- d On-line-Daten pl
- f données pl en ligne

Д52
- r да́нные pl о состоя́нии
- e status data pl
- d Zustandsdaten pl
- f données pl d'état

Д53
- r да́нные pl / оце́ночные
- e rating data pl
- d Bewertungsdaten pl
- f données pl d'estimation

Д54
- r да́нные pl / перви́чные
- e primary data pl
- d Primärdaten pl
- f données pl primaires

Д55
- r да́нные pl, поступа́ющие в реа́льном вре́мени
- e real-time data pl
- d Echtzeitdaten pl
- f données pl temps réel

Д56
- r да́нные pl, поступа́ющие дистанцио́нно
- e remote data pl
- d Ferndaten pl
- f données pl à distance

Д57
- r да́нные pl / противоречи́вые
- e uncompatible data pl
- d nichtkompatible [unbefreundete] Daten pl
- f données pl incompatibles

Д58
- r да́нные pl / распако́ванные
- e unpacked data pl
- d ungepackte Daten pl
- f données pl non condensées [non paquetées]

Д59
- r да́нные pl / речевы́е
- e speech data pl
- d Sprachdaten pl
- f données pl de la parole

Д60
- r да́нные pl / секре́тные

ДАТЧИК

   e confidential data *pl*
   d geheime Daten *pl*
   f données *pl* confidentielles

Д61 *r* да́нные *pl* / сжа́тые
   e reduced data *pl*
   d reduzierte [verdichtete] Daten *pl*
   f données *pl* réduites

Д62 *r* да́нные *pl* / служе́бные
   e housekeeping data *pl*
   d Systemverwaltungsdaten *pl*, Dienstdaten *pl*
   f données *pl* de service

Д63 *r* да́нные *pl* / совме́стно испо́льзуемые
   e shared data *pl*
   d gemeinsam genutzte Daten *pl*
   f données *pl* partagées

Д64 *r* да́нные *pl* / стро́ковые
   e string data *pl*
   d Stringdaten *pl*
   f données *pl* du type chaîne, données *pl* de chaîne

Д65 *r* да́нные *pl* / структури́рованные
   e structured data *pl*
   d strukturierte Daten *pl*
   f données *pl* structurées

Д66 *r* да́нные *pl* / табли́чные
   e tabular data *pl*
   d Tabellendaten *pl*
   f données *pl* tabulaires

Д67 *r* да́нные *pl* / теку́щие
   e current data *pl*
   d aktuelle Daten *pl*
   f données *pl* courantes

Д68 *r* да́нные *pl* / те́стовые
   e test data *pl*
   d Testdaten *pl*
   f données *pl* d'essais

Д69 *r* да́нные *pl* ти́па "ме́тка"
   e label data *pl*
   d Etikett(en)daten *pl*
   f données *pl* du type étiquette, données *pl* de label

Д70 *r* да́нные *pl* ти́па строки́ си́мволов
   e character string data *pl*
   d Zeichenfolgedaten *pl*
   f données *pl* du type chaîne de caractères

Д71 *r* да́нные *pl* / управля́ющие
   e control data *pl*
   d Steuerdaten *pl*
   f données *pl* de commande

Д72 *r* да́нные *pl* / уточнённые
   e refined data *pl*
   d verfeinerte Daten *pl*
   f données *pl* spécifiées

Д73 *r* да́нные *pl* фа́йла
   e file data *pl*
   d dateibezogene Daten *pl*
   f données *pl* de fichier

Д74 *r* да́нные *pl* / формати́рованные
   e formatted data *pl*
   d formatierte Daten *pl*
   f données *pl* formatées

Д75 *r* да́нные *pl* / храни́мые
   e stored data *pl*
   d gespeicherte Daten *pl*
   f données *pl* stockées

Д76 *r* да́нные *pl* / цифровы́е
   e digital data *pl*
   d Digitaldaten *pl*
   f données *pl* digitales

Д77 *r* да́нные *pl* / чи́сленные
   e numerical data *pl*
   d numerische Daten *pl*
   f données *pl* numériques

Д78 *r* да́нные *pl* элеме́нта изображе́ния
   e pixel data *pl*
   d Pixeldaten *pl*
   f données *pl* d'un point d'image, données *pl* d'un pixel

Д79 *r* да́та *f* "чи́стки" (*напр. фа́йла*)
   e purge date (*e.g. for a file*)
   d Löschdatum *n*, Verfalldatum *n* (*z.B. für eine Datei*)
   f date *f* de nettoyage (*p.e. d'un fichier*)

Д80 *r* датагра́мма *f*
   e datagram
   d Datagramm *n*
   f datagramme *m*

Д81 *r* да́тчик *m*
   e sensor (*a sensitive element*); transducer
   d Sensor *m* (*empfindliches Element*); Geber *m*
   f capteur *m*, senseur *m*; transducteur *m*, transmetteur *m*

ДАТЧИК

Д82 r да́тчик *m* вре́мени
      e timer
      d Zeitgeber *m*, Timer *m*
      f garde-temps *m*, registre *m* d'horloge, timer *m* (*anglais*)

Д83 r да́тчик *m* вре́мени / контро́льный
      e watchdog timer
      d Zeitüberwachungseinrichtung *f*
      f cadenceur *m* de chien de garde

Д84 r да́тчик *m* временны́х интерва́лов
      e interval timer
      d Intervallzeitgeber *m*
      f cadenceur *m* d'intervalles de temps

Д85 r да́тчик *m* / ёмкостный
      e capacitive transducer
      d kapazitiver Geber *m*
      f capteur *m* capacitif [à variation de capacité]

Д86 r да́тчик *m* / индукти́вный
      e variable-reluctance transducer
      d induktiver Geber *m*
      f capteur *m* (magnétique) à induction

Д87 r да́тчик *m* / ма́тричный
      e array sensor
      d Matrixsensor *m*
      f senseur *m* matriciel

Д88 r да́тчик *m* положе́ния
      e position sensor
      d Lagesensor *m*, Positionssensor *m*, Positionsgeber *m*
      f transmetteur *m* de position

Д89 r да́тчик *m* после́довательности и́мпульсов
      e sequence timer
      d Folgezeitgeber *m*
      f générateur *m* de suite [de train, de succession] d'impulsions

Д90 r да́тчик *m* / такти́льный
      e touch sensor, tactile-type sensor
      d Berührungssensor *m*
      f capteur *m* [senseur *m*] du type tactile

Д91 r да́тчик *m* ци́клов / автомати́ческий
      e autocycler (*in analog computers*)
      d automatischer Zyklusgeber *m* (*in Analogrechnern*)
      f autocycleur *m* (*dans les ordinateurs analogues*)

Д92 r да́тчик *m* / цифрово́й
      e digitizer
      d Digitalgeber *m*; Digitalisiereinrichtung *f*
      f capteur *m* digital

Д93 r двенадцатири́чный
      e duodecimal
      d duodezimal
      f duodécimal

Д94 r двои́чно-десяти́чный
      e binary-decimal
      d binär-dezimal
      f binaire-décimal

Д95 r двои́чно-пятери́чный
      e biquinary
      d biquinär
      f biquinaire

Д96 r двои́чный
      e binary
      d binär
      f binaire

Д97 r двойственность *f*
      e duality
      d Dualität *f*
      f dualité *f*

Д98 r двуме́рный
      e two-dimensional
      d zweidimensional
      f à deux dimensions, bidimensionnel

Д99 r двухáдресный
      e two-address
      d Zweiadreß...
      f à deux adresses

Д100 r двухба́йтовый
       e double-byte
       d Doppelbyte...
       f à deux octets

Д101 r двухвхо́довый
       e two-input
       d mit zwei Eingängen
       f à deux entrées

Д102 r двухкана́льный
       e dual-link
       d Zweikanal...
       f à deux voies, à deux canaux

Д103 r двухпо́ртовый

ДЕКОМПИЛЯЦИЯ

     e dual-port
     d Zweiport..., mit zwei Porten
     f à deux ports

Д104 *r* деблоки́рование *n*
     e unblocking
     d Entblockung *f*; Freigabe *f*
     f déblocage *m*

Д105 *r* дезагреги́рование *n* да́нных
     e data disaggregation
     d Deaggregieren *n* der Daten
     f désagrégation *f* de données

Д106 *r* дезактивиза́ция *f* процеду́ры
     e procedure deactivation, procedure deactivating
     d Deaktivieren *n* einer Prozedur
     f désactivation *f* de procédure

Д107 *r* де́йствие *n*
     e operation ; action
     d Operation *f*; Aktion *f*
     f opération *f*, action *f*

Д108 *r* де́йствие *n* / ве́нтильное
     e gating
     d Torsteuerung *f*, Gatteraktion *f*
     f action *f* de porte

Д109 *r* де́йствие *n* / логи́ческое
     e logical action
     d logische Aktion *f*
     f action *f* logique

Д110 *r* де́йствие *n* / непрограмми́руемое
     e nonprogrammable action
     d nichtprogrammierbare Aktion *f*
     f action *f* non programmable

Д111 *r* де́йствие *n* / непрямо́е
     e indirect action
     d indirekte Aktion *f*
     f action *f* indirecte

Д112 *r* де́йствие *n* / отве́тное
     e response
     d Antwort *f*, Reaktion *f*
     f réponse *f*

Д113 *r* де́йствие *n* по при́нципу "включено́ - вы́ключено"
     e on off action
     d Ein-Aus-Aktion *f*
     f action *f* marche-arrêt

Д114 *r* де́йствие *n* / программи́руемое
     e programmable action
     d programmierbare Aktion *f*
     f action *f* programmable

Д115 *r* де́йствие *n* / прямо́е
     e direct action
     d Direktaktion *f*
     f action *f* directe

Д116 *r* де́йствия *n pl* / арифмети́ческие
     e arithmetic
     d Rechenarten *f pl*
     f action *f* arithmétique

Д117 *r* де́йствия *n pl* / служе́бные
     e housekeeping
     d organisatorische Operationen *f pl*
     f actions *pl* de service

Д118 *r* дека́да *f*
     e decade
     d Dekade *f*
     f décade *f*

Д119 *r* деко́дер *m*
     e decoder
     d Dekoder *m*, Dekodierer *m*
     f décodeur *m*

Д120 *r* деко́дер *m* / запомина́ющий
     e storage decoder
     d Dekoder *m* mit Speicherung
     f décodeur *m* à mémoire

Д121 *r* декоди́рование *n*
     e decoding
     d Dekodierung *f*
     f décodage *f*

Д122 *r* декоди́рование *n* кла́вишного набо́ра
     e keyboard decoding
     d Tastaturdekodierung *f*
     f décodage *m* de clavier

Д123 *r* декоди́рование *n* / поро́говое
     e threshold decoding
     d Schwellwertdekodierung *f*
     f décodage *m* de seuil

Д124 *r* декоди́рование *n* / после́довательное
     e sequential decoding
     d sequentielle Dekodierung *f*
     f décodage *m* séquentiel

Д125 *r* декомпиля́тор *m*
     e decompiler
     d Dekompilierer *m*
     f décompilateur *m*

Д126 *r* декомпиля́ция *f*

ДЕКОМПОЗИЦИЯ

      e decompiling
      d Dekompilierung *f*
      f décompilation *f*

Д127 *r* декомпози́ция *f*
      e decomposition
      d Dekomposition *f*, Auflösung *f*, Aufgliederung *f*
      f décomposition

Д128 *r* декомпози́ция *f* больши́х систе́м
      e large-scale decomposition
      d Dekomposition *f* großer Systeme
      f décomposition *f* de gros systèmes

Д129 *r* декомпози́ция *f* / временна́я
      e temporal decomposition, decomposition in time
      d zeitliche Dekomposition *f*
      f décomposition *f* temporelle

Д130 *r* декомпози́ция *f* / мо́дульная
      e modular decomposition
      d modulare Dekomposition *f*
      f décomposition *f* modulaire

Д131 *r* декомпози́ция *f* по у́ровням управле́ния
      e decomposition by the levels of control
      d Dekomposition *f* [Aufgliederung *f*] in Steuerebenen
      f décomposition *f* par les niveaux de commande

Д132 *r* декомпози́ция *f* / простра́нственная
      e decomposition in space
      d räumliche Dekomposition *f*
      f décomposition *f* spatiale

Д133 *r* декомпози́ция *f* / функциона́льная
      e functional decomposition
      d funktionale Dekomposition *f*, funktionale Auflösung *f*
      f décomposition *f* fonctionnelle

Д134 *r* деле́ние *n*
      e 1. dividing *(partitioning)* 2. division *(operation)*
      d 1. Teilung *f*, Zerlegung *f*; Aufgliederung *f* 2. Division *f* *(Operation)*
      f 1. partage *m* 2. division *f*

Д135 *r* деле́ние *n* без восстановле́ния оста́тка
      e nonrestoring division
      d Division *f* ohne Bildung eines positiven Restes
      f division *f* sans restauration [sans restitution] de reste

Д136 *r* деле́ние *n* без оста́тка
      e exact division
      d exakte Division *f*
      f division *f* exacte

Д137 *r* деле́ние *n* / двои́чное
      e binary division
      d binäre Division *f*
      f division *f* en binaire

Д138 *r* деле́ние *n* с восстановле́нием оста́тка
      e restoring division
      d Division *f* mit Bildung eines positiven Restes
      f division *f* à restitution de reste

Д139 *r* деле́ние *n* / сокращённое
      e abridged division
      d abgekürzte Division *f*
      f division *f* abrégée [courte]

Д140 *r* деле́ние *n* частоты́
      e scaling
      d Frequenzteilung *f*, Untersetzung *f*
      f division *f* de fréquence

Д141 *r* дели́мое *n*
      e dividend
      d Dividend *m*
      f dividende *m*

Д142 *r* дели́тель *m*
      e 1. divisor *(a number)* 2. divider
      d 1. Divisor *m* *(Zahl)* 2. Teiler *m*
      f 1. diviseur *m* *(un nombre)* 2. démultiplicateur *m*

Д143 *r* дели́тель *m* напряже́ния
      e potential divider
      d Spannungsteiler *m*
      f diviseur *m* de tension

Д144 *r* дели́тель *m* / о́бщий
      e common divisor
      d gemeinsamer Divisor *m*
      f diviseur *m* commun

Д145 *r* дели́тель *m* частоты́
      e scaler
      d Frequenzteiler *m*, Untersetzer *m*

ДЕТАЛИЗАЦИЯ

    f démultiplicateur *m* [diviseur *m*] de fréquence

Д146 *r* демодифика́тор *m*
    e demodifier
    d Demodifizierer *m*
    f démodificateur *m*

Д147 *r* де́мон *m*
    e d(a)emon *(automatically triggered procedure)*
    d Dämon *n (automatisch anschließende Prozedur)*
    f démon *m (procédure déclenchée automatiquement)*

Д148 *r* демонта́ж *m*
    e demounting *(e.g. of a disk pack)*
    d Demontage *f*, Abbau *m*; Demontierung *f (z.B. einer Magnetplatteneinheit)*
    f démontage *m (p.e. d'un packet de disques)*

Д149 *r* демультиплекси́рование *n*
    e demultiplexing
    d Demultiplexieren *n*, Demultiplexen *n*
    f démultiplexage *m*

Д150 *r* демультипле́ксор *m*
    e demultiplexer
    d Demultiplexer *m*
    f démultiplexeur *m*

Д151 *r* де́рево *n* включе́ний
    e inclusive tree
    d Einfügungsbaum *m*, Einschließungsbaum *m*
    f arbre *m* d'inclusions

Д152 *r* де́рево *n* вы́вода
    e derivation tree
    d Ableitungsbaum *m*
    f arbre *m* de dérivation

Д153 *r* де́рево *n* граммати́ческого разбо́ра
    e syntax tree
    d Syntaxbaum *m*
    f arbre *m* syntaxique

Д154 *r* де́рево *n* / двои́чное
    e binary tree
    d binärer Baum *m*
    f arbre *m* binaire

Д155 *r* де́рево *n* игры́
    e game tree
    d Spielbaum *m*
    f arbre *m* de jeu

Д156 *r* де́рево *n* / инверти́рованное
    e upside down tree
    d umgekehrter Baum *m*
    f arbre *m* inverti [inverse]

Д157 *r* де́рево *n* исключе́ний
    e exclusive tree
    d Ausschließungsbaum *m*
    f arbre *m* d'exclusions

Д158 *r* де́рево *n* / корнево́е
    e rooted tree
    d Wurzelbaum *m*
    f arbre *m* à racine

Д159 *r* де́рево *n* минима́льной длины́
    e minimum length tree
    d Baum *m* minimaler Länge
    f arbre *m* à longueur minimale

Д160 *r* де́рево *n* неиспра́вностей
    e fault tree
    d Fehlerbaum *m*
    f arbre *m* de défauts

Д161 *r* де́рево *n* / обращённое
    e inverted tree
    d invertierter Baum *m*
    f arbre *m* inverti

Д162 *r* де́рево *n* по́иска
    e search tree
    d Suchbaum *m*
    f arbre *m* de recherche

Д163 *r* де́рево *n* разветвле́ний на вы́ходе
    e fan-out tree
    d Ausgangsauffächerungsbaum *m*, Fan-out-Baum *m*
    f arbre *m* de sortance

Д164 *r* де́рево *n* реше́ний
    e decision tree
    d Entscheidungsbaum *m*
    f arbre *m* de décision

Д165 *r* де́рево *n* совмеще́ний
    e overlay tree
    d Überlagerungsbaum *m*
    f arbre *m* de recouvrement

Д166 *r* дескри́птор *m*
    e descriptor
    d Beschreiber *m*, Deskriptor *m*
    f descripteur *m*

Д167 *r* детализа́ция *f* зна́ний
    e knowledge refinement *(in a knowledge base)*
    d Wissensverfeinerung *f (in einer Wissensbasis)*

ДЕТАЛИЗАЦИЯ

f raffinement *m* de connaissance *(dans une base de connaissances)*

Д168 *r* детализа́ция *f* / поша́говая
e stepwise refinement
d schrittweise Verfeinerung *f*
f raffinement *m* pas à pas

Д169 *r* дете́ктор *m*
e detector
d Detektor *m*
f détecteur *m*

Д170 *r* дете́ктор *m* измене́ния а́дреса
e address-transition detector
d Adressenänderungsdetektor *m*, Detektor *m* der Adressenmodifikation
f détecteur *m* de changement [de transition] d'adresse

Д171 *r* дете́ктор *m* совпаде́ний
e coincidence detector
d Koinzidenzdetektor *m*
f détecteur *m* de coïncidences

Д172 *r* дете́ктор *m* у́ровня сигна́ла
e signal level detector
d Signalpegeldetektor *m*
f détecteur *m* de niveau de signal

Д173 *r* дефе́кт *m*
e fault
d Defekt *m*, Fehler *m*; Beschädigung *f*
f défaut *m*

Д174 *r* дефе́кт *m* / непроверя́емый
e untestable fault
d unprüfbarer Fehler *m*
f défaut *m* non testable [non vérifiable]

Д175 *r* дефе́кт *m* / скры́тый
e hidden fault
d verdeckter Fehler *m*
f défaut *m* caché

Д176 *r* дефе́кт *m* / хрони́ческий
e glitch *(in a program)*
d Glitch *n* *(im Programm)*
f glitch *m* *(anglais)*, défaut *m* chronique *(dans un programme)*

Д177 *r* дешифра́тор *m*
e decipherer, decoder
d Entschlüßler *m*, Dekodierer *m*, Dekoder *m*
f déchiffreur *m*, décodeur *m*

Д178 *r* дешифра́тор *m* а́дреса
e address decoder
d Adreßentschlüßler *m*, Adreßdekodierer *m*
f décodeur *m* d'adresse

Д179 *r* дешифра́тор *m* / дио́дный
e diode decoder, diode matrix
d Diodenentschlüßler, Diodendekoder *m*, Diodenmatrix *f*
f décodeur *m* [matrice *f*] à diodes

Д180 *r* дешифра́тор *m* кома́нд
e instruction decoder, command decoder
d Befehlsentschlüßler *m*, Befehlsdekoder *m*
f décodeur *m* d'instructions [de commandes]

Д181 *r* дешифра́тор *m* / разря́дный
e bit decoder
d Bitdekoder *m*
f décodeur *m* de bits

Д182 *r* дешифра́тор *m* с па́мятью
e storage decoder
d Dekoder *m* mit Speicherung
f décodeur *m* à mémoire

Д183 *r* дешифра́тор *m* / строби́рованный
e gated decoder
d gattergesteuerter Dekoder *m*
f décodeur *m* à portes

Д184 *r* дешифра́тор *m* строк
e row decoder
d Zeilenentschlüßler *m*, Zeilendekoder *m*, X-Dekoder *m*
f décodeur *m* de lignes

Д185 *r* дешифра́тор *m* / три́ггерный
e trigger decoder
d Triggerdekoder *m*
f décodeur *m* à bascules

Д186 *r* дешифри́рование *n*
e deciphering
d Entschlüsselung *f*, Dekodierung *f*
f déchiffrement *m*, décodage *m*

Д187 *r* ДЗУ *п см.* устро́йство / долговре́менное запомина́ющее

Д188 *r* диагно́стика *f*
e diagnostics *(tools)*; diagnosis *(a process)*

ДИАГРАММА

    d Diagnostik *f*, Diagnose *f*
    f diagnostic *m*

Д189 *r* диагно́стика *f* / автоно́мная
    e off-line diagnosis
    d Off-line-Diagnose *f*
    f diagnostic *m* autonome [hors ligne]

Д190 *r* диагно́стика *f* в проце́ссе компиля́ции
    e compile-time diagnostics
    d Diagnose *f* während der Kompilierung
    f diagnostic *m* pendant la compilation

Д191 *r* диагно́стика *f* в рабо́чем режи́ме
    e on-line diagnosis
    d On-line-Diagnose *f*
    f diagnostic *m* en ligne

Д192 *r* диагно́стика *f* / встро́енная
    e built-in diagnostics
    d eingebaute Diagnose *f*
    f diagnostic *m* incorporé [intégré]

Д193 *r* диагно́стика *f* / дистанцио́нная
    e remote diagnosis
    d Ferndiagnose *f*
    f diagnostic *m* à distance

Д194 *r* диагно́стика *f* неиспра́вностей / интеллектуа́льная
    e intelligent trouble diagnosis
    d intelligente Fehlerdiagnose *f*
    f diagnostic *m* de défauts [de pannes] intelligent

Д195 *r* диагно́стика *f* / операти́вная
    e on-line diagnostics
    d mitlaufende Diagnose *f*, On-line-Diagnose *f*
    f diagnostic *m* en ligne

Д196 *r* диагно́стика *f* отка́зов
    e failure diagnostics
    d Ausfalldiagnose *f*
    f diagnostic *m* de défaillances [de défauts, de pannes]

Д197 *r* диагно́стика *f* оши́бок
    e error diagnosis
    d Fehlerdiagnose *f*
    f diagnostic *m* d'erreurs

Д198 *r* диагности́рование *n*
    e diagnosis
    d Diagnostizierung *f*, Diagnose *f*
    f processus *m* diagnostique [de diagnostic]

Д199 *r* диагности́рование *n* сбо́ев
    e malfunction diagnosis
    d Funktionsfehlerdiagnose *f*
    f processus *m* diagnostique de fonctionnement mauvais

Д200 *r* диагра́мма *f* Ве́йтча
    e Veitch chart
    d Veitch-Diagramm *n*
    f diagramme *m* de Veitch

Д201 *r* диагра́мма *f* Ве́нна
    e Venn diagram
    d Venn-Diagramm *n*
    f diagramme *m* d'Euler-Venn [de Venn]

Д202 *r* диагра́мма *f* / временна́я
    e timing (chart), time chart
    d Zeitdiagramm *n*
    f diagramme *n* de temps

Д203 *r* диагра́мма *f* "вход - проце́сс - вы́ход"
    e input-process-output diagram, HIPO diagram
    d "Eingang-Prozeß-Ausgang"-Diagramm *n*
    f diagramme *m* "entrée-processus-sortie"

Д204 *r* диагра́мма *f* / кругова́я
    e pie chart
    d Kreisdiagramm *n*
    f diagramme *m* circulaire

Д205 *r* диагра́мма *f* "объе́кт - отноше́ние"
    e entity-relation diagram
    d Objekt-Rollen-Diagramm *n*
    f diagramme *m* "entité-relation"

Д206 *r* диагра́мма *f* / па́лочковая
    e stick diagram
    d Stabdiagramm *n*
    f diagramme *m* à barres [à bâtons]

Д207 *r* диагра́мма *f* перехо́дов
    e state transition diagram
    d Diagramm *n* der Zustandsübergänge
    f diagramme *m* de passages

Д208 *r* диагра́мма *f* пото́ков да́нных
    e data flow chart
    d Ablaufdiagramm *n*

ДИАГРАММА

    f diagramme *m* de flux de données

Д209 *r* диаграмма *f* / секторная
    e pie chart
    d Kreisdiagramm *n*
    f diagramme *m* à secteurs

Д210 *r* диаграмма *f* состояний
    e state diagram
    d Zustandsdiagramm *n*
    f diagramme *m* d'état

Д211 *r* диаграмма *f* точечная
    e dot chart
    d Punktdiagramm *n*
    f diagramme *m* à points

Д212 *r* диалог *m*
    e dialog(ue)
    d Dialog *m*
    f dialogue *m*

Д213 *r* диалог *m* в запросно-ответном режиме
    e question/answer dialog
    d Frage-Antwort-Dialog *m*
    f dialogue *m* par question-réponse

Д214 *r* диалог *m* / вложенный
    e nested dialog
    d verschachtelter Dialog *m*
    f dialogue *m* imbriqué

Д215 *r* диалог *m* / вспомогательный
    e subdialogue
    d Unterdialog *m*, Hilfsdialog *m*
    f sous-dialogue *m*

Д216 *r* диалог *m* с подсказками
    e prompted dialog
    d Dialog *m* mit Prompts, Dialog *m* mit Benutzung von Aufforderungszeichen
    f dialogue *m* à souffler

Д217 *r* диалог *m* типа выбора меню
    e menu dialog
    d Dialog *m* durch Menüauswahl, Menüauswahl-Dialog *m*
    f dialogue *m* par menu

Д218 *r* диалоговый
    e conversational
    d interaktiv, Dialog...
    f conversationnel, de dialogue

Д219 *r* диапазон *m*
    e range
    d Bereich *m*, Umfang *m*; Sortiment *n*
    f bande *f*, domaine *m*, gamme *f*, région *f*, plage *f*

Д220 *r* диапазон *m* возможностей
    e range of options
    d Sortiment *n* [Umfang *m*] von Optionen
    f gamme *f* d'options [de capacités, de possibilités], plage *f* d'options [de capacités, de possibilités]

Д221 *r* диапазон *m* допустимых значений
    e tolerance range
    d Toleranzbereich *m*
    f région *f* d'acceptabilité [de tolérance]

Д222 *r* диапазон *m* значений ошибки
    e error span
    d Fehlerbereich *m*
    f plage *f* d'erreurs

Д223 *r* диапазон *m* порядков (чисел)
    e order range
    d Ordnungsbereich *m*
    f plage *f* [domaine *m*, région *f*] d'exposants

Д224 *r* диапазон *m* чисел
    e number range
    d Zahlenbereich *m*
    f plage *f* [région *f*, domaine *m*] de nombres

Д225 *r* дибит *m*
    e dibit
    d Dibit *n*
    f dibit *m*

Д226 *r* дизъюнктивный
    e disjunctive
    d disjunktiv
    f disjonctif

Д227 *r* дизъюнкция *f*
    e disjunction
    d Disjunktion *f*
    f disjonction *f*, réunion *f* (logique)

Д228 *r* дизъюнкция *f* / неразделительная
    e inclusive disjunction
    d inklusive Disjunktion *f*
    f disjonction *f* inclusive

Д229 *r* дизъюнкция *f* / разделительная

ДИСК

-   *e* exclusive disjunction
-   *d* exklusive Disjunktion *f*
-   *f* disjonction *f* exclusive

Д230 *r* дизъюнкция *f* / строгая
-   *e* exjunction
-   *d* Exjunktion *f*
-   *f* disjonction *f* exclusive, réunion *f* stricte

Д231 *r* дизъюнкция *f* / условная
-   *e* conditioned disjunction
-   *d* bedingte Disjunktion *f*
-   *f* disjonction *f* conditionnelle

Д232 *r* динамика *f* / групповая
-   *e* group dynamics
-   *d* Gruppendynamik *f*
-   *f* dynamique *f* de groupe

Д233 *r* динамика *f* системы управления
-   *e* control system dynamics
-   *d* Dynamik *f* des Steuersystems
-   *f* dynamique *f* de système de commande [de système de contrôle]

Д234 *r* диод *m* / антизвонный
-   *e* clamp(ing) diode
-   *d* Clampdiode *f*
-   *f* diode *f* antibrouilleur [antiparasite]

Д235 *r* диод *m* / бескорпусный
-   *e* chip diode
-   *d* Chipdiode *f*
-   *f* diode *f* de puce [de chip]

Д236 *r* диод *m* / опорный
-   *e* voltage-reference diode
-   *d* Referenzdiode *f*
-   *f* diode *f* de référence de tension, diode *f* Zener

Д237 *r* диод *m* / плоскостной
-   *e* junction diode
-   *d* Flächendiode *f*
-   *f* diode *f* à jonction [planaire]

Д238 *r* диод *m* с обратным смещением
-   *e* back-biased diode
-   *d* in Sperrichtung vorgespannte Diode *f*
-   *f* diode *f* polarisée inversement [en inverse]

Д239 *r* диод *m* / туннельный
-   *e* tunnel diode
-   *d* Tunneldiode *f*
-   *f* diode *f* tunnel [Esaki, à effet de tunnel]

Д240 *r* диод *m* Шотки
-   *e* Schottky diode
-   *d* Schottky-Diode *f*
-   *f* diode *f* (de) Schottky

Д241 *r* директива *f*
-   *e* order, directive
-   *d* Anweisung *f*, Auftrag *m*
-   *f* ordre *m*, directive *f*

Д242 *r* диск *m*
-   *e* disk
-   *d* Platte *f*, Magnetplatte *f*; Plattenspeicher *m*
-   *f* disque *m*

Д243 *r* диск *m* / библиотечный
-   *e* library disk
-   *d* Bibliotheksplatte *f*
-   *f* disque *m* de bibliothèque

Д244 *r* диск *m* / винчестерский
-   *e* Winchester (disk)
-   *d* Winchester-Platte *f*
-   *f* disque *m* Winchester

Д245 *r* диск *m* / гибкий
-   *e* floppy disk
-   *d* Floppy-Disk *f*, flexible Magnetplatte *f*, Diskette *f*
-   *f* disque *m* flexible [floppy]

Д246 *r* диск *m* / двусторонний
-   *e* double-sided disk
-   *d* doppelseitige Magnetplatte *f*
-   *f* disque *m* à double face

Д247 *r* диск *m* / жёсткий
-   *e* hard disk
-   *d* Festplatte *f*
-   *f* disque *m* rigide

Д248 *r* диск *m* коллективного пользования
-   *e* shared disk
-   *d* anteilig genutzte Platte *f*
-   *f* disque *m* partagé [commun]

Д249 *r* диск *m* / "кремниевый"
-   *e* silicon disk
-   *d* Siliziumplatte *f*
-   *f* disque *m* en silicium

Д250 *r* диск *m* / магнитный
-   *e* (magnetic) disk
-   *d* Magnetplatte *f*
-   *f* disque *m* (magnétique)

Д251 *r* диск *m* / магнитооптический
-   *e* magneto-optic(al) disk
-   *d* magnetooptische Platte *f*
-   *f* disque *m* optique magnétique

Д252 *r* диск *m* / N-мегабайтный

ДИСК

     e N-megabyte-disk
     d N-Megabyte-Platte *f*
     f disque *m* de N méga-octets [de N Mo, de N Moctets]

Д253 *r* диск *m* однокра́тной за́писи
     e write-once disk
     d WORM-Platte *f*
     f disque *m* à écrire une seule fois, WORM *m* (*Write Once, Read Many; anglais*), disque *m* irreversible

Д254 *r* диск *m* / односторо́нний
     e single-sided disk
     d einseitige Magnetplatte *f*
     f disque *m* à une face

Д255 *r* диск *m* / програ́ммно-секциони́рованный
     e soft-sectored disk
     d softsektorierte Platte *f*
     f disque *m* découpé en secteurs par logiciel

Д256 *r* диск *m* / систе́мный
     e system residence disk
     d systemresidente Magnetplatte *f*
     f disque *m* de système

Д257 *r* диск *m* / сме́нный
     e removable disk
     d auswechselbare Platte *f*
     f disque *m* amovible

Д258 *r* диск *m* с неподви́жными голо́вками
     e fixed-head disk, multihead disk
     d Festkopfplatte *f*; Plattenspeicher *m* mit feststehenden Köpfen
     f disque *m* à têtes fixes

Д259 *r* диск *m* с подви́жными голо́вками
     e moving-arm disk, moving-head disk
     d Platte *f* [Plattenspeicher *m*] mit positionierbaren Köpfen
     f disque *m* à têtes mobiles

Д260 *r* диск *m* / стира́емый
     e erasable disk
     d löschbare Platte *f*
     f disque *m* effaçable

Д261 *r* диск *m* с удво́енной пло́тностью за́писи
     e double-density disk
     d Magnetplatte *f* mit doppelter Schreibdichte
     f disque *m* à double densité d'enregistrement

Д262 *r* диск *m* / тонкоплёночный
     e thin-film disk
     d Dünnschichtplatte *f*
     f disque *m* en technologie "film mince"

Д263 *r* диск *m* / формати́рованный
     e formatted disk
     d formatierte Platte *f*
     f disque *m* formaté

Д264 *r* диск-резиде́нтный
     e disk-resident
     d plattenresident
     f disque-résident

Д265 *r* диске́т *m*, диске́та *f*
     e diskette
     d Diskette *f*
     f disquette *f*

Д266 *r* дискретиза́тор *n*. (ана́логовых) сигна́лов
     e waveform digitizer
     d Digitalisierer *m*, Signaldigitalisierer *m*
     f digitaliseur *m* [numériseur *m*] de signaux analogiques

Д267 *r* дискретиза́ция *f*
     e discretization; sampling (*strobing*)
     d Diskretisierung *f*; Abtastung *f*, Sampling *n*
     f discrétization *f*, digitalisation *f*, numérisation *f*; échantillonnage *m* (*validation périodique*)

Д268 *r* дискримина́нт *m*
     e discriminant
     d Diskriminante *f*
     f discriminant *m*

Д269 *r* дискримина́тор *m* / амплиту́дный
     e peak discriminator
     d Amplitudendiskriminator *m*
     f discriminateur *m* d'amplitude

Д270 *r* дискримина́тор *m* и́мпульсов / амплиту́дный
     e pulse-height discriminator
     d Impulshöhendiskriminator *m*
     f discriminateur *m* d'amplitude d'impulsions

Д271 *r* дискримина́тор *m* и́мпульсов по ширине́
     e pulse-width discriminator
     d Impulsbreitendiskriminator *m*

ДИСПЛЕЙ

     f discriminateur *m* de durée d'impulsions

Д272 *r* дискримина́тор *m* / строби́рованный
     e strobed discriminator
     d aufgetasteter Diskriminator *m*
     f discriminateur *m* à validation

Д273 *r* дискримина́ция *f* (сигна́лов) нуле́й и едини́ц
     e one-to-zero discrimination
     d Eins-zu-Null-Unterscheidung *f*
     f discrimination *f* entre un et zéro

Д274 *r* диспе́рсия *f*
     e variance
     d Varianz *f*, Dispersion *f*
     f dispersion *f*, variance *f*

Д275 *r* диспе́тчер *m*
     e dispatcher *(a coordination program)*; executive *(a part of operational system)*
     d Dispatcher *m*, Zuteiler *m* *(Koordinierungsprogramm)*; Ablaufteil *m* *(Teil des Betriebssystem)*
     f dispatcher *m* *(un programme de coordination)*; fichier *m* exécutable *(une partie de système d'exploitation)*

Д276 *r* диспе́тчер *m* зада́ний
     e task dispatcher
     d Aufgabensteuerungsroutine *f*, Task-Zuteiler *m*
     f dispatcher *m* de tâches

Д277 *r* диспе́тчер *m* проце́ссов
     e process dispatcher
     d Prozeßsteuerungsroutine *f*, Prozeß-Zuteiler *m*
     f dispatcher *m* de processus

Д278 *r* диспе́тчер *m* рабо́чих компле́ктов
     e working set dispatcher
     d Arbeitssatz-Zuteiler *m*, Arbeitssatzteuerungsroutine *f*
     f dispatcher *m* d'ensembles de travail

Д279 *r* диспетчериза́ция *f*
     e dispatching
     d Dispatching *n*, Zuteilung *f*, Zuweisung *f*
     f dispatching *m*

Д280 *r* диспле́й *m*
     e display
     d Display *n*, Bildschirmgerät *n*; Bildschirm *m*
     f display *m*, unité *f* d'affichage visuel [de visualisation]; écran *m*

Д281 *r* диспле́й *m* без бло́ка па́мяти
     e nonstorage display
     d Display *n* [Bildschirmgerät *n*] ohne Speicherung
     f écran *m* sans mémoire

Д282 *r* диспле́й *m* / бу́квенно-цифрово́й
     e alpha(nu)meric display, character display
     d alphanumerisches Display *n*, alphanumerisches Bildschirmgerät *n*
     f écran *m* alphanumérique [à caractères]

Д283 *r* диспле́й *m* / графи́ческий
     e graphic(al) display
     d Grafikdisplay *n*, grafisches Bildschirmgerät *n*
     f écran *m* graphique

Д284 *r* диспле́й *m* / двухкоордина́тный
     e two-dimensional display
     d zweidimensionales Display *n*, zweidimensionales Bildschirmgerät *n*
     f écran *m* bidimensionnel [à deux dimensions, en 2D], visuel *m* bidimensionnel [à deux dimensions, en 2D]

Д285 *r* диспле́й *m* зелёного свече́ния
     e green-phosphor display
     d grünes Display *n*, grüner Bildschirm *m*
     f écran *m* à phosphore [à luminophore] vert

Д286 *r* диспле́й *m* / информацио́нный
     e data display
     d Datendisplay *n*
     f écran *m* d'information [de données]

Д287 *r* диспле́й *m* / контро́льный
     e monitor display
     d Überwachungsdisplay *n*
     f écran *m* moniteur

Д288 *r* диспле́й *m* / ма́тричный
     e matrix display
     d Matrixdisplay *n*

ДИСПЛЕЙ

  f écran *m* matriciel [à matrice]

Д289 *r* дисплей *m* / монохроматический
  e monochrome display
  d monochromes Display *n*, monochromer Bildschirm *m*
  f écran *m* monochromatique [monochrome]

Д290 *r* дисплей *m* / немерцающий
  e flicker-free display
  d flimmerfreies Display *n*, flimmerfreies Bildschirmgerät *n*
  f écran *m* sans clignotement

Д291 *r* дисплей *m* / полиэкранный
  e multiple window display
  d Fensterdisplay *n*, Fensterbildschirm *m*
  f écran *m* multi-fenêtre [à fenêtrage multiple, à plusieurs fenêtres]

Д292 *r* дисплей *m* / полноадресуемый
  e all-point-addressable display
  d volladressierbares Display *n*, Display *n* [Bildschirmgerät *n*] mit voller Punktadressierung
  f écran *m* à points tous adressables

Д293 *r* дисплей *m* / полностраничный
  e full-page display
  d Ganzseitendisplay *n*, Ganzseitenbildschirm *m*
  f écran *m* à pleine page

Д294 *r* дисплей *m* / полустраничный
  e half-page display
  d Halbseitendisplay *n*, Halbseitenbildschirm *m*
  f écran *m* à demi-page

Д295 *r* дисплей *m* / растровый
  e raster(-scan) display
  d Rasterdisplay *n*
  f écran *m* dot-matrice

Д296 *r* дисплей *m* с блоком памяти
  e storage display
  d Display *n* [Bildschirmgerät *n*] mit Speicherung
  f écran *m* à mémoire

Д297 *r* дисплей *m* / сенсорный
  e touch display
  d Sensor-Display *n*, Bildschirmgerät *n* mit Berührungseingabe
  f écran *m* sensoriel

Д298 *r* дисплей *m* с изображением, вытянутым по вертикали
  e portrait display
  d Hochformat-Display *n*, Hochformat-Bildschirm *m*
  f écran *m* de portrait *(à un agrandissement vertical d'image)*

Д299 *r* дисплей *m* с изображением, вытянутым по горизонтали
  e landscape display
  d Querformat-Display *n*, Querformat-Bildschirm *m*
  f écran *m* panoramique *(à un agrandissement horizontal d'image)*

Д300 *r* дисплей *m* с клавиатурой
  e keyboard display
  d Display *n* [Bildschirmgerät *n*] mit Eingabetastatur
  f écran *m* à clavier

Д301 *r* дисплей *m* с плоским экраном
  e flat screen display
  d Flachschirmanzeigegerät *n*, Flachdisplay *n*
  f écran *m* plat

Д302 *r* дисплей *m* с поэлементным отображением
  e bit-map(ped) display
  d Bit-map-Display *n*
  f écran *m* bit-map

Д303 *r* дисплей *m* с программно-управляемым лучом
  e calligraphic display *(as opposed to raster display)*, direct beam display
  d kalligrafisches Display *n*, kalligrafischer Bildschirm *m*, Bildschirm *m* mit Direktablenkung
  f écran *m* à lancer de rayon, écran *m* calligraphique

Д304 *r* дисплей *m* с регенерацией изображения
  e refresh display
  d Refresh-Display *n*, Bildschirm *m* mit Bildwiederholung
  f écran *m* à réfraîchissement [à régénération] d'image

ДИФФЕРЕНЦИРОВАНИЕ

Д305 r дисплéй *m* с речевы́м вво́дом
 e voice-entry display
 d Display *n* [Bildschirmgerät *n*] mit Spracheingabe
 f écran *m* à entrée vocale [à entrée de voix]

Д306 r дисплéй *m* / узкоформáтный
 e thin window display
 d Kleinformat-Display *n*
 f écran *m* à fenêtre mince

Д307 r дисплéй *m* / цветнóй
 e color display
 d Farbdisplay *n*, Farbbildschirm *m*
 f écran *m* coloré [en couleur]

Д308 r дисплéй *m* / цифровóй
 e (all-)digital display, numeric display
 d digitales [numerisches] Display *n*
 f écran *m* digital [numérique]

Д309 r дисплéй *m* / чёрно-бéлый
 e black-and-white display
 d schwarz-weißes Display *n*, schwarz-weißer Bildschirm *m*
 f écran *m* (en) noir et blanc

Д310 r дисплéй *m* / широкоформáтный
 e great display
 d Großformat-Display *n*
 f écran *m* gros

Д311 r дисплéй *m* / экрáнный
 e CRT display
 d Bildschirmgerät *n*, CRT-Display *n*, Datensichtgerät *n*
 f écran *m* cathodique

Д312 r дисциплúна *f* без прерывáния обслýживания
 e noninterruption [nonpreemptive] discipline
 d nichtverdrängende Bedienungsdisziplin *f*
 f discipline *f* sans interruption

Д313 r дисциплúна *f* лúнии свя́зи
 e line discipline
 d Leitungsdisziplin *f*
 f discipline *f* de ligne (de communication)

Д314 r дисциплúна *f* обслýживания
 e discipline
 d Bedienungsdisziplin *f*
 f discipline *f* (de service)

Д315 r дисциплúна *f* обслýживания / циклúческая
 e round-robin discipline
 d zyklische Bedienungsdisziplin *f*
 f discipline *f* de priorités tournantes

Д316 r дисциплúна *f* óчереди
 e queue discipline
 d Warteschlangendisziplin *f*
 f discipline *f* de file d'attente

Д317 r дисциплúна *f* "пéрвым пришёл - пéрвым обслýжен"
 e FIFO discipline, first-in-first-out discipline
 d FIFO-Disziplin *f*
 f discipline *f* "premier arrivé - premier servi", discipline *f* FIFO

Д318 r дисциплúна *f* "послéдним пришёл - пéрвым обслýжен"
 e LIFO discipline, last-in-first-out discipline
 d LIFO-Disziplin *f*
 f discipline *f* "dernier arrivé - premier servi", discipline *f* LIFO

Д319 r дисциплúна *f* с абсолю́тным приорúтетом
 e preemptive discipline
 d verdrängende Bedienungsdisziplin *f*
 f discipline *f* de priorité prédominante [de préemption]

Д320 r дисциплúна *f* с динамúческими приорúтетами
 e dynamic priority discipline
 d Bedienungdisziplin *f* mit dynamischer Priorität
 f discipline *f* à priorité dynamique

Д321 r дифференциáл
 e differential
 d Differential *n*
 f différentielle *f*

Д322 r дифференцúрование *n*
 e differentiation, derivation (*taking a derivative*)
 d Differentiation *f*, Ableitung *f*
 f différentiation *f*, dérivation *f* (*prise d'une dérivée*)

ДИФФУЗИЯ

Д323　*r*　диффу́зия *f*
　　　e　diffusion
　　　d　Diffusion *f*
　　　f　diffusion *f*

Д324　*r*　дихотóмия *f*
　　　e　dichotomy
　　　d　Dichotomie *f*
　　　f　dichotomie *f*

Д325　*r*　длина́ *f* áдреса
　　　e　address size
　　　d　Adreßlänge *f*
　　　f　longueur *f* [taille *f*] d'adresse

Д326　*r*　длина́ *f* кома́нды
　　　e　instruction length
　　　d　Befehlslänge *f*
　　　f　longueur *f* d'instruction

Д327　*r*　длина́ *f* пóля
　　　e　field length, field size
　　　d　Feldlänge *f*
　　　f　longueur *f* [taille *f*] de champ

Д328　*r*　длина́ *f* прогрáммы
　　　e　code length, program size
　　　d　Programmlänge *f*
　　　f　longueur *f* [taille *f*] de programme

Д329　*r*　длина́ *f* слóва
　　　e　word length, word size
　　　d　Wortlänge *f*
　　　f　longueur *f* de mot

Д330　*r*　длина́ *f* строки́
　　　e　string length
　　　d　Stringlänge *f*
　　　f　longueur *f* de chaîne

Д331　*r*　дневни́к *m* оши́бок
　　　e　bug diary
　　　d　Fehlerjournal *n*
　　　f　cahier *m* [journal *m*] d'erreurs

Д332　*r*　докуме́нт *m* для опти́ческого счи́тывания
　　　e　optically-sensed document
　　　d　optisch lesbarer Beleg *m*, Beleg *m* für optisches Lesen
　　　f　document *m* à lecture optique

Д333　*r*　докуме́нт *m* / маши́нный
　　　e　computer-based document
　　　d　Computer-Beleg *m*
　　　f　document *m* électronique

Д334　*r*　докуме́нт *m* / машиночитáемый
　　　e　machine-readable document
　　　d　maschinell lesbarer [maschinenlesbarer] Beleg *m*
　　　f　document *m* à lecture par machine, document *m* lisible par machine

Д335　*r*　докуме́нт *m* с магни́тными знáками
　　　e　magnetic document
　　　d　Magnetschriftbeleg *m*
　　　f　document *m* à lecture magnétique

Д336　*r*　документáция *f* / програ́ммная
　　　e　program documentation
　　　d　Programmdokumentation *f*
　　　f　documentation *f* de programme

Д337　*r*　документи́рование *n*
　　　e　documenting
　　　d　Dokumentieren *n*
　　　f　documentation *f*

Д338　*r*　домéн *m*
　　　e　domain
　　　d　Domäne *f*
　　　f　domaine *m*

Д339　*r*　домéн *m* / цилиндри́ческий магни́тный
　　　e　magnetic bubble domain
　　　d　Magnetblase *f*, Magnetblasendomäne *f*
　　　f　domaine *m* magnétique cylindrique [magnétique en bulle]

Д340　*r*　дополне́ние *n*
　　　e　complement
　　　d　Komplement *n*
　　　f　complément *m*

Д341　*r*　дополне́ние *n* до двух
　　　e　two's complement
　　　d　Zweierkomplement *n*
　　　f　complément *m* à deux

Д342　*r*　дополне́ние *n* до едини́цы
　　　e　one's complement
　　　d　Einerkomplement *n*
　　　f　complément *m* à un

Д343　*r*　дополне́ние *n* нуля́ми
　　　e　zero padding
　　　d　Auffüllen *n* von Nullen
　　　f　remplissage *m* par zéros, garnissage *m* de zéros

Д344　*r*　дополне́ние *n* пробéлами
　　　e　padding
　　　d　Auffüllen *n*

ДОСТУП

    f remplissage *m* (d'espaces), garnissage *m* (d'espaces)

Д345 *r* дополне́ние *n* со зна́ком
    e signed complement
    d vorzeichenbehaftetes Komplement *n*
    f complément *m* avec signe

Д346 *r* дополне́ние *n* / то́чное
    e radix complement, true complement
    d Basiskomplement *n*, B-Komplement *n*, Komplement *n*
    f complément *m* vrai [à la base]

Д347 *r* доро́жка *f*
    e track
    d Spur *f*
    f piste *f*

Д348 *r* доро́жка *f* веду́щей перфора́ции
    e feed(-hole) track
    d Führungslochspur *f*, Transportlochspur *f*
    f piste *f* de transport

Д349 *r* доро́жка *f* / дефе́ктная
    e bad track
    d defekte [fehlerhafte] Spur *f*
    f piste *f* défectueuse [mauvaise]

Д350 *r* доро́жка *f* за́писи
    e recording track
    d Aufzeichnungsspur *f*
    f piste *f* d'enregistrement

Д351 *r* доро́жка *f* / информацио́нная
    e data track
    d Informationsspur *f*, Datenspur *f*
    f piste *f* d'information

Д352 *r* доро́жка *f* / синхронизи́рующая
    e timing track
    d Taktspur *f*
    f piste *f* de temps [de synchronisation, de rythme, d'horloge]

Д353 *r* ДОС *f* *см.* систе́ма / ди́сковая операцио́нная

Д354 *r* доска́ *f* / коммутацио́нная
    e patchboard, plugboard
    d Schalttafel *f*, Stecktafel *f*
    f tableau *m* de connexion

Д355 *r* достове́рность *f*
    e validity
    d Gültigkeit *f*
    f validité *f*

Д356 *r* до́ступ *m*
    e access
    d Zugriff *m*, Zugriffsmethode *f*
    f accès *m*

Д357 *r* до́ступ *m* / библиоте́чный
    e library access
    d Bibliothekszugriff *m*
    f accès *m* par partition [du type bibliothéque]

Д358 *r* до́ступ *m* / бы́стрый
    e fast access
    d schneller Zugriff *m*
    f accès *m* rapide

Д359 *r* до́ступ *m* / взаимоисключа́ющий
    e mutually exclusive access
    d gegenseitig ausschließender Zugriff *m*
    f accès *m* mutuellement exclusif

Д360 *r* до́ступ *m* в паке́тном режи́ме
    e batch access
    d Zugriff im Stapelbetrieb
    f accès *m* par lots [par train] de travaux

Д361 *r* до́ступ *m* в реа́льном вре́мени
    e real-time access
    d Echtzeitzugriff *m*
    f accès *m* temps réel

Д362 *r* до́ступ *m* в режи́ме меню́
    e menu-driven access
    d menügeführter Zugriff *m*
    f accès *m* par menu

Д363 *r* до́ступ *m* в сеа́нсе свя́зи
    e session access
    d Sessionszugriff *m*, Zugriff *m* während der Sitzung
    f accès *m* pendant une session

Д364 *r* до́ступ *m* / группово́й
    e clustered access
    d Gruppenzugriff *m*
    f accès *m* groupé

Д365 *r* до́ступ *m* / дистанцио́нный
    e remote access
    d Fernzugriff *m*
    f accès *m* à distance

ДОСТУП

Д366　*r* доступ *m* / и́ндексно-после́довательный
　　e indexed-sequential access
　　d indexsequentieller [indiziert-sequentieller] Zugriff *m*
　　f accès *m* séquentiel indexé

Д367　*r* доступ *m* / и́ндексный
　　e indexed access
　　d indizierter Zugriff *m*
　　f accès *m* indexé

Д368　*r* доступ *m* к ба́зе да́нных
　　e database access
　　d Datenbasiszugriff *m*
　　f accès *m* à une base de données

Д369　*r* доступ *m* к да́нным
　　e data access
　　d Datenzugriff *m*
　　f accès *m* aux données

Д370　*r* доступ *m* / коллекти́вный
　　e shared access
　　d Mehrfachzugriff *m*, gemeinsamer Zugriff *m*
　　f accès *m* partagé

Д371　*r* доступ *m* к па́мяти
　　e memory access
　　d Speicherzugriff *m*
　　f accès *m* à une mémoire

Д372　*r* доступ *m* / лока́льный
　　e local access
　　d lokaler Zugriff *m*
　　f accès *m* local

Д373　*r* доступ *m* / мно́жественный
　　e multiple access, multiaccess
　　d Mehrfachzugriff *m*
　　f accès *m* multiple

Д374　*r* доступ *m* / монопо́льный
　　e exclusive access
　　d alleiniger Zugriff *m*
　　f accès *m* exclusif

Д375　*r* доступ *m* / незако́нный
　　e illegal access
　　d verbotener [illegaler] Zugriff *m*
　　f accès *m* illégal

Д376　*r* доступ *m* / непосре́дственный
　　e immediate access
　　d unmittelbarer Zugriff *m*, Sofort-Zugriff *m*
　　f accès *m* immédiat

Д377　*r* доступ *m* / непреднаме́ренный
　　e unintentional access
　　d unbeabsichtigter Zugriff *m*
　　f accès *m* non intentionnel

Д378　*r* доступ *m* / несанкциони́рованный
　　e unauthorized access
　　d unbefugter Zugriff *m*
　　f accès *m* non autorisé

Д379　*r* доступ *m* / ограни́ченный
　　e restricted access
　　d eingeschränkter [beschränkter] Zugriff *m*
　　f accès *m* restreint

Д380　*r* доступ *m* по ключу́
　　e keyed access, access by key
　　d Schlüsselzugriff *m*, Zugriff *m* über Schlüsselfeld
　　f accès *m* par clé

Д381　*r* доступ *m* по ли́ниям свя́зи
　　e line access
　　d Kommunikationszugriffsmethode *f*, Leitungszugriff *m*
　　f accès *m* par ligne (de communication)

Д382　*r* доступ *m* / после́довательный
　　e sequential access
　　d sequentieller Zugriff *m*
　　f accès *m* séquentiel

Д383　*r* доступ *m* / произво́льный
　　e random access
　　d wahlfreier Zugriff *m*
　　f accès *m* arbitraire

Д384　*r* доступ *m* / прямо́й
　　e direct access
　　d direkter Zugriff *m*, Direktzugriff *m*
　　f accès *m* direct

Д385　*r* доступ *m* / распределённый
　　e distributed access
　　d verteilter Zugriff *m*
　　f accès *m* distribué [réparti]

Д386　*r* доступ *m* / санкциони́рованный
　　e authorized access
　　d berechtigter [erlaubter] Zugriff *m*
　　f accès *m* autorisé

Д387　*r* доступ *m* с перекры́тием
　　e overlapped access
　　d überlappter Zugriff *m*

ЕДИНИЦА

  f accès *m* avec chevauchement [avec recouvrement], accès *m* chevauché [superposé]

Д388 *r* до́ступ *m* с по́мощью клавиату́ры
  e fingertip access
  d Zugriff *m* über Tastatur
  f accès *m* par clavier

Д389 *r* до́ступ *m* / статисти́ческий
  e statistical access
  d statistischer Zugriff *m*
  f accès *m* statistique

Д390 *r* досту́пность *f* да́нных
  e data accessibility
  d Datenverfügbarkeit *f*
  f accessibilité *f* de données; disponibilité *f* de données

Д391 *r* досту́пность *f* маршру́та
  e route availability
  d Routeverfügbarkeit *f*
  f disponibilité *f* de route

Д392 *r* дра́йвер *m*
  e driver
  d Treiber *m*
  f driver *m*

Д393 *r* дра́йвер *m* / графи́ческий
  e graphics driver
  d Grafiktreiber *m*
  f driver *m* graphique

Д394 *r* дра́йвер *m* / програ́ммный
  e software driver
  d Softwaretreiber *m*, Programmtreiber *m*
  f driver *m* de logiciel

Д395 *r* дра́йвер *m* режи́ма разделе́ния вре́мени
  e time-sharing driver
  d Time-sharing-Treiber *m*, Teilnehmerbetriebstreiber *m*
  f driver *m* en temps partagé

Д396 *r* дра́йвер *m* / те́стовый
  e test driver
  d Testtreiber *m*
  f driver *m* de test

Д397 *r* дра́йвер *m* ши́ны
  e bus driver
  d Bustreiber *m*
  f transmetteur *m* de bus

Д398 *r* дробле́ние *n*
  e splitting (*e.g. of a text*)
  d Aufspalten *n*, Aufteilen *n*, Splittern *n* (*z.B. eines Textes*)
  f partage *m*, partition *f* (*p.e. d'un texte*)

Д399 *r* дробь *f*
  e fraction
  d Bruch *m*
  f fraction *f*

Д400 *r* ДТЛ-схе́мы *f pl*
  e DTL, diode-transistor logic
  d DTL *f*, Dioden-Transistor-Logik *f*
  f logique *f* à diodes et transistors

Д401 *r* ДТЛ-схе́мы *f pl* с дио́дами Зе́нера
  e DZTL, diode Zener transistor logic
  d DZTL *f*, Dioden-Transistor-Logik *f* mit Z-Dioden
  f logique *f* à diodes Zener et transistors

Д402 *r* дублика́т *m*
  e duplicate, redundant replica
  d Duplikat *n*, Doppel *n*
  f duplicata *m*, réplique *f*

Д403 *r* дублика́тор *m*
  e reproducer
  d Dupliziergerät *n*, Vervielfältiger *m*
  f reproductrice *f*

Д404 *r* дубли́рование *n*
  e duplication, replication
  d Duplizierung *f*, Duplikation *f*
  f duplication *f*

Е

Е1 *r* едини́ца *f*
  e 1. unit (*element*) 2. one
  d 1. Einheit *f* 2. Einer *m*, Eins *f*
  f 1. unité *f* (*élément*) 2. un *m*

Е2 *r* едини́ца *f* вре́мени
  e time unit
  d Zeiteinheit *f*
  f unité *f* de temps

Е3 *r* едини́ца *f* / двои́чная
  e binary one
  d binäre Eins *f*
  f unité *f* [un *m*] binaire

Е4 *r* едини́ца *f* ёмкости па́мяти
  e memory size unit

ЕДИНИЦА

      d Speichergrößeneinheit *f*
      f unité *f* de capacité [de taille] de mémoire

E5   *r* едини́ца *f* измере́ния
      e unit
      d Einheit *f*, Meßeinheit *f*
      f unité *f* (de mesure)

E6   *r* едини́ца *f* информа́ции
      e datum, information unit
      d Datum *n*, Informationseinheit *f*
      f unité *f* élémentaire d'information

E7   *r* едини́ца *f* коли́чества информа́ции
      e information content unit
      d Informationsinhaltseinheit *f*, Informationsgehaltseinheit *f*
      f unité *f* de contenu [de quantité] d'information

E8   *r* едини́ца *f* / конста́нтная
      e stuck-at one *(failure type)*
      d haftende Eins *f*
      f unité *f* constante

E9   *r* едини́ца *f* / логи́ческая
      e logical "1"
      d logische Eins *f*, logischer Zustand *m* "1"
      f "1" [un *m*] logique

E10   *r* едини́ца *f* / разру́шенная
      e disturbed one
      d gestörte Eins *f*
      f un *m* perturbé

E11   *r* едини́ца *f* счёта
      e tally, count
      d Zähleinheit *f*
      f unité *f* de comptage

E12   *r* едини́ца *f* / языкова́я
      e unit of language
      d Spracheinheit *f*
      f unité *f* linguistique [de langage]

E13   *r* ёмкость *f*
      e 1. capacity 2. capacitance *(of a capacitor)*
      d 1. Kapazität *f*; Leistungsfähigkeit *f* 2. Kapazität *f* *(eines Kondensators)*
      f capacité *f*

E14   *r* ёмкость *f* в ба́йтах
      e byte capacity
      d Bytekapazität *f*
      f capacité *f* en octets

E15   *r* ёмкость *f* в би́тах
      e bit capacity
      d Bitkapazität *f*
      f capacité *f* en bits

E16   *r* ёмкость *f* в слова́х
      e word capacity
      d Wortkapazität *f*
      f capacité *f* en mots

E17   *r* ёмкость *f* / входна́я
      e input capacitance
      d Eingangskapazität *f*
      f capacitance *f* d'entrée

E18   *r* ёмкость *f* запомина́ющего устро́йства
      e storage size, storage capacity
      d Speicherkapazität *f*, Speichergröße *f*
      f capacité *f* de mémoire [de stockage], taille *f* d'une mémoire

E19   *r* ёмкость *f* кана́ла свя́зи
      e channel capacity
      d Kanalkapazität *f*, Kanaltransferkapazität *f*
      f capacité *f* de canal [de voie de la communication]

E20   *r* ёмкость *f* па́мяти
      e memory capacity, memory size
      d Speicherkapazität *f*, Speichergröße *f*
      f capacité *f* [taille *f*] de mémoire

E21   *r* ёмкость *f* / парази́тная
      e stray [spurious] capacitance
      d Streukapazität *f*, parasitäre Kapazität *f*
      f capacitance *f* parasite

E22   *r* ёмкость *f* перфока́рты
      e card capacity
      d Lochkartenkapazität *f*
      f capacité *f* de carte perforée

E23   *r* ёмкость *f* / распределённая
      e distributed capacitance
      d verteilte Kapazität *f*
      f capacitance *f* distribuée [répartie]

E24   *r* ёмкость *f* счётчика
      e counter capacity
      d Zählerkapazität *f*
      f capacité *f* de compteur

E25   *r* ЕС ЭВМ *f*
      e Unified System of computers

    d ESER-Reihe *f*
    f Série *f* Unifiée des ordinateurs

Ж

Ж1 *r* жгут *m*
    e plait
    d Litze *f*
    f faisceau *m*

Ж2 *r* жезл *m*
    e baton, token
    d Token *m*
    f bâton *m*

Ж3 *r* жёсткий
    e hard
    d hart
    f rigide

Ж4 *r* живучесть *f*
    e survivability; robustness
    d Überlebenswahrscheinlichkeit *f*
    f vitalité *f*; viabilité *f*

Ж5 *r* ЖКИ *m см.* индикатор / жидкокристаллический

Ж6 *r* журнал *m* базы данных
    e database journal
    d Datenbasisjournal *n*
    f journal *m* de base de données

Ж7 *r* журнал *m* программных испытаний
    e program test log
    d Programmtestprotokoll *n*
    f procès-verbal *m* de test de programme

Ж8 *r* журнал *m* регистрации
    e log
    d Protokoll *n*, Journal *n*
    f cahier *m*, journal *m*, procès-verbal *m*

Ж9 *r* журнал *m* регистрации ошибок
    e error log
    d Fehlerprotokoll *n*
    f procès-verbal *m* d'erreurs

Ж10 *r* журнал *m* / системный
    e system log
    d Systemnachweis *m*, Systemprotokoll *n*
    f journal *m* de bord, procès-verbal *m* de machine

Ж11 *r* журнал *m* учёта заданий
    e job account log
    d Jobabrechnungsprotokoll *n*, Auftragsabrechnungsprotokoll *n*
    f procès-verbal *m* de travaux

З

31 *r* забивка *f*
    e overprinting
    d Doppeldruckverfahren *n*
    f surimpression *f*

32 *r* заведомо исправный
    e known-good
    d erwiesenermaßen gut
    f connu correct

33 *r* завершение *n*
    e termination; completion
    d Beendigung *f*, Termination *f*
    f achèvement *m*, fin *f*, terminaison *f*

34 *r* завершение *n* / аварийное
    e abortion
    d Abbruch *m*, fehlerbedingte [vorzeitige] Beendigung *f*
    f fin *f* anormale

35 *r* завершённость *f*
    e completeness
    d Vollständigkeit *f*
    f achèvement *m*

36 *r* зависание *n* программы
    e hang-up
    d nichtprogrammierter Stop *m*, Suspendieren *n*
    f arrêt *m* de refus, halte *f* subite

37 *r* зависимость *f* / обратная
    e inverse relation
    d inverse Abhängigkeit *f*
    f relation *f* inverse

38 *r* зависимость *f* / прямая
    e direct relation
    d direkte Abhängigkeit *f*
    f relation *f* directe

39 *r* заглушка *f*
    e stub
    d Abschluß *m*
    f bouchon *m*

ЗАГОЛОВОК

310 r заголо́вок m
 e head(er) *(of a text)*;
 preamble *(of a transmitted message)*
 d Kopfteil n *(im Text)*;
 Präambel f *(einer Sendenachricht)*
 f en-tête m *(d'un texte)*;
 préambule m *(d'un message transmis)*

311 r загру́зка f
 e load(ing)
 d Laden n
 f chargement n

312 r загру́зка f вразбро́с
 e scatter loading
 d gestreutes Laden n
 f chargement m dispersé [éparpillé, éclaté]

313 r загру́зка f / перви́чная
 e bootstrap
 d Bootstrapping n, Bootstrap-Laden n, Anfangsladen n, Urladen n
 f amorce f, chargement m initial

314 r загру́зка f / поблóчная
 e block loading
 d Blockladen n
 f chargement m par blocs

315 r загру́зка f / повто́рная нача́льная
 e reboot
 d Wiederurladen n
 f rechargement m initial

316 r загру́зка f с после́дующим исполне́нием
 e load-and-go
 d Laden n und Ausführen n
 f chargement m avec lancement

317 r загру́зка f страни́цы
 e page-in
 d seitenweise Einlagerung f
 f chargement m de page

318 r загру́зчик m
 e loader
 d Lader m, Ladeprogramm n
 f chargeur m

319 r загру́зчик m / перемеща́ющий
 e relocating loader
 d verschieblicher Lader m
 f chargeur m translatant [à réallocation]

320 r загру́зчик m / свя́зывающий
 e linking loader
 d Bindelader m
 f chargeur m à enchaînement

321 r загру́зчик m / систе́мный
 e system loader
 d Systemlader m
 f chargeur m système

322 r зада́ние n
 e job
 d Auftrag m, Aufgabe f, Job m
 f travail m

323 r зада́ние n, выполня́емое в отсу́тствие по́льзователя
 e absentee-user job
 d ohne Benutzer ausgeführter Job m
 f travail m en absence d'utilisateur

324 r зада́ние n / высокоприорите́тное
 e foreground job
 d Vordergrund-Job m, Prioritätsjob m
 f travail m prioritaire [d'avant-plan]

325 r зада́ние n / дистанцио́нное
 e remote job
 d Fernauftrag m, Fernjob m
 f travail m à distance

326 r зада́ние n нача́льных усло́вий
 e initialization
 d Initialisierung f
 f initialisation f

327 r зада́ние n / паке́тное
 e batch(ed) job
 d Stapel(verarbeitungs)auftrag m, Stapeljob m
 f train m de travaux

328 r зада́ние n разме́ров
 e dimensioning
 d Dimensionierung f
 f dimensionnement m

329 r зада́ние n / ра́зовое
 e one-shot job
 d nur einmal ausgeführter Job m, One-shot-Job m
 f travail m à une fois

330 r зада́ние n / фо́новое

ЗАДАЧА

    e background job
    d Background-Job *m*,
       Hintergrund-Job *m*
    f travail *m* d'arrière plan,
       travail *m* de fond

331 *r* задáние *n* формáта
    e formatting
    d Formatieren *n*
    f formatage *m*

332 *r* задáтчик *m*
    e setting device
    d Sollwertgeber *m*, Einsteller *m*
    f dispositif *m* d'excitation, excitateur *m*

333 *r* задáча *f*
    e problem *(for solving)*; task *(a part of a job)*
    d Problem *n*; Aufgabe *f*, Task *f (Teil eines Jobs)*
    f problème *m (à résoudre)*; tâche *f (une partie de travail)*

334 *r* задáча *f* в реáльном врéмени
    e real-time problem
    d Echtzeitaufgabe *f*
    f problème *m* temps réel

335 *r* задáча *f* вы́бора кратчáйшего маршрýта
    e shortest route problem
    d Kurzwegproblem *n*
    f problème *m* du plus court chemin, problème *m* de la plus courte route

336 *r* задáча *f* / вычисли́тельная
    e computational problem
    d Rechenaufgabe *f*, rechnerische Aufgabe *f*
    f problème *m* à calculer [calculateur]

337 *r* задáча *f* календáрного плани́рования
    e scheduling problem
    d Ablaufplanungsproblem *n*
    f problème *m* de planification

338 *r* задáча *f* мáссового обслýживания
    e queueing problem, waiting line problem
    d Warteschlangenproblem *n*
    f problème *m* des files d'attente

339 *r* задáча *f* на ýзкие местá
    e bottle neck problem
    d Engpaßproblem *n*
    f problème *m* de goulot d'étranglement

340 *r* задáча *f* оцéнивания
    e estimation problem
    d Abschätzungsproblem *n*
    f problème *m* d'estimation

341 *r* задáча *f* оцéнки характери́стик
    e benchmark problem
    d Bewertungsaufgabe *f*
    f problème *m* benchmark [de test]

342 *r* задáча *f* пóиска
    e search problem
    d Suchproblem *n*, Suchaufgabe *f*
    f problème *m* de recherche

343 *r* задáча *f* пóиска информáции
    e information retrieval problem
    d Informationswiedergewinnungsproblem *n*, Retrieval-Problem *n*
    f problème *m* de recherche d'information

344 *r* задáча *f* / пóльзовательская
    e user task
    d Anwendertask *f*
    f tâche *f* d'utilisateur

345 *r* задáча *f* / прикладнáя
    e application problem
    d Anwendungsaufgabe *f*
    f application *f*

346 *r* задáча *f* приня́тия решéний
    e decision problem
    d Entscheidungsproblem *n*
    f problème *m* de (prise de) décision

347 *r* задáча *f* присвáивания
    e assignment problem
    d Zuweisungsproblem *n*, Zuordnungsproblem *n*
    f problème *m* d'assignement [d'affectation]

348 *r* задáча *f* размещéния
    e location problem
    d Plazierungsproblem *n*, Positionierungsproblem *n*
    f problème *m* d'allocation

349 *r* задáча *f* распределéния
    e allocation problem
    d Zuordnungsproblem *n*

ЗАДАЧА

- *f* problème *m* de répartition [de distribution]

350 *r* задача *f* распределения ресурсов
- *e* resource allocation problem
- *d* Betriebsmittelzuweisungsproblem *n*
- *f* problème *m* de distribution de ressources

351 *r* задача *f* / системная
- *e* system task
- *d* Systemtask *f*, Systemaufgabe *f*
- *f* tâche *f* de système

352 *r* задача *f* / тестовая
- *e* test problem
- *d* Testaufgabe *f*, Prüfaufgabe *f*
- *f* problème *m* de test

353 *r* задача *f* трассировки
- *e* routing problem
- *d* Routing-Problem *n*, Problem *n* der Leitweglenkung
- *f* problème *m* de routage

354 *r* задача *f* / управленческая
- *e* management problem
- *d* Verwaltungsproblem *n*
- *f* problème *m* de gestion

355 *r* задача *f* учёта и отчётности
- *e* accounting problem
- *d* Abrechnungsproblem *n*
- *f* problème *m* de comptabilité

356 *r* задача *f* / экономическая
- *e* business problem
- *d* kommerzielles Problem *n*, kommerzielle Aufgabe *f*
- *f* problème *m* économique

357 *r* задержка *f*
- *e* delay (*a feature of a system*); log (*a temporal shift*); latency (*a waiting time*)
- *d* Verzögerung *f*; Latenzzeit *f*, Wartezeit *f*
- *f* délai *m*, retard *m*

358 *r* задержка *f* / вентильная
- *e* gate delay
- *d* Gatterverzögerung *f*
- *f* délai *m* de porte

359 *r* задержка *f* / временная
- *e* time delay
- *d* Zeitverzögerung *f*
- *f* délai *m* de temps

360 *r* задержка *f* в соединительных цепях
- *e* wiring delay
- *d* Verbindungverzögerung *f*, Verzögerung *f* in Verbindungsschaltkreisen
- *f* délai *m* des interconnexions

361 *r* задержка *f* в цепи передачи
- *e* transmission delay
- *d* Übertragungsverzögerung *f*
- *f* délai *m* de transit [de transmission]

362 *r* задержка *f* в цепи переноса
- *e* ripple delay
- *d* Schnellübertragsverzögerung *f*
- *f* délai *m* de report [de retenue]

363 *r* задержка *f* / единичная
- *e* unit delay
- *d* Einheitsverzögerung *f*
- *f* délai *m* unitaire

364 *r* задержка *f* из-за подтверждения приёма
- *e* round-trip delay
- *d* Verzögerung *f* wegen der Empfangsbestätigung
- *f* délai *m* à attendre un acquittement [à attendre un accusé de réception]

365 *r* задержка *f* / инструментальная
- *e* instrument lag
- *d* Instrumentenverzögerung *f*, Geräteverzögerung *f*
- *f* retard *m* d'instrument

366 *r* задержка *f* между входом и выходом *см.* задержка распространения сигнала между входом и выходом

367 *r* задержка *f* на один разряд
- *e* digit delay
- *d* Stellenverzögerung *f*, Verzögerung *f* für eine Zeichendauer, Ein-Bit-Verzögerung *f*
- *f* délai *m* à un digit

368 *r* задержка *f* на передачу данных
- *e* communication delay
- *d* Datenübertragungsverzögerung *f*
- *f* délai *m* de communication

ЗАКЛЮЧЕНИЕ

369 r задёржка f на передáчу мáркера
  e buck delay
  d Buck-Übertragungs-Verzögerung f
  f délai m de transmission de marqueur

370 r задéржка f на распространéние
  e propagation delay
  d Ausbreitungsverzögerung f (bei Signalübertragung)
  f délai m de propagation (en transmission de signal)

371 r задéржка f нарастáния сигнáла
  e rise delay, rising delay
  d Anstiegsverzögerung (zeit) f
  f délai m de la montée (de signal)

372 r задéржка f / нулевáя
  e zero delay
  d Nullverzögerung f
  f délai m nul

373 r задéржка f обрабóтки прерывáния
  e interrupt latency
  d Interrupt(bearbeitungs)verzögerung f, Unterbrechungs(bearbeitungs)verzögerung f
  f délai m d'interruption

374 r задéржка f / паразúтная
  e stray delay
  d Streuverzögerung f
  f délai m parasite

375 r задéржка f появлéния ошúбки
  e error latency
  d Fehlerlatentzeit f
  f délai m d'erreur

376 r задéржка f при передáче пакéта
  e packet delay
  d Paketübertragungsverzögerung f
  f délai m de transmission de paquet [de transmission de lot]

377 r задéржка f / программúруемая
  e programmable delay
  d programmierbare Verzögerung f
  f délai m programmable

378 r задéржка f распространéния сигнáла мéжду вхóдом и выходом
  e input-to-output delay
  d Eingang-zu-Ausgang-Verzögerung f
  f délai m (de propagation de signal) de l'entrée à la sortie

379 r задéржка f реáкции систéмы
  e system response delay
  d Systemantwortverzögerung f
  f délai m de réponse de système

380 r задéржка f, свя́занная с обслýживанием
  e service delay
  d Bedienungsverzögerung f
  f délai m de service

381 r задéржка f / сетевáя
  e network delay
  d Netz(werk)verzögerung f
  f délai m de réseau

382 r задéржка f спáда сигнáла
  e fall(ing) delay
  d Abfallverzögerung(szeit) f
  f délai m de descente (de signal)

383 r задéржка f / транзúтная
  e delay in transit
  d Durchgangsverzögerung f, Transitverzögerung f
  f délai m de transit

384 r задéржка f / фиксúрованная временнáя
  e timed delay
  d feste Zeitverzögerung f
  f délai m de temps fixe

385 r заём m
  e borrow
  d Borgen m; Geborgtes n
  f emprunt m; retenue f

386 r заём m / круговóй
  e end-around borrow
  d Ringborgen m
  f emprunt m circulaire

387 r заказнóй
  e custom(ized)
  d kundenspezifisch
  f demandé, à la demandé

388 r заключéние n в скóбки
  e bracketing
  d Einklammern n
  f mise entre parenthèses

ЗАКОЛЬЦОВЫВАНИЕ

389   *r* закольцо́вывание *n*
     e loopback
     d Rückschleifenbildung *f*
     f bouclage *m*

390   *r* закра́шивание *n* областе́й
     e area fill *(on a display screen)*
     d Bereichsfüllen *n*
     f remplissage *m* de zones *(d'un écran)*

391   *r* закрепле́ние *n* уча́стка па́мяти
     e memory attaching
     d Speicheranschluß *m*
     f attachement *m* de mémoire

392   *r* заме́на *f*
     e interchange, interchanging; replacement
     d Wechsel *m*; Ersetzung *f*
     f changement *m*; remplacement *m*

393   *r* замеще́ние *n* страни́цы
     e page replacement
     d Seitenersetzung *f*
     f remplacement *m* de page

394   *r* замо́к *m*
     e lock
     d Verriegelungsmechanismus *m*, Sperre *f*
     f verrou *m*

395   *r* замо́к *m* защи́ты
     e protection lock
     d Schutzsperre *f*
     f verrou *m* de protection

396   *r* замо́к *m* на у́ровне бло́ка да́нных
     e block lock
     d Blocksperre *f*
     f verrou *m* (au niveau) de bloc (de données)

397   *r* замо́к *m* на у́ровне за́писи
     e record lock
     d Satzsperre *f*
     f verrou *m* (au niveau) d'enregistrement

398   *r* замо́к *m* секре́тности
     e privacy lock
     d Schutzsperre *f* für personenbezogene Daten
     f verrou *m* de confidentialité

399   *r* занесе́ние *n* в файл
     e filing
     d Dateieintragung *f*
     f écriture [insertion *f*] dans un fichier

3100   *r* запа́здывание *n*
     e lag
     d Verzögerung *f*, Verzug *m*; Verspätung *f*
     f retard *m*, décalage *m* temporel

3101   *r* запа́здывание *n* / постоя́нное
     e permanent lag
     d permanente Verzögerung *f*
     f retard *m* constant [permanent]

3102   *r* запа́здывание *n* управля́ющего возде́йствия
     e control lag
     d Verzögerung *f* der Steuerwirkung
     f retard *m* de contrôle

3103   *r* запа́с *m* надёжности
     e safety margin
     d Sicherheitsspielraum *m*, Sicherheitsspanne *f*
     f marge *f* de fiabilité

3104   *r* запира́ние *n*
     e locking *(to prevent from using)*; disable *(to block a signal)*
     d Verriegelung *f*, Sperre *f*, Sperrung *f*, Blockierung *f*
     f verrouillage *m (pour protéger de l'utilisation)*; interdiction *f (pour bloquer un signal)*

3105   *r* за́пись *f*
     e 1. record *(a data element)* 2. recording *(for accounting)* 3. write, writing *(a process)* 4. notation *(representation)*
     d 1. Satz *m*, Datensatz *m* 2. Aufzeichnung *f* 3. Schreiben *n* 4. Schreibweise *f*, Notation *f*
     f 1. enregistrement *m*, article *m (un élément de données)* 2. enregistrement *m (pour comptage)* 3. écriture *f (un processus)* 4. notation *f (représentation)*

3106   *r* за́пись *f* без возвраще́ния к нулю́
     e non-return-to-zero recording
     d NRZ-Schreibverfahren *n*, Aufzeichnung *f*

[Schreibverfahren *n*] ohne
Rückkehr zu Null
f enregistrement *m* sans retour
au zéro

3107 *r* за́пись *f* / бесконта́ктная
e noncontact recording
d kontaktlose Aufzeichnung *f*
f écriture *f* sans contact

3108 *r* за́пись *f* / бесско́бочная
e Polish notation, parenthesis-free notation
d polnische [klammerfreie] Schreibweise *f*, polnische Notation *f*, Präfixschreibweise *f*
f notation *f* polonaise [sans parenthèses]

3109 *r* за́пись *f* / визуализи́руемая
e visual record
d visueller Satz *m*
f enregistrement *m* visible

3110 *r* за́пись *f* в упако́ванном форма́те
e packed-format record
d gepackter Satz *m*
f enregistrement *m* au format comprimé [au format condensé]

3111 *r* за́пись *f* / вы́борочная
e selective writing
d Selektierschreiben *n*
f écriture *f* sélective, enregistrement *m* sélectif

3112 *r* за́пись *f* да́нных
e data record
d Datensatz *m*
f enregistrement *m* de données

3113 *r* за́пись *f* / двойна́я
e dual recording
d Doppelaufzeichnung *f*
f enregistrement *m* double

3114 *r* за́пись *f* двойно́й пло́тности
e double-density recording
d Aufzeichnung *f* [Schreiben *n*] mit doppelter Speicherdichte
f enregistrement *m* à double densité

3115 *r* за́пись *f* / доче́рняя
e child
d Child *n*
f enregistrement *m* fils

3116 *r* за́пись *f* / дубли́рующая
e duplicated record
d kopierter Satz *m*
f enregistrement *m* copie [réplique]

3117 *r* за́пись *f* / контро́льная
e reference recording
d Bezugsaufzeichnung *f*
f écriture *f* de référence [de contrôle]

3118 *r* за́пись *f* / логи́ческая
e logical record
d logischer Satz *m*
f enregistrement *m* [article *m*] logique

3119 *r* за́пись *f* / магни́тная
e magnetic recording
d Magnetaufzeichnung *f*
f enregistrement *m* magnétique

3120 *r* за́пись *f* / многодоро́жечная
e multitrack recording
d Mehrspuraufzeichnung *f*
f enregistrement *m* multipiste

3121 *r* за́пись *f* на ле́нту
e tape recording
d Bandaufzeichnung *f*
f enregistrement *m* sur bande

3122 *r* за́пись *f* на перфока́рты
e card recording
d Kartenaufzeichnung *f*, Lochkartenaufzeichnung *f*
f enregistrement *m* sur carte perforée

3123 *r* за́пись *f* / нача́льная
e home record
d Haussatz *m*
f enregistrement *m* de début, premier article *m* de chaîne

3124 *r* за́пись *f* / неформати́рованная
e unformatted record
d unformatierter Satz *m*
f enregistrement *m* non formaté

3125 *r* за́пись *f* об отноше́нии
e relationship record
d Relativierungssatz *m*
f enregistrement *m* de relation

3126 *r* за́пись *f* переме́нной длины́
e variable-length record
d Satz *m* variabler Länge
f enregistrement *m* de longueur variable

3127 *r* за́пись *f* по двум у́ровням

ЗАПИСЬ

  e bistable writing *(in a storage tube)*
  d bistabiles Schreiben *n*, Schreiben *n* in zwei Schichten *(in einer Speicherröhre)*
  f enregistrement *m* à deux niveaux *(dans une tube à stocage)*

3128 *r* за́пись *f* подчинённого у́ровня
  e member record
  d untergeordneter Satz *m*
  f enregistrement *m* de sous-niveau

3129 *r* за́пись *f* / пре́фиксная
  e prefix notation
  d Präfixschreibweise *f*, Präfixnotation *f*
  f notation *f* préfixée

3130 *r* за́пись *f* / ра́стровая
  e raster-scan writing
  d Rasterscan-Schreiben *n*
  f enregistrement *m* de trame

3131 *r* за́пись *f* / сблоки́рованная
  e blocked record
  d blockierter Satz *m*
  f enregistrement *m* bloqué

3132 *r* за́пись *f* с высо́кой пло́тностью
  e high-density recording
  d Aufzeichnung *f* [Schreiben *n*] mit hoher Speicherdichte
  f enregistrement *m* à densité haute

3133 *r* за́пись *f* ста́ршего у́ровня
  e owner record
  d übergeordneter Satz *m*
  f enregistrement *m* propriétaire

3134 *r* за́пись *f* / физи́ческая
  e physical record
  d physischer Satz *m*
  f enregistrement *m* physique

3135 *r* за́пись *f* фикси́рованной длины́
  e fixed-length record
  d Satz *m* fester Länge
  f enregistrement *m* de longueur fixe

3136 *r* за́пись *f* / штрихова́я
  e stroke writing
  d Strichschreiben *n*
  f écriture *f* hachurée

3137 *r* за́пись *f* электро́нным лучо́м
  e electron-beam recording
  d Elektronenstrahlaufzeichnung *f*
  f enregistrement *m* par rayon électronique

3138 *r* за́пись *f* / элемента́рная
  e unit record
  d Elementarsatz *m*
  f enregistrement *m* élémentaire

3139 *r* за́пись *f* / этало́нная
  e master record
  d Stammeintrag *m*
  f enregistrement *m* maître

3140 *r* запла́та *f*
  e patch
  d Ausbesserung *f*; Direktkorrektur *f* *(Direkteingabe von Software-Änderungen)*
  f amendement *n*, correction *f* de bogue

3141 *r* заполне́ние *n* бла́нка
  e form filling
  d Formularausfüllen *n*
  f remplissage *m* d'une forme

3142 *r* заполне́ние *n* двои́чного ко́да незнача́щей информа́цией
  e bit padding
  d Bitauffüllen *n*, Auffüllen *n* von Bits
  f garnissage *m* [remplissage *m*] de bits

3143 *r* заполне́ние *n* нуля́ми
  e zero fill
  d Auffüllen *n* mit Nullen
  f garnissage *m* [remplissage *m*] de zéros

3144 *r* заполне́ние *n* фа́йла
  e file population
  d Dateiausfüllung *f*
  f remplissage *m* de fichier

3145 *r* заполни́тель *m*
  e filler
  d Füllzeichen *n*
  f remplisseur *m*

3146 *r* запомина́ние *n*
  e storage, storing
  d Speicherung *f*
  f stockage *m*, mémorisation *f*

3147 *r* запомина́ние *n* изображе́ний

     e image storage
     d Bildspeicherung *f*
     f stockage *m* [mémorisation *f*] d'images

3148 *r* запомина́ние *n* / стати́ческое
     e static storage
     d statische Speicherung *f*
     f stockage *m* [mémorisation *f*] statique

3149 *r* запра́вка *f* ле́нты
     e tape loading
     d Bandladen *n*
     f chargement *m* de bande

3150 *r* запре́т *m*
     e inhibit(ion) *f*
     d Sperre *f*, Sperrung *f*
     f inhibition *f*, interdiction *f*

3151 *r* запре́т *m* прерыва́ний
     e interrupt inhibit
     d Unterbrechungssperre *f*, Interruptsperre *f*
     f inhibition *f* [interdiction *f*] d'interruption

3152 *r* запро́с *m*
     e query; request *(requirement)*
     d Abfrage *f*, Anfrage *f*; Anforderung *f*
     f interrogation *f*; requête *f*; demande *f*

3153 *r* запро́с *m* / ассоциати́вный
     e associative query
     d assoziative Anfrage *f*
     f interrogation *f* associative

3154 *r* запро́с *m* да́нных
     e data request
     d Datenanforderung *f*
     f requête *f* de données

3155 *r* запро́с *m* / дизъюнкти́вный
     e disjunctive query
     d disjunktive Anfrage *f*
     f interrogation *f* disjonctive

3156 *r* запро́с *m* / дистанцио́нный
     e remote request
     d Fernanforderung *f*, Fernanfrage *f*
     f requête *f* à distance

3157 *r* запро́с *m* / интеракти́вный
     e interactive query
     d interaktive Anfrage *f*, interaktive Abfrage *f*
     f interrogation *f* interactive

3158 *r* запро́с *m* / информацио́нный
     e request for information
     d Informationsanforderung *f*
     f requête *f* d'information

3159 *r* запро́с *m* к ба́зе да́нных
     e database query
     d Datenbankanfrage *f*, Datenbankabruf *m*
     f interrogation *f* [requête *f*] de base de données

3160 *r* запро́с *m* консультати́вной информа́ции
     e help request
     d Hilfsanforderung *f*
     f demande *f* d'aides

3161 *r* запро́с *m* / конъюнкти́вный
     e conjunctive query
     d konjunktive Anfrage *f*
     f interrogation *f* conjonctive

3162 *r* запро́с *m* / межба́зовый
     e interdatabase query *(in distributed databases)*
     d Interdatenbankanfrage *f* *(in verteilten Datenbanksystemen)*
     f interrogation *f* entre bases de données *(dans des bases de données réparties)*

3163 *r* запро́с *m* / многоабоне́нтский
     e multisite query
     d Mehrseitenabfrage *f*, Mehrnutzeraufruf *m*
     f interrogation *f* multiaccès [d'accès multiples]

3164 *r* запро́с *m* на блокиро́вку
     e lock request
     d Sperr(ungs)anforderung *f*
     f demande *f* de blocage

3165 *r* запро́с *m* на ввод-вы́вод
     e input/output request, I/O request
     d Eingabe-Ausgabe-Anforderung *f*, E/A-Anforderung *f*
     f demande *f* d'entrée/sortie [d'E/S]

3166 *r* запро́с *m* на обслу́живание
     e service request
     d Bedienungsaufruf *m*, Bedienungsanforderung *f*
     f demande *f* de service

3167 *r* запро́с *m* на приме́рах

ЗАПРОС

- *e* query by example
- *d* Anfrage *f* mit Hilfe von Exempeln
- *f* interrogation *f* par des exemples

3168 *r* запро́с *m* / непрограмми́руемый
- *e* ad hoc query
- *d* nichtprogrammierbare Anfrage *f*
- *f* interrogation *f* ad hoc

3169 *r* запро́с *m* / паке́тный
- *e* batch query
- *d* Stapelanfrage *f*
- *f* interrogation *f* par lot

3170 *r* запро́с *m* паро́ля
- *e* password request
- *d* Kennwortanforderung *f*, Paßwortanforderung *f*
- *f* demande *f* de passe-parole

3171 *r* запро́с *m* / поиско́вый
- *e* retrieval request
- *d* Suchanfrage *f*; Retrieval-Anforderung *f*
- *f* requête *f* de recherche

3172 *r* запро́с *m* прерыва́ния
- *e* interrupt request
- *d* Unterbrechungsanforderung *f*, Interruptanforderung *f*
- *f* demande *f* d'interruption

3173 *r* запро́с *m* / распределённый
- *e* distributed query
- *d* verteilte Anfrage *f*, verteilte Abfrage *f*
- *f* interrogation *f* répartie

3174 *r* запро́с *m* с клавиату́ры
- *e* keyboard request
- *d* Tastaturanforderung *f*
- *f* demande *f* par clavier

3175 *r* запро́с *m* / случа́йный
- *e* spontaneous requst
- *d* spontane Anforderung *f*
- *f* interrogation *f* [demande *f*] spontanée

3176 *r* запро́с *m* соедине́ния
- *e* call request
- *d* Rufanforderung *f*, Verbindungsanforderung *f*
- *f* demande *f* d'appel

3177 *r* запро́с *m* с подска́зкой
- *e* prompting query
- *d* Anfrage *f* mit einem Hinweis
- *f* demande *f* à suggestion

3178 *r* запро́с *m* с фикси́рованным поря́дком обрабо́тки
- *e* fixed-logic query
- *d* Anfrage *f* mit fester Logik
- *f* interrogation *f* à traitement fixe

3179 *r* запро́с *m* / у́стный
- *e* verbal request
- *d* verbale Anforderung *f*
- *f* interrogation *f* verbale

3180 *r* запро́с *m* ши́ны
- *e* bus request
- *d* Busanforderung *f*
- *f* appel *f* de bus

3181 *r* запро́с *m* / широковеща́тельный
- *e* broadcast query
- *d* Rundsendeabfrage *f*
- *f* appel *m* diffusé

3182 *r* за́пуск *m*
- *e* start-up *(of a system)*; triggering *(of a process)*; start *(initiation)*
- *d* Anlauf *m*, Inbetriebnahme *f* *(eines Systems)*; Triggerung *f*, Auslösung *f* *(eines Prozesses)*; Start *m*, Starten *n*
- *f* démarrage *f* *(d'un système)*; activation *f*, mise en marche, déclenchement *m*, lancement *m* *(d'un processus)*; départ *m* *(initiation)*

3183 *r* за́пуск *m* / автомати́ческий
- *e* unattended start-up
- *d* Selbstanlauf *m*
- *f* démarrage *m* automatique, autodémarrage *m*, autodéclenchement *m*

3184 *r* за́пуск *m* / и́мпульсный
- *e* pulse triggering
- *d* Impulsauslösung *f*; Triggerung *f*
- *f* déclenchement *m* par impulsion

3185 *r* за́пуск *m* / ло́жный
- *e* false triggering
- *d* falsche Triggerung *f*
- *f* lancement *m* [déclenchement *m*] faux

3186 *r* за́пуск *m* / повто́рный
- *e* restart
- *d* Wiederanlauf *m*, Restart *m*
- *f* restart *m*, redémarrage *m*, réenclenchement *m*

3187 r за́пуск m по да́нным
e data triggering
d datengesteuerte Triggerung f
f déclenchement m par données

3188 r за́пуск m по состоя́нию
e status triggering
d Zustandstriggerung f, zustandsgesteuerte Triggerung f
f déclenchement m par état

3189 r за́пуск m програ́ммы
e program start
d Programmanlauf m
f lancement m de programme

3190 r запята́я f в двои́чном числе́
e binary point
d binäres Komma n, Binärkomma n
f virgule f binaire

3191 r запята́я f в позицио́нном представле́нии числа́
e arithmetic point
d Arithmetikkomma n, Arithmetikpunkt m
f virgule f arithmétique

3192 r запята́я f / двои́чная
e binary point
d binäres Komma n, Binärkomma n
f virgule f binaire

3193 r запята́я f / десяти́чная
e decimal point
d Dezimalkomma n, Dezimalpunkt m
f virgule f décimale

3194 r запята́я f / пла́вающая
e floating point
d Gleitkomma n, Gleitpunkt m
f virgule f flottante

3195 r запята́я f / регули́руемая фикси́рованная
e adjustable point
d einstellbares Komma n
f virgule f fixe ajustable

3196 r запята́я f / фикси́рованная
e fixed point
d Festkomma n, Festpunkt m
f virgule f fixe

3197 r заря́д m
e charge
d Ladung f
f charge f

3198 r зато́р m перфока́рт
e muddle of cards
d Lochkartenstau m, Kartenstau m
f bourrage m de cartes perforées

3199 r затра́ты pl вычисли́тельных ресу́рсов
e computational costs
d Rechnungskosten pl
f dépenses f pl de (ressources de) calcul

3200 r затра́ты pl на обрабо́тку да́нных
e processing costs
d Datenverarbeitungskosten pl
f dépenses f pl de traitement

3201 r затра́ты pl на синхрониза́цию
e synchronization overheads
d Synchronisier(ungs)aufwand m
f dépenses f pl de synchronisation

3202 r затра́ты pl / непроизводи́тельные
e overheads
d Verwaltungsaufwand m, Organisationsaufwand m
f dépenses f pl improductives

3203 r захва́т m доро́жки
e track hold
d Spurhalten n
f prise f de piste

3204 r захва́т m ци́кла
e cycle stealing
d Zyklusstehlen n
f vol m de cycle

3205 r заци́кливание n
e cycling, infinite looping
d Durchlaufen n von periodischen Arbeitsgängen
f (re)bouclage m

3206 r защёлка f
e latch
d Latch n, Auffangsspeicher m
f verrou m

3207 r защёлка f / а́дресная
e address latch
d Adressensignalspeicher m, Adreßhalteregister n
f verrou m d'adresse

3208 r защёлка f для регистра́ции
e error latch

ЗАЩЁЛКА

    d Fehlersignalspeicher *m*,
Fehler-Latch *n*
f verrou *m* d'erreur

3209 *r* защёлка *f* / синхро́нная
e clocked latch
d getaktetes Latch *n*
f verrou *m* synchronisé

3210 *r* защёлка *f* / управля́емая
e steered latch
d gesteuertes Latch *n*
f verrou *m* conduit

3211 *r* защёлка *f* у́ровня сигна́ла
e level latch
d Signalpegel-Latch *n*,
Signalpegelhaltespeicher *m*
f verrou *m* de niveau (de signal)

3212 *r* защёлка *f* флажка́ состоя́ния
e status flag latch
d Zustandsflaghaltespeicher *m*
f verrou *m* de drapeau d'état

3213 *r* защёлкивание *n*
e latchup, latching *(of data)*
d Selbsthaltung *f*,
Schaltzustandsfixierung *f*,
Latching *n*, Informationsfang *m*
f verrouillage *m*

3214 *r* защи́та *f* да́нных
e data protection
d Datenschutz *m*
f protection *f* de données

3215 *r* защи́та *f* да́нных по за́писи
e write protection
d Schreibschutz *m*
f protection *f* en ecriture

3216 *r* защи́та *f* "от дурака́"
e foolproof guardian
d Narrenschutz *m*,
Narrensicherheit *f*
f protection *f* contre une action imbécile

3217 *r* защи́та *f* от несанкциони́рованного до́ступа
e illegal access protection
d Schutz *m* gegen unbefugten Zugriff
f protection *f* contre un accès interdit

3218 *r* защи́та *f* от перегру́зки
e overload protection
d Überlastungsschutz *m*
f protection *f* contre une surcharge

3219 *r* защи́та *f* па́мяти
e memory protection
d Speicherschutz *m*
f protection *f* de mémoire

3220 *r* защи́та *f* по пита́нию
e power protection
d Stromversorgungsschutz *m*
f protection *f* contre les pannes d'alimentation [contre les pannes de courant]

3221 *r* защи́та *f* секре́тности
e privacy protection
d Schutz *m* der Daten gegen unberechtigten Zugriff;
Geheimnisschutz *m*
f protection *f* de confidentialité

3222 *r* защи́та *f* с по́мощью паро́лей
e password protection
d Datenschutz *m* über Paßwort,
Kennwortdatenschutz *m*
f protection *f* par passe-parole

3223 *r* защи́та *f* ти́па замка́
e lock-and-key protection
d Schutz *m* über den "Verschluß"
f protection *f* du type verrou-et-clé

3224 *r* защи́та *f* / ши́нная
e bus protection
d Busschutz *m*
f protection *f* de bus

3225 *r* защищённость *f* да́нных
e data security
d Datensicherheit *f*
f sécurité *f* de données

3226 *r* звёздочка *f*
e asterisk *(a name of a character)*
d Asterisk *n*, Stern *m*,
Sternchen *n* *(Symbol)*
f astérisque *m* *(nom d'un caractère)*

3227 *r* звено́ *n* / дифференци́рующее
e differentiating unit
d D-Glied *n*,
Differenzier(ungs)glied *n*
f élément *m* différentiateur,
circuit *m* de différentiation

3228 *r* звено́ *n* запа́здывания
e lag unit

ЗНАК

      d Totzeitglied *n*
      f élément *m* de temporisation

3229 *r* звено *n* / интегрирующее
      e integrating unit
      d I-Glied *n*, Integrierglied *n*
      f élément *m* intégrateur

3230 *r* звук *m* / эталонный
      e token sound *(in a speech synthesis)*
      d Token-Schall *m*, Token-Klang *m*
      f son *m* d'étalon *(en parole synthétique)*

3231 *r* знак *m*
      e 1. character *(symbol)* 2. sign *(e.g. plus or minus)*
      d 1. Zeichen *n (Symbol)* 2. Vorzeichen *n (z.B. Plus oder Minus)*
      f 1. caractère *m (symbole)*; 2. signe *m (p.e. plus ou moin)*

3232 *r* знак *m* "больше"
      e right angle
      d "Größer als"-Zeichen *n*
      f caractère *m* "plus grand que", caractère *m* "supérieur à"

3233 *r* знак *m* / буквенно-цифровой
      e alpha(nu)meric character
      d alphanumerisches Zeichen *n*
      f caractère *m* alphanumérique

3234 *r* знак *m* верхнего регистра
      e uppercase character
      d Großbuchstabe *m*
      f caractère *m* de registre supérieure

3235 *r* знак *m* возврата каретки
      e carriage return character
      d Wagenrücklaufzeichen *n*
      f caractère *m* de retour de chariot

3236 *r* знак *m* возврата на одну позицию
      e backspace character
      d Rückwärtsschrittzeichen *n*
      f caractère *m* d'espace (d')arrière

3237 *r* знак *m* / двоично-кодированный
      e binary-coded character
      d binär kodiertes Zeichen *n*
      f caractère *m* codé (en) binaire

3238 *r* знак *m* кода
      e code character
      d Kodezeichen *n*
      f caractère *m* de code

3239 *r* знак *m* контрольного останова
      e breakpoint symbol
      d Fixpunktzeichen *n*
      f symbole *m* (de point) d'arrêt

3240 *r* знак *m* / маркировочный
      e mark, label
      d Marke *f*, Kennzeichen *n*, Etikett *n*
      f étiquette *f*, label *m*, marque *f*, marqueur *m*

3241 *r* знак *m* / машиночитаемый
      e machine-readable character
      d maschinenlesbares Zeichen *n*
      f caractère *m* lisible par ordinateur

3242 *r* знак *m* "меньше"
      e left angle
      d "kleiner als"-Zeichen *n*
      f caractère *m* "plus petit que", caractère *m* "inférieur à"

3243 *r* знак *m* / непечатаемый
      e nonprintable character
      d nicht abdruckbares [nicht druckbares] Zeichen *n*
      f caractère *m* non imprimable

3244 *r* знак *m* отношения
      e relator
      d Verhältniszeichen *n*
      f caractère *m* de relation

3245 *r* знак *m* подтверждения приёма
      e acknowledge character
      d Quittungszeichen *n*, Zeichen *n* für positive Rückmeldung
      f caractère *m* d'accusé de réception

3246 *r* знак *m* порядка числа
      e exponent sign
      d Exponentzeichen *n*
      f signe *m* d'exposant

3247 *r* знак *m* пробела
      e blank character
      d Leerzeichen *n*
      f caractère *m* (d')espace

3248 *r* знак *m* пунктуации
      e punctuation symbol

ЗНАК

      d Satzzeichen *n*
      f signe *m* de punctuation

3249 *r* знак *m* ра́венства
      e equals sign
      d Gleichheitszeichen *n*
      f signe *m* d'égalité

3250 *r* знак *m* разделе́ния поле́й
      e field separation character
      d Datenfeld-Trennzeichen *n*
      f caractère *m* de séparation de champs, séparateur *m* de champs

3251 *r* знак *m* / раздели́тельный
      e separator
      d Trennzeichen *n*
      f séparateur *m*

3252 *r* знак *m* редакти́рования
      e editing character
      d Editierzeichen *n*
      f caractère *m* d'édition

3253 *r* знак *m* са́мого ста́ршего разря́да
      e most significant character
      d höchstwertiges Zeichen *n*
      f caractère *m* le plus significatif

3254 *r* знак *m* / са́мый ле́вый
      e leftmost character
      d äußerstes linkes [höchstwertiges] Zeichen *n*
      f caractère *m* le plus à gauche

3255 *r* знак *m* / са́мый пра́вый
      e rightmost character
      d äußerstes rechtes [niedrigstwertiges] Zeichen *n*
      f caractère *m* le plus à droite

3256 *r* знак *m* сме́ны реги́стра
      e escape character
      d Kode-Umschaltzeichen *n*, Umschaltzeichen *n* für Kodewechsel, ESC-Zeichen *n*
      f caractère *m* d'échappement [de changement de code]

3257 *r* знак *m* сумми́рования
      e summation sign
      d Summenzeichen *n*
      f signe *m* de sommation

3258 *r* знак *m* удале́ния строки́
      e line delete character
      d Zeichen *n* für Zeilenlöschung
      f caractère *m* d'effacement [d'oblitération] de ligne

3259 *r* знак *m* управле́ния форма́том
      e format-control character
      d Formatsteuerzeichen *n*
      f caractère *m* de contrôle de format

3260 *r* знак *m* числа́
      e number sign
      d Vorzeichen *n*
      f signe *m* de nombre

3261 *r* знак *m* / штрихово́й
      e stroked character
      d Strichzeichen *n*
      f caractère *m* de trait

3262 *r* знак-заполни́тель *m*
      e fill(er) character
      d Füllzeichen *n*
      f caractère *m* remplisseur [de garnissage]

3263 *r* знакоинве́ртор *m*
      e sign changer, sign reverser
      d Vorzeichenumkehrer *m*
      f changeur *m* [inverseur *m*] de signe

3264 *r* зна́ния *pl* в нея́вной фо́рме
      e implicit knowledge
      d implizites Wissen *n*
      f connaissances *f pl* implicites

3265 *r* зна́ния *pl* в процеду́рной фо́рме
      e procedure knowledge
      d prozedurales Wissen *n*, Prozedurwissen *n*
      f connaissances *f pl* (en forme) de procédures

3266 *r* зна́ния *pl* в фо́рме описа́ний
      e descriptive knowledge
      d deklaratives Wissen *n*
      f connaissances *f pl* descriptives [en forme de descriptions]

3267 *r* зна́ния *pl* в фо́рме предписа́ний
      e prescriptive knowledge
      d Wissen *n* in Form von Vorschriften
      f connaissaces *f pl* prescriptives [en forme de prescriptions]

3268 *r* зна́ния *pl* в фо́рме фа́ктов
      e factual knowledge
      d Wissen *n* in Form von Fakten, Faktwissen *n*

ЗНАЧЕНИЕ

      f connaissances *f pl* en forme de faits

3269 *r* зна́ния *pl* / "жёстко встро́енные"
      e hardwired knowledge
      d festverdrahtetes Wissen *n*
      f connaissances *f pl* (incorporées) en matériel

3270 *r* зна́ния *pl* конкре́тной предме́тной о́бласти
      e domain-specific knowledge
      d Fachwissen *n*, Spezialwissen *n*, Wissen *n* über einen Problembereich
      f connaissances *f pl* d'un domaine particulier

3271 *r* зна́ния *pl* о ме́тодах реше́ния зада́ч
      e problem-solving knowledge
      d Problemlösungswissen *n*, Wissen *n* über Problemlösung
      f connaissances *f pl* des méthodes de solutions des problèmes

3272 *r* зна́ния *pl* / экспе́ртные
      e expert knowledge
      d Expertenwissen *n*
      f connaissances *f pl* d'experts

3273 *r* зна́чащий
      e significant
      d signifikant
      f significatif

3274 *r* значе́ние *n* атрибу́та
      e attribute value
      d Attributwert *m*
      f valeur *f* d'attribut

3275 *r* значе́ние *n* ба́зового а́дреса сегме́нта
      e segment value
      d Segmentwert *m*
      f valeur *f* d'adresse de base d'un segment

3276 *r* значе́ние *n* / взве́шенное
      e weighted value
      d gewichteter Wert *m*
      f valeur *f* pondérée

3277 *r* значе́ние *n* / за́данное
      e set value
      d Sollwert *m*
      f valeur *f* établie [spécifiée, prédéterminée, donnée]

3278 *r* значе́ние *n* / инве́рсное логи́ческое
      e opposite logic value
      d invertierter logischer Wert *m*
      f valeur *f* logique inverse

3279 *r* значе́ние *n* "и́стина"
      e truth value
      d Wahrheitswert *m*
      f valeur *f* "vrai"

3280 *r* значе́ние *n* / и́стинное
      e true value
      d Istwert *m*
      f valeur *f* vraie [de vérité]

3281 *r* значе́ние *n* "ложь"
      e false value
      d falscher Wert *m*
      f valeur *f* "faux"

3282 *r* значе́ние *n* / нача́льное
      e initial value
      d Anfangswert *m*
      f valeur *f* initiale [d'origine]

3283 *r* значе́ние *n* / ожида́емое
      e expectation value
      d erwarteter Wert *m*
      f valeur *f* attendue

3284 *r* значе́ние *n* переме́нной состоя́ния
      e state value
      d Zustandsgröße *f*
      f valeur *f* d'état

3285 *r* значе́ние *n* / поро́говое
      e threshold value
      d Schwellenwert *m*
      f valeur *f* de seuil

3286 *r* значе́ние *n* по умолча́нию
      e default value
      d Standardannahme *f*
      f valeur *f* par défaut

3287 *r* значе́ние *n* / преде́льное
      e limit(ing) value
      d Grenzwert *m*
      f valeur *f* limite

3288 *r* значе́ние *n* / присва́иваемое
      e assigned value
      d zugeordneter Wert *m*
      f valeur *f* assignée

3289 *r* значе́ние *n* / расчётное
      e design value
      d berechneter Wert *m*
      f valeur *f* conçue

3290 *r* значе́ние *n* / сре́днее
      e mean value
      d Mittelwert *m*, mittlerer Wert *m*
      f valeur *f* moyenne

ЗНАЧЕНИЕ

3291   r   значе́ние *n* / теку́щее
       e   current value
       d   aktueller Wert *m*
       f   valeur *f* courante

3292   r   значе́ние *n* / чи́сленное
       e   numerical value
       d   numerischer Wert *m*
       f   valeur *f* numérique

3293   r   зна́чимость *f*
       e   significance
       d   Wertigkeit *f*
       f   signification *f*

3294   r   зо́на *f*
       e   zone
       d   Zone *f*
       f   zone *f*

3295   r   зо́на *f* на магни́тной ле́нте
       e   tape zone
       d   Magnetbandzone *f*
       f   zone *f* de bande (magnétique)

3296   r   зо́на *f* нечувстви́тельности
       e   dead zone
       d   Totzone *f*
       f   zone *f* morte [non sensible]

3297   r   зо́на *f* перено́са
       e   hot zone (*in a text editing*)
       d   Ausschließzone *f*, Randzone *f* (*für Silbentrennung*)
       f   zone *f* de séparation (*en édition de texte*)

3298   r   зре́ние *n* / маши́нное
       e   computer vision, machine vision
       d   Computervision *f*, maschinelles Sehen *n*
       f   vision *f* par ordinateur

3299   r   ЗУ *см.* устро́йство / запомина́ющее

3300   r   ЗУПВ *см.* устро́йство с произво́льной вы́боркой / запомина́ющее

И

И1   r   игра́ *f* / делова́я
       e   business game
       d   kommerzielles Spiel *n*
       f   jeu *m* d'entreprise [de gestion]

И2   r   идентифика́тор *m*
       e   identifier
       d   Identifizierer *m*, Identifizierungskennzeichen *n*
       f   identificateur *m*

И3   r   идентифика́тор *m* по́льзователя
       e   userid
       d   Benutzerkennzeichen *n*, Benutzeridentifizierer *m*
       f   identificateur *m* d'utilisateur

И4   r   идентифика́тор *m* фа́йла
       e   fileid
       d   Dateikennung *f*
       f   identificateur *m* de fichier

И5   r   идентифика́ция *f*
       e   identification
       d   Identifizierung *f*, Kennzeichnung *f*
       f   identification *f*

И6   r   избы́точность *f*
       e   redundancy
       d   Redundanz *f*
       f   redondance *f*

И7   r   избы́точность *f* / вну́тренняя
       e   built-in redundancy
       d   eingebaute Redundanz *f*
       f   redondance *f* incorporée

И8   r   избы́точность *f* схе́мы криста́лла
       e   on-chip redundancy
       d   chipinterne Redundanz *f*
       f   redondance *f* (interne) de circuit sur puce

И9   r   извлече́ние *n* да́нных
       e   data extraction
       d   Datenholen *n*
       f   extraction *f* de données

И10   r   изготови́тель *m*
       e   manufacturer
       d   Hersteller *m*
       f   producteur *m*, fabricant *m*, manufacturier *m*

И11   r   изготови́тель *m* компле́ктного обору́дования
       e   original equipment manufacturer, OEM
       d   OEM-Hersteller *m*, Endproduktherstreller *m*
       f   manufacturier *m* [fabricant *m*] d'équipement original

ИЗОБРАЖЕНИЕ

И12 *r* изготови́тель *m* универса́льных ЭВМ
    e mainframer
    d Großrechnerhersteller *m*
    f producteur *m* [manufacturier *m*] d'ordinateurs universels

И13 *r* изде́лие *n* / програ́ммное
    e software product
    d Softwareprodukt *n*
    f produit *f* logiciel

И14 *r* изде́лия *n pl* / комплекту́ющие
    e component parts, componentry
    d Bauteile *n pl*, Bauelemente *n pl*; OEM-Produkt *n*
    f parties *f pl* constitutives, éléments *m pl* [composants *m pl*] constitutifs

И15 *r* изде́ржки *pl*
    e overhead(s)
    d Gemeinkosten *pl*, allgemeine Betriebskosten *pl*; Fertigungsgemeinkosten *pl*
    f dépenses *f pl*, frais *m pl*

И16 *r* измене́ние *n* а́дреса
    e address change
    d Adressenänderung *f*, Adressenmodifikation *f*
    f changement *m* d'adresse

И17 *r* измене́ние *n* в соотве́тствии с но́выми да́нными
    e updating
    d Aktualisierung *f*, Fortschreibung *f*
    f mise *f* à jour

И18 *r* измене́ние *n* информа́ции
    e altering *(e.g. deletion, insertion, erasing)*
    d Änderung *f*, Modifizierung *f* *(z.B. Löschen, Einfügen von Daten)*
    f changement *m* [modification *f*] d'information *(p.e. élimination, insertion, effaçement)*

И19 *r* измене́ние *n* компле́кта обору́дования
    e configuration change
    d Konfigurationsänderung *f*
    f changement *m* [modification *f*] de configuration

И20 *r* измене́ние *n* по ключу́
    e key change
    d Shclüsseländerung *f*, Änderung *f* durch Schlüsselangabe
    f changement *m* par clé

И21 *r* измене́ние *n* форма́та
    e reformatting
    d Umformatieren *n*
    f réformatage *m*

И22 *r* измере́ние *n*
    e 1. measurement *(of a value)* 2. dimension *(of a space)*
    d 1. Messung *f*, Messen *n* 2. Dimension *f*
    f 1. mesure *f* *(d'une valeur)* 2. dimension *f* *(d'un espace)*

И23 *r* измере́ние *n* / дистанцио́нное
    e remote measurement
    d Fernmessung *f*
    f mesure *f* à distance, télémesure *f*

И24 *r* измере́ние *n* / непосре́дственное
    e direct measurement
    d Direktmessung *f*
    f mesure *f* directe

И25 *r* изображе́ние *n*
    e image *(for recognition)*; display *(on a screen)*; icon *(in electronic mail)*
    d Bild *n*, Abbild *n* *(bei der Bilderkennung)*; Bild *n*, Anzeige *f*, Darstellung *f* *(auf einem Bildschirm)*; Ikon *n* *(in elektronischer Post)*
    f image *f* *(pour reconnaissance ou sur écran)*; icône *f* *(dans les systèmes de courrier électronique)*

И26 *r* изображе́ние *n* / бина́рное
    e binary image
    d binäres Bild *n*
    f image *f* binaire

И27 *r* изображе́ние *n* / динами́ческое
    e animated image
    d Trickbild *n*, Animationsbild *n* *(Computergrafik)*
    f image *f* animée

И28 *r* изображе́ние *n* /
    e coded image
    d kodiertes Bild *n*

ИЗОБРАЖЕНИЕ

И29   r   изображе́ние n зна́ка
     e   character image
     d   Zeichenabbild n
     f   image f de caractère

И30   r   изображе́ние n / изометри́ческое
     e   isometric display
     d   isometrische Darstellung f
     f   représentation f isométrique

И31   r   изображе́ние n / контра́стное
     e   hard image
     d   hartes [übersteuertes] Bild n
     f   image f contrastée

И32   r   изображе́ние n на экра́не
     e   screen
     d   Schirmbild n
     f   image f sur l'écran

И33   r   изображе́ние n / нечёткое
     e   unsharp image
     d   unscharfes Bild n
     f   image f floue [non distincte]

И34   r   изображе́ние n / оживлённое
     e   animated image
     d   Trickbild n, Animationsbild n (Computergrafik)
     f   image f animée

И35   r   изображе́ние n / основно́е
     e   foreground image
     d   Vordergrundbild m
     f   image f principale

И36   r   изображе́ние n / оцифро́ванное
     e   digitized image
     d   digitalisiertes Bild n
     f   image f digitalisée

И37   r   изображе́ние n / полуто́новое
     e   gray-scale picture
     d   Graubild n
     f   image f grise [de niveau gris]

И38   r   изображе́ние n / скры́тое
     e   latent image
     d   latentes Bild n
     f   image f latente [cachée]

И39   r   изображе́ние n / фо́новое
     e   background image
     d   Hintergrundbild n
     f   image f de fond

И40   r   изображе́ние n / цветно́е
     e   color display
     d   Farbbild n
     f   image f en couleurs

И41   r   И́ЛИ n / монта́жное
     e   wired OR
     d   Verdrahtungs-ODER n
     f   OU m câblé

И42   r   имита́тор m
     e   simulator
     d   Simulator m
     f   simulateur m

И43   r   имита́тор m те́стов, имита́тор m / те́стовый
     e   test simulator
     d   Testsimulator m
     f   simulateur m de test

И44   r   имплика́нта f / проста́я
     e   prime implicant
     d   normaler Implikant m
     f   implicant m simple

И45   r   имплика́ция f
     e   implication
     d   Implikation f
     f   implication f

И46   r   имплика́ция f / стро́гая
     e   strict implication
     d   strikte Implikation f
     f   implication f stricte

И47   r   имплика́ция f / усло́вная
     e   conditional implication
     d   bedingte Implikation f
     f   implication f conditionnelle

И48   r   и́мпульс m
     e   impulse, pulse
     d   Impuls m
     f   impulsion f

И49   r   и́мпульс m в числово́й ши́не
     e   word pulse
     d   Wortimpuls m
     f   impulsion f de mot

И50   r   и́мпульс m гаше́ния
     e   quenching pulse
     d   Löschimpuls m
     f   impulsion f de suppression [de découpage] du faisceau

И51   r   и́мпульс m / задаю́щий
     e   master pulse
     d   Leitimpuls m
     f   impulsion f principale

И52   r   и́мпульс m / запира́ющий
     e   disable pulse
     d   Sperrimpuls m, Blockierimpuls m

ИМПУЛЬС

- *f* impulsion *f* de blockage [de verrouillage]

И53 *r* и́мпульс *m* за́писи
- *e* write pulse
- *d* Schreibimpuls *m*
- *f* impulsion *f* d'écriture

И54 *r* и́мпульс *m* запре́та
- *e* inhibit(ory) pulse
- *d* Sperrimpuls *m*, Inhibitimpuls *m*
- *f* impulsion *f* d'inhibition

И55 *r* и́мпульс *m* / запуска́ющий
- *e* firing pulse, triggering pulse
- *d* Triggerimpuls *m*
- *f* impulsion *f* de déclenchement [de démarrage]

И56 *r* и́мпульс *m* / ма́ркерный
- *e* marking pulse
- *d* Markierungsimpuls *m*
- *f* impulsion-marqueur *f*, impulsion *f* de marquage

И57 *r* и́мпульс *m* опро́са
- *e* interrogation pulse
- *d* Abfrageimpuls *m*
- *f* impulsion *f* d'interrogation

И58 *r* и́мпульс *m* / отпира́ющий
- *e* enable pulse
- *d* Freigabeimpuls *m*
- *f* impulsion *f* d'ouverture [de déblocage]

И59 *r* и́мпульс *m* перено́са
- *e* carry pulse
- *d* Übertragsimpuls *m*, Carry-Impuls *m*
- *f* impulsion *f* de report [de retenue]

И60 *r* и́мпульс *m* переполне́ния
- *e* overflow pulse
- *d* Überlaufimpuls *m*
- *f* impulsion *f* de débordement

И61 *r* и́мпульс *m* по́лной вы́борки
- *e* full-drive pulse
- *d* voller Treiberimpuls *m*
- *f* impulsion *f* de sélection totale

И62 *r* и́мпульс *m* полувы́борки
- *e* half-drive pulse
- *d* halber Treiberimpuls *m*
- *f* impulsion *f* de demi-sélection

И63 *r* и́мпульс *m* / прове́рочный
- *e* test pulse
- *d* Testimpuls *m*
- *f* impulsion *f* de test

И64 *r* и́мпульс *m* / пусково́й
- *e* initiating pulse, start pulse
- *d* Auslöseimpuls *m*, Startimpuls *m*
- *f* impulsion *f* de déclenchement [de démarrage]

И65 *r* и́мпульс *m* / разреша́ющий
- *e* enable pulse
- *d* Freigabeimpuls *m*
- *f* impulsion *f* de déblocage

И66 *r* и́мпульс *m* / разря́дный
- *e* digit pulse
- *d* Stellenimpuls *m*
- *f* impulsion *f* de digit

И67 *r* и́мпульс *m* сбро́са
- *e* reset pulse
- *d* Rücksetzimpuls *m*
- *f* impulsion *f* de remise (à zéro)

И68 *r* и́мпульс *m* / синхронизи́рованный
- *e* timed pulse
- *d* getakteter [zeitlich definierter] Impuls *m*
- *f* impulsion *f* synchronisée

И69 *r* и́мпульс *m* / синхронизи́рующий
- *e* clock pulse
- *d* Synchronisierimpuls *m*, Taktimpuls *m*
- *f* impulsion *f* d'horloge [de rythme, de synchronisation]

И70 *r* и́мпульс *m* / стира́ющий
- *e* erase pulse
- *d* Löschimpuls *m*
- *f* impulsion *f* d'effacement

И71 *r* и́мпульс *m* / строби́рующий
- *e* sample pulse, strobe pulse
- *d* Abtastimpuls *m*, Tastimpuls *m*, Strobe(impuls) *m*
- *f* impulsion *f* d'échantillonage [de fenêtre, d'encadrement, de sélection, de fixation], impulsion *f* (de) porte

И72 *r* и́мпульс *m* / счётный
- *e* count pulse
- *d* Zählimpuls *m*
- *f* impulsion *f* de comptage

И73 *r* и́мпульс *m* счи́тывания
- *e* read pulse
- *d* Leseimpuls *m*
- *f* impulsion *f* de lecture

И74 *r* и́мпульс *m* / та́ктовый
- *e* clock(pulse)

ИМПУЛЬС

- *d* Taktimpuls *m*
- *f* impulsion *f* d'horloge [de rythme, de séquence]

И75
- *r* и́мпульс *m*, управля́ющий пропуска́нием
- *e* gating pulse *(for another pulse)*
- *d* Durchschaltimpuls *m*, Torimpuls *m*
- *f* impulsion *f* de porte *(pour une autre impulsion)*

И76
- *r* и́мпульс *m* устано́вки в состоя́ние "1"
- *e* set pulse
- *d* Setzimpuls *m*
- *f* impulsion *f* de mise à un

И77
- *r* и́мя *n*
- *e* name
- *d* Name *m*
- *f* nom *m*

И78
- *r* и́мя *n* / альтернати́вное
- *e* alias
- *d* Aliasname *m*
- *f* nom *m* alternatif, alias *m*

И79
- *r* и́мя *n* вхо́да
- *e* entry name
- *d* Eingangsname *m*
- *f* nom *m* d'entrée

И80
- *r* и́мя *n* группово́е
- *e* group name
- *d* Gruppenname *m*
- *f* nom *m* de groupe

И81
- *r* и́мя *n* для ссы́лок
- *e* reference name
- *d* Referenzname *m*, Verweisname *m*
- *f* nom *m* de référence

И82
- *r* и́мя *n* / зарегистри́рованное
- *e* login name
- *d* registrierter Name *m*
- *f* nom *m* enregistré [de log]

И83
- *r* и́мя *n* / конте́кстное
- *e* context name
- *d* Kontextname *m*
- *f* nom *m* de contexte

И84
- *r* и́мя *n* / родово́е
- *e* generic name
- *d* allgemeiner [generischer] Name *m*; Auswahlname *m*
- *f* nom *m* générique

И85
- *r* и́мя *m* / символи́ческое
- *e* symbolic name
- *d* symbolischer Name *m*
- *f* nom *m* symbolique

И86
- *r* и́мя *n* / систе́мное
- *e* system name
- *d* Systemname *m*
- *f* nom *m* de système

И87
- *r* и́мя *n* / уника́льное
- *e* unique name
- *d* eindeutiger Name *m*
- *f* nom *m* unique

И88
- *r* и́мя *n* / уточнённое
- *e* qualified name
- *d* qualifizierter [klassifizierter] Name *m*
- *f* nom *m* qualifié

И89
- *r* и́мя *n* / функциона́льное
- *e* role name
- *d* Funktionsname *m*
- *f* nom *m* de rôle

И90
- *r* инве́рсия *f*
- *e* inverse
- *d* 1. Inversion *f*, Umkehrung *f* 2. Negation *f*
- *f* inversion *f*

И91
- *r* инве́рсия *f* су́ммы
- *e* not-sum
- *d* Summennegation *f*
- *f* inversion *f* de somme, non-somme *f*

И92
- *r* инве́ртор *m*
- *e* inverter, invertor; negator
- *d* Inverter *m*, Umkehrschaltung *f*; Negator *m*
- *f* inverseur *m*; négateur *m*

И93
- *r* инве́ртор *m* со схе́мой совпаде́ния
- *e* gated inverter
- *d* Inverter *m* mit Koinzidenzschaltung
- *f* inverseur *m* à circuit de coïncidence

И94
- *r* и́ндекс *m*
- *e* index
- *d* Index *m*, Kennzahl *f*
- *f* indice *m*, index *m*

И95
- *r* и́ндекс *m* ба́зы да́нных
- *e* database index
- *d* Datenbasisindex *m*
- *f* indice *m* [index *m*] de base de données

И96
- *r* и́ндекс *m* / ве́рхний
- *e* superscript

ИНТЕГРАЦИЯ

      d hochstehender [oberer] Index *m*
      f indice *m* supérieur

И97 *r* **и́ндекс** *m* / **ни́жний**
      e subscript
      d unterer Index *m*
      f indice *m* inférieur

И98 *r* **и́ндекс** *m* / **ста́рший**
      e master index
      d Hauptindex *m*
      f index *m* maître

И99 *r* **индекса́ция** *f*
      e indexing
      d Indizierung *f*
      f indexage *m*

И100 *r* **индекси́рование** *n* / **автомати́ческое**
      e autoindexing
      d Selbstindizierung *f*
      f indexage *m* automatique, autoindexage *m*

И101 *r* **индика́тор** *m*
      e indicator; display *(visual indicator)*
      d Anzeiger *m*, Meldeeinrichtung *f*, Anzeigegerät *n*; Sichtanzeiger *m*, Datensichtgerät *n*
      f indicateur *m*; display *m*; visualisateur *m*

И102 *r* **индика́тор** *m* / **жидкокристалли́ческий**
      e liquid-crystal display, LCD
      d Flüssigkristallanzeige *f*, LCD-Anzeige *f*
      f indicateur *m* à cristaux liquides

И103 *r* **индика́тор** *m* / **пло́ский**
      e flat (panel) display
      d Flachschirmanzeige *f*
      f indicateur *m* plat

И104 *r* **индика́тор** *m* / **светодио́дный**
      e LED display
      d Leuchtdiodenanzeige *f*, LED-Anzeige *f*
      f indicateur *m* à diode EL [à diode électroluminescente]

И105 *r* **индика́тор** *m* / *n*-**сегме́нтный**
      e *n*-segment display
      d *n*-Segment-Anzeige *f*
      f indicateur *m* à *N* segments

И106 *r* **индика́тор** *m* / **то́чечный**
      e dot-matrix display
      d Punktmatrixanzeige *f*, Punktrasteranzeige *f*
      f indicateur *m* à matrice de points, indicateur *m* dot-matrice

И107 *r* **индика́тор** *m* **у́ровня**
      e level indicator
      d Pegelanzeiger *m*, Pegelindikator *m*
      f indicateur *m* de niveau

И108 *r* **индика́тор** *m* **усло́вия**
      e flag indicator
      d Flaganzeiger *m*, Kennzeichenanzeiger *m*
      f indicateur *m* de condition, indicateur *m* drapeau, drapeau *m*

И109 *r* **инжене́р** *m* **по зна́ниям**
      e knowledge engineer
      d Wissensfachmann *m*, Wissensingenieur *m* *(Fachmann für Entwicklung von wissensbasierten Systemen)*
      f ingénieur *m* de connaissances

И110 *r* **инжене́рия** *f* **зна́ний**
      e knowledge engineering
      d Wissensengineering *n*, Knowledge engineering *n* *(Entwicklung von wissensbasierten Systemen)*
      f ingénierie *f* de connaissance

И111 *r* **инициализа́ция** *f*
      e initialization
      d Initialisierung *f*
      f initialisation *f*

И112 *r* **инициа́тор** *m* **запро́са**
      e request initiator
      d Anforderungsinitiator *m*
      f initiateur *m* de requête

И113 *r* **инструмента́рий** *m*
      e tools, toolkit
      d Instrumente *n pl*, Werkzeuge *n pl*
      f outils *m pl*, instruments *m pl*

И114 *r* **интегра́тор** *m*
      e integrator
      d Integrator *m*
      f intégrateur *m*

И115 *r* **интегра́ция** *f*
      e integration
      d Integration *f*

ИНТЕГРАЦИЯ

    f intégration *f*

И116 *r* интегра́ция *f* в масшта́бе пласти́ны
    e wafer-scale integration
    d Gesamtwaferintegration *f*
    f intégration *f* à l'échelle de la galette de sémi-conducteur

И117 *r* интегра́ция *f* высо́кого у́ровня
    e large-scale integration
    d Großintegration *f*, Hochintegration *f*, LSI *f*
    f intégration *f* à grande échelle

И118 *r* интегра́ция *f* ма́лого у́ровня
    e low-scale integration, small-scale integration
    d Kleinintegration *f*
    f intégration *f* à faible échelle

И119 *r* интегра́ция *f* сверхвысо́кого у́ровня
    e very large-scale integration
    d Höchstintegration *f*, VLSI *f*
    f intégration *f* à trés grande échelle

И120 *r* интегра́ция *f* сре́днего у́ровня
    e medium-scale integration
    d Mittelintegration *f*, mittlere Integration *f*
    f intégration *f* à moyenne échelle

И121 *r* интегра́ция *f* ультравысо́кого у́ровня
    e ultra large-scale integration
    d ultrahohe Integration *f*, Ultrahochintegration *f*
    f intégration *f* à ultra-grande échelle

И122 *r* интелле́кт *m* / иску́сственный
    e artificial intelligence
    d künstliche Intelligenz *f*, KI *f*
    f intelligence *f* artificielle

И123 *r* интеллектуа́льный
    e intelligent
    d intelligent
    f intelligent

И124 *r* интенси́вность *f* входно́го пото́ка
    e arrival rate
    d Ankunftsrate *f*
    f intensité *f* d'arrivées [de flux d'entrée], taux *m* d'entrée

И125 *r* интенси́вность *f* отка́зов
    e failure rate, hazard rate
    d Ausfallrate *f*, Ausfallhäufigkeit *f*, Fehlerrate *f*
    f intensité *f* de défauts [de pannes], densité *f* de fautes, rythme *m* de pannes, taux *m* de défaillances

И126 *r* интенси́вность *f* пото́ка информа́ции
    e information density
    d Datendurchsatz *m*, Informationsflußdichte *f*
    f densité *f* de flux d'information

И127 *r* интенси́вность *f* страни́чного обме́на
    e paging rate
    d Seitenwechselrate *f*
    f densité *f* [rythme *m*, taux *m*] d'échange de page

И128 *r* интеракти́вный
    e interactive
    d interaktiv
    f interactif

И129 *r* интерва́л *m* / временно́й
    e time interval
    d Zeitintervall *n*
    f intervalle *m* de temps

И130 *r* интерва́л *m* / довери́тельный
    e confidence interval
    d Vertrauensbereich *m*, Schätzintervall *n*
    f intervalle *m* de confiance

И131 *r* интерва́л *m* до́ступа
    e access interval
    d Zugriffsintervall *n*
    f intervalle *m* d'accès

И132 *r* интерва́л *m* ме́жду зна́ками
    e character spacing
    d Zeichenlücke *f*, Zeichenabstand *m*
    f espace *m* entre caractères

И133 *r* интерва́л *m* ме́жду стро́ками
    e line spacing
    d Zeilenabstand *m*
    f interligne *m*, espacement *m* entre lignes

И134 *r* интерва́л *m* опро́са
    e polling interval
    d Abfrageintervall *n*, Abrufintervall *n*

ИНТЕРФЕЙС

      f intervalle *m* entre requêtes

И135 *r* интервáл *m* регули́рования
     e control interval
     d Regelungsintervall *n*
     f intervalle *m* de contrôle [de réglage]

И136 *r* интерполя́тор *m*
     e interpolator
     d Interpolator *m*
     f interpolateur *m*

И137 *r* интерполя́ция *f*
     e interpolation
     d Interpolation *f*
     f interpolation *f*

И138 *r* интерпретáтор *m*
     e interpreter
     d Interpretierer *m*, Interpreter *m*
     f interpréteur *m*

И139 *r* интерпретáция *f*
     e interpretation
     d Interpretation *f*, Auswertung *f*
     f interprétation *f*

И140 *r* интерпретáция *f* комáнд
     e instruction interpretation
     d Befehlsinterpretation *f*, Befehlsauswertung *f*
     f interprétation *f* d'instructions

И141 *r* интерфéйс *m*
     e interface
     d Schnittstelle *f*, Interface *n*, Anschlußeinheit *f*, Anpassungseinheit *f*, Nahtstelle *f*, Koppeleinheit *f*
     f interface *f*

И142 *r* интерфéйс *m* вво́да-вы́вода
     e input-output interface
     d Eingabe-Ausgabe-Schnittstelle *f*, E/A-Schnittstelle *f*
     f interface *f* d'entrée-sortie

И143 *r* интерфéйс *m* / графи́ческий
     e graphic interface
     d Grafikinterface *n*, Grafikschnittstelle *f*
     f interface *f* graphique

И144 *r* интерфéйс *m* / дрýжественный
     e user-friendly interface
     d benutzerfreundliche Schnittstelle *f*
     f interface *f* amicale pour l'utilisateur

И145 *r* интерфéйс *m* канáла прямо́го дóступа
     e DMA interface
     d DMA-Schnittstelle *f*
     f interface *f* (d')ADM, interface *f* d'àccès direct à la mémoire

И146 *r* интерфéйс *m* комáндного ти́па
     e command-driven interface
     d befehlsgesteuerte Schnittstelle *f*
     f interface *f* à déclenchement par commande

И147 *r* интерфéйс *m* на осно́ве меню́
     e menu-driven interface, menu-based interface
     d menügeführte [menügesteuerte] Schnittstelle *f*
     f interface *f* à menu

И148 *r* интерфéйс *m* / после́довательный
     e serial interface
     d serielle Schnittstelle *f*
     f interface *f* série

И149 *r* интерфéйс *m* / программи́руемый
     e programmable interface
     d programmierbare Schnittstelle *f*
     f interface *f* programmable

И150 *r* интерфéйс *m* / прозрáчный
     e transparent interface
     d transparente Schnittstelle *f*
     f interface *f* transparente

И151 *r* интерфéйс *m* / связно́й
     e communications interface
     d Kommunikationsschnittstelle *f*
     f interface *f* de communication

И152 *r* интерфéйс *m* с по́льзователем
     e user interface
     d Benutzerschnittstelle *f*
     f interface *f* d'utilisateur

И153 *r* интерфéйс *m* с расши́ренным набо́ром комáнд
     e command-rich interface
     d Schnittstelle *f* mit erweitertem Befehlssatz
     f interface *f* à jeu de commandes étendu

ИНТЕРФЕЙС

И154 r **интерфе́йс** *m* / **станда́ртный**
  e standard(ized) interface
  d Standardinterface *n*, Standardschnittstelle *f*
  f interface *f* standardisée

И155 r **интерфе́йс** *m* **ти́па "гла́вный - подчинённый"**
  e master-slave interface
  d Master-Slave-Schnittstelle *f*
  f interface *f* maître-esclave

И156 r **интерфе́йс** *m* / **человѐко-маши́нный**
  e human-computer interface
  d Mensch-Maschine-Schnittstelle *f*
  f interface *f* homme-machine

И157 r **интерфе́йс** *m* **ши́ны**
  e bus interface
  d Busschnittstelle *f*
  f interface *f* de bus

И158 r **информа́тика** *f*
  e informatics, information science
  d Informatik *f*
  f informatique *f*

И159 r **информа́ция** *f* **в графи́ческой фо́рме**
  e graphical information
  d grafische Information *f*
  f information *f* graphique

И160 r **информа́ция** *f* **в маши́нном представле́нии**
  e computerized information
  d maschinelle Information *f*
  f information *f* à représentation machine

И161 r **информа́ция** *f* / **идентифици́рующая**
  e identifying information
  d persönliche Daten *pl*
  f information *f* identifiante

И162 r **информа́ция** *f* / **исхо́дная**
  e source information
  d Ausgangsinformation *f*
  f information *f* de source

И163 r **информа́ция** *f* / **консультати́вная**
  e help information
  d Hilfsinformation *f*
  f information *f* d'aide

И164 r **информа́ция** *f* / **нену́жная**
  e gibberish, garbage
  d bedeutungslose [wertlose] Daten *pl*, "Makulatur" *f*
  f information *f* sans valeur, maculature *f*, ordure *f*

И165 r **информа́ция** *f* / **непо́лная**
  e incomplete information
  d unvollständige Information *f*
  f information *f* incomplète

И166 r **информа́ция** *f* / **отла́дочная**
  e debugging information
  d Fehlersuchinformation *f*, Debuginformation *f*
  f information *f* de mise au point

И167 r **информа́ция** *f* / **по́лная**
  e complete information
  d volle [vollständige] Information *f*
  f information *f* complète

И168 r **информа́ция** *f* **ти́па зна́ний**
  e knowledge information
  d Wissensdaten *pl*
  f information *f* de type connaissances

И169 r **информа́ция** *f* / **фактографи́ческая**
  e factual information
  d Fakteninformation *f*
  f information *f* de faits

И170 r **информа́ция** *f* / **храни́мая**
  e stored information
  d gespeicherte Information *f*
  f information *f* stockée

И171 r **ИПС** *f см.* **систе́ма** / **информацио́нно-поиско́вая**

И172 r **ИС** *f см.* **микросхе́ма** / **интегра́льная**

И173 r **исключе́ние** *n*
  e removal, deletion, exception *(to the rule)*
  d Entfernung *f*, Aussonderung *f*, Löschen *n*; Ausnahme *f* *(aus einer Regel)*
  f élimination *f*, suppression *f*; exception *f* *(d'une règle)*

И174 r **исключе́ние** *n* **си́мволов**
  e character deletion *(e.g. in data reduction)*
  d Zeicheneliminierung *f*, Zeichenlöschung *f* *(bei der Datenreduktion)*
  f élimination *f* de caractères *(p.e. pendant la réduction de données)*

И175 r **исполне́ние** *n*

ИСТОЧНИК

     e execution
     d Ausführung *f*
     f exécution *f*

И176 *r* исполнéние *n* запрóса
     e query execution, query solving
     d Abfrageausführung *f*
     f exécution *f* de requête

И177 *r* исполнéние *n* / пошáговое
     e single-step execution
     d schrittweise Ausführung *f*, Einzelschrittausführung *f*
     f exécution *f* pas à pas

И178 *r* использование *n* ресýрсов / совмéстное
     e resource sharing
     d anteilige Nutzung *f* gemeinsamer Betriebsmittel, Ressourcenteilung *f*
     f partage *m* de ressources

И179 *r* использование *n* / совмéстное
     e sharing
     d anteilige [gemeinsame] Nutzung *f*
     f partage *m*

И180 *r* использование *n* ЭВМ / злоумы́шленное
     e computer fraud
     d Computerschwindel *m*, Computergaunerei *f*
     f utilisation *f* d'ordinateur frauduleuse, piratage *m* informatique

И181 *r* исправлéние *n* двойны́х ошибок
     e double-error correction
     d Doppelfehlerkorrektur *f*
     f correction *f* des erreurs doubles

И182 *r* исправлéние *n* многокрáтных ошибок
     e multierror correction
     d Mehrfachfehlerkorrektur *f*
     f correction *f* des erreurs multiples

И183 *r* исправлéние *n* одинóчных ошибок
     e single-error correction
     d Einzelfehlerkorrektur *f*
     f correction *f* des erreurs uniques

И184 *r* исправлéние *n* пакéта ошибок
     e burst-error correction
     d Fehlerbündelkorrektur *f*
     f correction *f* de packet d'erreurs

И185 *r* исправность *f*
     e sanity
     d Intaktheit *f*
     f état *m* sain, bon état *m*, état *m* de marche

И186 *r* испытáния *n pl*
     e test(s)
     d Prüfung(en) *f (pl)*, Test *m*
     f essai(s) *m (pl)*, test(s) *m (pl)*

И187 *r* испытáния *n pl* / климати́ческие
     e environmental test
     d Umgebungstest *m*
     f essais *m pl* climatique

И188 *r* испытáния *n pl* на надёжность
     e reliability test
     d Zuverlässigkeitstest *m*
     f essais *m pl* de fiabilité

И189 *r* испытáния *n pl* / оцéночные
     e evalution test
     d Bewertungsprüfung *f*
     f tests *m pl* d'évaluation

И190 *r* испытáния *n pl* / ресýрсные
     e life test, longevity test
     d Betriebslebensdauerprüfung *f*
     f tests *m pl* de vie

И191 *r* исслéдование *n* операций
     e operations research
     d Operationsforschung *f*, Unternehmensforschung *f*
     f recherche *f* opérationnelle

И192 *r* "истина" *f*
     e true *(a logical value)*
     d Wahrheit *f (logischer Wert)*
     f vrai *m (une valeur logique)*

И193 *r* истóчник *m* дáнных
     e data source
     d Datenquelle *f*
     f source *f* de données

И194 *r* истóчник *m* напряжéния
     e voltage source
     d Spannungsquelle *f*
     f source *f* de tension

И195 *r* истóчник *m* питáния
     e power supply

ИСТОЧНИК

        d Stromquelle *f*, Stromversorgung *f*
        f source *f* d'alimentation

И196 *r* исто́чник *m* сообще́ний
        e talker
        d Talker *m*
        f source *f* de messages

И197 *r* истоще́ние *n* резе́рва
        e exhaustion of spares *(in redundant systems)*
        d Reserveerschöpfung *f*, Erschöpfung *f* der Reserve *(im Redundanzsystem)*
        f exhaustion *f* de réserve [de redondance] *(dans les systèmes redondants)*

И198 *r* исхо́д *m*
        e outcome
        d Ergebnis *n*
        f issue *f*

И199 *r* исчезнове́ние *n* зна́чащих разря́дов
        e underflow
        d Unterlauf *m*, Unterschreitung *f*
        f dépassement *m* de capacité par valeurs inférieures, dépassement *m* vers le bas

И200 *r* исчезнове́ние *n* разря́дов поря́дка
        e exponent underflow
        d Exponentenunterlauf *m*
        f dépassement *m* de capacité négatif de l'exposant

И201 *r* исчисле́ние *n*
        e calculus
        d Rechnen *n*, Kalkül *m*
        f calcul *m*

И202 *r* исчисле́ние *n* / вариацио́нное
        e calculus of variations
        d Variationsrechnung *f*
        f calcul *m* variationnel

И203 *r* исчисле́ние *n* выска́зываний
        e propositional calculus
        d Aussagenkalkül *m*
        f calcul *m* propositionnel

И204 *r* исчисле́ние *n* предика́тов
        e predicate calculus, predicative calculus
        d Prädikatenkalkül *m*
        f calcul *m* des prédicats

И205 *r* исчисле́ние *n* / реляцио́нное
        e relational calculus
        d relationale Rechnung *f*
        f calcul *m* relationnel

И206 *r* исчисле́ние *n* / ситуацио́нное
        e situation calculus
        d Situationsrechnung *f*
        f calcul *m* de situations

И207 *r* итера́ция *f*
        e iteration
        d Iteration *f*
        f itération *f*

И208 *r* ито́г *m*
        e tally, total
        d Gesamtbetrag *m*, Gesamtergebnis *n*, Summe *f*
        f total *m*

И209 *r* ито́г *m* / гла́вный
        e major total
        d Hauptsumme *f*
        f total *m* majeur

И210 *r* ито́г *m* / промежу́точный
        e intermediate total
        d Zwischensumme *f*
        f total *m* intermédiaire

И211 *r* ито́г *m*. / части́чный
        e minor total
        d Teilsumme *f*
        f total *m* partiel

K

К1 *r* кадр *m* (да́нных)
        e frame
        d Rahmen *m*, Frame *n*, Datenübertragungsblock *m*
        f cadre *m*

К2 *r* кадри́рование *n*
        e framing
        d Rahmung *f*, Framing *n*
        f cadrage *m*

К3 *r* калькуля́тор *m*
        e calculator
        d (einfacher) Rechner *m*, Rechnermaschine *f*
        f calculateur *m*

К4 *r* калькуля́тор *m* / карма́нный

КАНАЛ

- K5   *r* калькуля́тор *m* / насто́льный
  - *e* desk(top) calculator
  - *d* Tischrechner *m*, Tischrechenmaschine *f*
  - *f* calculateur *m* de bureau
  - *e* hand-held calculator, pocket calculator
  - *d* Taschenrechner *m*
  - *f* calculateur *m* de poche

- K6   *r* калькуля́тор *m* / пло́ский
  - *e* slim calculator
  - *d* Flachrechner *m*, Taschenrechner *m* in Flachausführung
  - *f* calculateur *m* plat

- K7   *r* калькуля́тор *m* / программи́руемый
  - *e* programmable calculator
  - *d* programmierbarer Taschenrechner *m*
  - *f* calculateur *m* programmable

- K8   *r* кана́л *m*
  - *e* channel
  - *d* Kanal *m*
  - *f* canal *m*, voie *f*

- K9   *r* кана́л *m* без поме́х
  - *e* noiseless channel
  - *d* rauschfreier Kanal *m*
  - *f* canal *m* sans bruits [sans parasites]

- K10   *r* кана́л *m* вво́да-вы́вода
  - *e* input/output channel, I/O channel
  - *d* Eingabe-Ausgabe-Kanal *m*, E/A-Kanal *m*
  - *f* canal *m* d'entrée/sortie [d'E/S]

- K11   *r* кана́л *m* / виртуа́льный
  - *e* virtual circuit
  - *d* virtueller Kanal *m*
  - *f* canal *m* virtuel

- K12   *r* кана́л *m* / мультипле́ксный
  - *e* multiplex(er) channel
  - *d* Multiplexkanal *m*
  - *f* canal *m* multiplex

- K13   *r* кана́л *m* / незанятый
  - *e* idle channel
  - *d* unbelegter [unbenutzter] Kanal *m*
  - *f* canal *m* disponible [libre, à relâche]

- K14   *r* кана́л *m* / низкоскоростно́й
  - *e* low-bit-rate channel
  - *d* Kanal *m* mit niedriger Bitfrequenz, langsamer Kanal *m*
  - *f* canal *m* à cadence (de bit) lente, canal *m* LDC *(d'anglais: Low speed Data Channel)*

- K15   *r* кана́л *m* переда́чи да́нных
  - *e* data channel, communications link
  - *d* Datenkanal *m*, Datenübertragungskanal *m*
  - *f* canal *m* de transmission des données

- K16   *r* кана́л *m* прямо́го до́ступа к па́мяти
  - *e* direct-memory-access channel, DMA channel
  - *d* DMA-Kanal *m*
  - *f* canal *m* d'accès direct à la mémoire, canal *m* ADM

- K17   *r* кана́л *m* с бу́ферной па́мятью
  - *e* buffered channel
  - *d* gepufferter Kanal *m*
  - *f* canal *m* tamponné [bufférisé]

- K18   *r* кана́л *m* свя́зи
  - *e* link
  - *d* Übertragungskanal *m*, Verbindungskanal *m*
  - *f* voie *f* [canal *m*] de communication

- K19   *r* кана́л *m* / селе́кторный
  - *e* selector channel
  - *d* Selektorkanal *m*
  - *f* canal *m* sélecteur

- K20   *r* кана́л *m* синхрониза́ции
  - *e* clock channel, timing channel
  - *d* Synchronisationskanal *m*
  - *f* canal *m* d'horloge [de synchronisation]

- K21   *r* кана́л *m* с поме́хами
  - *e* noisy channel
  - *d* verrauschter Kanal *m*
  - *f* canal *m* avec bruits

- K22   *r* кана́л *m* транспортиро́вки перфока́рт
  - *e* card bed
  - *d* Kartenbahn *f*
  - *f* piste *f* de cartes perforées

- K23   *r* кана́л *m* / физи́ческий
  - *e* physical link
  - *d* physischer Kanal *m*

КАНАЛ

- *f* voie *f* physique
- K24 *r* канáл *m* / широковещáтельный
  - *e* broadcast channel
  - *d* Rundsendekanal *m*
  - *f* canal *m* de diffusion (générale)
- K25 *r* карандáш *m* / световóй
  - *e* optical wand
  - *d* Lichtstift *m*, Lichtgriffel *m*
  - *f* crayon *m* lumineux, photostyle *m*
- K26 *r* карéтка *f*
  - *e* carriage
  - *d* Wagen *m*
  - *f* chariot *m*
- K27 *r* карéтка *f* / подвижнáя
  - *e* movable carriage
  - *d* beweglicher Wagen *m*
  - *f* chariot *m* mobile
- K28 *r* карéтка *f* / челнóчная
  - *e* shuttle carriage
  - *d* hin- und herbewegbarer Wagen *m*
  - *f* chariot *m* (à mouvement de) navette
- K29 *r* кармáн *m* брáка
  - *e* reject bin
  - *d* Restablagefach *n*
  - *f* case *f* de rebut
- K30 *r* кармáн *m* / приёмный
  - *e* reception bin
  - *d* Ablagefach *n*
  - *f* case *f* de réception
- K31 *r* кáрта *f*
  - *e* card *(data medium)*; map *(a scheme)*
  - *d* Karte *f*
  - *f* carte *f* *(support de données)*; mappe *f* *(un schéma)*
- K32 *r* кáрта *f* / идентифицúрующая
  - *e* identification card, personality card
  - *d* Identifikationskarte *f*
  - *f* carte *f* d'identification
- K33 *r* кáрта *f* Карнó
  - *e* Karnaugh map
  - *d* Karnaugh-Diagramm *n*, Karnaugh-Tafel *f*
  - *f* carte *f* de Karnaugh
- K34 *r* кáрта *f* / *n*-колóнная
  - *e* *n*-column card
  - *d* *n*-Spalten-Karte *f*
  - *f* carte *f* à *N* colonnes
- K35 *r* кáрта *f* пережигáния плáвких перемы́чек
  - *e* fuse map
  - *d* Fuse-Map *n*, Schmelzsicherungskarte *f*
  - *f* carte *f* de fusibles
- K36 *r* кáрта *f* / перфорациóнная
  - *e* card, punch card
  - *d* Lochkarte *f*
  - *f* carte *f* perforée [à perforation]
- K37 *r* кáрта *f* / перфорúрованная
  - *e* punched card
  - *d* gelochte Karte *f*
  - *f* carte *f* perforée
- K38 *r* кáрта *f* поразря́дного отображéния информáции
  - *e* bit map
  - *d* Bit-Map *n*, Bit-Map-Karte *f*
  - *f* bit-map *m* *(anglais)*, carte *f* de mappages par bit
- K39 *r* кáрта *f* распределéния пáмяти
  - *e* memory map
  - *d* Speicherbelegungskarte *f*, Speicherbelegungsplan *m*
  - *f* carte *f* d'allocation de la mémoire
- K40 *r* кáрта *f* / управля́ющая
  - *e* control card
  - *d* Steuerkarte *f*
  - *f* carte *f* pilote [de commande]
- K41 *r* картотéка *f* / электрóнная
  - *e* electronic file cabinet
  - *d* elektronischer Aktenschrank *m*, elektronische Kartei *f*
  - *f* fichier *m* électronique
- K42 *r* каскáд *m*
  - *e* stage
  - *d* Stufe *f*, Kaskade *f*
  - *f* étage *m*
- K43 *r* кассéта *f*
  - *e* cartridge; cassette *(of a recorder-compatible format)*
  - *d* Kassette *f*
  - *f* cartouche *f*; cassette *f*
- K44 *r* кассéта *f* магнúтной лéнты
  - *e* tape cassette
  - *d* Magnetbandkassette *f*
  - *f* cassette *f* à bande magnétique
- K45 *r* кассéта *f* с дáнными

КЛАВИАТУРА

- *e* data cartridge
- *d* Datenkassette *f*
- *f* cassette *f* de données

K46 *r* катало́г *m*
- *e* catalog; directory *(a reference guide)*
- *d* Katalog *m*; Directory *n*, Inhaltsverzeichnis *n (z.B. einer Diskette)*, Verzeichnis *n*
- *f* catalogue *m*, répertoire *m*

K47 *r* катало́г *m* / корнево́й
- *e* root directory
- *d* Wurzel-Directory *n*, Wurzelverzeichnis *n*
- *f* répertoire *m* de racine

K48 *r* катало́г *m* програ́ммного обеспе́чения
- *e* software catalog
- *d* Softwarekatalog *m*
- *f* catalogue *m* de logiciel

K49 *r* катало́г *m* / рабо́чий
- *e* working directory
- *d* aktuelles Directory *n*, aktuelles Verzeichnis *n*
- *f* répertoire *m* opérationnel

K50 *r* катало́г *m* / систе́мный
- *e* system directory
- *d* System-Directory *n*, Systemverzeichnis *n*
- *f* répertoire *m* de système

K51 *r* катало́г *m* / теку́щий
- *e* current directory
- *d* aktuelles Directory *n*, aktuelles Verzeichnis *n*
- *f* répertoire *m* courant

K52 *r* катало́г *m* фа́йлов
- *e* file directory
- *d* Dateiverzeichnis *n*
- *f* répertoire *m* de fichiers

K53 *r* ка́чество *n* функциони́рования
- *e* performance
- *d* Funktionsgüte *f*, Betriebsgüte *f*
- *f* performance *f*, qualité *f* de fonctionnement

K54 *r* квант *m* вре́мени
- *e* time slot, time slice
- *d* Zeitscheibe *f*
- *f* tranche *f* de temps

K55 *r* квантиза́тор *m*
- *e* sampler
- *d* Quantisierer *m*
- *f* échantillonneur *m*

K56 *r* квантова́ние *n*
- *e* sampling *(of a signal)*; quantization *(a partitioning)*
- *d* Abtastung *f*, Sampling *n*; Quantisierung *f*
- *f* échantillonnage *m*, quantification *f*

K57 *r* квантова́ние *n* вре́мени
- *e* time slicing, time slotting
- *d* Time-Slicing *n*, Zeitscheibenverfahren *n*
- *f* tranchage *m* de temps

K58 *r* квантова́ние *n* по вре́мени
- *e* time sampling
- *d* Zeitquantisierung *f*
- *f* échantillonnage *m* dans le temps

K59 *r* квити́рование *n* сообще́ния
- *e* acknowledgement
- *d* Empfangsbestätigung *f*, Quittierung *f*
- *f* confirmation *f* de réception (de message)

K60 *r* квити́рование *n* установле́ния свя́зи
- *e* handshaking
- *d* Handshake *n*, Handshaking *n*
- *f* acquittement *m* [confirmation *f*] de mise en liaison ("poignée de main")

K61 *r* килоба́йт *m*
- *e* kilobyte
- *d* Kilobyte *n*
- *f* kilooctet *m*

K62 *r* килоби́т *m*
- *e* kilobit
- *d* Kilobit *n*
- *f* kilobit *m*

K63 *r* килобо́д *m*
- *e* kilobaud
- *d* Kilobaud *n*
- *f* kilobaud *m*

K64 *r* килосло́во *n*
- *e* kiloword
- *d* Kilowort *n*
- *f* kilomot *m*

K65 *r* клавиату́ра *f*
- *e* keyboard
- *d* Tastatur *f*
- *f* clavier *m*

КЛАВИАТУРА

K66   *r* клавиату́ра *f* / бу́квенно-цифрова́я
     e alpha(nu)meric keyboard
     d alphanumerische Tastatur *f*
     f clavier *m* alphanumérique

K67   *r* клавиату́ра *f* / выносна́я
     e side-mounted keyboard
     d getrennt montierte [seitenmontierte] Tastatur *f*
     f clavier *m* méchaniquement séparé

K68   *r* клавиату́ра *f* / десяти́чная
     e decimal keyboard
     d Dezimaltastatur *f*
     f clavier *m* décimal

K69   *r* клавиату́ра *f* / ма́лая
     e keypad
     d Kleintastatur *f*, Handtastatur *f* (*z.B. für einem Taschenrechner*)
     f pavé *m* de clavier

K70   *r* клавиату́ра *f* / незаблоки́рованная
     e live keyboard
     d nichtgesperrte Tastatur *f*
     f clavier *m* non verrouillé [non bloqué]

K71   *r* клавиату́ра *f* / отделя́емая
     e detachable keyboard
     d abtrennbare Tastatur *f*
     f clavier *m* détachable

K72   *r* клавиату́ра *f* / откидна́я
     e fold-down keyboard
     d abklappbare Tastatur *f*
     f clavier *m* à bascule

K73   *r* клавиату́ра *f* / пло́ская
     e low-profile keyboard
     d Flachtastatur *f*
     f clavier *m* plat

K74   *r* клавиату́ра *f* / полнонабо́рная
     e comprehensive keyboard
     d Volltastatur *f*
     f clavier *m* comprehensif

K75   *r* клавиату́ра *f* / рабо́чая
     e operation keyboard
     d Arbeitstastatur *f*
     f clavier *m* opérationnel

K76   *r* клавиату́ра *f* с блокиро́вкой
     e lockable keyboard
     d rastende Tastatur *f*
     f clavier *m* à verrouillage

K77   *r* клавиату́ра *f* / се́нсорная
     e touch(-control) keyboard
     d Berührungstastatur *f*
     f clavier *m* tactile

K78   *r* клавиату́ра *f* со встро́енным микропроце́ссором
     e intelligent keyboard
     d intelligente Tastatur *f*
     f clavier *m* intelligent [à microprocesseur incorporé]

K79   *r* клавиату́ра *f* / станда́ртная
     e qwerty keyboard
     d Standardtastatur *f*
     f clavier *m* qwerty (*de standard QWERTY*)

K80   *r* клавиату́ра *f* / функциона́льная
     e function(al) keyboard
     d Funktionstastatur *f*
     f clavier *m* fonctionnel

K81   *r* клавиату́ра *f* / цифрова́я
     e numeric keyboard
     d numerische Tastatur *f*
     f clavier *m* numérique

K82   *r* кла́виша *f*
     e key
     d Taste *f*
     f touche *f*, clef *f*

K83   *r* кла́виша *f* ве́рхнего реги́стра
     e top key
     d Top-Taste *f*
     f touche *f* de registre supérieur

K84   *r* кла́виша *f* / виртуа́льная
     e virtual key
     d virtuelle Taste *f*
     f touche *f* virtuelle

K85   *r* кла́виша *f* возвра́та в исхо́дное положе́ние
     e home key
     d Rückkehrtaste *f*, Home-Taste *f*
     f touche *f* de renversement [de remise en position]

K86   *r* кла́виша *f* возвра́та на одну́ пози́цию
     e backspace key
     d Backspace-Taste *f*, Rück(wärtsschritt)taste *f*
     f touche *f* de rappel arrière (à une position)

K87   *r* кла́виша *f* вы́хода (*из теку́щего режи́ма рабо́ты*)
     e escape key
     d Escape-Taste *f*, ESC-Taste *f*

КЛЮЧ

    f touche *f* d'échappement

K88 *r* клáвиша *f* гашéния
    e clear key
    d Löschtaste *f*
    f touche *f* d'annulation

K89 *r* клáвиша *f* освобождéния устрóйства
    e release key
    d Auslösetaste *f*, Release-Taste *f*
    f touche *f* de relâchement

K90 *r* клáвиша *f* останóва
    e halt key
    d Halt-Taste *f*
    f touche *f* d'arrêt

K91 *r* клáвиша *f* переключéния регúстров
    e shift key
    d Shift-Taste *f*, Umschalttaste *f*
    f touche *f* de décalage des registres

K92 *r* клáвиша *f* подлúстывания стрáниц
    e page-up key
    d Page-up-Taste *f*, Taste *f* für Vorwärtsblättern *(des Textes auf dem Bildschirm)*
    f touche *f* de pageage

K93 *r* клáвиша *f* пробéла
    e space key
    d Leertaste *f*, Space-Taste *f*
    f touche *f* d'espacement

K94 *r* клáвиша *f* / программúруемая
    e soft key
    d Softkey *n*, programmierbare Taste *f*
    f touche *f* programmable

K95 *r* клáвиша *f* / пусковáя
    e start key
    d Starttaste *f*
    f touche *f* de marche

K96 *r* клáвиша *f* с задáнием фýнкций чéрез менЮ
    e menu-driven key
    d menügesteuerte Taste *f*
    f touche *f* à dérouler un menu

K97 *r* клáвиша *f* смéны режúма
    e change mode key
    d Betriebsartentaste *f*
    f touche *f* de changement de mode

K98 *r* клáвиша *f* стирáния
    e erase key
    d Löschtaste *f*
    f touche *f* d'effacement

K99 *r* клáвиша *f* с фýнкциями, определЯемыми пóльзователем
    e user-definable key
    d vom Benutzer definierte Taste *f*, Benutzerfunktionstaste *f*
    f touche *f* définissable par l'utilisateur

K100 *r* клáвиша *f* управлéния информациóнным обмéном
    e transaction key
    d Transaktionstaste *f*
    f touche *f* de transaction

K101 *r* клáвиша *f* управлéния курсóром
    e (cursor) control key
    d Cursorsteuertaste *f*
    f touche *f* de déplacement d'un curseur

K102 *r* клáвиша *f* / управлЯющая
    e control key
    d Steuertaste *f*
    f touche *f* de commande [de contrôle]

K103 *r* клáвиша *f* / функционáльная
    e function(al) key
    d Funktionstaste *f*
    f touche *f* fonctionnelle

K104 *r* клáвиша *f* / экрáнная
    e soft key, virtual key
    d virtuelle Taste *f*
    f touche *f* dynamique (de l'écran)

K105 *r* классификáтор *m*
    e classifier
    d Klassifizierer *m*
    f classificateur *m*

K106 *r* клáстер *m*
    e cluster
    d Cluster *m*
    f cluster *m*, grappe *f*

K107 *r* клéтка *f* рáстра
    e resolution cell
    d Auflösungsraumelement *n*
    f point *m* de trame [de résolution]

K108 *r* ключ *m*

КЛЮЧ

    e 1. key *(a data item)* 2. switch *(a hardware- or software-implemented unit)*
    d 1. Schlüssel *m* 2. Schalter *m*
    f 1. clé *f (élément de données)* 2. aiguilleur *m*, commutateur *m (unité réalisée en matériel ou en logiciel)*

K109   *r* ключ *m* / возрастающий
    e ascending key
    d aufsteigender Schlüssel *m*
    f clé *f* ascendante

K110   *r* ключ *m* / вторичный
    e secondary key
    d Sekundärschlüssel *m*
    f clé *f* secondaire

K111   *r* ключ *m* для доступа
    e access key
    d Zugriffsschlüssel *m*
    f clé *f* d'accès

K112   *r* ключ *m* защиты
    e protection key
    d Schutzschlüssel *m*
    f clé *f* de protection

K113   *r* ключ *m* / основной
    e major key
    d Hauptschlüssel *m*
    f clé *f* majeure

K114   *r* ключ *m* / первичный
    e primary key
    d Primärschlüssel *m*
    f clé *f* primaire

K115   *r* ключ *m* / поисковый
    e search key
    d Suchschlüssel *m*
    f clé *f* de recherche

K116   *r* ключ *m* / потенциальный
    e candidate key
    d potentialer Schlüssel *m*
    f clé *f* candidat

K117   *r* ключ *m* / системный
    e system key
    d Systemschlüssel *m*
    f clé *f* de système

K118   *r* ключ *m* сортировки
    e sortkey
    d Sortierschlüssel *m*
    f clé *f* de tri(age)

K119   *r* ключ *m* / убывающий
    e descending key
    d absteigender Schlüssel *m*
    f clé *f* descendante

K120   *r* ключ *m* / электронный
    e electronic switch
    d elektronischer Schalter *m*
    f commutateur *f* électronique

K121   *r* КМОП-структура *f*
    e CMOS structure
    d CMOS-Struktur *f*
    f structure *f* CMOS

K122   *r* кнопка *f* / аварийная
    e emergency button
    d Nottaste *f*
    f bouton *m* "coup de poing"

K123   *r* кнопка *f* пуска
    e trigger button
    d Auslösetaste *f*
    f bouton *m* de démarrage [de (mise en) marche]

K124   *r* кнопка *f* / световая
    e light button
    d Lichttaste *f*, Lichtknopf *m*
    f bouton *m* lumineux

K125   *r* код *m* восьмидорожечной перфоленты
    e eight channel code
    d 8-Kanal-Kode *m*
    f code *m* à huit pistes

K126   *r* код *m* Грея
    e Gray code
    d Gray-Kode *m*
    f code *m* de Gray

K127   *r* код *m* / двоично-десятичный
    e binary-coded decimal code, BCD code
    d BCD-Kode *m*, binärdezimaler [dezimal-binärer] Kode *m*
    f code *m* décimal (codé) binaire, code DCB

K128   *r* код *m* / двоичный
    e binary code
    d Binärkode *m*
    f code *m* binaire

K129   *r* код *m* / дополнительный
    e complement
    d Komplementkode *m*
    f code *m* complémentaire [complémenteur]

K130   *r* код *m* команды
    e instruction code
    d Befehlskode *m*
    f code *m* d'instruction

K131   *r* код *m* / контрольный
    e check code

КОДОГРАММА

- *d* Prüfkode *m*
- *f* code *m* de contrôle

K132
- *r* код *m* / обра́тный
- *e* complement code
- *d* Komplementkode *m*, inverser Kode *m*
- *f* code *m* inverse

K133
- *r* код *m* "оди́н из десяти́"
- *e* one-out-of-ten code
- *d* 1-aus-10-Kode *m*
- *f* code *m* un-sur-dix

K134
- *r* код *m* опера́ции
- *e* op code
- *d* Operationskode *m*
- *f* code *f* d'opération

K135
- *r* код *m* / перестано́вочный
- *e* permutation code
- *d* Permutationskode *m*
- *f* code *m* de permutation

K136
- *r* код *m* перфока́рт
- *e* card code
- *d* Lochkartenkode *m*
- *f* code *m* de la carte

K137
- *r* код *m* перфоле́нты
- *e* punched tape code
- *d* Lochstreifenkode *m*
- *f* code *m* de bande perforée

K138
- *r* код *m* / позицио́нный
- *e* position (al) code
- *d* Stellenkode *m*, Positionskode *m*
- *f* code *m* pondéré [de position]

K139
- *r* код *m* / самокорректи́рующийся
- *e* self-correcting code
- *d* selbstkorrigierender Kode *m*
- *f* code *m* autocorrecteur

K140
- *r* код *m* / свёрточный
- *e* convolution code
- *d* Faltungskode *m*
- *f* code *m* convolutif

K141
- *r* код *m* с дополне́нием до двух
- *e* two's complement
- *d* Zweierkomplement *n*
- *f* code *m* complémentaire à deux

K142
- *r* код *m* семисегме́нтного индика́тора
- *e* seven-segment code
- *d* Siebensegmentkode *m*
- *f* code *m* à sept segments

K143
- *r* код *m* си́мвола
- *e* character code
- *d* Symbolkode *m*, Zeichenkode *m*
- *f* code *m* de caractère

K144
- *r* код *m* с исправле́нием оши́бок
- *e* error-correcting code
- *d* Fehlerkorrekturkode *m*, fehlerkorrigierender Kode *m*
- *f* code *m* correcteur (d'erreurs)

K145
- *r* код *m* с исправле́нием паке́тов оши́бок
- *e* burst error correcting code
- *d* Fehlerbündelkorrekturkode *m*
- *f* code *m* correcteur de paquets d'erreurs

K146
- *r* код *m* с контро́лем по чётности
- *e* parity-checking code
- *d* Paritätsprüfungkode *m*
- *f* code *m* à essai de parité

K147
- *r* код *m* с обнаруже́нием оши́бок
- *e* error-detecting code
- *d* Fehlererkennungskode *m*
- *f* code *m* détecteur d'erreurs

K148
- *r* код *m* с самоконтро́лем
- *e* self-checking code
- *d* selbstprüfender Kode *m*
- *f* code *m* autocontrôlé

K149
- *r* код *m* Фа́йра
- *e* Fire code
- *d* Fire-Kode *m*
- *f* code *m* de Fire

K150
- *r* код *m* Хе́мминга
- *e* Hamming code
- *d* Hamming-Kode *m*
- *f* code *m* de Hamming

K151
- *r* код *m* / штрихово́й
- *e* bar code, strip code
- *d* Strichkode *m*, Balkenkode *m*
- *f* code *m* à barres

K152
- *r* ко́дер-деко́дер *m*
- *e* codec
- *d* Codec *m*, Kodek *m*
- *f* codeur-décodeur *m*

K153
- *r* коди́рование *n*
- *e* coding
- *d* Kodierung *f*
- *f* codage *m*

K154
- *r* кодогра́мма *f*

КОДОСОВМЕСТИМОСТЬ

      e pattern
      d Kodogramm *n*
      f codogramme *m*

K155 *r* кодосовмести́мость *f*
      e code-for-code compability
      d Kodenkompatibilität *f*
      f compatibilité *f* de codes

K156 *r* колесо́ *n* / лентопротя́жное
      e feed wheel
      d Vorschubrad *n*, Kettenrad *n*
      f roue *f* d'entraînement

K157 *r* колесо́ *n* / печа́тающее
      e print wheel
      d Typenrad *n*
      f roue *f* d'impression

K158 *r* колесо́ *n* / шрифтово́е
      e type wheel
      d Typenrad *n*
      f roue *f* de types [de caractères, de lettres]

K159 *r* коло́да *f* (перфока́рт) с исхо́дной програ́ммой
      e source deck
      d Ursprungskartenstapel *m*
      f jeu *m* des cartes originales

K160 *r* коло́да *f* с те́стовой програ́ммой
      e test deck
      d Testprogrammkartenstapel *m*, Testprogrammkartensatz *m*
      f jeu *m* des cartes de test [des cartes d'essai]

K161 *r* коло́нка *f*
      e column
      d Spalte *f*
      f colonne *f*

K162 *r* кольцо́ *n* / защи́тное
      e guard ring *(in a tape reel)*
      d Schutzring *m*
      f bague *f* de garde *(sur une bobine de bande)*

K163 *r* кольцо́ *n* защи́ты
      e protection ring *(in a database)*
      d Schutzring *m*
      f anneau *m* de protection *(dans des bases de données)*

K164 *r* кольцо́ *n* / ке́мбриджское
      e Cambridge Ring *(a type of network)*
      d Cambridge-Ring *m (Typ des lokalen Rechnernetzes)*
      f anneau *m* de Cambridge *(un type de réseau)*

K165 *r* кома́нда *f*
      e instruction, command; order *(a directive)*
      d Befehl *m*, Kommando *n*, Anweisung *f*
      f instruction *f*, commande *f*; ordre *m (une directive)*

K166 *r* кома́нда *f*, вводи́мая с клавиату́ры
      e keyboard instruction
      d Tastatur-Befehl *m*
      f instruction *f* introduite par clavier

K167 *r* кома́нда *f* ветвле́ния
      e branch(ing) instruction
      d Verzweigungsbefehl *m*
      f instruction *f* de branchement

K168 *r* кома́нда *f* возвра́та
      e return instruction
      d Rückkehrbefehl *m*
      f instruction *f* de retour

K169 *r* кома́нда *f* вы́зова
      e call instruction
      d Aufrufbefehl *m*, Call-Befehl *m*
      f instruction *f* d'appel

K170 *r* кома́нда *f* выполне́ния математи́ческой опера́ции
      e math instruction
      d Math-Befehl *m*
      f instruction *f* d'operation mathématique

K171 *r* кома́нда *f* / запрещённая
      e illegal instruction
      d unzulässiger Befehl *m*
      f instruction *f* illégale

K172 *r* кома́нда *f* / маши́нная
      e computer instruction
      d Maschinenbefehl *m*
      f instruction *f* d'ordinateur

K173 *r* кома́нда *f* межреги́стровой пересы́лки
      e register-to-register instruction
      d Register-zu-Register-Befehl *m*
      f instruction *f* d'échange registre-registre, instruction *f* d'échange entre registres

K174 *r* кома́нда *f* / многоа́дресная
      e multiaddress instruction
      d Mehradreßbefehl *m*
      f instruction *f* multiadresse [à plusieurs adresses]

КОМАНДА

K175 *r* команда *f* на выходном языке *(транслятора)*
    e object instruction
    d Objektbefehl *m*, übersetzter Befehl *m*
    f instruction *f* d'objet

K176 *r* команда *f* на машинном языке
    e absolute instruction, machine instruction
    d Maschinenbefehl *m*
    f instruction *f* absolue [en code machine, en langage machine]

K177 *r* команда *f* / неиспользуемая
    e unused instruction
    d nichtbenutzter Befehl *m*
    f instruction *f* non utilisée

K178 *r* команда *f* обращения
    e reference instruction
    d Referenzbefehl *m*
    f instruction *f* de référence

K179 *r* команда *f* останова
    e halt instruction
    d Haltbefehl *m*, Stoppbefehl *m*
    f instruction *f* d'arrêt

K180 *r* команда *f* передачи управления
    e control transfer instruction
    d Sprungbefehl *m*
    f instruction *f* de saut

K181 *r* команда *f* пересылки
    e transfer instruction
    d Transferbefehl *m*
    f instruction *f* de transfert

K182 *r* команда *f* пересылки данных
    e data movement instruction
    d Datentransferbefehl *m*
    f instruction *f* de mouvement de données

K183 *r* команда *f* привлечения внимания оператора
    e attention command
    d Achtung-Befehl *m*
    f commande *f* d'attention

K184 *r* команда *f* просмотра
    e look-up instruction
    d Look-up-Befehl *m*
    f instruction *f* de consultation

K185 *r* команда *f* работы со стеком
    e stack instruction
    d Stackbefehl *m*, Kellerbefehl *m*
    f instruction *f* de pile

K186 *r* команда *f* рестарта
    e restart instruction
    d Wiederanlaufbefehl *m*
    f instruction *f* de reprise [de restart]

K187 *r* команда *f* / речевая
    e voice command
    d Sprachkommando *n*
    f commande *f* vocale [de voix]

K188 *r* команда *f* / символическая
    e mnemonic instruction
    d mnemonischer Befehl *m*, Mnemo(nik)befehl *m*
    f instruction *f* mnémonique

K189 *r* команда *f* с косвенной адресацией
    e indirect instruction
    d indirekter Befehl *m*
    f instruction *f* à adresse indirecte

K190 *r* команда *f* с одним операндом
    e monadic instruction
    d Einzeloperandenbefehl *m*
    f instruction *f* à opérande unique

K191 *r* команда *f* сравнения
    e compare instruction
    d Vergleichsbefehl *m*
    f instruction *f* de comparaison

K192 *r* команда *f* / стандартная
    e stereotyped command
    d Standardbefehl *m*
    f commande *f* stéréotype

K193 *r* команда *f* супервизора
    e executive instruction
    d Exekutivbefehl *m*
    f instruction *f* exécutive [de superviseur]

K194 *r* команда *f* условного перехода
    e conditional jump instruction
    d bedingter Sprungbefehl *m*
    f instruction *f* de saut conditionnel

K195 *r* команда *f* / фиктивная
    e dummy instruction
    d Scheinbefehl *m*
    f instruction *f* fictive

K196 *r* команда *f* форматирования

КОМАНДА

      e format instruction
      d Formatbefehl *m*
      f instruction *f* de format

K197 *r* кома́нда *f* / холоста́я
      e no-op instruction, null instruction
      d Leerbefehl *m*
      f instruction *f* factice [nulle]

K198 *r* кома́нда *f* цикли́ческого сдви́га
      e rotate instruction
      d Ringschiebebefehl *m*, Ring-Shift-Befehl *m*
      f instruction *f* de décalage circulaire

K199 *r* комбина́ция *f* / би́товая
      e bit pattern
      d Bitmuster *n*
      f combinaison *f* de bits

K200 *r* комента́рий *m*
      e comment
      d Kommentar *m*
      f commentaire *m*, annotation *f*

K201 *r* коммута́тор *m*
      e switch
      d Schalter *m*, Schaltanlage *f*
      f commutateur *m*

K202 *r* коммута́ция *f*
      e switching
      d Durchschalten *n*, Vermittlung *f*
      f commutation *f*

K203 *r* компара́тор *m*
      e comparer
      d Komparator *m*
      f comparateur *m*

K204 *r* компиля́тор *m*
      e compiler
      d Compiler *m*, Kompilierer *m*
      f compilatuer *m*

K205 *r* компиля́тор *m* кре́мниевых ИС
      e silicon compiler
      d Silicon-Compiler *m*
      f compilateur *m* de silicium

K206 *r* компиля́тор *m* / однопроходно́й
      e single-pass compiler
      d Einschrittcompiler *m*, Einpaßcompiler *m*
      f compilateur *m* à un passage

K207 *r* компиля́ция *f*
      e compiling
      d Kompilieren *n*
      f compilation *f*

K208 *r* ко́мплекс *m* техни́ческих средств
      e hardware system
      d Hardwaresystem *n*
      f système *m* matériel

K209 *r* компле́кт *m* / микропроце́ссорный
      e microprocessor set
      d Mikroprozessorsatz *m*
      f ensemble *m* [jeu *m*] de microprocesseurs

K210 *r* компле́кт *m* плат
      e board set, card set
      d Leiterplattensatz *m*
      f ensemble *m* de plaques [de cartes], jeu *m* de plaques [de cartes]

K211 *r* компле́кт *m* фотошабло́нов
      e photomask set
      d Fotomaskensatz *m*
      f ensemble *m* [jeu *m*] de (photo)masques

K212 *r* компле́кт *m* шри́фта
      e font
      d Font *n*
      f police *f* [jeu *m*] de caractères

K213 *r* компоне́нт *m* с больши́м коли́чеством вы́водов
      e high-pin-count component
      d Bauelement *n* mit hoher Pinzahl
      f composant *m* à plusieurs [à nombre important de] broches

K214 *r* компью́тер *m*
      e computer
      d Computer *m*, Rechner *m*, EDV-Anlage *f*
      f ordinateur *m*

K215 *r* компью́тер *m* / персона́льный
      e personal computer
      d Personalcomputer *m*, Personalrechner *m*
      f ordinateur *m* personnel

K216 *r* компьютериза́ция *f*
      e computerization
      d Computerisierung *f*
      f informatisation *f*

K217 *r* конве́йер *m*
      e pipeline

КОНТРОЛЕПРИГОДНОСТЬ

      d Pipeline *f*, zeitverschachtelt arbeitende Struktur *f*
      f pipeline *m*

K218 *r* конвейеризация *f*
      e pipelining
      d Pipelining *n*
      f pipelinage *m*

K219 *r* конверт *m* для гибкого диска
      e jacket
      d Scheibenhülle *f*, Plattenhülle *f* (*verschweißte Hülle zum Diskettenschutz*)
      f jaquette *f*, jacket *m*

K220 *r* конденсатор *m* / управляемый
      e switched capacitor
      d geschalteter Kondensator *m*
      f condensateur *m* réglable

K221 *r* конец *m* ленты
      e end of tape, EOT (*a signal*)
      d Bandende *n*
      f fin *f* de bande

K222 *r* конец *m* ленты / заправочный
      e leader
      d Vorspann *m*
      f amorçe *f* de bande

K223 *r* конец *m* сеанса
      e log-off, log-out
      d Logoff *n*, Abmeldung *f*
      f fin *f* de session

K224 *r* конец *m* файла
      e end of file, EOF
      d Dateiende *n*
      f fin *f* de fichier

K225 *r* консоль *f*
      e console
      d Konsole *f*
      f console *f*

K226 *r* константа *f* / буквенно-цифровая
      e character constant
      d alphanumerische Konstante *f*
      f constante *f* alphanumérique

K227 *r* константа *f* / литеральная
      e literal
      d Literal *n*
      f constante *f* littérale, littéral *m*

K228 *r* конструкция *f* / абстрактная
      e abstraction
      d Abstraktion *f*
      f abstraction *f*

K229 *r* конструкция *f* / блочная
      e block design
      d Blockaufbau *m*
      f construction *f* en blocs

K230 *r* конструкция *f*, защищённая от неправильного обращения
      e foolproof design
      d narrensichere Konstruktion *f*
      f construction *f* protégée contre des actions d'un ignorant, construction *f* protégée contre des actions non correctes

K231 *r* конструкция *f* / модульная
      e modular design
      d modularer Aufbau *m*
      f construction *f* modulaire

K232 *r* конструкция *f* / языковая
      e language construct
      d Sprachkonstruktion *f*
      f construction *f* de langage

K233 *r* контакт *m* / нормально замкнутый
      e break contact
      d Öffnungskontakt *m*, normal geschlossener Kontakt *m*
      f contact *m* de repos, contact *m* normalement fermé

K234 *r* контакт *m* / нормально разомкнутый
      e make contact
      d Schließkontakt *m*, normal offener Kontakt *m*
      f contact *m* ouvert au repos, contact *m* normalement ouvert, contact *m* de travail, contact *m* à fermeture

K235 *r* контакт *m* / подпружиненный
      e nail
      d Federkontakt *m*
      f contact *m* à ressort

K236 *r* контакт *m* / считывающий
      e readout contact
      d Lesekontakt *m*
      f contact *m* de lecture

K237 *r* контекст *m*
      e context
      d Kontext *m*
      f contexte *m*

K238 *r* контролепригодность *f*
      e testability

КОНТРОЛЛЕР

      d Prüfbarkeit *f*
      f testabilité *f*

K239 r **контро́ллер** *f*
      e controller
      d Controller *m*, Steuereinheit *f*; Steuerwerk *n*
      f contrôleur *m*

K240 r **контро́ллер** *m* / **группово́й**
      e cluster controller
      d Cluster-Controller *m*, Gruppensteuereinheit *f*
      f contrôleur *m* de grappe

K241 r **контро́ллер** *m* / **программи́руемый логи́ческий**
      e programmable logical controller, PLC
      d tastenprogrammierbare Steuereinheit *f*, PLC-Steuerung *f*
      f contrôleur *m* logique programmable

K242 r **контро́ллер** *m* / **связно́й**
      e communications controller
      d Kommunikationssteuereinheit *f*
      f contrôleur *m* de communication

K243 r **контро́ллер** *m* / **сетево́й**
      e network controller
      d Netzwerkkontroller *m*
      f contrôleur *m* de réseau

K244 r **контро́ль** *m* / **аппара́тный**
      e hardware check
      d Hardwareprüfung *f*
      f contrôle *m* par le matériel

K245 r **контро́ль** *m* / **встро́енный**
      e built-in check
      d Built-in-Test *m*
      f contrôle *m* incorporé [in situ, interne]

K246 r **контро́ль** *m* / **входно́й**
      e incoming inspection
      d Eingangskontrolle *f*
      f inspection *f* d'entrée

K247 r **контро́ль** *m* **ме́тодом обра́тной переда́чи**
      e loop check
      d Schleifentest *m*
      f test *m* par (la fonction de) rebouclage

K248 r **контро́ль** *m* **на нали́чие запрещённых кома́нд**
      e illegal-command check, improper-command check
      d Prüfung *f* auf unzulässige Befehle
      f test *m* d'instructions illégales

K249 r **контро́ль** *m* **по избы́точности**
      e redundancy check
      d Redundanzprüfung *f*
      f contrôle *m* de redondance

K250 r **контро́ль** *m* **по мо́дулю** *N*
      e mod *N* check
      d modulo-*N*-Prüfung *f*
      f contrôle *m* modulo *N*

K251 r **контро́ль** *m* **по фла́говым разря́дам**
      e flag check
      d Flagprüfung *f*
      f test *m* par drapeaux

K252 r **контро́ль** *m* **по чётности**
      e parity check
      d Paritätsprüfung *f*
      f test *m* de parité

K253 r **контро́ль** *m* / **приёмочный**
      e acceptance inspection
      d Abnahmeprüfung *f*
      f inspection *f* d'acceptabilité

K254 r **контро́ль** *m* / **програ́ммный**
      e programmed check
      d Programmprüfung *f*
      f contrôle *m* programmé [à programme de test]

K255 r **контро́ль** *m* / **сквозно́й структу́рный**
      e structured walkthrough
      d strukturierte Durchgangsprüfung *f*
      f parcours *m* structural de part en part

K256 r **контро́ль** *m* **сравне́нием ито́гов**
      e total test
      d Totalprüfung *f*
      f contrôle *m* par comparaison des bilans

K257 r **контро́ль** *m* / **теку́щий**
      e monitoring
      d Monitoring *n*
      f contrôle *m* courant

K258 r **контро́ль** *m* **ти́пов да́нных**
      e type-checking
      d Datentyptest *m*
      f test *m* de types de données

K259 r контрóльник *m*
 e verifier
 d Prüfer *m*
 f vérificatrice *f*

K260 r кóнтур *m* в грáфе
 e circuit
 d geschlossene Bogenfolge *f*, geschlossener Kantenzug *m* (*eines Graphen*)
 f circuit *m* (d'un graphe)

K261 r кóнтур *m* / зáмкнутый
 e closed loop
 d geschlossene Schleife *f*, geschlossener Wirkungskreis *m*
 f circuit *m* fermé [bouclé]

K262 r кóнтур *m* знáка
 e character outline
 d Zeichenumriß *m*
 f dessin *m* de caractère

K263 r кóнтур *m* / разóмкнутый
 e open loop
 d offene Schleife *f*, offener Wirkungskreis *m*
 f circuit *m* ouvert

K264 r кóнтур *m* регулúрования
 e control loop
 d Regelschleife *f*, Regelkreis *m*
 f boucle *f* [circuit *m*] de réglage

K265 r конфигурáтор *m*
 e configurator
 d Konfigurator *m*
 f configurateur *m*

K266 r конфигурáция *f* / бáзовая
 e basic configuration
 d Basiskonfiguration *f*, Grundausrüstung *f*
 f configuration *f* de base

K267 r конфигурáция *f* / бúтовая
 e bit configuration
 d Bitkonfiguration *f*
 f configuration *f* [combinaison *f*] de bits

K268 r конфигурáция *f* вы́водов
 e pin configuration
 d Pinkonfiguration *f*
 f configuration *f* de broches

K269 r конфигурáция *f* / заказнáя
 e custom configuration
 d Kundenwunschkonfiguration *f*
 f configuration *f* à la demande

K270 r конфигурáция *f* / максимáльная
 e full configuration
 d Vollkonfiguration *f*
 f configuration *f* maximale

K271 r конфигурáция *f* мáски
 e mask topography, topography of mask
 d Maskentopografie *f*
 f topographie *f* de masque

K272 r конфигурáция *f* / минимáльная
 e entry configuration
 d Minimalkonfiguration *f*
 f configuration *f* minimale

K273 r конфигурáция *f* / настóльная
 e desktop configuration
 d Desktop-Konfiguration *f*
 f configuration *f* de bureau

K274 r конфигурáция *f* / однопроцéссорная
 e uniprocessor configuration
 d Einprozessorkonfiguration *f*
 f configuration *f* uniprocesseur

K275 r конфигурáция *f* прогрáммных средств
 e software configuration
 d Softwarekonfiguration *f*
 f configuration *f* de logiciel

K276 r конфигурáция *f* технúческих средств
 e hardware configuration
 d Hardwarekonfiguration *f*
 f configuration *f* de matériel

K277 r конфлúкт *m*
 e collision, conflict, contention
 d Konflikt *m*; Kollision *f*
 f collision *f*, conflit *m*

K278 r конфлúкт *m* на шúне
 e bus conflict, bus contention
 d Buskonflikt *m*
 f conflit *m* [collision *f*] d'accès à bus

K279 r конфлúкт *m* по дáнным
 e data collision, data contention
 d Datenkollision *f*
 f collision *f* de données

K280 r конфлúкт *m* по совпадéнию обращéний для зáписи
 e write-write conflict
 d Schreib-Schreib-Konflikt *m*
 f collision *f* écriture-écriture

КОНФЛИКТ

K281 *r* конфли́кт *m* по совпаде́нию обраще́ний для чте́ния и за́писи
    e read-write conflict
    d Lese-Schreib-Konflikt *m*
    f collision *f* lecture-écriture

K282 *r* конфли́кт *m* при обраще́нии к па́мяти
    e memory collision, memory contention
    d Speicherzugriffskollision *f*
    f collision *f* d'accès à la mémoire

K283 *r* конфли́кт *m* при совмеще́нии опера́ций
    e concurrency conflict
    d Konflikt *m* bei überlappter Operationsausführung
    f conflit *m* [collision *f*] de concurrence d'operations

K284 *r* концентра́тор *m*
    e concentrator
    d Konzentrator *m*
    f concentrateur *m*

K285 *r* конъю́нкция *f*
    e conjunction
    d Konjunktion *f*
    f conjonction *f*

K286 *r* координа́та *f*
    e coordinate
    d Koordinate *f*
    f coordonnée *f*

K287 *r* координа́ты *f pl* / прямоуго́льные
    e cartesian coordinates
    d Cartesische [rechtwinklige] Koordinaten *f pl*
    f coordonnées *f pl* cartésiennes

K288 *r* копи́рование *n*
    e copying; replication
    d Kopieren *n*; Vervielfältigen *n*
    f reproduction *f*

K289 *r* копи́рование *n* в контро́льных то́чках
    e checkpointing
    d Testpunktkopieren *n*, Fixpunktkopieren *n*
    f pointage *m*

K290 *r* ко́пия *f*
    e copy; replica *(an exact copy)*
    d Kopie *f*; Duplikat *n*
    f copie *f*; duplicata *m* *(une copie exacte)*

K291 *r* ко́пия *f* / документа́льная
    e hardcopy
    d Hardkopie *f*
    f copie *f* dure [en clair, sur papier]

K292 *r* ко́пия-отображе́ние *f*
    e image copy *(of a database)*
    d Abbildungskopie *f*
    f copie *f* image *(d'une base de données)*

K293 *r* ко́рень *m*
    e root
    d Wurzel *f*
    f racine *f*

K294 *r* ко́рпус *m* / безвыводно́й
    e leadless package
    d anschlußloses Gehäuse *n*
    f boîtier *m* sans sorties [sans terminaisons]

K295 *r* ко́рпус *m* для пове́рхностного монтажа́
    e surface-mountable package
    d SMD-Gehäuse *n*, Gehäuse *n* für Oberflächenmontage
    f boîtier *m* à montage sur une surface

K296 *r* ко́рпус *m* ИС
    e integrated circuit package
    d IC-Gehäuse *n*
    f boîtier *m* de CI [de circuit intégré]

K297 *r* ко́рпус *m* с *N* вы́водами
    e *N*-pin package
    d *N*-poliges Gehäuse *n*
    f boîtier *m* à *N* broches

K298 *r* ко́рпус *m* с двухря́дным расположе́нием вы́водов
    e dual-in-line package, DIP
    d DIP-Gehäuse *n*, Doppelreihengehäuse *n*
    f boîtier *m* à deux rangées de broches

K299 *r* ко́рпус *m* с одноря́дным расположе́нием вы́водов
    e single-in-line package, SILP
    d SIL-Gehäuse *n*, Gehäuse *n* mit einreihigem Anschluß
    f boîtier *m* à une [à simple] rangée de broches

K300 *r* ко́рпус *m* с четырёхря́дным расположе́нием вы́водов
    e quad-in-line package, QUIL package
    d QUIL-Gehäuse *n*

КРИСТАЛЛ

     f boîtier *m* à quatre rangées de broches
K301 *r* корпусиро́вка *f* ИС
     e packaging
     d Kapselung *f*
     f encapsulation *f*

K302 *r* корректиро́вка *f* содержи́мого фа́йла
     e file updating
     d Dateiaktualisierung *f*
     f mise *f* à jour de fichier

K303 *r* корте́ж *m*
     e tuple
     d Tupel *n*
     f cortège *m*

K304 *r* корте́ж *m* из *N* элеме́нтов
     e *N*-tuple
     d *N*-Tupel *n*
     f cortège *m* à *N* éléments, *N*-tuple *m*

K305 *r* коэффицие́нт *m*
     e coefficient, factor
     d Koeffizient *m*, Faktor *m*
     f coefficient *m*, facteur *m*

K306 *r* коэффицие́нт *m* / весово́й
     e weight factor
     d Gewichtsfaktor *m*
     f coefficient *m* de pondération, constante *f* de poids

K307 *r* коэффицие́нт *m* ветвле́ния
     e branching factor
     d Verzweigungsfaktor *m*
     f facteur *m* de branchement

K308 *r* коэффицие́нт *m* гото́вности
     e availability
     d Verfügbarkeit *f*, Verfügbarkeitsgrad *m*
     f taux *m* de disponibilité

K309 *r* коэффицие́нт *m* испо́льзования
     e utility ratio
     d Ausnutzungsfaktor *m*
     f taux *m* [facteur *m*] d'utilisation

K310 *r* коэффицие́нт *m* / масшта́бный
     e scaling factor
     d Skalierungsfaktor *m*, Maßstabsfaktor *m*
     f facteur *m* d'échelle

K311 *r* коэффицие́нт *m* объедине́ния по вхо́ду
     e fan-in
     d Fan-in *n*, Eingangsauffächerung *f*
     f entrance *f*

K312 *r* коэффицие́нт *m* просто́я
     e downtime ratio
     d Wartezeitfaktor *m*
     f taux *m* de temps mort

K313 *r* коэффицие́нт *m* разветвле́ния по вы́ходу
     e fan-out
     d Fan-out *n*, Ausgangsauffächerung *f*
     f sortance *f*

K314 *r* коэффицие́нт *m* эффекти́вности по́иска
     e hit ratio
     d Trefferquote *f*
     f taux *m* de réussite

K315 *r* край *m* перфока́рты / веду́щий
     e leading edge
     d Leitkarte *f*, vordere Lochkartenkante *f*
     f bord *m* avant (de carte)

K316 *r* край *m* перфока́рты / ни́жний
     e nine edge
     d Unterkarte *f*, untere Lochkartenkante *f*
     f bord *m* de "neuf" (de carte)

K317 *r* кра́ска *f* / печа́тная
     e ink
     d Tinte *f*
     f encre *f* (d'impression)

K318 *r* кра́тность *f* резерви́рования
     e redundancy rate
     d Redundanzrate *f*
     f degré *m* de redondance

K319 *r* крива́я *f* / сгла́живающая
     e fitting curve
     d Glättungskurve *f*
     f courbe *f* de lissage

K320 *r* криста́лл *m*
     e crystal *(e.g. of a polysilicon)*; chip *(of a microcircuit)*
     d Kristall *m*; Chip *n*
     f cristal *m (p.e. de polysilicium)*; puce *f (d'un microcircuit)*

K321 *r* криста́лл *m* / ба́зовый
     e master chip
     d Master-Chip *n*, Standardchip *n*

КРИСТАЛЛ

    f puce *f* de base

K322 *r* кристáлл *m* / бескóрпусный
    e bare chip, unpacked chip
    d ungekapseltes [gehäuseloses] Chip *n*
    f puce *f* sans boitier

K323 *r* кристáлл *m* БИС
    e LSI chip
    d LSI-Chip *n*
    f puce *f* LSI [de circuit intégré à grande échelle]

K324 *r* кристáлл *m* / заказнóй
    e custom chip
    d Kundenwunschchip *n*
    f puce *f* à la demande

K325 *r* кристáлл *m* конвéйерного процéссора
    e pipeline chip
    d Pipeline-Chip *n*
    f puce *f* de pipeline

K326 *r* кристáлл *m* / крéмниевый
    e silicon chip
    d Siliziumchip *n*
    f puce *f* de silicium

K327 *r* кристáлл *m* микропроцéссора
    e microprocessor chip
    d Mikroprozessorchip *n*
    f puce *f* de microprocesseur

K328 *r* кристáлл *m* ОЗУ
    e RAM chip
    d RAM-Chip *n*
    f puce *f* RAM [de mémoire à accès aléatoire]

K329 *r* кристáлл *m* пáмяти
    e memory chip
    d Speicherchip *n*
    f puce *f* de mémoire

K330 *r* кристáлл *m* ПЗУ
    e ROM chip
    d ROM-Chip *n*
    f puce *f* ROM [de mémoire morte]

K331 *r* кристáлл *m* СБИС
    e VLSI chip
    d VLSI-Chip *n*
    f puce *f* VLSI [de circuit intégré de très grande échelle d'intégration]

K332 *r* кристáлл *m* с изменяемой структýрой
    e restructurable chip
    d restrukturierbares Chip *n*
    f puce *f* restructurable

K333 *r* кристáлл *m* систолíческой мáтрицы
    e systolic chip
    d Systolic-Chip *n*
    f puce *f* systolique

K334 *r* кристаллодержáтель *m*
    e (chip) carrier
    d Chip-Carrier *m*, Chipträger *m*
    f support *m* de puce

K335 *r* кристаллодержáтель *m* / безвыводнóй
    e unleaded carrier, leadless carrier
    d anschlußloser Chip-Carrier *m*, anschlußloser Chipträger *m*
    f support *m* de puce sans sorties

K336 *r* кристаллодержáтель *m* с вывóдами
    e leaded carrier
    d Chip-Carrier *m* [Chipträger *m*] mit vorstehenden Anschlüssen
    f support *m* de puce avec sorties

K337 *r* критéрий *m* знáчимости
    e significance test
    d Signifikanztest *m*
    f test *m* de signification [d'importance]

K338 *r* критéрий *m* кáчества / интегрáльный
    e integral performance criterion
    d integrales Gütekriterium *n*
    f critère *m* de performance intégral

K339 *r* критéрий *m* мíнимума среднеквадратíческой ошíбки
    e root-mean-square criterion
    d quadratisches Mittelwertkriterium *n*
    f critère *m* du minimum d'erreur quadratique moyenne

K340 *r* критéрий *m* нормáльности распределéния
    e test of normality
    d Normal(verteilungs)test *m*
    f test *m* de normalité

ЛЕНТА

K341 r критерий m ошибок / квадратичный
 e error-squared criterion
 d quadratisches Fehlerkriterium n
 f critère m d'erreur quadratique

K342 r критерий m согласия
 e fitting criterion
 d Anpassungstest m
 f test m d'accord

K343 r критерий m / статистический
 e statistical test
 d statistischer Test m
 f critère m [test m] statistique

K344 r критерий m точности
 e fidelity criterion
 d Treuekriterium n
 f critère m de fidélité

K345 r критерий m управления
 e control criterion
 d Steuerkriterium n
 f critère m de commande

K346 r критерий m хи-квадрат
 e chi-square criterion
 d Chi-Quadrat-Test m
 f critère m de khi carré

K347 r кросс-ассемблер m
 e cross-assembler
 d Cross-Assembler m
 f cross-assembleur m, assembleur m croisé

K348 r кросс-компилятор m
 e cross-compiler
 d Cross-Compiler m
 f cross-compilateur m, compilateur m croisé

K349 r кросс-программа f
 e cross-program
 d Cross-Programm n
 f cross-programme m

K350 r кросс-система f программного обеспечения
 e cross-software
 d Cross-Software f
 f cross-logiciel m

K351 r курсор m
 e cursor
 d Cursor m
 f curseur m

K352 r курсор m / адресуемый
 e addressable cursor
 d adressierbarer Cursor m
 f curseur m adressable

K353 r курсор m в виде мерцающего прямоугольника
 e blinking-block cursor
 d blinkender Rechteckcursor m
 f curseur m en rectangle clignotant

K354 r кэш m
 e cache
 d Cache n, Cache-Speicher n
 f antémémoire f, mémoire f cache

K355 r кэш m с упреждающей выборкой
 e forward-looking cache
 d Forward-looking-Cache n, Cache-Speicher m mit vorausschauendem Einholen
 f antémémoire f [mémoire f cache] à prélecture

Л

Л1 r лампа f аварийной сигнализации
 e trouble lamp
 d Alarmlampe f
 f lampe f d'alarme [d'alerte]

Л2 r лампа f / индикаторная
 e indicator tube; light
 d Anzeigelampe f, Anzeigeleuchte f
 f lampe f témoin; tube m indicateur

Л3 r лампа f сигнализации перегрузки
 e overload light
 d Überlastmeldelampe f
 f témoin m de surcharge

Л4 r лампа f / счётная
 e counter tube
 d Zählröhre f
 f tube m à comptage

Л5 r лексема f
 e lexeme
 d Lexem n
 f lexème m

Л6 r лента f / бегущая
 e streaming tape

125

ЛЕНТА

      d Streamer-Band *n*, Streamer-Magnetband *n*
      f bande *f* magnétique mobile

Л7   *r* ле́нта *f* / бума́жная
      e paper tape
      d Papierband *n*; Lochstreifen *m*
      f bande *f* de papier, ruban *m* (de papier)

Л8   *r* ле́нта *f* / бу́ферная
      e dump tape
      d Zwischenspeicherband *n*
      f bande *f* de vidage

Л9   *r* ле́нта *f* в ви́де бесконе́чной пе́тли
      e endless tape
      d Endlosband *n*
      f bande *f* [courroie *f*] sans fin

Л10 *r* ле́нта *f* второ́го поколе́ния
      e father tape
      d Vaterband *n*
      f bande *f* père [de la deuxième génération]

Л11 *r* ле́нта *f* / дистрибути́вная
      e distributive tape
      d distributives Band *n*, Urband *n*
      f bande *f* distributive

Л12 *r* ле́нта *f* / корректу́р
      e amendment tape
      d Änderungsband *n*
      f bande *f* d'amendement

Л13 *r* ле́нта *f* / кра́сящая
      e ink ribbon
      d Farbband *n*
      f ruban *m* encreur [d'encrage]

Л14 *r* ле́нта *f* / магни́тная операти́вная
      e scratch tape
      d Arbeitsband *n*
      f bande *f* (magnétique) de manœuvre

Л15 *r* ле́нта *f* / многодоро́жечная
      e multichannel tape
      d Mehrspurband *n*
      f bande *f* multipiste [à plusieures canaux]

Л16 *r* ле́нта *f* / многосло́йная
      e sandwich tape
      d Mehrschichtband *n*
      f bande *f* multicouche [sandwich]

Л17 *r* ле́нта *f* / недоперфори́рованная
      e chadless (paper) tape
      d Schuppenlochstreifen *m*, angelochter Streifen *m*
      f bande *f* semi-perforée

Л18 *r* ле́нта *f* / неразме́ченная
      e virgin tape
      d kennsatzloses Band *n*, kennsatzloses Magnetband *n*
      f bande *f* vierge

Л19 *r* ле́нта *f* пе́рвого поколе́ния
      e grandfather tape
      d Großvaterband *n*
      f bande *f* grand-père [de la première génération]

Л20 *r* ле́нта *f* / перфори́рованная
      e punched tape
      d Lochband *n*, Lochstreifen *m*, Papier(loch)band *n*
      f bande *f* perforée

Л21 *r* ле́нта *f* / програ́ммная
      e instruction tape
      d Programmband *n*
      f bande *f* de programme [d'instructions]

Л22 *r* ле́нта *f* / пуста́я
      e blank tape, raw tape
      d leeres Band *n*, Leerband *n*; ungelochter Lochstreifen *m*
      f bande *f* vide

Л23 *r* ле́нта *f* / пятидоро́жечная
      e five-channel tape
      d Fünf-Kanal-Lochstreifen *m*, Fünf-Spur-Lochstreifen *m*
      f bande *f* à cinq canaux

Л24 *r* ле́нта *f* / рабо́чая
      e work tape
      d Arbeitsband *n*
      f bande *f* de travail

Л25 *r* ле́нта *f* с библиоте́чными програ́ммами
      e library tape
      d Bibliotheksband *n*
      f bande-bibliothèque *f*

Л26 *r* ле́нта *f* с бы́стрым остано́вом и разго́ном
      e fast-stop-go tape
      d Band *n* mit schnellem Stop und schnellem Anlauf
      f bande *f* à arrêt et lancement rapides

Л27 *r* ле́нта *f* / свобо́дная
      e free tape

ЛИНИЯ

     d freies Band *n*, Freiband *n*
     f bande *f* libre

Л28 *r* лéнта *f* с дáнными
     e data tape
     d Datenband *n*, Datenstreifen *m*
     f bande *f* de données

Л29 *r* лéнта *f* стандáртных подпрогрáмм
     e subroutine tape
     d Unterprogrammband *n*
     f bande *f* de sous-programmes standards

Л30 *r* лéнта *f* с тéстовой прогрáммой
     e test tape
     d Testband *n*
     f bande *f* de test

Л31 *r* лéнта *f* с управля́ющей прогрáммой
     e steering tape
     d Steuerband *n*
     f bande *f* pilote [de commande]

Л32 *r* лéнта *f* с фáйлом
     e file tape
     d Dateiband *n*
     f bande *f* monofichier

Л33 *r* лéнта *f* трéтьего поколéния
     e son tape
     d Sohnband *n*, Datenband *n* der dritten Generation
     f bande *f* fils [de la troisième génération]

Л34 *r* лéнта *f* / управля́ющая
     e control tape
     d Steuerband *n*
     f bande *f* pilote [de commande]

Л35 *r* лéнта *f* ЧПУ
     e numerical tape
     d NC-Lochstreifen *m*
     f bande *f* numerique

Л36 *r* лéнта *f* / эталóнная
     e master tape
     d Stammband *n*
     f bande *f* de référence

Л37 *r* лингвúстика *f* / вычислúтельная
     e computational linguistics
     d Computerlinguistik *f*
     f linguistique *f* calculatrice

Л38 *r* линеаризáция *f*
     e linearization
     d Linearisierung *f*
     f linéarisation *f*

Л39 *r* линéйка *f* слóва
     e word location
     d Wortplatz *m*
     f location *f* de mot

Л40 *r* лúния *f* / абонéнтская
     e subscriber line
     d Teilnehmerleitung *f*, Anschlußleitung *f*
     f ligne *f* d'abonné

Л41 *r* лúния *f* / áдресная
     e address line
     d Adreßleitung *f*, Adressenleitung *f*
     f ligne *f* d'adresse

Л42 *r* лúния *f* арбúтра
     e arbiter line
     d Arbiterleitung *f*
     f ligne *f* d'arbitre

Л43 *r* лúния *f* в состоя́нии готóвности
     e hot line
     d Direktleitung *f*
     f ligne *f* chaude

Л44 *r* лúния *f* / входнáя
     e input line
     d Eingabeleitung *f*
     f ligne *f* d'entrée

Л45 *r* лúния *f* вы́борки
     e access line
     d Zugriffsleitung *f*
     f ligne *f* d'accès

Л46 *r* лúния *f* дáльней свя́зи
     e telecommunication line
     d Fernmeldeleitung *f*
     f ligne *f* de télécommunication

Л47 *r* лúния *f* дáнных
     e data line
     d Datenleitung *f*
     f ligne *f* de données

Л48 *r* лúния *f* / дýплексная
     e (full-)duplex line
     d Duplexleitung *f*
     f ligne *f* bi-directionnelle simultaneé

Л49 *r* лúния *f* / жúрная
     e heavy line *(in a computer grafics)*
     d fette Linie *f (Computergrafik)*
     f trait *m* gras *(en infographie)*

ЛИНИЯ

Л50
- r ли́ния f заде́ржки
- e delay line
- d Verzögerungsleitung f
- f ligne f à retard [de délai]

Л51
- r ли́ния f / магистра́льная
- e trunk line
- d Bündelleitung f
- f ligne f [artère f] principale

Л52
- r ли́ния f / многоотво́дная
- e multidrop line
- d Übertragungsleitung f mit mehreren Stationen
- f ligne f à multipoints [à plusieurs déroutements]

Л53
- r ли́ния f на экра́не дисплея
- e displayed line
- d auf dem Bildschirm dargestellte Linie f
- f trait m d'écran

Л54
- r ли́ния f переда́чи
- e transmission line
- d Übertragungsleitung f
- f ligne f de transmission

Л55
- r ли́ния f переда́чи да́нных
- e data communication line
- d Datenübertragungsleitung f
- f ligne f de transmission de données

Л56
- r ли́ния f / полуду́плексная
- e half-duplex line
- d Halbduplexleitung f
- f ligne f semi-duplex, ligne f bi-directionnelle non simultanée

Л57
- r ли́ния f / разря́дная
- e bit line; digit line
- d Bitleitung f, Digitleitung f
- f ligne f de bit; ligne f de digit

Л58
- r ли́ния f свя́зи
- e communication line
- d Verbindungsleitung f, Übertragungsleitung f, Fernmeldeleitung f
- f ligne f de communication

Л59
- r ли́ния f свя́зи / аренду́емая
- e leased line
- d Mietleitung f
- f ligne f louée [privée]

Л60
- r ли́ния f свя́зи / входя́щая
- e incoming line
- d ankommende Leitung f, Zubringerleitung f
- f ligne f entrante

Л61
- r ли́ния f свя́зи / вы́деленная
- e dedicated line
- d Standleitung f
- f ligne f dédiée [dédicacée, attribuée]

Л62
- r ли́ния f свя́зи / исходя́щая
- e outgoing line
- d abgehende Leitung f, Abgangsleitung f, Abnehmerleitung f
- f ligne f sortante

Л63
- r ли́ния f свя́зи / коммути́руемая
- e dial-up line
- d Wählleitung f
- f ligne f commutée

Л64
- r ли́ния f свя́зи / общедосту́пная
- e public line
- d öffentliche Leitung f
- f ligne f publique

Л65
- r ли́ния f / скры́тая
- e hidden line
- d verdeckte Linie f
- f ligne f cachée

Л66
- r ли́ния f ши́ны
- e bus line
- d Busleitung f
- f ligne f de bus

Л67
- r ЛИСП-маши́на f
- e LISP-machine
- d LISP-Maschine f
- f machine LISP f

Л68
- r лист m бума́ги
- e paper sheet
- d Papierblatt n
- f feuille f de papier

Л69
- r лист m де́рева
- e leaf
- d Blatt n
- f feuille f (d'arbre)

Л70
- r листа́ние n страни́ц па́мяти
- e memory paging
- d Speicherseitenwechsel m
- f pagination f [pageage m] de mémoire

Л71
- r ли́стинг m
- e listing
- d Auflistung f, Liste f, Protokoll n
- f listing m, édition f, liste f, listage m

Л72
- r ли́стинг m / контро́льный

ЛОГИКА

- *e* proof listing
- *d* Prüfliste *f*
- *f* listing *m* d'épreuve [d'essai], édition *f* d'épreuve [d'essai], liste *f* d'épreuve

Л73 *r* ли́тера *f*
- *e* character
- *d* Zeichen *n*, Letter *f*, Type *f*
- *f* caractère *m*, lettre *f*

Л74 *r* литера́л *m*
- *e* literal
- *d* Literal *n*
- *f* libellé *m*, littéral *m*

Л75 *r* лову́шка *f*
- *e* hook; trap *(a software tool)*
- *d* Falle *f*, Trap *m*
- *f* piège *m*, trappe *f (un outil de logiciel)*

Л76 *r* лову́шка *f* / а́дресная
- *e* address catcher
- *d* Adreßtrap *m*, Adressentrap *m*
- *f* trappe *f* d'adresse

Л77 *r* лову́шка *f* прерыва́ний
- *e* interrupt trap
- *d* Unterbrechungsschalter *m*
- *f* trappe *f* d'interruption

Л78 *r* ло́гика *f*
- *e* logic
- *d* Logik *f*
- *f* logique *f*

Л79 *r* ло́гика *f* / арбитра́жная
- *e* arbitration logic
- *d* Arbitrationslogik *f*, Arbitrierungslogik *f*
- *f* logique *f* d'arbitrage

Л80 *r* ло́гика *f* / бу́лева
- *e* boolean logic
- *d* Boolesche Logik *f*
- *f* logique *f* booléenne

Л81 *r* ло́гика *f* / двои́чная
- *e* binary logic
- *d* binäre Logik *f*
- *f* logique *f* binaire

Л82 *r* ло́гика *f* / двухкана́льная
- *e* dual-rail logic
- *d* Zweikanallogik *f*
- *f* logique *f* à deux voies

Л83 *r* ло́гика *f* / дио́дная
- *e* diode logic
- *d* Diodenlogik *f*
- *f* logique *f* (à) diode(s)

Л84 *r* ло́гика *f* / дио́дно-транзи́сторная
- *e* diode-transistor logic
- *d* Dioden-Transistor-Logik *f*
- *f* logique *f* diode-transistor

Л85 *r* ло́гика *f* / "заши́тая"
- *e* hardwired logic
- *d* festverdrahtete Logik *f*
- *f* logique *f* câblée

Л86 *r* ло́гика *f* / кома́ндная
- *e* instruction logic
- *d* Befehlslogik *f*
- *f* logique *f* d'instruction

Л87 *r* ло́гика *f* / мажорита́рная
- *e* majority logic
- *d* Majoritätslogik *f*, Mehrheitslogik *f*
- *f* logique *f* majoritaire

Л88 *r* ло́гика *f* / многозна́чная
- *e* multivalued logic
- *d* mehrwertige Logik *f*
- *f* logique *f* multivalente

Л89 *r* ло́гика *f* пла́ты / встро́енная
- *e* on-board logic
- *d* eingebaute [plattenintegrierte] Logik *f*
- *f* logique *f* incorporée [à bord, intégrée]

Л90 *r* ло́гика *f* получе́ния вы́водов
- *e* inferencial logic
- *d* Inferenzlogik *f*
- *f* logique *f* d'inférence

Л91 *r* ло́гика *f* / поро́говая
- *e* threshold logic
- *d* Schwellenwertlogik *f*
- *f* logique *f* de seuil

Л92 *r* ло́гика *f* / программи́руемая
- *e* programmable logic
- *d* programmierbare Logik *f*
- *f* logique *f* programmable

Л93 *r* ло́гика *f* / ра́звитая
- *e* intelligence
- *d* Intelligenz *f*
- *f* intelligence *f*

Л94 *r* ло́гика *f* / регуля́рная
- *e* cellular logic
- *d* zellulare Logik *f*
- *f* logique *f* cellulaire

Л95 *r* ло́гика *f* / схе́мная
- *e* circuit logic

129

ЛОГИКА

        d Schaltungslogik *f*
        f logique *f* de circuits

Л96   *r* ло́гика *f* / транзи́сторная
        e transistor logic
        d Transistorlogik *f*
        f logique *f* (à) transistor(s)

Л97   *r* ло́гика *f* / управля́ющая
        e control logic
        d Steuerlogik *f*
        f logique *f* de commande

Л98   *r* "ложь" *f*
        e false *(logical value)*
        d falsch *(logischer Wert)*
        f faux *(valeur logique)*

Л99   *r* локализа́ция *f*
        e localization
        d Lokalisierung *f*
        f localisation *f*

M

М1   *r* магистра́ль *f*
        e highway; trunk
        d Vielfachleitung *f*, Sammelleitung *f*; Bus *m*
        f artère *f*, conduite *f* principale

М2   *r* магистра́ль *f* да́нных
        e data highway
        d Datenleitung *f*, Datenweg *m*
        f artère *f* de données

М3   *r* мажорита́рный
        e majority
        d Majoritäts..., Mehrheits...
        f majoritaire

М4   *r* маке́т *m*
        e breadborad; layout *(a scheme)*
        d Brettschaltung *f*, Versuchsaufbau *m*; Layout *n* *(Schaltkreis)*
        f maquette *f*; croquis *m* *(un schéma)*

М5   *r* маке́т *m* да́нных
        e data layout
        d Datenlayout *n*
        f schéma *m* de données

М6   *r* маке́т *m* печа́ти
        e printer layout
        d Drucklayout *n*
        f schéma *m* d'impression

М7   *r* макети́рование *n*
        e breadboarding; prototyping
        d Versuchsschaltungsaufbau *m*, Versuchsausführung *f*; Prototypherstellung *f*
        f maquettage *m*; utilisation *f* d'un prototype

М8   *r* макроассе́мблер *m*
        e macroassembler
        d Makroassembler *m*
        f macroassembleur *m*

М9   *r* макровы́зов *m*
        e macrocall
        d Makroaufruf *m*
        f appel *m* de macro

М10   *r* макрои́мя *n*
        e macroname
        d Makroname *m*
        f macronom *m*, nom *m* de macro

М11   *r* макроко́д *m*
        e macrocode
        d Makrokode *m*
        f macrocode *m*

М12   *r* макрокома́нда *f*
        e macrocommand, macroinstruction, macros
        d Makrobefehl *m*, Makroanweisung *f*, Makro *n*
        f macro-instruction *f*, macro *f*

М13   *r* макрообъявле́ние *n*
        e macrodeclaration
        d Makroerklärung *f*
        f macrodéclaration *f*

М14   *r* макроопределе́ние *n*
        e macrodefinition
        d Makrodefinition *f*
        f macrodéfinition *f*

М15   *r* макрорасшире́ние *n*
        e macroexpansion
        d Makroexpansion *f*
        f macroexpansion *f*, macroextension

М16   *r* макротрасси́ровщик *m*
        e macrotracer
        d Makroüberwacher *m*, Makroüberwachungsprogramm *n*, Makroablaufverfolgungsprogramm *n*
        f macrotraceur *m*

М17   *r* макрофу́нкция *f*
        e macrofunction
        d Makrofunktion *f*
        f macrofonction *f*

МАССИВ

M18 r макроэлеме́нт *m*
 e macro
 d Makroelement *n*
 f macro-élément *m*

M19 r макрояз́ык *m*
 e macrolanguage
 d Makrosprache *f*
 f macrolangage *m*

M20 r макрояче́йка *f*
 e macrocell
 d Makrozelle *f*
 f macrocellule *f*

M21 r ма́ксимум *m* / глоба́льный
 e overall maximum
 d globales Maximum *n*
 f maximum *m* global

M22 r манипули́рование *n* графи́ческими объе́ктами
 e graphics manipulation
 d Grafikmanipulation *f*
 f manipulation *f* graphique

M23 r манипули́рование *n* изображе́ниями на экра́не
 e screen manipulation
 d Bildschirmmanipulation *f*
 f manipulation *f* d'images sur l'écran

M24 r ма́ркер *m*
 e mark; buck *(in a network)*
 d Marke *f*, Markierer *m*; Token *m (im Rechnernetz mit Ringstruktur)*
 f marqueur *m*; jeton *m*, baton *m (dans un réseau)*

M25 r маркирова́ние *n*
 e labelling
 d Markierung *f*, Etikettierung *f*; Beschriftung *f*
 f étiquetage *m*

M26 r маркиро́вка *f*
 e marking
 d Markierung *f*
 f marquage *f*

M27 r маршру́т *m*
 e route
 d Route *f*, Leitweg *m*
 f route *f*

M28 r маршру́т *m* / двухто́чечный
 e point-to-point route
 d Punkt-zu-Punkt-Route *f*, Zweipunktroute *f*
 f route *f* de point à point

M29 r маршру́т *m* по́иска
 e retrieval route
 d Retrieval-Route *f*, Suchweg *m*
 f route *f* [chemin *m*] de recherche

M30 r маршрутиза́ция *f*
 e routing
 d Routing *n*, Leitwegsuchen *n*, Leitweglenkung *f*, Wegewahl *f*
 f routage *m*, acheminement *m*

M31 r маршрутиза́ция *f* без заде́ржки
 e hot-potato routing
 d Hot-potato-Routing *n*, sofortiges Routing *n*
 f routage *m* sans retard ["hot potato"]

M32 r маршрутиза́ция *f* сообще́ний
 e message routing
 d Nachrichtenrouting *n*, Leiten *n* von Nachrichten
 f routage *m* [acheminement *m*] de messages

M33 r ма́ска *f*
 e mask
 d Maske *f*
 f masque *m*

M34 r ма́ска *f* прерыва́ний
 e interrupt mask
 d Interruptmaske *f*, Unterbrechungsmaske *f*
 f masque *m* d'interruption

M35 r ма́ска *f* / програ́ммная
 e program mask
 d Programm-Maske *f*, Programmaske *f*
 f masque *m* de programme

M36 r маскирова́ние *n*
 e masking
 d Maskierung *f*
 f masquage *m*

M37 r масси́в *m*
 e array
 d Feld *n*; Datenfeld *n*; Datei *f*
 f tableau *m*

M38 r масси́в *n* да́нных
 e data array
 d Datenfeld *n*, Datenbestand *m*
 f tableau *m* de données

M39 r масси́в *m* / двуме́рный
 e two-dimensional array

МАССИВ

      d zweidimensionales Datenfeld *n*
      f tableau *m* à deux dimensions

M40 *r* масси́в *m* / многоме́рный
      e multidimensional array
      d multidimensionales Datenfeld *n*
      f tableau *m* multidimensionnel

M41 *r* масси́в *m* / неупоря́доченный
      e heap
      d ungeordnete Datei *f*, Häufung *f (von Daten)*
      f tableau *m* non ordonné

M42 *r* масси́в *m* указа́телей
      e pointer array
      d Zeigerbereich *m*, Zeigerfeld *n*
      f tableau *m* de pointeurs

M43 *r* масшта́б *m*
      e scale
      d Maßstab *m*, Skalenfaktor *m*
      f échelle *f*

M44 *r* масштаби́рование *n*
      e scaling
      d Skalierung *f*, Maßstabanpassung *f*
      f mise *f* à l'échelle

M45 *r* матема́тика *f* / вычисли́тельная
      e calculus mathematics
      d numerische Mathematik *f*
      f calcul *m* mathématique

M46 *r* матема́тика *f* / прикладна́я
      e applied mathematics
      d angewandte Mathematik *f*
      f mathématiques *f pl* appliquées

M47 *r* ма́трица *f*
      e 1. matrix *(in mathematics)* 2. array *(in microelectronics)*
      d 1. Matrix *f* 2. Feld *n*, (reguläre) Anordnung *f*, Array *n*
      f matrice *f*

M48 *r* ма́трица *f* / бу́лева
      e Boolean matrix
      d Boolesche Matrix *f*
      f matrice *f* booléenne

M49 *r* ма́трица *f* / ве́нтильная
      e gate array
      d Gatterfeld *n*, Master-Slice *n*, Universalschaltkreis *m*
      f matrice *f* de portes

M50 *r* ма́трица *f* / волнова́я проце́ссорная
      e wavefront array
      d Wellenfront-Array *n*, Wellenfrontanordnung *f*
      f matrice *f* à vaque

M51 *r* ма́трица *f* / дешифра́торная
      e decoder matrix
      d Dekodiermatrix *f*, Entschlüsselungsmatrix *f*
      f matrice *f* de décodage

M52 *r* ма́трица *f* / запомина́ющая
      e memory matrix
      d Speichermatrix *f*
      f matrice *f* de mémorisation

M53 *r* ма́трица *f* / инциде́нций
      e incidence matrix
      d Inzidenzmatrix *f*
      f matrice *f* d'incidence

M54 *r* ма́трица *f* / коди́рующая
      e encoder matrix
      d Kodiermatrix *f*, Verschlüsselungsmatrix *f*
      f matrice *f* de codage

M55 *r* ма́трица *f* / коммутацио́нная
      e interconnect matrix
      d Verbindungsmatrix *f*
      f matrice *f* d'interconnexion

M56 *r* ма́трица *f* / конденса́торная
      e capacitor array
      d Kondensator-Array *n*, Kondensatoranordnung *f*
      f matrice *f* de condensateurs

M57 *r* ма́трица *f* / ма́сочно-программи́руемая
      e mask programmable logic array, MPLA
      d maskenprogrammierbare Logikanordnung *f*, MPLA *f*
      f matrice *f* logique programmable par masque

M58 *r* ма́трица *f* / невы́рожденная
      e nonsingular matrix
      d nichtsinguläre Matrix *f*
      f matrice *f* régulière [non singulière]

M59 *r* ма́трица *f* / обра́тная
      e inverse matrix
      d inverse Matrix *f*
      f matrice *f* inverse

M60 *r* ма́трица *f* перехо́дов

МАШИНА

- *e* transition matrix
- *d* Transitionsmatrix *f*
- *f* matrice *f* de transition

M61
- *r* ма́трица *f* печа́тающего устро́йства
- *e* printing matrix
- *d* Druckmatrix *f*
- *f* matrice *f* d'imprimante

M62
- *r* ма́трица *f* поте́рь
- *e* regret matrix *(in a game theory)*
- *d* Verlustmatrix *f* *(Spieltheorie)*
- *f* matrice *f* de pertes *(dans la théorie de jeux)*

M63
- *r* ма́трица *f* / программи́руемая логи́ческая
- *e* programmable logic array, PLA
- *d* programmierbare Logikanordnung *f*, PLA
- *f* matrice *f* logique programmable, PLA

M64
- *r* ма́трица *f* пуансо́нов
- *e* punching matrix *(in a puncher)*
- *d* Stanzmatrize *f*
- *f* matrice *f* de poinçons *(dans un perforateur)*

M65
- *r* ма́трица *f* / распознаю́щая
- *e* recognition matrix
- *d* Erkennungsmatrix *f*
- *f* matrice *f* de reconnaissance

M66
- *r* ма́трица *f* / светодио́дная
- *e* LED matrix, light-emitting-diode matrix
- *d* LED-Matrix *f*, Leuchtdiodenmatrix *f*
- *f* matrice *f* à diodes électroluminescentes [à diodes EL]

M67
- *r* ма́трица *f* серде́чников
- *e* core mat(rix)
- *d* Kernmatrix *f*
- *f* matrice *f* à ferrites [à tores en ferrite]

M68
- *r* ма́трица *f* / систоли́ческая
- *e* systolic array
- *d* systolisches Array *n*
- *f* matrice *f* [tableau *m*] systolique

M69
- *r* ма́трица *f* сме́жности
- *e* adjacency matrix
- *d* Nachbarmatrix *f*
- *f* matrice *f* adjacente

M70
- *r* ма́трица *f* / со́товая
- *e* mesh-connected array
- *d* Maschenarray *n*, Maschenanordnung *f*
- *f* matrice *f* en nid d'abeille

M71
- *r* ма́трица *f* с регуля́рной структу́рой
- *e* cellular array
- *d* reguläre Anordnung *f*, Zellenarray *n*, Zellenfeld *n*
- *f* matrice *f* cellulaire [en grille de cellules]

M72
- *r* ма́трица *f* то́чек
- *e* dot matrix
- *d* Punktraster *m*, Matrixraster *m*, Punktmatrix *f*
- *f* matrice *f* de points

M73
- *r* ма́трица *f* / шифра́торная
- *e* encoder matrix
- *d* Kodiermatrix *f*, Verschlüsselungsmatrix *f*
- *f* matrice *f* de codage

M74
- *r* маши́на *f*
- *e* machine
- *d* Maschine *f*
- *f* machine *f*

M75
- *r* маши́на *f* / ана́логовая вычисли́тельная
- *e* analog computer
- *d* Analogrechner *m*
- *f* ordinateur *m* analogique

M76
- *r* маши́на *f* ба́зы да́нных
- *e* database machine
- *d* Datenbankmaschine *f*, Datenbasismaschine *f*
- *f* machine *f* de base de données

M77
- *r* маши́на *f* ба́зы зна́ний
- *e* knowledgebase machine
- *d* Wissensbasismaschine *f*
- *f* machine *f* de base de connaissances

M78
- *r* маши́на *f* без програ́ммного обеспече́ния
- *e* bare machine
- *d* ohne Software lieferbarer Rechner *m*
- *f* machine *f* vierge [sans logiciel]

M79
- *r* маши́на *f* / виртуа́льная
- *e* virtual machine
- *d* virtuelle Maschine *f*, virtueller Rechner *m*

МАШИНА

    f machine *f* virtuelle

M80 *r* маши́на *f* / вычисли́тельная
    e calculator, calculating machine
    d Rechenmaschine *f*, Rechner *m*
    f calculateur *m*, machine *f* à calculer

M81 *r* маши́на *f* / гла́вная вычисли́тельная
    e host, host computer
    d Hostrechner *m*, Wirtsrechner *m*
    f ordinateur *m* hôte, hôte *m*

M82 *r* маши́на *f* для обрабо́тки ве́кторных да́нных
    e vector machine
    d Vektorrechner *m*
    f machine *f* vectorielle

M83 *r* маши́на *f* для обрабо́тки нечислово́й информа́ции
    e non-numeric machine
    d nichtnumerische Maschine *f*
    f machine *f* non numérique

M84 *r* маши́на *f* для экономи́ческих зада́ч
    e business machine
    d kommerzielle Rechenanlage *f*
    f machine *f* commerciale [de gestion économique]

M85 *r* маши́на *f* / кла́вишная вычисли́тельная
    e key-driven calculator
    d tastaturgesteuerte Rechenmaschine *f*
    f calculateur *m* à clavier

M86 *r* маши́на *f* логи́ческого вы́вода
    e inference machine
    d Inferenzmaschine *f*, Schlußfolgerungsmaschine *f*
    f machine *f* d'inférence

M87 *r* маши́на *f* / насто́льная счётная
    e desktop calculator
    d Tischrechner *m*
    f calculateur *m* de bureau

M88 *r* маши́на *f* / обуча́ющая
    e teaching machine
    d Lehrmaschine *f*, Lehrautomat *m*
    f machine *f* à enseigner

M89 *r* маши́на *f* / резе́рвная
    e backup machine
    d Reservemaschine *f*
    f machine *f* réservée [en réserve]

M90 *r* маши́на *f* с автомати́ческим вво́дом печа́тного те́кста
    e scanning machine
    d Scanning-Maschine *f*
    f machine *f* à lecture automatique de texte sous forme imprimée, machine *f* à scrutation [à balayage] optique

M91 *r* маши́на *f* / самовоспроизводя́щаяся
    e self-replication machine
    d sèlbstreproduzierbare Maschine *f*
    f machine *f* autoreproductrice [à autoreproduction]

M92 *r* маши́на *f* / самообуча́ющаяся
    e learning machine
    d lernende Maschine *f*, Lernmaschine *f*
    f machine *f* enseignante [à auto-apprentissage]

M93 *r* маши́на *f* / самоорганизу́ющаяся
    e self-organizing machine
    d selbstorganisierende Maschine *f*
    f machine *f* à auto-organisation

M94 *r* маши́на *f* с коне́чной па́мятью
    e finite memory machine
    d Endspeichermaschine *f*
    f machine *f* à mémoire finie

M95 *r* маши́на *f* с мно́жеством пото́ков кома́нд и мно́жеством пото́ков да́нных
    e MIMD machine, multiple-instruction, multiple-data stream machine
    d MIMD-Maschine *f*, MIMD-Rechner *m*
    f machine *f* du type MIMD *(à flot d'instructions multiple, flot de données multiple)*

M96 *r* маши́на *f* с одни́м пото́ком кома́нд и мно́жеством пото́ков да́нных
    e SIMD machine, single-instruction, multiple-data stream machine

МЕНЮ

- *d* SIMD-Maschine *f*, SIMD-Rechner *m*
- *f* ordinateur *m* du type SIMD (*à flot d'instructions unique, flot de données multiple*)

M97 *r* маши́на *f* с увели́ченной длино́й сло́ва
- *e* long-wordlength machine
- *d* Maschine *f* [Rechner *m*] mit größerer Wortlänge
- *f* machine *f* à mots longs [à mots de longueur agrandie]

M98 *r* маши́на *f* / сумми́рующая
- *e* adding machine
- *d* Addiermaschine *f*
- *f* machine *f* à additionner

M99 *r* маши́на *f* / счётная
- *e* calculating machine
- *d* Rechenmaschine *f*
- *f* machine *f* à calculer

M100 *r* маши́на *f* с элеме́нтами иску́сственного интелле́кта
- *e* artificial intelligence machine
- *d* KI-Maschine *f*, Maschine *f* mit künstlicher Intelligenz
- *f* machine *f* à intelligence artificielle

M101 *r* маши́на *f* Тью́ринга
- *e* Turing machine
- *d* Turingmaschine *f*
- *f* machine *f* de Turing

M102 *r* маши́на *f* / электро́нная вычисли́тельная *см.* ЭВМ

M103 *r* маши́на *f* / электро́нная счётно-аналити́ческая
- *e* electronic accounting machine
- *d* elektronische Buchungsmaschine *f*
- *f* machine *f* comptable electronique

M104 *r* маши́на-шлюз *f*
- *e* gateway (*in a network*)
- *d* Gateway *n* (*im Rechnernetz*)
- *f* machine *f* porte (*dans un réseau*)

M105 *r* маши́нно-ориенти́рованный
- *e* machine-oriented
- *d* maschinenorientiert
- *f* orienté machine

M106 *r* маши́нно-распознава́емый
- *e* machine-recognizable
- *d* maschinenlesbar
- *f* reconnaissable par machine

M107 *r* машинобоя́знь *f*
- *e* computer phobia
- *d* Computerphobie *f*
- *f* phobie *f* d'ordinateurs

M108 *r* машинозави́симый
- *e* machine-dependent
- *d* maschinenabhängig
- *f* dépendant de machine

M109 *r* машинонезави́симый
- *e* machine-independent
- *d* maschinenunabhängig
- *f* indépendant de machine

M110 *r* машиночита́емый
- *e* machine-readable, machine-treatable
- *d* maschinenlesbar
- *f* lisible par machine

M111 *r* мегаба́йт *m*
- *e* megabyte
- *d* Megabyte *n*
- *f* méga-octet *m*

M112 *r* мегаби́т *m*
- *e* megabit
- *d* Megabit *n*
- *f* méga-bit *m*

M113 *r* мегасло́во *n*
- *e* megaword
- *d* Megawort *n*
- *f* méga-mot *m*

M114 *r* мегафло́пс *m*
- *e* megaflop (*million of floating-point operations*)
- *d* Megaflop *n*, MFlop *n* (*Million der Gleitpunktoperationen*)
- *f* MFlop *m* (*million d'opérations en virgule flottante*)

M115 *r* межсоедине́ние *n*
- *e* interconnection
- *d* Zwischenverbindung *f*
- *f* interconnexion *f*

M116 *r* меню́ *n*
- *e* menu
- *d* Menü *n*
- *f* menu *m*

M117 *r* меню́ *n* / гла́вное
- *e* root menu, main menu
- *d* Hauptmenü *n*
- *f* menu *m* principal [de racine]

M118 *r* меню́ *n* / древови́дное
- *e* tree-coded menu
- *d* baumförmiges Menü *n*

МЕНЮ

 f menu *m* arborescent

M119 *r* меню *n* /
   консультацио́нное
 e help menu
 d Hilfsmenü *n*
 f menu *m* d'aides

M120 *r* меню́ *n* с вытесне́нием
   ни́жней строки́
 e pull-down menu
 d Pull-down-Menü *n*
 f menu *m* deroulant (à pousser dehors la ligne de bas)

M121 *r* меню́ *n* / экра́нное
 e on-screen menu
 d Bildschirmmenü *n*
 f menu *m* d'écran

M122 *r* местоположе́ние *n*
 e 1. location *(e.g. in memory)* 2. locus *(on a curve)*
 d 1. Speicherplatz *m* 2. (geometrischer) Ort *m*
 f 1. emplacement *m (p.e. dans mémoire)* 2. lieu *m (sur une courbe)*

M123 *r* местоположе́ние *n* програ́ммы в па́мяти
 e program location
 d Programmspeicherplatz *m*
 f emplacement *m* de programme

M124 *r* метазна́ния *pl*
 e metaknowledge
 d Metawissen *n*
 f métaconnaissances *pl*

M125 *r* метаинформа́ция *f*
 e metainformation
 d Metainformation *f*
 f métainformation *f*

M126 *r* метапра́вило *n*
 e metarule
 d Metaregel *f*
 f métarègle *f*

M127 *r* ме́тка *f*
 e label *(in a program)*; mark
 d Kennzeichen *n*, Kennsatz *m*, Etikett *n*, Marke *f*, Markierung *f*
 f étiquette *f*, label *m (dans un programme)*; marque *f*

M128 *r* ме́тка *f* в ви́де то́чки
 e dot mark
 d Punktmarke *f*
 f marque *f* point

M129 *r* ме́тка *f* / головна́я
 e header label
 d Kopfetikett *n*, Anfangsetikett *n*, Anfangskennsatz *m*
 f étiquette *f* [label *m*] d'entête

M130 *r* ме́тка *f* для опти́ческого счи́тывания
 e photo-sensing mark
 d optisch lesbare Markierung *f*, Fotofühlmarke *f*
 f marqueur *m* optique [photosensible]

M131 *r* ме́тка *f* для ссы́лок
 e reference tag
 d Bezugsmarke *f*
 f étiquette *f* [label *m*] de référence

M132 *r* ме́тка *f* доро́жки
 e track label
 d Spuretikett *n*
 f étiquette *f* [label *m*] de piste

M133 *r* ме́тка *f* за́писи
 e record label
 d Satzmarke *f*
 f étiquette *f* [label *m*] d'enregistrement

M134 *r* ме́тка *f* контро́льной то́чки
 e checkpoint label
 d Fixpunktetikett *n*
 f étiquette *f* [label *m*] de point de reprise

M135 *r* ме́тка *f* конца́
 e end mark *(e.g. of a word)*
 d End(e)marke *f (z.B. eines Wortes)*
 f marque *f* fin *(p.e. d'un mot)*

M136 *r* ме́тка *f* / концева́я
 e trailer label
 d Traileretikett *n*, Nachsatz *m*
 f étiquette *f* d'arrière [traîneur, trailer], label *m* d'arrière [traîneur, trailer]

M137 *r* ме́тка *f* нача́ла запра́вочного конца́ ле́нты
 e load mark
 d Vorspannbandmarke *f*, Bandvorsatzmarke *f*
 f marque *f* d'amorce de bande

M138 *r* ме́тка *f* нача́ла ле́нты
 e beginning tape label
 d Bandanfangsmarke *f*
 f label *m* de début de bande

M139 *r* ме́тка *f* / необяза́тельная

МЕТОД

- *e* optional label
- *d* wahlweises Etikett *n*, wahlweises Kennzeichen *n*
- *f* étiquette *f* optionnelle

M140 *r* ме́тка *f* опера́тора
- *e* statement label
- *d* Statementmarke *f*, Anweisungsmarke *f*
- *f* étiquette *f* [label *m*] d'opérateur

M141 *r* ме́тка *f* переда́чи управле́ния
- *e* target label
- *d* Sprung-Marke *f*, Zielmarke *f*
- *f* label *m* [étiquette *f*] d'instruction destinataire

M142 *r* ме́тка *f* / по́льзовательская
- *e* user label
- *d* Benutzerkennsatz *m*
- *f* label *m* établi par utilisateur

M143 *r* ме́тка *f* / програ́ммная
- *e* program label
- *d* Programmetikett *n*, Programm-Marke *f*
- *f* label *m* de programme

M144 *r* ме́тка *f* / си́мвольная
- *e* symbolic label
- *d* symbolisches Etikett *n*
- *f* label *m* [étiquette *f*] symbolique

M145 *r* ме́тка *f* / служе́бная
- *e* control mark
- *d* Steuermarke *f*
- *f* marque *f* de contrôle

M146 *r* ме́тка *f* / факультати́вная
- *e* optional label
- *d* wahlweises Etikett *n*, wahlweises Kennzeichen *n*
- *f* label *m* optionnel

M147 *r* ме́тод *m*
- *e* method
- *d* Methode *f*, Verfahren *n*
- *f* méthode *f*

M148 *r* ме́тод *m* / вы́борочный
- *e* sampling method
- *d* Stichprobenverfahren *n*
- *f* méthode *f* d'échantillonnage

M149 *r* ме́тод *m* до́ступа
- *e* access method
- *d* Zugriffsmethode *f*, Zugriffsverfahren *n*
- *f* méthode *f* d'accès

M150 *r* ме́тод *m* до́ступа / библиоте́чный
- *e* partitioned access method
- *d* untergliederte Zugriffsmethode *f*, Zugriffsmethode *f* für untergliederte Daten
- *f* méthode *f* d'accès par partition

M151 *r* ме́тод *m* до́ступа / графи́ческий
- *e* graphical access method
- *d* grafische Zugriffsmethode *f*, Zugriffsmethode *f* für Bildschirmgeräte
- *f* méthode *f* d'accès graphique

M152 *r* ме́тод *m* до́ступа / и́ндексно-после́довательный
- *e* indexed-sequential access method
- *d* indiziert-sequentielle Zugriffsmethode *f*
- *f* méthode *f* d'accès séquentielle indexée

M153 *r* ме́тод *m* до́ступа / после́довательный
- *e* sequential access method
- *d* sequentielle Zugriffsmethode *f*
- *f* méthode *f* d'accès séquentielle

M154 *r* ме́тод *m* до́ступа с очередя́ми
- *e* queued access method
- *d* erweiterte Zugriffsmethode *f*
- *f* méthode *f* d'accès à queues

M155 *r* ме́тод *m* до́ступа / телекоммуникацио́нный
- *e* telecommunication access method
- *d* Zugriffsmethode *f* für Datenfernverarbeitung
- *f* méthode *f* d'accès de télécommunication.

M156 *r* ме́тод *m* / итерацио́нный
- *e* iteration method
- *d* Iterationsmethode *f*
- *f* méthode *f* itérative [d'itération]

M157 *r* ме́тод *m* монтажа́
- *e* wire-wrap method
- *d* Wickelverbindungsverfahren *n*, Wire-Wrap-Verfahren *n*

МЕТОД

      f méthode *f* de montage [de câblage] sans brasure, méthode *f* de montage [de câblage] sans soudure

M158 *r* ме́тод *m* наиме́ньших квадра́тов
- *e* least-squares method
- *d* Methode *f* der kleinsten Quadrate
- *f* méthode *f* des moindres carrés

M159 *r* ме́тод *m* наискоре́йшего спу́ска
- *e* steepest descent method
- *d* Methode *f* des steilsten Abstiegs
- *f* méthode *f* de la plus rapide descente

M160 *r* ме́тод *m* организа́ции по́иска / слова́рный
- *e* dictionary technique
- *d* Wörterbuch-Suchverfahren *n*
- *f* technique *f* de recherche par dictionnaire

M161 *r* ме́тод *m* по́лного перебо́ра
- *e* exhaustive method
- *d* erschöpfendes Suchverfahren *n*
- *f* méthode *f* exhaustive

M162 *r* ме́тод *m* проб и оши́бок
- *e* trial-and-error method
- *d* Trial-and-error-Methode *f*, Rechnungsverfahren *n* mit fortschreitenden Näherungswerten
- *f* méthode *f* d'essais [d'épreuves] et d'erreurs

M163 *r* ме́тод *m* прямо́го до́ступа
- *e* direct access method
- *d* Direktzugriffsverfahren *n*
- *f* méthode *f* d'accès direct

M164 *r* ме́тод *f* разрабо́тки програ́ммного обеспе́чения
- *e* software development methodology
- *d* Methodologie *f* der Softwareentwicklung
- *f* méthodologie *f* de développement de logiciel

M165 *r* ме́тод *m* / чи́сленный
- *e* numerical method
- *d* numerische Methode *f*
- *f* méthode *f* numérique

M166 *r* ме́трика *f* програ́ммного обеспе́чения
- *e* software metrics
- *d* Softwaremetrik *f*
- *f* métrique *f* de logiciel

M167 *r* механи́зм *m* блокиро́вки
- *e* locking mechanism, lockout mechanism
- *d* Verriegelungsmechanismus *m*
- *f* mécanisme *m* de verrouillage [de blocage]

M168 *r* механи́зм *m* / кра́сящий
- *e* inker
- *d* Farbwerk *n*; Farbwalze *f*
- *f* mécanisme *m* d'encrage

M169 *r* механи́зм *m* / лентопротя́жный
- *e* tape-drive mechanism
- *d* Bandvorschubeinrichtung *f*
- *f* mécanisme *m* d'enroulement [d'entraînement] de bande

M170 *r* механи́зм *m* / печа́тающий
- *e* printing mechanism
- *d* Druckwerk *n*
- *f* mécanisme *m* d'impression

M171 *r* механи́зм *m* / подаю́щий
- *e* feel mechanism
- *d* Vorschubeinrichtung *f*
- *f* mécanisme *m* d'alimentation

M172 *r* механи́зм *m* преобразова́ния структу́р да́нных
- *e* data structure machine
- *d* Datenstrukturmaschine *f*
- *f* mécanisme *m* de restructuration de données

M173 *r* механи́зм *m* протя́жки бума́ги
- *e* paper-advance mechanism
- *d* Papiervorschubmechanismus *m*
- *f* mécanisme *m* d'entraînement [d'avancement] de papier

M174 *r* механи́зм *m* разреше́ния конфли́ктов
- *e* contention mechanism
- *d* Konkurrenzmechanismus *m*
- *f* mécanisme *m* de (ré)solution des conflits [de (ré)solution de contentions]

M175 *r* механи́зм *m* распознава́ния
- *e* recognition machine
- *d* Erkennungsmaschine *f*

МИКРОФИША

    f mécanisme *m* de reconnaissance

M176 *r* механи́зм *m* транспортиро́вки ка́рт
    e card-handling mechanism
    d Kartenzufuhreinrichtung *f*
    f mécanisme *m* de transport des cartes

M177 *r* микроди́ск *m* / ги́бкий
    e microfloppy
    d Mikro-Floppy *n*, Mikrodiskette *f*
    f microdisque *m* flexible

M178 *r* микрокалькуля́тор *m*
    e handheld computer
    d Taschenrechner *m*
    f microcalculateur *m*

M179 *r* микроко́д *m*
    e microcode
    d Mikrokode *m*, Mikrobefehlskode *m*
    f microcode *m*

M180 *r* микроконтро́ллер *m*
    e microcontroller
    d Mikrosteuereinheit *f*, Mikrosteuerwerk *n*
    f microcontrôleur *m*

M181 *r* микроконтро́ллер *m* / программи́руемый
    e programmable microcontroller
    d programmierbare Mikrosteuereinheit *f*
    f microcontrôleur *m* programmable

M182 *r* микромо́дуль *m*
    e micromodule
    d Mikromodul *m*, Kompaktbaustein *m*
    f micromodule *m*

M183 *r* микропрерыва́ние *n*
    e microbreak
    d Mikrounterbrechung *f*
    f micro-interruption *f*

M184 *r* микропрогра́мма *f*
    e microcode
    d Mikroprogramm *n*
    f micro-programme *m*

M185 *r* микропрограмми́рование *n*
    e microcoding
    d Mikrokodierung *f*, Mikroprogrammierung *f*
    f micro-programmation *f*

M186 *r* микропроце́ссор *m*
    e microprocessor
    d Mikroprozessor *m*
    f microprocesseur *m*

M187 *r* микропроце́ссор *m* с перестра́иваемой структу́рой
    e restructurable microprocessor
    d umstrukturierbarer Mikroprozessor *m*
    f microprocesseur *m* restructurable

M188 *r* микропроце́ссорный
    e microprocessor-based; intelligent
    d mikroprozessorbestückt; intelligent
    f à microprocesseur, basé sur microprocesseur; intelligent

M189 *r* микросхе́ма
    e chip, microcircuit
    d Chip *n*, Mikroschaltung *f*, integrierte Schaltung *f*
    f puce *f*, microcircuit *m*

M190 *r* микросхе́ма *f* / ана́логовая
    e analog chip
    d analoge integrierte Schaltung *f*, Analogschaltung *f*
    f microcircuit *m* analogique

M191 *r* микросхе́ма *f* / заказна́я
    e custom microcircuit, custom chip
    d kundenspezifischer (integrierter) Schaltkreis *m*, Kunden(wunsch)-Schaltkreis *m*, Kunden-IC *m*
    f microcircuit *m* [puce *f*] à la demande

M192 *r* микросхе́ма *f* / интегра́льная
    e microcircuit, integrated circuit, IC
    d integrierter Schaltkreis *m*, integrierte Schaltung *f*, IS *f*, IC *n*
    f microcircuit *m*, circuit *m* intégré

M193 *r* микросхе́ма *f* / цифрова́я
    e digital microcircuit, digital chip
    d digitale integrierte Schaltung *f*, Digitalschaltung *f*
    f microcircuit *m* digital

M194 *r* микрофи́ша *f*
    e microfiche
    d Mikrofiche *n*

МИКРОЭВМ

        f microfiche *f*

M195 *r* **микроЭВМ** *f*
      e micro (computer)
      d Mikrorechner *m*
      f micro-ordinateur *m*

M196 *r* **микроэлектро́ника** *f*
      e microelectronics
      d Mikroelektronik *f*
      f microélectronique *f*

M197 *r* **ми́ни-диск** *m* / **ги́бкий**
      e minifloppy
      d Mini-Floppy *n*, Minidiskette *f*
      f mini-disquette *f*, mini-disque *m* flexible

M198 *r* **мини-ЭВМ** *f*
      e mini (computer)
      d Kleinrechner *m*, Minirechner *m*
      f mini-ordinateur *m*

M199 *r* **минте́рм** *m*
      e minterm
      d Minterm *f*
      f minterme *m*, terme *m* conjonctif

M200 *r* **мнемо́ника** *f*
      e mnemonics
      d Mnemonik *f*
      f mnémonique *f*

M201 *r* **многоабоне́нтский**
      e multiuser
      d Mehrnutzer..., Multinutzer...
      f muitiutilisateur

M202 *r* **многоба́йтовый**
      e multibyte
      d Mehrbyte..., Mehrwort...
      f à plusieurs octets, multioctet

M203 *r* **многокана́льный**
      e multichannel
      d Mehrkanal...
      f multicanal

M204 *r* **многопо́ртовый**
      e multiport
      d Mehrport..., Multiport..., mit mehreren Ports
      f multiport, à plusieurs ports

M205 *r* **многотермина́льный**
      e multiterminal
      d Mehrterminal..., Multiterminal..., mit mehreren Terminalen
      f multiterminal

M206 *r* **многото́чечный**
      e multipoint
      d Mehrpunkt...
      f multipoint

M207 *r* **мно́жественность** *f*
      e multiplicity
      d Multiplizität *f*, Vielfachheit *f*
      f multiplicité *f*

M208 *r* **мно́жество** *n*
      e set
      d Menge *f*
      f ensemble *m*

M209 *r* **мно́жество** *n* / **нечёткое**
      e fuzzy set
      d unscharfe Menge *f*
      f ensemble *m* flou

M210 *r* **мно́жимое** *n*
      e icand, multiplicand
      d Multiplikand *m*
      f multiplicande *m*

M211 *r* **мно́житель** *m*
      e ier, multiplier
      d Multiplikator *m*
      f multiplicateur *m*, facteur *m*

M212 *r* **мно́житель** *m* / **масшта́бный**
      e scaling multiplier
      d Skalierungsfaktor *m*
      f facteur *m* d'échelle

M213 *r* **моби́льность** *f* **програ́ммного обеспе́чения**
      e software portability
      d Sofwareportabilität *f*
      f portabilité *f* de logiciel

M214 *r* **модели́рование** *n*
      e modeling *(model development);* simulation *(model run)*
      d Modellierung *f*, Modellbildung *f*; Simulation *f*
      f création *m* de modèle; simulation *f (imitation de modèle)*

M215 *r* **модели́рование** *n* / **чи́сленное**
      e computational modeling
      d numerische Simulation *f*
      f simulation *f* numérique

M216 *r* **моде́ль** *f* / **гра́фовая**
      e graph model
      d Graphenmodell *n*
      f modèle *m* de graphe

M217 *r* **моде́ль** *f* / **имитацио́нная**
      e simulation model

МОДУЛЬ

M218   r   модéль f / каркáсная
- e   wire-frame model (*in 3-D graphics*)
- d   Drahtmodell n (*3D-Grafik*)
- f   modèle m structurel (*dans un système graphique tridimensionnel*)

M219   r   модéль f мáссового обслýживания
- e   waiting line model
- d   Warteschlangenmodell n
- f   modèle m de files d'attente

M220   r   модéль f / математи́ческая
- e   mathematical model
- d   mathematisches Modell n
- f   modèle m mathématique

M221   r   модéль f / маши́нная
- e   computer model
- d   Rechnermodell n, Computermodell n
- f   modèle m d'ordinateur

M222   r   модéль f / причи́нно-слéдственная
- e   causal model
- d   Kausalmodell n
- f   modèle m de cause

M223   r   модéль f / програ́ммная
- e   software model
- d   Software-Modell n
- f   simulateur m (de) logiciel

M224   r   модéль f / реляцио́нная
- e   relational model
- d   relationales Modell n, Relationenmodell n
- f   modèle m relationnel

M225   r   модéль f / семиýровневая
- e   seven-layer modell (*of open systems*)
- d   Sieben-Schicht-Modell n, Modell n mit sieben Schichten (*in offenen Systemen*)
- f   modèle m à sept couches (*de systèmes ouverts*)

M226   r   модéль f / сетева́я
- e   network model
- d   Netzplan m, Netzwerkmodell n, Netzwerkdiagramm n
- f   modèle m de réseau

M227   r   модéль f ти́па "объéкт - отношéние"
- e   E/R model, entity-relationship model
- d   Objekt-Rollen-Modell n
- f   modèle m entité-relation

M228   r   модéль f / фрéймовая
- e   frame-based model
- d   Frame-Modell n
- f   modèle m basé sur les trames

M229   r   модéм m
- e   modem
- d   Modem m
- f   modem m

M230   r   модифика́ция f
- e   modification
- d   Modifizierung f
- f   modification f

M231   r   мóдули m pl / равнопра́вные
- e   peer modules
- d   gleichberechtigte Module m pl
- f   modules m pl égales

M232   r   мóдуль m
- e   module
- d   Modul m, Baustein m
- f   module m

M233   r   мóдуль m / аппара́тный
- e   hardware module
- d   Hardware-Modul m, Hardwarebaustein m
- f   module m (de) matériel

M234   r   мóдуль m бóлее высóкого ýровня
- e   higher-level module
- d   Modul m höheren Niveaus
- f   module m de niveau plus haut

M235   r   мóдуль m / выполни́мый
- e   executable module
- d   ablauffähiger [ladefähiger] Modul m
- f   module m exécutable

M236   r   мóдуль m / загру́зочный
- e   load module, EXE module
- d   Lademodul m
- f   module m chargeable

M237   r   мóдуль m ЗУ
- e   memory module
- d   Speichermodul m, Speicherbaustein m
- f   module m de mémoire

M238   r   мóдуль m / многокра́тно испóльзуемый

МОДУЛЬ

      e reusable module
      d mehrfach aufrufbarer Modul *m*
      f module *m* réutilisable

M239 *r* мо́дуль *m* / незави́симый
      e self-contained module
      d unabhängiger Modul *m*
      f module *m* indépendant

M240 *r* мо́дуль *m* объясне́ния
      e explanation module *(in expert systems)*
      d Erklärungsmodul *m*, Erklärungskomponente *f (im Expertensystem)*
      f module *m* d'explication *(dans un système expert)*

M241 *r* мо́дуль *m* / оверле́йный
      e overlay module
      d Überlagerungsmodul *m*
      f module *m* de recouvrement [d'overlay]

M242 *r* мо́дуль *m* / перемеща́емый
      e relocatable module
      d verschiebbarer Modul *m*
      f module *m* relogeable

M243 *r* мо́дуль *m* / програ́ммный
      e software module
      d Software-Modul *m*, Programmodul *m*, Programmbaustein *m*
      f module *m* (de) logiciel

M244 *r* мо́дуль *m* расшире́ния
      e add-in module, add-on module
      d Erweiterungsmodul *m*, Erweiterungsbaustein *m*
      f module *m* d'extension

M245 *r* мо́дуль *m* / фикти́вный
      e dummy module
      d Pseudomodul *m*, Pseudoabschnitt *m (im Programm)*; Blindeinschub *m (Hardware-Modul)*
      f module *m* fictif [factice]

M246 *r* мо́дульность *f*
      e modularity
      d Modularität *f*
      f modularité *f*

M247 *r* монито́р *m*
      e monitor
      d Monitor *m*
      f moniteur *m*

M248 *r* монито́р *m* / монохро́мный
      e monochrome monitor
      d Monochrom-Monitor *m*
      f moniteur *m* monochrome

M249 *r* монито́р *m* / отла́дочный
      e debug monitor
      d Testmonitor *m*
      f moniteur *m* de débogage [de mise au point]

M250 *r* монито́р *m* паке́тного режи́ма
      e batch monitor
      d Stapelbetrieb-Monitor *m*, Batch-Monitor *m*
      f moniteur *m* de train de travaux, moniteur *m* de traitement par lots

M251 *r* монито́р *m* реа́льного вре́мени
      e real-time monitor
      d Echtzeitmonitor *m*
      f moniteur *m* temps réel

M252 *r* монито́р *m* телекоммуникацио́нного до́ступа
      e telecommunication monitor
      d Telekommunikationsmonitor *m*, Fernübertragungs-Monitor *m*
      f moniteur *m* de télécommunication

M253 *r* монито́р *m* цветно́го изображе́ния
      e color monitor
      d Farbmonitor *m*, Farbbildschirm *m*
      f moniteur *m* d'affichage en couleurs

M254 *r* монта́ж *m*
      e mounting *(e.g. of a file system)*; wiring *(of a circuit)*
      d Montage *f*, Einbau *m*, Installation *f*; Verdrahtung *f*
      f montage *m (p.e. d'un système de fichiers)*; câblage *m*, montage *m (d'un circuit)*

M255 *r* монта́ж *m* / беспа́ечный
      e solderless wiring
      d lötfreie Verdrahtung *f (Wickeln)*
      f câblage *m* sans soudure

M256 *r* монта́ж *m* в сто́йке
      e rack mounting
      d Gestelleinbau *m*, Montage *f* im Gestellrahmen
      f montage *m* en bati

МЫШЬ

M257 r монта́ж m / многосло́йный
 e multilayer wiring
 d Mehrlagenverdrahtung f
 f câblage m multicouche

M258 r монта́ж m / навесно́й
 e point-to-point wiring
 d Punkt-zu-Punkt-Verdrahtung f, Freiverdrahtung f
 f câblage m point à point, montage m pendu

M259 r монта́ж m накру́ткой
 e wire-wrapping
 d Wire-Wrapping n, Wickelverbindung f
 f câblage m sans brasure

M260 r монта́ж m на объедини́тельной пла́те
 e motherboard wiring
 d Verdrahtung f auf der Mutterleiterplatte [auf dem Leiterplattenchassis]
 f câblage m sur la carte mère

M261 r монта́ж m / печа́тный
 e printed wiring
 d gedruckte Verdrahtung f, gedruckter Schaltkreis m
 f câblage m (à circuit) imprimé

M262 r монта́ж m / скры́тый
 e concealed wiring
 d Unterputzverlegung f
 f câblage m caché

M263 r МОП-структу́ра f
 e MOS-structure, MOS
 d MOS-Struktur f
 f structure f MOS

M264 r мо́щность f / вычисли́тельная
 e computer power, processing power
 d Rechnerleistung f
 f puissance f de calcul [de traitement]

M265 r мо́щность f / потребля́емая
 e power consumption
 d Aufnahmeleistung f
 f puissance f absorbée [consommée]

M266 r мо́щность f / рассе́иваемая
 e power dissipation
 d Verlustleistung f
 f puissance f dissipée

M267 r мультиба́за f да́нных
 e multidatabase
 d Daten-Multibank f, Datenbasisverbund m
 f multibase f de données

M268 r мультидо́ступ m
 e multiaccess
 d Vielfachzugriff m, Mehrfachzugriff m
 f multiaccès m

M269 r мультиобрабо́тка f
 e multiprocessing
 d Mehrfachverarbeitung f, Mehrprozessorbetrieb m, Rechnerverbundbetrieb m
 f multitraitement m, traitement m multiple

M270 r мультиплекси́рование n
 e multiplexing
 d Multiplexen n, Bündelung f
 f multiplexage m

M271 r мультипле́ксор m
 e multiplexer
 d Multiplexer m
 f multiplexeur m

M272 r мультипрограмми́рование n
 e multiprogramming
 d Multiprogrammierung f, Mehrprogrammbetrieb m
 f multiprogrammation f

M273 r мультипрограмми́рование n с фо́новой и приорите́тной рабо́тами
 e foreground/background multiprogramming
 d Vordergrund/Hintergrund-Multiprogrammierung f
 f multiprogrammation f à arrière-avant-plan

M274 r мультипроце́ссор m
 e multiprocessor, multi-PU
 d Multiprozessor m, Mehrprozessorsystem n
 f multiprocesseur m

M275 r мультиспи́сок m
 e multilist
 d Multiliste f
 f multiliste f

M276 r мышь f
 e mouse
 d Maus f
 f souris f

M277 r мышь f / многокла́вишная
 e multibutton mouse
 d Mehrtasten-Maus f
 f souris f à plusieurs boutons

МЫШЬ

M278　r　мышь f / одноклáвишная
　　　e　single-button mouse
　　　d　Einzeltasten-Maus f
　　　f　souris f à bouton

H

H1　r　набегáние n знáков при печáтании
　　e　piling-up
　　d　Aufeinandertürmen n der Zeichen
　　f　empilement m [heurt m] de signes

H2　r　набúвка f
　　e　padding *(filling with meaningless characters)*
　　d　Auffüllen n
　　f　garnissage m *(remplissage m par caractères non significatifs)*

H3　r　набóр m / запúсываемый
　　e　writeset
　　d　zu schreibender Satz m
　　f　ensemble m à ecrire

H4　r　набóр m знáков
　　e　character set
　　d　Zeichensatz m, Zeichenvorrat m
　　f　ensemble m [jeu m, police f, répertoire m] de caractères

H5　r　набóр m / интерфéйсный
　　e　interface kit
　　d　Schnittstellensatz m
　　f　ensemble m d'interface

H6　r　набóр m кóда / клáвишный
　　e　push-button dialing
　　d　Tastenwahl f
　　f　composition f de code par boutons [de code par touches]

H7　r　набóр m комáнд
　　e　instruction set
　　d　Befehlsvorrat m, Befehlssatz m
　　f　jeu m [ensemble m, répertoire m] d'instructions

H8　r　набóр m комáнд / пóлный
　　e　complete instruction set
　　d　vollständiger Befehlssatz m
　　f　jeu m [répertoire m] d'instructions complet

H9　r　набóр m комáнд / сокращённый
　　e　reduced instruction set
　　d　reduzierter [einfacher] Befehlssatz m
　　f　jeu m [répertoire m] d'instructions réduite

H10　r　набóр m / микропроцéссорный
　　e　miroprocessor set *(of IC)*
　　d　Mikroprozessorsatz m
　　f　ensemble m de microprocesseur

H11　r　набóр m / счúтываемый
　　e　readset
　　d　zu lesender Satz m
　　f　ensemble m à lire

H12　r　нагрýзка f / входнáя
　　e　input load
　　d　Eingangsbelastung f
　　f　charge f d'entrée

H13　r　нагрýзка f / предéльная
　　e　ultimate load
　　d　Höchstbelastung f, Höchstbeanspruchung f, Grenzbelastung f
　　f　charge f limite

H14　r　нагрýзка f шúны / оконéчная
　　e　bus terminator
　　d　Busabschluß m, Leitungsabschluß m
　　f　terminaison f de bus

H15　r　надёжность f / функционáльная
　　e　dependability
　　d　Zuverlässigkeit f, Sicherheit f
　　f　fiabilité f fonctionnelle

H16　r　надёжность f / эксплуатациóнная
　　e　operational reliability
　　d　Betriebssicherheit f
　　f　fiabilité f opérationnelle [d'exploitation]

H17　r　назвáние n
　　e　title
　　d　Titel m ; Name m
　　f　nom m , titre m

H18　r　назначéние n
　　e　assignment *(e.g. of resources);* designation
　　d　Zuordnung f, Zuweisung f *(z.B. von Ressourcen);*

НАРУШЕНИЕ

	Festsetzung *f*, Kennzeichnung *f* *f* affectation *f* (*p.e. de ressources*) ; désignation *f*
H19	*r* назначе́ние *n* приорите́тов *e* priorization *d* Priorisierung *f*, Vorrangszuteilung *f*, Vorrangszuordnung *f* *f* affectation *f* de priorités
H20	*r* наименова́ние *n* *e* name *d* Name *m*, Benennung *f* *f* nom *m*, titre *m*
H21	*r* накопи́тель *m* / винче́стерский (ди́сковый) *e* winchester *d* Winchester-Laufwerk *n* *f* unité *f* de disque *m* (magnétique) Winchester
H22	*r* накопи́тель *m* / ди́сковый *e* disk drive *d* Plattenlaufwerk *n*, Magnetplattenlaufwerk *n* *f* unité *f* de disque
H23	*r* накопи́тель *m* на бегу́щей ле́нте *e* streaming-tape drive *d* Streamer-Laufwerk *n*, Streamer-Magnetbandlaufwerk *n* *f* dérouleur *m* de bande dévideur, dispositif *m* de stockage dévideur [de stockage streamer]
H24	*r* накопи́тель *m* на ги́бких магни́тных ди́сках *e* floppy drive *d* Floppy-Disk-Laufwerk *n*, Diskettenlaufwerk *n* *f* unité *f* de disque flexible
H25	*r* накопи́тель *m* на ги́бких микродиске́тах *e* microfloppy-diskette drive *d* Mikrodiskettenlaufwerk *n* *f* unité *f* de microdisque flexible
H26	*r* накопи́тель *m* на ди́сках / кассе́тный *e* cartridge disk drive *d* Plattenkassettenlaufwerk *n*, Kassetenplattenlaufwerk *n* *f* unité *f* de disque à cartouche
H27	*r* накопи́тель *m* на диске́тах

	e diskette drive *d* Diskettenlaufwerk *n*, Floppy-Disk-Laufwerk *n* *f* unité *f* de disquette
H28	*r* накопи́тель *m* на магни́тной ле́нте / кассе́тный *e* cartridge tape drive *d* Cartridge-Bandlaufwerk *n*, Cartridge-Laufwerk *n* *f* dérouleur *m* de bande (magnétique) à cartouche
H29	*r* накопле́ние *n* да́нных *e* data accumulation *d* Datenspeicherung *f* *f* accumulation *f* de données
H30	*r* нала́дка *f* *e* setup *d* Einrichten *n*, Aufbau *m* *f* mise *f* au point
H31	*r* наложе́ние *n* *e* overlay *d* Überlagerung *f*, Überlappung *f* *f* recouvrement *m*, superposition *f*
H32	*r* наложе́ние *n* ма́ски *e* masking *d* Maskierung *f* *f* masquage *m*
H33	*r* намагни́чивание *n* *e* magnetization *d* Magnetisierung *f* *f* magnétisation *f*
H34	*r* нарабо́тка *f* *e* lifelength *d* Nutzungsdauer *f* *f* durée *f* d'utilisation [de vie]
H35	*r* нарабо́тка *f* / гаранти́йная *e* warranty live *d* Garantie-Nutzungsdauer *f* *f* durée *f* de vie réglementaire
H36	*r* наруше́ние *n* а́вторских прав на програ́ммное обеспе́чение *e* software piracy *d* Software-Piraterie *f* *f* violation *f* de droit d'auteur de logiciel, piratage *m* de logiciel
H37	*r* наруше́ние *n* после́довательности *e* desequencing *d* Ablauffolgestörung *f* *f* violation *f* de séquence

НАРУШЕНИЕ

H38　r　наруше́ние n работоспосо́бности
　　　e　malfunction
　　　d　Funktionsfehler m, fehlerhafter Betrieb m
　　　f　fonctionnement m troublé, fonction f défectueuse

H39　r　насле́дование n
　　　e　inheritance
　　　d　Erbung f
　　　f　héritage m

H40　r　насто́льный
　　　e　desktop
　　　d　Tisch...
　　　f　de bureau

H41　r　настро́йка m
　　　e　setup (initialization); tuning, adjustment
　　　d　Einstellung f, Abstimmung f
　　　f　positionnement m (initialisation); réglage m d'accord m, ajustement m

H42　r　наступле́ние n собы́тия
　　　e　occurence
　　　d　Ereignis n, Ereigniseintritt m
　　　f　occurrence f

H43　r　нача́ло n ле́нты
　　　e　beginning of tape, BOT
　　　d　Bandanfang m
　　　f　début m de bande

H44　r　нача́ло n отсчёта
　　　e　origin
　　　d　Anfangspunkt m, Bezugspunkt m, Koordinatenursprung m
　　　f　origine f; point m zero

H45　r　нача́ло n програ́ммы
　　　e　program start
　　　d　Programmstart m, Programmanfang m
　　　f　début m de programme

H46　r　нача́ло n сеа́нса
　　　e　log-in
　　　d　Login n, Logon n, Anmeldung f
　　　f　déclenchement m [démarrage m, début m] de session

H47　r　НГМД m см. накопи́тель на ги́бких магни́тных ди́сках

H48　r　НЕ
　　　e　NOT (logical function or operation)
　　　d　NICHT n (logische Funktion oder Operation)
　　　f　NON (fonction ou opération logique)

H49　r　НЕ-И
　　　e　NOT AND (logical function or operation)
　　　d　NICHT-UND n (logische Funktion oder Operation)
　　　f　NON-ET (fonction ou opération logique)

H50　r　НЕ-ЙЛИ
　　　e　NOT OR (logical function or operation)
　　　d　NICHT-ODER n, NOR n (logische Funktion oder Operation)
　　　f　NON-OU (fonction ou opération logique)

H51　r　неадеква́тность f
　　　e　lack of fit
　　　d　Inadäquatität f; Mißverhältnis n
　　　f　manque m d'adéquation

H52　r　недостове́рность f
　　　e　invalidity
　　　d　Ungültigkeit f
　　　f　invalidité f

H53　r　недосту́пность f
　　　e　unavailability (for using); inaccessibility (for reference)
　　　d　Unzugänglichkeit f
　　　f　non-disponibilité f (pour utilisation); inaccessibilité f (pour référence)

H54　r　недосту́пный
　　　e　inaccessible (for reference); unavailable (for using)
　　　d　unzugänglich
　　　f　inaccessible; non disponible

H55　r　незавершённость f
　　　e　incompleteness
　　　d　Unvollständigkeit f
　　　f　incomplétude f

H56　r　незави́симость f / аппара́тная
　　　e　hardware independence
　　　d　Hardwareunabhängigkeit f
　　　f　indépendance f de matériel

H57　r　незащищённость f
　　　e　exposure
　　　d　Unsicherheit f
　　　f　manque m de sécurite [de protection]

H58　r　неизбы́точный
　　　e　irredundant

НЕСОВМЕСТИМОСТЬ

    d nichtredundant
    f non rédondant

H59 *r* неисправность *f* /
    динамическая
    e ac fault
    d dynamischer Fehler *m*
    f défaut *m* dynamique

H60 *r* неисправность *f* /
    неустойчивая
    e transient fault
    d vorübergehender Fehler *m*
    f défaut *m* transitoire

H61 *r* неисправность *f* /
    одиночная
    e single fault
    d Einzelfehler *m*
    f défaut *m* unique

H62 *r* неисправность *f* /
    перемежающаяся
    e intermittent fault
    d intermittierender Fehler *m*;
    intermittierend auftretende
    Störung *f*
    f défaut *m* intermittent

H63 *r* неисправность *f* / скрытая
    e latent fault
    d latenter Fehler *m*
    f défaut *m* latent

H64 *r* неисправность *f* типа
    "константная единица"
    e stuck-at-1 fault
    d Haftfehler *m* an Logikpegel
    "1"
    f défaut *m* de type un constant

H65 *r* неисправность *f* типа
    константного
    неопределённого состояния
    e stuck-at-X fault
    d Haftfehler *m* an Logikpegel
    "X"
    f défaut *m* de type incertitude
    constante

H66 *r* неисправность *f* типа
    константного обрыва
    e stuck-open fault
    d Stuck-open-Fehler *m*,
    Haftfehler *m*
    "Leiterunterbrechung"
    f défaut *m* de type coupure
    constante

H67 *r* неисправность *f* типа
    "константный нуль"
    e stuck-at-0 fault
    d Haftfehler *m* an Logikpegel
    "0"
    f défaut *m* de type zéro
    constant

H68 *r* неисправность *f* /
    устойчивая
    e permanent failure
    d Dauerfehler *m*, permanenter
    Fehler *m*, bleibende Störung
    f
    f défaut *m* persistant [stable,
    de caractère permanent]

H69 *r* нейрокомпьютер *m*
    e neurocomputer
    d Neurocomputer *m*
    f ordinateur *m* à neurones
    formels, neuroordinateur *m*,
    ordinateur *m* neuronal

H70 *r* нейтрализация *f*
    неисправности
    e fallback *(e.g. through
    reconfiguration)*
    d Ersatzfunktion *f*, Realisierung
    f der Ersatzfunktion *(im
    Fehlerfall z.B. durch
    Systemrekonfiguration)*
    f récuperation *f* de défaut *(p.e.
    par reconfiguration)*

H71 *r* необязательный
    e optional
    d optionell
    f optionnel

H72 *r* неопределённость *f*
    e uncertainty
    d Unbestimmtheit *f*
    f incertitude *f*

H73 *r* непараллельность *f*
    e nonconcurrency *(of
    operations)*
    d Konkurrenzfehlen *n* *(z.B. für
    Prozesse)*
    f non-concurrence *f*
    (d'opérations)

H74 *r* неполнота *f*
    e incompleteness
    d Unvollständigkeit *f*
    f incomplétude *f*

H75 *r* нерезервированный
    e nonredundant
    d nichtredundant
    f non redondant

H76 *r* несовместимость *f*
    e incompatibility
    d Inkompatibilität *f*

НЕСОВПАДЕНИЕ

    f incompatibilité *f*

H77 *r* **несовпадéние** *n*
    e mismatch(ing)
    d Fehlanpassung *f*, Nichtübereinstimmung *f*
    f non-coïncidence *f*

H78 *r* неудáча *f* при пóиске
    e miss
    d Fehlgriff *m*, Fehlsuchen *n*
    f raté *m*

H79 *r* неупорядоченность *f*
    e disarray
    d Unordnung *f*, Fehlordnung *f*
    f désordre *m*

H80 *r* неформатированный
    e nonformatted
    d formatfrei, nichtformatiert
    f non formaté

H81 *r* нечёткий
    e fuzzy
    d unscharf
    f flou

H82 *r* нечётность *f*
    e oddness
    d Unpaarigkeit *f*, Ungeradzahligkeit *f*
    f imparité *f*

H83 *r* нóмер *m* позиции
    e item number
    d Positionsnummer *f*
    f numéro *m* de position

H84 *r* нóмер *m* / порядковый
    e sequence number
    d Folgenummer *f*
    f numéro *m* de séquence [d'ordre, de série]

H85 *r* нóмер *m* / приоритéтный
    e priority number
    d Prioritätsnummer *f*
    f numéro *m* prioritaire [de priorité]

H86 *r* нóмер *m* строки
    e line number
    d Zeilennummer *f*
    f numéro *m* de ligne

H87 *r* носитель *m*
    e carrier
    d Träger *m*
    f support *m*, porteur *m*

H88 *r* носитель *m* дáнных
    e data carrier
    d Datenträger *m*
    f support *m* de données

H89 *r* носитель *m* / дистрибутивный
    e distributive medium
    d distributives Speichermedium *n*
    f support *m* distributif

H90 *r* носитель *m* / магнитный
    e magnetic medium
    d Magnetspeichermedium *n*
    f support *m* magnétique

H91 *r* носитель *m* / машиночитáемый
    e automated data medium, machine-readable medium
    d maschinenlesbarer Datenträger *m*
    f support *m* de données lisibles par machine

H92 *r* носитель *m*, не размéченный для зáписи
    e virgin medium
    d unvorbereiteter Datenträger *m*
    f support *m* vierge [non formaté]

H93 *r* нотáция *f* / бесскóбочная
    e operator notation, parenthesis-free notation
    d polnische [klammerfreie] Notation *f*, Präfixnotation *f*
    f notation *f* polonaise [sans parenthèses]

H94 *r* нуль *m* / ведущий
    e leading zero
    d führende Null *f*
    f zéro *m* d'en-tête

H95 *r* нуль *m* / машинный
    e computer zero
    d Maschinennull *f*, Computernull *f*
    f zéro *m* machine

H96 *r* нуль *m* / незнáчащий
    e nonsignificant zero
    d nichtsignifikante Null *f*
    f zéro *m* non significatif

H97 *r* нуль *m* оси врéмени
    e time zero
    d Zeitursprung *m*
    f zéro *m* de temps

H98 *r* нуль *m* / разрушенный
    e disturbed zero
    d gestörte Null *f*
    f zéro *m* détruit [perturbé]

H99 *r* нуль *m* / структурный

e placeholder
d Stellenhalter *m*
f zéro *m* structurel, zéro *m* teneur de place

H100 *r* **нумерáция** *f*
e numbering
d Numerierung *f*
f numération *f*

O

O1 *r* **обеспéчение** *n*
e support
d Unterstützung *f*; Unterstützungsmittel *n pl*
f support *m*

O2 *r* **обеспéчение** *n* / **аппарáтное**
e hardware
d Hardware *f*, Gerätetechnik *f*
f matériel *m*

O3 *r* **обеспéчение** *n* / **заказнóе прогрáммное**
e custom-made software
d kundenspezifische Software *f*
f logiciel *m* à la demande

O4 *r* **обеспéчение** *n*, **защищённое áвторским прáвом / прогрáммное**
e copyrighted software
d Copyright-Software *f*
f logiciel *m* protégé par le droit d'auteur

O5 *r* **обеспéчение** *n* / **информациóнное**
e dataware
d Dataware *f*
f produits *m pl* [approvisionnement *m*] d'information

O6 *r* **обеспéчение** *n* / **коммéрческое прогрáммное**
e business software
d kommerzielle Software *f*
f logiciel *m* commercial

O7 *r* **обеспéчение** *n* **маши́нной грáфики / прогрáммное**
e graphics software
d Grafiksoftware *f*
f logiciel *m* graphique

O8 *r* **обеспéчение** *n* / **прикладнóе прогрáммное**
e application software
d Anwendersoftware *f*
f logiciel *m* d'application, application *f*

O9 *r* **обеспéчение** *n* **приня́тия управлéнческих решéний**
e decision support
d Unterstützung *f* des Entscheidungsprozesses, Unterstützungsmittel *n pl* für Entscheidungsvorbereitung
f support *m* de décision

O10 *r* **обеспéчение** *n* / **прогрáммное**
e software
d Sofware *f*
f logiciel *m*

O11 *r* **обеспéчение** *n* / **систéмное прогрáммное**
e system software
d Systemsoftware *f*
f logiciel *m* système

O12 *r* **обеспéчение** *n* / **техни́ческое**
e hardware
d Hardware *f*, Gerätetechnik *f*
f matériel *m*

O13 *r* **обеспéчение** *n* / **универсáльное прогрáммное**
e heavy-duty software
d Universalsoftware *f*
f logiciel *m* universel

O14 *r* **óбласть** *f*
e area (*e.g. in memory*); domain (*e.g. of knowledge*)
d Bereich *m* (*z.B. eines Speichers*); Gebiet *n* (*des Wissens*)
f zone *f*, espace *m* (*p.e. dans une memoire*); domaine *m* (*p.e. de connaissance*)

O15 *r* **óбласть** *f* / **адресýемая**
e addressable area
d adressierbarer Speicherbereich *m*
f zone *f* [espace *m*] adressable

O16 *r* **óбласть** *f* / **динами́чески распределя́емая**
e dynamic area
d dynamischer Speicherbereich *m*
f zone *f* dynamique

ОБЛАСТЬ

O17
- r область *f* допусти́мых значе́ний
- e tolerance range
- d Toleranzbereich *m*
- f domaine *m* de tolérance

O18
- r область *f* / запо́лненная
- e fill area (*graphics primitive*)
- d Füllgebiet *n* (*Darstellungselement*)
- f zone *f* complète (*primitive graphique*)

O19
- r область *f* значе́ний переме́нной
- e variable range
- d Variablenbereich *m*
- f domaine *m* [ensemble *m*] des valeurs

O20
- r область *f* / о́бщая
- e common area
- d gemeinsamer Speicherbereich *m*
- f région *f* [zone *f*] commune

O21
- r область *f* па́мяти
- e memory space
- d Speicherbereich *m*
- f espace *m* [zone *f*] de mémoire

O22
- r область *f* па́мяти / зарезерви́рованная
- e pot
- d reservierter Speicherbereich *m*
- f espace *m* de mémoire réservé

O23
- r область *f* па́мяти / свобо́дная
- e free memory space
- d freier [unbelegter] Speicherbereich *m*
- f espace *m* de mémoire libre

O24
- r область *f* переполне́ния
- e overflow area
- d Überlaufbereich *m*
- f zone *f* de débordement [de dépassement]

O25
- r область *f* по́льзователя
- e user area
- d Anwenderbereich *m*
- f zone *f* [espace *m*] d'utilisateur

O26
- r область *f* / предме́тная
- e enterprise (*in a database*); knowledge domain (*in a knowledge base*)
- d Problembereich *m* (*auf konkretes Problem bezogene Daten in einer Datenbasis oder auf konkretes Problem bezogenes Wissen in einer Wissensbasis*)
- f entreprise *f* (*dans une base de données*); domaine *m* de connaissance (*dans une base de connaissances*)

O27
- r область *f* / прикладна́я
- e application area
- d Anwendungsbereich *m*, Anwendungsgebiet *n*
- f domaine *m* d'application

O28
- r область *f* промежу́точного хране́ния
- e holding area
- d Zwischenspeicherbereich *m*
- f zone *f* de stockage temporaire

O29
- r область *f* / рабо́чая
- e working area
- d Arbeitsbereich *m*
- f zone *f* [espace *m*] de travail

O30
- r область *f* сохране́ния содержи́мого реги́стров
- e save area
- d Sicherstellungsbereich *m*, Rettungsbereich *m*
- f zone *f* de sauvegarde (de contexte)

O31
- r область *f* страни́чного обме́на
- e paging area
- d Seitenwechselbereich *m*
- f zone *f* d'échange de page

O32
- r область *f* хране́ния кома́нд
- e instruction area
- d Befehlsbereich *m*
- f zone *f* [espace *m*] d'instructions

O33
- r обме́н *m* да́нными
- e data exchange
- d Datenaustausch *m*, Datenkommunikation *f*
- f échange *m* de données

O34
- r обме́н *m* по ши́не
- e bus exchange
- d Busverkehr *m*
- f échange *m* par bus

O35
- r обновле́ние *n* да́нных
- e updating

ОБРАБОТКА

    d Aktualisieren *n*,
Fortschreiben *n*
f mise *f* à jour de données

O36   *r* обновле́ние *n* да́нных / группово́е
e batch updating
d Stapelaktualisierung *f*
f mise *f* à jour par lots de données

O37   *r* обновле́ние *n* изображе́ния на экра́не
e screen redraw
d Bildauffrischung *f*
f redéfinition *f* d'écran

O38   *r* обновле́ние *n* фа́йла
e file updating
d Dateiaktualisierung *f*
f mise *f* à jour de fichier

O39   *r* обозначе́ние *n*
e designation
d Bezeichnung *f*
f désignation *f*

O40   *r* обозначе́ние *n* / бу́квенное
e lettering
d Beschriftung *f*;
Buchstabenkennzeichnung *f*
f notation *f* alphabétique

O41   *r* обору́дование *n*
e equipment
d Ausrüstung *f*, Apparatur *f*, Anlage (n) *f* (*pl*); Gerätetechnik *f*, Geräte *n pl*
f équipement *m*

O42   *r* обору́дование *n* / аппара́тное
e hardware
d Hardware *f*, Gerätetechnik *f*
f matériel *m*

O43   *r* обору́дование *n* / вспомога́тельное
e support equipment
d Hilfsausrüstung *f*, Hilfsanlagen *f pl*
f équipement *m* auxiliaire

O44   *r* обору́дование *n* / высокопроизводи́тельное
e high-performance equipment
d Hochleistungsausrüstung *f*, Hochleistungsanlagen *f pl*
f équipement *m* de haute performance

O45   *r* обору́дование *n* / испыта́тельное

    e test(ing) equipment
d Testanlage *f*
f équipement *m* d'essai

O46   *r* обору́дование *n* / перифери́йное
e peripheral equipment
d Peripheriegeräte *n pl*, Peripherie *f*
f équipement *m* périphérique

O47   *r* обору́дование *n* / по́лностью совмести́мое
e plug-compatible equipment
d steck(er)kompatible Geräte *n pl*
f équipement *m* complétement compatible

O48   *r* обору́дование *n* / резе́рвное
e standby equipment
d Bereitschaftsanlagen *f pl*, Reserveanlagen *f pl*
f équipement *m* de secours

O49   *r* обору́дование *n* / се́рвисное
e service equipment
d Wartungsgeräte *n pl*
f équipement *m* de service

O50   *r* обору́дование *n* / сери́йное
e serial equipment
d Serienausrüstung *f*; Seriengeräte *n pl*
f équipement *m* de série

O51   *r* обору́дование *n* / термина́льное
e terminal equipment
d Endgeräte *n pl*
f équipement *m* terminal

O52   *r* обоснова́ние *n* / логи́ческое
e rationale (*e.g. of AI system actions*)
d Argumentieren *n* (*z.B. im KI-System*)
f argumentation *f* logique (*p.e. d'actions de système d'intelligence artificielle*)

O53   *r* обрабо́тка *f*
e processing
d Verarbeitung *f*, Bearbeitung *f*
f traitement *m*

O54   *r* обрабо́тка *f* / автоно́мная
e off-line processing
d Off-line-Verarbeitung *f*
f traitement *m* hors ligne

ОБРАБОТКА

O55   *r*   обрабо́тка *f* в диало́говом режи́ме
     e   conversational processing
     d   Dialogverarbeitung *f*
     f   traitement *m* conversationnel

O56   *r*   обрабо́тка *f* / ве́кторная
     e   vector processing
     d   Vektorverarbeitung *f*
     f   traitement *m* vectoriel

O57   *r*   обрабо́тка *f* / волнова́я
     e   wavefront processing
     d   Wellenfrontverarbeitung *f*
     f   traitement *m* à vague

O58   *r*   обрабо́тка *f* в реа́льном (масшта́бе) вре́мени
     e   real-time processing
     d   Echtzeitverarbeitung *f*
     f   traitement *m* (en) temps réel

O59   *r*   обрабо́тка *f* в режи́ме трансля́ции
     e   translational processing
     d   Übersetzungszeit-Verarbeitung *f*
     f   traitement *m* en compilation

O60   *r*   обрабо́тка *f* да́нных
     e   data processing
     d   Datenverarbeitung *f*
     f   traitement *m* de données

O61   *r*   обрабо́тка *f* да́нных в интеракти́вном режи́ме
     e   interactive processing
     d   interaktive Verarbeitung *f*
     f   traitement *m* interactif

O62   *r*   обрабо́тка *f* да́нных в режи́ме разделе́ния вре́мени
     e   time-sharing processing
     d   Time-sharing-Verarbeitung *f*, Verarbeitung *f* im Teilnehmerbetrieb
     f   traitement *m* en temps partagé

O63   *r*   обрабо́тка *f* да́нных в те́мпе поступле́ния
     e   real-time processing
     d   Echtzeitverarbeitung *f*, Sofort-Verarbeitung *f*
     f   traitement *m* à la suite [en temps réel]

O64   *r*   обрабо́тка *f* да́нных, поступа́ющих по ли́ниям свя́зи
     e   communications processing
     d   Nachrichtenverarbeitung *f*
     f   traitement *m* de (données de) communication

O65   *r*   обрабо́тка *f* да́нных по тре́бованию
     e   demand processing, on-demand processing
     d   mitlaufende Verarbeitung *f*
     f   traitement *m* à la demande

O66   *r*   обрабо́тка *f* да́нных / предвари́тельная
     e   front-end processing; data reduction (*transformation*)
     d   Front-end-Verarbeitung *f*, Datenvorverarbeitung *f*, Datenauswertung *f*
     f   traitement *m* préalable, prétraitement *m* (*de données*); réduction *f* de données (*transformation*)

O67   *r*   обрабо́тка *f* / дистанцио́нная
     e   remote processing
     d   Fernverarbeitung *f*
     f   télétraitement *m*, traitement *m* à distance

O68   *r*   обрабо́тка *f* зада́ний
     e   job processing
     d   Jobverarbeitung *f*, Auftragsverarbeitung *f*
     f   traitement *m* des travaux

O69   *r*   обрабо́тка *f* запро́сов
     e   query processing
     d   Anfragebearbeitung *f*
     f   traitement *m* de requêtes [de demandes]

O70   *r*   обрабо́тка *f* изображе́ний
     e   image processing; picture processing (*in graphics*)
     d   Bildbearbeitung *f*
     f   traitement *m* d'images

O71   *r*   обрабо́тка *f* / конве́йерная
     e   pipelining
     d   Pipelining *n*
     f   traitement *m* en pipeline [pipeliné]

O72   *r*   обрабо́тка *f* / многопото́чная
     e   multithread processing
     d   Multi-thread-Verarbeitung *f*, mehrgängige Verarbeitung *f*, Verarbeitung *f* mehrerer Datenströme
     f   traitement *m* de flux multiple

ОБРАЗ

O73   *r*   обрабо́тка *f* / мультипроце́ссорная
      e   multiprocessing
      d   Mehrprozessorbetrieb *m*, Rechnerverbundbetrieb *m*
      f   multitraitement *m*

O74   *r*   обрабо́тка *f* / неме́дленная
      e   immediate processing
      d   unmittelbare Verarbeitung *f*
      f   traitement *m* immédiat

O75   *r*   обрабо́тка *f* / операти́вная
      e   in-line processing
      d   mitlaufende Verarbeitung *f*, In-line-Verarbeitung *f*
      f   traitement *m* en ligne

O76   *r*   обрабо́тка *f* / отсро́ченная
      e   deferred processing
      d   verzögerte Verarbeitung *f*
      f   traitement *m* décalé [différé]

O77   *r*   обрабо́тка *f* / паке́тная
      e   batch procesing
      d   Stapelverarbeitung *f*
      f   traitement *m* par lots

O78   *r*   обрабо́тка *f* / паралле́льная
      e   concurrent processing
      d   gleichzeitige [verzahnt ablaufende] Verarbeitung *f*
      f   tratement *m* parallèle [concurrent]

O79   *r*   обрабо́тка *f* / перви́чная
      e   preprocessing
      d   Vorverarbeitung *f*
      f   prétraitement *m*, traitement *m* préalable

O80   *r*   обрабо́тка *f* / предвари́тельная
      e   reduction
      d   Auswertung *f*; Reduktion *f*, Verdichtung *f* (*von Daten*)
      f   réduction *f* [filtrage *m*] d'information, traitement *m* préalable, prétraitement *m*

O81   *r*   обрабо́тка *f* прерыва́ний
      e   interrupt processing
      d   Unterbrechungsbehandlung *f*, Interruptbehandlung *f*
      f   traitement *m* d'interruptions

O82   *r*   обрабо́тка *f* / приорите́тная
      e   priority processing
      d   Prioritätsverarbeitung *f*, Verarbeitung *f* nach Prioritäten
      f   traitement *m* prioritaire [par priorités]

O83   *r*   обрабо́тка *f* произво́дственных да́нных
      e   industrial data processing
      d   industrielle Datenverarbeitung *f*, Betriebsdatenverarbeitung *f*
      f   traitement *m* de données industrielles

O84   *r*   обрабо́тка *f* / распределённая
      e   distributed processing
      d   verteilte Verarbeitung *f*
      f   traitement *m* distribué [réparti]

O85   *r*   обрабо́тка *f* сигна́лов / цифрова́я
      e   digital signal processing, DSP
      d   Verarbeitung *f* von Digitalsignalen
      f   traitement *m* digital de signaux

O86   *r*   обрабо́тка *f* си́мвольной информа́ции
      e   symbolic processing
      d   Symbolverarbeitung *f*
      f   traitement *m* symbolique

O87   *r*   обрабо́тка *f* с испо́льзованием есте́ственного языка́
      e   natural language processing
      d   Verarbeitung *f* mit Verwendung natürlicher Sprache
      f   traitement *m* (basé sur) langage naturel

O88   *r*   обрабо́тка *f* спи́сков
      e   list processing
      d   Listenverarbeitung *f*
      f   traitement *m* de listes

O89   *r*   обрабо́тка *f* текстово́й информа́ции
      e   word processing
      d   Textverarbeitung *f*
      f   traitement *m* de texte

O90   *r*   обрабо́тка *f* / фо́новая
      e   backgrounding
      d   Hintergrundverarbeitung *f*
      f   traitement *m* de fond

O91   *r*   о́браз *m*
      e   pattern
      d   Muster *n*
      f   image *f*

O92   *r*   о́браз *m* / обуча́ющий

ОБРАЗ

    e training pattern
    d Ausbildungsmuster *n*
    f image *f* enseignante

O93 *r* óбраз *m* / этало́нный
    e reference pattern (*for recognition*)
    d Referenzmuster *n*, Bezugsmuster *n*
    f image *f* de référence (*pour reconnaissance*)

O94 *r* образова́ние *n* дополне́ния
    e complementing, complementation
    d Komplementbildung *f*, Komplementierung *f*
    f complémentation *f*

O95 *r* обраще́ние *n*
    e 1. reference (*by index*); call (*for using*) 2. inversion (*a mathematical operation*)
    d 1. Referenz *f*; Aufruf *m* 2. Invertierung *f* (*mathematische Operation*)
    f 1. référence *f* (*par indice*); appel (*pour utiliser*) 2. inversion *f* (*opération mathématique*)

O96 *r* обраще́ние *n* к па́мяти посре́дством о́кон
    e windowed memory reference
    d Speicherzugriff *m* mittels Fenstertechnik
    f référence *f* à la mémoire par fenêtrage [à la mémoire par fenêtres]

O97 *r* обраще́ние *n* к подпрогра́мме
    e subroutine call
    d Unterprogrammaufruf *m*
    f appel *m* de sous-programme

O98 *r* обраще́ние *n* ма́трицы
    e matrix inversion
    d Matrixinversion *f*
    f iversion *f* de matrice

O99 *r* обраще́ние *n* / неве́рное
    e invalid call
    d unzulässiger [ungültiger] Aufruf *m*
    f appel *m* invalide

O100 *r* обраще́ние *n* / несанкциони́рованное
    e unauthorized reference
    d unbefugter Zugriff *m*
    f référence *f* non autorisée

O101 *r* обраще́ние *n* по значе́нию
    e reference by value
    d Aufruf *m* nach Wert; Referenz *f* nach Wert
    f référence *f* par valeur

O102 *r* обраще́ние *n* по и́мени
    e reference by name
    d Aufruf *m* nach Benennung; Referenz *f* nach Benennung
    f référence *f* par nom

O103 *r* обраще́ние *n* по смы́слу
    e reference by meaning (*to a knowledge base entity*)
    d Referenz *f* nach dem semantischen Inhalt
    f référence *f* par signification (*à une entité de base de connaissance*)

O104 *r* обсле́дование *n* / предвари́тельное
    e previewing (*look-up*); pilot survey (*e.g. before a computerization*)
    d vorhergehende Beobachtung *f* (*bei Mustererkennung*); vorhergehende Untersuchungen *f pl*, vorhergehende Problemdatenerfassung *f*, vorhergehender Überblick *m*
    f examination *f* [exploration *f*, inspection *f*, etude *f*] préalable; enquête *f* pilote (*p.e. avant l'informatisation*)

O105 *r* обслу́живание *n* / приорите́тное
    e foregrounding
    d Vordergrundverarbeitung *f*, vorrangige Verarbeitung *f*
    f traitement *m* d'avant plan [de premier plan]

O106 *r* обслу́живание *n* / профилакти́ческое
    e preventive maintenance
    d vorbeugende Wartung *f*
    f maintenance *f* préventive

O107 *r* обслу́живание *n* / техни́ческое
    e maintenance
    d Wartung *f*
    f maintenance *f*

O108 *r* обуче́ние *n*
    e instruction (*by instructor*); learning

ОГРАНИЧЕНИЕ

     d Instruktion *f*, Unterweisung *f*; Lernen *n*
     f instruction *f* (*par instructeur*); enseignement *m*, éducation *f*

O109 *r* обуче́ние *n* с испо́льзованием ЭВМ
     e computer-aided instruction, CAI
     d rechnerunterstützter Unterricht *m*
     f enseignement *m* assisté par ordinateur

O110 *r* обхо́д *m*
     e 1. by-pass (*e.g. of an erroneous record*) 2. circumvention (*of a trouble*) 3. encirclement (*of a loop*)
     d 1., 2. Umgehung *f* (*im Programm*), Übergehen *n* (*z.B. eines Datensatzes*) 3. Umlauf *m*
     f 1. détour *m* (*e.g. d'un enregistrement erroné*) 2., 3. contournement *m* (*d'un obstacle, d'une difficulté*)

O111 *r* о́бщество *n* с ра́звитой информацио́нной техноло́гией
     e information-oriented society
     d informationsorientierte Gesellschaft *f*
     f société *f* informatique

O112 *r* объедине́ние *n*
     e 1. uniting (*activity*); 2. union (*a set*)
     d Vereinigung *f*, Mischen *n*, Verbindung *f*, Verband *m*
     f 1. réunion *f* (*une activité*); 2. union *f*, association *f* (*un ensemble*)

O113 *r* объедине́ние *n* в бло́ки
     e blocking
     d Blockung *f*
     f blocage *m*

O114 *r* объедине́ние *n* в сеть
     e networking
     d Netzwerkaufbau *m*
     f connexion *f* en réseau

O115 *r* объе́кт *m*
     e object (*of reality*); entity (*in a database*)
     d Objekt *n*
     f objet *m* (*de réalité*); entité *f* (*d'une base de données*)

O116 *r* объе́кт *m* / абстра́ктный
     e abstraction
     d abstraktes Objekt *n*, Abstraktion *f*
     f objet *m* abstrait

O117 *r* объе́кт *m* восприя́тия
     e percept
     d Wahrnehmungsobjekt *n*
     f objet *m* de perception

O118 *r* объе́кт *m* / информацио́нный
     e data object
     d Datenobjekt *n*
     f objet *m* de données

O119 *r* объе́кт *m* ссы́лки
     e referent
     d Verweisobjekt *n*
     f objet *m* de référence

O120 *r* объе́кт *m* управле́ния
     e plant
     d Regelstrecke *f*
     f objet *m* de commande

O121 *r* объём *m* вы́борки
     e sample size
     d Stichprobenumfang *m*
     f taille *f* d'échantillon

O122 *r* объём *m* да́нных
     e data amount
     d Datenmenge *f*
     f volume *m* de données

O123 *r* объявле́ние *n*
     e declaration
     d Vereinbarung *f*
     f déclaration *f*

O124 *r* объявле́ние *n* атрибу́тов со значе́ниями по умолча́нию
     e default declaration
     d Standardvereinbarung *f*
     f déclaration *f* par défaut

O125 *r* объявле́ние *n* прав до́ступа
     e security declaration
     d Berechtigungserklärung *f*
     f déclaration *f* de sécurité

O126 *r* оверле́й *m*
     e overlay
     d Überlappung *f*, Overlay *n*
     f recouvrement *m*, overlay *m*

O127 *r* ограниче́ние *n*
     e restriction (*of functionality*); constraint (*a restricting condition*); limitation (*a boundary*)

ОГРАНИЧЕНИЕ

    d Beschränkung *f*, Einschränkung *f*, Begrenzung *f*
    f restriction *f* (*fonctionnelle*); contrainte *f* (*condition de restriction*); limitation *f* (*bornage*)

O128 *r* ограниче́ние *n* / аппара́тное
    e hardware restriction
    d Hardwarebeschränkung *f*
    f restriction *f* matérielle

O129 *r* ограниче́ние *n* по па́мяти
    e memory limitation
    d Speicherbegrenzung *f*
    f limitation *f* de mémoire

O130 *r* ограниче́ние *n* / програ́ммное
    e software restriction
    d Softwarebeschränkung *f*
    f restriction *f* de logiciel

O131 *r* ограниче́ние *n* / прое́ктное
    e design constraint
    d Entwurfsbegrenzung *f*
    f contrainte *f* de projet

O132 *r* ограничи́тель *m*
    e limiter
    d Begrenzer *m*
    f limiteur *m*

O133 *r* одноа́дресный
    e single-address
    d Einadreß..., Einadressen...
    f à adresse unique

O134 *r* однозна́чный
    e single-valued
    d eindeutig
    f à valeur unique

O135 *r* одноко́нтурный
    e single-circuit
    d einkreisig, Einkreis...; einschleifig, Einschleifen...
    f à circuit unique

O136 *r* однокриста́льный
    e one-chip, single-chip
    d Einchip..., auf einem Chip integriert
    f à puce unique

O137 *r* одноме́рный
    e one-dimensional
    d eindimensional
    f unidimensionnel, à une dimension

O138 *r* однопла́тный
    e single-board
    d Einplatinen..., Einkarten..., auf einer Leiterplatte
    f à carte unique

O139 *r* однопо́льзовательский
    e single-user
    d Einzelplatz...
    f à utilisateur unique

O140 *r* односи́мвольный
    e single-character
    d Einzelzeichen...
    f à caractère unique

O141 *r* ожида́ние *n*
    e waiting
    d Warten *n*
    f attente *f*

O142 *r* ожида́ние *n* / акти́вное
    e busy waiting
    d aktives Warten *n*
    f attente *f* active

O143 *r* ожида́ние *n* в тече́ние не бо́лее *n* шаго́в
    e n-bounded waiting
    d n-(Schritt-)begrenztes Warten *n*
    f attente *f* limitée par *N* pas

O144 *r* ожида́ние *n* / математи́ческое
    e expectation
    d Erwartungswert *m*
    f espérance *f* mathématique

O145 *r* ожида́ние *n* страни́цы при подка́чке
    e page waiting
    d Warten *n* auf einen Seitenwechsel
    f attente *f* de (chargement de) page

O146 *r* окно́ *n*
    e window
    d Fenster *n*
    f fenêtre *f*

O147 *r* окно́ *n* до́ступа
    e access hole (*on a floppy diskette*)
    d Zugriffsloch *n*, Zugriffsöffnung *f*
    f trou *m* d'accès (*sur une disquette flexible*)

O148 *r* окно́ *n* / конта́ктное
    e contact hole
    d Kontaktöffnung *f*
    f trou *m* de contact

ОПЕРАТОР

O149 *r* окно *n* на передачу
     e send window
     d Sendefenster *n*
     f fenêtre *f* d'envoi; fenêtre *f* de transmission

O150 *r* окно *n* на экране дисплея
     e display window
     d Bildschirmfenster *n*
     f fenêtre *f* sur écran

O151 *r* окрестность *f*
     e neighborhood
     d Nachbarschaft, Umgebung *f*
     f environnement *m*

O152 *r* округление *n*
     e rounding
     d Abrundung *f*
     f arrondissement *m*

O153 *r* операнд *m*
     e operand
     d Operand *m*
     f opérande *m*

O154 *r* операнд *m* в памяти
     e memory operand
     d Speicheroperand *m*
     f opérande *m* mémoire

O155 *r* операнд *m* из нескольких слов
     e multiword operand
     d Mehrwortoperand *m*
     f opérande *m* à plusieurs mots

O156 *r* операнд *m* / непосредственный
     e immediate operand
     d Direktoperand *m*
     f opérande *m* immédiat

O157 *r* операнд *m* / неявный
     e implied operand
     d impliziter Operand *m*
     f opérande *m* implicite

O158 *r* операнд *m* / регистровый
     e register operand
     d Registeroperand *m*
     f opérande *m* registre

O159 *r* оператор *m*
     e operator (*a human*); statement (*of a program*)
     d Bediener *m*, Operateur *m*; Anweisung *f*, Statement *n*
     f opérateur *m*; instruction *f* (*d'un programme*)

O160 *r* оператор *m* ветвления
     e branch statement
     d Verzweigungsanweisung *f*
     f instruction *f* de branchement

O161 *r* оператор *m* возврата
     e return statement
     d Rückkehranweisung *f*
     f instruction *f* de retour

O162 *r* оператор *m* выбора
     e case statement
     d Auswahlanweisung *f*, Wählanweisung *f*
     f instruction *f* de cas

O163 *r* оператор *m* / вызывающий
     e caller
     d Rufanweisung *f*
     f instruction *f* d'appel

O164 *r* оператор *m* / выполняемый
     e executable statement
     d ausführbare Anweisung *f*
     f instruction *f* exécutable

O165 *r* оператор *m* на входном языке
     e source statement
     d Anweisung *f* in Quellsprache, Quellenanweisung *f*
     f instruction *f* source

O166 *r* оператор *m* / непомеченный
     e unlabeled statement
     d nicht markierte Anweisung *f*
     f instruction *f* non étiquetée

O167 *r* оператор *m* объявления
     e declarer
     d Vereinbarungsanweisung *f*
     f instruction *f* déclarative [de déclaration]

O168 *r* оператор *m* описания
     e declarative statement
     d beschreibende Anweisung *f*
     f instruction *f* descriptive [de description]

O169 *r* оператор *m* определения файла
     e define file statement
     d Dateidefinitionsanweisung *f*
     f instruction *f* de définition de fichier

O170 *r* оператор *m* отбора
     e select statement
     d Auswahlanweisung *f*
     f instruction *f* de sélection

O171 *r* оператор *m* / отладочный
     e debugging statement
     d Ausprüfanweisung *f*, Testhilfeanweisung *f*

ОПЕРАТОР

   f instruction *f* de débogage [de mise au point]

O172 *r* опера́тор *m* отображе́ния
   e display statement
   d Anzeigeanweisung *f*
   f instruction *f* d'affichage

O173 *r* опера́тор *m* переда́чи управле́ния
   e transfer statement
   d Transferanweisung *f*
   f instruction *f* de rupture de séquence

O174 *r* опера́тор *m* пересы́лки да́нных
   e move statement
   d Übertragungsanweisung *f*
   f instruction *f* de transfert de données

O175 *r* опера́тор *m* / поме́ченный
   e labeled statement
   d markierte Anweisung *f*
   f instruction *f* étiquetée [marquée, labellée]

O176 *r* опера́тор *m* приёма
   e accept statement
   d Annahmeanweisung *f*
   f instruction *f* d'acceptation

O177 *r* опера́тор *m* присва́ивания
   e assignment statement
   d Zuweisungsanweisung *f*, Ergibtanweisung *f*
   f instruction *f* d'affection

O178 *r* опера́тор *m* редакти́рования
   e edit statement
   d Editieranweisung *f*
   f instruction *f* d'édition

O179 *r* опера́тор *m* / составно́й
   e compound
   d Verbundanweisung *f*, zusammengesetzte Anweisung *f*
   f instruction *f* composée

O180 *r* опера́тор *m* / трасси́ровочный
   e trace statement
   d Testüberwachungsanweisung *f*
   f instruction *f* de tracé [de tracement]

O181 *r* опера́тор *m* умолча́ния
   e default
   d Standardanweisung *f*
   f instruction *f* par défaut

O182 *r* опера́тор *m* / усло́вный
   e conditional
   d bedingte Anweisung *f*
   f instruction *f* conditionnelle

O183 *r* опера́тор *m* ЭВМ
   e computer operator
   d Computerbediener *m*, EDVA-Bediener *m*
   f opérateur *m* d'ordinateur

O184 *r* опера́тор-выраже́ние *m*
   e expression statement
   d Ausdrucksanweisung *f*
   f instruction *f* expression

O185 *r* опера́ции *f pl* / арифмети́ческие
   e arithmetic
   d Arithmetik *f*, Arithmetikoperationen *f pl*
   f opérations *f pl* arithmétiques

O186 *r* опера́ция *f*
   e operation
   d Operation *f*
   f opération *f*

O187 *r* опера́ция *f* / атома́рная
   e atomic operation
   d atomare Operation *f*
   f opération *f* élémentaire [atomique, primitive]

O188 *r* опера́ция *f* / бина́рная
   e dyadic operation
   d Zweioperandenoperation *f*, Zweioperandenverknüpfung *f*, dyadische Verknüpfung *f*
   f opération *f* diadique

O189 *r* опера́ция *f* / дли́нная
   e time-consuming operation
   d zeitaufwendige Operation *f*
   f opération *f* longue [de longue durée]

O190 *r* опера́ция *f* И
   e AND operation
   d UND-Funktion *f*; UND-Operation *f*, UND-Verknüpfung *f*
   f opération *f* ET

O191 *r* опера́ция *f* ЙЛИ
   e OR operation
   d ODER-Funktion *f*; ODER-Operation *f*, ODER-Verknüpfung *f*
   f opération *f* OU

O192 *r* опера́ция *f*, иниции́руемая нажа́тием кла́виши
   e keystroke operation

ОПЕРАЦИЯ

    d durch Tastenanschlag eingegebene Operation *f*
    f opération *f* initiée [exécutée] par un appui sur la touche

O193 *r* опера́ция *f* исключа́ющее ИЛИ
    e exclusive OR operation
    d Exklusiv-Oder-Funktion *f*; Exklusiv-ODER-Operation *f*, EXOR-Operation *f*
    f opération *f* OU exclusive, opération *f* de dilemme

O194 *r* опера́ция *f* / логи́ческая
    e boolean operation
    d Boolesche Operation *f*
    f opération *f* logique [booléenne]

O195 *r* опера́ция *f* логи́ческого вы́вода
    e inference operation
    d Inferenzoperation *f*, Schlußfolgerungsoperation *f*
    f opération *f* d'inférence

O196 *r* опера́ция *f* / мажорита́рная
    e majority operation
    d Majoritätsoperation *f*
    f opération *f* majoritaire

O197 *r* опера́ция *f* над ба́зой да́нных
    e database operation
    d Datenbankoperation *f*, Datenbasisoperation *f*
    f opération *f* sur la base de données

O198 *r* опера́ция *f* над вектора́ми
    e vector operation
    d Vektoroperation *f*
    f opération *f* vectorielle

O199 *r* опера́ция *f* над масси́вом
    e array operation
    d Feldoperation *f*
    f opération *f* sur tableau

O200 *r* опера́ция *f* над мно́жествами
    e set operation
    d Mengenoperation *f*
    f opération *f* ensembliste [sur ensembles]

O201 *r* опера́ция *f* над скаля́рными величи́нами
    e scalar operation
    d Skalaroperation *f*
    f opération *f* scalaire

O202 *r* опера́ция *f* над стро́ками да́нных
    e string operation
    d Stringoperation *f*
    f opération *f* sur chaînes

O203 *r* опера́ция *f* над чи́слами двойно́й длины́
    e double-length operation
    d Operation *f* mit doppelter Stellenzahl [mit doppelter Wortlänge]
    f opération *f* en double longueur

O204 *r* опера́ция *f* НЕ-И
    e NAND operation
    d NAND-Funktion *f*; NAND-Operation *f*, NAND-Verknüpfung *f*, NICHT-UND-Verknüpfung *f*
    f opération *f* NON-ET

O205 *r* опера́ция *f* НЕ-ИЛИ
    e NEITHER-NOR operation
    d NOR-Funktion *f*; NOR-Operation *f*, NOR-Verknüpfung *f*
    f opération *f* OU-NON

O206 *r* опера́ция *f* / неэлемента́рная
    e nonprimitive operation
    d nichtprimitive Operation *f*
    f opération *f* non primitive

O207 *r* опера́ция *f* / пуста́я
    e void
    d Nulloperation *f*
    f opération *f* nulle

O208 *r* опера́ция *f* / регистровая
    e register operation
    d Registeroperation *f*
    f opération *f* sur les registres

O209 *r* опера́ция *f* / рути́нная
    e routine operation
    d Routineoperation *f*
    f opération *f* routinière

O210 *r* опера́ция *f* / ручна́я
    e manual operation
    d manuelle Operation *f*
    f opération *f* manuelle

O211 *r* опера́ция *f* / служе́бная
    e bookkeeping [housekeeping] operation
    d organisatorische Operation *f*
    f opération *f* auxiliaire [de service]

ОПЕРАЦИЯ

O212   r   опера́ция f с одни́м опера́ндом
      e   monadic operation
      d   Einoperandenoperation f, monadische Verknüpfung f
      f   opération f monadique

O213   r   опера́ция f с пла́вающей запято́й [с пла́вающей то́чкой]
      e   floating-point operation
      d   Gleitkommaoperation f
      f   opération f en virgule flottante

O214   r   опера́ция f / сте́ковая
      e   stack operation
      d   Stackoperation f, Kelleroperation f
      f   opération f de pile

O215   r   опера́ция f с фикси́рованной запято́й [с фикси́рованной то́чкой]
      e   fixed-point operation
      d   Festkommaoperation f
      f   opération f en virgule fixe

O216   r   опера́ция f счи́тывания
      e   read operation
      d   Leseoperation f
      f   opération f de lecture

O217   r   опера́ция f управле́ния
      e   control operation
      d   Steuerungsoperation f
      f   opération f de commande

O218   r   опера́ция f / целочи́сленная
      e   integer operation
      d   Ganzzahloperation f
      f   opération f entière

O219   r   опера́ция f эквивале́нтности
      e   identity operation
      d   Identitätsverknüpfung f
      f   opération f d'identité

O220   r   описа́ние n
      e   description, definition
      d   Beschreibung f, Definition f, Vereinbarung f
      f   description f, définition f

O221   r   описа́тель m
      e   descriptor, specificator
      d   Deskriptor m, Beschreiber m
      f   descripteur m, spécificateur m

O222   r   опознава́ние n
      e   recognition; identification
      d   Erkennung f; Identifizierung f
      f   reconnaissance f; identification f

O223   r   определе́ние n приорите́та
      e   priority resolution
      d   Prioritätsauflösung f, Prioritätsentschlüsselung f
      f   résolution f de priorité

O224   r   опро́с m
      e   poll(ing) (*in a given order*); interrogation
      d   Abrufen n, zyklisches Abfragen n; Abfrage f
      f   appel m (sélectif), invitation f à émettre, polling m; interrogation f

O225   r   оптимиза́ция f / ве́кторная
      e   multiobjective optimization
      d   mehrparametrische Optimierung f
      f   optimisation f multicritère [multiparamétrique]

O226   r   оптимиза́ция f в проце́ссе компиля́ции
      e   compiler optimization
      d   Kompilieroptimierung f
      f   optimisation f par compilateur

O227   r   оптимиза́ция f / глоба́льная
      e   overall optimization
      d   durchgängige Optimierung f
      f   optimisation f globale

O228   r   оптимиза́ция f / усло́вная
      e   constrained optimization
      d   beschränkte Optimierung f
      f   optimisation f contrainte

O229   r   о́пция f
      e   option
      d   Option f
      f   option f

O230   r   организа́ция f / ба́йтовая
      e   byte-wide organization
      d   bytebreite [byteweise] Struktur f, Bytestruktur f
      f   organisation f [structure f] en octets

O231   r   организа́ция f / конве́йерная
      e   pipeline organization
      d   Pipeline-Struktur f
      f   organisation f [structure f] pipeliné, organisation f [structure f] (en) pipeline

O232   r   организа́ция f лову́шек

ОСТАНОВ

    e trapping
    d Trapping *n*
    f gestion *f* [création *f*] de trappes

O233 *r* организа́ция *f* многозада́чного режи́ма
    e cotasking
    d Multitasking *n*
    f création *f* de mode multitâche, gestion *f* multitâche

O234 *r* организа́ция *f* о́кон
    e windowing
    d Fenstertechnik *f*, Windowing *n*; Ausschnittsdarstellung *f*
    f fenêtrage *m*

O235 *r* организа́ция *f* очереде́й
    e queu(e)ing
    d Bilden *n* der Warteschlangen, Warteschlangenorganisation *f*
    f création *f* [gestion *f*] de queues, mise *f* en queue [en file d'attente]

O236 *r* организа́ция *f* полиэкра́нной рабо́ты диспле́я
    e miltiwindowing
    d Bildfenstertechnik *f*, Multiwindowing *n*
    f multifenêtrage *m*

O237 *r* организа́ция *f* прохожде́ния зада́ч
    e tasking
    d Aufgabenzuweisung *f*
    f création *f* [gestion *f*] de tâches

O238 *r* организа́ция *f* рандеву́
    e rendezvousing (*in Ada*)
    d Rendezvous-Organisation *f*, Rendezvous-Technik *f* (*Programmiersprache Ada*)
    f gestion *f* de rendez-vous

O239 *r* организа́ция *f* се́ти ЭВМ
    e computer networking
    d Rechnernetzaufbau *m*
    f gestion *f* [constitution *f*] de réseau d'ordinateurs

O240 *r* организа́ция *f* фа́йла
    e filing
    d Dateiorganisation *f*
    f création *f* [gestion *f*] de fichier, mise *f* en fichier

O241 *r* организа́ция *f* фо́новой обрабо́тки
    e backgrounding
    d Hintergrundverarbeitung *f*, nachrangige Verarbeitung *f*, Backgrounding *n*
    f gestion *f* de traitement d'arrière-plan [de traitement de fond]

O242 *r* организа́ция *f* ци́клов
    e looping
    d Zyklusaufbau *m*
    f gestion *f* de boucles

O243 *r* освобожде́ние *n*
    e release (*e.g. of resource*)
    d Freigabe *f*, Auslösen *n*
    f libération *f* (*p.e. d'une ressource*)

O244 *r* основа́ние *n* систе́мы счисле́ния
    e radix
    d Basis *f* (*eines Zahlensystems*)
    f base *f* (d'un système) de numération

O245 *r* остано́в *m*
    e breakpoint (*for checking within processing*); shutdown (*switching off*); halt (*making a pause*); stop (*after malfunction*)
    d Haltepunkt *m*, Zwischenstopp *m*, Abschalten *n*, Halt *m*, Stopp *m*
    f arrêt *m*; halte *f*, pause *f*; stop *m*, fin *f*

O246 *r* остано́в *m* / авари́йный
    e abend
    d Abend *n*, Abnormalhalt *m*; Notabschaltung *f*
    f arrêt *m* anormal, fin *f* anormale

O247 *r* остано́в *m* без возмо́жности повто́рного за́пуска
    e dead halt
    d vollständiger Halt *m*, nicht selbständig rückgangig zu machender Maschinenstopp *m*
    f arrêt *m* mort

O248 *r* остано́в *m* / контро́льный
    e breakpoint halt
    d Haltbefehl *m*, Stoppbefehl *m*; Zwischenstopp *m*

ОСТАНОВ

    f arrêt *m* dans un point de reprise

O249 *r* останóв *m* по áдресу
    e address stop
    d Adressenstopp *m*
    f arrêt *m* sur l'adresse

O250 *r* останóв *m* по трéбованию
    e request stop
    d willkürlicher Stopp *m*
    f arrêt *m* à la demande

O251 *r* останóв *m* при обрыве лéнты
    e tape-break stop
    d Bandriß-Stopp *m*, Stopp *m* beim Bandriß
    f arrêt *m* par rupture de bande

O252 *r* останóв *m* / прогрáммный
    e program halt
    d Programmstopp *m*
    f arrêt *m* de programme

O253 *r* останóв *m* с ожидáнием
    e loop halt
    d Schleifenstopp *m*, Programmstopp *m* durch Dauerschleife
    f arrêt *m* avec attente

O254 *r* останóв *m* / услóвный
    e conditional halt
    d bedingter Halt *m*
    f arrêt *m* conditionnel

O255 *r* останóвка *f* печáти при отсýтствии бумáги
    e stop
    d Stopp *m* beim Papierfehlen *(für einen Drucker)*
    f arrêt *m* de fin de papier

O256 *r* остáток *m* от делéния
    e remainder
    d Divisionsrest *m*
    f reste *m* [résidu *m*] de division

O257 *r* остáток *m* по мóдулю N
    e modulo N residue
    d Modulo-N-Rest *m*
    f résidu *m* modulo N

O258 *r* осуществлéние *n* операции И
    e ANDing
    d Verbinden *n* durch logisches UND, ANDing *n*, UNDen *n*
    f exécution *f* d'opération ET

O259 *r* осуществлéние *n* операции ИЛИ
    e ORing
    d Veroderung *f*, Verbinden *n* durch logisches ODER, ORing *n*
    f exécution *f* d'opération OU

O260 *r* отбóр *m* нýжных знáний
    e knowledge refinement
    d Wissensverfeinerung *f*
    f affinement *m* de connaissances

O261 *r* отбрáсывание *n*
    e dropping *(e.g. of nonsignificant zeros)*
    d Auslassen *n* *(z.B. von nichtsignifikanten Nullen)*
    f troncation *f (p.e. de zéros non significatifs)*

O262 *r* отвéрстие *n* / кóдовое
    e code hole
    d Kodeloch *n*
    f trou *m* [perforation *f*] de code

O263 *r* отвéрстие *n* / крепёжное
    e mounting hole
    d Montageloch *n*
    f trou *m* de montage

O264 *r* отвéрстие *n* / межслóйное
    e via
    d Kontaktloch *n (zwischen zwei Leitungsebenen)*
    f trou *m* de changement de couche, trou *m* intercouche

O265 *r* отвéрстие *n* / металлизúрованное
    e plated hole
    d durchmetallisiertes [durchkontaktiertes] Loch *n*
    f trou *m* métallisé

O266 *r* отвéрстие *n* / монтáжное
    e lead hole
    d Montageloch *n*
    f trou *m* de câblage

O267 *r* отвéрстие *n* / перехóдное
    e via-hole
    d Kontaktloch *n*
    f trou *m* de passage

O268 *r* отвéрстие *n* / перфорациóнное
    e punched hole
    d Lochstelle *f*, Lochung *f*
    f trou *m* de perforation

O269 *r* отвéрстие *n* синхродорóжки
    e feed hole

      d Führungsloch *n*,
         Transportloch *n*, Taktloch *n*
      f perforation *f* [trou *m*]
         d'alimentation, perforation *f*
         [trou *m*] d'entraînement

O270 *r* отве́рстие *n* / сквозно́е
      e reach-through hole
      d Durchgangsloch *n*
      f trou *m* à travers

O271 *r* отве́рстие *n* / смещённое
         перфорацио́нное
      e off-punch
      d Fehllochung *f*
      f perforation *f* décadrée
         [intercalée]

O272 *r* отве́рстие *n* / устано́вочное
      e indexing hole
      d Indexloch *n*
      f trou *m* d'index

O273 *r* отве́т *m* / автомати́ческий
      e autoanswer
      d automatische
         Anrufbeantwortung *f*
      f autoréponse *f*

O274 *r* ответвле́ние *n* от ли́нии
      e tap
      d Abzweigung *f*
      f branchement *m*

O275 *r* отка́з *m*
      e 1. failure 2. reject (*refusal*)
      d 1. Ausfall *m* 2. Rückweisung
         f
      f 1. défaillance *f*, défaut *m*,
         faute *f*, panne *f* 2. refus *m*,
         rejet *m*

O276 *r* отка́з *m* из-за
         непра́вильного обраще́ния
      e misuse failure
      d Ausfall *m* wegen des
         unsachgemäßen Einsatzes
      f défaut *m* humain [par
         inadvertance]

O277 *r* отка́з *m* / изно́совый
      e wear-out failure
      d Alterungsausfall *m*
      f défaillance *f* d'usure

O278 *r* отка́з *m* / обнаружи́мый
      e detectable failure
      d erkennbarer Ausfall *m*
      f défaillance *f* détectable

O279 *r* отка́з *m* от исполне́ния
         кома́нды
      e command reject

ОТКАТ

      d Befehlsrückweisung *f*,
         Kommandorückweisung *f*
      f rejet *m* d'instruction

O280 *r* отка́з *m* по вине́
         обслу́живающего персона́ла
      e human failure
      d Ausfall *m* durch menschliches
         Versagen
      f défaut *m* humain [par
         inadvertance]

O281 *r* отка́з *m* / по́лный
      e complete failure
      d Totalausfall *m*
      f défaut *m* complet

O282 *r* отка́з *m* / прирабо́точный
      e infancy failure
      d Frühausfall *m*
      f défaillance *f* infantile
         [initiale]

O283 *r* отка́з *m* резерви́рованной
         систе́мы
      e redundant failure
      d Redundanzausfall *m*
      f défaut *m* [défaillance *f*] de
         système redondant

O284 *r* отка́з *m* /
         самоустраня́ющийся
      e transient failure
      d vorübergehender Ausfall *m*
      f defaillance *f* [défaut *m*, faute
         f] transitoire

O285 *r* отка́з *m* / скры́тый
      e latent failure
      d latenter Ausfall *m*
      f défaut *m* latent

O286 *r* отка́з *m* /
         эксплуатацио́нный
      e field failure
      d Ausfall *m* während des
         Geräteeinsatzes
      f défaut *m* opératoire [de
         fonctionnement]

O287 *r* отказоусто́йчивость *f*
      e fault-tolerance
      d Fehlertoleranz *f*
      f tolérance *f* aux pannes

O288 *r* отка́т *m*
      e rollback
      d Rückkehr *f* (*zum
         Anhaltepunkt während eines
         Wiederanlaufvorgangs*)
      f recul *m*, roulement *m* en
         arrière

ОТКАТ

O289 *r* **откат** *m* **с повторением обработки**
  e rollback-and-retry
  d Rückkehr *m* und Wiederholung *f*
  f recul *m* avec reprise de traitement

O290 *r* **откачка** *f* **из оперативной памяти**
  e rollout
  d Ausspeichern *n*, Rollout *n*
  f rollout *m* (*roulage de données hors mémoire vive*)

O291 *r* **отклик** *m*
  e response
  d Antwort *f*, Reaktion *f*
  f réponse *f*

O292 *r* **отклик** *m* / **ожидаемый**
  e predicted response
  d vorhersehbare [voraussagbare] Reaktion *f*
  f réponse *f* prédicable [prévue, prognostiquée)

O293 *r* **отклонение** *n*
  e deviation
  d Abweichung *f*
  f écart *m*, déviation *f*

O294 *r* **отклонение** *n* / **среднеквадратическое**
  e mean-square deviation
  d mittlere quadratische Abweichung *f*
  f écart *m* quadratique moyen

O295 *r* **отключение** *n*
  e disconnection
  d Abschaltung *f*, Ausschaltung *f*
  f débranchement *m*, coupure *f*

O296 *r* **открепление** *n* **ресурса**
  e resource deallocation
  d Aufhebung *f* der Betriebsmittelzuordnung [der Ressourcenzuordnung]
  f désallocation *f* de ressource

O297 *r* **отладка** *f*
  e debugging
  d Fehlerbeseitigung *f*; Fehlersuche *f*; Austesten *n*, Debugging *n*
  f mise *f* au point

O298 *r* **отладчик** *m*
  e debugger
  d Fehlersuchprogramm *n*, Debugger *m*
  f gestionnaire *m* [programme *m*] de mise au point

O299 *r* **отмена** *f*
  e cancel
  d Annulierung *f*, Aufhebung *f*; Abbruch *m*
  f suppression *f*, annulation *f*

O300 *r* **отношение** *n*
  e relation (*dependency*); ratio (*coefficient*)
  d Relation *f*, Beziehung *f*; Verhältnis *n*
  f relation *f* (*dépendance*); rapport *m* (*coefficient*)

O301 *r* **отношение** *n* **включения**
  e inclusion relation
  d Einschlußrelation *f*, Beziehung *f* des Enthaltenseins
  f relation *f* d'inclusion

O302 *r* **отношение** *n* / **запросное**
  e query relation
  d Anfragerelation *f*
  f relation *f* de requête [de demande, d'interrogation]

O303 *r* **отношение** *n* / **количественное**
  e magnitude relation
  d Größenbeziehung *f*
  f relation *f* de grandeur

O304 *r* **отношение** *n* / **многозначное**
  e multivalued relation
  d mehrdeutige Relation *f*
  f relation *f* multivoque

O305 *r* **отношение** *n* **непосредственного предшествования**
  e immediate predecessor relation
  d direkte Vorgängerbeziehung *f*
  f relation *f* de prédécesseur immédiat, relation *f* de précédence immédiate

O306 *r* **отношение** *n* **непосредственного следования**
  e immediate successor relation
  d direkte Nachfolgebeziehung *f*
  f relation *f* de successeur immédiat, relation *f* de succession immédiate

O307 *r* **отношение** *n* **подчинённости**

      e owner-member relation
      d Unterordnungsbeziehung *f*
      f relation *f* propriétaire-membre, relation *f* d'appartenance

O308 *r* отношéние *n* порядка
      e order(ing) relation
      d Ordnungsrelation *f*, Ordnungsbeziehung *f*
      f relation *f* d'ordre

O309 *r* отношéние *n* предпочтéния
      e preference relation
      d Vorzugsrelation *f*
      f relation *f* de préférence

O310 *r* отношéние *n* предшéствования
      e precedence relation
      d Vorgängerbeziehung *f*
      f relation *f* de précédence

O311 *r* отношéние *n* / причи́нно-слéдственное
      e causal relation
      d Kausalrelation *f*
      f relation *f* cause-effet

O312 *r* отношéние *n* / произвóдное
      e derivative relation
      d abgeleitete Relation *f*
      f relation *f* dérivative

O313 *r* отношéние *n* "сýщность - связь"
      e entity/relationship relation
      d Objekt-Rollen-Relation *f*
      f relation *f* entité/lien

O314 *r* отношéние *n* ти́па "роди́тель - потóмок"
      e parent-child relation
      d "Parent-child"-Relation *f*
      f relation *f* parent-enfant

O315 *r* отношéние *n* / фрагменти́рованное
      e fragmented relation
      d fragmentierte Relation *f*
      f relation *f* fragmentée

O316 *r* отношéние *n* / характеристи́ческое
      e aspect ratio
      d Seitenverhältnis *n*
      f rapport *m* caractéristique

O317 *r* отношéние *n* части́чного порядка
      e partial order relation
      d partielle Ordnungsrelation *f*, Teilordnungsrelation *f*
      f relation *f* d'ordre partiel [de préordre]

O318 *r* отношéние *n* эквивалéнтности
      e equivalence relation
      d Äquivalenzrelation *f*
      f relation *f* d'équivalence

O319 *r* отрицáние *n*
      e negation
      d Negation *f*
      f négation *f*

O320 *r* отрицáние *n* дизъю́нкции
      e nondisjunction
      d negierte Disjunktion *f*, NOR-Funktion *f*
      f non-disjonction *f*

O321 *r* отрицáние *n* конъю́нкции
      e nonconjunction
      d NAND-Funktion *f*, NICHT-UND-Verknüpfung *f*, negierte Konjunktion *f*
      f non-conjonction *f*

O322 *r* отрицáние *n* перенóса
      e not-carry
      d negierter Übertrag *m*
      f non-report *m*

O323 *r* отсéивание *n* элемéнтов масси́ва
      e sifting
      d Durchsiebung *f* (*von Feldelementen*)
      f tamisage *m* (*d'éléments de tableau*)

O324 *r* отсечéние *n* чáсти графи́ческого изображéния
      e scissoring
      d Abschneiden *n* (*Computergrafik*)
      f coupage *m* d'image (*graphique*)

O325 *r* отсýтствие *n* избы́точности
      e nonredundancy
      d Nichtredundanz *f*
      f non-redondance *f*

O326 *r* отсýтствие *n* сигнáла
      e no-signal
      d Signallosigkeit *f*, signalloser Zustand *m*
      f non-signal *m*

O327 *r* отсчёт *m*
      e sample (*a discrete value of analog signal*); readout (*on a scale*)

ОЦЕНИВАНИЕ

    d Abtastwert *m (des Analogsignals bei Diskretisierung)*
    f échantillon *m (une valeur discrète de signal analogique)*

O328 *r* оце́нивание *n* вы́борочным ме́тодом
    e sample estimation
    d Stichprobenentnahme *f*; Stichprobenschätzung *f*
    f estimation *f* par échantillonnage

O329 *r* оце́нка *f*
    e score *(a number)*; estimate, estimator *(a formula)*
    d Auswertung *f*, Beurteilung *f*; Schätzung *f*
    f note *f (un nombre)*; estimation *f*, évaluation *f*, estimateur *m (une formule)*

O330 *r* оце́нка *f* / вы́борочная
    e sample estimate
    d Stichprobenschätzung *f*
    f estimation *f* d'échantillon

O331 *r* оце́нка *f* по при́нципу максима́льного правдоподо́бия
    e maximum likelihood estimator
    d Maximum-Likelyhood-Schätzung *f*
    f estimation *f* [estimateur *m*] de maximum de vraisemblance

O332 *r* оце́нка *f* програ́ммы / эксперт́ная
    e peer code review
    d Experteneinschätzung *f* eines Programms
    f évaluation *f* d'expertise d'un programme

O333 *r* очерёдность *f*
    e queue
    d Reihenfolge *f*, Folge *f*; Warteschlange *f*
    f queue *f*

O334 *r* о́чередь *f*
    e queue, waiting line
    d Warteschlange *f*
    f queue *f*, file *f* d'attente

O335 *r* о́чередь *f* / входна́я
    e input queue
    d Eingabewarteschlange *f*
    f queue *f* [file *f* d'attente] d'entrée

O336 *r* о́чередь *f* / выходна́я
    e output queue
    d Ausgabewarteschlange *f*
    f queue *f* [file *f* d'attente] de sortie

O337 *r* о́чередь *f* зада́ний
    e job queue
    d Job-Warteschlange *f*, Auftragswarteschlange *f*
    f queue *f* [file *f* d'attente] de travaux, queue *f* [file *f* d'attente] de tâches

O338 *r* о́чередь *f* запро́сов к устро́йству
    e device queue
    d Gerätewarteschlange *f*
    f queue *f* de requêtes d'un dispositif

O339 *r* о́чередь *f* к кана́лу
    e channel waiting queue
    d Kanalwarteschlange *f*
    f queue *f* [file *f* d'attente] de canal

O340 *r* о́чередь *f* магази́нного ти́па
    e p..sh-down queue
    d LIFO-Warteschlange *f*
    f queue *f* LIFO, LIFO *f*, queue "le dernier venu - le premier servi"

O341 *r* о́чередь *f* на обрабо́тку
    e process queue
    d Bearbeitungswarteschlange *f*
    f queue *f* de traitement

O342 *r* о́чередь *f* передава́емых сообще́ний
    e communications queue
    d Nachrichtenwarteschlange *f*
    f queue *f* de messages

O343 *r* о́чередь *f* по приорите́ту
    e priority queue
    d prioritätsgeordnete Warteschlange *f*
    f queue *f* de priorité

O344 *r* о́чередь *f* части́чно обрабо́танных сообще́ний
    e work-in-process queue
    d Warteschlange *f* der laufenden Nachrichten
    f queue *f* de messages en (état de) traitement

O345 *r* очи́стка *f*
    e clearing
    d Löschung *f*, Rücksetzen *n* auf Null, Nullsetzen *n*

ОШИБКА

    f nettoyage *m*

O346 *r* ошибка *f*
    e error; mistake *(human error)*
    d Fehler *m*
    f erreur *f*, faute *f*, défaut *m*

O347 *r* ошибка *f* в вычислении
    e miscalculation
    d Rechenfehler *m*
    f faute *f* de calcul

O348 *r* ошибка *f* в системе программного обеспечения
    e software error
    d Software-Fehler *m*
    f erreur *f* de logiciel

O349 *r* ошибка *f* / грубая
    e gross error, blunder
    d grober Fehler *m*
    f erreur *f* grossière [stupide]

O350 *r* ошибка *f* игнорирования человеческого фактора
    e human factor error
    d ungerechtfertigte Ignorierung *f* des menschlichen Faktors
    f erreur *f* d'ignorance de facteur humain

O351 *r* ошибка *f* квантования
    e sampling error
    d Abtastfehler *m*
    f erreur *f* d'echantillonnage

O352 *r* ошибка *f* / локализованная
    e isolated error
    d lokalisierter Fehler *m*
    f erreur *f* isolée

O353 *r* ошибка *f* монтажа
    e wiring error
    d Verdrahtungsfehler *m*
    f erreur *f* de câblage [de connexion]

O354 *r* ошибка *f* / накопленная
    e cumulative error
    d akkumulierter [kumulativer] Fehler *m*
    f erreur *f* cumulée

O355 *r* ошибка *f* / неисправимая
    e fatal error
    d nicht behebbarer Fehler *m*
    f erreur *f* fatale [incorrigible, irrécupérable]

O356 *r* ошибка *f* оператора
    e human mistake, bust
    d Bedienungsfehler *m*, Fehler *m* durch menschliches Versagen
    f erreur *f* humaine

O357 *r* ошибка *f* / орфографическая
    e misspelling
    d orthographischer Fehler *m*
    f erreur *f* orthographique

O358 *r* ошибка *f* при исправлении программы
    e patching error
    d Fehler *m* bei Direktkorrektur *(eines Programms)*
    f erreur *f* d'amendement

O359 *r* ошибка *f* при объявлении переменной
    e declare error
    d Vereinbarungsfehler *m*, Deklarationsfehler *m*
    f erreur *f* de déclaration de variable

O360 *r* ошибка *f* при работе с клавиатурой
    e keying mistake
    d Fehleintastung *f*, Tastfehler *m*
    f faute *f* de frappe (de touche)

O361 *r* ошибка *f* при сортировке
    e missort
    d Sortierfehler *m*
    f erreur *f* de tri [de triage, de classement]

O362 *r* ошибка *f* / систематическая
    e fixed error
    d fester [systematischer] Fehler *m*
    f erreur *f* fixe [constante, systématique]

O363 *r* ошибка *f* / среднеквадратическая
    e root-mean-square error
    d mittlerer quadratischer Fehler *m*
    f erreur *f* moyenne quadratique

O364 *r* ошибка *f* / статическая
    e steady-state error
    d statischer Fehler *m*
    f erreur *f* statique

O365 *r* ошибка *f* / умышленная
    e intentional error
    d absichtlich eingeführter [beabsichtigter] Fehler *m*
    f erreur *f* intentionnelle

ПАКЕТ

П

П1 r пакéт m
  e pack *(a stack)*; packet *(a collection)*; package *(a complete set)*; batch *(a sequence of jobs)*
  d Paket n; Stapel m, Batch n
  f pile f; paquet m *(une collection)*; lot m, train m *(une séquence de travaux)*

П2 r пакéт m дáнных
  e packet
  d Datenpaket n
  f paquet m de données

П3 r пакéт m дúсков / съёмный
  e removable disk pack
  d herausnehmbarer Plattenstapel m
  f paquet m de disques amovible

П4 r пакéт m ошúбок
  e error burst
  d Fehlerbündel n
  f paquet m d'erreurs

П5 r пакéт m прикладны́х прогрáмм
  e application package
  d Anwendungspaket n, Anwendersoftwarepaket n
  f paquet m d'application

П6 r пакéт m прогрáмм
  e software package
  d Softwarepaket n, Programmpaket n
  f progiciel m

П7 r пакéт m с невéрной контрóльной сýммой
  e out-of-balance packet
  d Paket n mit fehlerhafter Prüfsumme
  f paquet m à somme de contrôle erronée

П8 r пакетúрование n
  e packetization
  d Paketierung f; Stapelung f
  f paquetage m

П9 r пакетúрование n задáний
  e job batching
  d Jobstapelung f
  f organization f de travaux par lots [de travaux par train]

П10 r пáмять f
  e memory
  d Speicher m
  f mémoire f

П11 r пáмять f / адресýемая
  e addressable memory
  d adressierbarer Speicher m
  f mémoire f adressable

П12 r пáмять f / ассоциатúвная
  e content-addressable memory
  d inhaltsadressierbarer Speicher m, Assoziativspeicher m
  f mémoire f associative [adressable par contenu]

П13 r пáмять f большóго объёма
  e bulk memory
  d Massenspeicher m
  f mémoire f de grande taille

П14 r пáмять f / бýферная
  e buffer memory
  d Pufferspeicher m
  f mémoire f tampon

П15 r пáмять f / быстродéйствующая
  e high-speed memory
  d Schnellspeicher m
  f mémoire f (à accès) rapide

П16 r пáмять f видеодáнных
  e video memory
  d Videospeicher m
  f mémoire f vidéo

П17 r пáмять f / виртуáльная
  e virtual memory
  d virtueller Speicher m
  f mémoire f virtuelle

П18 r пáмять f графúческих дáнных
  e graphics memory
  d Grafikspeicher m
  f mémoire f graphique [de données graphiques]

П19 r пáмять f дáнных
  e data memory
  d Datenspeicher m
  f mémoire f de données

П20 r пáмять f / двухпóртовая
  e dual-ported memory
  d Dual-Port-Speicher m, Zweitorspeicher m
  f mémoire f à double ports

ПАМЯТЬ

П21 r па́мять f / двухуровневая
 e two-level memory
 d Zweiebenenspeicher m
 f mémoire f à deux niveaux

П22 r па́мять f динами́ческого ти́па
 e dynamic memory
 d dynamischer Speicher m
 f mémoire f dynamique

П23 r па́мять f диспле́я / бу́ферная
 e off-screen memory
 d Bildspeicher m
 f mémoire f supplémentaire [tampon] d'écran

П24 r па́мять f для расшире́ния систе́мы
 e add-on memory
 d Erweiterungsspeicher m
 f mémoire f d'extension

П25 r па́мять f / долговре́менная
 e long-term memory
 d Dauerspeicher m
 f mémoire f à long terme

П26 r па́мять f, досту́пная по́льзователю
 e user-available memory
 d nutzerorientierter [für Anwender verfügbarer] Speicher m
 f mémoire f à la portée d'utilisateur

П27 r па́мять f / защищённая
 e protected memory
 d geschützter Speicher m
 f mémoire f protégée

П28 r па́мять f клавиату́ры / бу́ферная
 e keystroke memory
 d Tastatur(puffer)speicher m
 f mémoire f tampon de clavier

П29 r па́мять f магази́нного ти́па
 e nesting memory
 d Einschachtelungsspeicher m; Kellerspeicher m
 f mémoire f organisée en pile

П30 r па́мять f микропрогра́мм
 e microcode memory
 d Mikroprogrammspeicher m
 f mémoire f de microprogrammes

П31 r па́мять f обра́тного магази́нного ти́па
 e FIFO memory
 d FIFO-Speicher m
 f mémoire f FIFO, FIFO f, mémoire f "le premier venu - le premier servi"

П32 r па́мять f / операти́вная
 e core memory, read/write memory
 d Arbeitsspeicher m, Schreib-Lese-Speicher m
 f mémoire f principale [vive]

П33 r па́мять f / основна́я
 e main memory
 d Hauptspeicher m
 f mémoire f centrale [principale]

П34 r па́мять f / перви́чная
 e primary memory
 d Primärspeicher m
 f mémoire f primaire

П35 r па́мять f / перезапи́сываемая
 e writable memory
 d überschreibbarer Speicher m
 f mémoire f réinscriptible

П36 r па́мять f / постоя́нная
 e read-only memory, ROM
 d Festspeicher m, Nur-Lese-Speicher m, ROM-Speicher m, ROM m
 f mémoire f morte [permanente], ROM f

П37 r па́мять f програ́мм
 e program memory
 d Programmspeicher m
 f mémoire f de programmes

П38 r па́мять f прямы́х и обра́тных паке́тов (сообще́ний)
 e piggyback memory
 d Piggyback-Speicher m
 f mémoire f piggyback [à accès partagé en réception et en émission]

П39 r па́мять f / сверхбыстроде́йствующая
 e ultrahigh-access memory
 d ultraschneller Speicher m
 f mémoire f (à accès) ultrarapide

П40 r па́мять f с защи́той от за́писи
 e write-protected memory
 d schreibgeschützter Speicher m

169

ПАМЯТЬ

      f mémoire *f* protégée en écriture

П41 *r* па́мять *f* с ма́лым вре́менем вы́борки
      e short-access memory
      d Speicher *m* mit kurzer Zugriffszeit
      f mémoire *f* à accès court

П42 *r* па́мять *f* с нулевы́м вре́менем ожида́ния
      e no-wait memory
      d Speicher *m* ohne Wartezeit
      f mémoire *f* sans état d'attente

П43 *r* па́мять *f* содержи́мого экра́на
      e screen memory
      d Bildspeicher *m*
      f mémoire *f* d'image (de l'écran)

П44 *r* па́мять *f* со страни́чной организа́цией
      e paged memory
      d seitenorganisierter Speicher *m*, Seitenspeicher *m*
      f mémoire *f* en pages

П45 *r* па́мять *f* с подка́чкой страни́ц по тре́бованию
      e demand-paged memory
      d Speicher *m* mit Seitenumlagerung auf Anfrage
      f mémoire *f* à la demande de pages

П46 *r* па́мять *f* с после́довательным до́ступом
      e sequential-access memory
      d sequentieller Speicher *m*, Speicher *m* mit seriellem [mit sequentiellem] Zugriff
      f mémoire *f* séquentielle [à accès séquentiel, à accès en série]

П47 *r* па́мять *f* с посло́вной вы́боркой
      e word memory
      d Wortspeicher *m*
      f mémoire *f* à (accès par) mots

П48 *r* па́мять *f* с произво́льной вы́боркой
      e random-access memory, RAM
      d Speicher *m* mit wahlfreiem Zugriff, RAM-Speicher *m*, RAM *m*
      f mémoire *f* à accès aléatoire [à accès au hasard], mémoire *f* RAM, RAM *f*

П49 *r* па́мять *f* с прямы́м до́ступом
      e direct access memory
      d Direktzugriffsspeicher *m*
      f mémoire *f* à accès direct

П50 *r* па́мять *f* / стира́емая
      e erasable memory
      d löschbarer Speicher *m*
      f mémoire *f* effaçable

П51 *r* па́мять *f* с фа́йловой организа́цией
      e file memory
      d File-Speicher *m*, Dateispeicher *m*
      f mémoire *f* (organisée) en fichiers

П52 *r* па́мять *f* с чередова́нием адресо́в
      e interleaved memory
      d Speicher *m* mit Adressenverschachtelung [mit Adressenverzahnung]
      f mémoire *f* à interlaçage d'adresses [à adresses interlacées]

П53 *r* па́мять *f* табли́чного ти́па
      e table memory
      d Tabellenspeicher *m*
      f mémoire *f* organisée en tableaux

П54 *r* пане́ль *f* / бликоподавля́ющая
      e antiglare panel
      d Entspiegelungstafel *f*
      f panneau *m* à suppression des reflets (de lumière)

П55 *r* пане́ль *f* / индика́торная
      e display panel
      d Anzeigetafel *f*
      f panneau *f* d'affichage

П56 *r* пане́ль *f* / кла́вишная
      e keyboard, keypad
      d Tastenfeld *n*
      f panneau *m* à touches

П57 *r* пане́ль *f* / коммутацио́нная
      e switchboard panel
      d Schaltfeld *n*, Schalttafel *f*
      f panneau *m* de commutation

П58 *r* пане́ль *f* / се́нсорная
      e touch panel
      d Berührungstafel *f*

ПЕРЕДАЧА

- f panneau m sensitif

П59 r пане́ль f управле́ния
- e control panel
- d Steuertafel f, Bedienungstafel f
- f panneau m de commande

П60 r пане́ль f / штéкерная
- e plugboard
- d Steckfeld n, Stecktafel f
- f plaque f de fiches, tableau m à fiches

П61 r па́ра f / вита́я
- e twisted pair
- d verdrilltes Leitungspaar n
- f paire f torsadée

П62 r па́ра f / грани́чная
- e boundpair
- d Grenzpaar n
- f paire f de limite

П63 r параллели́зм m
- e concurrency, parallelism
- d Parallelität f, Konkurrenz f
- f concurrence f, parallelisme m

П64 r паралле́льный
- e concurrent (in time)
- d gleichzeitig, parallel
- f concurrent (en temps), parallèle

П65 r пара́метр m / видово́й
- e generic parameter
- d Auswählbarkeitsparameter m, generischer Parameter m
- f paramètre m générique

П66 r пара́метр m / ключево́й
- e keyword parameter
- d Schlüsselparameter m
- f paramètre m de clé

П67 r пара́метр m / прогнози́рующий
- e predictor
- d Prädiktor m
- f prédicateur m

П68 r пара́метр m / регули́руемый
- e adjustable parameter
- d Regelgröße f
- f paramètre m ajustable

П69 r паро́ль m
- e password
- d Paßwort n
- f mot m de passe

П70 r па́спорт m масси́ва
- e array ticket

- d Felddatenblatt n
- f ticket m de tableau

П71 r па́чка f и́мпульсов
- e pulse burst
- d Impulspaket n, Impulsbündel n
- f train m [paquet m] d'impulsions

П72 r переадреса́ция f
- e readdressing (e.g. of a record); redirection (e.g. of a message)
- d Umadressierung f; Richtungsänderung f (z.B. bei Nachrichtenübertragung)
- f réadressage m (p.e. d'un enregistrement); changement m de destination (p.e. d'un message)

П73 r перебо́р f / по́лный
- e exhaustive search
- d erschöpfendes Durchprobieren n
- f recherche f exhaustive

П74 r перево́д m строки́
- e line feed, LF
- d Zeilenvorschub m
- f avancement m d'interligne

П75 r перегру́зка f
- e overload
- d Überlastung f
- f surcharge f

П76 r переда́ча f да́нных
- e data communication; data transmission
- d Datenübertragung f
- f transmission f [transfert m] de données

П77 r переда́ча f да́нных в реа́льном вре́мени
- e real-time communication
- d Echtzeitkommunikation f
- f communication f (en) temps réel

П78 r переда́ча f да́нных / дистанцио́нная
- e telecommunication
- d Telekommunikation f, Datenfernübertragung f
- f télécommunication f, transmission f à distance

П79 r переда́ча f / межрегистро́вая
- e interregister transfer

ПЕРЕДАЧА

        d Interregistertransfer *m*, Datentransfer *m* zwischen den Registern
        f transfert *m* entre registres

П80 *r* переда́ча *f* / мультиплёксная
        e multiplexing
        d Multiplexen *n*, Multiplexbetrieb *m*
        f transmission *f* multiplexée

П81 *r* переда́ча *f* / пакётная
        e batch communication
        d Datenpaketübertragung *f*, Batch-Kommunikation *f*
        f communication *f* par lots

П82 *r* переда́ча *f* / поби́товая
        e bit-by-bit transfer
        d bitweiser Datentransfer *m*
        f transfert *m* bit à bit

П83 *r* переда́ча *f* / поблóчная
        e block-by-block transfer
        d blockweiser Datentransfer *m*, Blocktransfer *m*
        f transfert *m* par blocs [de blocs]

П84 *r* переда́ча *f* / позна́ковая
        e character-oriented communication
        d zeichenorientierte Kommunikation *f*
        f transfert *m* par caractères

П85 *r* переда́ча *f* / послéдовательная
        e serial transfer
        d serielle Übertragung *f*
        f transfert *m* séquentiel [en série], transmission *f* séquentielle [en série]

П86 *r* переда́ча *f* по ши́не
        e bus transfer
        d Bustransfer *m*
        f transfert *m* [transmission *f*, communication *f*] par bus

П87 *r* переда́ча *f* сигна́лов
        e signaling
        d Signalübertragung *f*
        f transmission *f* des signaux

П88 *r* переда́ча *f* сообщéний
        e messaging
        d Nachrichtenübertragung *f*
        f transmission *f* des messages

П89 *r* переда́ча *f* технолóгии
        e technology transfer
        d Technologietransfer *m*
        f transfert *m* de technologie

П90 *r* переда́ча *f* управлéния
        e transfer of control
        d Sprung *m*
        f transfer *m* de contrôle

П91 *r* перезагрýзка *f*
        e reload
        d Neuladen *n*
        f rechargement *n*

П92 *r* переза́пись *f*
        e rewrite
        d Wieder(ein)schreiben *n*
        f réécriture *f*, réenregistrement *m*

П93 *r* переза́пуск *m*
        e restart
        d Wiederanlauf *m*
        f relance *f*, reprise *f*

П94 *r* переза́пуск *m* с контрóльной тóчки
        e checkpoint restart
        d Testpunktwiederanlauf *m*, Fixpunktwiederanlauf *m*
        f relance *f* au point de reprise

П95 *r* переименова́ние *n*
        e renaming
        d Umbenennung *f*
        f renomination *f*

П96 *r* переключа́тель *m* / кла́вишный
        e keyswitch
        d Tastenschalter *m*
        f commutateur *m* à touches, sélecteur *m* à clavier

П97 *r* переключа́тель *m* / ма́тричный
        e crosspoint switch
        d Crossbar-Schaltmatrix *f*, Koppelpunktmatrix *f*
        f commutateur *m* matriciel ["crossbar"]

П98 *r* переключа́тель *m* на *N* направлéний
        e *N*-way selector
        d *N*-Weg-Schalter *m*
        f commutateur *m* à *N* directions

П99 *r* переключа́тель *m* / програ́ммно-опра́шиваемый
        e alteration switch
        d Schalter *m* zur Informationseingabe in ein Computerprogramm

ПЕРЕМЕННАЯ

      f commutateur *m* à interrogation programmeé

П100 *r* переключа́тель *m* с автомати́ческого режи́ма на ручно́й
      e A/M switch, automatic/manual switch
      d A/M-Schalter *m*
      f commutateur *m* automatique/manuel

П101 *r* переключа́тель *m* с противодре́безговой защи́той
      e debounced switch
      d prellfreier Schalter *m*
      f commutateur *m* sans rebondissement

П102 *r* переключа́тель *m* / ту́мблерный
      e toggle switch
      d Kippschalter *m*
      f commutateur *m* basculeur, inverseur *m* à bascule

П103 *r* переключе́ние *n* интерва́ла при печа́ти
      e space switching
      d Zeilenschaltung *f*, Space-Umschalten *n*
      f changement *m* d'espace entre lignes (d'impression)

П104 *r* переключе́ние *n* / конте́кстное
      e context switching
      d Kontextumschalten *n*
      f changement *m* de contexte

П105 *r* переко́с *m*
      e skew
      d Skew *n*; Bitversatz *m*; Schräglauf *m* (*Band*)
      f gâchissement *m*, déjettement *m*

П106 *r* перекре́стие *n*
      e cross hairs
      d Fadenkreuz *n*
      f réticule *m*, crosée *f* [croix *f*] des fils du réticule

П107 *r* перекры́тие *n*
      e overlap
      d Überlappung *f*
      f recouvrement *m*

П108 *r* переме́нная *f*
      e variable
      d Variable *f*
      f variable *f*

П109 *r* переме́нная *f* / бу́лева
      e Boolean variable
      d Boolesche Variable *f*
      f variable *f* booléenne

П110 *r* переме́нная *f* / веще́ственная
      e real variable
      d reelle Variable *f*
      f variable *f* réelle

П111 *r* переме́нная *f* / входна́я
      e input variable
      d Eingangsvariable *f*
      f variable *f* d'entrée

П112 *r* переме́нная *f* / неинициализи́рованная
      e uninitialized variable, unassigned variable
      d nichtinitialisierte Variable *f*
      f variable *f* non initialisée [non assignée, non affectée]

П113 *r* переме́нная *f* / необъя́вленная
      e undeclared variable
      d unvereinbarte Variable *f*
      f variable *f* non déclarée

П114 *r* переме́нная *f* / неопределённая
      e undefined variable
      d undefinierte Variable *f*
      f variable *f* non définie

П115 *r* переме́нная *f* / неуправля́емая
      e uncontrollable variable
      d ungesteuerte Variable *f*
      f variable *f* non contrôlable

П116 *r* переме́нная *f* / опу́щенная
      e missing variable
      d fehlende Variable *f*
      f variable *f* manquante

П117 *r* переме́нная *f*, совме́стно испо́льзуемая
      e shared variable
      d anteilig genutzte Variable *f*
      f variable *f* partagée

П118 *r* переме́нная *f* состоя́ния
      e status variable
      d Statusvariable *f*
      f variable *f* d'état

П119 *r* переме́нная *f* ти́па ме́тки
      e label variable
      d Etikettvariable *f*, Label-Variable *f*
      f variable *f* (identifiante une) étiquette

ПЕРЕМЕННАЯ

П120   r   переме́нная *f* ти́па "переключа́тель"
      e   switch variable
      d   Schaltvariable *f*
      f   variable *f* d'aiguillage

П121   r   переме́нная *f* / управля́емая
      e   controlled variable
      d   gesteuerte Variable *f*
      f   variable *f* commandée

П122   r   переме́нная *f* / фикти́вная
      e   slack variable
      d   Scheinvariable *f*
      f   variable *f* fictive [factice]

П123   r   перемеще́ние *n* да́нных
      e   data movement
      d   Datenverschiebung *f*
      f   mouvement *m* de données

П124   r   перемеще́ние *n* каре́тки
      e   carriage advance
      d   Wagenvorschub *m*
      f   mouvement *m* de chariot

П125   r   перемеще́ние *n* програ́ммы
      e   program relocation
      d   Programmverschiebung *f*
      f   réallocation *f* de programme

П126   r   перемноже́ние *n*
      e   multiplication
      d   Multiplikation *f*
      f   multiplication *f*

П127   r   перено́с *m*
      e   1. carry (*a signal*) 2. hyphen (*a character*) 3. transportation (*from one place to another*)
      d   1. Übertrag *m* 2. Trennstrich *m* 3. Transport *m*
      f   1. report *m*; transfer *m* (*d'un sygnal*) 2. coupage *m* (*d'un mot*) 3. transport *m* (*d'une place à une autre*)

П128   r   перено́с *m* без соблюде́ния граммати́ческих пра́вил
      e   discretionary hyphen
      d   willkürliche Trennung *f*
      f   coupage *m* (de mot) discrétionnaire [(de mot) à la discrétion]

П129   r   перено́с *m* / запомина́емый
      e   stored carry
      d   gespeicherter Übertrag *m*
      f   report *m* stocké [mémorisé]

П130   r   перено́с *m* из предыду́щего разря́да
      e   previous carry
      d   Übertrag *m* aus der nächsthöheren Position
      f   report *m* de rang précédent

П131   r   перено́с *m* / поразря́дный
      e   cascade carry
      d   Kaskadenübertrag *m*
      f   report *m* en cascade

П132   r   перено́с *m* / после́довательный
      e   successive carry
      d   sukzessiver [fortlaufender] Übertrag *m*
      f   report *m* successif [séquentiel]

П133   r   перено́с *m* / сквозно́й
      e   ripple carry
      d   durchrieselnder Übertrag *m*
      f   report *m* en travers

П134   r   перено́с *m* сло́ва / автомати́ческий
      e   hyphenation
      d   automatische Worttrennung *f*
      f   coupage *m* automatique de mot

П135   r   перено́с *m* / уско́ренный
      e   high-speed carry, look-ahead carry
      d   Look-ahead-Übertrag *m*
      f   report *m* accéléré [anticipé]

П136   r   перено́с *m* / цикли́ческий
      e   cyclic carry
      d   Endübertrag *m*, Rücklaufübertrag *m*
      f   report *m* circulaire [cyclique]

П137   r   переноси́мость *f*
      e   transportability
      d   Transportierbarkeit *f*
      f   transportabilité *f*

П138   r   переопределе́ние *n*
      e   redifinition
      d   Umdefinieren *n*
      f   redéfinition *f*

П139   r   переполне́ние *n*
      e   overflow; thrashing (*overload*)
      d   Überlauf *m*, Thrasching *n*, Flattern *n* (*Überlastung des virtuellen Speichers bei hoher Seitenwechselrate*)
      f   dépassement *m*; encombrement *m* (*surcharge*)

П140   r   переполне́ние *n* доро́жки

ПЕРЕХОД

    e track overflow
    d Spurüberlauf *m*
    f dépassement *m* de piste

П141 *r* переполне́ние *n* при деле́нии
    e divide overflow
    d Überlauf *m* beim Dividieren
    f dépassement *m* à la division

П142 *r* переполне́ние *n* при сложе́нии
    e add overflow
    d Überlauf *m* beim Addieren
    f dépassement *m* à l'addition

П143 *r* переполне́ние *n* разря́дов поря́дка
    e characteristic overflow, exponent overflow
    d Exponentenüberlauf *m*
    f dépassement *m* de caractéristique [d'exposant]

П144 *r* перепрограмми́рование *n*
    e reprogramming
    d Umprogrammieren *n*
    f reprogrammation *f*

П145 *r* перераспределе́ние *n*
    e reallocation
    d Neuzuweisung *f*
    f réallocation *f*; redistribution *f*

П146 *r* перерегулирова́ние *n*
    e overshoot
    d Überschwingen *n*
    f dépassement *m* (de niveau) de réglage

П147 *r* пересы́лка *f* да́нных
    e data transfer
    d Datentransfer *m*
    f transfert *m* de données

П148 *r* пересы́лка *f* да́нных / конве́йерная
    e pipelining of data
    d Datenpipelining *n*
    f transfert *m* de données en mode pipeline, "pipage" *m* [pipelinage *m*] de données

П149 *r* пересы́лка *f* при́нятого сообще́ния
    e hop
    d "Hop"-Transfer *m*, Weiterleiten *n* einer empfangenen Meldung
    f transfert *m* d'un message reçu

П150 *r* пересы́лка *f* страни́ц
    e page migration *(between different levels of memory)*
    d Seitenwanderung *f*
    f migration *f* des pages *(entre niveaux différents de mémoire)*

П151 *r* переупорядо́чение *n*
    e reordering
    d Neuordnen *n*
    f réordonnancement *m*

П152 *r* перехва́т *m* информа́ции (в ли́нии свя́зи)
    e wiretapping
    d Anzapfen *n* von Kommunikationsleitungen
    f interception *f* d'information *(dans une ligne de communication)*

П153 *r* перехо́д *m*
    e 1. junction *(in a semiconductor device)* 2. transfer, jump *(in a program)* 3. escape *(e.g. from one shift to another)*
    d 1. Übergang *m* 2. Sprung *m* 3. Escape *n*, Umschalten *n* *(z.B. beim Kodewechsel)*
    f 1. jonction *f (dans un dispositif semi-conducteur)* 2. saut *m* [rupture *f* de séquence] *(dans un programme)* 3. échappement *m (p.e. changement de police de caractères)*

П154 *r* перехо́д *m* / безусло́вный
    e unconditional jump
    d unbedingter Sprung *m*
    f saut *m* inconditionnel

П155 *r* перехо́д *m* / вне́шний
    e far jump *(into an other segment)*
    d Sprung *m* in ein anderes Segment
    f rupture *f* de séquence entre segments

П156 *r* перехо́д *m* к подпрогра́мме
    e subroutine jump
    d Unterprogrammsprung *m*
    f saut *m* à un sous-programme

П157 *r* перехо́д *m* на ветвь
    e branching
    d Verzweigung *f*
    f branchement *m*

П158 *r* перехо́д *m* по ми́нусу
    e negative jump

ПЕРЕХОД

      d Sprung *m* bei Minus
      f saut *m* négatif [sur le moins]

П159 *r* перехо́д *m* по наруше́нию чётности
      e jump if not parity
      d Sprung *m* bei Paritätsfehler
      f saut *m* si non parité, saut *m* sur violation de parité

П160 *r* перехо́д *m* по неотрица́тельному результа́ту
      e jump if not sign
      d Sprung *m* bei größer als oder gleich Null
      f saut *m* si supérieur ou égal à zéro, saut *m* si non inférieur de zéro

П161 *r* перехо́д *m* по нера́венству
      e jump if not equal
      d Sprung *m* bei Ungleichheit
      f saut *m* si différent [sur inégalité]

П162 *r* перехо́д *m* по нера́венству нулю́
      e jump if not zero
      d Sprung *m* bei ungleich Null
      f saut *m* si non égal à zéro

П163 *r* перехо́д *m* по нечётности
      e jump if parity odd
      d Sprung *m* bei ungerader Parität
      f saut *m* sur imparité

П164 *r* перехо́д *m* по отрица́тельному зна́ку
      e jump if sign
      d Sprung *m* bei Minus
      f saut *m* négatif [sur le signe moins]

П165 *r* перехо́д *m* по переполне́нию
      e jump if overflow
      d Sprung *m* bei Überlauf
      f saut *m* si débordement

П166 *r* перехо́д *m* по плю́су
      e positive jump
      d Sprung *m* bei Plus
      f saut *m* positif [sur le plus]

П167 *r* перехо́д *m* по усло́вию "бо́льше"
      e jump if above *(for unsigned numbers)*; jump if greater *(for signed numbers)*
      d Sprung *m* nach Bedingung "größer"
      f saut *m* si supérieur

П168 *r* перехо́д *m* по усло́вию "не бо́льше"
      e jump if not above *(for unsigned numbers)*; jump if not greater *(for signed numbers)*
      d Sprung *m* nach Bedingung "nicht größer"
      f saut *m* si pas supérieur

П169 *r* перехо́д *m* по усло́вию "не ме́ньше"
      e jump if not below *(for unsigned numbers)*; jump if not less *(for signed numbers)*
      d Sprung *m* nach Bedingung "nicht kleiner"
      f saut *m* si pas inférieur

П170 *r* перехо́д *m* при мно́жественном ветвле́нии
      e multiway jump
      d Mehrwegsprung *m*
      f saut *m* multivoie

П171 *r* перехо́д *m* при отсу́тствии наруше́ния чётности
      e jump if parity
      d Sprung *m* bei Parität
      f saut *m* si parité

П172 *r* перехо́д *m* при отсу́тствии переполне́ния
      e jump if not overflow
      d Sprung *m* bei fehlendem Überlauf
      f saut *m* si pas de débordement

П173 *r* перехо́д *m*/ усло́вный
      e conditional jump
      d bedingter Sprung *m*
      f saut *m* conditionnel

П174 *r* пе́речень *m*
      e list
      d Liste *f*
      f liste *f*

П175 *r* пери́од *m* компиля́ции
      e compile time
      d Kompilationszeit *f*
      f temps *m* de compilation

П176 *r* пери́од *m* прирабо́тки
      e shakedown period
      d Frühausfallperiode *f*
      f période *f* de la "mortalité infantile"

П177 *r* пери́од *m* работоспосо́бного состоя́ния

ПЕЧАТЬ

   e uptime
   d Betriebszeit *f*
   f durée *f* de bon fonctionnement

П178 *r* период *m* сохранности
   e retention period
   d Erhaltungszeit *f*
   f période *f* de rétention

П179 *r* перо *n* прибора
   e stylus
   d Schreibstift *m*
   f style *m*

П180 *r* перо *n* / световое
   e lightpen
   d Lichtstift *m*
   f photostyle *m*

П181 *r* перфокарта *f*
   e (punch) card
   d Lochkarte *f*
   f carte *f* (perforée)

П182 *r* перфолента *f*
   e punch tape
   d Lochstreifen *m*; Lochband *n*
   f ruban *m* perforé, bande *f* perforée

П183 *r* перфолента *f* / управляющая
   e control tape
   d Steuerlochband *n*; Steuerlochstreifen *m*
   f ruban *m* [bande *f*] de commande, bande *f* pilote

П184 *r* перфоратор *m*
   e punch(er)
   d Locher *m*; Stanzer *m*
   f perforateur *m*, perforatrice *f*

П185 *r* перфоратор *m* / карточный
   e card punch
   d Kartenlocher *m*
   f perforateur *m* de cartes

П186 *r* перфоратор *m* / клавишный
   e keyboard punch
   d Tastenlocher *m*
   f perforateur *m* à clavier

П187 *r* перфоратор *m* / ленточный
   e tape punch
   d Lochbandstanzer *m*
   f perforateur *m* de bande [de ruban]

П188 *r* перфорация *f* / ведущая
   e feed holes
   d Führungslöcher *n pl*
   f perforation *f* d'entraînement

П189 *r* перфорация *f* / повторная
   e afterpunching
   d Nachlochen *n*
   f reperforation *f*

П190 *r* перфорирование *n*
   e punching
   d Lochen *n*, Perforation *f*
   f perforation *f*

П191 *r* петля *f* бумажной ленты
   e paper-tape loop
   d Papierstreifenschleife *f*
   f boucle *f* de ruban (de papier)

П192 *r* петля *f* гистерезиса
   e hysteresis loop
   d Hystereseschleife *f*
   f boucle *f* d'hystérésis

П193 *r* петля *f* / токовая
   e current loop
   d Stromschleife *f*
   f boucle *f* de courant

П194 *r* печатание *n*
   e printing
   d Druck *m*, Drucken *n*
   f impression *f*

П195 *r* печать *f* / безударная
   e nonimpact printing
   d anschlagfreier Druck *m*
   f impression *f* sans impact

П196 *r* печать *f* вразрядку
   e space typing
   d Sperrdruck *m*
   f impression *f* à espacement

П197 *r* печать *f* / двунаправленная
   e bidirectional printing
   d bidirektionales Drucken *n*
   f impression *f* bidirectionnelle [à deux directions]

П198 *r* печать *f* / матричная
   e matrix printing
   d Matrixdruck *m*
   f impression *f* matricielle

П199 *r* печать *f* машинописного качества
   e letter-quality printing
   d Schöndruck *m*
   f impression *f* de qualité dactylographique

П200 *r* печать *f* / однонаправленная
   e unidirectional printing
   d unidirektionales Drucken *n*
   f impression *f* unidirectionnelle

ПЕЧАТЬ

П201   r   печа́ть f / постран́ичная
         e   page printing
         d   Seitendruck m
         f   impression f page par page

П202   r   печа́ть f / постро́чная
         e   line printing
         d   Zeilendruck m
         f   impression f ligne par ligne

П203   r   печа́ть f / стру́йная
         e   ink-jet printing
         d   Tintenstrahldruck m
         f   impression f par jet d'encre

П204   r   печа́ть f / то́чечная
         e   dot printing
         d   Punktdruck m
         f   impression f par points

П205   r   печа́ть f / электрографи́ческая
         e   electrosensitive printing
         d   elektrografischer Druck m
         f   impression f électrographique

П206   r   ПЗС m см. прибо́р с заря́довой свя́зью

П207   r   ПЗУ n см. устро́йство / постоя́нное запомина́ющее

П208   r   пита́ние n
         e   supply
         d   Stromversorgung f
         f   alimentation f

П209   r   план m / фа́кторный
         e   factorial design
         d   Faktorenplan m (Versuchsplanung)
         f   conception f factorielle

П210   r   плани́рование n
         e   scheduling
         d   Ablauffolgeplanung f
         f   planification f, planning m

П211   r   планиро́вщик m
         e   scheduler
         d   Scheduler m
         f   planificateur m, scheduler m

П212   r   пласти́на f / ба́зовая
         e   master slice
         d   Master-Slice n
         f   plaque(tte) f maître

П213   r   пласти́на f / полупроводнико́вая
         e   wafer
         d   Halbleiterscheibe f, Wafer m
         f   plaque(tte) f semiconductrice

П214   r   пла́та f
         e   board; card (with components)
         d   Leiterplatte f; Platine f, Karte f
         f   plaque(tte) f; carte f (avec des composants)

П215   r   пла́та f бо́лее ни́зкого у́ровня
         e   daughter board
         d   Tochterleiterplatte f
         f   plaque f fille

П216   r   пла́та f для монтажа́ накру́ткой
         e   wire-wrap board
         d   Wire-wrap-Karte f, Drahtwickelleiterplatte f
         f   plaque f de câblage sans brasure [de câblage par enroulement de fil]

П217   r   пла́та f / интерфе́йсная
         e   interface board
         d   Interfaceplatine f
         f   plaque f d'intérface

П218   r   пла́та f / маке́тная
         e   breadboard
         d   Breadboard n, Brettschaltung f
         f   plaque f de maquette

П219   r   пла́та f / многосло́йная
         e   multilayer card
         d   Multilayerleiterplatte f, Mehrebenenleiterplatte f
         f   carte f multicouche

П220   r   пла́та f / монта́жная
         e   wiring board
         d   Montageplatte f
         f   plaque f de montage

П221   r   пла́та f / объедини́тельная
         e   motherboard
         d   Mutterleiterplatte f, Leiterplattenchassis n
         f   plaque f [carte f] mére

П222   r   пла́та f / односторо́нняя
         e   single-sided board
         d   einseitige Leiterplatte f
         f   carte f [plaque f] à une face

П223   r   пла́та f / печа́тная
         e   printer circuit board, p-c board
         d   gedruckte Platte f, Leiterplatte f, Printplatte f
         f   plaque f à câblage imprimé [à circuit imprimé]

П224 r плáта f / расширительная
 e expansion board, extender board
 d Erweiterungsleiterplatte f, Erweiterungskarte f
 f plaque f d'extension

П225 r плáта f с интегрáльными схéмами
 e populated board
 d Leiterplatte f mit integrierten Schaltkreisen
 f plaque f de circuits intégrés

П226 r плáта f / системная
 e system board
 d Systemkarte f, Systemplatine f
 f carte f (de) système

П227 r плáта f / смéнная
 e plug-in card
 d Steckkarte f
 f carte f [plaque f] enfichable

П228 r плáта f / соединительная
 e interconnect board
 d Verbindungskarte f
 f plaque f d'interconnexion

П229 r плáта f с основным мóдулем
 e host board
 d Hostkarte f, Hostplatine f
 f plaque f [carte f] hôte

П230 r ПЛМ f см. мáтрица / программируемая логическая

П231 r плóтность f
 e density
 d Dichte f
 f densité f

П232 r плóтность f вероятности
 e probability density
 d Wahrscheinlichkeitsdichte f
 f densité f de probabilité

П233 r плóтность f / двойнáя
 e double density
 d Doppeldichte f
 f densité f double

П234 r плóтность f зáписи
 e writing density
 d Aufzeichnungsdichte f, Schreibdichte f
 f densité f d'enregistrement

П235 r плóтность f размещéния компонéнтов
 e component density
 d Bauelementedichte f
 f densité f de composants

П236 r плóтность f расположéния дорóжек
 e track density
 d Spurdichte f
 f densité f de pistes

П237 r плóтность f упакóвки
 e packing density
 d Packungsdichte f
 f densité de paquetage

П238 r площáдка f / контáктная
 e pad
 d Kontaktstelle f, Kontaktierungsinsel f
 f galette f à contacts [porte contacts]

П239 r ПО n см. обеспéчение / прогрáммное

П240 r поведéние n / предписанное
 e specified behavior
 d vorgegebenes [vorgeschriebenes] Verhalten n
 f comportement m spécifié, action f spécifiée

П241 r поведéние n / целенапрáвленное
 e goal-seeking behavior
 d zielstrebiges Verhalten n
 f comportement m constamment orienté au but

П242 r повéрхность f óтклика
 e response surface
 d Antwortfläche f
 f surface f de réponse

П243 r повторéние n
 e retry, repetition
 d Wiederholung f
 f répétition f

П244 r погрéшность f
 e error
 d Fehler m
 f erreur f

П245 r подáча f бумáги
 e paper feed
 d Papiervorschub m, Papierzuführung f
 f alimentation f [avancement m, avance f] de papier

П246 r подáча f бумáги / полистовáя

ПОДГОТОВКА

- e single-sheet feed
- d Einzelblattzuführung f, Einzelformularzuführung f
- f alimentation f de papier feuille à feuille

П247 r подгото́вка f да́нных
- e data preparation, data origination
- d Datenaufbereitung f
- f préparation f de données

П248 r подгра́ф m
- e subgraph
- d Untergraph m
- f sous-graphe m

П249 r поддéрево n
- e subtree
- d Unterbaum m
- f sous-arbre m

П250 r поддéржка f / аппара́тная
- e hardware support
- d Hardware-Unterstützung f
- f support m matériel

П251 r поддéржка f / батарéйная
- e battery backup
- d Batteriereserve f
- f maintien m par batteries

П252 r поддéржка f / програ́ммная
- e software support
- d Software-Unterstützung f
- f support m logiciel

П253 r подзагoло́вок m
- e subheading
- d Zwischenüberschrift f
- f sous-titre m

П254 r подзада́ча f
- e subproblem
- d Teilproblem n
- f sous-problème m

П255 r подкана́л m
- e subchannel
- d Unterkanal m
- f sous-canal m

П256 r подка́чка f
- e swap-in
- d Swap-in n, Einlagerung f (von Daten oder einer Aufgabe vom Externspeicher in den Arbeitsspeicher)
- f chargement m, swap-in m (anglais)

П257 r подка́чка f в операти́вную па́мять
- e roll-in
- d Einspeichern n (von Daten in den Arbeitsspeicher)
- f chargement m, roll-in m (anglais)

П258 r подка́чка f да́нных
- e spooling
- d Spooling n, Spulbetrieb m, SPOOL-Betrieb m
- f spooling m (anglais; chargement en temps d'exécution), spoulage m

П259 r подло́жка f
- e wafer; substrate (in a printed circuit)
- d Wafer m; Scheibe f; Substrat n, Unterlage f (einer Leiterplatte)
- f galette f; substrat m (dans un circuit imprimé)

П260 r подмасси́в m
- e subarray
- d Unterfeld n
- f sous-tableau m

П261 r подма́трица f
- e submatrix
- d Untermatrix f, Submatrix f
- f sous-matrice f

П262 r подмно́жество n
- e subset
- d Untermenge f, Teilmenge f
- f sous-ensemble m

П263 r подмно́жество n языка́
- e sublanguage
- d Untersprache f
- f sous-langage m

П264 r подмодéль f
- e submodel
- d Teilmodell n
- f sous-modèle m

П265 r подпрогра́мма f
- e subprogram
- d Unterprogramm n
- f sous-programme m

П266 r подпрогра́мма f / аппара́тно реализо́ванная
- e hardware subprogram
- d Hardware-Unterprogramm, hardware-realisiertes [festverdrahtetes] Unterprogramm n
- f sous-programme m matériel

П267 r подпрогра́мма f / библиоте́чная

ПОДТВЕРЖДЕНИЕ

- *e* library subprogram
- *d* Bibliotheksunterprogramm *n*
- *f* sous-programme *m* de bibliothèque

П268 *r* подпрогра́мма *f* / заши́тая
- *e* hardwired subprogram
- *d* festverdrahtetes Unterprogramm *n*
- *f* sous-programme *m* câblé

П269 *r* подпрогра́мма *f* / перемеща́емая
- *e* relocatable subprogram
- *d* verschiebliches Unterprogramm *n*
- *f* sous-programme *m* relogeable [translatable]

П270 *r* подпрогра́мма *f* / повто́рно испо́льзуемая
- *e* reenterable subprogram
- *d* wiederaufrufbares [eintrittsinvariantes] Unterprogramm *n*
- *f* sous-programme *m* réentrant [réentérable]

П271 *r* подпрогра́мма *f* по́льзователя
- *e* user-supplied subprogram
- *d* Anwender-Unterprogramm *n*
- *f* sous-programme *m* d'utilisateur

П272 *r* подпрогра́мма *f* / станда́ртная
- *e* subroutine
- *d* Subroutine *f*, Standard-Unterprogramm *n*
- *f* sous-routine *f*

П273 *r* подпрогра́мма *f* / те́стовая
- *e* test subroutine
- *d* Test-Unterprogramm *n*, kontrollierendes Unterprogramm *n*
- *f* sous-programme *m* de test

П274 *r* подразде́л *m*
- *e* subsection
- *d* Teilabschnitt *m*
- *f* sous-section *f*

П275 *r* подсе́ть *f*
- *e* subnetwork
- *d* Teilnetz *n*
- *f* sous-réseau *m*

П276 *r* подсисте́ма *f*
- *e* subsystem
- *d* Teilsystem *n*, Untersystem *n*
- *f* sous-système *m*

П277 *r* подспи́сок *m*
- *e* sublist
- *d* Unterliste *f*
- *f* sous-liste *f*

П278 *r* подспра́вочник *m*
- *e* subdirectory
- *d* Teilverzeichnis *n*
- *f* sous-répertoire *m*

П279 *r* подстано́вка *f*
- *e* substitution
- *d* Substitution *f*
- *f* substitution *f*

П280 *r* подстрока́ *f*
- *e* substring
- *d* Teilkette *f*, Teilstring *n*
- *f* sous-ligne *f*

П281 *r* подсхе́ма *f*
- *e* subcircuit (*a part of a circuit*)
- *d* Teilschaltung *f*, Nebenstromkreis *m*
- *f* sous-circuit *m* (*une partie d'un circuit*)

П282 *r* подсхе́ма *f* ба́зы да́нных
- *e* subschema
- *d* Teilschema, Subschema *n* (*der Datenbasis*)
- *f* sous-schéma *m*

П283 *r* подсчёт *m*
- *e* count
- *d* Zählung *f*
- *f* calcul *m*, estimation *f*, évaluation *f*

П284 *r* подтвержде́ние *n* вво́да
- *e* entry approval
- *d* Eingabebestätigung *f*
- *f* accusé *m* d'entrée

П285 *r* подтвержде́ние *n* по́длинности
- *e* authentication
- *d* Authentifizierung *f*
- *f* authentification *f*

П286 *r* подтвержде́ние *n* прав до́ступа
- *e* certification
- *d* Zertifizierung *f*, Bestätigung *f* des Zugriffsrechtes
- *f* certification *f*

П287 *r* подтвержде́ние *n* пра́вильности
- *e* validation
- *d* Gültigkeitsnachweis *m*
- *f* validation *f*

ПОДТВЕРЖДЕНИЕ

П288 r подтверждéние n приёма сообщéния
e acknowledgement
d Quittung f, Rückmeldequittung f, Empfangsbestätigung f
f accusé m de réception, acquittement m

П289 r подýровень m
e sublayer
d Unterschicht f
f sous-niveau m, sous-couche f

П290 r подхóд m / системный
e systems approach
d Systemlösung f
f approche f système

П291 r подцепóчка f
e subchain
d Teilkette f
f sous-chaîne f

П292 r подцикл m
e subcycle
d Teilzyklus m
f sous-cycle m; sous-boucle f

П293 r позициони́рование n
e positioning
d Positionierung f
f positionnement m

П294 r пози́ция f
e position (location); item (of a list)
d Position f, Lage f, Stelle f; Posten m (in einer Liste)
f position f (un emplacement); élément m (d'une liste)

П295 r пози́ция f двои́чного разря́да
e bit position
d Bitstelle f
f position f [rang m] de bit

П296 r пози́ция f / контрóльная
e check position
d Prüfposition f, Prüfstelle f
f position f de contrôle

П297 r пóиск m
e search
d Suche f, Suchen n, Suchvorgang m
f recherche f

П298 r пóиск m / ассоциати́вный
e associative search
d assoziatives Suchen n
f recherche f associative [par contenu]

П299 r пóиск m / быстрый
e fast-access retrieval
d schnelles Wiederauffinden n, schneller Suchvorgang m
f recherche f rapide

П300 r пóиск m / группово́й
e area search
d Grobrecherche f
f recherche f par domaine [par l'aire]

П301 r пóиск m / дихотоми́ческий
e dichotomizing search
d dichotomisches Suchen n
f recherche f dichotomique [par dichotomie, binaire]

П302 r пóиск m информа́ции / лóжный
e false drop
d falsche Suchinformation f; falsche Informationssuche f
f recherche f fausse

П303 r пóиск m / информацио́нный
e information retrieval
d Informationswiedergewinnung f, Recherche f
f recherche f d'information

П304 r пóиск m неиспра́вностей
e trouble shooting
d Fehlersuche f
f recherche f des pannes

П305 r пóиск m по не́скольким ключа́м
e multiple-key retrieval
d Suchen n anhand mehrerer Schlüssel
f recherche f multi-clé

П306 r пóиск m по спра́вочнику
e directory lookup
d Verzeichnissuchen n
f consultation f de répertoire, recherche f dans un répertoire

П307 r пóиск m по табли́це
e table lookup
d Tabellensuchen n
f recherche f dans une table, consultation f de table

П308 r пóиск m просмóтром
e lookup
d Look-up n
f balayage m, consultation f, recherche f simple

П309 r пóиск m с возвра́том

   e backtracking
   d Backtracking *n*
   f retour *m* en arrière

П310 *r* по́иск *m* / случа́йный
   e random search
   d Zufallssuchen *n*, zufälliges Suchen *n*
   f recherche *f* aléatoire

П311 *r* показа́тель *m*
   e index
   d Index *m*; Faktor *m*
   f indice *m*, index *m*

П312 *r* показа́тель *m* сте́пени
   e exponent
   d Exponent *m*
   f exponent *m*

П313 *r* по́ле *n* индика́ции
   e viewport
   d Darstellungsfeld *n*
   f tableau *m* d'affichage

П314 *r* по́ле *n* / ключево́е
   e key field
   d Schlüsselfeld *n*
   f champ *m* de clé

П315 *r* по́ле *n* / набо́рное
   e patchboard, plugboard
   d Steckfeld *n*, Stecktafel *f*
   f tableau *m* de connexion [de composition]

П316 *r* по́ле *n* при́знака
   e flag field
   d Flagfeld *n*, Kennzeichenfeld *n*
   f champ *m* de drapeau

П317 *r* по́ле *n* сортиро́вки
   e sorting field
   d Sortierfeld *n*
   f champ *m* de tri [de triage, de classement]

П318 *r* по́ле *n* страни́цы
   e margin
   d Papierrand *m*
   f marge *f*

П319 *r* поле́зность *f*
   e utility
   d Nützlichkeit *f*
   f utilité *f*

П320 *r* полнота́ *f*
   e completeness
   d Vollständigkeit *f*
   f complétude *f*

П321 *r* положе́ние *n* / включённое
   e on position

   d Einschaltstellung *f*, "Ein"-Stellung *f*
   f position *f* (de mise en) marche

П322 *r* положе́ние *n* / вы́ключенное
   e off position
   d Ausschaltstellung *f*, "Aus"-Stellung *f*
   f position *f* arrêt [de coupure]

П323 *r* положе́ние *n* / исхо́дное
   e home position *(e.g. of a cursor)*
   d Ausgangsposition *f (z.B. eines Cursors)*
   f position *f* initiale *(p.e. d'un curseur)*

П324 *r* положе́ние *n (кно́пки)* / отжа́тое
   e pulled position
   d Arbeitsstellung *f (einer Drucktaste)*
   f position *f (de bouton, de touche)* retirée [lâchée]

П325 *r* положе́ние *n* проби́вки
   e punch position
   d Lochstelle *f*
   f position *f* d'une perforation [d'un trou de perforation]

П326 *r* положе́ние *n* / рабо́чее
   e on-position
   d Arbeitsstellung *f*, Betriebsstellung *f*
   f position *f* de fonctionnement [de travail]

П327 *r* полуба́йт *m*
   e half-byte, nibble
   d Halbbyte *n*
   f demi-octet *m*, quartet *m*

П328 *r* полуби́т *m*
   e half-bit
   d Halbbit *n*
   f demi-bit *m*

П329 *r* полувы́борка *f*
   e half-select
   d Halbwählen *n*
   f choix *m* partiel

П330 *r* полувычита́тель *n*
   e half-subtracter
   d Halbsubtrahierer *m*
   f demi-soustracteur *m*

П331 *r* полузака́зной
   e semicustom
   d Semikunden..., teilverdrahtet

ПОЛУКОМПИЛЯЦИЯ

    f semi-commandé *(prétraité)*

П332 *r* полукомпиляция *f*
    e semicompiling
    d Halbkompilierung *f*
    f demi-compilation *f*

П333 *r* полупроводник *m*
    e semiconductor
    d Halbleiter *m*
    f semi-conducteur *m*

П334 *r* полуслово *n*
    e half-word
    d Halbwort *n*
    f demi-mot *m*

П335 *r* полусоединение *n*
    e semijoin
    d Halbverbindung *f*
    f semi-jonction *f*

П336 *r* полусумматор *m*
    e half-adder
    d Halbaddierer *m*
    f demi-additionneur *m*

П337 *r* полуток *m*
    e half-current
    d Halbstrom *m*
    f demi-courant *m*

П338 *r* получатель *m* данных
    e acceptor of data
    d Datenannahmestation *f*, Datenannehmer *m*
    f accepteur *m* [destinataire *m*] de données

П339 *r* пользователь *m*
    e user
    d Anwender *m*, Benutzer *m*
    f utilisateur *m*

П340 *r* пользователь *m* / высокоприоритетный
    e high-priority user
    d hochrangiger Anwender *m*, Anwender *m* mit hoher Priorität
    f utilisateur *m* à haute priorité

П341 *r* пользователь *m* / зарегистрированный
    e authorized user
    d autorisierter [berechtigter] Benutzer *m*
    f utilisateur *m* autorisé

П342 *r* пользователь *m* / коммерческий
    e real user
    d realer Anwender *m*
    f utilisateur *m* réel

П343 *r* пользователь *m* / конечный
    e end user
    d Endbenutzer *m*, Endkunde *m*
    f utilisateur *m* final

П344 *r* пользователь *m* / незарегистрированный
    e unauthorized user
    d unberechtigter Benutzer *m*
    f utilisateur *m* non autorisé

П345 *r* пользователь *m* / неподготовленный
    e novice user
    d unerfahrener Anwender *m*
    f utilisateur *m* novice

П346 *r* пользователь *m* / низкоприоритетный
    e low-priority user
    d Anwender *m* mit niedriger Priorität
    f utilisateur *m* à priorité basse

П347 *r* пользователь *m* / привилегированный
    e privileged user
    d privilegierter Anwender *m*
    f utilisateur *m* privilégié

П348 *r* пользователь *m* удалённого терминала
    e remote user
    d Fernterminalbenutzer *m*, Benutzer *m* der entfernten Datenstation
    f utilisateur *m* éloigné [à distance]

П349 *r* пользователь *m* / эпизодический
    e ad hoc user
    d ad-hoc-Anwender *m*
    f utilisateur *m* ad hoc

П350 *r* пользователь-непрограммист *m*
    e nonprogrammer user
    d nichtprogrammierender Anwender *m*
    f utilisateur-non-programmeur *m*

П351 *r* пользователь-непрофессионал *m*
    e lay user
    d "oberflächlicher" [unprofessioneller] Anwender *m*
    f utilisateur *m* non professionnel

ПОСЛЕДОВАТЕЛЬНОСТЬ

П352　r　помéха *f*
　　　e　noise
　　　d　Störung *f*, Rauschen *n*
　　　f　bruit *m*

П353　r　помéхи *f pl* / взаи́мные
　　　e　interference
　　　d　Interferenz *f*
　　　f　brouillages *f pl* mutuels

П354　r　помехоусто́йчивость *f*
　　　e　noise immunity
　　　d　Störsicherheit *f*;
　　　　　Rauschfestigkeit *f*
　　　f　immunité *f* aux bruits [aux brouillages, aux perturbations]

П355　r　понима́ние *n* ре́чи
　　　e　speech understanding
　　　d　Sprachverständnis *n*
　　　f　compréhension *f* de la parole

П356　r　поня́тие *n*
　　　e　notion; concept *(in a knowledge base)*
　　　d　Begriff *m*; Konzept *n* *(in einer Wissensbasis)*
　　　f　notion *f*; concept *m* *(dans une base de connaissance)*

П357　r　попра́вка *f*
　　　e　amendment
　　　d　Änderung *f*
　　　f　amendement *m*

П358　r　поро́г *m*
　　　e　threshold
　　　d　1. Schwelle *f* 2. Schwellenwert *m*
　　　f　seuil *m*

П359　r　порожде́ние *n*
　　　e　generation
　　　d　Generation *f*; Generierung *f*
　　　f　génération *f*

П360　r　порт *m*
　　　e　port
　　　d　Port *m*, Tor *n*
　　　f　port *m*

П361　r　порт *m* вво́да
　　　e　input port
　　　d　Eingabeport *m*
　　　f　port *m* d'entrée

П362　r　порт *m* вво́да-вы́вода
　　　e　input-output port
　　　d　Eingabe Ausgabe-Port *m*, E/A-Port *m*
　　　f　port *m* d'entrée-sortie [d'E/S]

П363　r　порт *m* вы́вода
　　　e　output port
　　　d　Ausgabeport *m*
　　　f　port *m* de sortie

П364　r　порт *m* кольцево́й сети́
　　　e　ring port
　　　d　Ringport *m*
　　　f　port *m* de réseau bouclé

П365　r　порт *m* / паралле́льный
　　　e　parallel port
　　　d　paralleler Port *m*
　　　f　port *m* parallel

П366　r　порт *m* / после́довательный
　　　e　serial port
　　　d　serieller Port *m*
　　　f　port *m* série

П367　r　порт *m* с бу́фером
　　　e　buffered port
　　　d　gepufferter Port *m*
　　　f　port *m* à tampon [tamponné]

П368　r　поря́док *m* / двои́чный
　　　e　binary exponent
　　　d　Binärexponent *m*, binärer Exponent *m*
　　　f　exposant *m* binaire

П369　r　поря́док *m* / десяти́чный
　　　e　decimal order
　　　d　Zehnerpotenz *f*
　　　f　ordre *m* décimal

П370　r　поря́док *m* обслу́живания
　　　e　discipline
　　　d　Disziplin *f*, Bedienungsdisziplin *f*
　　　f　discipline *f*

П371　r　поря́док *m* / произво́льный
　　　e　random order
　　　d　wahlfreie Ordnung *f*
　　　f　ordre *m* au hasard

П372　r　поря́док *m* сле́дования
　　　e　sequence
　　　d　Reihenfolge *f*, Folge *f*
　　　f　séquence *f*

П373　r　поря́док *m* числа́
　　　e　exponent
　　　d　Exponent *m*
　　　f　exposant *m*

П374　r　после́довательность *f*
　　　e　sequence
　　　d　Folge *f*
　　　f　séquence *f*

П375　r　после́довательность *f* / вызыва́ющая
　　　e　calling sequence

185

ПОСЛЕДОВАТЕЛЬНОСТЬ

    d Ruffolge *f*
    f séquence *f* d'appel

П376 *r* последовательность *f* / обучающая
    e taught sequence
    d gelernte Bewegungsfolge *f*, gelernte Folge *f (des Arbeitsorgans bei direkter Teach-in-Programmierung eines Roboters)*
    f séquence *f* d'enseignement

П377 *r* последовательность *f* / случайная
    e random sequence
    d Zufallsfolge *f*
    f séquence *f* aléatoire

П378 *r* последовательность *f* / тестовая
    e test sequence
    d Testfolge *f*, Prüffolge *f*
    f séquence *f* de test

П379 *r* постановка *f* в очередь
    e enqueueing
    d Einreihen *n* in eine Warteschlange
    f mise *f* en file d'attente [en queue]

П380 *r* потери *f pl* при передаче
    e transmission loss
    d Übertragungsverlust *m*
    f pertes *f pl* de transmission

П381 *r* потеря *f* бита
    e bit loss
    d Bitverlust *m*
    f perte *f* de bit

П382 *r* потеря *f* значимости
    e underflow
    d Unterlauf *m*
    f sous-passement *m* de capacité

П383 *r* поток *m* / входящий
    e incoming flow
    d Eingabestom *m*
    f flot *m* [flux *m*] entrant

П384 *r* поток *m* / выходящий
    e outgoing flow
    d Ausgabestrom *m*
    f flot *m* [flux *m*] sortant

П385 *r* поток *m* заданий
    e job stream
    d Jobstrom *m*
    f flot *m* de travaux

П386 *r* поток *m* / информационный
    e data flow
    d Datenfluß *m*, Datenstrom *m*
    f flot *m* d'information [de données]

П387 *r* поток *m* / магнитный
    e flux
    d magnetischer Fluß *m*
    f flux *m* magnétique

П388 *r* поток *m* отказов
    e failure flow
    d Ausfallstrom *m*
    f flot *m* de défauts

П389 *r* потребности *f pl* / информационные
    e informational needs, date needs
    d Informationsbedarf *m*
    f besoins *m pl* d'information [de données]

П390 *r* почта *f* / электронная
    e electronic mail
    d elektronische Post *f*
    f courrier *m* électronique

П391 *r* ППЗУ *n см.* устройство / программируемое постоянное запоминающее

П392 *r* правило *n* продукции
    e production rule
    d Produktionsregel *f*
    f règle *f* de production

П393 *r* правило *n* / продукционное *см.* правило продукции

П394 *r* право *n* / авторское
    e copyright
    d Copyright *n*, Urheberrecht *n*
    f droit *m* d'auteur

П395 *r* право *n* доступа
    e access right
    d Zugriffsrecht *n*
    f droit *m* d'accès

П396 *r* право *n* собственности
    e ownership
    d Eigentumsrecht *n*
    f droit *m* à la propriété personnelle

П397 *r* предел *m*
    e limit(ation)
    d Grenze *f*, Grenzwert *m*, Limes *m*
    f limite *f*

ПРЕДСТАВЛЕНИЕ

П398 r предика́т *m*
 e predicate
 d Prädikat *n*
 f prédicat *m*

П399 r предложе́ние *n*
 e sentence; clause *(a statement)*
 d Satz *m*, Programmsatz *m*; Klausel *f*, Anweisung *f*
 f proposition *f*, sentence *f*; clause *f (comme un opérateur)*

П400 r предоставле́ние *n* пра́ва до́ступа
 e authorization
 d Berechtigungszuweisung *f*
 f authorisation *f*

П401 r предотвраще́ние *n*
 e avoidance
 d Verhütung *f*
 f évitement *m*

П402 r предпочте́ние *n*
 e preference
 d Bevorzugung *f*, Vorzug *m*; Priorität *f*
 f préférence *f*

П403 r предсказа́ние *n*
 e prediction
 d Voraussage *f*, Vorhersage *f*
 f prédiction *f*

П404 r представле́ние *n* в ана́логовой фо́рме
 e analog representation
 d analoge Darstellung *f*
 f représentation *f* analogique

П405 r представле́ние *n* в дополни́тельном ко́де
 e complement representation
 d Komplementdarstellung *f*
 f représentation *f* complémentaire [en complément]

П406 r представле́ние *n* в ко́де с дополне́нием до двух
 e two's complement representation
 d Zweierkomplementdarstellung *f*
 f représentation *f* en complément à deux

П407 r представле́ние *n* в прямо́м ко́де
 e true representation
 d direktes Kodieren *n*, Direktkodedarstellung *f*
 f représentation *f* vraie

П408 r представле́ние *n* в прямо́м ко́де со зна́ком
 e signed-magnitude representation
 d vorzeichenbehaftete Darstellung *f*
 f représentation *f* en valeur signée [avec signe]

П409 r представле́ние *n* / графи́ческое
 e diagram
 d Diagramm *n*, grafische Darstellung *f*
 f diagramme *m*

П410 r представле́ние *n* зна́ний
 e knowledge representation
 d Wissensrepräsentation *f*
 f représentation *f* de connaissances

П411 r представле́ние *n* информа́ции
 e data presentation
 d Datendarstellung *f*
 f présentation *f* de données

П412 r представле́ние *n* / си́мвольное
 e character representation
 d Zeichendarstellung *f*
 f représentation *f* par caractères

П413 r представле́ние *n* с пла́вающей запято́й [с пла́вающей то́чкой]
 e floating-point notation
 d Gleitpunktschreibweise *f*, Gleitpunktdarstellung *f*
 f notation *f* en virgule flottante

П414 r представле́ние *n* с фикси́рованной запято́й [с фикси́рованной то́чкой]
 e fixed-point notation
 d Festpunktschreibweise *f*, Festpunktdarstellung *f*
 f notation *f* en virgule fixe

П415 r представле́ние *n* числа́
 e notation
 d Zahlendarstellung *f*
 f notation *f*

П416 r представле́ние *n* числа́ / двои́чное
 e binary notation

ПРЕДСТАВЛЕНИЕ

      d binäre Zahlendarstellung *f*, binäre Schreibweise *f*
      f notation *f* binaire

П417 *r* представле́ние *n* / экспоненциа́льное
      e scientific notation
      d Exponentialdarstellung *f*
      f notation *f* exponentielle [scientifique]

П418 *r* предше́ствование *n*
      e precedence
      d Vorhergehen *n*
      f précédence *f*

П419 *r* преобразова́ние *n*
      e conversion, transformation; transform *(a result of transformation)*
      d Umwandlung *f*, Umsetzung *f*, Transformation *f*, Transformierte *f* *(Transformationsergebnis)*
      f conversion *f*, transformation *f*; transformé *m* *(un résultat de transformation)*

П420 *r* преобразова́ние *n* / ана́лого-цифрово́е
      e AD conversion, analog-to-digital conversion
      d Analog-Digital-Umwandlung *f*, Analog-Digital-Umsetzung *f*
      f conversion *f* analogique-digitale [AD]

П421 *r* преобразова́ние *n* в цифрову́ю фо́рму
      e digitization
      d Digitalisierung *f*
      f digitalisation *f*

П422 *r* преобразова́ние *n* да́нных / предвари́тельное
      e data reduction
      d Datenreduktion *f*
      f réduction *f* de données

П423 *r* преобразова́ние *n* из десяти́чной систе́мы в дво́ичную
      e decimal-to-binary conversion
      d Dezimal-Binär-Umwandlung *f*, Dezimal-Binär-Umsetzung *f*
      f conversion *f* décimale-binaire [de décimal en binaire]

П424 *r* преобразова́ние *n* из паралле́льной фо́рмы в после́довательную
      e parallel-serial conversion, serialization
      d Parallel-Serien-Umsetzung *f*
      f conversion *f* parallèle-sèrie

П425 *r* преобразова́ние *n* из после́довательной фо́рмы в паралле́льную
      e serial-parallel conversion
      d Serien-Parallel-Umsetzung *f*
      f conversion *f* série-parallèle

П426 *r* преобразова́ние *n* ко́да
      e code transformation
      d Kodewandlung *f*, Kodeumsetzung *f*
      f transformation *f* de code

П427 *r* преобразова́ние *n* / обра́тное
      e reverse conversion
      d Rückwandlung *f*
      f transformation *f* inverse [réciproque]

П428 *r* преобра́зование *n* речевы́х да́нных в цифрову́ю фо́рму
      e voice digitization
      d Sprach-Kode-Wandlung *f*
      f digitalisation *f* de la parole

П429 *r* преобразова́ние *n* / тожде́ственное
      e identical transformation
      d identische Transformation *f*
      f transformation *f* identique

П430 *r* преобразова́ние *n* Фурье́ / бы́строе
      e fast Fourier transform, FFT
      d schnelle Fourier-Transformation *f*
      f transformation *f* de Fourier rapide

П431 *r* преобразова́ние *n* / ци́фро-ана́логовое
      e digital-to-analog conversion
      d Digital-Analog-Umwandlung *f*, Digital-Analog-Umsetzung *f*
      f conversion *f* digitale-analogique

П432 *r* преобразова́тель *m*
      e converter
      d Konverter *m*, Umformer *m*; Umsetser *m*, Wandler *m*
      f convertisseur *m*

П433 *r* преобразова́тель *m* / ана́лого-цифрово́й

ПРЕРЫВАНИЕ

-    e analog-to-digital converter, ADC
-    d Analog-Digital-Wandler *m*, Analog-Digital-Umsetzer *m*, AD-Umsetzer *m*, ADU *m*
-    f convertisseur *m* analogique-numérique, C.A.N. *m*

П434 r преобразова́тель *m* напряже́ния в код
-    e voltage-to-digital converter
-    d Spannungs-Kode-Wandler *m*, Spannungs-Kode-Umsetzer *m*
-    f convertisseur *m* de tension en code numérique

П435 r преобразова́тель *m* / паралле́льно-после́довательный
-    e serializer
-    d Parallel-Serien-Umsetzer *m*
-    f convertisseur *m* parallèle-série

П436 r преобразова́тель *m* / после́довательно-паралле́льный
-    e deserializer
-    d Serien-Parallel-Umsetzer *m*
-    f convertisseur *m* série-parallèle

П437 r преобразова́тель *m* / цифро-ана́логовый
-    e digital-to-analog converter, DAC
-    d Digital-Analog-Wandler *m*, Digital-Analog-Umsetzer *m*, DA-Umsetzer *m*, DAU *m*
-    f convertisseur *m* numérique-analogique, C.N.A.

П438 r преобразова́тель *m* / цифрово́й
-    e digitizer
-    d Digitalisierer *m*, Digitalisiereinrichtung *f*
-    f numériseur *m*, digitaliseur *m*

П439 r препроце́ссор *m*
-    e preprocessor
-    d Preprozessor *m*, Vorprozessor *m*
-    f préprocesseur *m*

П440 r прерыва́ние *n*
-    e interrupt, break (*of a sequence*)
-    d Unterbrechung *f*, Interrupt *m*; Abbruch *m*
-    f interruption *f*; rupture *f* (*d'une séquence*)

П441 r прерыва́ние *n* / аппара́тное
-    e hardware interrupt
-    d Hardware-Unterbrechung *f*
-    f interruption *f* matérielle

П442 r прерыва́ние *n* / ве́кторное
-    e vectored interrupt
-    d Vektorinterrupt *m*, gerichtete Unterbrechung *f*
-    f interruption *f* vectorisée

П443 r прерыва́ние *n* / вне́шнее
-    e external interrupt
-    d externe Unterbrechung *f*
-    f interruption *f* extérieure

П444 r прерыва́ние *n* для обраще́ния к операцио́нной систе́ме
-    e supervisor-call interrupt
-    d Unterbrechung *f* durch Supervisoraufruf, Supervisor-Rufunterbrechung *f*
-    f interruption *f* d'appel au [du] superviseur

П445 r прерыва́ние *n* / заблоки́рованное
-    e disabled interrupt
-    d gesperrter Interrupt *m*, gesperrte Unterbrechung *f*
-    f interruption *f* inhibée

П446 r прерыва́ние *n* / игнори́руемое
-    e disarmed interrupt
-    d nicht zugelassene Unterbrechung *f*
-    f interruption *f* ignorée [désarmée]

П447 r прерыва́ние *n* из-за отсу́тствия страни́цы
-    e missing page interrupt
-    d Fehlseitenunterbrechung *f*
-    f interruption *f* de faute de page

П448 r прерыва́ние *n* из-за оши́бки в програ́мме
-    e program-check interrupt
-    d Unterbrechung *f* durch Programmprüfung, Programmfehlerunterbrechung *f*
-    f interruption *f* d'erreur [de défaillance] au niveau de programme

ПРЕРЫВАНИЕ

П449 *r* прерыва́ние *n* / информацио́нное
- *e* data interrupt
- *d* Dateninterrupt *m*
- *f* interruption *f* provoquée par données

П450 *r* прерыва́ние *n* / кома́ндное
- *e* command interrupt
- *d* befehlsbedingte Unterbrechung *f*
- *f* interruption *f* provoquée par commande

П451 *r* прерыва́ние *n* / маскиро́ванное
- *e* disabled interrupt, masked interrupt
- *d* maskierte Unterbrechung *f*, maskierter Interrupt *m*
- *f* interruption *f* masquée

П452 *r* прерыва́ние *n* / маскиру́емое
- *e* maskable interrupt
- *d* maskierbare Unterbrechung *f*, maskierbarer Interrupt *m*
- *f* interruption *f* masquable

П453 *r* прерыва́ние *n* / межпроцессо́рное
- *e* interprocessor interrupt
- *d* Interprozessorunterbrechung *f*
- *f* interruption *f* interprocesseur

П454 *r* прерыва́ние *n* / немаскиру́емое
- *e* nonmaskable interrupt
- *d* nicht maskierbare Unterbrechung *f*
- *f* interruption *f* non masquable

П455 *r* прерыва́ние *n* / неприорите́тное
- *e* nonpriority interrupt
- *d* nicht vorrangige Unterbrechung *f*
- *f* interruption *f* non prioritaire

П456 *r* прерыва́ние *n* / обра́тное
- *e* reverse interrupt
- *d* Rückunterbrechung *f*
- *f* interruption *f* inverse

П457 *r* прерыва́ние *n* от перифери́йного устро́йства
- *e* peripheral interrupt
- *d* Peripherieunterbrechung *f*, Peripherieinterrupt *m*
- *f* interruption *f* par périphérique

П458 *r* прерыва́ние *n* / отсро́ченное
- *e* deferred interrupt, pending interrupt
- *d* wartende Unterbrechung *f*
- *f* interruption *f* différée [suspendue]

П459 *r* прерыва́ние *n* по вво́ду-вы́воду
- *e* input/output interrupt
- *d* Eingabe-Ausgabe-Unterbrechung *f*, E/A-Unterbrechung *f*, Eingabe-Ausgabe-Interrupt *m*, E/A-Interrupt *m*
- *f* interruption *f* d'entrée/sortie

П460 *r* прерыва́ние *n* по вре́мени
- *e* time interrupt
- *d* Zeitinterrupt *m*, Zeitunterbrechung *f*
- *f* interruption *f* par le temps

П461 *r* прерыва́ние *n* по вы́зову
- *e* polling interrupt
- *d* Abrufinterrupt *m*, Abrufunterbrechung *f*
- *f* interruption *f* par appel

П462 *r* прерыва́ние *n* по запро́су
- *e* query interrupt
- *d* Abfrageinterrupt *m*, Abfrageunterbrechung *f*, Unterbrechung *f* auf Anfrage
- *f* interruption *f* d'interrogation

П463 *r* прерыва́ние *n* по защи́те па́мяти
- *e* memory protection interrupt
- *d* Speicherschutzunterbrechung *f*
- *f* interruption *f* de protection de mémoire

П464 *r* прерыва́ние *n* по наруше́нию чётности
- *e* parity interrupt
- *d* Paritätsunterbrechung *f*
- *f* interruption *f* (d'erreur) de parité

П465 *r* прерыва́ние *n* по неиспра́вности в систе́ме пита́ния
- *e* power-fail interrupt
- *d* Stromausfallinterupt *m*, Stromausfallunterbrechung *f*
- *f* interruption *f* de défaut secteur

ПРИЁМ

П466 r прерывáние n по обнарýжению осóбой ситуáции
- e trap
- d Trap m (durch prozeßorientierte Bedingung ausgelöste Programmunterbrechung)
- f interruption f exception; trappe f

П467 r прерывáние n по освобождéнию
- e not-busy interrupt
- d Freigabeinterrupt m
- f interruption f de non occupation [de libération d'un accès]

П468 r прерывáние n по сигнáлу об ошúбке
- e error interrupt
- d Fehlerinterrupt m, Fehlerunterbrechung f
- f interruption f sur erreur

П469 r прерывáние n по тáймеру
- e clock interrupt
- d Zeitgeberunterbrechung f
- f interruption f par horloge

П470 r прерывáние n, принимáемое на обрабóтку
- e honored interrupt
- d zu bearbeitender Interrupt m (aus einer Interruptwarteschlange)
- f interruption f prise en compte

П471 r прерывáние n / прúнятое
- e armed interrupt
- d zugelassene Unterbrechung f
- f interruption f activée

П472 r прерывáние n / приоритéтное
- e priority interrupt
- d Prioritätsinterrupt m, Vorrangsunterbrechung f
- f interruption f prioritaire

П473 r прерывáние n / програ́ммное
- e software interrupt
- d Software-Unterbrechung f, Programmunterbrechung f
- f interruption f de programme

П474 r прерывáние n / прогрáммно-управля́емое
- e program-controlled interrupt
- d programmgesteuerte Unterbrechung f
- f interruption f programmée

П475 r прерывáние n / процéссорно-завúсимое
- e processor-dependent interrupt
- d prozessorabhängige Unterbrechung f
- f interruption f dépendante de processeur

П476 r прерывáние n / разрешённое
- e enabled interrupt
- d freigegebene [zugelassene] Unterbrechung f
- f interruption f validée

П477 r прерывáние n с изменя́емым приоритéтом
- e priority-shifted interrupt
- d Unterbrechung f (mit) änderbarer Priorität, Unterbrechung f mit Wechselpriorität
- f interruption f à priorité variable

П478 r прерывáние n / системное
- e system-call interrupt; trap
- d System(aufruf)unterbrechung f, Systeminterrupt m; Trap m
- f interruption f système; trappe f

П479 r прерывáние n с пýльта оперáтора
- e operator interrupt
- d manuelle Unterbrechung f, Bedienerinterrupt m
- f interruption f par pupitre opérateur

П480 r приближéние
- e approximation
- d Annäherung f, Approximation f
- f approximation f

П481 r прúвод m
- e actuator; drive
- d Aktuator m; Antrieb m
- f actionneur m; entraînement m

П482 r привя́зка f
- e binding
- d Anpassung f
- f attachement m

П483 r приём m
- e recept(ion) (e.g. of a signal)

191

ПРИЁМ

    d Empfang *m* (*z.B. eines Signals*)
    f réception *f* (*p.e. d'un signal*)

П484 *r* приём *m* сообщений в сети / повторный
    e hop
    d Empfangswiederholung *f* (*im Nachrichtenvermittlungsnetz*)
    f réception *f* de messages répétée

П485 *r* приёмник *m*
    e receiver
    d Empfänger *m*
    f récepteur *m*

П486 *r* признак *m*
    e feature (*of an object*); flag (*of a situation*)
    d Merkmal *n* (*eines Objektes*); Flag *n*, Kennzeichen *n* (*eines Zustands*)
    f caractéristique *f* (*d'un objet*); drapeau *m* [indice *m*] (*d'une situation*)

П487 *r* признак *m* занятости
    e busy flag
    d Belegtkennzeichen *n*, Belegtflag *n*
    f drapeau *m* [indice *m*] (d')occupation

П488 *r* признак *m* конца
    e terminator
    d Beendigungsflag *n*, Beendigungsanzeige(r) *f* (*m*)
    f délimiteur *m* [indice *m*] de fin

П489 *r* признак *m* / отличительный
    e distinctive feature
    d charakteristisches Merkmal *n*, Identmerkmal *n*
    f caractéristique *f* particulière [distinctive]

П490 *r* признак *m* ошибки
    e error flag
    d Fehlerflag *n*, Fehlerkennzeichen *n*
    f drapeau *m* [indice *m*] d'erreur

П491 *r* примитив *m*
    e primitive
    d Grundelement *n*
    f primitive *f*

П492 *r* примитив *m* / графический
    e graphic primitive
    d Darstellungselement *n*, grafisches Grundelement *n*
    f primitive *f* graphique

П493 *r* принадлежность *f*
    e membership
    d Zugehörigkeit *f*
    f appartenance *f*

П494 *r* принцип *m* / блочный
    e building block principle
    d Baukastenprinzip *n*, Bausteinprinzip *n*
    f principe *m* de la construction par blocs

П495 *r* принцип *m* / мажоритарный
    e majority principle
    d Majoritätsprinzip *n*, Mehrheitsprinzip *n*
    f principe *m* majoritaire

П496 *r* принцип *m* / модульный
    e modular approach
    d Baukastenprinzip *n*
    f approche *f* [principe *m*] modulaire

П497 *r* принятие *n* решения
    e decision making
    d Entscheidungsfindung *f*, Entscheidungsvorbereitung *f*
    f prise *f* de décision

П498 *r* приоритет *m*
    e priority
    d Priorität *f*, Vorrang *m*
    f priorité *f*

П499 *r* приращение *n*
    e increment
    d Inkrement *n*
    f incrément *m*

П500 *r* приращение *n* / отрицательное
    e decrement
    d Dekrement *n*
    f décrément *m*

П501 *r* присваивание *n*
    e assignment
    d Zuweisung *f*, Zuordnung *f*
    f assignement *m*, affectation *f*

П502 *r* присваивание *n* значений
    e value assignment
    d Wertzuweisung *f*
    f affectation *f* de valeurs

П503 *r* присваивание *n* значений по умолчанию

ПРОГОН

- e default assignment
- d Standardzuweisung *f*
- *f* affectation *f* (de valeurs) par défaut

П504 *r* присваивание *n* меток
- e labelling
- d Etikettieren *n*, Kennzeichnung *f*
- *f* étiquetage *m*

П505 *r* присваивание *n* приоритетов
- e prioritization
- d Priorisierung *f*, Prioritätszuordnung *f*
- *f* attribution *f* de priorités

П506 *r* пробел *m*
- e blank; space
- d Leerzeichen *n*, Zwischenraum *m*
- *f* blanc *m*; espace *m*

П507 *r* пробивка *f*
- e punch, hole
- d Loch *n*, Perforation *f*
- *f* perforation *f*, trou *m*

П508 *r* пробивка *f* отверстий
- e perforation
- d Perforation *f*
- *f* perforation *f*

П509 *r* проверка *f*
- e check(ing)
- d Prüfung *f*, Kontrolle *f*, Test *m*
- *f* vérification *f*, test *m*, contrôle *m*

П510 *r* проверка *f* в контрольных точках
- e benchmark test
- d Benchmarktest *m*, Vergleichstest *m*, Prüfpunkttest *m*
- *f* test *m* benchmark [dans les points de contrôle]

П511 *r* проверка *f* / выборочная
- e selective check
- d Auswahlkontrolle *f*, Auswahlprüfung *f*
- *f* vérification *f* sélective

П512 *r* проверка *f* достоверности
- e validation
- d Gültigkeitsprüfung *f*, Plausibilitätsprüfung *f*
- *f* validation *f*, verification *f* de validité

П513 *r* проверка *f* на наличие ошибок
- e error check
- d Fehlerprüfung *f*, Fehlerkontrolle *f*
- *f* contrôle *m* d'erreur

П514 *r* проверка *f* на непротиворечивость
- e consistency check
- d Prüfung *f* auf Übereinstimmung
- *f* contrôle *m* de non-contradiction

П515 *r* проверка *f* на нечётность
- e parity-odd check
- d ungerade Paritätsprüfung *f*
- *f* vérification *f* [test *m*] d'imparité

П516 *r* проверка *f* на просвет
- e peek-a-boo check
- d Sichtprüfung *f* (*Lochkarten*)
- *f* vérification *f* visuelle (*p.e. d'une perforation*)

П517 *r* проверка *f* на чётность
- e parity check
- d Paritätsprüfung *f*
- *f* vérification *f* [test *m*] de parité

П518 *r* проверка *f* правильности программы
- e program verification
- d Programmrichtigkeitsprüfung *f*, Programmüberprüfung *f*
- *f* vérification *f* de programme

П519 *r* проверка *f* признака
- e flag test
- d Flagprüfung *f*, Kennzeichenprüfung *f*
- *f* test *m* de drapeau [d'indice]

П520 *r* проверка *f* / функциональная
- e functional test
- d Funktionstest *m*, Funktionsprüfung *f*
- *f* contrôle *m* de fonctionnement

П521 *r* прогон *m*
- e run; pass
- d Durchlauf *m*, Lauf *m*; Paß *m*
- *f* passage *m*

П522 *r* прогон *m* бумаги / холостой
- e paper skip
- d Papiersprung *m*

ПРОГОН

    f saut *m* de papier

П523 *r* прого́н *m* / имитацио́нный
    e simulation pass
    d Simulationslauf *m*
    f passage *m* de simulation

П524 *r* прого́н *m* / контро́льный
    e benchmark run
    d Vergleichslauf *m*, Bewertungslauf *m*
    f passage *m* de contrôle

П525 *r* прого́н *m* ле́нты
    e tape running
    d Bandlauf *m*
    f défilement *m* [marche *f*] de bande

П526 *r* прого́н *m* моде́ли
    e simulation run
    d Simulationslauf *m*
    f passage *m* (de) simulateur

П527 *r* прого́н *m* / повто́рный
    e rerun
    d Wiederholungslauf *m*
    f repassage *m*

П528 *r* прого́н *m* / про́бный
    e trial run
    d Probelauf *m*, Versuchslauf *m*
    f passage *m* d'essai

П529 *r* прого́н *m* програ́ммы
    e run
    d Programmdurchlauf *m*, Programm(ab)lauf *m*
    f passage *m* de programme

П530 *r* прого́н *m* те́ста
    e test run
    d Testlauf *m*
    f passage *m* de test

П531 *r* програ́мма *f*
    e program
    d Programm *n*
    f programme *m*

П532 *r* програ́мма *f* / аппара́тно-реализо́ванная
    e hardware program
    d Hardware-Programm *n*, festverdrahtetes Programm *n*
    f programme *m* matériel

П533 *r* програ́мма *f* / библиоте́чная
    e library program
    d BIbliotheksprogramm *n*
    f programme *m* de bibliothèque

П534 *r* програ́мма *f* в абсолю́тных адреса́х
    e absolute program
    d absolutes Programm *n*
    f programme *m* absolu

П535 *r* програ́мма *f* вво́да
    e reader
    d Eingabeprogramm *n*
    f programme *m* d'entrée

П536 *r* програ́мма *f* / вспомога́тельная
    e support program
    d Hilfsprogramm *n*, Unterstützungsprogramm *n*
    f programme *m* support [auxiliaire]

П537 *r* програ́мма *f* / вызыва́емая
    e called program
    d aufgerufenes Programm *n*
    f programme *m* appelé

П538 *r* програ́мма *f* / вызыва́ющая
    e calling program, caller
    d aufrufendes Programm *n*
    f programme *m* appelant

П539 *r* програ́мма *f* / гла́вная
    e master program
    d Hauptprogramm *n*
    f programme *m* maître [principal]

П540 *r* програ́мма *f* / диагности́ческая
    e diagnotor
    d Diagnoseprogramm *n*
    f programme *m* diagnostique

П541 *r* програ́мма *f* загру́зки
    e load program, loader
    d Ladeprogramm *n*, Lader *m*
    f programme *m* de charge(ment)

П542 *r* програ́мма *f* / заши́тая
    e wired program
    d verdrahtetes Programm *n*
    f programme *m* câblé

П543 *r* програ́мма *f*, защищённая а́вторским пра́вом
    e copyrighted program
    d Copyright-Programm *n*
    f programme *m* protégé par le droit d'auteur

П544 *r* програ́мма *f* контро́ля
    e checker
    d Überwachungsprogramm *n*
    f programme *m* de contrôle

П545 *r* програ́мма *f* / маши́нная
    e code

ПРОГРАММА

      d Maschinenprogramm *n*
      f code *m*

П546 *r* програ́мма *f* /
        модели́руемая
      e simulation program
      d Simulationsprogramm *n*
      f programme *m* de simulation, simulateur *m*

П547 *r* програ́мма *f* на входно́м языке́
      e source program
      d Quellprogramm *n*
      f programme *m* de source

П548 *r* програ́мма *f* на выходно́м языке́ трансля́тора
      e target program
      d Zielprogramm *n*
      f programme *m* (en langage) objet

П549 *r* програ́мма *f* обрабо́тки
      e handler
      d Bearbeitungsprogramm *n*; Hantierer *m*
      f programme *m* de traitement

П550 *r* програ́мма *f* / обслу́живающая
      e service program
      d Dienstprogramm *n*, Service-Programm *n*
      f programme *m* de service

П551 *r* програ́мма *f* / обуча́ющая
      e teaching program
      d Lehrprogramm *n*
      f programme *m* d'enseignement

П552 *r* програ́мма *f* / оверле́йная
      e overlay program
      d Überlagerungsprogramm *n*
      f programme *m* de recouvrement

П553 *r* програ́мма *f* / организу́ющая
      e administration program, administrator
      d Verwaltungsprogramm *n*, Verwalter *m*
      f programme *m* d'administration [de gestion], administrateur *m*, gestionnaire *m*

П554 *r* програ́мма *f* / перемеща́емая
      e relocatable program
      d verschiebbares Programm *n*
      f programme *m* relogeable [translatable]

П555 *r* програ́мма *f* печа́ти
      e print program
      d Druckprogramm *n*
      f programme *m* d'impression

П556 *r* програ́мма *f* / повто́рно испо́льзуемая
      e reentrant program
      d wiedereintrittsfähiges Programm *n*
      f programme *m* réentrant

П557 *r* програ́мма *f* / прикладна́я
      e application program
      d Anwendungsprogramm *n*
      f programme *m* d'application

П558 *r* програ́мма *f* / редакти́рующая
      e editor (program)
      d Editierprogramm *n*, Editor *m*
      f programme *m* d'édition, éditeur *m*

П559 *r* програ́мма *f* / резиде́нтная
      e resident program
      d residentes Programm *n*
      f programme *m* résidant

П560 *r* програ́мма *f* / самозагружа́ющаяся
      e self-loading program
      d selbstladendes Programm *n*
      f programme *m* autochargeur

П561 *r* програ́мма *f* самозагру́зки
      e bootstrap *(program)*
      d Bootstrap-Programm *n*
      f programme *m* d'amorce

П562 *r* програ́мма *f* синтакси́ческого ана́лиза
      e parser
      d Syntaxanalyseprogramm *n*, Parser *m*
      f programme *m* d'analyse syntaxique

П563 *r* програ́мма *f* / служе́бная
      e utility program
      d Dienstprogramm *n*
      f programme *m* utilitaire

П564 *r* програ́мма *f* сортиро́вки
      e sorter
      d Sortierprogramm *n*
      f programme *m* de tri [de triage, de classement]

П565 *r* програ́мма *f* / станда́ртная
      e routine

ПРОГРАММА

    d Standardprogramm *n*, Routine *f*
    f programme *m* standard

П566 *r* програ́мма *f* / структури́рованная
    e structured program
    d strukturiertes Programm *n*
    f programme *m* structuré

П567 *r* програ́мма *f* табли́чных вычисле́ний
    e spreadsheet program
    d Tabellenkalkulationsprogramm *n*
    f programme *m* tableur, tableur *m*

П568 *r* програ́мма *f* те́стовая
    e test program
    d Testprogramm *n*
    f programme *m* de test

П569 *r* програ́мма *f*, управля́емая да́нными
    e data-flow program
    d datengesteuertes Programm *n*
    f programme *m* de flot de données

П570 *r* програ́мма *f* / управля́ющая
    e control program
    d Steuerprogramm *n*
    f programme *m* de gestion

П571 *r* програ́мма *f* / фо́новая
    e background program
    d Background-Programm *n*, Hintergrundprogramm *n*
    f programme *m* de fond

П572 *r* програ́мма *f* / храни́мая
    e stored program
    d gespeichertes Programm *n*
    f programme *m* stocké

П573 *r* программа́тор *m*
    e programmer
    d Programmiergerät *n*
    f programmateur *m*

П574 *r* программи́рование *n*
    e programming
    d Programmieren *n*, Programmierung *f*
    f programmation *f*

П575 *r* программи́рование *n* / автомати́ческое
    e computer-aided programming
    d automatische Programmierung *f*, Selbstprogrammierung *f*
    f programmation *f* automatique

П576 *r* программи́рование *n* алгори́тма
    e flow-of-control programming
    d Ablaufprogrammierung *f*
    f programmation *f* de flux de commandes

П577 *r* программи́рование *n* в абсолю́тных адреса́х
    e absolute programming
    d absolute Programmierung *f*
    f programmation *f* absolue

П578 *r* программи́рование *n* в диало́говом режи́ме
    e interactive programming
    d interaktive Programmierung *f*
    f programmation *f* intéractive [conversationnelle]

П579 *r* программи́рование *n* в относи́тельных адреса́х
    e relative programming
    d relative Programmierung *f*
    f programmation *f* relative

П580 *r* программи́рование *n* / прикладно́е
    e application programming
    d Anwendungsprogrammierung *f*
    f programmation *f* d'applications

П581 *r* программи́рование *n* / систе́мное
    e system programming *f*
    d Systemprogrammierung *f*
    f programmation *f* système

П582 *r* программи́рование *n* со́бственными си́лами
    e in-house programming
    d In-house-Programmierung *f*
    f programmation *f* interne

П583 *r* программи́рование *n* / структу́рное
    e structured programming
    d strukturierte Programmierung *f*
    f programmation *f* structurée

П584 *r* программи́рование *n* ЭВМ
    e computer programming
    d Rechnerprogrammierung *f*
    f programmation *f* d'ordinateur

П585 *r* программи́ст *m*
    e programmer
    d Programmierer *m*
    f programmeur *m*

П586 *r* програ́ммно-совмести́мый

ПРОПУСК

      e software compatible
      d softwarekompatibel
      f compatible par logiciel

П587 r программоноси́тель *m*
      e program medium
      d Programmträger *m*
      f milieu *m* de programme

П588 r программоте́хника *f*
      e software engineering
      d Software-Entwicklungstechnik *f*
      f ingénierie *f* logicielle

П589 r програ́ммы *f pl* / встро́енные
      e firmware
      d Firmware *f*
      f programmes *m pl* encastrés [incorporés]; logiciel *m* de base

П590 r прое́кт *m* / концептуа́льный
      e conceptual design
      d Konzeptentwurf *m*
      f projet *m* conceptuel

П591 r прое́кт *m* / рабо́чий
      e detailed design
      d detaillierter Entwurf *m*, Detailentwurf *m*
      f projet *m* [dessin *m*] detaillé

П592 r прое́кт *m* / техни́ческий
      e preliminary design
      d Vorentwurf *m*
      f projet *m* préliminaire, avant-projet *m*

П593 r проекти́рование *n*
      e design
      d Entwicklung *m*, Entwurf *m*
      f conception *f*

П594 r проекти́рование *n* / автоматизи́рованное
      e computer-aided design, CAD
      d rechnerunterstützter Entwurf *m*
      f conception *f* assistée par ordinateur, CAO

П595 r проекти́рование *n* / восходя́щее
      e bottom-up design
      d Bottom-up-Entwurf *m*, Entwurf *m* von unten nach oben
      f conception *f* de bas en haut

П596 r проекти́рование *n* / нисходя́щее
      e top-down design
      d Top-down-Entwurf *m*, Entwurf *m* von oben nach unten
      f conception *f* de haut en bas

П597 r проекти́рование *n* / структу́рное
      e structured design
      d strukturierter Entwurf *m*
      f conception *f* structurée

П598 r проекти́рование *n* / схемотехни́ческое
      e shematic design
      d Schaltungsentwurf *m*
      f conception *f* de circuiterie

П599 r прозра́чность *f*
      e transparency
      d Transparenz *f*
      f transparence *f*

П600 r производи́тельность *f*
      e performance
      d Leistung *f*, Leistungsfähigkeit *f*
      f capacité *f* de production, production *f*, productivité *f*

П601 r прокру́тка *f (на экране)*
      e scrolling
      d Scrolling *n*, Bildverschiebung *f*, zeilenweises Verschieben *n (eines Bildschirmtextes nach oben bzw. nach unten)*
      f défilement *m*, saut *m* de ligne *(sur l'écran)*

П602 r промежу́ток *m*
      e gap
      d Lücke *f*, Zwischenraum *m*; Abstand *m*; Intervall *n*
      f intervalle *m*

П603 r промы́шленность *f* вычисли́тельных средств
      e computer industry
      d Computerindustie *f*
      f industrie *f* d'ordinateurs

П604 r промы́шленность *f* програ́ммных средств
      e software industry
      d Softwareindustrie *f*
      f industrie *f* de logiciel

П605 r промы́шленность *f* средств свя́зи
      e communication industry
      d Kommunikationsindustrie *f*
      f industrie *f* de communications

П606 r про́пуск *m*

ПРОСЛЕЖИВАНИЕ

    e skip
    d Überspringen *n*
    f manque *m*; omission *f*

П607 *r* просле́живание *n*
    e tracing
    d Tracing *n*, Verfolgung *f*
    f traçage *m*

П608 *r* просмо́тр *m*
    e lookup
    d Durchsuchen *n*, Look-up *n*
    f balayage *m*, consultation *f*

П609 *r* просмо́тр *m* вперёд
    e look-ahead
    d Look-ahead *n*, Vorausschau *f*
    f consultation *f* avancée, prérecherche *f*

П610 *r* просмо́тр *m* / повто́рный
    e rescanning
    d Wiederabtastung *f*, Wiederabfrage *f*
    f balayage *m* répétitif, consultation *f* répétitive

П611 *r* просмо́тр *m* содержи́мого па́мяти
    e storage scan
    d Abfrage *f* von Speicherplätzen
    f balayage *m* de mémoire

П612 *r* просмо́тр *m* состоя́ний
    e status scan
    d Statusabfrage *f*, Statusabtastung *f*
    f balayage *m* d'états

П613 *r* просто́й *m*
    e downtime
    d Totzeit *f*, Stillstandzeit *f*
    f temps *m* mort [d'arrêt]

П614 *r* простра́нство *n*
    e space
    d Raum *m*, Bereich *m*
    f espace *m*

П615 *r* простра́нство *n* / а́дресное
    e address space
    d Adreßraum *m*
    f espace *m* adressable

П616 *r* простра́нство *n* прое́ктных пара́метров
    e design space
    d Entwurfs(daten)raum *m*
    f espace *m* de (paramètres de) conception

П617 *r* противоречи́вость *f*
    e inconsistency
    d Inkonsistenz *f*
    f contradiction *f*

П618 *r* протоко́л *m*
    e 1. protocol *(of communication procedure)* 2. log *(of events in a system)*
    d Protokoll *n*
    f 1. protocole *m (de procédure de communication)* 2. liste *m f (d'événements dans un système)*

П619 *r* протоко́л *m* виртуа́льного кана́ла
    e virtual circuit protocol
    d Protokoll *n* der virtuellen Verbindung
    f protocole *m* de circuit virtuel

П620 *r* протоко́л *m* кана́льного у́ровня се́ти
    e link protocol
    d Sicherungsprotokoll *n*
    f protocole *m* de liaison

П621 *r* протоко́л *m* квити́рования свя́зи
    e handshaking protocol
    d Quittungsaustauschprotokoll *n*
    f protocole *m* de confirmation de signal de télécommande

П622 *r* протоко́л *m* / ма́ркерный
    e buck-passing protocol
    d Buck-passing-Protokoll *n*
    f protocole *m* de passage de jeton

П623 *r* протоко́л *m* обме́на сигна́лами
    e signaling protocol
    d Signalisierungsprotokoll *n*, Signalaustauschprotokoll *n*
    f protocole *m* d'échange de signaux

П624 *r* протоко́л *m* паке́тной свя́зи
    e packet protocol
    d Paketübertragungsprotokoll *n*
    f protocole *m* de communication par paquets [de transmission de paquets]

П625 *r* протоко́л *m* сеа́нсового у́ровня се́ти
    e session protocol
    d Kommunikationssteuerungsprotokoll *n*, Sitzungsprotokoll *n*
    f protocole *m* de session

ПРОЦЕСС

П626 r протокóл m / сетевóй
 e network protocol
 d Netzwerkprotokoll n;
   Vermittlungsprotokoll n
 f protocole m de réseau

П627 r протокóл m с
   фиксúрованным маршрýтом
 e fixed-path protocol
 d Protokoll n mit fester Route
 f protocole m de chemin fixe

П628 r протокóл m /
   трáнспортный
 e transport protocol
 d Transportprotokoll n
 f protocole m de transport

П629 r протокóл m
   широковещáтельной
   адресáции сообщéний
 e broadcast protocol
 d Rundsendeprotokoll n
 f protocole m de diffusion
   multipoint

П630 r протокóл m эстафéтного
   дóступа
 e token-access protocol
 d Token-passing-Protokoll n
 f protocole m d'accès par jeton

П631 r прохóд m ассéмблера
 e assembly pass
 d Assemblerlauf m
 f passage m d'assembleur

П632 r прохóд m сортирóвки
 e sort pass
 d Sortierdurchlauf m
 f passage m de tri [de triage,
   de classement]

П633 r прохождéние n сигнáла
 e signal propagation
 d Signalausbreitung f
 f propagation f de signal

П634 r процедýра f
 e procedure
 d Prozedur f
 f procédure f

П635 r процедýра f / встрóенная
 e built-in procedure
 d eingebaute Prozedur f
 f procédure f incorporée

П636 r процедýра f вхóда в
   систéму
 e log-on procedure
 d Logon-Prozedur f,
   Anmeldeprozedur f
 f procédure f de logon
   [d'arrivée au système]

П637 r процедýра f выхода из
   систéмы
 e log-off procedure
 d Logoff-Prozedur f,
   Abmeldeprozedur f
 f procédure f de logoff
   [d'abandonnement de
   système]

П638 r процедýра f /
   инициализúруемая
 e invoked procedure
 d aufgerufene Prozedur f
 f procédure f invoquée

П639 r процедýра f перúода
   компилЯции
 e compile-time procedure
 d Kompilationszeit-Prozedur f,
   Kompilierzeit-Prozedur f
 f procédure f de temps de
   compilation

П640 r процедýрный
 e procedure-oriented;
   procedural
 d verfahrensorientiert,
   prozedural
 f procédural, orienté procédure

П641 r процéсс m / актúвный
 e awake process
 d aktiver Prozeß m
 f processus m actif

П642 r процéсс m / ждýщий
 e asleep process, sleeping
   process
 d wartender Prozeß m
 f processus m attendant

П643 r процéсс m мáссового
   обслýживания
 e queueing process
 d Warteschlangenverwaltungs-
   prozeß m
 f processus m de files d'attente

П644 r процéсс m / параллéльный
 e concurrent process
 d konkurrierender [paralleler]
   Prozeß m
 f processus m concurrent

П645 r процéсс m / подчинённый
 e slave process
 d Slave-Prozeß m
 f processus m esclave

П646 r процéсс m /
   пóльзовательский

199

ПРОЦЕСС

- e user process
- d Anwenderprozeß *m*
- f processus *m* utilisateur

П647 r процéсс *m* / управля́емый
- e process under control, controlled process
- d gesteuerter Prozeß *m*
- f processus *m* commandé

П648 r процéсс-адресáт *m* сообщéний
- e receiving process
- d empfangender Prozeß *m*, Empfängerprozeß *m*
- f processus *m* destinataire [récepteur]

П649 r процéсс-истóчник *m*
- e producer process
- d produzierender Prozeß *m*, Quellenprozeß *m*
- f processus *m* producteur

П650 r процéсс-отправи́тель *m* сообщéний
- e sending process
- d sendender Prozeß *m*, Senderprozeß *m*
- f processus *m* émetteur (de message)

П651 r процéсс-потреби́тель *m*
- e consumer process
- d abnehmender Prozeß *m*, Abnehmerprozeß *m*
- f processus *m* consommateur

П652 r процéссор *m*
- e processor
- d Prozessor *m*
- f processeur *m*

П653 r процéссор *m* / автонóмный
- e stand-alone processor
- d autonom arbeitender [autonomer] Prozessor *m*
- f processeur *m* autonome

П654 r процéссор *m* / ассоциати́вный
- e content-addressable processor
- d inhaltsadressierbarer Prozessor *m*, Assoziativprozessor *m*
- f processeur *m* associatif [à adressage par contenu]

П655 r процéссор *m* бáзы дáнных
- e backend processor
- d Back-end-Prozessor *m*, Spezialprozessor *m* *(für Datenbasis)*
- f processeur *m* de base de données

П656 r процéссор *m* ввóда-вы́вода
- e input/output processor
- d Eingabe-Ausgabe-Prozessor *m*, E/A-Prozesor *m*
- f processeur *m* d'entrée/sortie

П657 r процéссор *m* / ведýщий
- e master processor
- d Master-Prozessor *m*, Hauptprozessor *m*
- f processeur *m* maître

П658 r процéссор *m* / вéкторный
- e vector processor
- d Vektorprozessor *m*
- f processeur *m* vectoriel

П659 r процéссор *m* / вспомогáтельный
- e support processor
- d Hilfsprozessor *m*, Unterstützungsprozessor *m*
- f processeur *m* auxiliaire [de secours]

П660 r процéссор *m* / глáвный
- e host processor
- d Wirtsprozessor *m*, Hauptprozessor *m*
- f processeur *m* hôte

П661 r процéссор *m* изображéний
- e image processor
- d Bildprozessor *m*
- f processeur *m* d'images

П662 r процéссор *m* / интерфéйсный
- e interface processor
- d Schnittstellenprozessor *m*
- f processeur *m* d'interface

П663 r процéссор *m* / комáндный
- e command processor
- d Befehlsprozessor *m*
- f processeur *m* de commande

П664 r процéссор *m* / конвéйерный
- e pipelined processor
- d Pipeline-Prozessor *m*
- f processeur *m* pipeline [pipeliné]

П665 r процéссор *m* / лингвисти́ческий
- e language processor

ПУНКТ

    d Übersetzer *m*,
       Übersetzungsprogramm *n*
    f processeur *m* de langage

П666 *r* проце́ссор *m* / ма́тричный
     e array processor
     d Array-Prozessor *m*
     f processeur *m* matriciel

П667 *r* проце́ссор *m* межсетево́го сопряже́ния
     e gateway processor
     d Gateway-Prozessor *m*
     f processeur *m* (d'interface) interréseaux

П668 *r* проце́ссор *m* / однокриста́льный
     e single-chip processor
     d Einchipprozessor *m*
     f processeur *m* sur une puce unique [sur un seul chip]

П669 *r* проце́ссор *m* / подчинённый
     e slave processor
     d Slave-Prozessor *m*
     f processeur *m* esclave [asservi]

П670 *r* проце́ссор *m* / присоединённый
     e attached processor
     d angeschlossener [integrierter] Prozessor *m*
     f processeur *m* attaché

П671 *r* проце́ссор *m* / разря́дно-мо́дульный
     e bit-slice processor
     d Bitscheibenprozessor *m*, Scheibenprozessor *m*
     f processeur *m* en tranches de bit

П672 *r* проце́ссор *m* речевы́х сигна́лов
     e speech processor
     d Sprachprozessor *m*
     f processeur *m* de la parole

П673 *r* проце́ссор *m* / связно́й
     e communications processor
     d Kommunikationsprozessor *m*
     f processeur *m* de communication

П674 *r* проце́ссор *m* с распараллеливанием опера́ций
     e concurrent processor
     d Konkurrenzprozessor *m*, Prozessor *m* für verzahnt ablaufende Verarbeitung
     f processeur *m* concurrent [parallèle]

П675 *r* проце́ссор *m* / текстово́й
     e text processor
     d Textprozessor *m*
     f processeur *m* de texte

П676 *r* проце́ссор *m* узла́ се́ти
     e node processor
     d Knotenprozessor *m*
     f processeur *m* de nœud

П677 *r* проце́ссор *m* / центра́льный
     e central processing unit, CPU
     d zentrale Verarbeitungseinheit *f*, ZVE
     f unité *f* centrale de traitement, UCT

П678 *r* псевдокома́нда *f*
     e pseudoinstruction
     d Pseudobefehl *m*
     f pseudo-instruction *f*

П679 *r* псевдоотла́дка *f*
     e bebugging
     d Bebugging *n* (*Testieren eines Programms durch Beseitigung speziell eingeführter Fehler*)
     f mise *f* au point fictive

П680 *r* пул *m*
     e pool
     d Pool *m*
     f pool *m*

П681 *r* пульт *m* / кла́вишный
     e keyboard
     d Tastenfeld *n*
     f pupitre *m* à clavier

П682 *r* пульт *m* опера́тора
     e controle
     d Bedienpult *n*, Bedienungskonsole *f*, Konsole *f*
     f console *f*

П683 *r* пульт *m* управле́ния
     e control panel
     d Steuerpult *n*, Steuertafel *f*
     f pupitre *m* [panneau *m*] de commande

П684 *r* пункт *m*
     e 1. point (*e.g. of a network*) 2. item (*e.g. of a list*)

ПУНКТ

    d 1. Punkt *m* 2. Posten *m* (*z.B. in einer Liste*)
    f 1. point *m*, poste *m* (*p.e. d'un réseau*) 2. entrée *f* (*p.e. d'une table*)

П685 *r* пункт *m* назначе́ния
    e destination (point)
    d Bestimmungsort *m*, Zielort *m*, Datenziel *n*
    f destination *f*, point *m* de destination

П686 *r* пуск *m*
    e startup
    d Anlauf *m*, Einleitung *f*, Start *m*
    f démarrage *m*

П687 *r* пуск *m* / повто́рный
    e restart
    d Wiederanlauf *m*
    f remise *f* en marche

П688 *r* путь *m*
    e path
    d Weg *m*, Bahn *f*
    f chemin *m*

П689 *r* путь *m* в гра́фе
    e graph path
    d Graphenweg *m*
    f chemin *m* de graphe

П690 *r* путь *m* до́ступа
    e access path
    d Zugriffspfad *m*
    f chemin *m* d'accès

П691 *r* путь *m* прохожде́ния да́нных
    e data path
    d Datenweg *m*
    f chemin *m* de données

Р

Р1 *r* рабо́та *f*
    e 1. operation (*of a system*) 2. activity (*performing of a function*) 3. job (*a task*) 4. work (*a piece of activity*)
    d 1. Betrieb *m*, Operation *f* (*eines Systems*) 2. Aktivität *f*, Tätigkeit *f* 3. Job *m*, Arbeit *f*
    f 1. opération *f*, fonctionnement *m* (*d'un système*) 2. activité *f* (*execution d'une fonction*) 3. travail *m* (*une tâche ou une partie d'activité*)

Р2 *r* рабо́та *f* без надзо́ра опера́тора
    e unattended operation
    d unbedienter [bedienungsfreier] Betrieb *m*, unbediente [bedienungsfreie] Operation *f*
    f fonctionnement *m* sans surveillance d'operateur

Р3 *r* рабо́та *f* / безоши́бочная
    e error-free operation
    d fehlerfreier Betrieb *m*, fehlerfreie Operation *f*
    f travail *m* sans défaillance

Р4 *r* рабо́та *f* в диало́говом режи́ме
    e conversational operation
    d Dialogbetrieb *m*
    f fonctionnement *m* conversationnel

Р5 *r* рабо́та *f* в интеракти́вном режи́ме
    e interactive operation
    d interaktiver Betrieb *m*
    f opération *f* interactive

Р6 *r* рабо́та *f* в паке́тном режи́ме
    e batch operation
    d Stapelbetrieb *m*, Batch-Betrieb *m*, Batch-Operation *f*
    f opération *f* par lots [par train de travaux]

Р7 *r* рабо́та *f* в поша́говом режи́ме
    e one-step operation
    d Schrittbetrieb *m*
    f opération *f* pas à pas

Р8 *r* рабо́та *f* в режи́ме реа́льного вре́мени
    e real-time operation
    d Echtzeitbetrieb *m*, Echtzeitoperation *f*
    f opération *f* [travail *m*] en temps réel

Р9 *r* рабо́та *f* / высокоприорите́тная
    e foreground operation
    d Vordergrundbetrieb *m*, vorrangiger Betrieb *m*
    f travail *m* de premier plan [de priorité haute]

РАЗБИЕНИЕ

P10   r   работа *f* / многозадачная
       e   multitasking
       d   Multitasking *n*, Multitask-Arbeit *f*
       f   opération *f* multitâche

P11   r   работа *f* / многоприоритетная
       e   multipriority
       d   Multiprioritätsbetrieb *m*, Multiprioritätsoperation *f*
       f   travail *m* à plusieurs priorités

P12   r   работа *f* на клавиатуре
       e   keying
       d   Tasten *n*
       f   utilisation *f* de clavier

P13   r   работа *f* / незавершённая
       e   in-process job
       d   laufende [unvollendete] Operation *f*, unvollendeter Ablauf *m*
       f   travail *m* inachevé

P14   r   работа *f* / неправильная
       e   misoperation
       d   Fehloperation *f*
       f   opération *f* défectueuse

P15   r   работа *f* / отказоустойчивая
       e   fault-tolerant operation
       d   fehlertoleranter Betrieb *m*, fehlertolerante Operation *f*
       f   opération *f* tolérante aux fautes

P16   r   работа *f* со сбоями
       e   malfunction
       d   fehlerhafter Betrieb *m*, Fehlfunktion *f*
       f   fonction *f* défectueuse

P17   r   работа *f* со словами переменной длины
       e   variable-length operation
       d   Operation *f* mit Wörtern variabler Länge
       f   opération *f* en longueur variable

P18   r   работа *f* с разделением времени
       e   time-sharing operation
       d   Time-sharing-Betrieb *m*, Time-sharing-Operation *f*
       f   opération *f* en temps partagé

P19   r   работа *f* / фиктивная
       e   dummy activity
       d   Pseudoaktivität *f*
       f   activité *f* fictive

P20   r   работа *f* / фоновая
       e   background operation
       d   Hintergrundbetrieb *m*, nachrangiger Betrieb *m*
       f   opération *f* de fond [d'arrière plan]

P21   r   равноправный
       e   peer-to-peer
       d   gleichberechtigt, gleichgestellt
       f   égal-à-égal

P22   r   разбивка *f* программы на модули
       e   program layout
       d   Programmlayout *n*
       f   structure *f* modulaire de programme

P23   r   разбиение *n* на логические блоки
       e   logical partitioning
       d   logische Unterteilung *f*
       f   partitionnement *m* [partition *f*] logique

P24   r   разбиение *n* на модули
       e   modular decomposition
       d   modulare Unterteilung *f*, Unterteilung *f* in einzelne Module
       f   décomposition *f* modulaire

P25   r   разбиение *n* на области
       e   regionalization
       d   Bereichsunterteilung *f*
       f   régionalisation *f*

P26   r   разбиение *n* на слои
       e   layering
       d   Schichtenbildung *f*
       f   division *f* en couches

P27   r   разбиение *n* памяти на страницы
       e   memory paging
       d   Speicherseitenbildung *f*
       f   pagination *f* de mémoire

P28   r   разбиение *n* со страничной организацией
       e   pageable partitioning
       d   seitenorganisierte Unterteilung *f*, Unterteilung *f* in seitenwechselbare Bereiche
       f   partitionnement *m* paginé

P29   r   разбиение *n* текста на страницы
       e   pagination (*in a word processor*)

РАЗБЛОКИРОВАНИЕ

    d Paginierung *f (im Textsystem)*
    f pagination *f (dans un processeur de texte)*

P30 *r* разблоки́рование *n*
    e 1. unlocking *(release of a lock)* 2. deblocking *(of data)* 3. enable *(of a signal)*
    d 1. Entsperrung *f*, Entriegelung *f* 2. Entblockung *f (von Daten)* 3. Freigabe *f (eines Signals)*
    f 1. déverrouillage *m (relâchement d'un verrou)* 2. déblocage *m (de données)* 3. activation *f (d'un signal)*

P31 *r* разбо́р *m* / граммати́ческий
    e parsing
    d Parsing *n*, (automatische) Syntaxanalyse *f*
    f analyse *f* grammaticale

P32 *r* разбро́с *m*
    e scatter
    d Streuung *f*
    f dispersion *f*

P33 *r* развёртка *f*
    e scan
    d Abtastung *f*
    f balayage *m*

P34 *r* разви́лка *f*
    e fork
    d Gabel *f*, Verzweiger *m*
    f bifurcation *f*

P35 *r* развбо́дка *f* соедине́ний
    e wiring
    d Verdrahtung *f*
    f câblage *m*, interconnexions *f pl*

P36 *r* развора́чивание *n* ци́кла
    e loop unwinding
    d Schleifenstreckung *f*, gestreckte Programmschleifennotierung *f*
    f développement *m* de boucle

P37 *r* развя́зка *f*
    e decoupling
    d Entkopplung *f*
    f découplage *m*

P38 *r* разго́н *m*
    e acceleration
    d Beschleunigung *f*, Anlauf *m*
    f accélération *f*

P39 *r* разграничи́тель *m*
    e delimiter
    d Trennzeichen *n*; Begrenzungssymbol *n*
    f délimiteur *m*

P40 *r* разгру́зка *f*
    e 1. unload *(e.g. of a memory)* 2. discharge *(from excessive load)*
    d 1. Entladung *f (Datenträger)* 2. Entlastung *f*
    f déchargement *m*

P41 *r* разгру́зка *f* па́мяти
    e dump
    d Speicherauszug *m*, Dump *m*
    f vidage *m*

P42 *r* разде́л *m* вычисли́тельного проце́сса
    e partition
    d Partition *f*, Bereich *m*
    f partition *f*

P43 *r* разде́л *m* документа́ции
    e document section
    d Dokumentationsabschnitt *m*
    f section *f* de documentation

P44 *r* разде́л *m* програ́ммы
    e program division
    d Programmabschnitt *m*, Programmteil *m*
    f division *f* de programme

P45 *r* разделе́ние *n* бло́ков на за́писи
    e deblocking
    d Entblockung *f*
    f déblocage *m*

P46 *r* разделе́ние *n* вре́мени
    e time-sharing
    d Time-Sharing *n*, Zeitteilung *f*
    f partage *m* de temps

P47 *r* разделе́ние *n* кана́лов / временно́е
    e time demultiplexing
    d Zeitmultiplex *n*, Zeitvielfach *n*
    f répartition *f* des voies dans le temps

P48 *r* разделе́ние *n* на кана́лы
    e channeling
    d Einteilung *f* in Kanäle
    f répartition *f* en canaux

P49 *r* разделе́ние *n* слов
    e word separation
    d Worttrennung *f*
    f séparation *f* des mots

РАЗРЯД

P50   r разделитель *m*
      e separator
      d Trennsymbol *n*,
        Trennzeichen *n*
      f séparateur *m*

P51   r разложение *n*
      e decomposition
      d Zerlegung *f*
      f décomposition *f*,
        développement *m*

P52   r разложение *n* в ряд
      e expansion in series
      d Reihenentwicklung *f*
      f développement *m* en série

P53   r разложение *n* на
        множители
      e factorization
      d Faktorisierung *f*
      f factorisation *f*, décomposition
        f en facteurs

P54   r размер *m* блока данных
      e block size
      d Blockgröße *f*
      f taille *f* de bloc

P55   r размерность *f*
      e dimension
      d Dimension *f*
      f dimension *f*

P56   r размерность *f* / большая
      e high dimensionality
      d hohe Dimension *f*
      f dimension *f* haute

P57   r размерность *f* массива
      e array dimension
      d Array-Dimension *f*,
        Datenfelddimension *f*
      f dimension *f* de tableau

P58   r разметка *f*
      e formatting
      d Formatierung *f*; Markierung *f*
      f formatage *m*

P59   r размещение *n*
      e allocation
      d Zuordnung *f*, Zuweisung *f*,
        Zuteilung *f*; Unterbringung *f*
      f allocation *f*

P60   r разнообразие *n*
      e variety
      d Vielfalt *f*
      f variété *f*

P61   r разность *f*
      e difference
      d Differenz *f*
      f différence *f*

P62   r разрешение *n*
      e 1. resolution *(e.g. of a*
        display) 2. enable *(a signal)*
        3. credit *(allowance)*
      d 1. Auflösung *f (z.B. eines*
        Bildschirms) 2. Freigabe *f*
        (Signalablauf) 3.
        Genehmigung *f*
      f 1. résolution *f (p.e. d'un*
        écran) 2. validation *f (p.e.*
        d'un signal) 3. crédit *m*
        (permission f)

P63   r разрешение *n* / высокое
      e high resolution
      d hohe Auflösung *f*
      f résolution *f* haute

P64   r разрешение *n* конфликтов
      e conflict resolution
      d Konfliktauflösung *f*
      f (ré)solution *f* des conflits

P65   r разрешение *n* на доступ
      e access authorization
      d Zugriffsberechtigung *f*
      f autorisation *f* d'accés

P66   r разрешение *n* на передачу
      e credit
      d Übertragungsgenehmigung *f*,
        Kredit *m*
      f crédit *m*

P67   r разрешение *n* / низкое
      e low resolution
      d geringe [niedrige] Auflösung *f*
      f résolution *f* basse

P68   r разрушение *n*
      e destruction
      d Zerstörung *f*
      f destruction *f*

P69   r разряд *m*
      e 1. digit *(of a number)*
        2. discharge *(e.g. of a*
        capacitor) 3. order *(a place*
        in a word) 4. position *(with*
        respect to a weight)
      d 1. Stelle *f (in einer Zahl)*,
        Digit *n* 2. Entladung *f*
        (Kondensator) 3. Ordnung *f*
        4. Rang *m*
      f 1. digit *m (d'un nombre)*
        2. décharge *f (p.e. d'un*
        condensateur) 3. ordre *m*
        (une place dans un mot)
        4. position *f*, rang *m (par*
        rapport à un poids)

РАЗРЯД

P70   *r* разря́д *m* а́дреса
    e address bit
    d Adreßbit *n*
    f bit *f* d'adresse

P71   *r* разря́д *m* / двои́чный
    e bit
    d Bit *n*, Binärstelle *f*
    f bit *m*

P72   *r* разря́д *m* / десяти́чный
    e decimal position
    d Dezimalstelle *f*
    f position *f* décimale

P73   *r* разря́д *m* деся́тков
    e tens order
    d Zehnerstelle *f*
    f ordre *m* de dizaines

P74   *r* разря́д *m* едини́ц
    e units order
    d Einerstelle *f*
    f ordre *m* des unités

P75   *r* разря́д *m* зна́ка / двои́чный
    e sign bit
    d Vorzeichenbit *n*
    f bit *m* de signe

P76   *r* разря́д *m* / зна́ковый
    e sign position
    d Vorzeichenstelle *f*
    f position *f* de signe

P77   *r* разря́д *m* / зна́чащий
    e significant digit
    d signifikante Stelle *f*
    f digit *m* significatif

P78   *r* разря́д *m* / избы́точный
    e redundant bit
    d redundantes Bit *n*
    f bit *m* redondant

P79   *r* разря́д *m* / информацио́нный
    e data bit
    d Datenbit *n*
    f bit *n* de données

P80   *r* разря́д *m* / контро́льный
    e check bit
    d Prüfbit *n*, Testbit *n*
    f bit *m* de contrôle

P81   *r* разря́д *m* / кра́йний ле́вый
    e leftmost position
    d höchstwertige [erste] Stelle *f*
    f position *f* la plus à gauche

P82   *r* разря́д *m* / кра́йний пра́вый
    e rightmost position
    d niedrigstwertige Stelle *f*
    f position *f* la plus à droite

P83   *r* разря́д *m* / мла́дший
    e low order
    d niederwertige Stelle *f*
    f ordre *m* de poids bas

P84   *r* разря́д *m* / незна́чащий
    e nonsignificant digit
    d nichtsignifikante Stelle *f*
    f digit *m* non significatif

P85   *r* разря́д *m* перено́са
    e carry bit
    d Übertragsbit *n*, Carry-Bit *n*
    f bit *m* de report

P86   *r* разря́д *m* / са́мый мла́дший
    e lowest order
    d niedrigstwertige Stelle *f*
    f ordre *m* de poids le plus bas

P87   *r* разря́д *m* / са́мый ста́рший
    e highest order
    d höchstwertige Stelle *f*
    f ordre *m* de poids le plus haut

P88   *r* разря́д *m* / ста́рший
    e high order
    d höherwertige Stelle *f*
    f ordre *m* de poids haut

P89   *r* разря́д *m* / фла́говый
    e flag bit
    d Kennzeichenbit *n*, Flag-Bit *n*
    f bit *m* de drapeau

P90   *r* разря́д *m* числа́
    e digit position
    d Ziffernstelle *f*
    f position *f* de digit

P91   *r* разря́дность *f*
    e capacity
    d Kapazität *f*, Stellenzahl *f*; Verarbeitungsbreite *f*
    f capacité *f*, longueur *f*

P92   *r* разъедине́ние *n* ли́нии
    e clearing
    d Auslösung *f*
    f libération *f*

P93   *r* разъём *m*
    e connector, plug-and-socket
    d Steckverbindung *f*
    f connecteur *m*

P94   *r* ра́мка *f*
    e frame
    d Rahmen *m*
    f cadre *m*

P95   *r* ранг *m* ма́трицы
    e matrix rank

РАСПОРЯДИТЕЛЬ

    d Matrixrang *m*, Rang *m* einer Matrix
    f rang *m* de matrice

P96 r **ранжи́рование** *n*
    e ranking
    d Rangierung *f*
    f rangement *m*

P97 r **распако́вка** *f*
    e unpack
    d Entpackung *f*, Entpacken *n*
    f dépaquetage *m*

P98 r **распако́вка** *f* **бло́ка да́нных**
    e unblocking, deblocking
    d Entblockung *f*
    f déblocage *m*

P99 r **распаралле́ливание** *n*
    e paralleling
    d Parallellauf *m*
    f parallélisation *f*

P100 r **распеча́тка** *f*
    e 1. listing *(of a program)* 2. dump *(of a memory content)* 3. print *(output to a printer)* 4. printout *(a result of a print)*
    d 1. Listing *n*, Auflistung *f* *(z.B. eines Programms)* 2. Dump *m*, Speicherauszug *m* 3. Ausdrucken *n* *(auf einem Drucker)* 4. Ausdruck *m*
    f 1. liste *f* *(d'une programme)* 2. vidage *m* *(de contenu de mémoire)* 3. impression *f* *(sortie sur une imprimante)* 4. protocole *m* *(un résultat d'une impression)*

P101 r **распеча́тка** *f* **/ вы́борочная**
    e selective printout
    d selektiver Ausdruck *m*
    f impression *f* sélective

P102 r **распеча́тка** *f* **содержи́мого па́мяти**
    e memory printout
    d Speicherausdruck *m*
    f impression *f* de mémoire

P103 r **распеча́тка** *f* **содержи́мого реги́стров**
    e register printout
    d Registerausdruck *m*
    f impression *f* de registres

P104 r **распеча́тка** *f* **/ сплошна́я**
    e nonselective printout
    d nichtselektiver Ausdruck *m*
    f impression *f* non sélective

P105 r **распеча́тка** *f* **фа́йла**
    e file print
    d Dateiausdruck *m*
    f impression *f* de fichier

P106 r **расписа́ние** *n*
    e schedule *(of operations)*; timetable *(of events)*
    d Ablaufplan *m*; Zeitplan *m*
    f plan *m*, agenda *m* *(d'opérations)*; table *f* de temps *(d'événements)*

P107 r **распознава́ние** *n* **зна́ков**
    e character identification
    d Zeichenidentifizierung *f*, Zeichenerkennung *f*
    f reconnaissance *f* [identification *f*] de caractères

P108 r **распознава́ние** *n* **зри́тельных о́бразов**
    e visual recognition
    d visuelle Erkennung *f*
    f reconnaissance *f* visuelle

P109 r **распознава́ние** *n* **о́бразов**
    e pattern recognition
    d Mustererkennung *f*
    f reconnaissance *f* des images

P110 r **распознава́ние** *n* **ре́чи**
    e speech recognition
    d Spracherkennung *f*
    f reconnaissance *f* de la parole

P111 r **расположе́ние** *n*
    e 1. layout *(a scheme)* 2. location *(a place)* 3. arrangement *(a configuration)*
    d 1. Layout *n* 2. Stellung *f*, Lage *f* 3. Anordnung *f*
    f 1. implantation *f*, disposition *f* *(un schéma)* 2. emplacement *m* *(une place)* 3. arrangement *m* *(une configuration)*

P112 r **расположе́ние** *n* **с интерва́лами**
    e spacing
    d 1. Anordnung *f* *(z.B. der Zeichen)* mit Zwischenräumen; Abstandsbestimmung *f*; Einteilen *n* in Abstände 2. Sperren *n* *(Typografie)*
    f espacement *m*, allocation *f* espacée

P113 r **распоряди́тель** *m* **ресу́рсов**

РАСПОРЯДИТЕЛЬ

- *e* resource administrator, resource manager *(a program)*
- *d* Systemmittelverwalter *m*, Betriebsmittelverwalter *m* *(Programm)*
- *f* gestionnaire *m* de ressources *(un programme)*

P114 *r* **распоряди́тель *m* фа́йлов**
- *e* file administrator, file manager
- *d* Dateiverwalter *m*
- *f* gestionnaire *m* de fichiers

P115 *r* **распределе́ние *n* / апостерио́рное**
- *e* posterior distribution
- *d* Aposteriori-Verteilung *f*
- *f* distribution *f* [répartition *f*] postérieure, distribution *f* [répartition *f*] a posteriori

P116 *r* **распределе́ние *n* / априо́рное**
- *e* prior distribution
- *d* Apriori-Verteilung *f*
- *f* distribution *f* [répartition *f*] a priori

P117 *r* **распределе́ние *n*, бли́зкое к норма́льному**
- *e* near-normal distribution
- *d* normalnahe Verteilung *f*
- *f* distribution *f* [répartition *f*] presque normale

P118 *r* **распределе́ние *n* вероя́тностей**
- *e* probability distribution
- *d* Wahrscheinlichkeitsverteilung *f*
- *f* distribution *f* [répartition *f*] de probabilité

P119 *r* **распределе́ние *n* / вы́борочное**
- *e* sampling distribution
- *d* Stichprobenverteilung *f*
- *f* distribution *f* [répartition *f*] d'échantillonage

P120 *r* **распределе́ние *n* генера́льной совоку́пности**
- *e* parent distribution
- *d* Grundgesamtheitsverteilung *f*
- *f* distribution *f* [répartition *f*] de parent

P121 *r* **распределе́ние *n* маши́нного вре́мени**
- *e* machine-time scheduling
- *d* Maschinenzeitplanung *f*
- *f* planification *f* de temps machine

P122 *r* **распределе́ние *n* / норма́льное**
- *e* normal distribution
- *d* Normalverteilung *f*, Gaußsche Verteilung *f*
- *f* distribution *f* normale [gaussienne]

P123 *r* **распределе́ние *n* па́мяти**
- *e* memory allocation
- *d* Speicherzuweisung *f*, Speicherzuordnung *f*
- *f* allocation *f* [répartition *f*] de mémoire

P124 *r* **распределе́ние *n* Пуассо́на**
- *e* Poisson distribution
- *d* Poissonsche Verteilung *f*, Poisson-Verteilung *f*
- *f* distribution *f* de Poisson

P125 *r* **распределе́ние *n* / равноме́рное**
- *e* uniform distribution
- *d* Gleichverteilung *f*, gleichmäßige Verteilung *f*
- *f* distribution *f* uniforme

P126 *r* **распределе́ние *n* ресу́рсов**
- *e* resource allocation
- *d* Ressourcenzuordnung *f*, Systemmittelzuordnung *f*
- *f* allocation *f* [répartition *f*] de ressources

P127 *r* **распределе́ние *n* Стью́дента**
- *e* Student's distribution
- *d* Studentsche Verteilung *f*, Studentverteilung *f*
- *f* distribution *f* de Student

P128 *r* **распределе́ние *n* / усло́вное**
- *e* conditional distribution
- *d* bedingte Verteilung *f*
- *f* distribution *f* conditionnelle

P129 *r* **распределе́ние *n* устро́йств**
- *e* unit assignment
- *d* Gerätezuordnung *f*
- *f* assignement *m* des unités

P130 *r* **распределе́ние *n* хи-квадра́т**
- *e* chi-square distribution
- *d* Chiquadratverteilung *f*, X-Verteilung *f*
- *f* distribution *f* de X

P131 *r* **распростране́ние *n***
- *e* propagation *(e.g. of a signal)*

РАСШИРЕНИЕ

-     *d* Ausbreitung *f (z.B. eines Signals)*
-     *f* propagation *f (p.e. d'un signal)*

P132 *r* рассе́яние *n* значе́ний
-     *e* value dispersion
-     *d* Wertedispersion *f*
-     *f* dispersion *f* de valeurs

P133 *r* рассе́яние *n* мо́щности
-     *e* power dissipation
-     *d* Verlustleistung *f*
-     *f* dissipation *f* de puissance

P134 *r* рассинхрониза́ция *f*
-     *e* mistiming
-     *d* Fehltaktung *f*, fehlerhafte Taktierung *f*
-     *f* désynchronisation *f*

P135 *r* рассогласова́ние *n*
-     *e* mismatch
-     *d* Fehlanpassung *f*
-     *f* inadaptation *f*

P136 *r* расстоя́ние *n*
-     *e* distance
-     *d* Abstand *m*, Distanz *f*
-     *f* distance *f*

P137 *r* расстоя́ние *n* / ко́довое
-     *e* code distance
-     *d* Kodeabstand *m*
-     *f* distance *f* de code

P138 *r* расстоя́ние *n* / станда́ртное межстро́чное
-     *e* basic line distance
-     *d* Zeilengrundabstand *m*
-     *f* distance *f* entre lignes standardisée [entre lignes de base]

P139 *r* рассужде́ние *n*
-     *e* reasoning *(in AI)*
-     *d* Argumentieren *n*, Reasoning *n*, Beweisführung *f*, Schlußfolgerung *f (in künstlicher Intelligenz)*
-     *f* raisonnement *m (dans IA)*

P140 *r* рассужде́ние *n* на осно́ве здра́вого смы́сла
-     *e* commonsense reasoning
-     *d* Reasoning *n* [Schlußfolgerung *f*] anhand des gesunden Menschenverstandes
-     *f* raisonnement *m* de bon sens

P141 *r* рассужде́ние *n* / нестро́гое
-     *e* inexact reasoning
-     *d* inexaktes Reasoning *n*
-     *f* raisonnement *m* inexact

P142 *r* рассужде́ние *n* по анало́гии
-     *e* reasoning by analogy
-     *d* Reasoning *n* [Schlußfolgerung *f*] anhand der Analogie
-     *f* raisonnement *m* par analogie

P143 *r* рассужде́ние *n* с испо́льзованием процеду́р
-     *e* procedural reasoning
-     *d* prozedurales Reasoning *n*, prozedurale Schlußfolgerung *f*
-     *f* raisonnement *m* procédural

P144 *r* растр *m*
-     *e* raster
-     *d* Raster *m*
-     *f* trame *f*

P145 *r* расфазиро́вка *f*
-     *e* misphasing; skew *(a shift)*
-     *d* Phasenabgleichfehler *m*; Bitversatz *m*, Synchronisierungsfehler *m*
-     *f* déphasage *m*

P146 *r* расчёт *m* на ЭВМ
-     *e* computation
-     *d* EDVA-Berechnung *f*
-     *f* calcul *m* sur ordinateur

P147 *r* расшире́ние *n*
-     *e* 1. expansion *(of functionality)* 2. extension *(by adding new components)* 3. enhancement *(of a size)*
-     *d* 1., 2. Erweiterung *f (z.B. von Funktionsmöglichkeiten)* 3. Verbreiterung *f*
-     *f* 1. expansion *f (de fonctionalité)* 2. extension *f (par addition de nouveaux composants)* 3. elargissement *(d'une taille)*

P148 *r* расшире́ние *n* запро́са
-     *e* query enhancement
-     *d* Anfrageerweiterung *f*
-     *f* extension *f* d'interrogation

P149 *r* расшире́ние *n* набо́ра да́нных
-     *e* data set extension
-     *d* Datensatzerweiterung *f*
-     *f* extension *f* d'ensemble de données

P150 *r* расшире́ние *n* па́мяти
-     *e* memory expansion
-     *d* Speichererweiterung *f*

РАСШИРЕНИЕ

      f extension *f* (de) mémoire

P151 *r* расшире́ние *n* програ́ммы
      e program extension
      d Programmerweiterung *f*
      f extension *f* de programme

P152 *r* расшире́ние *n* систе́мы
      e system expansion
      d Systemerweiterung *f*
      f expansion *f* de système

P153 *r* расшире́ние *n* языка́
      e language extension
      d Spracherweiterung *f*
      f extension *f* de langage

P154 *r* расшири́тель *m*
      e expander
      d Expander *m*, Erweiterungsschaltung *f*
      f expanseur *m*, extenseur *m*

P155 *r* реа́кция *f*
      e response
      d Antwort *f*, Ansprechen *n*, Reaktion *f*
      f réponse *f*

P156 *r* реа́кция *f* в реа́льном вре́мени
      e real-time response
      d Echtzeitreaktion *f*
      f réponse *f* en temps réel

P157 *r* реа́кция *f* испра́вной схе́мы
      e fault-free response
      d fehlerfreie Reaktion *f*, Antwortsignal *n* einer fehlerfreien Schaltung *f*
      f réponse *f* (de circuit) sans défaillance

P158 *r* реа́кция *f* на управля́ющее возде́йствие
      e control response
      d Antwort *f* auf eine Steuereinwirkung
      f réponse *f* à une commande

P159 *r* реа́кция *f* схе́мы с неиспра́вностью
      e failing response
      d fehlerbehaftete Reaktion *f*, Antwortsignal *n* einer fehlerbehafteten Schaltung
      f réponse *f* de circuit défaillant [de circuit défectueux]

P160 *r* реализа́ция *f*
      e implementation
      d Implementierung *f*
      f réalisation *f*

P161 *r* реви́зия *f* ба́зы да́нных
      e database audit
      d Datenbankaudit *n*, Datenbasisaudit *n*, Datenbasisrevision *f*
      f révision *f* [inspection *f*] de base de données

P162 *r* ревизо́р *m* / програ́ммный
      e code auditor
      d Programmauditor *m*, Programmrevisor *m*
      f réviseur *m* de programme

P163 *r* регенера́ция *f*
      e regeneration *(for a restoring)*; refreshing *(by updating)*
      d Regenerierung *f*; Auffrischen *n*, Datenregenerierung *f*, Refresh *n*
      f régénération *f* *(pour réécriture)*; rafraîchissement *m* *(par mise à jour)*

P164 *r* регенера́ция *f* изображе́ния
      e display refreshing
      d Bildwiederholung *f*, Bildauffrischung *f*
      f rafraîchissement *m* d'image

P165 *r* реги́стр *m*
      e 1. register *(of a computer)* 2. case *(of a printer)*
      d Register *n*
      f 1. registre *m* *(d'un ordinateur)* 2. mode *m* d'impression *(p.e. mode majuscule)*

P166 *r* реги́стр *m* а́дреса
      e address register
      d Adreßregister *n*, Adressenregister *n*
      f registre *m* d'adresse

P167 *r* реги́стр *m* / адресу́емый
      e addressable register
      d adressierbares Register *n*
      f registre *m* adressable

P168 *r* реги́стр *m* / аппара́тный
      e machine register
      d Maschinenregister *n*
      f registre *m* machine

P169 *r* реги́стр *m* арифмети́ческого устро́йства
      e arithmetic register
      d arithmetisches Register *n*, Arithmetikregister *n*
      f registre *m* arithmétique

P170　*r*　реги́стр *m* / ба́зовый
　　　e　base register
　　　d　Basisregister *n*
　　　f　registre *m* de base

P171　*r*　реги́стр *m* / бу́ферный
　　　e　buffer register
　　　d　Pufferregister *n*,
　　　　　Zwischenspeicherregister *n*
　　　f　registre *m* tampon

P172　*r*　реги́стр *m* вво́да-вы́вода
　　　e　input/output register
　　　d　Eingabe-Ausgabe-Register *n*
　　　f　registre *m* d'entrée/sortie

P173　*r*　реги́стр *m* / ве́рхний
　　　e　upper case
　　　d　Großbuchstabenschreibung *f*
　　　f　mode *m* d'impression majuscule

P174　*r*　реги́стр *m* возвра́та
　　　e　return register
　　　d　Rückkehrregister *n*
　　　f　registre *m* de retour

P175　*r*　реги́стр *m* вре́менного хране́ния
　　　e　holding register
　　　d　Haltregister *n*
　　　f　registre *m* temporaire

P176　*r*　реги́стр *m* второ́го слага́емого
　　　e　addend register
　　　d　Addendregister *n*
　　　f　registre *m* de deuxième opérande de somme

P177　*r*　реги́стр *m* да́нных
　　　e　data register
　　　d　Datenregister *n*
　　　f　registre *m* de données

P178　*r*　реги́стр *m* двойно́го сло́ва
　　　e　double-word register
　　　d　Doppelwortregister *n*
　　　f　registre *m* de double-mot

P179　*r*　реги́стр *m* дели́мого
　　　e　numerator register
　　　d　Dividendregister *n*
　　　f　registre *m* de dividende

P180　*r*　реги́стр *m* / досту́пный по́льзователю
　　　e　user-visible register
　　　d　für einen Anwender zugängliches [für einen Anwender "sichtbares"] Register *n*
　　　f　registre *m* accessible à [accessible par] l'utilisateur, registre *m* programmable

P181　*r*　реги́стр *m* за́нятости
　　　e　vacant register
　　　d　Unbesetztregister *n*
　　　f　registre *m* vacant

P182　*r*　реги́стр *m* / запомина́ющий
　　　e　storage register
　　　d　Speicherregister *n*
　　　f　registre *m* de mémoire [de stockage]

P183　*r*　реги́стр *m* зна́ка
　　　e　sign register
　　　d　Vorzeichenregister *n*
　　　f　registre *m* de signe

P184　*r*　реги́стр *m* ЗУ
　　　e　storage register
　　　d　Speicherregister *n*
　　　f　registre *m* de mémoire [de stockage]

P185　*r*　реги́стр *m* / и́ндексный
　　　e　index register
　　　d　Indexregister *n*
　　　f　registre *m* d'index

P186　*r*　реги́стр *m* ко́да опера́ции
　　　e　op(code) register
　　　d　Operationsregister *n*, Op-Kode-Register *n*
　　　f　registre *m* (de code) d'opération

P187　*r*　реги́стр *m* / ко́довый
　　　e　code register
　　　d　Koderegister *n*
　　　f　registre *m* de code

P188　*r*　реги́стр *m* кома́нд
　　　e　instruction register
　　　d　Befehlsregister *n*
　　　f　registre *m* d'instructions

P189　*r*　реги́стр *m* / конве́йерный
　　　e　pipeline register
　　　d　Pipeline-Register *n*
　　　f　registre *m* pipeline

P190　*r*　реги́стр *m* / контро́льный
　　　e　check register
　　　d　Prüfregister *n*
　　　f　registre *m* de contrôle

P191　*r*　реги́стр *m* ма́ски
　　　e　mask register
　　　d　Maskierungsregister *n*
　　　f　registre *m* de masque

P192　*r*　реги́стр *m* мно́жимого
　　　e　icand register

РЕГИСТР

- d Multiplikandenregister n
- f registre m de multiplicande

P193 r **регистр** m **множителя**
- e multiplier register
- d Multiplikatorregister n
- f registre m de multiplicateur

P194 r **регистр** m **/ накапливающий**
- e accumulator register
- d Akkumulator m, Akkumulatorregister n, Akku m
- f registre m accumulateur

P195 r **регистр** m **направления передачи данных**
- e data direction register
- d Datenrichtungs(steuer)register n
- f registre m de direction de données

P196 r **регистр** m **/ нижний**
- e lower case
- d Kleinbuchstabenschreibung f
- f mode m d'impression minuscule

P197 r **регистр** m **обмена**
- e exchange register
- d Austauschregister n
- f registre m d'échange

P198 r **регистр** m **общего назначения**
- e general-purpose register
- d Allzweckregister n, Mehrzweckregister n, allgemeines Register n
- f registre m général [banalisé, universel]

P199 r **регистр** m **остатка**
- e remainder register
- d Restregister n
- f registre m de reste

P200 r **регистр** m **памяти**
- e memory register
- d Speicherregister n
- f registre m de mémoire

P201 r **регистр** m **первого слагаемого**
- e augend register
- d Augendregister n
- f registre m de premier opérande de somme, registre m d'opérande antécédent de somme

P202 r **регистр** m **передачи данных**

- e transfer register
- d Datentransferregister n
- f registre m de transfert

P203 r **регистр** m **пересылки данных / выходной**
- e destination register
- d Zielregister n
- f registre m de destination

P204 r **регистр** m **/ последовательно-параллельный**
- e serial/parallel register
- d Serien-Parallel-Register n
- f registre m série/parallèle

P205 r **регистр** m **прерываний**
- e interrupt register
- d Interruptregister n, Unterbrechungsregister n
- f registre m d'interruption [d'IT]

P206 r **регистр** m **признака** (*в ассоциативном ЗУ*)
- e search register
- d Suchwortregister n
- f registre m de recherche

P207 r **регистр** m **произведения**
- e product register
- d Produktregister n
- f registre m de produit

P208 r **регистр** m **/ рабочий**
- e working register
- d Arbeitsregister n
- f registre m de travail

P209 r **регистр** m **расширения**
- e extension register
- d Erweiterungsregister n
- f registre m d'extension

P210 r **регистр** m **сдвига / кольцевой**
- e recirculating shift register
- d Umlaufschieberegister n
- f registre m de décalage circulaire [de décalage annulaire]

P211 r **регистр** m **/ сдвиговый**
- e shift register
- d Schieberegister n, Verschiebungsregister n, Shift-Register n
- f registre m de décalage

P212 r **регистр** m **синхронизации доступа**
- e timed-access register
- d Zugriffszeitsteuerregister n

РЕГУЛИРОВАНИЕ

      f registre *m* de synchronisation d'accès

P213 *r* **регистр *m* состояния**
      e status register
      d Zustandsregister *n*, Statusregister *n*
      f registre *m* d'état

P214 *r* **регистр *m* / триггерный**
      e flip-flop register
      d Flipflop-Register *n*
      f registre *m* à bascules

P215 *r* **регистр *m* / тумблерный**
      e switch register
      d Schalterregister *n*
      f registre *m* de commutateurs

P216 *r* **регистр *m* указателя**
      e pointer register
      d Zeigerregister *n*
      f registre *m* pointeur

P217 *r* **регистр *m* / управляющий**
      e control register
      d Steuerregister *n*
      f registre *m* de commande

P218 *r* **регистр *m* / флаговый**
      e flag register
      d Flagregister *n*, Kennzeichenregister *n*
      f registre *m* de drapeau

P219 *r* **регистр *m* частичной суммы**
      e partial sum register
      d Teilsummenregister *n*
      f registre *m* de somme partielle

P220 *r* **регистр *m* частного**
      e quotient register
      d Quotientenregister *n*
      f registre *m* de quotient

P221 *r* **регистр *m* числа**
      e number register
      d Zahlenregister *n*
      f registre *m* de nombre

P222 *r* **регистр-защёлка *m***
      e latch (register)
      d Latch (register) *n*, Auffangsregister *n*
      f registre *m* verrou, verrou *m*

P223 *r* **регистратор *m***
      e recorder; logger *(of events)*
      d Registriergerät *n*, Aufzeichnungsgerät *n*; Logger *m*
      f enregistreur *m*

P224 *r* **регистрация *f* данных**
      e data logging
      d Datenerfassung *f*
      f enregistrement *m* de données

P225 *r* **регистрация *f* ошибок**
      e error logging
      d Fehlerprotokollierung *f*
      f enregistrement *m* d'erreurs

P226 *r* **регистрация *f* хода вычислений**
      e execution logging
      d Ablaufprotokollierung *f*
      f enregistrement *m* d'execution

P227 *r* **регрессия *f***
      e regression
      d Regression *f*
      f régression *f*

P228 *r* **регрессия *f* / множественная**
      e multiple regression
      d mehrfache Regression *f*
      f régression *f* multiple

P229 *r* **регулирование *n* / автоматическое**
      e automatic control
      d automatische Regelung *f*, Selbstregelung *f*
      f réglage *m* automatique

P230 *r* **регулирование *n* / астатическое**
      e floating control
      d astatische Regelung *f*, Integralregelung *f*, I-Regelung *f*
      f réglage *m* astatique [flottant]

P231 *r* **регулирование *n* без обратной связи**
      e open-loop control
      d rückführungslose Regelung *f*
      f réglage *m* à boucle ouverte

P232 *r* **регулирование *n* / двухпозиционное**
      e on-off control
      d Zweipunktregelung *f*, Ein-Aus-Regelung *f*, Auf-Zu-Regelung *f*
      f réglage *m* à deux positions [par "tout ou rien"]

P233 *r* **регулирование *n* / многосвязное**
      e multivariate control
      d Mehrfachregelung *f*
      f réglage *m* multiconnexe

P234 *r* **регулирование *n* / непрерывное**

РЕГУЛИРОВАНИЕ

    e continuous control
    d stetige [kontinuierliche] Regelung *f*
    f réglage *m* continu [permanent]

P235 *r* регули́рование *n* / несвя́зное
    e independent control
    d ungekoppelte [unabhängige] Regelung *f*
    f réglage *m* indépendant

P236 *r* регули́рование *n* по возмуще́нию
    e feedforward control
    d Regelung *f* nach der Störgröße
    f réglage *m* par prédiction [par anticipation]

P237 *r* регули́рование *n* / позицио́нное
    e point-to-point control
    d Punkt-zu-Punkt-Regelung *f*, Lageregelung *f*
    f réglage *m* point par point

P238 *r* регули́рование *n* по зна́ку
    e sign control
    d Vorzeichenregelung *f*
    f réglage *m* par signe

P239 *r* регули́рование *n* по интегра́лу
    e integral control
    d Integralregelung *f*, I-Regelung *f*
    f réglage *m* intégral

P240 *r* регули́рование *n* по отклоне́нию
    e proportional control
    d proportionale Regelung *f*, Regelung *f* nach der Abweichung *(der zu regelnden Größe)*
    f réglage *m* proportionnel

P241 *r* регули́рование *n* по положе́нию
    e position control
    d Positionsregelung *f*, Lageregelung *f*
    f réglage *m* en [par] position

P242 *r* регули́рование *n* по произво́дной
    e derivative control
    d Regelung *f* mit Vorhalt, Differentialregelung *f*, D-Regelung *f*
    f réglage *m* par dérivation

P243 *r* регули́рование *n* по ско́рости
    e rate control
    d Geschwindigkeitsregelung *f*
    f réglage *m* par vitesse

P244 *r* регули́рование *n* по упо́рам
    e bang-bang control
    d Anschlagregelung *f*, Regelung *f* mit Hilfe von Festanschlägen; Anschlagsteuerung *f*
    f réglage *m* par chocs [par butées, par impacts]

P245 *r* регули́рование *n* / преры́вистое
    e discontinuous control
    d unstetige [diskontinuierliche] Regelung *f*
    f réglage *m* discontinu [intermittent]

P246 *r* регули́рование *n* / програ́ммное
    e programmed control
    d Programmregelung *f*
    f réglage *m* à programme

P247 *r* регули́рование *n* / пропорциона́льное
    e proportional control
    d proportionale Regelung *f*
    f réglage *m* proportionnel

P248 *r* регули́рование *n* / свя́занное
    e interacting control
    d abhängige Regelung *f*
    f réglage *m* lié [réciproque]

P249 *r* регули́рование *n* с запа́здыванием
    e retarded control
    d Regelung *f* mit Totzeit, verzögerte Regelung *f*
    f réglage *m* retardé

P250 *r* регули́рование *n* с обра́тной свя́зью
    e feedback control
    d Rückführungsregelung *f*
    f réglage *m* par réaction

P251 *r* регули́рование *n* / ступе́нчатое
    e step control
    d stufenweise Regelung *f*
    f réglage *m* par bonds

P252 *r* регули́рование *n* / цифрово́е
    e digital control

РЕДАКТОР

    d digitale Regelung *f*,
        Digitalregelung *f*
    f réglage *m* digital

P253 *r* регули́рование *n* / ша́говое
    e step-by-step control
    d Schrittregelung *f*
    f réglage *m* pas à pas

P254 *r* регулиро́вка *f*
    e adjustment
    d Einstellen *n*, Einstellung *f*;
        Justieren *n*, Justierung *f*
    f ajustage *m*, mise *f* au point

P255 *r* регуля́тор *m*
    e controller; regulator
    d Regler *m*, Regelgerät *n*
    f contrôleur *m*; régulateur *m*;
        régler *m*

P256 *r* регуля́тор *m* / астати́ческий
    e floating controller
    d astatischer Regler *m*,
        Integralregler *m*, I-Regler *m*
    f régulateur *m* astatique
        [flottant]

P257 *r* регуля́тор *m* / задаю́щий
    e master controller
    d Führungsregler *m*, Leitregler *m*
    f régulateur *m* maître

P258 *r* регуля́тор *m* / многофункциона́льный
    e multifunctional controller
    d Multifunktionsregler *m*
    f régulateur *m* multifonctionnel

P259 *r* регуля́тор *m* / ПИ
    e PI controller
    d PI-Regler *m*, proportional-integraler Regler *m*
    f régulateur *m* PI
        [proportionnnel et intégral]

P260 *r* регуля́тор *m* / ПИД
    e PID controller
    d PID-Regler *m*, proportional-integral-differenzierend wirkender Regler *m*
    f régulateur *m* PID
        [proportionnel-intégral-dérivé]

P261 *r* регуля́тор *m* / подчинённый
    e slave controller
    d untergeordneter Regler *m*
    f régulateur *m* esclave

P262 *r* регуля́тор *m* преры́вистого де́йствия
    e sampled-data controller
    d Abtastregler *m*; unstetiger [diskontinuierlicher] Regler *m*
    f régulateur *m* à action intermittente

P263 *r* регуля́тор *m* с ги́бкой обра́тной свя́зью
    e variable feedback controller
    d Regler *m* mit nachgebender Rückführung
    f régulateur *m* à réaction non proportionnelle

P264 *r* редакти́рование *n*
    e editing
    d Editieren *n*, Editierung *f*, Aufbereitung *f*
    f édition *f*

P265 *r* редакти́рование *n* / конте́кстное
    e context editing
    d Kontexteditieren *n*
    f édition *f* par contexte

P266 *r* редакти́рование *n* / оконча́тельное
    e clean-up editing
    d endgültiges Editieren *n*, Reinaufbereitung *f*
    f édition *f* finale

P267 *r* редакти́рование *n* свя́зей
    e linkage editing
    d Bindung *f*, Programmverbindung *f*
    f édition *f* des liens

P268 *r* реда́ктор *m*
    e editor
    d Editor *m*
    f éditeur *m*

P269 *r* реда́ктор *m* / графи́ческий
    e graphics editor
    d Grafikeditor *m*, grafischer Editor *m*
    f éditeur *m* graphique

P270 *r* реда́ктор *m* / диало́говый
    e interactive editor
    d interaktiver Editor *m*
    f éditeur *m* interactif

P271 *r* реда́ктор *m* изображе́ний
    e graphics editor
    d Grafikeditor *m*, grafischer Editor *m*
    f éditeur *m* graphique

РЕДАКТОР

P272   r   реда́ктор *m* свя́зей
        e   linker
        d   Binder *m*,
            Programmverbinder *m*
        f   éditeur *m* des liens

P273   r   реда́ктор *m* / стро́ковый
        e   line editor
        d   Zeileneditor *m*
        f   éditeur *m* des lignes

P274   r   реда́ктор *m* / экра́нный
        e   (full-)screen editor
        d   Bildschirmeditor *m*
        f   éditeur *m* d'écran

P275   r   режи́м *m*
        e   mode
        d   Betrieb *m*, Betriebsart *f*,
            Modus *m*, Mode *n*
        f   mode *m*

P276   r   режи́м *m* / автоно́мный
        e   off-line mode
        d   autonomer [unabhängiger]
            Betrieb *m*, Off-line-Betrieb
            m
        f   mode *m* autonome [hors ligne]

P277   r   режи́м *m* адреса́ции
        e   addressing mode
        d   Adressierungsart *f*
        f   mode *m* d'adressage

P278   r   режи́м *m* вво́да с клавиату́ры
        e   keyboard mode
        d   Tastatureingabebetrieb *m*
        f   mode *m* clavier

P279   r   режи́м *m* вста́вок
        e   insert(ion) mode
        d   Einfügungsmodus *m*,
            Betriebsart *f*
            "Zeicheneinfügen"
        f   mode *m* d'insertion

P280   r   режи́м *m* / графи́ческий
        e   graphics mode
        d   Grafikmodus *m*, Grafikmode *n*
        f   mode *m* graphique

P281   r   режи́м *m* / диало́говый
        e   conversational mode
        d   Dialogbetrieb *m*
        f   mode *m* conversationnel

P282   r   режи́м *m* доза́писи
        e   append mode
        d   Nachschreibmodus *m*,
            Betriebsart *f*
            "Nachschreiben"
        f   mode *m* d'augmentation
            [d'ajout] *(d'enregistrements dans un fichier sequentiel)*

P283   r   режи́м *m* до́ступа
        e   access mode
        d   Zugriffsart *f*
        f   mode *m* d'accès

P284   r   режи́м *m* до́ступа / страни́чный
        e   page mode
        d   Seitenzugriffsmodus *m*
        f   mode *m* de page

P285   r   режи́м *m* загла́вных букв
        e   capitals mode
        d   Großbuchstabenmodus *m*
        f   mode *m* majuscule

P286   r   режи́м *m* зада́ния нача́льных усло́вий
        e   reset mode
        d   Betriebsart *f* "Rücksetzen"
        f   mode *m* de remise

P287   r   режи́м *m* заполне́ния форм
        e   forms mode
        d   Formularmodus *m*,
            Betriebsart *f*
            "Formularauffüllen"
        f   mode *m* de formes

P288   r   режи́м *m* / запро́сно-отве́тный
        e   query mode
        d   Frage-Antwort-Betrieb *m*;
            Abrufbetrieb *m*
        f   mode *m* question-réponse

P289   r   режи́м *m* за́пуска
        e   wake-up mode
        d   Anlaufbetrieb *m*
        f   mode *m* de mise en marche

P290   r   режи́м *m* захва́та ци́кла
        e   cycle-steal mode
        d   Cycle-Stealing-Betrieb *m*,
            Betriebsart *f* "Zyklusstehlen"
        f   mode *m* vol de cycle

P291   r   режи́м *m* / интеракти́вный
        e   interactive mode
        d   interaktiver Betrieb *m*
        f   mode *m* interactif

P292   r   режи́м *m* испо́льзования / монопо́льный
        e   exclusive (usage) mode
        d   exklusiver
            Ausnutzungsbetrieb *m*,
            exklusiver Benutzungsbetrieb *m*, Einplatzbetrieb *m*
        f   mode *m* (d'usage) exclusif

РЕЖИМ

P293 r режи́м m / кома́ндный
e command mode
d Kommandomodus m
f mode m de commande

P294 r режи́м m конве́йерной обрабо́тки
e pipeline mode
d Pipeline-Betrieb m
f mode m pipeline

P295 r режи́м m / консультати́вный
e help mode
d Help-Modus m
f mode m d'aides

P296 r режи́м m контро́ля
e verification mode
d Bestätigungsbetriebsart f, Prüfmodus m
f mode m de contrôle [de vérification]

P297 r режи́м m / многозада́чный
e multitask mode
d Multitaskbetrieb m, Multitasking n
f mode m multitâche

P298 r режи́м m / многопото́чный
e multithreading
d mehrgängiger Betrieb m, Multithread-Betrieb m
f mode m de flux multiple

P299 r режи́м m / мультиплексный
e multiplex mode
d Multiplexbetrieb m
f mode m multiplex

P300 r режи́м m обуче́ния
e training mode
d Ausbildungsbetrieb m
f mode m d'apprentissage [d'enseignement, de formation]

P301 r режи́м m ожида́ния
e waiting mode
d Wartemodus m, Wait-Betrieb m
f mode m d'attente

P302 r режи́м m / операти́вный
e on-line mode
d On-line-Betrieb m
f mode m en ligne

P303 r режи́м m отла́дки
e debugging mode
d Fehlersuche f, Fehlersuchbetrieb m
f mode m de mise au point

P304 r режи́м m / паке́тный
e batch mode
d Stapelbetrieb m, Batch-Betrieb m
f mode m du traitement par lots, mode m du train de travaux

P305 r режи́м m / подчинённый
e slave mode
d Slave-Modus m
f mode m esclave

P306 r режи́м m / полиэкра́нный
e split-screen mode
d Betriebsart f "geteilter Bildschirm", Ausschnittdarstellungsbetrieb m
f mode m de multifenêtrage [multifenêtre]

P307 r режи́м m / по́льзовательский
e user(-operating) mode
d Anwendermodus m, Anwenderbetrieb m
f mode m (d')utilisateur

P308 r режи́м m попереме́нного до́ступа
e alternate mode
d Alternativmodus m
f mode m d'alternance

P309 r режи́м m / поша́говый
e single-step mode
d Schrittbetrieb m
f mode m pas à pas

P310 r режи́м m / привилегиро́ванный
e privileged mode
d privilegierter Modus m
f mode m privilégié

P311 r режи́м m / приорите́тный
e foreground mode
d Vordergrundbetrieb m, Vorrangbetrieb m
f mode m d'avant-plan [prioritaire]

P312 r режи́м m прого́на
e run mode
d Durchlaufbetrieb m; Programmlaufbetrieb m
f mode m de passage

P313 r режи́м m / прозра́чный
e transparent mode
d transparenter Modus m

217

РЕЖИМ

        f mode *m* transparent

P314 *r* режи́м *m* простоя́
        e unoperable mode
        d Leerlaufbetriebsart *f*
        f mode *m* (de) temps mort

P315 *r* режи́м *m* / пу́льтовый
        e console mode
        d Konsolmodus *m*,
            Konsolbetriebsart *f*
        f mode *m* de console

P316 *r* режи́м *m* рабо́ты / паралле́льный
        e concurrent mode
        d Konkurrenzbetrieb *m*,
            Parallelbetrieb *m*,
            Simultanbetrieb *m*
        f mode *m* concurrent [parallèle]

P317 *r* режи́м *m* / рабо́чий
        e operating mode
        d Arbeitsmodus *m*
        f mode *f* opérationnel *m*

P318 *r* режи́м *m* разделе́ния вре́мени
        e time-sharing
        d Time-sharing-Betrieb *m*,
            Teilnehmerbetrieb *m*,
            Zeitteilungsbetrieb *m*
        f mode *m* de partage de temps, partage *m* de temps

P319 *r* режи́м *m* реа́льного вре́мени
        e real-time mode
        d Echtzeitbetrieb *m*
        f mode *m* temps réel

P320 *r* режи́м *m* реше́ния зада́ч по́льзователя
        e problem mode
        d Problemmodus *m*
        f mode *m* problème

P321 *r* режи́м *m* свобо́дного до́ступа
        e free running mode
        d Freilaufbetrieb *m*, freies Zugriffsverfahren *n*
        f mode *m* de marche libre

P322 *r* режи́м *m* / со́бственный
        e native mode
        d autonomer Betrieb *m*, Eigenbetrieb *m*
        f mode *m* autonome

P323 *r* режи́м *m* с резерви́рованием
        e standby mode
        d Bereitschaftsbetrieb *m*, Standby-Betrieb *m*
        f mode *m* à réservation

P324 *r* режи́м *m* / стартсто́пный
        e start-stop mode
        d Start-Stopp-Betrieb *m*
        f mode *m* marche-arrêt

P325 *r* режи́м *m* / суперви́зорный
        e executive mode
        d Supervisormodus *m*
        f mode *m* (de) superviseur

P326 *r* режи́м *m* / те́стовый
        e test mode
        d Testbetrieb *m*
        f mode *m* de test

P327 *r* режи́м *m* / фо́новый
        e background mode
        d Hintergrundbetrieb *m*, Background-Betrieb *m*
        f mode *m* de fond

P328 *r* режи́м *m* холосто́го хо́да
        e idle mode
        d Leermodus *m*, Leerlaufbetrieb *m*
        f mode *m* (de marche) à vide

P329 *r* режи́м *m* / цикли́ческий
        e repetitive mode
        d repetierender Betrieb *m*
        f mode *m* de répétition

P330 *r* режи́м *m* / широковеща́тельный
        e broadcast mode
        d Rundsendebetrieb *m*
        f mode *m* de diffusion

P331 *r* резе́рв *m*
        e standby, backup; redundancy *(as a means for higher reliability)*
        d Reserve *f*; Redundanz *f*
        f réserve *f*; redondance *f* *(comme un moyen d'accroissement de fiabilité)*

P332 *r* резе́рв *m* вре́мени
        e time slack
        d Zeitreserve *f*
        f réserve *f* de temps

P333 *r* резе́рв *m* с логи́ческой схе́мой включе́ния
        e logic-gate redundancy
        d Logikgatterredundanz *f*, durch Logikgatter betriebene Redundanz *f*
        f redondance *f* à porte logique

P334 r резерви́рование n
 e backup; redundancy
  (insertion of redundant elements)
 d Reservenbildung f;
  Redundanz f
 f réservation f; redondance f
  (insertion des éléments redondants)

P335 r резерви́рование n / аппара́тное
 e hardware redundancy
 d Hardware-Redundanz f
 f redondance f matérielle

P336 r резерви́рование n / встро́енное
 e built-in redundancy
 d eingebaute Redundanz f
 f redondance f incorporée

P337 r резерви́рование n замеще́нием
 e replacement redundancy
 d Redundanz f durch Ersetzen, nichtfunktionsbeteiligte Redundanz f
 f redondance f par remplacement

P338 r резерви́рование n / (мно́го)кра́тное
 e reiterative redundancy, multiple redundancy
 d wiederholte Redundanz f
 f redondance f réitérative [multiple]

P339 r резерви́рование n / мо́дульное
 e modular redundancy
 d modulare Redundanz f
 f redondance f modulaire

P340 r резерви́рование n на у́ровне устро́йств
 e device redundancy
 d Geräteredundanz f
 f redondance f de dispositifs

P341 r резерви́рование n / однокра́тное
 e single redundancy
 d einfache Redundanz f
 f redondance f unique

P342 r резерви́рование n / постоя́нное
 e passive redundancy
 d passive [funktionsbeteiligte] Redundanz f
 f redondance f passive [shaude]

P343 r резерви́рование n по схе́ме голосова́ния
 e voted redundancy
 d Auswahlredundanz f, Redundanz f nach dem Votierungsprinzip
 f redondance f à votation

P344 r резерви́рование n путём дубли́рования
 e standby redundancy
 d Standby-Redundanz f
 f redondance f à substitution [par remplacement, active, froide]

P345 r резерви́рование n / пятикра́тное
 e quintuple redundancy
 d fünffache Redundanz f
 f redondance f quintuple

P346 r резерви́рование n / тройно́е
 e triple redundancy
 d dreifache Redundanz f
 f redondance f triple

P347 r резе́рвный
 e redundant
 d redundant; Reserve...
 f redondant; de réserve

P348 r резиде́нт m
 e resident
 d Resident m
 f résident m

P349 r результа́т m вычисле́ний
 e output
 d Rechenergebnis n
 f sortie f

P350 r результа́т m модели́рования
 e simulated result
 d Simulationsergebnis n
 f résultat m simulé

P351 r результа́т m / чи́сленный
 e numerical result
 d numerisches Ergebnis n
 f résultat m numérique

P352 r реконфигура́ция f
 e reconfiguration
 d Rekonfigurierung f, Umstrukturierung f
 f reconfiguration f

P353 r реперфора́тор m

РЕСТАРТ

    e reperforator, reproductor, reproducer
    d Streifendoppler *m*, Lochstreifendoppler *m*; Kartendoppler *m*, Reproduktor *m*
    f reperforateur *m*, reproductrice *f*

P354 *r* рестáрт *m*
    e restart
    d Wiederanlauf *m*, Restart *m*
    f redémarrage *m* reprise *f*, relance *f*

P355 *r* рестáрт *m* пóсле восстановлéния питáния
    e power-fail restart
    d Wiederschaltung *f* nach dem Netzausfall
    f redémarrage *m* [reprise *f*, relance *f*] après un défaut secteur

P356 *r* рестáрт *m* с контрóльной тóчки
    e checkpoint restart
    d Fixpunktwiederanlauf *m*
    f reprise *f* [relance *f*] au point de contrôle

P357 *r* ресýрс *m* / блокúрованный
    e locked resource
    d blockierte Ressource *f*, blockiertes Systemmittel *n*
    f ressource *f* bloquée [verrouillée]

P358 *r* ресýрс *m* / вычислúтельный
    e computational resource
    d Rechenmittel *n*, Systemmittel *n*
    f ressource *f* de calcul

P359 *r* ресýрс *m* долговéчности
    e life
    d Lebensdauer *f*
    f ressource *f* de vie

P360 *r* ресýрс *m* / многокрáтно испóльзуемый
    e reusable resource
    d wiederverwendbare Ressource *f*
    f ressource *f* réutilisable

P361 *r* ресýрс *m* / назнáченный
    e specified life
    d vorgeschriebene [vorgegebene] Ressource *f*, zugeordnetes Systemmittel *n*
    f ressource *f* spécifiée

P362 *r* ресýрс *m* / óбщий
    e public resource
    d gemeinsame [gemeinsam verwendete] Ressource *f*, gemeinsames Betriebsmittel *n*
    f ressource *f* publique [commune]

P363 *r* ресýрс *m* / расхóдуемый
    e consumable resource
    d Verbrauchsmittel *n*
    f ressource *f* consommée

P364 *r* ресýрс *m* / срéдний
    e mean life
    d mittlere Lebensdauer *f*
    f vie *f* moyenne

P365 *r* ресýрс *m* / эксплуатациóнный
    e operating life
    d Betriebsdauer *f*
    f vie *f* en exploitation

P366 *r* РЕТЛ-схéмы *f pl*
    e RCTL, resistor-capacitor transistor logic
    d Widerstand(s)-Kondensator-Transistor-Logik *f*
    f logique *f* résisteur-condensateur-transisteur

P367 *r* речь *f* / синтезúрованная
    e synthetic speech
    d künstliche [synthetische] Sprache *f*, künstliches [synthetisches] Sprechen *n*
    f parole *f* synthétique

P368 *r* речь *f* / слúтная
    e continuous speech
    d kontinuierliche Sprache *f*, kontinuierliches Sprechen *n*
    f parole *f* continue

P369 *r* решáтель *m*
    e solver
    d Resolver *m*; Rechengerät *n*
    f résolveur *m*

P370 *r* решéние *n*
    e 1. solution; decision *(by choise)* 2. solving *(a process)*
    d Lösung *f*; Entscheidung *f (bei Auswahl)*
    f 1. solution *f*; décision *f (par choix)* 2. résolution *f (un processus)*

P371 *r* решéние *n*, блúзкое к экспéртному
    e expert-like solution *(in AI)*

	d expertengleiche Lösung *f* (*in künstlicher Intelligenz*) *f* solution *f* proche d'experte (*dans intelligence artificielle*)	P380	*r* решéние *n* / нулевóе *e* zero solution *d* Nullösung *f* *f* solution *f* nulle
P372	*r* решéние *n* в аналити́ческом ви́де *e* closed-form solution *d* Lösung *f* in analytischer Form, analytische Lösung *f* *f* solution *f* sous forme analitique	P381	*r* решéние *n* / приближённое *e* approximate solution *d* Näherungslösung *f*, approximative Lösung *f* *f* solution *f* approchée [approximative]
P373	*r* решéние *n* / допусти́мое *e* feasible solution *d* zulässige [technisch ausführbare] Lösung *f* *f* solution *f* possible [admissible]	P382	*r* решéние *n* / проéктное *e* design *d* Entwurf *m*; Projektlösung *f* *f* conception *f*
		P383	*r* решéние *n* / техни́ческое *e* engineering solution *d* technische Lösung *f* *f* solution *f* technique
P374	*r* решéние *n* задáч с высóким приоритéтом *e* foregrounding *d* Vordergrundverarbeitung *f*, vorrangige Verarbeitung *f* *f* résolution *f* des tâches de premier plan [des tâches de haute priorité]	P384	*r* решéние *n* / чáстное *e* partial solution *d* partikuläre Lösung *f*, Teillösung *f* *f* solution *f* particulière
		P385	*r* решётка *f* *e* lattice *d* Gitter *n*, Grid *n* *f* treillis *f*
P375	*r* решéние *n* задáч с ни́зким приоритéтом *e* backgrounding *d* Hintergrundverarbeitung *f*, nachrangige Verarbeitung *f* *f* résolution *f* des tâches de fond [des tâches de dernier plan, des tâches de basse priorité]	P386	*r* рисовáние *n* графи́ческого изображéния (*графопостройтелем*) *e* inking *d* Einfärbung *f*, Inking *n* *f* encrage *m*
		P387	*r* рóлик *m* для протя́жки бумáги *e* paper roller *d* Papierführungsrolle *f*, Papierandruckrolle *f* *f* rouleau *m* d'entraînement de papier
P376	*r* решéние *n* / компроми́ссное *e* trade-off decision *d* Kompromiß *m*, Kompromißlösung *f* *f* compromis *m*
P377	*r* решéние *n* / контрóльное *e* check solution *d* Prüflösung *f* *f* solution *f* de contrôle	P388	*r* рóлик *m* / прижимнóй *e* clamping roller; pinch roller *d* Klemmrolle *f*, Andruckrolle *f* *f* rouleau *m* [galet *m*] presseur, rouleau *m* [galet *m*] de pression
P378	*r* решéние *n* мéтодом подбóра *e* solution by inspection *d* Lösung *f* durch Überprüfen *f* solution *f* par inspection	P389	*r* РОН *m см.* реги́стр о́бщего назначéния
P379	*r* решéние *n* / неоднознáчное *e* ambiguous solution *d* mehrdeutige Lösung *f* *f* solution *f* ambiguë	P390	*r* рýчка *m* управлéния *e* joystick (*for cursor control*) *d* Joystick *n*, Steuerhebel *m*, Spielhebel *m* (*zur Cursorsteuerung*)

РЫЧАГ

  f manche *f* à balai, joystick *m* (*anglais*)

P391 *r* рыча́г *m* регули́рования натяже́ния
  e tension arm
  d Spannbügel *m*
  f bras *m* de tension

P392 *r* ряд *m*
  e 1. family (*of devices*) 2. series (*in mathematics*)
  d Familie *f* (*von Geräten*), Serie *f*, Reihe *f*
  f 1. famille *f* (*de dispositifs*) 2. série *f* (*dans les mathématiques*)

P393 *r* ряд *m* / временно́й
  e time series
  d Zeitreihe *f*
  f série *f* du temps

P394 *r* ряд *m* совмести́мых маши́н
  e compatible family, family of compatibles
  d Familie *f* von kompatiblen Rechnern, kompatible Rechnerfamilie *f*
  f famille *f* de machines compatibles

P395 *r* ряд *m* / степенно́й
  e power series
  d Potenzreihe *f*
  f série *f* de puissances

С

C1 *r* с ба́йтовой организа́цией
  e byte-oriented
  d byteorientiert
  f orienté octet

C2 *r* с двусторо́нней за́писью (*о дискете*)
  e dual-sided (*in relation to a floppy disk*)
  d doppelseitig (*Diskette*)
  f à deux faces (*concerne une disquette*)

C3 *r* самозагру́зка *f*
  e self-loading, bootstrapping
  d Selbstladen *n*, Bootstrapping *n*
  f autochargement *m*, amorce *f*

C4 *r* самоконтро́ль *m*
  e self-testing
  d Eigenprüfung *f*, Selbstprüfung *f*, Selbstkontrolle *f*
  f autotest *m*, autocontrôle *m*

C5 *r* самообуче́ние *n*
  e self-learning
  d Selbstlernen *n*
  f auto-apprentissage *m*

C6 *r* санкциони́рование *n*
  e authorization
  d Berechtigung *f*
  f autorisation *f*

C7 *r* САПР *f* см. си́стема автоматизи́рованного проекти́рования

C8 *r* сбой *m*
  e malfunction
  d Störung *f*, Funktionsstörung *f*, Fehler *m*
  f fonction *f* défectueuse, panne *f*

C9 *r* сбор *m* да́нных
  e data collection, data acquisition
  d Datenerfassung *f*
  f collection *f* [acquisition *f*] de données

C10 *r* сбо́рка *f* му́сора
  e garbage collection
  d Sammeln *n* von bedeutungslosen Daten
  f collection *f* d'ordures, retassement *m*

C11 *r* сброс *m*
  e reset
  d Rücksetzung *f*, Rückstellung *f*
  f (re)mise *f* à zéro

C12 *r* свя́зывание *n*
  e linking
  d Verbinden *n*, Binden *n* (*einzelner Objektprogrammmodule*)
  f chaînage *m*

C13 *r* связь *f*
  e 1. communication (*through a line*) 2. coupling (*relation*)
  d 1. Kommunikation *f*, Verbindung *f*, Verkehr *m* 2. Kopplung *f*
  f 1. communication *f* (*via ligne*) 2. couplage *m* (*relation*), lien *m*

C14 *r* связь *f* / межмаши́нная
  e intercomputer communication

СЕМЕЙСТВО

    d Intercomputerkommunikation *f*
    f communication *f* inter-ordinateurs [entre ordinateurs]

C15 *r* связь *f* / обра́тная
    e feedback
    d Rückkopplung *f*; Rückführung *f*
    f réaction *f*, rétroaction *f*, rétrocouplage *m*

C16 *r* связь *f* / отрица́тельная обра́тная
    e degenerative feedback
    d negative Rückkopplung *f*; negative Rückführung *f*
    f ré(tro)action *f* négative

C17 *r* связь *f* по положе́нию / обра́тная
    e position feedback
    d Positionsrückführung *f*
    f ré(tro)action *f* par position

C18 *r* связь *f* по произво́дной / обра́тная
    e rate feedback
    d Geschwindigkeitsrückführung *f*
    f ré(tro)action *f* dérivée [par dérivation]

C19 *r* связь *f* / си́льная
    e close coupling
    d feste [starre] Kopplung *f*
    f couplage *m* serré [fort]

C20 *r* связь *f* / сла́бая
    e loose coupling
    d lose Kopplung *f*
    f couplage *m* lâche [faible]

C21 *r* связь *f* челове́ка с маши́ной
    e man-machine communication
    d Mensch-Maschine-Kommunikation *f*
    f communication *f* homme-machine

C22 *r* сдвиг *m*
    e shift
    d Verschiebung *f*, Versatz *m*
    f décalage *m*

C23 *r* сдвиг *m* вле́во
    e left shift
    d Linksverschiebung *f*
    f décalage *m* à gauche

C24 *r* сдвиг *m* впра́во
    e right shift
    d Rechtsverschiebung *f*
    f décalage *m* à droite

C25 *r* сдвиг *m* / цикли́ческий
    e circular shift
    d zyklische Verschiebung *f*, Rotationsverschiebung *f*, Umlaufverschiebung *f*
    f décalage *m* circulaire

C26 *r* сеа́нс *m*
    e session
    d Session *f*, Sitzung *f*
    f session *f*

C27 *r* сеа́нс *m* рабо́ты на термина́ле
    e terminal session
    d Terminalsitzung *f*
    f session *f* à terminal

C28 *r* сегме́нт *m*
    e segment
    d Segment *n*
    f segment *m*

C29 *r* сегмента́ция *f*
    e segmentation
    d Segmentierung *f*
    f segmentation *f*

C30 *r* се́ктор *m*
    e sector
    d Sektor *m*
    f secteur *m*

C31 *r* секциони́рование *n*
    e sectioning
    d Unterteilung *f*, Aufteilung *f*
    f sectionnement *m*

C32 *r* селе́ктор *m*
    e selector
    d Wähler *m*; Selektor *m*
    f sélecteur *m*

C33 *r* семафо́р *m*
    e semaphore
    d Semaphor *m*
    f sémaphore *m*

C34 *r* семе́йство *n*
    e family
    d Familie *f*
    f famille *f*

C35 *r* семе́йство *n* вычисли́тельных маши́н
    e computer family
    d Rechnerfamilie *f*, Computerfamilie *f*
    f famille *f* d'ordinateurs

C36 *r* семе́йство *n* логи́ческих элеме́нтов
    e logic family

СЕРДЕЧНИК

C37   r сердéчник *m*
     e core
     d Kern *m*
     f noyau *m*

C38   r сéтка *f* для трассирóвки
     e routing grid
     d Routing-Grid *n*, Rastergitter *n* für Routing
     f grille *f* de routage

C39   r сéтка *f* ячéек (БИС)
     e mesh of cells
     d Zellenmasche *f (LSI-Schaltungen)*
     f réseau *m* de cellules [de mailles]

C40   r сеть *f*
     e network
     d Netz *n*, Netzwerk *n*
     f réseau *m*

C41   r сеть *f* / вычисли́тельная
     e computer network
     d Rechnernetz *n*, Rechnernetzwerk *n*
     f réseau *m* d'ordinateurs

C42   r сеть *f* / глобáльная
     e long-haul network, wide-area network
     d Weltdatennetz *n*
     f réseau *m* global

C43   r сеть *f* / звездообрáзная
     e star network
     d Sternnetz *n*, Sternstruktur *f*
     f réseau *m* en étoile

C44   r сеть *f* / кольцевáя
     e ring network
     d Ringnetz *n*, Ringstruktur *f*
     f réseau *m* en boucle

C45   r сеть *f* / коммуникациóнная
     e dial-up network
     d Wählnetz *n*, Wählvermittlungsnetz *n*
     f réseau *m* commuté

C46   r сеть *f* / локáльная
     e LAN, local area network
     d lokales Netz *n*, LAN *n*
     f réseau *m* local

C47   r сеть *f* / многопýнктовая
     e multipoint network
     d Mehrpunktnetz *n*
     f réseau *m* multipoint

C48   r сеть *f* / многостанциóнная
     e multistation network
     d Nachrichtennetz *n* mit mehreren Datenendgeräten
     f réseau *m* multistation [multiposte]

C49   r сеть *f* / неоднорóдная
     e nonuniform network
     d ungleichartiges Netz *n*
     f réseau *m* hétérogène [non uniform]

C50   r сеть *f* передáчи дáнных
     e data communication network
     d Datenübertragungsnetz *n*, Datenkommunikationsverbundnetz *n*
     f réseau *m* informatique [de transmission de données]

C51   r сеть *f* персонáльных ЭВМ
     e PC network, personal computer network
     d PC-Netz *n*, Personalcomputernetz *n*
     f réseau *m* d'OP [d'ordinateurs personnels]

C52   r сеть *f* / радиáльная
     e star-wired network
     d Sternnetz *n*, Sternstruktur *f*
     f réseau *m* radial

C53   r сеть *f* с ведýщим узлóм
     e host-based network
     d hostbasiertes Netz *n*, Netz *n* mit einem Hostrechner
     f réseau *m* à hôte

C54   r сеть *f* с двухтóчечным соединéнием
     e point-to-point network
     d Punkt-zu-Punkt-Netz *n*
     f réseau *m* point à point

C55   r сеть *f* с дополни́тельными услýгами
     e value-added network
     d Netz *n* mit gesteigertem Gebrauchswerk
     f réseau *m* intelligent [aux services complémentaires]

C56   r сеть *f* / семанти́ческая
     e semantic net(work)
     d semantisches Netz *n*
     f réseau *m* sémantique

C57   r сеть *f* с коммутáцией пакéтов
     e packet-switched network
     d Paketvermittlungsnetz *n*

СИГНАЛ

C58   *r* сеть *f* с ма́ркерным до́ступом
     e token-passing network
     d Token-passing-Netz *n*, Ringstruktur *f* mit Bussteuerrechtsumlaufverfahren
     f réseau *m* à (passage de) jeton

C59   *r* сеть *f* с приорите́тным обслу́живанием
     e priority network
     d Prioritätsnetz *n*, Netz *n* mit Prioritätsbedienung
     f réseau *m* (à traitement) prioritaire

C60   *r* сеть *f* с равнопра́вными узла́ми
     e peer-to-peer network
     d "Peer-to-peer"-Netz *n*, Netz *n* mit gleichgestellten Knoten
     f réseau *m* égal-à-égal

C61   *r* сеть *f* телеобрабо́тки
     e teleprocessing network
     d Datenfernverarbeitungsnetz *n*
     f réseau *m* de télétraitement [de traitement à distance]

C62   *r* сеть *f* / учрежде́нческая
     e office network
     d Büronetzwerk *n*
     f réseau *m* d'entreprise

C63   *r* сеть *f* ЭВМ
     e computer network
     d Rechnernetz *n*, Rechnernetzwerk *n*
     f réseau *m* d'ordinateurs

C64   *r* сжа́тие *n* да́нных
     e data compression
     d Datenverdichtung *f*, Datenkomprimierung *f*
     f compression *f* de données

C65   *r* сигна́л *m* высо́кого у́ровня
     e high-level signal
     d High-Signal *n*, Signal *n* mit hohem Pegel
     f signal *m* de niveau haut

C66   *r* сигна́л *m* / выходно́й
     e output signal
     d Ausgangsignal *n*
     f sortie *f*, signal *m* de sortie

C67   *r* сигна́л *m* заёма
     e borrow (signal)
     d Borgen *n*, Borgen-Signal *n*
     f signal *m* d'emprunt, emprunt *m*, retenue *f*, report *m* négatif

C68   *r* сигна́л *m* / запреща́ющий
     e inhibit(ing) signal
     d Sperrsignal *n*, Blockiersignal *n*
     f signal *m* d'inhibition [d'interdiction]

C69   *r* сигна́л *m* / запуска́ющий
     e trigger signal
     d Auslösesignal *n*
     f signal *m* de déclenchement [trigger, pilote]

C70   *r* сигна́л *m* ни́зкого у́ровня
     e low-level signal
     d Low-Signal *n*, Signal *n* mit niedrigem Pegel
     f signal *m* de niveau bas

C71   *r* сигна́л *m* оши́бки
     e error signal
     d Fehlersignal *n*
     f signal *m* d'erreur

C72   *r* сигна́л *m* / парази́тный
     e spurious signal
     d Störsignal *n*
     f signal *m* parasite

C73   *r* сигна́л *m* перено́са
     e carry signal
     d Carry-Signal *n*, Übertragssignal *n*
     f signal *m* de report, report *m*

C74   *r* сигна́л *m* прерыва́ния
     e interrupt signal
     d Interruptsignal *n*, Unterbrechungssignal *n*
     f signal *m* d'interruption

C75   *r* сигна́л *m* / разреша́ющий
     e enabling signal
     d Freigabesignal *n*
     f signal *m* de validation

C76   *r* сигна́л *m* с акти́вным высо́ким у́ровнем
     e active-high signal
     d high-aktives Signal *n*, Signal *n* mit aktivem H-Pegel
     f signal *m* actif à niveau haut

C77   *r* сигна́л *m* с акти́вным ни́зким у́ровнем
     e active-low signal
     d low-aktives Signal *n*, Signal *n* mit aktivem L-Pegel

СИГНАЛ

    f signal *m* actif à niveau bas

C78 *r* сигна́л *m* синхрониза́ции
    e clock signal
    d Taktsignal *n*
    f signal *m* d'horloge [de synchronisation]

C79 *r* сигна́л *m* / строби́рующий
    e gating signal
    d Abtastsignal *n*
    f signal *m* de porte

C80 *r* сигна́л *m* счи́тывания
    e sense signal
    d Lesesignal *n*
    f signal *m* de lecture

C81 *r* си́мвол *m*
    e symbol
    d Symbol *n*, Zeichen *n*
    f symbole *m*, caractère *m*

C82 *r* си́мвол *m* / бу́квенно-цифрово́й
    e alphameric character
    d alphanumerisches Zeichen *n*
    f caractère *m* alphanumérique

C83 *r* си́мвол *m* вы́хода (из програ́ммы)
    e escape character
    d "Escape"-Zeichen *n*
    f caractère *m* d'échappement

C84 *r* си́мвол *m* / графи́ческий
    e graphic character
    d grafisches Zeichen *n*, Grafiksymbol *n*
    f caractère *m* [symbole *m*] graphique

C85 *r* си́мвол *m* отноше́ния
    e relation character, relator
    d Relationszeichen *n*
    f caractère *m* de relation

C86 *r* си́мвол *m* присва́ивания
    e assignment symbol
    d Ergibtzeichen *n*
    f symbole *m* d'assignement

C87 *r* си́мвол *m* пробе́ла
    e space character
    d Leerzeichen *n*
    f caractère *m* d'espace

C88 *r* си́мвол *m* прове́рки усло́вия
    e decision symbol
    d Entscheidungssymbol *n*
    f symbole *m* de décision

C89 *r* си́мвол *m* / раздели́тельный
    e separator symbol
    d Trennsymbol *n*, Trennzeichen *n*
    f symbole *m* séparateur

C90 *r* си́мвол *m* / термина́льный
    e terminal symbol
    d Terminalsymbol *n*
    f symbole *m* terminal, terminal *m*

C91 *r* си́мвол *m* / управля́ющий
    e control character
    d Steuerzeichen *n*
    f symbole *m* de contrôle

C92 *r* си́нтаксис *m*
    e syntax
    d Syntax *f*
    f syntaxe *f*

C93 *r* синхрониза́ция *f*
    e timing
    d Zeitsteuerung *f*, zeitliche Ablaufsteuerung *f*, Gleichlaufsteuerung *f*, Synchronisation *f*
    f synchronisation *f*

C94 *r* систе́ма *f*
    e 1. system 2. set (*a collection*)
    d 1. System *n* 2. Satz *m*
    f 1. système *m* 2. ensemble (*une collection*)

C95 *r* систе́ма *f* автоматиза́ции инжене́рного труда́ *см.* систе́ма автоматизи́рованной разрабо́тки

C96 *r* систе́ма *f* автоматиза́ции разрабо́тки, проекти́рования и управле́ния произво́дственными проце́ссами
    e CAE/CAD/CAM system
    d CAE/CAD/CAM-System *n*
    f système *m* IAO/CAO/FAO

C97 *r* систе́ма *f* / автоматизи́рованная
    e computer-aided system
    d rechnergestütztes System *n*
    f système *m* automatisé [assisté par ordinateur]

C98 *r* систе́ма *f* автоматизи́рованного проекти́рования

СИСТЕМА

- *e* computer-aided design system, CAD system
- *d* CAD-System *n*, rechnergestütztes Entwurfssystem *n*
- *f* système *m* de conception assistée par ordinateur, système *m* de CAO

C99 *r* система *f* автоматизи́рованного проекти́рования систе́м управле́ния
- *e* CACSD system
- *d* CACSD-System *n*, System *n* für rechnergestützten Entwurf von Steuerungssystemen
- *f* système *m* de conception *f* automatisée de systèmes de commande, système *m* de CAO pour systèmes de commande

C100 *r* система *f* автоматизи́рованной разрабо́тки
- *e* computer-aided engineering system, CAE system
- *d* CAE-System *n*, rechnergestütztes Entwicklungssystem *n*
- *f* système *m* d'ingénierie assistée par ordinateur, système *m* d'IAO

C101 *r* система *f* автоматизи́рованной разрабо́тки систе́м управле́ния
- *e* CACSE system
- *d* CACSE-System *n*, System *n* für rechnergestützte Entwicklung von Steuerungssystemen
- *f* système *m* d'IAO pour systèmes de commande

C102 *r* система *f* / автоно́мная
- *e* stand-alone system
- *d* autonomes [autonom arbeitendes] System *n*
- *f* système *m* autonome

C103 *r* система *f* / больша́я
- *e* large-scale system
- *d* großes System *n*, Großsystem *n*
- *f* grand système *m*, système *m* de grande taille

C104 *r* система *f* / вычисли́тельная
- *e* computer system
- *d* Rechnersystem *n*
- *f* système *m* d'ordinateur

C105 *r* система *f* / ги́бкая произво́дственная
- *e* flexible manufacturing system, FMS
- *d* flexibles Fertigungssystem *n*, FFS *n*
- *f* système *m* de fabrication flexible

C106 *r* система *f* / ди́сковая операцио́нная
- *e* disk operating system, DOS
- *d* Plattenbetriebssystem *n*
- *f* système *m* d'exploitation (sur) disque

C107 *r* система *f* / дубли́рованная
- *e* dual system
- *d* Doppelsystem *n*
- *f* système *m* dual [double]

C108 *r* система *f* / дубли́рующая
- *e* backup system
- *d* Back-up-System *n*, Bereitschaftssystem *n*
- *f* système *m* doubleur

C109 *r* система *f* / информацио́нно-поиско́вая
- *e* data retrieval system
- *d* Datenwiedergewinnungssystem *n*, Datenretrieval-System *n*, Informationswiedergewinnungssystem *n*
- *f* système *m* de recherche informationnel

C110 *r* система *f* иску́сственного интелле́кта
- *e* artificial intelligence system, AI system
- *d* KI-System *n*, System *n* der künstlichen Intelligenz
- *f* système *m* d'intelligence artificielle [d'IA]

C111 *r* система *f* коди́рования
- *e* encoding system
- *d* Kodierungssystem *n*
- *f* système *m* de codage

C112 *r* система *f* коллекти́вного по́льзования
- *e* multiuser system
- *d* Mehrnutzersystem *n*
- *f* système *m* multi-utilisateur

C113 *r* система *f* кома́нд
- *e* instruction set

СИСТЕМА

      d Befehlssatz *m*, Befehlsvorrat *m*
      f jeu *m* [ensemble *m*] d'instructions

C114 *r* система *f* / конвейерная
      e pipeline system
      d Pipelinesystem *n*, Fließbandsystem *n*
      f système *m* pipeline

C115 *r* система *f* / микропроцессорная
      e microprocessor-based system
      d Mikroprozessorsystem *n*
      f système *m* à microprocesseur

C116 *r* система *f* / мультипроцессорная
      e multiprocessor system
      d Mehrprozessorsystem *n*, Multiprozessorsystem *n*
      f système *m* multiprocesseur

C117 *r* система *f* обработки данных
      e data processing system
      d Datenverarbeitungssystem *n*
      f système *m* de traitement de données

C118 *r* система *f* / оперативно доступная
      e on-line system
      d On-line-System *n*
      f système *m* en ligne

C119 *r* система *f* / оперативно недоступная
      e off-line system
      d Off-line-System *n*
      f système *m* hors ligne

C120 *r* система *f* / операционная
      e operating system
      d Betriebssystem *n*
      f système *m* d'exploitation

C121 *r* система *f* / отказоустойчивая
      e fault-tolerant system
      d fehlertolerantes System *n*
      f système *m* tolérant à fautes

C122 *r* система *f* / персональная вычислительная
      e personal system, PS
      d Personalsystem *n*, PS *n*
      f système *m* personnel

C123 *r* система *f* / подчинённая
      e slave system
      d Slave-System *n*
      f système *m* esclave

C124 *r* система *f* программного обеспечения
      e software system
      d Softwaresystem *n*
      f système *m* logiciel

C125 *r* система *f* рассредоточенная
      e multisite system
      d dezentralisiertes System *n*
      f système *m* multisite

C126 *r* система *f* реального времени
      e real-time system
      d Echtzeitsystem *n*
      f système *m* temps réel

C127 *r* система *f* режима мультидоступа / операционная
      e multiuser operating system
      d Mehrnutzer-Betriebssystem *n*
      f système *m* d'exploitation multi-utilisateur

C128 *r* система *f* / резервированная
      e redundant system
      d redundantes System *n*
      f système *m* redondant [à redondance]

C129 *r* система *f* / самообучающаяся
      e self-learning system
      d selbstlernendes System *n*
      f système *m* à auto-apprentissage

C130 *r* система *f* связи
      e communication system
      d Kommunikationssystem *n*
      f système *m* de (télé)communication

C131 *r* система *f* с дистанционным доступом
      e remote-access system
      d Fernzugriffssystem *n*
      f système *m* d'accès à distance

C132 *r* система *f* / следящая
      e follow-up system
      d Folgesystem *n*
      f système *m* asservi [d'asservissement]

C133 *r* система *f* слежения
      e tracking system
      d Nachführsystem *n*
      f système *m* de traçage

C134 r система f с разделéнием врéмени
 e time-sharing system
 d Teilnehmer(rechen)system n
 f système m à partage de temps [à temps partagé]

C135 r система f с разделéнием ресýрсов
 e resource-sharing system
 d System n mit Ressourcenzuordnung [mit Systemmittelzuordnung]
 f système m à partage de ressources

C136 r система f счислéния
 e number system
 d Zahlensystem n
 f système m de numération

C137 r система f счислéния / восьмеричная
 e octal system
 d Oktalsystem n
 f système m octal

C138 r система f счислéния / двоичная
 e binary system
 d Binärsystem n
 f système m binaire

C139 r система f счислéния / позициóнная
 e radix number system
 d Positionssystem n, Stellenwertsystem n
 f système m pondérée [de numération de position]

C140 r система f счислéния / шестнадцатиричная
 e hexadecimal system
 d Hexadezimalsystem n
 f système m hexadécimal

C141 r система f технического зрéния
 e vision system
 d Visionssystem n, Computervisions-System n, visuelles Erkennungssystem n
 f système m de vision

C142 r система f управлéния бáзой дáнных
 e database management system, DBMS
 d Datenbasisverwaltungssystem n, Datenbankverwaltungssystem n, Datenbasis-Managementsystem n, DBMS n
 f système m de gestion de base de données, SGBD m

C143 r система f управлéния бáзой знáний
 e knowledge base management system, KBMS
 d Wissensbasisverwaltungssystem n
 f système m de gestion de base de connaissances, SGBC m

C144 r система f / человекомашинная
 e man-machine system
 d Mensch-Maschine-System n
 f système m homme-machine

C145 r система f / экспéртная
 e expert system
 d Expertensystem n
 f système m expert

C146 r система f электрóнной пóчты
 e mail system
 d elektronische Post f, elektronisches Briefkastensystem n
 f système m de courrier électronique

C147 r системотéхника f
 e systems engineering
 d System(entwurfs)technik f
 f ingénierie f de systèmes

C148 r ситуáция f / конфликтная
 e collision; contention
 d Kollision f; Konfliktsituation f
 f conflit m, collision f; contention f

C149 r ситуáция f / тупикóвая
 e clinch; deadlock
 d Totalblockierung f, Verklemmung f
 f embrassement m mort(el), blocage m mutuel, étreinte f fatale, impasse f

C150 r скóрость f вычислéний
 e computation speed
 d Rechengeschwindigkeit f
 f vitesse f de calcul

C151 r скóрость f обрабóтки
 e processing speed
 d Verarbeitungsgeschwindigkeit f

СКОРОСТЬ

    f rapidité *f* [vitesse *f*] de traitement

C152 *r* скорость *f* передачи в бодах
    e baud rate
    d Baudrate *f*
    f rapidité *f* [vitesse *f*] de transfert en bauds, rapidité *f* [vitesse *f*] de transmission en bauds

C153 *r* скорость *f* передачи данных
    e data-transmission rate
    d Datenübertragungsgeschwindigkeit *f*, Datenübertragungsrate *f*
    f rapidité *f* [vitesse *f*] de transfert de données, rapidité *f* [vitesse *f*] de transmission de données

C154 *r* слежение *n*
    e tracing
    d Verfolgung *f*
    f traçage *m*, poursuite *f*

C155 *r* слово *n* / адресное
    e address word
    d Adreßwort *n*
    f mot *m* d'adresse

C156 *r* слово *n* / зарезервированное
    e reserved word
    d reserviertes Wort *n*
    f mot *m* réservé

C157 *r* слово *n* / кодовое
    e code word
    d Kodewort *n*
    f mot *m* de code

C158 *r* слово *n* / командное
    e command word
    d Befehlswort *n*
    f mot *m* de commande

C159 *r* слово *n* / машинное
    e computer word
    d Maschinenwort *n*
    f mot *m* machine

C160 *r* слово *n* состояния
    e status word
    d Statuswort *n*
    f mot *m* d'état

C161 *r* слово *n* / управляющее
    e control word
    d Steuerwort *n*
    f mot *m* de commande

C162 *r* сложение *n*
    e add(ition)
    d Addition *f*
    f addition *f*

C163 *r* сложение *n* без переноса
    e addition without carry, false addition
    d übertragslose Addition *f*
    f addition *f* sans report

C164 *r* сложение *n* / логическое
    e logical addition
    d logische Addition *f*
    f addition *f* logique

C165 *r* сложение *n* по модулю
    e modulo addition
    d Modulo-Addition *f*
    f addition *f* (en) modulo

C166 *r* смещение *n*
    e 1. displacement (*in relative addressing*) 2. bias (*of a sample*) 3. offset (*shift*)
    d Verschiebung *f*, Versatz *m*; Offset *n*
    f 1. déplacement *m* (*en adressage relatif*) 2. biais *m* (*d'un échantillon*) 3. décalage *m*

C167 *r* снятие *n* блокировки
    e unblocking
    d Entriegelung *f*, Entsperrung *f*, Freigabe *f*
    f déverrouillage *m*, déblocage *m*

C168 *r* совместимость *f*
    e compatibility
    d Kompatibilität *f*, Verträglichkeit *f*
    f compatibilité *f*

C169 *r* совместимость *f* / аппаратная
    e hardware compatibility
    d Hardwarekompatibilität *f*
    f compatibilité *f* matérielle

C170 *r* совместимость *f* на системном уровне
    e system compatibility
    d Systemkompatibilität *f*
    f compatibilité *f* (au niveau) de système

C171 *r* совместимость *f* по выводам
    e pin compatibility
    d Pinkompatibilität *f*
    f compatibilité *f* par broches

C172 *r* совместимость *f* по разъёму
    e plug-to-plug compatibility

СПЕЦИФИКАТОР

    d Steckerkompatibilität *f*
    f compatibilité *f* par connecteur

C173 *r* **совмести́мость** *f* / **програ́ммная**
    e software compatibility
    d Softwarekompatibilität *f*, Programmkompatibilität *f*
    f compatibilité *f* logicielle

C174 *r* **совмести́мость** *f* **све́рху вниз**
    e downward compatibility
    d Abwärtskompatibilität *f*
    f compatibilité *f* descendante

C175 *r* **совмести́мость** *f* **сни́зу вверх**
    e upward compatibility
    d Aufwärtskompatibilität *f*
    f compatibilité *f* ascendante

C176 *r* **совпаде́ние** *n*
    e match *(e.g. of images)*; coincidence *(in time domain)*
    d Übereinstimmung *f*, Anpassung *f*; Koinzidenz *f*
    f coïncidence *f*

C177 *r* **соедине́ние** *n*
    e 1. connection *(of components)* 2. concatenation *(chaining)*
    d 1. Verbindung *f* 2. Konkatenanz *f*, Verkettung *f*
    f 1. connexion *f (de composants)* 2. concaténation *f (chaînage)*

C178 *r* **соедине́ние** *n* / **разъёмное**
    e plug connection
    d Steckverbindung *f*
    f connexion *f* démontable

C179 *r* **соедини́тель** *m*
    e coupler, connector
    d Koppler *m*, Verbindungsstecker *m*, Steckverbinder *m*
    f coupleur *m*, connecteur *m*

C180 *r* **сомно́житель** *m*
    e multiplier
    d Multiplikator *m*
    f multiplicateur *m*

C181 *r* **сообще́ние** *n* / **входно́е**
    e input message
    d Eingabemeldung *f*
    f message *m* d'entrée

C182 *r* **соотноше́ние** *n* **"затра́ты - эффе́кт"**
    e cost/efficiency ratio
    d Kosten-Effektivität-Verhältnis *n*
    f rapport *m* prix/efficacité

C183 *r* **соотноше́ние** *n* **"сто́имость - производи́тельность"**
    e cost/performance ratio
    d Kosten-Leistungs-Verhältnis *n*
    f rapport *m* cout/performance

C184 *r* **сопроце́ссор** *m*
    e coprocessor
    d Koprozessor *m*, Coprozessor *m*, Begleitprozessor *m*
    f co-processeur *m*, coprocesseur *m*

C185 *r* **сопряже́ние** *n*
    e interfacing *(as action)*; interface
    d Schnittstellenrealisierung *f*, Interface *n*, Schnittstelle *f*
    f interfaçage *m (une action)*; jonction *f*, interface *f*

C186 *r* **сортиро́вка** *f* **по при́знаку**
    e property sort
    d Sortierung *f* [Selektion *f*] nach Eigenschaften
    f tri *m* [triage *m*] par attribut

C187 *r* **сортиро́вка** *f* **слия́нием**
    e merge sort
    d Mischsortierung *f*
    f tri *m* par fusion

C188 *r* **составле́ние** *n* **програ́ммы**
    e program composition
    d Programmzusammenstellung *f*, Programmentwicklung *f*, Programmierung *f*
    f composition *f* de programme

C189 *r* **состоя́ние** *n* **ожида́ния**
    e wait status
    d Wartezustand *m*
    f état *m* d'attente

C190 *r* **состоя́ние** *n* **отка́за**
    e failed state
    d Ausfallzustand *m*
    f état *m* défaillant

C191 *r* **состоя́ние** *n* / **тупико́вое**
    e dead state
    d Verklemmungszustand *m*, Zustand *m* "gegenseitige Blockierung"
    f état *m* d'impasse

C192 *r* **спецификатор** *m*
    e specifier

СПЕЦИФИКАЦИЯ

    d Spezifizierer *m*;
       Spezifikationselement *n*
    f spécificateur *m*

C193 *r* спецификáция *f* /
       программная
    e program specification
    d Programmspezifikation *f*
    f spécification *f* de programme

C194 *r* спи́сок *m*
    e list
    d Liste *f*
    f liste *f*

C195 *r* спо́соб *m* адреса́ции
    e addressing mode
    d Adressierungsart *f*,
       Adressiermodus *m*
    f mode *m* d'adressage

C196 *r* спо́соб *m* представле́ния
    e representation
    d Darstellung *f*, Darstellungsart *f*
    f représentation *f*

C197 *r* спосо́бность *f*
    e capability
    d Fähigkeit *f*, Vermögen *n*
    f capabilité *f*

C198 *r* спра́вочник *m*
    e directory
    d Directory *n*, Verzeichnis *n*
    f répertoire *m*, guide *m*

C199 *r* среда́ *f* / запомина́ющая
    e storage medium
    d Speichermedium *n*
    f milieu *m* de stockage

C200 *r* сре́дства *n pl*
    e 1. facilities *(environment)* 2. tools *(instrumental set)* 3. aids *(support)*
    d 1. Einrichtungen *f pl*, Anlagen *f pl* 2.,3. Mittel *n pl*, Hilfen *f pl*
    f 1. facilités *f pl* *(environnement)* 2. outils *m pl* *(ensemble d'instruments)* 3. aides *f pl* *(support)*

C201 *r* сре́дства *n pl* автоматизи́рованного проекти́рования
    e computer design aids
    d rechnergestützte Entwurfsmittel *n pl*, rechnergestützte Entwurfshilfen *f pl*
    f aides *f pl* de conception automatisée [de conception assistée par ordinateur]

C202 *r* сре́дства *n pl* / аппара́тные
    e hardware
    d Hardware *f*, Gerätetechnik *f*
    f matériel *m*

C203 *r* сре́дства *n pl* / графи́ческие
    e graphics
    d grafische Mittel *n pl*
    f graphique *m*

C204 *r* сре́дства *n pl* отла́дки
    e debug(ging) tools
    d Testhilfen *f pl*
    f outils *m pl* de mise au point

C205 *r* сре́дства *n pl* / програ́ммно-аппара́тные
    e firmware
    d Firmware *f*
    f micrologie *f*, firmware *f* *(anglais)*

C206 *r* ссы́лка *f*
    e reference
    d Referenz *f*, Verweis *m*
    f référence *f*

C207 *r* ссы́лка *f* / перекрёстная
    e cross reference
    d Cross-Referenz *f*, Querverweis *m*
    f référence *f* croisée

C208 *r* ста́нция *f* / рабо́чая
    e workstation
    d Workstation *f*, Arbeitsplatz *m*
    f station *f* [poste *m*] de travail

C209 *r* ста́нция *f* се́ти
    e network station
    d Netzstation *f*
    f station *f* de réseau

C210 *r* стек *m*
    e stack
    d Stapelspeicher *m*, Kellerspeicher *m*, Stack *m*
    f pile *f*

C211 *r* стек *m* магази́нного ти́па
    e push-down stack
    d Stapelspeicher *m*
    f pile *f* refoulée

C212 *r* стира́ние *n* за́писи
    e erasure, erasing
    d Löschung *f*, Löschen *n*
    f effaçement *m*

СУММАТОР-ВЫЧИТАТЕЛЬ

C213 r стира́ние n ультрафиоле́товым излуче́нием
 e ultraviolet erasing
 d UV-Löschung f
 f effacement m ultraviolet

C214 r столбе́ц m
 e column
 d Spalte f
 f colonne f

C215 r строќа f
 e 1. line (a place for characters) 2. row (of a matrix) 3. string (of characters)
 d 1.,2. Zeile f 3. String m, Kette f (von Zeichen)
 f 1. ligne f (une place pour caractères) 2. ligne f (d'une matrice) 3. chaîne f (de caractères)

C216 r стро́ка f си́мволов
 e character string
 d Zeichenkette f
 f chaîne f (de caractères)

C217 r строка́ f табли́цы
 e table row
 d Tabellenzeile f
 f ligne f de table

C218 r структу́ра f
 e 1. structure (interconnection between elements of a system) 2. organization (abstract representation) 3. pattern (a configuration)
 d Struktur f, Aufbau m, Organisation f; Anordnung f
 f 1. structure f (interconnexions entre éléments d'un système) 2. organisation f (représentation abstraite) 3. structure f (une configuration)

C219 r структу́ра f да́нных
 e data structure
 d Datenstruktur f
 f structure f de données

C220 r структу́ра f / иерархи́ческая
 e hierarchical organization
 d hierarchische Organisation f, hierarchischer Aufbau m
 f organisation f hiérarchique

C221 r структу́ра f / конве́йерная
 e pipeline organization
 d Pipeline-Organisation f, Fließbandorganisation f
 f organisation f (en) pipeline

C222 r структу́ра f фа́йла
 e file organization
 d Dateiorganisation f
 f organisation f de fichier

C223 r су́мма f / контро́льная
 e checksum
 d Kontrollsumme f
 f somme f de contrôle

C224 r сумма́тор m
 e adder
 d Adder m, Addierer m
 f additionneur m

C225 r сумма́тор m / накапливающий
 e accumulator
 d Akkumulator m
 f accumulateur m

C226 r сумма́тор m с округле́нием / накапливающий
 e roundoff accumulator
 d Akkumulator m mit Abrundung, abrundender Akkumulator m
 f accumulateur m à arrondissement

C227 r сумма́тор m со сквозны́м перено́сом
 e ripple-carry adder
 d Schnellübertragsaddierer m
 f additionneur m à report en travers

C228 r сумма́тор m с пла́вающей запято́й [с пла́вающей то́чкой] / накапливающий
 e floating-point accumulator
 d Gleitpunktakkumulator m
 f accumulateur m à virgule flottante

C229 r сумма́тор m с уско́ренным перено́сом
 e anticipated carry adder
 d Akkumulator m mit vorausermitteltem Übertrag
 f additionneur m à report anticipé

C230 r сумма́тор-вычита́тель m
 e adder-subtracter
 d Addierer-Subtrahierer-Werk n
 f additionneur-soustracteur m

СУММИРОВАНИЕ

C231　r　сумми́рование n
　　　e　add(ition); summation (resuming)
　　　d　Addition f; Summierung f
　　　f　addition f; sommation f (en résumé)

C232　r　супервизор m
　　　e　supervisor
　　　d　Supervisor m, Überwachungsprogramm n
　　　f　superviseur m

C233　r　супервизор m страни́чного обме́на
　　　e　paging supervisor
　　　d　Seitensupervisor m
　　　f　superviseur m de pagination

C234　r　схе́ма f
　　　e　1. chart (a diagram) 2. network (of electrical interconnections) 3. circuit (a device) 4. scheme (a draft) 5. schema (a conceptual representation)
　　　d　1. Flußdiagramm n, Ablaufdiagramm n, Flußplan m 2. Netzwerk n (Schaltanordnung) 3. Schaltung f, Schaltkreis m 4., 5. Schema n, Schemadarstellung f
　　　f　1. diagramme m (p.e. organigramme) 2. réseau m (d'interconnexions électriques) 3. circuit m (un dispositif) 4. schéma-bloc m (un dessin) 5. schéma m (une représentation conceptuelle)

C235　r　схе́ма f / больша́я интегра́льная
　　　e　large-scale integration circuit, LSI
　　　d　hochintegrierter Schaltkreis m, LSI-Schaltkreis m
　　　f　circuit m intégré à grande échelle, circuit m LSI

C236　r　схе́ма f / быстроде́йствующая
　　　e　high-speed circuit
　　　d　Hochgeschwindigkeitsschaltung f, Hochgeschwindigkeitsschaltkreis m
　　　f　circuit m rapide

C237　r　схе́ма f / ве́нтильная
　　　e　gate (circuit)
　　　d　Torschaltung f, Gatterschaltung f, Gatterschaltkreis m
　　　f　circuit m en porte, porte f

C238　r　схе́ма f голосова́ния
　　　e　voter
　　　d　Voter m, Votierschaltung f
　　　f　schéma m de vote, vote m

C239　r　схе́ма f / древови́дная
　　　e　tree chart
　　　d　Baumdiagramm n
　　　f　diagramme m arborescent

C240　r　схе́ма f / заказна́я интегра́льная
　　　e　custom integrated circuit, custom IC
　　　d　kundenspezifischer integrierter Schaltkreis m, Kunden-IC n
　　　f　CI m [circuit m intégré] à la demande

C241　r　схе́ма f запре́та
　　　e　inhibit circuit
　　　d　Sperrschaltung f
　　　f　circuit m d'inhibition

C242　r　схе́ма f / интегра́льная
　　　e　integrated circuit, IC
　　　d　integrierte Schaltung f, integrierter Schaltkreis m, IC n
　　　f　circuit m intégré, CI m

C243　r　схе́ма f / комбинаци́онная
　　　e　combinational circuit, combinatorial circuit
　　　d　kombinatorische Schaltung f, Verknüpfungsschaltung f
　　　f　circuit m combinatoire

C244　r　схе́ма f / логи́ческая
　　　e　logic (circuit)
　　　d　Logikschaltung f
　　　f　circuit m logique

C245　r　схе́ма f / мажорита́рная
　　　e　majority circuit
　　　d　Majoritäts(logik)schaltkreis m
　　　f　circuit m majoritaire

C246　r　схе́ма f / мнемони́ческая
　　　e　mnemonics
　　　d　Mnemonik f, Mnemonikplan m
　　　f　mnémonique f

C247　r　схе́ма f на дискре́тных компоне́нтах
　　　e　discrete component circuit

СЧЁТЧИК

     d Schaltung *f* mit diskreten Bauelementen
     f circuit *m* à composants discrets

C248 r схéма *f* / неиспрáвная
     e faulty circuit
     d fehlerhafter Schaltkreis *m*
     f circuit *m* défaillant [défectueux, en défaut]

C249 r схéма *f* / пересчётная
     e counting circuit
     d Zählschaltung *f*
     f circuit *m* comptant et décomptant, circuit *m* échelle

C250 r схéма *f* / послéдовательностная
     e sequential circuit
     d sequentielle Schaltung *f*, Folgeschaltung *f*
     f circuit *m* de séquence

C251 r схéма *f* прогрáммы / иерархи́ческая
     e hierarchy chart
     d hierarchisches Ablaufdiagramm *n*
     f organigramme *m* hiérarchique de programme

C252 r схéма *f* разрешéния конфли́ктов
     e arbiter
     d Arbiter *m*, Arbitrationsschaltung *f*
     f arbitre *m*, arbitreur *m*

C253 r схéма *f* расположéния
     e layout (chart)
     d Layout *n*, Belegungsplan *m*
     f plan *m*

C254 r схéма *f* / сверхбольшáя интегрáльная
     e very-large-scale integration circuit, VLSI
     d höchstintegrierter Schaltkreis *m*, VLSI-Schaltkreis *m*
     f circuit *m* intégré à très grande échelle, circuit *m* VLSI

C255 r схéма *f* совпадéния
     e match circuit
     d Koinzidenzschaltung *f*
     f circuit *m* à coïncidence

C256 r схéма *f* / сторожевáя
     e watchdog
     d Watchdog *n*, Watchdog-Schaltkreis *m*, Zeitüberwachungsschaltkreis *m*
     f chien *m* de garde

C257 r схéма *f* / счётная
     e counter circuit
     d Zählschaltung *f*
     f circuit *m* de comptage

C258 r схéма *f* / три́ггерная
     e flip-flop circuit
     d Flipflop-Schaltung *f*
     f circuit *m* à bascule

C259 r схéмы *f pl*
     e circuitry
     d Schaltungstechnik *f*; Schaltungen *f pl*
     f circuiterie *f*

C260 r схéмы *f pl* / логи́ческие
     e logic
     d Logik *f*, Logikschaltungen *f pl*
     f logique *f*

C261 r схéмы *f pl* с тремя́ состоя́ниями / логи́ческие
     e tri-state logic
     d Tristate-Logik *f*
     f logique *f* ternaire

C262 r сходи́мость *f*
     e convergence
     d Konvergenz *f*
     f convergence *f*

C263 r счёт *m*
     e count
     d Zählen *n*, Zählvorgang *m*
     f compte *m*

C264 r счёт *m* / обрáтный
     e countdown
     d Rückwärtszählen *n*
     f compte *m* régressif

C265 r счётчик *m*
     e counter
     d Zähler *m*
     f compteur *m*

C266 r счётчик *m* адресóв
     e address counter
     d Adressenzähler *m*
     f compteur *m* d'adresses

C267 r счётчик *m* врéмени
     e timer-counter
     d Zähler/Zeitgeber *m*
     f compteur *m* horaire

C268 r счётчик *m* / вычитáющий
     e down counter
     d Abwärtszähler *m*

СЧЁТЧИК

f compteur *m* de soustraction

C269   *r* счётчик *m* / двои́чный
    e binary counter
    d Binärzähler *m*
    f compteur *m* binaire

C270   *r* счётчик *m* / десяти́чный
    e decade counter
    d Dekadenzähler *m*
    f compteur *m* décimal

C271   *r* счётчик *m* / кольцево́й
    e ring counter
    d Ringzähler *m*
    f compteur *m* en anneau

C272   *r* счётчик *m* кома́нд
    e program counter, PC
    d Befehlszähler *m*
    f compteur *m* de commandes [de programme]

C273   *r* счётчик *m* / реверси́вный
    e bidirectional counter
    d Vorwärts-Rückwärts-Zähler *m*, Zweirichtungszähler *m*
    f compteur *m* bidirectionnel

C274   *r* счётчик *m* / сумми́рующий
    e up counter
    d Aufwärtszähler *m*
    f compteur *m* additif [totalisateur]

C275   *r* счи́тывание *n*
    e reading; sensing *(through sensory)*
    d Lesen *n*, Ablesen *n*; Abtastung *f (durch Sensoren)*
    f lecture *f*; saisie *f (par capteurs)*

C276   *r* счи́тывание *n* зна́ков
    e character sensing
    d Zeichenabtastung *f*
    f lecture *f* de caractères

C277   *r* счи́тывание *n* контро́льное
    e test reading
    d Prüflesen *n*, Testlesen *n*
    f lecture *f* de contrôle

C278   *r* счи́тывание *n* / неразруша́ющее
    e nondestructive reading
    d nichtzerstörendes [zerstörungsfreies] Lesen *n*
    f lecture *f* non destructive

C279   *r* счи́тывание *n* / повто́рное
    e rereading
    d Abfühlwiederholung *f*, Wiederabfühlung *f*
    f relecture *f*

C280   *r* счи́тывание *n* / прове́рочное
    e proofreading
    d Prüflesen *n*, Überprüfungslesen *n*
    f lecture *f* d'épreuve

C281   *r* счи́тывание *n* с разруше́нием информа́ции
    e destructive reading
    d zerstörendes Lesen *n*
    f lecture *f* destructive

T

T1   *r* табли́ца *f* адресо́в
    e address table
    d Adreßbuch *n*, Adressentafel *f*
    f table *f* d'adresses

T2   *r* табли́ца *f* / и́стинностная
    e truth table
    d Wahrheitstabelle *f*, Wahrheitswertetafel *f*
    f table *f* de vérité

T3   *r* табли́ца *f* / контро́льная
    e checklist
    d Kontrolliste *f*
    f liste *f* de contrôle

T4   *r* табли́ца *f* па́спортных да́нных
    e header table
    d Header-Tabelle *f*, Kopfangabentabelle *f*
    f table *f* d'en-têtes

T5   *r* табли́ца *f* / просмотро́вая
    e lookup table
    d Nachschlagetabelle *f*, Verweistabelle *f*
    f table *f* à consulter

T6   *r* табли́ца *f* реше́ний
    e decision table
    d Entscheidungstabelle *f*
    f table *f* de décision

T7   *r* табли́ца *f* сложе́ния
    e add(ition) table
    d Additionstabelle *f*
    f table *f* d'addition

T8   *r* табули́рование *n*
    e tabulation

	d	Tabellierung *f*, tabellarische Aufstellung *f*
	f	tabulation *f*
T9	*r*	такт *m*
	e	time step
	d	Takt *m*
	f	temps *m*
T10	*r*	тактирование *n*
	e	clocking
	d	Taktung *f*
	f	rythme *m*
T11	*r*	тег *m*
	e	tag
	d	Identifizierungskennzeichen *n*, Zustandsmarke *f*
	f	étiquette *f*, indicateur *m*
T12	*r*	текстообработка *f*
	e	word processing
	d	Textverarbeitung *f*
	f	traitement *m* de texte
T13	*r*	телеконференцсвязь *f*
	e	teleconferencing
	d	Telekonferenz *f*, Telekonferenz-Kommunikation *f*
	f	communication *f* par téléconférence
T14	*r*	телеобработка *f* (данных)
	e	teleprocessing, data teleprocessing
	d	Datenfernverarbeitung *f*, Fernverarbeitung *f*
	f	télétraitement *m* (de données)
T15	*r*	телеуправление *n*
	e	telecontrol, remote control
	d	Fernsteuerung *f*
	f	télécommande *f*, commande *f* à distance
T16	*r*	тело *n* программы
	e	program body
	d	Programmrumpf *m*
	f	corps *m* de programme
T17	*r*	тело *n* цикла
	e	loop body
	d	Schleifenrumpf *m*
	f	corps *m* de boucle
T18	*r*	температура *f* окружающей среды
	e	ambient temperature
	d	Umgebungstemperatur *f*
	f	température *f* ambiante
T19	*r*	температура *f* / рабочая
	e	operating temperature
	d	Arbeitstemperatur *f*
	f	température *f* d'utilisation
T20	*r*	теория *f* автоматов
	e	automata theory
	d	Automatentheorie *f*
	f	théorie *f* des automates
T21	*r*	теория *f* вероятностей
	e	probability theory
	d	Wahrscheinlichkeitstheorie *f*
	f	théorie *f* des probabilités
T22	*r*	теория *f* графов
	e	graph theory
	d	Graphentheorie *f*
	f	théorie *f* des graphes
T23	*r*	теория *f* информации
	e	information theory
	d	Informationstheorie *f*
	f	tnéorie *f* de l'information
T24	*r*	теория *f* кодирования
	e	coding theory
	d	Kodierungstheorie *f*
	f	théorie *f* de codage
T25	*r*	теория *f* массового обслуживания
	e	queueing theory
	d	Warteschlangentheorie *f*
	f	théorie *f* des files d'attente
T26	*r*	теория *f* множеств
	e	set theory
	d	Mengenlehre *f*, Mengentheorie *f*
	f	théorie *f* des ensembles
T27	*r*	теория *f* расписаний
	e	scheduling theory
	d	Zeitplanungstheorie *f*
	f	théorie *f* des horaires
T28	*r*	теория *f* решений
	e	decision theory
	d	Entscheidungstheorie *f*
	f	théorie *f* des décisions
T29	*r*	теория *f* связи
	e	communication theory
	d	Kommunikationstheorie *f*, Nachrichtentheorie *f*
	f	théorie *f* de communication
T30	*r*	теория *f* управления
	e	management science
	d	Betriebswissenschaft *f*
	f	théorie *f* [science *f*] de gestion
T31	*r*	терм *m*
	e	term

ТЕРМИНАЛ

- d Term *m*
- f terme *m*

T32 r термина́л *m*
- e terminal
- d Datenendgerät *n*, Datenstation *f*, Terminal *n*
- f terminal *m*

T33 r термина́л *m* / графи́ческий
- e graphics terminal
- d grafisches Terminal *n*, Grafikterminal *n*
- f terminal *m* graphique

T34 r термина́л *m* / дисплӗйный
- e display terminal
- d Datensichtgerät *n*
- f terminal *m* à console de visualisation [à l'écran]

T35 r термина́л *m* / дистанцио́нный
- e remote terminal
- d Fernterminal *n*, entfernte Datenstation *f*, Remote-Terminal *n*
- f terminal *m* éloigné [à distance], téléterminal *m*

T36 r термина́л *m* для вво́да да́нных
- e data-entry terminal
- d Dateneingabeterminal *n*
- f terminal *m* d'entrée de données

T37 r термина́л *m* / защищённый
- e security terminal
- d gesichertes Terminal *n*, Terminal *n* für sichere Datenverarbeitung *f*
- f terminal *m* à sécurité

T38 r термина́л *m* / интеллектуа́льный
- e intelligent terminal
- d intelligentes Terminal *n*, frei programmierbare Datenstation *f*
- f terminal *m* intelligent

T39 r термина́л *m* / логи́ческий
- e logical terminal
- d logisches Terminal *n*
- f terminal *m* logique

T40 r термина́л *m* / неинтеллектуа́льный
- e dumb terminal
- d unintelligentes Terminal *n*, nicht programmierbare Datenstation *f*
- f terminal *m* muet

T41 r термина́л *m* паке́тной обрабо́тки
- e batch terminal
- d Stapelstation *f*, Stapelverarbeitungsterminal *n*
- f terminal *m* de traitement par lots

T42 r термина́л *m* переда́чи да́нных
- e data-communication
- d Datenübertragungsterminal *n*, Kommunikationsterminal *n*
- f terminal *m* de transmission de données

T43 r термина́л *m* / се́нсорный
- e touch-sensitive terminal
- d Sensor-Terminal *n*, Terminal *n* mit Berührungseingabe
- f terminal *m* sensoriel

T44 r термина́л *m* / сетево́й
- e network terminal
- d Netzwerkterminal *n*
- f terminal *m* de réseau

T45 r термина́л *m* / экра́нный
- e CRT terminal
- d Bildschirmterminal *n*, Datensichtstation *f*
- f terminal *m* à tube cathodique [à TRC, à écran, vidéo]

T46 r тест *m*
- e test
- d Test *m*, Prüfung *f*, Kontrolle *f*
- f test *m*

T47 r те́стер *m* для интегра́льных схем
- e IC tester, integrated circuit tester
- d Tester *m* für integrierte Schaltkreise, IC-Tester *m*
- f testeur *m* de CI [des circuits intégrés]

T48 r те́стер *m* для прове́рки микропроце́ссоров
- e microprocessor exerciser
- d Mikroprozessorprüfgerät *n*
- f essayeur *m* des microprocesseurs

T49 r те́стер *m* для функциона́льного контро́ля плат
- e functional board tester

ТИП

    d Leiterplatten-Funktionstester *m*
    f testeur *m* fonctionnel des cartes

T50 *r* тéстер *m* / отбракóвочный
    e go/no-go tester
    d Tester *m* für Gut-Schlecht-Entscheidung
    f testeur *m* oui-non

T51 *r* тестúрование *n*
    e testing
    d Testen *n*
    f test *m*

T52 *r* тестúрование *n* / нисходя́щее
    e top-down testing
    d Top-down-Testen *n*, Abwärtstesten *n*
    f test *m* descendant

T53 *r* тестúрование *n* функционáльных возмóжностей
    e thread testing
    d Testen *n* von Funktionsmöglichkeiten
    f test *m* des possibilités (fonctionnelles)

T54 *r* тестúруемость *f*
    e testability
    d Testmöglichkeit *f*, Prüfbarkeit *f*
    f testabilité *f*

T55 *r* тетрáда *f*
    e tetrad
    d Tetrade *f*
    f tétrade *f*

T56 *r* тéхника *f* / вычислúтельная
    e computer science
    d Informatik *f*; Rechentechnik *f*
    f informatique *f*

T57 *r* тéхника *f* программного обеспéчения
    e software engineering
    d Softwaretechnik *f*, Software-Entwicklungstechnik *f*
    f génie *f* logicielle

T58 *r* тéхника *f* создáния вычислúтельных сетéй
    e network technique
    d Netzwerktechnik *f*, Netzentwicklungstechnik *f*
    f technique *f* de réseaux

T59 *r* технолóгия *f* / автоматизúрованная
    e computer technology
    d rechnergestützte Technologie *f*
    f technologie *f* automatisée

T60 *r* технолóгия *f* изготовлéния СБИС
    e VLSI technology
    d VLSI-Technologie *f*
    f technologie *f* VLSI [d'intégration à très grande échelle]

T61 *r* технолóгия *f* / информациóнная
    e information processing technology
    d Informationsverarbeitungs-technologie *f*
    f technologie *f* de traitement d'information

T62 *r* технолóгия *f* / планáрная
    e planar technology
    d Planartechnologie *f*
    f technologie *f* planaire

T63 *r* технолóгия *f* / тонкоплёночная
    e thin-film technology
    d Dünnschichttechnologie *f*
    f technologie *f* à couches minces

T64 *r* тип *m* / абстрáктный
    e abstract (data) type
    d abstrakter Datentyp *m*
    f type *m* abstrait (de données)

T65 *r* тип *m* / встрóенный
    e built-in type
    d eingebauter Datentyp *m*
    f type *m* incorporé

T66 *r* тип *m* дáнных
    e data type
    d Datentyp *m*
    f type *m* de données

T67 *r* тип *m* / локализóванный
    e local type
    d lokaler Datentyp *m*
    f type *m* local

T68 *r* тип *m* / перечислúмый
    e enumeration type
    d aufzählbarer Datentyp *m*
    f type *m* d'énumération

T69 *r* тип *m* / плáвающий
    e floating point type
    d Gleitkommatyp *m*
    f type *m* de virgule flottante

ТИП

T70
- r тип *m* / произво́дный
- e derived type
- d abgeleiteter Typ *m*
- f type *m* dérivé

T71
- r тип *m* / си́мвольный
- e character type
- d Zeichentyp *m*
- f type *m* de caractère

T72
- r тип *m* / скры́тый
- e encapsulated type
- d eingekapselter Datentyp *m*
- f type *m* encapsulé

T73
- r тип *m* / фикси́рованный
- e fixed-point type
- d Festkommatyp *m*
- f type *m* de virgule fixe

T74
- r тип *m* / це́лый
- e integer type
- d ganzzahliger Typ *m*
- f type *m* entier

T75
- r тип *m* / числово́й
- e numeric type
- d numerischer Typ *m*
- f type *m* numérique

T76
- r тип *m* шри́фта
- e font style
- d Schriftart *f*
- f style *m* [police *f*] de caractères

T77
- r тиражи́рование *n* програ́ммы
- e replication of code
- d Programmvervielfältigung *f*, Programmreplikation *f*
- f duplication *f* de code

T78
- r то́ждество *n*
- e identity
- d Identität *f*
- f identité *f*

T79
- r том *m*
- e 1. volume *(of storage)* 2. book *(of documentation)*
- d 1. Datenträger *m* 2. Buch *n* *(Dokumentation)*
- f 1. volume *m* *(de mémoire)* 2. tome *m*, volume *m* *(de documentation)*

T80
- r тополо́гия *f*
- e layout
- d Layout *n*; Topologie *f*
- f topologie *f*

T81
- r то́чка *f* ветвле́ния
- e branchpoint
- d Verzweigungspunkt *m*
- f point *m* de branchement

T82
- r то́чка *f* возвра́та
- e return point
- d Rücksprungstelle *f*, Rücksprungpunkt *m*
- f point *m* de retour

T83
- r то́чка *f* вста́вки
- e insertion point
- d Einfügungsstelle *f*
- f point *m* d'insertion

T84
- r то́чка *f* вхо́да
- e entry point
- d Eintrittsstelle *f*, Eintrittspunkt *m*
- f point *m* d'entrée

T85
- r то́чка *f* вы́зова
- e invocation point
- d Aufrufstelle *f*, Aufrufpunkt *m*
- f point *m* d'invocation

T86
- r то́чка *f* вы́хода
- e exit point
- d Austrittsstelle *f*, Austrittspunkt *m*
- f point *m* de sortie

T87
- r то́чка *f* / десяти́чная
- e decimal point
- d Dezimalpunkt *m*
- f point *m* décimal

T88
- r то́чка *f* / контро́льная
- e checkpoint; benchmark *(for performance evalution)*
- d Prüfpunkt *m*; Vergleichspunkt *m*, Bezugspunkt *m*
- f point *m* de contrôle; point *m* de test

T89
- r то́чка *f* переза́пуска
- e rerun point
- d Wiederholungspunkt *m*
- f point *m* de reprise [de restart]

T90
- r то́чка *f* пересече́ния
- e intersection point
- d Schnittpunkt *m*
- f point *m* d'intersection

T91
- r то́чка *f* / пла́вающая
- e floating point
- d Gleitpunkt *m*, Gleitkomma *n*
- f point *m* flottant

T92
- r то́чка *f* прерыва́ния
- e breakpoint

ТРАССИРОВКА

    d Haltepunkt *m*,
       Unterbrechungspunkt *m*
    f point *m* d'interruption

T93   *r* то́чка *f* разры́ва
    e point of discontinuity
    d Unstetigkeitspunkt *m*
    f point *m* de rupture [de discontinuité]

T94   *r* то́чка *f* реста́рта
    e restart point
    d Wiederanlaufpunkt *m*
    f point *m* de restart [de reprise, de redémarrage]

T95   *r* то́чка *f* / фикси́рованная
    e fixed point
    d Festpunkt *m*, Festkomma *n*
    f point *m* fixe

T96   *r* то́чность *f*
    e 1. accuracy *(of computing)* 2. precision *(of matching)* 3. fidelity *(of reproducing)*
    d 1. Exaktheit *f* (Berechnungen) 2. Genauigkeit *f*, Präzision *f* 3. Treue *f (bei Wiedergabe)*
    f 1. exactitude *f (de calcul)* 2. précision *f (de correspondance)* 3. fidélité *f (de reproduction)*

T97   *r* то́чность *f* ме́тода / со́бственная
    e intrinsic accuracy
    d eigene Genauigkeit *f*
    f exactitude *f* intrinsèque

T98   *r* то́чность *f* отсчёта (по шкале́)
    e accuracy of reading
    d Ablesegenauigkeit *f*
    f exactitude *f* de lecture (sur cadran)

T99   *r* то́чность *f* / повы́шенная
    e extra accuracy
    d gesteigerte Genauigkeit *f*
    f précision *f* accrue

T100 *r* то́чность *f* позициони́рования голо́вки
    e track accuracy
    d Magnetkopf-Positioniergenauigkeit *f*
    f précision *f* de positionnement de tête

T101 *r* то́чность *f* / практи́ческая
    e working accuracy
    d Arbeitsgenauigkeit *f*
    f exactitude *f* actuelle

T102 *r* то́чность *f* преде́льная
    e extreme accuracy
    d extreme Genauigkeit *f*
    f exactitude *f* extrême

T103 *r* траекто́рия *f*
    e path
    d Bahn *f*
    f trajet *m*, trace *f*

T104 *r* тракт *m*
    e path
    d Weg *m*
    f voie *f*

T105 *r* транза́кция *f*
    e transaction
    d Transaktion *f*
    f transaction *f*

T106 *r* трансля́тор *m*
    e translator
    d Übersetzungsprogramm *n*
    f traducteur *m*

T107 *r* трансля́ция *f* (програ́ммы)
    e translation
    d Übersetzen *n*, Übersetzung *f*
    f traduction *f*

T108 *r* транспортиро́вка *f* сообще́ний
    e message transport
    d Nachrichtentransport *m*
    f transport *m* [transfert *m*] de messages

T109 *r* транспью́тер *m*
    e transputer
    d Transputer *m*
    f transputer *m*

T110 *r* тра́сса *f*
    e trace
    d Ablauffolge *f*
    f tracé *m*

T111 *r* трассиро́вка *f*
    e routing
    d Trassierung *f*, Leitungsführung *f*, Routing *n*
    f tracement *m*, routage *m*

T112 *r* трассиро́вка *f* / многосло́йная
    e multilayer routing
    d Mehrlagentrassierung *f*, Mehrlagen-Leitungsführung *f*
    f routage *m* multicouche

T113 *r* трассиро́вка *f* / оконча́тельная
    e final routing

ТРАССИРОВКА

      d Endrouting *n*
      f routage *m* final

T114 *r* трассировка *f* / приближённая
      e loose routing
      d loses Routing *n*
      f routage *m* lâche

T115 *r* трассировка *f* соединений
      e wire routing
      d Leitungsführung *f*
      f acheminement *m* de fils

T116 *r* трассировщик *m*
      e router
      d Router *m*
      f traceur *m*

T117 *r* трафарет *m*
      e mask
      d Maske *f*, Fotomaske *f*, Schablone *f*
      f masque *f*

T118 *r* трафик *m*
      e traffic
      d Verkehr *m*
      f trafic *m*

T119 *r* требование *n*
      e 1. requirement *(need)* 2. demand *(request)*
      d Forderung *f*, Anforderung *f*
      f 1. exigène *f (besoin)* 2. demande *f (requête)*

T120 *r* требования *n pl* / технические
      e system requirements
      d Systemanforderungen *f pl*
      f cahier *m* des charges

T121 *r* триада *f*
      e triad
      d Triade *f*
      f triade *f*

T122 *r* триггер *m*
      e flip-flop
      d Flipflop *n*, Flipflopschaltung *f*, Trigger *m*
      f bascule *f*, basculeur *m*, trigger *m*

T123 *r* триггер *m* / дежурный
      e set-reset flip-flop
      d Setz-Rücksetz-Flipflop *n*, Flipflop *n* mit RS-Tastung
      f trigger *m* de service

T124 *r* триггер *m* / динамический
      e dynamic flip-flop
      d dynamisches Flipflop *n*
      f trigger *m* dynamique

T125 *r* триггер *m* на МОП-структурах
      e MOS flip-flop
      d MOS-Flipflop *n*
      f bascule *f* MOS

T126 *r* триггер *m* / насыщенный
      e saturating flip-flop
      d gesättigtes Flipflop *n*
      f basculeur *m* saturé

T127 *r* триггер *m* / противодребезговый
      e debounce flip-flop
      d entprelltes Flipflop *n*
      f basculeur *m* dévacillant

T128 *r* триггер *m* с защёлкой
      e latched flip-flop
      d Latchflipflop *n*, Auffangflipflop *n*
      f basculeur *m* à verrou

T129 *r* триггер *m* с непосредственными связями
      e direct-coupled flip-flop
      d direktgekoppeltes Flipflop *n*
      f basculeur *m* à couplage direct, basculeur *m* à liaisons directes

T130 *r* триггер *m* со счётным входом
      e complementing flip-flop
      d Komplementflipflop *n*
      f basculeur *m* complémenteur

T131 *r* триггер *m* с раздельными входами
      e R-S flip-flop
      d RS-Flipflop *n*
      f bascule *f* RS, basculeur *m* asymétrique [à commande asymétrique, à deux entrées]

T132 *r* триггер *m* / статический
      e static flip-flop
      d statisches Flipflop *n*
      f basculeur *m* statique

T133 *r* триггер *m* счётного типа
      e trigger flip-flop
      d Triggerflipflop *n*, T-Flipflop *n*
      f bascule *f* binaire, bascule *f* T

T134 *r* триггер *m* / тактируемый
      e clocked flip-flop
      d getaktetes [taktgesteuertes] Flipflop *n*
      f basculeur *m* rythmé

T135 r триггер m JK-типа
      e J-K flip-flop
      d JK-Flipflop n
      f bascule f J-K

T136 r триггер m MS-типа
      e MS flip-flop
      d MS-Flipflop n, Master-Slave-Flipflop n
      f bascule f MS

T137 r тройка f
      e three-tuple (a set of 3 elements)
      d Tripel n
      f triplet m

T138 r трубка f / электроннолучевая
      e CRT, cathode-ray tube
      d Katodenstrahlröhre f
      f tube f à rayon cathodique, TRC, CRT

T139 r трудозатраты в человеко-часах
      e man-hours
      d Arbeitsstunden f pl
      f homme-heures f pl

T140 r трудозатраты pl на программирование
      e programming efforts
      d Programmieraufwand m
      f efforts m pl de programmation

T141 r ТТЛ-схемы f pl
      e TTL logic
      d TTL-Logik f
      f logique f TTL

T142 r тупик m
      e deadlock
      d gegenseitige Blockierung f, Verklemmung f
      f impasse f

У

У1 r увеличение n изображения
    e zooming
    d Zoomen n, Zooming n
    f agrandissement m de l'image

У2 r УВМ f см. машина / управляющая вычислительная

У3 r удаление n вершины (в графе)
    e vertex deletion
    d Knoten(punkt)beseitigung f (Graphentheorie)
    f suppression f de sommet (de graphe)

У4 r удаление n символа
    e character deletion
    d Zeichenlöschung f
    f suppression f de caractère

У5 r удаление n страницы из памяти
    e page-out
    d Seitenauslagerung f, Page-out n
    f renvoi m de page

У6 r удалённый
    e remote
    d entfernt; Fern...
    f éloigné

У7 r удобочитаемость f
    e readability
    d Lesbarkeit f
    f lisibilité f

У8 r удобство n для пользователя
    e user-friendliness
    d Anwenderfreundlichkeit f, Benutzerfreundlichkeit f
    f commodité f pour l'utilisateur

У9 r удобство n эксплуатации
    e serviceability
    d Servicefreundlichkeit f, Betriebsfreundlichkeit f
    f commodité f d'exploitation

У10 r узел m коммутации
     e switching node
     d Vermittlungsknoten m
     f nœud m de commutation

У11 r узел m / компоновочный
     e subassembly
     d Untereinheit f, Untergruppe f; Baugruppe f
     f sous-ensemble m

У12 r узел m / корневой
     e root node
     d Wurzelknoten m
     f nœud m de racine

У13 r узел m / логический
     e logic, logical section
     d Logikbaustein m
     f section f logique, logique f

УЗЕЛ

У14 r у́зел m назначе́ния
     e destination node
     d Zielknoten m
     f nœud m de destination

У15 r у́зел m обслу́живания
     e server
     d Server m
     f serveur m

У16 r у́зел m / подчинённый
     e slave node
     d Slave-Knoten m
     f nœud m esclave

У17 r у́зел m / роди́тельский
     e parent node
     d Stammknoten m
     f nœud m parent

У18 r у́зел m семанти́ческой се́ти
     e semantic node
     d semantischer Knoten m
     f nœud m sémantique

У19 r у́зел m се́ти
     e network node
     d Netz(werk)knoten m
     f nœud m du réseau

У20 r у́зел m систе́мы управле́ния
     e subcontrol
     d Steuerknoten m (eines Multiprozessorsystems)
     f sous-système m de commande

У21 r у́зел m / функциона́льный
     e process node
     d Prozeßknoten m (im Ablaufdiagramm eines strukturierten Programms)
     f ensemble m fonctionnel

У22 r у́зел-пото́мок m
     e descendant node
     d absteigender Knoten m
     f nœud m descendant

У23 r у́зел-пре́док m
     e ancestor node
     d aufsteigender Knoten m
     f nœud m ancêtre

У24 r указа́тель m
     e 1. pointer (e.g. in a program) 2. indicator (a device) 3. index (a list)
     d 1. Pointer m, Zeiger m (z.B. im Programm) 2. Anzeigevorrichtung f, Indikator m 3. Verzeichnis n
     f 1. pointeur m (p.e. dans un programme) 2. indicateur m (un dispositif) 3. index m (une liste)

У25 r указа́тель m маршру́та (в сети́)
     e routing indicator
     d Leitwegvermerk m
     f indicateur m d'itinéraire

У26 r уменьше́ние n разме́ров
     e minification
     d Verkleinerung f
     f miniaturisation f

У27 r умноже́ние n
     e multiplication
     d Multiplikation f
     f multiplication f

У28 r умноже́ние n / аппара́тное
     e hardware multiplication
     d Hardware-Multiplikation f
     f multiplication f matérielle

У29 r умноже́ние n / логи́ческое
     e ANDing
     d UND-Verknüpfung f, Konjunktion f
     f multiplication f logique

У30 r умножи́тель m
     e multiplier
     d 1. Multiplizierer m, Multiplizierereinrichtung f, Multiplikator m 2. Vervielfacher m
     f multiplieur m, multiplicateur m

У31 r умножи́тель m / каска́дный
     e whiffletree multiplier
     d Kaskadenvervielfacher m
     f multiplicateur m [multiplieur m] arborescent

У32 r умножи́тель m / конве́йерный
     e pipeline multiplier
     d Pipeline-Multiplizierer m
     f multiplieur m [multiplicateur m] pipeline

У33 r умножи́тель m / ма́тричный
     e array multiplier
     d Array-Multiplizierer m
     f multiplieur m [multiplicateur m] matriciel

У34 r умножи́тель m / паралле́льный
     e parallel multiplier
     d Parallelmultiplizierer m

УПРАВЛЕНИЕ

f multiplieur *m* [multiplicateur *m*] parallèle

У35 *r* умножи́тель-аккумуля́тор *m*
e multiply-accumulator
d Multiplikator-Akkumulator *m*
f multiplieur *m* accumulateur

У36 *r* умножи́тель-сумма́тор *m*
e multiply-adder
d Multiplizierer-Addierer *m*, Multiplikator-Adder *m*
f multiplicateur *m* additionneur

У37 *r* умолча́ние *n*
e default
d Standardwert *m*; Standardvereinbarung *f*
f défaut *m*

У38 *r* уничтоже́ние *n*
e cancellation
d Annulierung *f*
f annulation *f*

У39 *r* упако́вка *f* да́нных
e data packing
d Datenverdichtung *f*, Datenreduktion *f*
f assemblage *m* [condensation *f*] de données

У40 *r* упако́вка *f* / пло́тная
e dense packaging
d dichte Packung *f*, Dichtpackung *f*
f assemlage *m* compact

У41 *r* уплотне́ние *n* кана́лов
e multiplexing
d Multiplexen *n*, Multiplex *m*
f multiplexage *m*

У42 *r* уплотне́ние *n* сообще́ния
e message compression
d Nachrichtenverdichtung *f*
f compression *f* de message

У43 *r* упоря́дочение *n*
e ordering
d Ordnung *f*
f 1. ordonnance *f* (*ordre*); 2. ordonnancement *m* (*mise en ordre*)

У44 *r* упоря́дочение *n* по возраста́нию
e ascending ordering
d aufsteigende Ordnung *f*
f ordonnancement *m* ascendent

У45 *r* упоря́дочение *n* по приорите́там
e priority ordering
d vorrangige Ordnung *f*, Ordnung *f* nach Prioritäten
f ordonnancement *m* par priorité

У46 *r* упоря́дочение *n* по убыва́нию
e descending ordering
d absteigende Ordnung *f*
f ordonnancement *m* descendant

У47 *r* упоря́доченность *f*
e order
d Rangordnung *f*
f ordre *m*

У48 *r* управле́ние *n* / автоматизи́рованное
e computer control
d rechnergestützte Steuerung *f*
f commande *f* automatisée [assistée par ordinateur]

У49 *r* управле́ние *n* / автомати́ческое
e automatic control
d automatische Steuerung *f*
f commande *f* automatique

У50 *r* управле́ние *n* ба́зой да́нных
e database management
d Datenbankverwaltung *f*, Datenbasisverwaltung *f*
f gestion *f* de base de données

У51 *r* управле́ние *n* без обра́тной свя́зи
e open-loop control
d rückführungslose Steuerung *f*
f commande *f* en boucle [en chaîne] ouverte

У52 *r* управле́ние *n* в автоно́мном режи́ме
e off-line control
d Off-line-Steuerung *f*
f commande *f* autonome [hors ligne], autoguidage *m*

У53 *r* управле́ние *n* вво́дом-вы́водом
e input/output control
d Eingabe-Ausgabe-Steuerung *f*, E/A-Steuerung *f*
f gestion *f* d'entrée/sortie

У54 *r* управле́ние *n* в интеракти́вном режи́ме
e interactive control
d interaktive Steuerung *f*
f commande *f* interactive

УПРАВЛЕНИЕ

У55   *r* управле́ние *n* в операти́вном режи́ме
    e on-line control
    d On-line-Steuerung *f*
    f commande *f* en ligne

У56   *r* управле́ние *n* в реа́льном вре́мени
    e real-time control
    d Echtzeitsteuerung *f*
    f commande *f* en temps réel

У57   *r* управле́ние *n* да́нными
    e data management
    d Datenverwaltung *f*
    f gestion *f* de donnees

У58   *r* управле́ние *n* / диспе́тчерское
    e supervision
    d Überwachungssteuerung *f*; Dispatching *n*, Dispatcherverwaltung *f*
    f dispatching *m*, monitorage *m*, supervision *f*

У59   *r* управле́ние *n* / дистанцио́нное
    e remote control
    d Fernsteuerung *f*
    f commande *f* à distance, télécommande *f*

У60   *r* управле́ние *n* / микропрогра́ммное
    e microprogramming control
    d mikroprogrammierte Steuerung *f*
    f commande *f* microprogrammée

У61   *r* управле́ние *n* обрабо́ткой оши́бок
    e error managament
    d Fehlerverwaltung *f*
    f gestion *f* d'erreurs

У62   *r* управле́ние *n* параллели́змом
    e concurrency control
    d Konkurrenzsteuerung *f*
    f gestion *f* de concurrence

У63   *r* управле́ние *n* / позицио́нное
    e point-to-point control
    d Punkt-zu-Punkt-Steuerung *f*, Positionssteuerung *f*
    f commande *f* point par point

У64   *r* управле́ние *n* / програ́ммное
    e program control
    d Programmsteuerung *f*
    f commande *f* programmée

У65   *r* управле́ние *n* / прямо́е цифрово́е
    e direct digital control, DDC
    d direkte digitale Regelung *f*, digitale Direktregelung *f*, DDC
    f commande *f* numérique directe

У66   *r* управле́ние *n* разрабо́ткой и сопровожде́нием програ́мм
    e software managament
    d Software-Managament *n*
    f gestion *f* de logiciel

У67   *r* управле́ние *n* с обра́тной свя́зью
    e feedback control
    d Steuerung *f* mit Rückführung
    f commande *f* par réaction

У68   *r* управле́ние *n* с прогнози́рованием
    e feedforward control
    d Vorwärtsregelung *f*
    f gestion *f* prévisionnelle

У69   *r* управле́ние *n* / числово́е програ́ммное
    e numerical control
    d numerische Steuerung *f*
    f commande *f* numérique

У70   *r* у́ровень *m*
    e level *(of control)*; layer *(of a structure)*
    d Ebene *f*, Niveau *n*; Pegel *m*; Schicht *f*
    f niveau *m (de commande)*; couche *f (d'une structure)*

У71   *r* у́ровень *m* вло́женности
    e nesting level
    d Verschachtelungsebene *f*
    f niveau *m* d'imbrication

У72   *r* у́ровень *m* да́нных / предме́тный
    e enterprise level
    d Enterprise-Ebene *f*, Fachebene *f*
    f niveau *m* d'entreprise

У73   *r* у́ровень *m* / кана́льный
    e data link layer
    d Sicherungsschicht *f*, Schicht *f* der Leitungsverbindungen
    f couche *f* de liaison

У74   *r* у́ровень *m* / логи́ческий

УСЛУГИ

     e logical level
     d Logikpegel *m*
     f niveau *m* logique

У75 *r* у́ровень *m* логи́ческого нуля́
     e 0-level
     d "0"-Pegel *m*, Logikpegel *m* "0"
     f niveau *m* logique faux

У76 *r* у́ровень *m* логи́ческой едини́цы
     e 1-level
     d "1"-Pegel *m*, Logikpegel *m* "1"
     f niveau *m* logique vrai

У77 *r* у́ровень *m* отсчёта
     e base
     d Basis *f*
     f base *f*, niveau *m* de référence

У78 *r* у́ровень *m* / поро́говый
     e threshold level
     d Schwellpegel *m*
     f niveau *m* de seuil

У79 *r* у́ровень *m* / представи́тельный
     e presentation layer
     d Darstellungsschicht *f*
     f couche *f* de présentation

У80 *r* у́ровень *m* прерыва́ния
     e interrupt level
     d Unterbrechungsebene *f*, Interruptebene *f*
     f niveau *m* d'interruption

У81 *r* у́ровень *m* приорите́та
     e priority level
     d Prioritätsebene *f*, Vorrangebene *f*
     f niveau *m* de priorité

У82 *r* у́ровень *m* / сетево́й
     e network layer
     d Netzwerkebene *f*; Vermittlungsschicht *f*
     f couche *f* de réseau

У83 *r* у́ровень *m* сигна́ла / высо́кий
     e high-voltage level
     d Hochspannungspegel *m*
     f niveau *m* haut de signal [haut de tension]

У84 *r* у́ровень *m* сигна́ла / ни́зкий
     e low-voltage level
     d Niederspannungspegel *m*

     f niveau *m* bas de signal [bas de tension]

У85 *r* у́ровень *m* / тра́нспортный
     e transport layer
     d Transportschicht *f*
     f couche *f* de transport

У86 *r* усили́тель *m*
     e amplifier
     d Verstärker *m*
     f amplificateur *m*

У87 *r* усло́вие *n*
     e condition
     d Bedingung *f*
     f condition *f*

У88 *r* усло́вие *n* возникнове́ния исключи́тельной ситуа́ции
     e exception condition
     d Ausnahmebedingung *f*
     f condition *f* d'exception

У89 *r* усло́вие *n* / нача́льное
     e initial condition
     d Anfangsbedingung *f*, Ausgangsbedingung *f*
     f condition *f* initiale

У90 *r* усло́вия *n pl* выполне́ния програ́ммы
     e execution environment
     d Programmablaufbedingungen *f pl*
     f environnement *m* d'exécution

У91 *r* усло́вия *n pl* / наиху́дшие
     e worst-case conditions
     d Worst-case-Bedingungen *f pl*, schlechteste Betriebsbedingungen *f pl*
     f conditions *f pl* de cas pire

У92 *r* усло́вия *n pl* / рабо́чие
     e operation environment
     d Arbeitsbedingungen *f pl*
     f environnement *m* opérationnel

У93 *r* усло́вия *n pl* / техни́ческие
     e specifications
     d technische Daten *pl*; technische Bedingungen *f pl*
     f spécifications *f pl*; normes *f pl* techniques, cahier *m* des charges

У94 *r* услу́ги *f pl* / вычисли́тельные
     e computer service
     d Rechnerdienstleistungen *f pl*, rechnerische Dienstleistungen *f pl*

УСЛУГИ

    f service *m* informatique

У95 *r* услу́ги *f pl* / дополни́тельные
    e value-added service
    d zusätzliche Dienstleistungen *f pl*
    f service *m* complémentaire

У96 *r* уста́вка *f*
    e setpoint
    d Sollwert *m*
    f valeur *f* de réglage, réglage *m*

У97 *r* устано́вка *f*
    e 1. apparatus 2. set *(a module of a system)* 3. site *(a system)* 4. installation *(mounting)* 5. setting *(predefining)* 6. adjustment *(tuning)*
    d 1. Anlage *f*, Werk *n*; Einrichtung *f*, Vorrichtung 2. Aufstellung *f*; Montage *f*; Installation *f* 3. Einstellung *f*, Justierung *f* 4. Setzen *n*
    f 1. appareillage *m* 2. ensemble *m (un module d'un système)* 3. installation *f (un système)* 4. installation *(processus de montage)* 5. mise *f (prédéfinition)* 6. ajustage *m (réglage)*

У98 *r* устано́вка *f* в состоя́ние "0"
    e reset
    d Rücksetzen *n*, Rückstellen *n*
    f (re)mise *f* à zéro

У99 *r* устано́вка *f* в состоя́ние "1"
    e set(ting)
    d Setzen *n*
    f mise *f* à un

У100 *r* устано́вка *f* интерва́лов печа́ти
    e line adjustment
    d Zeilenverschiebung *f*
    f ajustage *m* d'interligne

У101 *r* устано́вка *f* коллекти́вного испо́льзования
    e multiuser site
    d Mehrplatzsystem *n*, Mehrnutzerstelle *f*
    f installation *f* multiposte [multi-utilisateur]

У102 *r* устано́вка *f* лову́шек в програ́мме
    e trap setting
    d Trap-Setzen *n*
    f création *f* de trappes

У103 *r* устано́вка *f* нуля́
    e zero adjustment
    d Nullabgleich *m*; Nullpunkteinstellung *f*
    f ajustage *m* de zéro

У104 *r* устано́вка *f* режи́ма
    e mode setting
    d Einstellung *f* der Betriebsart, Betriebsarteinstellung *f*
    f mise *f* en mode

У105 *r* устано́вка *f* систе́мы в нача́льное состоя́ние
    e system reset
    d Systemrücksetzen *n*
    f remise *f* [initialisation *f*] de système

У106 *r* устано́вка *f* то́ма
    e volume mounting
    d Datenträgermontage *f*
    f montage *m* de volume

У107 *r* устано́вка *f* / целева́я
    e goal *(of AI system)*
    d Goal *n*, Ziel *n (im KI-System)*
    f but *m* [objectif *m*] de système d'intelligence artificielle

У108 *r* установле́ние *n* прав до́ступа
    e authentication
    d Berechtigungszuweisung *f*, Authentifizierung *f*
    f authentification *f*

У109 *r* установле́ние *n* свя́зи
    e linkage
    d Verbindungsaufbau *m*
    f établissement *m* de communication

У110 *r* усто́йчивость *f*
    e stability
    d Stabilität *f*, Sicherheit *f*
    f stabilité *f*

У111 *r* усто́йчивость *f* к отка́зам
    e fault-tolerance
    d Fehlertoleranz *f*
    f tolérance *f* de fautes [de pannes]

У112 *r* устране́ние *n* избы́точности
    e redundancy elimination
    d Redundanzeliminierung *f*
    f élimination *f* de redondance

УСТРОЙСТВО

У113 r устранéние n незнáчащих нулéй
  e zero elimination
  d Nullenunterdrückung f
  f suppression f [élimination f] de zéros (non significatifs)

У114 r устранéние n неисправностей
  e fault recovery
  d Störungsbehebung f, Fehlerbeseitigung f
  f récupération f de défauts [de pannes]

У115 r устройство n
  e 1. device (hardware) 2. unit (a system component)
  d Gerät n; Einheit f; Einrichtung f; Vorrichtung f
  f 1. dispositif m (matériel) 2. unité f (composant d'un système)

У116 r устройство n / автономное
  e stand-alone device
  d selbständiges [autonomes] Gerät n
  f dispositif m autonome

У117 r устройство n / аналоговое
  e analog device
  d Analogeinheit f, Analoggerät n
  f dispositif m analogue [analogique]

У118 r устройство n / аналоговое моделирующее
  e analog simulator
  d Analogsimulator m
  f simulateur m analogique

У119 r устройство n / арифмéтико-логическое
  e ALU, arithmetic/logic unit
  d Arithmetik-Logik-Einheit f, ALU f
  f UAL, unité f arithmétique et logique

У120 r устройство n большого объёма / запоминающее
  e bulk storage
  d Massenspeicher m
  f mémoire f de masse [de grande taille]

У121 r устройство n / буферное
  e buffer
  d Puffer m, Puffereinheit f
  f tampon m

У122 r устройство n / быстродействующее
  e fast unit
  d schnellwirkendes Gerät n, schnellarbeitende Einrichtung f
  f unité f rapide

У123 r устройство n ввода-вывода
  e input-output device
  d Eingabe-Ausgabe-Einheit f, E/A-Einheit f
  f unité f [dispositif m] d'entrée-sortie, unité f [dispositif m] d'E/S

У124 r устройство n ввода данных
  e data input device
  d Dateneingabeeinheit f
  f unité f [dispositif m] d'entrée de données

У125 r устройство n / виртуáльное
  e virtual unit
  d virtuelles Gerät n
  f unité f virtuelle

У126 r устройство n / включённое
  e on unit
  d eingeschaltetes Gerät n
  f unité f (mise) en marche

У127 r устройство n / внéшнее
  e external device
  d externes Gerät n, Peripheriegerät n
  f dispositif m extérieur

У128 r устройство n / встроенное запоминающее
  e built-in storage
  d eingebaute Speichereinheit f
  f mémoire f incorporée

У129 r устройство n / входное
  e input
  d Eingabeeinheit f
  f entrée f, unité f [dispositif m] d'entrée

У130 r устройство n / выходное
  e output
  d Ausgabeeinheit f
  f sortie f, unité f [dispositif m] de sortie

У131 r устройство n / вычислительное
  e computing device
  d Rechengerät n, Rechenanlage f
  f dispositif m [unité f] de calcul, calculateur m

249

УСТРОЙСТВО

У132   r   устройство n / вычитающее
       e   subtractor
       d   Subtrahierer m
       f   soustracteur m

У133   r   устройство n графического ввода
       e   graphic input device
       d   Grafikeingabeeinheit f, grafisches Eingabegerät n
       f   dispositif m [unité f] d'entrée graphique

У134   r   устройство n / графическое регистрирующее
       e   plotting device, plotter
       d   Plotter m
       f   enregistreur m graphique

У135   r   устройство n / декодирующее
       e   decoder
       d   Dekodierer m, Dekoder m
       f   décodeur m

У136   r   устройство n / дисковое запоминающее
       e   disk unit
       d   Plattenspeicher m, Plattenspeichereinheit f
       f   unité f de disque

У137   r   устройство n / доступное
       e   available unit
       d   verfügbare Einrichtung f, verfügbares Gerät n
       f   unité f disponible

У138   r   устройство n / задающее
       e   setting device
       d   Sollwertgeber m
       f   excitateur m, consignateur m

У139   r   устройство n записи данных с клавиатуры на ленту
       e   key-to-tape unit
       d   Magnetband-Erfassungsgerät n
       f   unite f d'écriture sur bande par clavier

У140   r   устройство n / запоминающее
       e   storage (device)
       d   Speicher m, Speichereinheit f
       f   mémoire f

У141   r   устройство n звуковой сигнализации
       e   beeper
       d   Tonsignalanlage f
       f   avertisseur m sonore

У142   r   устройство n индикации
       e   indicator
       d   Anzeigeeinheit f, Anzeigegerät n, Anzeiger m
       f   indicateur m

У143   r   устройство n / клавишное
       e   keyboard unit
       d   Tasteinrichtung f, Tastatur f
       f   unité f [dispositif m] clavier

У144   r   устройство n / клавишное перфорационное
       e   key punch unit
       d   Locher m mit handbedienter Tastatur, tastaturgesteuerter Locher m, Tastaturlocher m
       f   perforateur m [unité f de perforation] à clavier

У145   r   устройство n / кодирующее
       e   encoding device, coder
       d   Kodierer m, Kodiereinrichtung f
       f   dispositif m de codage, codeur m

У146   r   устройство n / логическое
       e   logical unit
       d   Logikeinheit f
       f   unité f logique

У147   r   устройство n / моделирующее
       e   simulator
       d   Simulator m
       f   simulateur m

У148   r   устройство n / модульное
       e   modular unit
       d   Modulareinrichtung f
       f   unité f modulaire

У149   r   устройство n / назначенное
       e   assigned unit
       d   zugewiesenes Gerät n
       f   unité f affectée

У150   r   устройство n обмена данными
       e   exchange device
       d   Datenaustauschgerät n; Vermittlungseinrichtung f
       f   dispositif m d'échange (de données)

У151   r   устройство n / оконечное
       e   terminal (device)
       d   Endgerät n, Datenendplatz m, Datenstation f, Terminal n

УСТРОЙСТВО

  f terminal m

У152 r устройство n / оперативное запоминающее
  e read/write memory
  d Schreib-Lese-Speicher m
  f mémoire f vive [de lecture/écriture]

У153 r устройство n отображения
  e display device
  d Anzeigegerät n, Anzeigeeinheit f
  f dispositif m d'affichage, afficheur m

У154 r устройство n / периферийное
  e peripheral (device)
  d peripheres Gerät n, Peripheriegerät n
  f dispositif m périphérique, périphérique m

У155 r устройство n / печатающее
  e printer
  d Drucker m
  f imprimante f, dispositif m d'impression

У156 r устройство n / постоянное запоминающее
  e ROM, read-only memory
  d Nur-Lese-Speicher m, Festwertspeicher m, ROM-Speicher m, ROM m
  f mémoire f morte [à lecture seule]

У157 r устройство n / программирующее
  e programmator
  d Programmiergerät n
  f programmateur m, unité f de programmation

У158 r устройство n распознавания
  e recognizer
  d Erkennungseinrichtung f
  f reconnaisseur m

У159 r устройство n / растровое сканирующее
  e raster-scan device
  d Rasterscan-Einrichtung f
  f écran m à balayage de trame

У160 r устройство n / регистрирующее
  e logger
  d Logger m, Registriergerät n
  f enregistreur m

У161 r устройство n / резервное
  e backup device
  d Ausweichgerät n, Reservegerät n
  f unité f [dispositif m] de réserve

У162 r устройство n / решающее
  e resolver
  d Resolver m
  f résolveur m

У163 r устройство n / сдвигающее
  e shifter
  d Schiebeeinrichtung f, Verschiebeeinrichtung f
  f unité f de décalage

У164 r устройство n / сенсорное
  e touch-sensitive device
  d Sensor-Gerät n, Gerät n mit Berührungseingabe
  f unité f sensorielle

У165 r устройство n / сканирующее
  e scanner
  d Scanner m
  f balayeur m

У166 r устройство n / следящее
  e tracer
  d Folgeeinrichtung f, Nachlaufeinrichtung f
  f unité f de traçage, traceur m; dispositif m d'asservissement

У167 r устройство n сопряжения
  e interface unit
  d Anpassungseinheit f, Schnittstelle f, Anschlußgerät n
  f unité f d'interface, coupleur m

У168 r устройство n с произвольной выборкой / запоминающее
  e RAM, random-access memory
  d Speicher m mit wahlfreiem Zugriff, RAM-Speicher m, RAM m
  f mémoire f à accès aléatoire

У169 r устройство n с прямым доступом
  e direct-access unit
  d Direktzugriffsgerät n, Gerät n mit direktem Zugriff
  f unité f à accès direct

251

УСТРОЙСТВО

У170 r устройство n / сравнивающее
  e comparator
  d Komparator m, Vergleicher m
  f comparateur m

У171 r устройство n с тремя состояниями
  e tristate device
  d Tristate-Gerät n, Gerät n mit drei Zuständen [mit drei Ausgangszuständen]
  f dispositif m à trois états

У172 r устройство n / счётное
  e counting device
  d Zähleinrichtung f, Zähleinheit f
  f dispositif m de comptage

У173 r устройство n считывания магнитных знаков
  e magnetic-ink reader
  d Magnetschrift(zeichen)leser m
  f lecteur m de badges [de documents] magnétiques

У174 r устройство n считывания меток
  e mark sense reader
  d Markierungsleser m
  f lecteur m de marques

У175 r устройство n считывания с ленты
  e tape reader
  d Bandleser m, Streifenleser m
  f lecteur m de bande

У176 r устройство n считывания с перфокарт
  e card reader
  d Kartenleser m, Lochkartenleser m
  f lecteur m de cartes (perforées)

У177 r устройство n считывания штрихового кода
  e bar-code reader
  d Strichkodeleser m, Balkenkodeleser m
  f lecteur m de code à barres

У178 r устройство n / считывающее
  e reader
  d Lesegerät n, Leser m
  f lecteur m

У179 r устройство n умножения
  e multiplier unit
  d Multipliziereinrichtung f, Multiplizierer m
  f unité f multipliante [de multiplication]

У180 r устройство n управления
  e control device
  d Steuergerät n, Steuereinheit f, Steuerwerk n
  f dispositif m [unité f] de commande, dispositif m [unité f] de contrôle

У181 r устройство n управления курсором
  e cursor-director device
  d Cursorsteuereinheit f
  f unité f de commande de (déplacements de) curseur

У182 r устройство n / файловое запоминающее
  e file unit
  d Dateispeicher m
  f mémoire f de fichier

У183 r устройство n / фиктивное
  e null device
  d Pseudogerät n
  f dispositif m nulle

У184 r устройство n / цифровое
  e digital device
  d Digitaleinheit f, Digitalgerät n
  f dispositif m numérique

У185 r устройство n / читающее
  e reader
  d Lesegerät n, Leser m
  f lecteur m

У186 r утаивание n информации
  e information hiding
  d Informationsverheimlichung f
  f dissimulation f d'information

У187 r утверждение n
  e 1. assertion *(a statement)* 2. approval *(of a design)*
  d 1. Behauptung f 2. Zulassung f, Genehmigung f *(eines Projektes)*
  f 1. assertion f *(une affirmation)* 2. approbation f *(d'un projet)*

У188 r утверждение n / глобальное
  e global assertion
  d globale Behauptung f

ФАЙЛ

У189   *f*   assertion *f* [affirmation *f*] globale
r   утверждение *n* / локальное
e   local assertion
d   lokale Behauptung *f*
f   assertion *f* [affirmation *f*] locale

У190
r   уход *m* из системы
e   logout
d   Logout *n*, Logoff *n*, Abmeldung *f*
f   abandonnement *m* [sortie *f*] d'un système

У191
r   уход *m* параметров
e   walk-down
d   Abwandern *n* (der Parameter)
f   dérive *f*, glissement *m*

У192
r   ухудшение *n* рабочих характеристик / постепенное
e   graceful degradation
d   Anlagenstörung *f* mit begrenzter Betriebsfähigkeit
f   dégradation *f*

У193
r   участок *m* в памяти
e   room
d   Speicherbereich *m*
f   tranche *f* de mémoire

У194
r   участок *m* ленты / начальный
e   leader
d   Vorspann *m*, Vorspannband *n*
f   début *m* [amorce *f*] de bande

Ф

Ф1
r   фаза *f* выборки команды
e   fetch phase
d   Abholphase *f*
f   phase *f* d'extraction [de prise en charge] de l'instruction

Ф2
r   фаза *f* исполнения
e   execute phase
d   Ausführungsphase *f*
f   phase *f* d'exécution

Ф3
r   фаза *f* компиляции
e   compile phase
d   Kompilierphase *f*
f   phase *f* de compilation

Ф4
r   фаза *f* компоновки программы
e   assembly phase
d   Assemblerphase *f*
f   phase *f* d'assemblage

Ф5
r   фаза *f* первого прогона программы
e   object phase
d   Objektphase *f*
f   phase *f* de premier passage de programme

Ф6
r   фаза *f* трансляции
e   translate phase
d   Übersetzungsphase *f*
f   phase *f* de traduction

Ф7
r   файл *m* / архивированный
e   archived file
d   Archivierungsdatei *f*
f   fichier *m* archivé

Ф8
r   файл *m* / байт-ориентированный
e   character-type file
d   zeichenorientierte [byteorientierte] Datei *f*
f   fichier *m* orienté octet [orienté caractère]

Ф9
r   файл *m* без меток
e   unlabeled file
d   Datei *f* ohne Kennsätze
f   fichier *m* sans labels [sans étiquettes]

Ф10
r   файл *m* / блок-ориентированный
e   block-type file
d   blockorientierte Datei *f*
f   fichier *m* orienté bloc

Ф11
r   файл *m* / выходной
e   destination file
d   Ausgabedatei *f*, Bestimmungsdatei *f*
f   fichier *m* de destination [de sortie]

Ф12
r   файл *m* / дисплейный
e   display file
d   Display-Datei *f*, Konsolausgabedatei *f*
f   fichier *m* d'affichage [d'écran, d'images]

Ф13
r   файл *m* / дистанционный
e   remote file
d   entfernte Datei *f*
f   fichier *m* éloigné [à distance]

Ф14   *r*   файл *m* / дублирующий

ФАЙЛ

      e backup file
      d Sicherungsdatei *f*, Sicherstellungsdatei *f*
      f fichier *m* doubleur [de secours, de sécurité]

Ф15 *r* файл *m* / загру́зочный
      e EXE file
      d EXE-Datei *f*, ladefähige Datei *f*
      f fichier *m* exécutable [EXE]

Ф16 *r* файл *m* зада́ния
      e job file
      d Jobdatei *f*
      f fichier *m* de travail

Ф17 *r* файл *m* / защищённый
      e protected file
      d gesicherte [geschützte] Datei *f*
      f fichier *m* protégé

Ф18 *r* файл *m* измене́ний
      e amendments file
      d Änderungsdatei *f*
      f fichier *m* de changements

Ф19 *r* файл *m* / инверти́рованный
      e inverted file
      d invertierte Datei *f*
      f fichier *m* inversé

Ф20 *r* файл *m* / индекси́рованный
      e indexed file
      d indizierte Datei *f*
      f fichier *m* indexé

Ф21 *r* файл *m* / и́ндексный
      e index file
      d Indexdatei *f*
      f fichier *m* d'index

Ф22 *r* файл *m* / исхо́дный
      e father file
      d Stammdatei *f*, Quellendatei *f*
      f fichier *m* d'origine

Ф23 *r* файл *m* исхо́дных да́нных
      e input file
      d Eingabedatei *f*
      f fichier *m* d'entrée [(de) source]

Ф24 *r* файл *m* / каталогизи́рованный
      e cataloged file
      d katalogisierte Datei *f*
      f fichier *m* catalogué

Ф25 *r* файл *m* / кома́ндный
      e command file
      d Befehlsdatei *f*
      f fichier *m* de commande

Ф26 *r* файл *m* / многото́мный
      e multivolume file
      d Datei *f* auf mehreren Datenträgern
      f fichier *m* multivolume

Ф27 *r* файл *m* на ди́ске
      e disk file
      d Plattendatei *f*, Magnetplattendatei *f*
      f fichier *m* de disque

Ф28 *r* файл *m* на ле́нте
      e tape file
      d Banddatei *f*, Magnetbanddatei *f*
      f fichier *m* de bande

Ф29 *r* файл *m* / неиспо́льзуемый
      e dead file
      d ungenutzte Datei *f*
      f fichier *m* mort [inutilisé]

Ф30 *r* файл *m* / непреры́вный
      e continuous file
      d in zusammenhängenden Speicherbereichen gespeicherte Datei *f*, zusammenhängende Datei *f*
      f fichier *m* continu

Ф31 *r* файл *m* / обновля́емый
      e update file
      d Änderungsdatei *f*, Fortschreibungsdatei *f*
      f fichier *m* modifiable [à mise au jour, à modifier]

Ф32 *r* файл *m* / общедосту́пный
      e public file
      d allgemein zugängliche Datei *f*
      f fichier *m* public

Ф33 *r* файл *m* / объе́ктный
      e object file
      d Objektdatei *f*
      f fichier *m* objet

Ф34 *r* файл *m* / операти́вно досту́пный
      e on-line file
      d On-line-Datei *f*
      f fichier *m* en ligne

Ф35 *r* файл *m* / основно́й
      e master file
      d Hauptdatei *f*
      f fichier *m* maître [principal]

Ф36 *r* файл *m* пара́метров по́льзователя
      e profile file

ФИЛЬТР

     d Anwenderparameterdatei *f*, anwenderorientierte Parameterdatei *f*
     f fichier *m* de profil

Ф37 r файл *m* / плóский
     e flat file
     d flache Datei *f*, Flachdatei *f*
     f fichier *m* plat

Ф38 r файл *m* / послéдовательный
     e sequential file
     d sequentielle Datei *f*
     f fichier *m* séquentiel

Ф39 r файл *m* / проблéмный
     e problem file
     d Problemdatei *f*
     f fichier *m* de problème

Ф40 r файл *m* / рабóчий
     e scratch file
     d Arbeitsdatei *f*, Notizdatei *f*
     f fichier *m* de manœuvre [de travail]

Ф41 r файл *m* / регúстровый
     e register file
     d Registerfile *n*, Registerfeld *n*
     f fichier *m* de registre

Ф42 r файл *m* свя́зей
     e link file
     d Link-Datei *f*, Bindedatei *f*, Verknüpfungsdatei *f*
     f fichier *m* de liens

Ф43 r файл *m* / скры́тый
     e hidden file
     d verborgene Datei *f*
     f fichier *m* caché

Ф44 r файл *m* совмéстного дóступа
     e shareable file
     d gemeinsam genutzte [gemeinschaftliche] Datei *f*
     f fichier *m* partagé [commun, multiaccès]

Ф45 r файл *m* / спрáвочный
     e directory file
     d Verzeichnisdatei *f*, Directory-Datei *n*
     f fichier *m* directoire [de référence, de consultation]

Ф46 r файл *m* с произвóльной вы́боркой
     e random-access file
     d Direktzugriffsdatei *f*
     f fichier *m* d'accès arbitraire [d'accès aléatoire]

Ф47 r файл *m* / текстовóй
     e text file
     d Textdatei *f*
     f fichier *m* (de) texte

Ф48 r файл *m* тéстовых вéкторов
     e test-vector file
     d Testvektordatei *f*
     f fichier *m* de vecteurs de test

Ф49 r файл *m* трассирóвки
     e trace file
     d Ablaufverfolgungsdatei *f*
     f fichier *m* de traçage [de routage]

Ф50 r файл *m* / учётный
     e accounting file
     d Abrechnungsdatei *f*
     f fichier *m* barème [de contrôle]

Ф51 r файл *m* / цепнóй
     e chained file
     d gekettete Datei *f*
     f fichier *m* chaîné

Ф52 r файл *m* / эталóнный
     e memo file (*for replication*)
     d Bezugsdatei *f* (*für Duplikation*)
     f fichier *m* étalon (*pour duplication*)

Ф53 r фáктор *m* / человéческий
     e human factor
     d menschlicher Faktor *m*
     f facteur *m* humain

Ф54 r фиксáтор *m*
     e clamp
     d Klemmschaltung *f*
     f échantillonneur *m*, bloqueur *m*

Ф55 r фиксáция *f* страни́цы
     e page locking
     d Seitenfixieren *n*
     f fixation *f* de page

Ф56 r фиксúрование *n* дáнных
     e data latching (*in a register*)
     d Datenhalten *n*
     f verrouillage *m* [fixation *f*] de données (*dans un registre*)

Ф57 r фильтр *m*
     e filter
     d Filter *n*
     f filtre *m*

Ф58 r фильтр *m* Баттеруóрта
     e Butterworth filter

ФИЛЬТР

        d Butterworth-Filter *n*
        f filtre *m* de Butterworth

Ф59 *r* фильтр *m* Ка́лмана
        e Kalman filter
        d Kalman-Filter *n*
        f filtre *m* de Kalman

Ф60 *r* фильтра́ция *f*
        e filtering
        d Filterung *f*
        f filtrage *m*

Ф61 *r* фильтра́ция *f* / цифрова́я
        e digital filtering
        d digitale Filterung *f*, Digitalfilterung *f*
        f filtrage *m* digital

Ф62 *r* фи́рма *f* по проекти́рованию систе́м
        e system house
        d System-Haus *n*
        f société *f* [firme *f*, compagnie *f*] concepteur de systèmes

Ф63 *r* фи́рма *f* по разрабо́тке и прода́же програ́ммного обеспе́чения
        e software house
        d Software-Haus *n*, Software-Dienstleistungsfirma *f*
        f société *f* logicielle [de logiciel]

Ф64 *r* фи́рма *f* / программотехни́ческая
        e software house
        d Software-Haus *n*
        f société *f* logicielle [de logiciel]

Ф65 *r* фи́рма-изготови́тель *f* универса́льных ЭВМ
        e mainframer
        d Großrechner-Hersteller *m*, Universalrechner-Hersteller *m*
        f firme *f* [société *f*, compagnie *f*] constructeur *m* d'ordinateurs

Ф66 *r* фи́рма-изготови́тель *f* ЭВМ
        e computer manufacturer
        d Computerhersteller *m*
        f firme *f* [société *f*, compagnie *f*] constructeur d'ordinateurs

Ф67 *r* флаг *m*
        e flag (*a feature of an event*)
        d Flag *n*, Kennzeichen *n*
        f drapeaud *m*, flag *m* (*une caractéristique d'un événement*)

Ф68 *r* флаг *m* гото́вности
        e done flag (*of completed execution*); ready flag (*to begin operation*)
        d Fertigkennzeichen *n*; Ready-Flag *n*
        f drapeau *m* fait (*d'éxecution terminée*); drapeau *m* prêt (*à commencer une opération*)

Ф69 *r* флаг *m* за́нятости
        e busy flag
        d Busy-Flag *n*, Besetztflag *n*
        f drapeau *m* d'occupation

Ф70 *r* флаг *m* перено́са
        e carry flag
        d Carry-Flag *n*, Übertragsflag *n*, C-Flag *n*
        f drapeau *m* de report

Ф71 *r* флаг *m* состоя́ния
        e status flag
        d Statusflag *n*
        f drapeau *m* d'état

Ф72 *r* фон *m*
        e background
        d Hintergrund *m*
        f fond *m*

Ф73 *r* фо́рма *f* / аналити́ческая
        e analitic form
        d analytische Form *f*
        f forme *f* analytique

Ф74 *r* фо́рма *f* / ана́логовая
        e analog form
        d analoge Form *f*
        f forme *f* analogique

Ф75 *r* фо́рма *f* Бэ́куса - На́ура
        e BNF, Backus-Naur form
        d Backus-Notation *f*
        f forme *f* de Backus-Naur

Ф76 *r* фо́рма *f* / графи́ческая
        e graphic form
        d grafische Form *f*, Grafikform *f*
        f forme *f* graphique

Ф77 *r* фо́рма *f* / дизъюнкти́вная норма́льная
        e DNF, disjunctive normal form
        d disjunktive Normalform *f*
        f forme *f* disjonctive normale

ФОРМАТ

Ф78 r фо́рма f / конъюнкти́вная норма́льная
e CNF, conjunctive normal form
d konjunktive Normalform f
f forme f conjonctive normale

Ф79 r фо́рма f / машиночита́емая
e machine-readable form
d maschinenlesbare Form f
f forme f lisible par machine

Ф80 r фо́рма f печа́ти
e printer layout
d Listenbild n
f forme f d'impression

Ф81 r фо́рма f представле́ния
e representation
d Darstellung f, Darstellungsweise f
f représentation f

Ф82 r фо́рма f представле́ния с пла́вающей запято́й [с пла́вающей то́чкой]
e exponent form
d Exponentenform f
f forme f à exposant [à E, exponentielle]

Ф83 r фо́рма f сигна́ла
e waveform
d Signalform f
f forme f de signal [d'onde]

Ф84 r фо́рма f си́мвола
e character shape
d Zeichenform f
f forme f de caractère

Ф85 r фо́рма f / соверше́нная дизъюнкти́вная норма́льная
e full disjunctive normal form
d vollkommene disjunktive Normalform f
f forme f disjonctive normale parfaite

Ф86 r фо́рма f / соверше́нная конъюнкти́вная норма́льная
e full conjunctive normal form
d vollkommene konjunktive Normalform f
f forme f cojonctive normale parfaite

Ф87 r фо́рма f ти́па меню́
e menu format
d Menüformat n
f format m du type menu

Ф88 r фо́рма f / цифрова́я
e digital form
d digitale Form f
f forme f digitale

Ф89 r форма́т m а́дреса
e address format
d Addressenformat n, Adreßformat n
f format m d'adresse

Ф90 r форма́т m вво́да
e input format
d Eingabeformat n
f format m d'entrée

Ф91 r форма́т m / выходно́й
e output format
d Ausgabeformat n
f format m de sortie

Ф92 r форма́т m да́нных
e data format
d Datenformat n
f format m de données

Ф93 r форма́т m за́писи
e record format
d Satzformat n
f format m d'enregistrement

Ф94 r форма́т m кома́нды
e instruction format
d Befehlsformat n
f format m d'instruction

Ф95 r форма́т m / неупако́ванный
e nonpacked format
d ungepacktes Format n
f format m dilaté [non condensé]

Ф96 r форма́т m печа́ти
e printing format
d Druckformat n
f format m d'impression

Ф97 r форма́т m / полиэкра́нный
e split-screen format
d geteiltes Bildschirmformat n
f format m multifenêtre

Ф98 r форма́т m / свобо́дный
e free format
d freies Format n
f format m libre

Ф99 r форма́т m / упако́ванный
e packed format
d gepacktes Format n
f format m condensé [comprimé], forme f condensée

Ф100 r форма́т m / чужо́й
e foreign format

ФОРМАТИРОВАНИЕ

      d externes ["fremdes"] Format *n*
      f format *m* étranger

Ф101 *r* форматирование *n*
      e formatting
      d Formatierung *f*
      f formatage *m*

Ф102 *r* форматирование *n* изображения на экране
      e screen formatting
      d Bildschirmformatierung *f*
      f formatage *m* d'écran

Ф103 *r* форма́ттер *m*
      e formatter
      d Formatierer *m*
      f formateur *m*

Ф104 *r* формирование *n* адреса
      e address generation
      d Adressengenerierung *f*
      f génération *f* [calcul *m*] d'adresse

Ф105 *r* формирование *n* задания
      e job setup
      d Jobaufbau *m*
      f engendrement *m* de travail

Ф106 *r* формирование *n* изображения
      e picture generation
      d Bilderzeugung *f*
      f génération *f* d'image

Ф107 *r* формирование *n* импульсов
      e pulse shaping
      d Impulsformen *n*
      f formation *f* des impulsions

Ф108 *r* формирование *n* кадра
      e framing
      d Framing *n*, Rahmung *f*
      f tramage *m*

Ф109 *r* формирование *n* файла
      e file composition
      d Dateierstellung *f*
      f composition *f* de fichier

Ф110 *r* формирование *n* цепочки
      e chaining
      d Verkettung *f*
      f enchaînement *m*, chaînage *m*

Ф111 *r* формирователь *m* / адресный
      e address driver
      d Adreß(leitungs)treiber *m*
      f formateur *m* d'adresse

Ф112 *r* формирователь *m* сигналов
      e signal conditioner
      d Signalformer *m*
      f (con)formateur *m* de signaux

Ф113 *r* формирователь *m* сигналов записи
      e write driver
      d Schreibleitungstreiber *m*
      f formateur *m* de signaux d'écriture

Ф114 *r* формирователь *m* сигналов считывания
      e read driver
      d Leseleitungstreiber *m*
      f formateur *m* de signaux de lecture

Ф115 *r* формирователь *m* тактовых импульсов
      e clock driver
      d Takttreiber *m*
      f générateur *m* de rythme, formateur *m* de signaux d'horloge

Ф116 *r* формирователь *m* тока
      e current driver
      d Stromtreiber *m*
      f circuit *m* formateur de courant

Ф117 *r* формирователь *m* тока выборки ЗУ
      e memory driver
      d Speicheradressentreiber *m*
      f formateur *m* de courant de sélection

Ф118 *r* формирователь *m* / шинный
      e bus driver
      d Bustreiber *m*
      f formateur *m* de signaux de bus

Ф119 *r* формула *f* Бейеса
      e Bayes formula
      d Bayessche Formel *f*
      f formule *f* de Bayes

Ф120 *r* формула *f* / интерполяционная
      e interpolation formula
      d Interpolationsformel *f*
      f formule d'interpolation

Ф121 *r* формула *f* / оценочная
      e estimator
      d Abschätzungsformel *f*
      f équation *f* d'éstimation, estimateur *m*

Ф122 *r* формула *f* / расчётная
      e design formula

ФУНКЦИЯ

    d Berechnungsformel f
    f formule f de calcul

Ф123 r фосфо́р m
    e phosphor
    d Phosphor m
    f phosphore m

Ф124 r фотода́тчик m
    e photosensor
    d Fotosensor m
    f capteur m photoélectrique

Ф125 r фотодио́д m
    e photodiode
    d Fotodiode f
    f photodiode f

Ф126 r фотолитогра́фия f
    e photomasking
    d Fotomaskierung f, Fotolithografie f
    f photolithographie f

Ф127 r фоторези́ст m / негати́вный
    e negative photoresist
    d negatives Fotoresist n, Negativresist n
    f photorésist m négatif

Ф128 r фоторези́ст m / позити́вный
    e positive photoresist
    d positives Fotoresist n, Positivresist n
    f photorésist m positif

Ф129 r фоторези́стор m
    e photoresistor
    d Fotowiderstand m
    f photorésistance f

Ф130 r фототранзи́стор m
    e phototransistor
    d Fototransistor m
    f phototransistor m

Ф131 r фотоумножи́тель m
    e photomultiplier
    d Foto(elektron)vervielfacher m
    f photomultiplicateur m

Ф132 r фотошабло́н m
    e mask
    d Maske f, Fotomaske f, Fotoschablone f
    f (photo)masque m

Ф133 r фрагмента́ция f
    e fragmentation
    d Aufspaltung f
    f fragmentation f

Ф134 r фрейм m
    e frame
    d Frame n, Rahmen m
    f frame m (*anglais*), trame f

Ф135 r фрейм m зада́чи
    e problem frame
    d Problem-Frame n
    f trame f de problème

Ф136 r фрейм m зна́ний
    e knowledge frame
    d Wissens-Frame n
    f trame f de connaissances

Ф137 r фрейм m реше́ния
    e solution frame
    d Lösungs-Frame n
    f trame f de solution

Ф138 r фрейм m / родово́й
    e generic frame
    d generisches Frame n
    f trame f générique

Ф139 r фре́ймовый
    e frame-based
    d frame-basiert
    f de trame

Ф140 r фронт m и́мпульса
    e edge
    d Flanke f (*eines Impulses*)
    f flanc m d'impulsion

Ф141 r фронт m и́мпульса / за́дний
    e trailing edge
    d Hinterflanke f, Rückflanke f, abfallende Flanke f
    f flanc m arrière d'impulsion

Ф142 r фронт m и́мпульса / пере́дний
    e leading edge
    d Anstiegsflanke f, Vorderflanke f
    f flanc m avant d'impulsion

Ф143 r фронт m синхрои́мпульса
    e clock edge
    d Taktimpulsflanke f
    f flanc m d'impulsion d'horloge

Ф144 r функциони́рование n
    e operation
    d Operation f; Arbeitsvorgang m
    f fonctionnement m

Ф145 r фу́нкция f / библиоте́чная
    e library function
    d Bibliotheksfunktion f
    f fonction f de bibliothèque

ФУНКЦИЯ

Ф146   r   фу́нкция f / бу́лева
- e   Boolean function
- d   Boolesche Funktion f
- f   fonction f booléenne [de Boole]

Ф147   r   фу́нкция f / весова́я
- e   weight function
- d   Gewichtsfunktion f
- f   fonction f de pondération

Ф148   r   фу́нкция f / встро́енная
- e   built-in function
- d   eingebaute Funktion f
- f   fonction f incorporée

Ф149   r   фу́нкция f И
- e   AND function
- d   UND-Funktion f
- f   fonction f ET

Ф150   r   фу́нкция f ЙЛИ
- e   OR function
- d   ODER-Funktion f
- f   fonction

Ф151   r   фу́нкция f исключа́ющее ЙЛИ
- e   EITHER-OR function, exclusive-OR function
- d   Exklusiv-ODER-Funktion f
- f   fonction f OU exclusif

Ф152   r   фу́нкция f / классифици́рующая
- e   discriminator
- d   Unterscheidungsfunktion f
- f   discriminateur m, fonction f discriminante

Ф153   r   фу́нкция f / кусо́чно-лине́йная
- e   piece-linear function
- d   stückweise lineare Funktion f
- f   fonction f linéaire par morceaux

Ф154   r   фу́нкция f / мажорита́рная
- e   majority function
- d   Majoritätsfunktion f
- f   fonction f de majorité

Ф155   r   фу́нкция f НЕ
- e   NOT function
- d   NICHT-Funktion f
- f   fonction f NON

Ф156   r   фу́нкция f / переда́точная
- e   transfer function
- d   Übertragungsfunktion f
- f   fonction f de transfert

Ф157   r   фу́нкция f принадле́жности (мно́жеству)
- e   membership function
- d   Zugehörigkeitsfunktion f
- f   fonction f d'appartenance (à un ensemble)

Ф158   r   фу́нкция f распределе́ния / интегра́льная
- e   distribution function
- d   Verteilungsfunktion f
- f   fonction f de distribution [de répartition]

Ф159   r   фу́нкция f / реша́ющая
- e   decision function
- d   Entscheidungsfunktion f
- f   fonction f de décision

Ф160   r   фу́нкция f / случа́йная
- e   random function
- d   Zufallsfunktion f
- f   fonction f aléatoire

Ф161   r   фу́нкция f / степенна́я
- e   power fumction
- d   Potenzfunktion f
- f   fonction f (de) puissance

Ф162   r   фу́нкция f / ступе́нчатая
- e   step function
- d   Stufenfunktion f
- f   fonction f en escalier

Ф163   r   фу́нкция f / табли́чная
- e   table function
- d   Tabellenfunktion f
- f   fonction f de table

Ф164   r   фу́нкция f управле́ния
- e   control function
- d   Steuer(ung)funktion f
- f   fonction f de commande

Ф165   r   фу́нкция f хеши́рования
- e   hashing function
- d   Hash-Funktion f
- f   fonction f de randomisation [hash]

Ф166   r   фу́нкция f / целева́я
- e   objective (function)
- d   Zielfunktion f
- f   fonction f de but [d'objectif]

Ф167   r   фу́нкция f / эмпири́ческая
- e   fitted function
- d   empirische Funktion f
- f   fonction f empirique

X

X1   r   характери́стика f / рабо́чая

ЦЕНТР

      e performance
      d Betriebsverhalten *n*
      f performance *f*

Х2   *r* характери́стика *f* /
      расчётная
      e estimated performance
      d rechnerische Leistung *f*
      f caractéristique *f*

Х3   *r* характери́стика *f* /
      часто́тная
      e frequency response
      d Frequenzgang *m*,
      Frequenzkennlinie *f*
      f caractéristique *f* fréquentielle

Х4   *r* хвост *m* ле́нты
      e tape trailer
      d Band-Trailer *m*, Nachspann *m*
      f fin *f* arrière de bande

Х5   *r* хеш-табли́ца *f*
      e hash table
      d Hash-Tabelle *f*
      f table *f* de hash-code [de randomisation]

Х6   *r* хеш-фу́нкция *f*
      e hashing function
      d Hash-Funktion *f*
      f fonction *f* hash [de randomisation]

Х7   *r* хеши́рование *n*
      e hashing
      d Hashing *n*
      f randomisation *f*

Х8   *r* хране́ние *n*
      e storage
      d Speichern *n*, Speicherung *f*
      f stockage *m*

Х9   *r* хране́ние *n* / архи́вное
      e archiving
      d Archivierung *f*
      f archivage *m*

Х10 *r* хране́ние *n* в фа́йле
      e filing
      d Speicherung *f* in der Datei, Filing *n*
      f stockage *m* en fichier

Х11 *r* хране́ние *n* да́нных /
      промежу́точное
      e holding
      d Zwischenspeicherung *f*, Halten *n* (*Datei*)
      f stockage *m* intermédiaire

Х12 *r* храни́лище *n* да́нных
      e repository
      d Datenbestand *m*
      f archives *f pl*

Х13 *r* хэ́кер *m*
      e hacker
      d Hacker *m*
      f programmeur *m* expérimenté [expert]

Ц

Ц1   *r* ЦАП *m* см. преобразова́тель / ци́фро-ана́логовый

Ц2   *r* ЦВМ *f* см. маши́на / цифрова́я вычисли́тельная

Ц3   *r* це́лостность *f*
      e integrity
      d Integrität *f*
      f intégrité

Ц4   *r* цель *f*
      e goal
      d Ziel *n*, Goal *n*
      f but *m*, objectif *m*

Ц5   *r* центр *m* / вычисли́тельный
      e computer center
      d Rechenzentrum *n*
      f centre *m* de calcul

Ц6   *r* центр *m* / информацио́нно-вычисли́тельный
      e information center
      d Informations- und Rechenzentrum *n*
      f centre *m* informatique

Ц7   *r* центр *m* / информацио́нный
      e documentation center
      d Dokumentationszentrum *n*, Informationszentrum *n*
      f centre *m* de documentation

Ц8   *r* центр *m* коммута́ции сообще́ний
      e data switching center
      d Datenvermittlungsstelle *f*
      f centre *m* de commutation des messages

Ц9   *r* центр *m* обрабо́тки да́нных
      e (data) processing center
      d Datenverarbeitungszentrum *n*
      f centre *m* de traîtement de données

ЦЕНТР

Ц10   r центр *m* сбора информации
       e information collector
       d Informationserfassungszentrum *n*
       f collecteur *m* d'information

Ц11   r центр *m* управления
       e control center
       d Steuerwarte *f*, Steuerzentrale *f*
       f centre *m* de contrôle [de gestion]

Ц12   r цепочка *f* вызовов
       e call chain
       d Aufrufkette *f*
       f chaîne *f* d'appels

Ц13   r цепочка *f* / дескрипторная
       e descriptor chain
       d Deskriptorkette *f*, Deskriptorfolge *f*
       f chaîne *f* de descripteurs

Ц14   r цепочка *f* логических схем
       e logic chain
       d Logikkette *f*
       f chaîne *f* logique

Ц15   r цепочка *f* логического вывода
       e inference chain
       d Inferenzkette *f*, Inferenzfolge *f*
       f chaîne *f* d'inférence

Ц16   r цепочка *f* подчинения
       e owner-member chain (*in a database*)
       d Eigentümer/Glied-Kette *f*
       f chaîne *f* propriétaire-membre (*dans des bases de données*)

Ц17   r цепочка *f* рассуждений
       e reasoning chain
       d Schlußkette *f*
       f chaîne *f* de raisonnements

Ц18   r цепочка *f* символов
       e character string
       d Zeichenkette *f*, Zeichenfolge *f*
       f chaîne *f* de caractères

Ц19   r цепочка *f* хеширования
       e hash chain
       d Hash-Kette *f*, Hash-Folge *f*
       f chaîne *f* de randomisation

Ц20   r цепь *f*
       e 1. chain (*a sequence*) 2. circuit (*an electrical scheme*) 3. path (*a way*)
       d 1. Kette *f*, Folge *f* 2. Stromkreis *m*; Netzwerk *n*; Schaltung *f* 3. Weg *m*, Pfad *m*
       f 1. chaîne *f* (*une séquence*) 2. circuit *m* (*un schéma électrique*) 3. voie *f* (*un chemin*)

Ц21   r цепь *f* блокировки
       e holding circuit
       d Halteschaltung *f*
       f circuit *m* de verrouillage

Ц22   r цепь *f* воздействия
       e actuating path
       d Wirkungsweg *m*
       f chaîne *f* d'action

Ц23   r цепь *f* задержки
       e delay circuit
       d Verzögerungsschaltung *f*
       f circuit *m* de délai

Ц24   r цепь *f* / замкнутая
       e closed circuit
       d 1. geschlossener Stromkreis *m* 2. geschlossenes Netzwerk *n*
       f circuit *m* bouclé

Ц25   r цепь *f* Маркова
       e Markov chain
       d Markowsche Kette *f*
       f chaîne *f* de Markov

Ц26   r цепь *f* обратной связи
       e feedback path
       d 1. Rückkopplungskreis *m* 2. Rückführ(ungs)kreis *m*
       f circuit *m* [voie *f*] de réaction

Ц27   r цепь *f* / печатающая
       e print chain
       d Druckkette *f*
       f chaîne *f* d'impression

Ц28   r цепь *f* / разомкнутая
       e open ciircuit
       d offener Stromkreis *m*
       f circuit *m* ouvert

Ц29   r цепь *f* регулирования
       e control circuit
       d Regelkreis *m*
       f circuit *m* de réglage

Ц30   r цепь *f* связи
       e communication circuit
       d Verbindungszug *m*
       f circuit *m* de communication

Ц31   r цепь *f* управления
       e control circuit
       d Steuer(schalt)kreis *m*

ЦИФРА

    f circuit *m* de commande

Ц32 *r* цикл *m*
    e 1. cycle (*a period of time*) 2. iteration (*a periodic execution*) 3. loop (*in a program*)
    d 1. Zyklus *m* 2. Periode *f* 3. Schleife *f* (*im Programm*)
    f 1. cycle *m* (*une période de temps*) 2. itération *f* (*une exécution périodique*) 3. boucle *f* (*dans un programme*)

Ц33 *r* цикл *m* / вло́женный
    e nested loop
    d geschachtelte Schleife *f*
    f boucle *f* imbriquée

Ц34 *r* цикл *m* "вы́борка - исполне́ние"
    e fetch-execute cycle
    d Abruf-Ausführungs-Zyklus *m*, Holen-Ausführungs-Zyklus *m*
    f cycle *m* accès-exécution

Ц35 *r* цикл *m* вы́борки
    e access cycle
    d Zugriffszyklus *m*
    f cycle *m* d'accès

Ц36 *r* цикл *m* за́данной дли́тельности
    e timed loop
    d zeitlich festgelegte Schleife *f*
    f boucle *f* fixée en durée

Ц37 *r* цикл *m* / захва́ченный
    e stolen cycle
    d gestohlener Zyklus *m*
    f cycle *m*

Ц38 *r* цикл *m* / кома́ндный
    e instruction cycle
    d Befehlszyklus *m*
    f cycle *m* d'instruction

Ц39 *r* цикл *m* / маши́нный
    e computer cycle
    d Maschinenzyklus *m*
    f cycle *m* machine

Ц40 *r* цикл *m* ожида́ния освобожде́ния (*устро́йства*)
    e busy-wait loop
    d aktive Warteschleife *f*
    f boucle *f* d'attente d'occupation

Ц41 *r* цикл *m* / основно́й
    e main loop
    d Hauptzyklus *m*, Hauptschleife *f*
    f boucle *f* principale [majeure]

Ц42 *r* цикл *m* па́мяти
    e memory cycle
    d Speicherzyklus *m*
    f cycle *m* mémoire

Ц43 *r* цикл *m* печа́ти
    e print cycle
    d Druckzyklus *m*
    f cycle *m* d'impresssion

Ц44 *r* цикл *m* по́иска
    e search cycle
    d Suchzyklus *m*, Suchschleife *f*
    f cycle *m* de recherche

Ц45 *r* цикл *m* / програ́ммный
    e program loop
    d Programmschleife *f*
    f boucle *f* de programme

Ц46 *r* цикл *m* / рабо́чий
    e operation loop
    d Operationsschleife *f*
    f cycle *m* de travail [opératoire]

Ц47 *r* циклогра́мма *f*
    e cyclogram
    d Zyklogramm *n*
    f cyclogramme *m*

Ц48 *r* ци́фра *f*
    e 1. digit (*number position*) 2. figure (*numerical showing*) 3. numeral (*numeric value*)
    d Ziffer *f*, Stelle *f*, Zahl *f*
    f 1. chiffre *m*, digit *m* (*position dans la notation d'un nombre*) 2. caractère *m* (*à vue numérique*) 3. numéral *m* (*valeur numérique*)

Ц49 *r* ци́фра *f* / восьмери́чная
    e octal digit
    d Oktalziffer *f*
    f chiffre *m* octal

Ц50 *r* ци́фра *f* / двои́чная
    e binary digit
    d Binärziffer *f*
    f chiffre *m* binaire

Ц51 *r* ци́фра *f* / двои́чно-коди́рованная
    e binary-coded digit
    d binär kodierte Ziffer *f*
    f chiffre *m* codé en binaire

Ц52 *r* ци́фра *f* / десяти́чная

ЦИФРА

    e decimal digit
    d Dezimalziffer *f*
    f chiffre *m* décimal

Ц53 *r* цифра *f* / достове́рная
    e valid digit
    d gültige Ziffer *f*
    f chiffre *m* valide

Ц54 *r* цифра *f* / контро́льная
    e check digit
    d Prüfziffer *f*, Kontrollziffer *f*
    f chiffre *m* de contrôle [de vérification]

Ц55 *r* цифра *f* / кра́йняя ле́вая
    e leftmost digit
    d höchstwertige Ziffer *f*
    f chiffre *m* le plus à gauche

Ц56 *r* цифра *f* / кра́йняя пра́вая
    e rightmost digit
    d niedrigstwertige Ziffer *f*
    f chiffre *m* le plus à droite

Ц57 *r* цифра *f* мла́дшего разря́да
    e low-order digit
    d niederwertige Ziffer *f*
    f chiffre *m* de rang inférieur

Ц58 *r* цифра *f* / ненулева́я
    e nonzero digit
    d Ziffer *f* ungleich Null
    f chiffre *m* non zéro

Ц59 *r* цифра *f* разря́да деся́тков
    e tens digit
    d Zehnerziffer *f*
    f chiffre *m* des dizaines

Ц60 *r* цифра *f* разря́да едини́ц
    e unit digit
    d Einerziffer *f*
    f chiffre *m* des uns

Ц61 *r* цифра *f* са́мого мла́дшего разря́да
    e least significant digit
    d niedrigstwertige Ziffer *f*
    f chiffre *m* de l'ordre le plus bas

Ц62 *r* цифра *f* са́мого ста́ршего разря́да
    e most significant digit
    d höchstwertige Ziffer *f*
    f chiffre *m* de l'ordre le plus haut

Ц63 *r* цифра *f* ста́ршего разря́да
    e high-order digit
    d höherwertige Ziffer *f*
    f chiffre *m* de rang supérieur

Ц64 *r* цифра *f* / то́чечная
    e dot-matrix digit
    d Punktmatrixziffer *f*, Punktrasterziffer *f*
    f caractère *m* numérique dans une matrice de points

Ц65 *r* цифра *f* числа́ / пе́рвая
    e leading digit
    d führende Ziffer *f*
    f chiffre *m* en tête

Ц66 *r* ЦМД *m см*. доме́н / цилиндри́ческий магни́тный

Ч

Ч1 *r* ча́стное *n*
    e quotient
    d Quotient *m*
    f quotient *m*

Ч2 *r* частота́ *f*
    e frequency
    d Frequenz *f*
    f fréquence *f*

Ч3 *r* частота́ *f* взя́тия отсчётов
    e sampling rate
    d Abtastrate *f*
    f fréquence *f* d'échantillonnage

Ч4 *r* частота́ *f* оши́бок
    e error rate
    d Fehlerrate *f*, Fehlerhäufigkeit *f*
    f taux *m* [densité *f*] d'erreurs

Ч5 *r* частота́ *f* поступле́ния
    e arrival rate (*of messages or queries*)
    d Ankunftsrate *f*
    f taux *m* [fréquence *f*] d'arrivées (*de messages ou d'interrogations*)

Ч6 *r* частота́ *f* / преде́льная
    e cutoff frequency
    d Grenzfrequenz *f*
    f fréquence *f* de coupure

Ч7 *r* частота́ *f* регенера́ции
    e refresh rate
    d Auffrischrate *f*, Refresh-Rate *f*
    f fréquence *f* de rafraichissements

Ч8 *r* частота́ *f* / сле́дования и́мпульсов
    e pulse rate

ЧЕРЕДОВАНИЕ

    d Impulsrate *f*, Impulsfrequenz *f*
    f taux *m* [fréquence *f*] (de répétition) d'impulsions

Ч9   *r* часть *f* изображения
    e subimage
    d Teilbild *n*
    f sous-image *f*

Ч10 *r* **часть *f* (команды) / адресная**
    e address part
    d Adressenteil *m*
    f partie *f* adresse (d'une commande)

Ч11 *r* часть *f* массива
    e subarray
    d Datenunterfeld *n*
    f segment *m* de tableau

Ч12 *r* часть *f* программы / вводная
    e prologue
    d Prolog *m*, Einleitungsteil *m* (*eines Programms*)
    f prologue *m*

Ч13 *r* часть *f* программы / заключительная
    e postlude
    d Schlußteil *m* (*eines Programms*)
    f postlude *m*

Ч14 *r* часть *f* программы / линейная
    e linear program part
    d linearer Programmteil *m*, gerades Programmstück *n*
    f partie *f* linéaire de programme

Ч15 *r* часть *f* программы / резидентная
    e program resident
    d residenter [speicherresidenter] Programmteil *m*
    f résident *m* [partie *f* résidente] d'un programme

Ч16 *r* часть *f* регистра / младшая
    e lower part of register
    d niederwertiger Registerteil *m*
    f partie *f* de poids faible de registre

Ч17 *r* часть *f* регистра / старшая
    e upper part of register
    d höherwertiger Registerteil *m*
    f partie *f* de poids fort de registre

Ч18 *r* часть *f* / резидентная
    e resident
    d residenter Teil *m*
    f résident *m*, partie *f* résidente

Ч19 *r* часть *f* системы
    e subsystem
    d Teilsystem *n*, Untersystem *n*
    f sous-système *m*

Ч20 *r* часть *f* схемы
    e subcircuit
    d Teilschaltung *f*, Unterschaltung *f*
    f sous-circuit *m*

Ч21 *r* часть *f* цикла / исполнительная
    e execute part of cycle
    d Ausführungsphase *f*
    f partie *f* d'exécution de cycle

Ч22 *r* часть *f* цикла / командная
    e instruction part of cycle
    d Holphase *f*; Befehlslaufphase *f*
    f partie *f* d'instruction de cycle

Ч23 *r* часть *f* числа / дробная
    e fractional part
    d Bruchteil *m*
    f partie *f* fractionnaire (*d'un nombre*)

Ч24 *r* часть *f* числа / целая
    e integer part
    d ganzer [ganzzahliger] Teil *m*
    f partie *f* entière (*d'un nombre*)

Ч25 *r* часы реального времени
    e real-time clock
    d Echtzeituhr *f*, Realzeituhr *f*
    f horloge *f* temps réel

Ч26 *r* чередование *n*
    e 1. interleaving (*in space or time*) 2. alternation (*of operations*)
    d 1. Verschachtelung *f* 2. Wechseln *n*
    f 1. interlaçage *m* (*en espace ou en temps*) 2. alternance *f* (*d'opérations*)

Ч27 *r* чередование *n* адресов памяти
    e memory interleaving
    d Speicherverschachtelung *f*
    f interlaçage *m* des adresses

ЧЕРЕДОВАНИЕ

Ч28 r чередование *n* секторов (диска)
 e disk interleaving
 d Plattenverschachtelung *f*
 f interlaçage *m* de secteurs (*de disque*)

Ч29 r черта *f* / косая
 e slash
 d Schägstrich *m*, Slash *n*
 f barre *f* oblique [penchée]

Ч30 r черта *f* / обратная косая
 e backslash
 d Backslash *n*, umgekehrter Schrägstrich *m*
 f barre *f* oblique inverse [de haut en bas]

Ч31 r чётность *f*
 e parity
 d Parität *f*
 f parité *f*

Ч32 r число *n* / вещественное
 e real number
 d reelle Zahl *f*
 f nombre *m* réel

Ч33 r число *n* в обратном двоичном коде
 e one's complement number
 d Einerkomplementzahl *f*
 f complément *m* à un de nombre binaire

Ч34 r число *n* / восьмеричное
 e octal number
 d Oktalzahl *f*
 f nombre *m* octal

Ч35 r число *n* выводов
 e pin count
 d Anschlußstiftzahl *f*, Anzahl *f* der Anschlüsse
 f nombre *m* de broches

Ч36 r число *n* / двоично-десятичное
 e binary-coded decimal
 d binar kodierte Dezimalzahl *f*
 f nombre *m* décimal codé binaire

Ч37 r число *n* / двоичное
 e binary number
 d Binärzahl *f*, binäre Zahl *f*
 f nombre *m* binaire

Ч38 r число *n* двойной длины
 e double-length number
 d doppelt lange Zahl *f*, Zahl *f* doppelter Länge
 f nombre *m* à double-longueur

Ч39 r число *n* / десятичное
 e decimal (number)
 d Dezimalzahl *f*
 f nombre *m* décimal

Ч40 r число *n* / одноразрядное
 e one-digit number
 d einstellige Zahl *f*
 f nombre *m* à un chiffre [à une position]

Ч41 r число *n* / случайное
 e random number
 d Zufallszahl *f*
 f nombre *m* aléatoire

Ч42 r число *n* со знаком
 e signed number
 d vorzeichenbehaftete Zahl *f*, Zahl *f* mit Vorzeichen
 f nombre *m* avec signe [signé]

Ч43 r число *n* с плавающей запятой [с плавающей точкой]
 e floating-point number
 d Gleitkommazahl *f*
 f nombre *m* à virgule flottante

Ч44 r число *n* с фиксированной запятой [с фиксированной точкой]
 e fixed-point number
 d Festkommazahl *f*
 f nombre *m* à virgule fixe

Ч45 r число *n* / упакованное десятичное
 e packed decimal
 d gepackte Dezimalzahl *f*
 f nombre *m* décimal (en format) condencé

Ч46 r число *n* / шестнадцатиричное
 e hexadecimal number
 d Hexadezimalzahl *f*, hexadezimale Zahl *f*
 f nombre *m* hexadécimal

Ч47 r число *n* элементов растра
 e raster count
 d Rasterzahl *f*
 f nombre *m* d'éléments [de points, de pixels] de trame

Ч48 r чтение *n*
 e reading
 d Lesen *n*
 f lecture *f*

Ч49 r чувствительность *f*
 e sensitivity
 d Empfindlichkeit *f*

ШИНА

    f sensibilité *f*

Ш

Ш1   *r* шаг *m*
    e 1. iteration (*in iterative process*) 2. step (*of a procedure*) 3. pitch (*interval*)
    d 1. Iteration *f* 2. Schritt *m*
    f 1. itération *f* (*dans un processus itératif*) 2. pas *m* (*d'une procédure*)

Ш2   *r* шаг *m* задания
    e job step
    d Jobschritt *m*
    f pas *m* [étape *f*] de travail

Ш3   *r* шаг *m* квантования
    e quantization step
    d Quantisierungsschritt *m*
    f pas *m* de quantification

Ш4   *r* шаг *m* перфорации
    e feed pitch
    d Lochteilung *f*, Transportlochteilung *f*, Transportspurteilung *f*
    f pas *m* de perforation

Ш5   *r* шаг *m* сетки
    e array pitch
    d Rastermaß *n*
    f pas *m* de grille

Ш6   *r* шина *f* / адресная
    e address bus
    d Adressenbus *m*, Adreßbus *m*
    f bus *m* d'adresse

Ш7   *r* шина *f* ввода-вывода
    e input/output bus
    d Eingabe-Ausgabe-Bus *m*, E/A-Bus *m*
    f bus *m* d'entrée/sortie [d'E/S]

Ш8   *r* шина *f* видеосигналов
    e video bus
    d Videobus *m*
    f bus *m* vidéo

Ш9   *r* шина *f* / высокочастотная
    e HF bus
    d Hochfrequenzbus *m*, HF-Bus *m*
    f bus *m* à fréquence haute

Ш10   *r* шина *f* главного процессора
    e host bus
    d Hauptprozessorbus *m*
    f bus *m* de (processeur) hôte

Ш11   *r* шина *f* графических данных
    e graphics bus
    d Grafikdatenbus *m*
    f bus *m* de données graphiques

Ш12   *r* шина *f* данных
    e data bus
    d Datenbus *m*
    f bus *m* de données

Ш13   *r* шина *f* / дублированная
    e dual-redundant bus
    d Bus *m* mit zweifacher Redundanz
    f bus *m* dual redondant

Ш14   *r* шина *f* записи
    e write bus
    d Schreibbus *m*
    f ligne *f* d'enregistrement

Ш15   *r* шина *f* / интерфейсная
    e interface bus
    d Schnnittstellenbus *m*, Interface-Bus *m*
    f bus *m* d'interface

Ш16   *r* шина *f* / кольцевая
    e ring bus
    d Ringbus *m*
    f bus *m* en anneau

Ш17   *r* шина *f* / магистральная
    e highway
    d Sammelleitung *f*, Vielfachleitung *f*
    f bus *m* de transmission

Ш18   *r* шина *f* / местная
    e branch bus
    d lokaler Bus *m*
    f bus *m* local

Ш19   *r* шина *f* младших разрядов данных
    e lower data bus
    d Bus *m* für niederwertige Datenstellen
    f bus *m* de poids faibles de données

Ш20   *r* шина *f* / монтажная
    e backplane bus (*on a motherboard*)
    d Bus *m* auf der Rückwandplatine, Rückverdrahtungsbus *m*
    f bus *m* de face sudure (*sur une carte mère*)

ШИНА

Ш21   *r*   ши́на *f* / мультиплексная
       e   multiplexed bus
       d   Multiplexbus *m*, zeitmultiplex genutzter Bus *m*
       f   bus *m* multiplexé

Ш22   *r*   ши́на *f* / óбщая
       e   unified bus
       d   gemeinsamer Bus *m*, Globalbus *m*
       f   bus *m* commun

Ш23   *r*   ши́на *f* / основна́я
       e   backbone bus
       d   Hauptbus *m*, Grundbus *m*
       f   bus *m* principal

Ш24   *r*   ши́на *f* переда́чи элеме́нтов изображе́ния
       e   pixel bus
       d   Bildelementübertragungsbus *m*, Pixel-Bus *m*
       f   bus *m* de pixel

Ш25   *r*   ши́на *f* / полноразря́дная
       e   full bus
       d   Voll-Bit-Bus *m*
       f   bus *m* à pleine largeur [à nombre complet de lignes de données]

Ш26   *r*   ши́на *f* расшире́ния
       e   expansion bus
       d   Erweiterungbus *m*
       f   bus *m* d'extention [d'expansion]

Ш27   *r*   ши́на *f* с временны́м разделе́нием
       e   timeshared bus
       d   zeitgeteilter Bus *m*
       f   bus *m* à partage de temps

Ш28   *r*   ши́на *f* синхрониза́ции
       e   clock bus
       d   Taktbus *m*
       f   bus *m* d'horloge

Ш29   *r*   ши́на *f* / систе́мная
       e   system bus
       d   Systembus *m*
       f   bus *m* système

Ш30   *r*   ши́на *f* с после́довательным опро́сом
       e   daisy-chain bus
       d   Daisy-Chain-Bus *m*, Bus *m* mit Daisy-Chain-Struktur
       f   bus *m* à chaîne à marguerite, bus *m* à daisychain

Ш31   *r*   ши́на *f* ста́рших разря́дов да́нных
       e   upper data bus
       d   Bus *m* für höherwertige Datenstellen
       f   bus *m* de poids forts de données

Ш32   *r*   ши́на *f* чте́ния
       e   read bus
       d   Lesebus *m*
       f   bus *m* de lecture

Ш33   *r*   ши́на *f* широковеща́тельной рассы́лки
       e   broadcast bus
       d   Rundsendungsbus *m*, Rundsendebus *m*
       f   bus *m* de diffusion générale

Ш34   *r*   ши́на *f* / электри́ческая
       e   busbar
       d   Stromschiene *f*, Sammelschiene *f*
       f   barre *f* électrique, câble *m*

Ш35   *r*   шифра́тор *m*
       e   (en)coder
       d   Kodierer *m*, Kodiereinrichtung *f*, Verschlüßler *m*
       f   codeur *m*, chiffreur *m*

Ш36   *r*   шифра́тор *m* положе́ния
       e   position encoder
       d   Positionskodierer *m*
       f   codeur *m* de position

Ш37   *r*   шифрова́ние *n*
       e   encoding; encryption (*in secret systems*)
       d   Kodierung *f*, Verschlüsselung *f*
       f   codage *m*, chiffrage *m*; cryptoopération *f*

Ш38   *r*   шкала́ *f*
       e   scale
       d   1. Skala *f* (*Stufenfolge*) 2. Skale *f*, Maßeinteilung *f*
       f   échelle *f*, échelle *f* de niveau de gris

Ш39   *r*   шкала́ *f* полутоно́в
       e   grey scale (*in computer graphics*)
       d   Grau(stufen)skala *f*, Graustufung *f* (*Computergrafik*)
       f   escalier *m* de demi-teintes

Ш40   *r*   шкали́рование *n* / многоме́рное
       e   multidimensional scaling (*in systems analysis*)

ЭВМ

　　　d mehrdimensionale Skalierung
　　　　f (Systemanalyse)
　　　f mise f en échelle
　　　　multidimensionnelle (dans
　　　　analyse de systèmes)

Ш41　r шкаф m ЗУ
　　　e memory cabinet
　　　d Speicherschrank m
　　　f armoire f de mémoire

Ш42　r шнур m / коммутацио́нный
　　　e patchcord
　　　d Steckschnur f
　　　f cordon m de jonction
　　　　enfichable [embrochable]

Ш43　r шрифт m для опти́ческого
　　　　счи́тывания / станда́ртный
　　　e OCRA font
　　　d OCR-A-Schrift f
　　　f police f [fonte f] OCR-A,
　　　　police f [fonte f] de
　　　　caractères optiques standard

Ш44　r шрифт m / ма́тричный
　　　e matrix font
　　　d Matrixschrift f
　　　f police f matricielle

Ш45　r шрифт m / маши́нный
　　　e typewriter type
　　　d Schreibmaschinenschrift f
　　　f type m de machine à écrire

Ш46　r шта́нга f / печа́тающая
　　　e print bar
　　　d Typenstange f, Druckstange f
　　　f barre f d'impression

Ш47　r штéкер m
　　　e patchtip; plug (with multiple
　　　　contacts)
　　　d Stecker m
　　　f fiche f

Ш48　r штифт m / счи́тывающий
　　　e pecker
　　　d Abfühlstift m
　　　f poinçon m

Э

Э1　r ЭВМ f
　　　e (electronic) computer
　　　d Rechner m, Computer m,
　　　　Rechenanlage f, EDV-
　　　　Anlage f
　　　f ordinateur m, machine f à
　　　　calcul électronique

Э2　r ЭВМ f / ана́логовая
　　　e analog computer
　　　d Analogrechner m
　　　f ordinateur m analogue

Э3　r ЭВМ f / больша́я
　　　e mainframe
　　　d Großrechner m
　　　f ordinateur m gros

Э4　r ЭВМ f / бортова́я
　　　e onboard computer
　　　d Bordrechner m
　　　f ordinateur m de bord
　　　　[embarqué]

Э5　r ЭВМ f / бытова́я
　　　e home computer
　　　d Heimcomputer m, Home-
　　　　Computer m
　　　f ordinateur m domestique

Э6　r ЭВМ f /
　　　　высокопроизводи́тельная
　　　e high-performance computer
　　　d Hochleistungsrechner m
　　　f ordinateur m de grande
　　　　puissance [de haute
　　　　performance]

Э7　r ЭВМ f / гла́вная
　　　e host (computer)
　　　d Wirtsrechner m, Hostrechner
　　　　m, Host-Computer m
　　　f ordinateur m hôte, hôte m

Э8　r ЭВМ f для управле́ния
　　　　произво́дством
　　　e production control computer
　　　d Prozeßrechner m,
　　　　Produktionssteuerrechner m
　　　f ordinateur m de gestion de
　　　　production

Э9　r ЭВМ f для управле́ния
　　　　технологи́ческими
　　　　проце́ссами
　　　e process control computer
　　　d Prozeßrechner m
　　　f ordinateur m de commande
　　　　industrielle [de commande de
　　　　processus]

Э10　r ЭВМ f / доро́жная
　　　e laptop computer
　　　d Laptop-Computer m,
　　　　Aktentaschenrechner m
　　　f ordinateur m "laptop"
　　　　[portatif, de poche]

Э11　r ЭВМ f коллекти́вного
　　　　испо́льзования
　　　e multiuser computer

ЭВМ

    d Gemeinschaftsrechner *m*, Mehrnutzerrechner *m*
    f ordinateur *m* multiusager [multi-utilisateur]

Э12 *r* ЭВМ *f* / макётная
    e breadboard computer
    d im Versuchsaufbau hergestellter Rechner *m*, experimenteller Rechner *m*
    f ordinateur *m* maquette

Э13 *r* ЭВМ *f* / málaя
    e small computer
    d Kleinrechner *m*
    f ordinateur *m* de petite taille

Э14 *r* ЭВМ *f* млáдшей модéли
    e low-end computer
    d Low-end-Rechner *m*, Rechner *m* im unteren Kostenbereich (*im Vergleich zu anderen Rechnern derselben Rechnerfamilie*)
    f ordinateur *m* bas de gamme

Э15 *r* ЭВМ *f* / монопóльно используемая
    e single-user computer
    d Einzelarbeitsplatzrechner *m*
    f ordinateur *m* à usage monopole

Э16 *r* ЭВМ *f* на ИС
    e IC computer
    d Rechner auf IC-Basis
    f ordinateur *m* à circuits intégrés [à CI]

Э17 *r* ЭВМ *f* / настóльная
    e desktop computer
    d Tischrechner *m*
    f ordinateur *m* de bureau

Э18 *r* ЭВМ *f* / обучáющая
    e training computer
    d Ausbildungsrechner *m*
    f ordinateur *m* d'enseignement

Э19 *r* ЭВМ *f* / параллéльная
    e concurrent computer
    d Konkurrenzrechner *m*, Parallelrechner *m*
    f ordinateur *m* concurrent [parallèle]

Э20 *r* ЭВМ *f* / персонáльная
    e personal computer, PC
    d Personalrechner *m*, Personalcomputer *m*, PC *m*
    f ordinateur *m* personnel

Э21 *r* ЭВМ *f* / потóковая
    e data-flow computer
    d Datenflußrechner *m*
    f ordinateur *m* à flux de données

Э22 *r* ЭВМ *f* производительностью нéсколько миллиóнов команд в секýнду
    e multi-MIPS computer
    d Multi-MIPS-Rechner *m*
    f ordinateur *m* à une puissance de traitement de plusieurs MIPS

Э23 *r* ЭВМ *f* промышленного использования
    e industrial computer
    d Rechner *m* für Industrieanwendungen
    f ordinateur *m* industriel

Э24 *r* ЭВМ *f* / профессионáльная
    e professional computer
    d professioneller Rechner *m*; Arbeitsplatzrechner *m*
    f ordinateur *m* professionnel

Э25 *r* ЭВМ *f* пятого поколéния
    e fifth generation computer, FGC
    d Rechner *m* der 5. Generation
    f ordinateur *m* de cinquième génération

Э26 *r* ЭВМ *f*, рабóтающая в режиме реáльного врéмени
    e real-time computer
    d Echtzeitrechner *m*
    f ordinateur *m* (travaillant) en temps réel

Э27 *r* ЭВМ *f* / резéрвная
    e standby computer
    d Reserverechner *m*; Bereitschaftsrechner *m*
    f ordinateur *m* en veille

Э28 *r* ЭВМ *f* / сверхбыстродéйствующая
    e ever-faster computer
    d Ultraschnellrechner *m*
    f ordinateur *m* surpuissant

Э29 *r* ЭВМ *f* / связнáя
    e communications computer
    d Kommunikationsrechner *m*, Datenkommunikationsrechner *m*
    f ordinateur *m* de communication

Э30 *r* ЭВМ *f* сéти
    e networked computer

ЭВМ

   d Netz(werk)rechner *m*,
    vernetzter Rechner *m*
   f ordinateur *m* de réseau

Э31 *r* **ЭВМ** *f* **с жёсткой программой**
   e fixed-program computer
   d festprogrammierter Rechner *m*
   f ordinateur *m* à programme fixe

Э32 *r* **ЭВМ** *f* **с кассётными ЗУ**
   e cassette-based computer
   d Rechner *m* mit Kassettenspeicher
   f ordinateur *m* à cassette

Э33 *r* **ЭВМ** *f* **с мандатной адресацией**
   e capability machine
   d Rechner *m* mit möglichkeitsbezogener Adressierung
   f machine *f* à capabilité

Э34 *r* **ЭВМ** *f* **/ совместимая**
   e compatible computer
   d kompatibler Rechner *m*
   f ordinateur *m* compatible

Э35 *r* **ЭВМ** *f*, **совместимая с машинами фирмы IBM**
   e IBM-compatible computer
   d IBM-kompatibler Rechner *m*
   f ordinateur *m* compatible avec ceux d'IBM, compatible *m* IBM

Э36 *r* **ЭВМ** *f* **со страничной организацией памяти**
   e paged machine
   d seitenadressierter Rechner *m*
   f machine *f* à mémoire en pages

Э37 *r* **ЭВМ** *f* **/ специализированная**
   e dedicated computer
   d zweckorientierter Rechner *m*
   f ordinateur *m* spécialisé

Э38 *r* **ЭВМ** *f* **с полным набором команд**
   e CISC-computer, complete instruction set computer
   d CISC-Computer *m*, Rechner *m* mit komplexem Befehlssatz
   f ordinateur *m* à architecture CISC, ordinateur *m* à jeu d'instructions conventionnel [à jeu d'instructions complet]

Э39 *r* **ЭВМ** *f* **средней производительности**
   e mid-range computer
   d Rechner *m* des mittleren Leistungsspektrums
   f ordinateur *m* moyen [de moyenne puissance]

Э40 *r* **ЭВМ** *f* **с сокращённым набором команд**
   e RISC-computer, reduced instruction set computer
   d RISC-Computer *m*, Rechner *m* mit reduziertem Befehlssatz
   f ordinateur *m* (à architecture) RISC, ordinateur *m* à jeu d'instructions réduit

Э41 *r* **ЭВМ** *f* **старшей модели**
   e high-end computer
   d High-end-Rechner *m*, Rechner *m* im oberen Kostenbereich (*im Vergleich zu anderen Rechner derselben Rechnerfamilie*)
   f ordinateur *m* haut de gamme

Э42 *r* **ЭВМ** *f* **с хранимой программой**
   e stored-program computer
   d speicherprogrammierter Rechner *m*
   f ordinateur *m* à programme stocké [à programme mémorisé]

Э43 *r* **ЭВМ** *f* **/ универсальная**
   e mainframe
   d Universalrechner *m*
   f ordinateur *m* à usages divers

Э44 *r* **ЭВМ** *f*, **управляемая потоком команд**
   e control-flow computer
   d Steuerflußrechner *m*, durch Befehlsfluß gesteuerter Rechner *m*
   f ordinateur *m* à flux d'instructions

Э45 *r* **ЭВМ** *f* **/ управляющая**
   e control computer
   d Steuerrechner *m*, Leitrechner *m*
   f ordinateur *m* de commande

Э46 *r* **ЭВМ** *f* **/ учрежденческая**
   e office computer
   d Bürorechner *m*
   f ordinateur *m* (de) bureautique

ЭВМ

Э47 r ЭВМ *f* / целевая
 e target computer *(for which translated program is designed)*
 d Zielrechner *m*
 f ordinateur *m* cible *(auquel est destiné le programme compilé)*

Э48 r ЭВМ *f* / цифровая
 e digital computer
 d Digitalrechner *m*
 f ordinateur *m* digitale

Э49 r ЭВМ *f* / шлюзовая
 e gateway computer *(in a network)*
 d Gateway-Computer *m*, Gateway-Rechner *m* *(Lokalnetz)*
 f ordinateur *m* de type "gateway", ordinateur *m* de type porte d'écluse *(dans les réseaux)*

Э50 r экземпляр *m*
 e 1. copy *(of a document)* 2. instance *(of a relation)*
 d 1. Kopie *f*, Exemplar *n* 2. Instanz *f (einer Relation)*
 f 1. copie *f (d'un document)* 2. exemplaire *m*, réalisation *f (d'une relation)*

Э51 r экземпляр *m* записи
 e record instance
 d Satzinstanz *f*, Satz-Instanz *f*
 f exemplaire *m* [réalisation *f*] d'enregistrement

Э52 r экземпляр *m* / основной
 e master copy
 d Hauptkopie *f*; Original *n*
 f copie *f* maître

Э53 r экран *m*
 e 1. screen *(of a display)* 2. barrier *(an obstacle)* 3. shield *(for shielding)*
 d 1. Bildschirm *m* 2., 3. Schirm *m*
 f 1. écran *m* 2. barrière *f (un obstacle)* 3. blindage *m (pour blinder)*

Э54 r экран *m* / безбликовый
 e nonglare screen
 d blendfreier Bildschirm *m*
 f écran *m* sans taches de lumière

Э55 r экран *m* без послесвечения
 e nonpersistent screen
 d Bildschirm *m* ohne Nachleuchtung
 f écran *m* sans postluminescence

Э56 r экран *m* / отражающий
 e reflection barrier
 d Rückstrahlschirm *m*
 f écran *m* réflechissant [réflecteur]

Э57 r экран *m* / плоский
 e flat screen
 d Planschirm *m*, Flach(bild)schirm *m*
 f écran *m* plat

Э58 r экран *m* / поглощающий
 e absorbing barrier
 d Absorptionsschirm *m*
 f écran *m* absorbant

Э59 r экран *m*, разделённый на области
 e split screen
 d geteilter Bildschirm *m*
 f écran *m* partagé en régions

Э60 r экран *m* / сенсорный
 e touch(-sensitive) screen
 d Berührungsbildschirm *m*
 f écran *m* tactile

Э61 r экран *m* с послесвечением
 e afterglow screen, persistent screen
 d Nachleuchtschirm *m*, nachleuchtender Bildschirm *m*
 f écran *m* à persistance [à postluminescence, à rémanence]

Э62 r экранирование *n*
 e shielding
 d Abschirmung *f*
 f blindage *m*

Э63 r эксплуатация *f*
 e operating *(using)*; maintenance *(technical service)*
 d Betrieb *m*, Betriebsführung *f*; Wartung *f (technischer Service)*
 f exploitation *f (usage)*; maintenance *f (service technique)*

Э64 r эксплуатация *f* с нарушением установленного режима
 e abuse

ЭЛЕМЕНТ

      d Fehlbehandlung *f*; Mißbrauch *m*
      f violation *f*

Э65 *r* элеме́нт *m*
      e 1. cell *(minimal component)* 2. component *(a part)* 3. element *(non-partitionable part)* 4. item *(a position of a list)* 5. member *(of a set)*
      d 1. Zelle *f* *(minimales Bauelement)* 2. Bauelement *n*, Baustein *m* 3. Element *n* 4. Posten *m* *(Position in einer Liste)*; Datenelement *n* 5. Glied *n*
      f 1. cellule *f* *(composant minimal)* 2. composant *m* *(un part)* 3. élément *m* *(part non partageable)* 4. item *m*, article *m* *(une position d'une liste)* 5. membre *m* *(d'un ensemble)*

Э66 *r* элеме́нт *m* да́нных
      e data item
      d Datenelement *n*
      f unité *f* de données

Э67 *r* элеме́нт *m* заде́ржки
      e delay component
      d Verzögerungsglied *n*
      f élément *m* à retard

Э68 *r* элеме́нт *m* / запомина́ющий
      e storage cell
      d Speicherzelle *f*, Speicherelement *n*
      f cellule-mémoire *f*

Э69 *r* элеме́нт *m* изображе́ния
      e pixel, picture element
      d Bildelement *n*, Pixel *n*
      f élément *m* d'image, pixel *m*

Э70 *r* элеме́нт *m* / логи́ческий
      e logic(al) component
      d Logikelement *n*, logisches Element *n*
      f élément *m* logique

Э71 *r* элеме́нт *m* мажорита́рной ло́гики
      e majority element
      d Majoritätsglied *n*
      f élément *m* majoritaire

Э72 *r* элеме́нт *m* ма́трицы
      e array cell
      d Matrixzelle *f*
      f élément *m* matriciel

Э73 *r* элеме́нт *m* мно́жества
      e set member
      d Mengenelement *n*
      f élément *m* [membre *m*] d'un ensemble

Э74 *r* элеме́нт *m* набо́ра
      e member
      d Strukturglied *n*, Glied *n*
      f membre *m*

Э75 *r* элеме́нт *m* / необяза́тельный
      e optional member
      d wahlweises Glied *n*
      f membre *m* optionnel

Э76 *r* элеме́нт *m* / обяза́тельный
      e mandatory member
      d obligatorisches Glied *n*
      f membre *m* obligatoire

Э77 *r* элеме́нт *m* / печа́тающий
      e print member
      d Druckglied *n*, Typenträger *m*
      f élément *m* d'impression

Э78 *r* элеме́нт *m* после́довательности
      e sequent
      d Folgeglied *n*
      f membre *m* de sequence

Э79 *r* элеме́нт *m* / процессо́рный
      e PE, processing element
      d Verarbeitungselement *n*
      f élément *m* de traitement

Э80 *r* элеме́нт *m* с заря́довой свя́зью
      e charge-coupled cell
      d ladungsgekoppeltes Bauelement *n*
      f cellule *f* à couplage de charge

Э81 *r* элеме́нт *m* систе́мы управле́ния
      e control element
      d Steuerelement *n*
      f élément *m* de commande

Э82 *r* элеме́нт *m* / следя́щий
      e follower
      d Folger *m*
      f suiveur *m*

Э83 *r* элеме́нт *m* / соедини́тельный
      e connective
      d Verbindungsglied *n*; Verknüpfungselement *n*
      f pièce-raccord *f*

Э84 *r* элеме́нт *m* / станда́ртный

ЭЛЕМЕНТ

    e library cell
    d Standardzelle *f*
    f élément *m* conventionnel [de bibliothèque]

Э85 *r* элемéнт *m* / стрóковый
    e string item
    d Stringelement *n*
    f élément *m* (à) chaîne

Э86 *r* элемéнт *m* / функционáльный
    e functor.
    d Funktionselement *n*, Funktor *m*
    f élément *m* fonctionnel

Э87 *r* элемéнт *m* / чувствúтельный
    e sensing element
    d Fühlelement *n*, Meßfühler *m*
    f élément *m* sensible

Э88 *r* элемéнт *m* / шáриковый
    e ball-point pen
    d Kugelschreiber *m*
    f crayon *m* à bille, pointe *f*

Э89 *r* эмулятор *m*
    e emulator
    d Emulator *m*
    f émulateur *m*

Э90 *r* эмуляция *f*
    e emulation
    d Emulation *f*
    f émulation *f*

Э91 *r* энергозавúсимость *f*
    e volatility
    d Flüchtigkeit *f*, Energieabhängigkeit *f*
    f volatilité *f*

Э92 *r* энергозавúсимый
    e volatile
    d flüchtig, energieabhängig
    f volatil

Э93 *r* этáп *m*
    e step
    d Schritt *m*, Stufe *f*, Phase *f*
    f pas *m*, phase *f*, étape *f*, stade *m*

Э94 *r* этáп *m* предпроéктного обслéдования
    e initial investigation step
    d Untersuchungsphase *f (vor dem Projektentwurf)*
    f phase *f* d'étude préliminaire

Э95 *r* эффектúвность *f*
    e efficiency *(in economic sence)*; performance *(in view of quality of operation)*
    d Effektivität *f (Ökonomik)*; Wirksamkeit *f*, Wirkungsgrad *m*
    f efficacit *f (en sens économique)*; performance *f (comme qualité d'operation)*

Э96 *r* э́хо-отображéние *n*
    e echoing
    d Echoabbildung *f*
    f (re)présentation *f* par écho, écho-représentation *f*

Э97 *r* эхопечáть *f*
    e echo-printing
    d Echoabdruck *m*, Echodrucken *n (Drucken von gelesenen Daten)*
    f écho-impression *f*

Э98 *r* эхопровéрка *f*
    e echo-checking
    d Echoprüfung *f*, Echokontrolle *f*, Prüfung *f* durch Rückübertragung
    f écho-contrôle *m*, contrôle *m* par écho [par retour d'information]

Э99 *r* эхосчúтывание *n*
    e read-back
    d Echolesen *n*
    f écho-lecture *f*

Я

Я1 *r* я́вный
    e explicit
    d explizit
    f explicite

Я2 *r* ядрó *n* / аппарáтное
    e hardcore
    d Hartkern *m*
    f noyau *m* matériel

Я3 *r* ядрó *n* безопáсности
    e security kernel *(a computer arhitecture)*
    d Sicherheitskern *m*
    f noyau *m* de sécurité

Я4 *r* ядрó *n* прогрáммы
    e program kernel
    d Programmkern *m*
    f noyau *m* de programme

Я5   r   язы́к *m* / алгоритми́ческий
      e   algorithmic(al) language,
        programming language
      d   algorithmische Sprache *f*,
        Programmiersprache *f*
      f   langage *m* algorithmique

Я6   *r*   язы́к *m* ассе́мблера
      e   assembly language
      d   Assemblersprache *f*,
        Assembliersprache *f*
      f   langage *m* assembleur
        [d'assemblage]

Я7   *r*   язы́к *m* / ба́зовый
      e   core language
      d   Grundsprache *f*
      f   langage *m* hôte

Я8   *r*   язы́к *m* без присва́иваний (значе́ний переме́нным)
      e   assignment-free language
      d   zuweisungsfreie Sprache *f*
      f   langage *m* sans affectations

Я9   *r*   язы́к *m*, бли́зкий к есте́ственному
      e   near-natural language
      d   natürlichnahe Sprache *f*
      f   langage *m* quasi naturel

Я10   *r*   язы́к *m* бу́левых опера́торов
      e   Boolean-based language
      d   Boolesche Sprache *f*
      f   langage *m* de Boole

Я11   *r*   язы́к *m* высо́кого у́ровня
      e   higher-level language
      d   höhere Programmiersprache *f*
      f   langage *m* de niveau haut

Я12   *r*   язы́к *m* графи́ческих си́мволов
      e   graphics language
      d   Grafiksprache *f*
      f   langage *m* graphique

Я13   *r*   язы́к *m* / дескри́пторный
      e   descriptor language
      d   Deskriptorsprache *f*,
        Beschreibungssprache *f*
      f   langage *m* descripteur

Я14   *r*   язы́к *m* диало́га
      e   conversational language
      d   Dialogsprache *f*
      f   langage *m* conversationnel [de dialogue]

Я15   *r*   язы́к *m*, допуска́ющий вне́шние обраще́ния
      e   escape language
      d   Escape-Sprache *f* (*Programmiersprache, die Abrufe von Programmen auf anderen Programmiersprachen ermöglicht*)
      f   langage *m* à échappement [à références externes]

Я16   *r*   язы́к *m* / есте́ственный
      e   natural language
      d   natürliche Sprache *f*
      f   langage *m* naturel

Я17   *r*   язы́к *m* запро́сов
      e   query language
      d   Anfragensprache *f*
      f   langage *m* d'interrogation

Я18   *r*   язы́к *m* интеракти́вного взаимоде́йствия
      e   interactive language
      d   interaktive Programmiersprache *f*
      f   langage *m* interactif

Я19   *r*   язы́к *m* / интерпрети́руемый
      e   interpreted language
      d   interpretierte Sprache *f*
      f   langage *m* interprétatif

Я20   *r*   язы́к *m* ключевы́х слов
      e   keyword-oriented language
      d   Schlüsselwortsprache *f*, schlüsselwortorientierte Sprache *f*
      f   langage *m* orienté mot-clé

Я21   *r*   язы́к *m* / кома́ндный
      e   command language
      d   Kommandosprache *f*
      f   langage *m* de commande

Я22   *r*   язы́к *m* коне́чного по́льзователя
      e   end-user language
      d   Endnutzersprache *f*
      f   language *m* d'utilisateur terminal

Я23   *r*   язы́к *m* макроассе́мблера
      e   macro language
      d   Makrosprache *f*
      f   langage *m* macroassembleur

Я24   *r*   язы́к *m* макрокома́нд
      e   macroinstruction language
      d   Makrobefehlssprache *f*
      f   langage *m* de macro-instructions

Я25   *r*   язы́к *m* манипули́рования да́нными

ЯЗЫК

- *e* data manipulation language
- *d* Datenbehandlungssprache *f*
- *f* langage *m* de manipulation de données

Я26 *r* язы́к *m* / маши́нный
- *e* machine language
- *d* Maschinensprache *f*
- *f* langage *m* machine

Я27 *r* язы́к *m* маши́ны / со́бственный
- *e* native language
- *d* Muttersprache *f*
- *f* langage *m* propre d'ordinateur

Я28 *r* язы́к *m* мнемосхе́м
- *e* mnemonic language
- *d* mnemonische Sprache *f*, Mnemonіksprache *f*
- *f* langage *m* mnémonique

Я29 *r* язы́к *m* модели́рования
- *e* simulation language
- *d* Simulationssprache *f*
- *f* langage *m* de simulation

Я30 *r* язы́к *m* / непроцеду́рный
- *e* nonprocedural language
- *d* nichtprozedurale Sprache *f*
- *f* langage *m* non procéduriel

Я31 *r* язы́к *m* ни́зкого у́ровня
- *e* lower-level language
- *d* maschinennahe [maschinenorientierte] Programmiersprache *f*
- *f* langage *m* de niveau bas

Я32 *r* язы́к *m* обрабо́тки спи́сков
- *e* list-processing language
- *d* Listenverarbeitungssprache *f*
- *f* langage *m* de traitement de listes

Я33 *r* язы́к *m* / объе́ктно-ориенти́рованный
- *e* object-oriented language
- *d* objektorientierte Sprache *f*
- *f* langage *m* orienté objet

Я34 *r* язы́к *m* определе́ния да́нных
- *e* data definition language
- *d* Datenbeschreibungssprache *f*, Datendefinitionssprache *f*
- *f* langage *m* de définition de données

Я35 *r* язы́к *m*, осно́ванный на ло́гике предика́тов
- *e* predicate logic language
- *d* Prädikatenlogiksprache *f*
- *f* langage *m* de logique des prédicats

Я36 *r* язы́к *m* постано́вки зада́ч
- *e* PSL, problem-statement language
- *d* Problemstellungssprache *f*
- *f* langage *m* de définition de problème

Я37 *r* язы́к *m* предика́тов
- *e* predicate language
- *d* Prädikatensprache *f*
- *f* langage *m* des prédicats

Я38 *r* язы́к *m* представле́ния зна́ний
- *e* knowledge representation language
- *d* Wissensrepräsentationssprache *f*, Wissensdarstellungssprache *f*
- *f* langage *m* de représentation de connaissances

Я39 *r* язы́к *m* / пробле́мно-ориенти́рованный
- *e* problem-oriented language
- *d* problemorientierte Sprache *f*
- *f* langage *m* orienté problème

Я40 *r* язы́к *m* программи́рования
- *e* programming language
- *d* Programmiersprache *f*
- *f* langage *m* de programmation

Я41 *r* язы́к *m* программи́рования, удо́бный для восприя́тия челове́ком
- *e* human-readable language
- *d* für den Menschen lesbare Programmiersprache *f*
- *f* langage *m* compréhensible

Я42 *r* язы́к *m* проду́кций
- *e* production language
- *d* Produktionssprache *f*
- *f* langage *m* des productions

Я43 *r* язы́к *m* проекти́рования
- *e* design language
- *d* Entwurfssprache *f*
- *f* langage *m* de conception

Я44 *r* язы́к *m* / процеду́рный
- *e* procedural language
- *d* prozedurale [verfahrensorientierte] Sprache *f*
- *f* langage *m* de procédure

Я45 *r* язы́к *m* / реляцио́нный
- *e* relational language
- *d* relationelle Sprache *f*

ЯЧЕЙКА

   f langage *m* relationnel
Я46 *r* язы́к *m* сверхвысо́кого у́ровня
   e super language
   d superhöhere [ultrahöhere] Programmiersprache *f*
   f langage *m* de très haut niveau, superlangage *m*
Я47 *r* язы́к *m* с гнездово́й структу́рой
   e nested language
   d geschachtelte Sprache *f*, Programmiersprache *f* mit Schachtelungsstruktur
   f langage *m* à famille [à imbrication]
Я48 *r* язы́к *m* / символи́ческий
   e symbolic language
   d symbolische Sprache *f*
   f langage *m* symbolique
Я49 *r* язы́к *m* систе́мы иску́сственного интелле́кта
   e AI language
   d KI-Sprache *f*
   f langage *m* d'IA [d'intelligence artificielle]
Я50 *r* язы́к *m* / стандартизо́ванный
   e typed language
   d Gemeinsprache *f*, gemeinsame Sprache *f*
   f langage *m* standard(isé)
Я51 *r* язы́к *m* / табли́чный
   e tabular language
   d Tabellensprache *f*
   f langage *m* tabulaire
Я52 *r* язы́к *m* / трансли́руемый
   e compiled language
   d kompilierte Sprache *f*
   f langage *m* compilé [de compilateur]
Я53 *r* язы́к *m* трансля́тора / входно́й
   e source language
   d Quellensprache *f*
   f langage *m* source
Я54 *r* язы́к *m* трансля́тора / выходно́й
   e object language
   d Objektsprache *f*
   f langage *m* objet
Я55 *r* язы́к *m* управле́ния зада́ниями
   e job control language
   d Jobbetriebssprache *f*, Jobsteuersprache *f*, Betriebssprache *f*
   f langage *m* de commande des travaux
Я56 *r* язы́к *m* / фре́ймовый
   e frame-based language
   d framebasierte Sprache *f*
   f langage *m* orienté trame
Я57 *r* язы́к *m* функциона́льного программи́рования
   e functional language
   d funktionelle Programmiersprache *f*
   f langage *m* fonctionnel
Я58 *r* язы́к *m* целево́й маши́ны
   e target language
   d Zielsprache *f*
   f langage *m* d'ordinateur but [d'ordinateur cible]
Я59 *r* ячейка *f*
   e 1. cell *(a physical element)* 2. location *(of memory)*
   d Zelle *f*
   f 1. cellule *f* (*un élément physique*) 2. emplacement *m* (*d'une mémoire*) 3. maille *f* (*un élément de grille*)
Я60 *r* ячейка *f* БИС / ба́зовая
   e master cell
   d Master-Zelle *f*
   f cellule *f* principale [de base, de clé, maître]
Я61 *r* ячейка *f* / вы́бранная
   e selected cell
   d ausgewählte Zelle *f*
   f cellule *f* sélectée [choisie]
Я62 *r* ячейка *f* ЗУ
   e storage cell
   d Speicherzelle *f*
   f emplacement *m* [cellule *f*] de mémoire, emplacement *m* [cellule *f*] de stockage
Я63 *r* ячейка *f* / нача́льная
   e stating location
   d Anfangsspeicherzelle *f*
   f emplacement *m* de début
Я64 *r* ячейка *f* па́мяти
   e memory location
   d Speicherplatz *m*
   f emplacement *m* [cellule *f*] de mémoire, case-mémoire *f*
Я65 *r* ячейка *f* прерыва́ний
   e interrupt location

ЯЧЕЙКА

        d Unterbrechungs-Speicherzelle *f*
        f emplacement *m* d'interruption

Я66   *r* ячéйка *f* / рабóчая
        e working cell
        d Arbeitszelle *f*
        f cellule *f* de travail

Я67   *r* ячéйка *f* / стандáртная
        e library cell
        d Standardzelle *f*
        f cellule *f* standardisée

Я68   *r* ящик *m* / почтóвый
        e mailbox *(in electronic mail)*
        d Mailbox *f*, Briefkasten *m* *(in elektronischer Post)*
        f boîte *f* aux lettres *(dans le courrier électronique)*

Я69   *r* ящик *m* / прозрáчный
        e glass box *(in program structuring)*
        d Glas-Box *f* *(in der Programmstrukturierung)*
        f boîte *f* en verre [transparente] *(en structuration de programme)*

Я70   *r* ящик *m* / чёрный
        e black box
        d Black-Box *f*
        f boîte *f* noire

АНГЛИЙСКИЙ УКАЗАТЕЛЬ

A

a priori probability B87
A/M switch П100
abend A6, O246
abortion 34
abridged division Д139
absentee-user job 323
absolute addressing A86
~ instruction K176
~ program П534
~ programming И577
absorbing barrier Э58
abstract data type T64
abstraction K228, O116
abuse Э64
ac fault H59
acceleration P38
accept statement O176
acceptance inspection K253
acceptor A3
~ of data П338
access B282, Д356
~ authorization P65
~ by key Д380
~ cycle Ц35
~ hole O147
~ interval И131
~ key K111
~ line Л45
~ method M149
~ mode P283
~ path П690
~ right П395
~ time B210, B219
accessible vertex B99
accordion-folded paper Б163
accounting file Ф50
~ problem 355
accumulating register A115
accumulator A115, C225
~ register P194
accuracy T96
~ of reading T98
acknowledge character З245
acknowledgement K59, П288
action B162, Д107
~ paper Б155
activation A116
active-high B149
~ signal C76
active-low B150
~ signal C77
activity P1
~ graph Г164
actual address A53

actuating path Ц22
actuator П481
AD conversion П420
ad hoc query З168
~ hoc user П349
adapt A43
ADC П433
add gate B73
~ output B379
~ overflow П142
~ without carry gate B74
add-in module M244
add-on memory П124
~ module M244
addend register P176
adder C224
adder-subtracter C230
adding machine M98
addition C231, C162
~ table T7
~ without carry C163
address A52
~ arithmetic A159
~ bit P70
~ bus Ш6
~ catcher Л76
~ change И16
~ counter C266
~ decoder Д178
~ driver Ф111
~ format Ф89
~ generation Ф104
~ input B252
~ latch З207
~ line Л41
~ mode byte Б40
~ part Ч10
~ register P166
~ size Д325
~ space П615
~ stop O249
~ table T1
~ word C155
address-transition detector Д170
addressability A113
addressable A114
~ area O15
~ byte Б25
~ cursor K352
~ memory П11
~ register P167
addressee A84
addressing A85
~ mode P277, C195

addressles Б53
addressness A112
adjacency matrix M69
adjustable parameter П68
~ point З195
adjustment B340, H41, P254, У97
administration program П553
administrator A44, П553
advanced facilities B178
afterglow screen Э61
afterpunching П189
aggregated data Д12
AI language Я49
~ system C110
aids C200
air-floating head Г111
alert manager A45
algorithm A122
algorithmical language Я5
alias И78
alignement B340
all-digital display Д308
all-point-addressable display Д292
allocation P59
~ problem 349
alpha A136
alphabet A133
alphabetic data Д16
alphabetical A136, Б154
alphageometric graphics Г185
alphameric character C82
alphamosaic graphics Г186
alphanumeric Б153
~ character З233
~ data Д15
~ display Д282
~ generator Г7
~ keyboard K66
alteration switch П99
altering И18
alternate mode P308
alternation Ч26
alternative B4
ALU У119
ambient temperature T18
ambiguous grammar Г135
~ solution P379
amendment П357
~ tape Л12
amendments file Ф18
amplifier У86

280

analitic form Ф73
analog A148
~ chip M190
~ computer M75, Э2
~ data Д13
~ device У117
~ form Ф74
~ input B253
~ output B361
~ representation П404
~ simulator У118
analog-to-digital conversion П420
~ converter П433
analogous A148
analysis of variance A139
analyzer A145
ancestor node У23
AND function Ф149
~ gate B59
~ operation O190
ANDing O258, У29
animated image И27, И34
ANOVA A139
anticipated carry adder C229
antiglare panel П54
apparatus У97
append mode P282
application area O27
~ generator Г29
~ package П5
~ problem 345
~ program П557
~ programming П580
~ software O8
applied mathematics M46
approval У187
approximate solution P381
approximation П480
arbiter C252
~ line Л42
arbitrated A157
arbitration A156
~ logic Л79
arbitrator A155
architecture A172
archived file Ф7
archiving X9
area O14
~ fill 390
~ search П300
arithmetic A158, Д116, O185
~ point 3191
~ register P169
arithmetic/logic unit У119
armed interrupt П471
arrangement P111
array M37, M47
~ cell Э72
~ dimension P57
~ expression B347
~ multiplier У33
~ operation O199
~ pitch Ш5
~ processor П666

~ sensor Д87
~ ticket П70
arrival rate И124, Ч5
artificial intelligence И122
~ intelligence machine M100
~ intelligence system C110
artwork verifier B83
ascending key K109
~ ordering У44
aspect ratio O316
assembler A193
assembling A203
assembly Б89
~ language Я6
~ pass П631
~ phase Ф4
~ unit Б101
assemulator A202
assertion У187
assigned unit У149
~ value 3288
assignement problem 347
assignment H18, П501
~ statement O177
~ symbol C86
assignment-free language Я8
associative A205
~ query 3153
~ search П298
asterisk 3226
atomic operation O187
attached processor П670
attention command K183
attribute A208
~ value 3274
~ vector B43
attributed graph Г165
augend register P201
augmented grammar Г142
authentication П285, У108
authorization П400, C6
authorized access Д386
~ user П341
autoanswer A32, O273
autocode A8
autocycler Д91
autoindexing И100
automata theory T20
automated data medium H91
automatic A29
~ control P229, У49
automatic/manual switch П100
automatics A28
automation A19, A28
~ through computer application A24
automaton A9
autonomous A30
autoplotter Г200
autopoll A31
availability Г123, K308
available data Д31

~ machine time B220
~ unit У137
avoidance П401
awake process П641

B

back-biased diode Д238
backbone bus Ш23
backend processor П655
background Ф72
~ image И39
~ job 330
~ mode P327
~ operation P20
~ program П571
backgrounding O90, O241, P375
backout B155
backplane bus Ш20
~ slot Г84
backslash Ч30
backspace character 3236
~ key K86
backspacing B159
backtracking B158, П309
backup P331, P334
~ device У161
~ file Ф14
~ machine M89
~ system C108
Backus-Naur form Ф75
backward branching B112
bad data Д44
~ track Д349
ball-point pen Э88
band Г213
bang-bang control P244
bank Б45, Г220
bar code K151
~ graph Г73
bar-code reader У177
bare chip K322
~ machine M78
barrier Э53
base Б1, У77
~ address A54
~ of knowledge Б17
~ register P170
base-page addressing A99
based indexed addressing A97
basic Б23
Basic Б192
basic block Б120
~ configuration K266
~ line distance P138
basing B22
batch П1
~ access Д360
~ communication П81
~ computing B391
~ entry B18

BATCH

281

BATCHED

~ mode P304
~ monitor M250
~ operation P6
~ processing O77
~ query 3169
~ terminal T41
~ updating O36
batched job 327
baton Ж2
battery backup П251
baud Б146
~ rate C152
Bayes formula Ф119
BCD arithmetic A161
~ code K127
bebugging П679
beeper У141
beginning of tape H43
~ tape label M138
belt-bed plotter Г208
benchmark T88
~ problem 341
~ run П524
~ test П510
bias C166
biased sampling B293
bidirectional counter C273
~ printing П197
binary Б73, Д96
~ arithmetic A160
~ code K128
~ counter C269
~ data Д29
~ decision B275
~ digit Ц50
~ division Д137
~ exponent П368
~ image И26
~ logic Л81
~ notation П416
~ number Ч37
~ one E3
~ output B364
~ point 3190, 3192
~ system C138
~ tree Д154
binary-coded character 3237
~ decimal Ч36
~ decimal code K127
~ digit Ц51
binary-decimal Д94
binding П482
bipartite graph Г159
biquinary Д95
bistable writing 3127
bit Б75, P71
~ addressing A100
bit capacity E15
~ configuration K267
~ decoder Д181
~ line Л57
~ loss П381
~ map K38
~ padding 3142
~ pattern K199
~ position П295
bit-by-bit transfer П82

~ voting Г120
bit-map architecture A190
bit-mapped display Д302
~ graphics Г194
bit-rate generator Г46
bit-slice processor П671
bits per inch Б79
~ per second Б76
bitstuffing B247
black box Я70
black-and-white display Д309
blank П506
~ character 3247
~ tape Л22
blinking-block cursor K353
block Б89
~ design K229
~ diagram Б128
~ graphics Г184
~ loading 314
~ lock 396
~ nesting B141
~ size P54
block-by-block transfer П83
block-multiplexing Б127
block-oriented Б141
block-structured Б142
block-type file Ф10
blocked record 3131
blocking Б131, Б133, O113
blunder O349
BNF Ф75
board П214
~ set K210
~ slot Г85
boilerplate Б70
book T79
bookkeeping operation O211
Boolean algebra A118
~ expression B346
~ function Ф146
boolean logic Л80
Boolean matrix M48
boolean operation O194
Boolean variable П109
Boolean-based language Я10
bootstrap 313, П561
bootstrapping C3
borrow 385
~ signal C67
BOT H43
bottle neck problem 339
bottom-up B205
~ design П595
bounded context grammar Г139
boundpair П62
bracketing 388
branch B114
~ bus Щ18
~ statement O160
branching B107, П157
~ algorithm A124
~ decision B281
~ factor K307
~ instruction K167

branchpoint T81
breadboard П218
~ computer Э12
breadboarding M7
breadborad M4
break П440
~ contact K233
breakpoint O245, T92
~ halt O248
~ symbol 3239
broadcast addressing A111
~ bus Ш33
~ channel K24
~ mode P330
~ protocol П629
~ query 3181
buck M24
~ delay 369
buck-passing protocol П622
buffer Б169, У121
~ memory П114
~ register P171
buffered Б189
~ channel K17
~ port П367
buffering Б187
bug diary Д331
building block Б101
~ block library Б68
~ block principle П494
built-in Б249
~ check K245
~ diagnostics Д192
~ function Ф148
~ procedure П635
~ redundancy И7, P336
~ storage У128
~ type T65
bulk memory П13
~ storage У120
burst error correcting code K145
burst-error correction И184
bus adapter A42
~ architecture A192
~ conflict K278
~ contention K278
~ driver B148, Д397, Ф118
~ exchange O34
~ interface И157
~ line Л66
~ protection 3224
~ request 3180
~ terminator H14
~ transfer П86
busbar Ш34
business game И1
~ machine M84
~ problem 356
~ software O6
bust O356
busy flag П487, Ф69
~ waiting O142
busy-wait loop Ц40
Butterworth filter Ф58
by-pass O110
byte Б24

~ addressing A87
~ boundary Г152
~ capacity E14
byte-oriented Б44, C1
byte-wide organization O230

C

C-gate B78
cache K354
CACSD system C99
CACSE system C101
CAD П594
~ system C98
CAE system C100
CAE/CAD/CAM system C96
CAI O109
calculated address A59
calculating B382
~ machine M80, M99
calculation B382
calculator M80, B400, K3
calculus И201
~ mathematics M45
~ of variations И202
call O95
~ address A58, A68
~ by name B326
~ by reference B329
~ by value B325
~ chain Ц12
~ instruction K169
~ request 3176
called program П537
caller A4, O163, П538
calligraphic display Д303
~ plotter Г202
calling B322
~ program П538
~ sequence П375
Cambridge Ring K164
cancel O299
cancellation У38
candidate key K116
capabilities B169
capability C197
~ machine Э33
capability-based addressing A93
capacitance E13
capacitive transducer Д85
capacitor array M56
capacity E13, P91
capital letter Б150
capitals mode P285
carbon paper B158
carbonless paper Б155
card K36, K31, П214
~ bed K22
~ capacity E22
~ code K136
~ punch П185

~ reader У176
~ recording 3122
~ set K210
~ slot Г91
card-handling mechanism M176
carriage K26
~ advance П124
~ return B157
~ return character 3235
carrier H87
carry П127
~ bit P85
~ flag Ф70
~ gate B68
~ input B263
~ output B373
~ pulse И59
~ signal C73
cartesian coordinates K287
cartridge K43
~ disk drive H26
~ tape drive H28
cascade carry П131
cascaded gates B55
case P165
~ statement O162
cassette K43
cassette-based computer Э32
catalog K46
cataloged file Ф24
categorial grammar Г132
cathode-ray tube T138
causal model M222
~ relation O311
cell Э65, Я59
cellular array M71
~ automaton A10
~ logic Л94
central processing unit П677
certification П286
chadless paper tape Л17
chain Ц20
~ database Б16
chained file Ф51
chaining Ф110
change mode key K97
changed data dump Д4
channel K8
~ adapter A35
~ bank Г215
~ capacity E19
~ waiting queue O339
channel-to-channel adapter A36
channeling P48
character 3231, Л73
~ blanking Г4
~ boundary Г153
~ code K143
~ constant K226
~ deletion И174, У4
~ display Д282
~ expression B348
~ generator Г18
~ identification P107
~ image И29

CLOCKED FLIP-FLOP

~ outline K262
~ representation П412
~ sensing C276
~ set H4
~ shape Ф84
~ spacing И132
~ string C216, Ц18
~ string data Д70
~ type T71
character-oriented communication П84
character-type file Ф8
characteristic overflow П143
charge 3197
charge-coupled cell Э80
chart C234
check bit P80
~ code K131
~ digit Ц54
~ position П296
~ register P190
~ solution P377
checker П544
checking П509
checklist T3
checkpoint T88
~ label M134
~ restart П94, P356
checkpointing K289
checksum C223
chi-square criterion K346
~ distribution P130
child C115
chip M189, K320
~ carrier K334
~ diode Д235
chip-carrier socket Г89
circuit K260, C234, Ц20
~ logic Л95
circuit-free graph Г157
circuitry C259
circular shift C25
circumvention O110
CISC-computer Э38
clamp Ф54
clamping diode Д234
~ roller П388
classified data Д49
classifier K105
clause П399
clean-up editing P266
clear data Д39
~ key K88
clearing Г3, O345, P92
clinch C149
clock Г16, Г41
~ bus Ш28
~ channel K20
~ driver Ф115
~ edge Ф143
~ input B267, B271
~ interrupt П469
~ pulse И69
~ signal C78
~ unit Б118
clock-pulse generator Г42
clocked flip-flop T134

283

CLOCKING

~ latch З209
clocking T10
clockpulse И74
close coupling C19
closed circuit Ц24
~ loop K261
closed-form solution P372
cluster K106
~ controller K240
clustered access Д364
clustering Г221
CMOS structure K121
CNF Ф78
code П545
~ auditor P162
~ block Б114
~ character З238
~ distance P137
~ generation Г51
~ generator Г20
~ hole O262
~ length Д328
~ register P187
~ transformation П426
~ word C157
code-for-code compability K155
codec K152
coded data Д34
~ image И28
coder У145
coding K153
~ form Б86
~ sheet Б88
~ theory T24
coefficient K305
coincidence C176
~ detector Д171
collision K277, C148
color display Д307, И40
~ graphics Г197
~ monitor M253
column K161, C214
~ diagram Г73
combinational circuit C243
combinatorial circuit C243
combined head Г117
command K165
~ control block Б123
~ decoder Д180
~ file Ф25
~ interrupt П450
~ language Я21
~ mode P293
~ processor П663
~ reject O279
~ word C158
command-driven interface И146
command-rich interface И153
comment K200
common area O20
~ carrier B137
~ data Д48
~ divisor Д144
commonsense reasoning P140
communication C13
~ adapter A40
~ buffer Б172
~ circuit Ц30
~ delay 368
~ industry П605
~ line Л58
~ system C130
~ theory T29
communicational barrier Б51
communications computer Э29
~ controller K242
~ interface И151
~ link K15
~ processing O64
~ processor П673
~ queue O342
comparator У170
compare instruction K191
comparer K203
compatibility C168
compatible computer Э34
~ family P394
compile phase Ф3
~ time П175
compile-time diagnostics Д190
~ procedure П639
compiled language Я52
compiler K204
~ optimization O226
compiling K207
complement Д340, K129
~ code K132
~ gate Б67
~ representation П405
complementary output Б372
~ outputs B380
complementation O94
complementing O94
~ flip-flop T130
~ input Б270
complete failure O281
~ graph Г169
~ information И167
~ instruction set H8
~ instruction set computer Э38
completeness З5, П320
completion 33
component Э65
~ density П235
~ parts И14
componentry И14
composite hypothesis Г70
~ probability Б92
compound O179
~ proposition Б356
comprehensive facilities B178
~ keyboard K74
computation B382, P146
~ speed C150
computational B401
~ algorithm A126
~ capabilities B171
~ costs З199
~ geometry Г56
~ linguistics Л37
~ modeling M215
~ problem 336
~ resource P358
computer K214
~ center Ц5
~ control У48
~ cycle Ц39
~ dead time B239
~ design aids C201
~ family C35
~ fraud И180
~ graphics Г191
~ industry П603
~ instruction K172
~ literacy Г151
~ manager A48
~ manufacturer Ф66
~ model M221
~ network C41, C63
~ networking O239
~ operator O183
~ phobia M107
~ power M264
~ programming П584
~ schedule Г181
~ science T56
~ service У94
~ speed Б191
~ system C104
~ technology T59
~ time B223
~ trespasser Б124
~ vision З298
~ word C159
~ zero H95
computer-aided design П594
~ design system C98
~ engineering system C100
~ instruction O109
~ programming П575
~ system C97
computer-based document Д333
computerization A24, K216
computerized information И160
computing B382
~ device У131
~ time B217
concatenation C177
concealed wiring M262
concentrator K284
concept П356
conceptual design П590
concertino-folded paper Б163
concurrency П63
~ conflict K283
~ control У62
concurrent П64
~ computer Э19
~ execution B336
~ input/output B32

DATA

~ mode P316
~ process П644
~ processing O78
~ processor П674
condition У87
conditional O182
~ branching B113
~ distribution P128
~ halt O254
~ implication И47
~ jump П173
~ jump instruction K194
~ probability B93
conditioned disjunction Д231
conducting paper Б159
confidence interval И130
~ probability B89
confidential data Д60
configuration change И19
configurator K265
configuring B276
conflict K277
~ resolution P64
conjunction K285
conjunctive normal form Ф78
~ query 3161
connected graph Г173
connection C177
connective Э83
connector P93, C179
consistency check П514
console K225
~ mode P315
constant B52
~ offset indexed addressing A109
constrained optimization O228
constraint O127
constructive solid geometry Г57
consumable resource P363
consumer process П651
contact hole O148
content addressable A205
content-addressable memory П12
~ processor П654
contention K277, C148
~ mechanism M174
context K237
~ editing P265
~ name И83
~ switching П104
context-free grammar Г134
context-sensitive grammar Г133
continuous control P234
~ file Ф30
~ paper Б156
~ speech P368
~ stationery Б160
control action B165, B168
~ algorithm A131
~ bit Б84

~ byte Б43
~ card K40
~ center Ц11
~ character C91
~ circuit Ц29, Ц31
~ computer Э45
~ criterion K345
~ data Д71
~ device У180
~ element Э81
~ function Ф164
~ interval И135
~ key K102
~ lag 3102
~ logic Л97
~ loop K264
~ mark M145
~ operation O217
~ panel П59, П683
~ program П570
~ register P217
~ response P158
~ system dynamics Д233
~ tape Л34, П183
~ transfer instruction K180
~ unit Б122
~ word C161
control-flow computer Э44
controle П682
controllable gate B78
controlled process П647
~ variable П121
controller P255, K239
convergence C262
conversational Д218
~ language Я14
~ mode P281
~ operation P4
~ processing O55
conversion П419
converter П432
convolution code K140
coordinate K286
~ graphics Г190
coprocessor C184
copy K290, Э50
copying K288
copyright П394
~ owner B135
copyrighted program П543
~ software O4
core C37
~ language Я7
~ matrix M67
~ memory П32
~ memory dump Д7
correction B146
cost/efficiency ratio C182
cost/performance ratio C183
cotasking O233
count E11, П283, C263
~ pulse И72
countdown C264
counter C265
~ capacity E24
~ circuit C257
~ tube Л4

counting circuit C249
~ device У172
coupler C179
coupling C13
CPU П677
crash A5
~ recovery B198
credit P62, P66
cross hairs П106
~ reference C207
cross-assembler K347
cross-compiler K348
cross-program K349
cross-software K350
crosspoint switch П97
CRT T138
~ display Д311
~ terminal T45
crystal K320
cumulative error O354
current data Д67
~ directory K51
~ driver Ф116
~ loop П193
~ value 3291
current-page addressing A102
cursor K351
~ control key K101
cursor-director device У181
custom chip K324, M191
~ configuration K269
~ IC C240
~ integrated circuit C240
~ microcircuit M191
custom-made software O3
customized 387
cutoff frequency Ч6
cycle Ц32
~ reset B204
~ stealing 3204
~ time B245
cycle-steal mode P290
cyclic carry П136
~ graph Г178
cycling 3205
cyclogram Ц47

D

DAC П437
daemon Д147
daisy-chain bus Ш30
dangling vertex B97
data Д11
~ access Д369
~ accessibility Д390
~ accumulation H29
~ acquisition C9
~ amount O122
~ array M38
~ attribute A209
~ bank Б46

DATA

data bit Б78, Р79
~ block Б93
~ buffer Б171
~ bus Ш12
~ byte B26, Б29
~ carrier H88
~ cartridge K45
~ channel K15
~ collection C9
~ collision K279
~ communication П76
~ communication line Л55
~ communication network C50
~ compression C64
~ contention K279
~ definition language Я34
~ direction register P195
~ disaggregation Д105
~ display Д286
~ entry B260
~ exchange O33
~ extraction И9
~ flow П386
~ flowchart Б129
~ flow chart Д208
~ format Ф92
~ generator Г14
~ group Г214
~ highway M2
~ input B13, B260
~ input device У124
~ interrupt П449
~ item Э66
~ latching Ф56
~ layout M5
~ line Л47
~ link layer У73
~ logging P224
~ management У57
~ manipulation language Я25
~ memory П19
~ movement П123
~ movement instruction K182
~ object O118
~ origination П247
~ output B298
~ owner B136
~ packing У39
~ path П691
~ pin B305
~ preparation П247
~ presentation П411
~ processing O60
~ processing center Ц9
~ processing system C117
~ protection З214
~ record З112
~ reduction O66, П422
~ register P177
~ request З154
~ retrieval system C109
~ security З225
~ set extension P149
~ set owner B138

~ source И193
~ structure C219
~ structure machine M172
~ switching center Ц8
~ tape Л28
~ teleprocessing T14
~ track Д351
~ transfer П147
~ transmission П76
~ triggering З187
~ type T66
~ verification B86
data-communication T42
data-directed input/output B35
data-entry terminal T36
data-flow architecture A182
~ computer Э21
~ graph Г162
~ program П569
data-retention time B243
data-transmission rate C153
database Б3
~ access Д368
~ administrator A46
~ audit P161
~ index И95
~ journal Ж6
~ machine M76
~ maintenance B37
~ management У50
~ management system C142
~ manager A46
~ operation O197
~ query З159
~ restore B196
datagram Д80
dataware O5
date needs П389
datum E6, Д10
daughter board П215
DBMS C142
DDC У65
dead file Ф29
~ halt O247
~ state C191
~ zone З296
deadlock Б133, B117, C149, T142
deblocking P30, P45, P98
debounce flip-flop T127
debounced switch П101
debug monitor M249
debugger O298
debugging O297
~ information И166
~ mode P303
~ statement O171
~ tools C204
decade Д118
~ counter C270
decimal arithmetic A162
~ digit Ц52
~ keyboard K68
~ number Ч39
~ order П369
~ point З193, T87

~ position P72
decimal-to-binary conversion П423
decipherer Д177
deciphering Д186
decision P370
~ algorithm A125
~ block Б92
~ function Ф159
~ making П497
~ problem 346
~ support O9
~ support database Б11
~ symbol C88
~ table T6
~ theory T28
~ tree Д164
declaration O123
declarative statement O168
declare error O359
declarer O167
decoder Д119, Д177, У135
~ matrix M51
decoding Д121
decompiler Д125
decompiling Д126
decomposition Д127, P51
~ by the levels of control Д131
~ in space Д132
~ in time Д129
decoupling P37
decrement П500
dedicated computer Э37
~ line Л61
deduction B294
deductive reasoning B304
default O181, У37
~ assignment П503
~ attribute A212
~ declaration O124
~ value З286
defaut option B280
deferred entry B17
~ interrupt П458
~ processing O76
define file statement O169
definition O220
degenerative feedback C16
degraded recovery B203
delay З57
~ circuit Ц23
~ component Э67
~ generator Г17
~ in transit З83
~ line Л50
~ time B222
deletion И173, Б381
delimiter P39
demand T119
~ processing O65
demand-paged memory П45
demodifier Д146
demounting Д148
demultiplexer Д150
demultiplexing Д149
dense packaging У40

DOMINANCE

density П231
~ gradient Г127
dependability Г2, H15
derivation Д322
~ tree Д152
derivative control P242
~ relation O312
derived type T70
descendant node У22
descending key K119
~ ordering У46
description O220
descriptive knowledge 3266
descriptor O221, Д166
~ chain Ц13
~ language Я13
desequencing H37
deserializer П436
design П593, P382
~ alternative B5
~ automation A22
~ constraint O131
~ formula Ф122
~ knowledgebase Б19
~ language Я43
~ space П616
~ value 3289
~ workstation A171
designation H18, O39
desktop H40
~ calculator K5, M87
~ computer Э17
~ configuration K273
destination A84
~ file Ф11
~ node У14
~ point П685
~ register P203
destruction P68
destructive reading C281
detachable keyboard K71
detailed design П591
detectable failure O278
detector Д169
deviation O293
device У115
~ queue O338
~ redundancy P340
~ takedown time B227
diagnosis Д188, Д198
diagnostic features B172
diagnostics Д188
diagnotor П540
diagram П409
dial-up B327
~ line Л63
~ network C45
dialing B327
dialogue Д212
dialoguing B38
dibit Д225
dichotomizing search П301
dichotomy Д324
dictionary technique M160
difference P61
differential Д321
differentiating unit 3227

differentiation Д322
diffusion Д323
digit P69, Ц48
~ delay 367
~ fallout B332
~ line Л57
~ position P90
~ pulse И66
digital automaton A17
~ chip M193
~ computer Э48
~ control P252
~ data Д76
~ device У184
~ filtering Ф61
~ form Ф88
~ microcircuit M193
~ point plotter Г210
~ signal processing O85
digital-to-analog conversion П431
~ converter П437
digitization П421
digitized image И36
digitizer Д92, П438
dimension И22, P55
dimensioning 328
diode decoder Д179
~ logic Л83
~ matrix Д179
~ Zener transistor logic Д401
diode-transistor logic Д400, Л84
DIP K298
direct access Д384
~ access memory П49
~ access method M163
~ action Д115
~ addressing A103
~ beam display Д303
~ digital control У65
~ keyboard execution B335
~ list database Б14
~ measurement И24
~ relation 38
direct-access library Б67
~ unit У169
direct-coupled flip-flop T129
direct-memory-access channel K16
directed graph Г166
directive Д241
directory K46, C198
~ file Ф45
~ lookup П306
disable 3104
~ pulse И52
disabled interrupt П445, П451
disarmed interrupt П446
disarray H79
disassembler A195
disassembling A204
disaster dump Д2
discharge P40, P69
discipline Д314, П370

disconnection O295
discontinuous control P245
discrete component circuit C247
discretionary hyphen П128
discretization Д267
discriminant Д268
discriminator Ф152
disjunction Д227
disjunctive Д226
~ normal form Ф77
~ query 3155
disk Д242
~ drive H22
~ file Ф27
~ interleaving Ч28
~ operating system C106
~ unit У136
disk-based version B95
disk-resident Д264
diskette Д265
~ drive H27
dispatcher Д275
dispatching Д279
displacement C166
display Д280, И25, И101
~ device У153
~ file Ф12
~ panel П55
~ refreshing P164
~ statement O172
~ suppression Г5
~ terminal T34
~ window O150
displayed line Л53
distance P136
distinctive feature П489
distributed access Д385
~ architecture A184
~ calculating B398
~ capacitance E23
~ database Б7
~ processing O84
~ query 3173
distribution function Ф158
distributive medium H89
~ tape Л11
disturbance B186
disturbed one E10
~ zero H98
divide overflow П141
dividend Д141
divider Д142
dividing Д134
division Д134
divisor Д142
DMA channel K16
~ interface И145
DNF Ф77
document generator Г15
~ section P43
documentation center Ц7
documenting Д337
domain Д338, O14
domain-specific knowledge 3270
dominance grammar Г130

287

DONE

done flag Ф68
DOS C106
dossier data bank Б47
dot chart Д211
~ generator Г45
~ mark M128
~ matrix M72
~ printing П204
dot-addressable graphics Г195
dot-matrix digit Ц64
~ display И106
double calculation B388
~ density П233
~ register addressing A107
double-byte Д100
double-density disk Д261
~ recording З114
double-error correction И181
double-input gate B72
double-length number Ч38
~ operation O203
double-precision computation B387
double-sided disk Д246
double-word register P178
down counter C268
downtime П613
~ ratio K312
downward compatibility C174
drawing selection B282
drive П481
driver Д392
dropping O261
DSP O85
DTL Д400
dual recording З113
~ system C107
dual-in-line package K298
dual-link Д102
dual-port Д103
dual-ported memory П20
dual-rail logic Л82
dual-redundant bus Ш13
dual-sided C2
duality Д97
dumb terminal T40
dummy activity P19
~ address A80
~ instruction K195
~ module M245
dump Д1, P41, P100
~ tape Л8
duodecimal Д93
duplicate Д402
duplicated record З116
duplication Д404
dyadic operation O188
dynamic area O16
~ flip-flop T124
~ memory П22
~ priority discipline Д320
DZTL Д401

E

E/R model M227
easy-to-test architecture A177
echo-checking Э98
echo-printing Э97
echoing Э96
edge Ф140
edge-assigned terminal B306
edit statement O178
editing P264
~ character З252
editor P268
~ program П558
effective address A62
~ bit Б81
~ byte Б36
efficiency Э95
eight channel code K125
EITHER-OR function Ф151
electron-beam recording З137
electronic accounting machine M103
~ computer Э1
~ file cabinet K41
~ mail П390
~ switch K120
electrosensitive paper Б168
~ printing П205
element Э65
embedding B139
emergency button K122
emulation Э90
emulator Э89
enable P30, P62
~ input B264
~ pulse И58, И65
enabled interrupt П476
enabling signal C75
encapsulated type T72
encirclement O110
encoder Ш35
~ matrix M54, M73
encoding Ш37
~ device У145
~ system C111
encryption Ш37
end mark M135
~ of file K224
~ of tape K221
~ user П343
end-around borrow З86
end-user language Я22
endless tape Л9
engineering solution P383
~ workstation A169
enhancement P147
enqueueing П379
enterprise O26
~ level У72
entity O115
entity/relationship relation O313
entity-relation diagram Д205
entity-relationship model M227
entrance B251
entry B8, B251, B274, Д17
~ approval П284
~ configuration K272
~ name И79
~ point T84
entry-point address A78
enumeration type T68
environmental test И187
EOF K224
EOT K221
equals sign З249
equipment O41
equivalence relation O318
erasable disk Д260
~ memory П50
erase head Г114
~ key K98
~ pulse И70
erasing C212
~ head Г114
erasure C212
error O346, П244
~ burst П4
~ byte Б32
~ check П513
~ diagnosis Д197
~ flag П490
~ interrupt П468
~ latch З208
~ latency З75
~ log Ж9
~ logging P225
~ managament У61
~ rate Ч4
~ recovery B200
~ signal C71
~ span Д222
error-correcting capabilities B175
~ code K144
error-detecting code K147
error-free Б56
~ operation P3
error-squared criterion K341
escape П153
~ character З256, C83
~ key K87
~ language Я15
estimate O329
estimated performance X2
estimation problem З40
estimator O329, Ф121
evaluation B382
evalution test И189
event probability B90
ever-faster computer Э28
exact division Д136
exception И173
~ condition У88
exchange A154
~ device У150
~ register P197
exclusive access Д374

288

FIXED-LENGTH

~ disjunction Д229
~ OR gate B63
~ OR operation O193
~ tree Д157
~ usage mode P292
exclusive-OR function Ф151
EXE file Ф15
~ module M236
executable module M235
~ statement O164
execute part of cycle Ч21
~ phase Ф2
execution B333, И175
~ environment У90
~ logging P226
~ path B115
~ time B213
executive Д275
~ address A62
~ dump Д8
~ instruction K193
~ mode P325
exhaustion of spares И197
exhaustive method M161
~ search П73
exit B360
~ point T86
exjunction Д230
expander P154
expansion P147
~ board П224
~ bus Ш26
~ in series P52
~ slot Г92, У97
expectation O144
~ value 3283
expert knowledge 3272
~ system C145
expert-like solution P371
explainer Б106
explanation generator Г25
~ module M240
explicit Я1
~ address A82
exponent П312, П373
~ arithmetic A164
~ form Ф82
~ overflow П143
~ sign 3246
~ underflow И200
exponentiation B152
exposure H57
expression B344
~ statement O184
expressiveness B170
extended addressing A104
extender board П224
extensible addressing A110
extension P147
~ chassis Б116
~ register P209
external device У127
~ disturbance B187
~ interrupt П443
extra accuracy T99
extreme accuracy T102

F

facilities B169, C200
factbase Б4
factor K305
factorial design П209
factorization P53
factory automation A26
factual information И169
~ knowledge 3268
failed state C190
failing response P159
failure O275
~ bound Г154
~ diagnostics Д196
~ flow П388
~ rate И125
failure-free Б55
fallback H70
~ recovery B194
falling delay 382
false Л98
~ addition C163
~ data Л36
~ drop П302
~ proposition B354
~ triggerung 3185
~ value 3281
family P392, C34
~ of compatibles P394
fan-fold paper Б166
fan-in K311
fan-out K313
~ tree Д163
far jump П155
fast access Д358
~ Fourier transform П430
~ unit У122
fast-access retrieval П299
fast-stop-go tape Л26
fatal error O355
father file Ф22
~ tape Л10
fault Д173
~ contained boundary Г155
~ recovery У114
~ time B234
~ tree Д160
fault-free response P157
fault-tolerance O287, У111
fault-tolerant computing B396
~ operation P15
~ system C121
faulty circuit C248
feasible solution P373
feature П486
~ extraction B319
features B169
feed hole O269
~ holes П188
~ pitch Ш4
~ reel Б144
~ spool Б144
~ wheel K156
feed-hole track Д348

feedback C15
~ control P250, У67
~ path Ц26
feedforward control P236, У68
feel mechanism M171
fetch phase Ф1
~ time B211
fetch-execute cycle Ц34
FFT П430
FGC Э25
fidelity T96
~ criterion K344
field failure O286
~ length Д327
~ separation character 3250
~ size Д327
FIFO discipline Д317
~ memory П31
fifth generation computer Э25
figure Ц48
file administrator P114
~ composition Ф109
~ data Д73
~ directory K52
~ manager P114
~ memory П51
~ organization C222
~ population 3144
~ print P105
~ reset B202
~ tape Л32
~ unit У182
~ updating K302, O38
filed data Д24
fileid И4
filing 399, O240, X10
fill area O18
"fill-in-the-blanks" input B19
filler 3145
~ character 3262
filter Ф57
filtering Ф60
final routing T113
fingertip access Д388
finite memory machine M94
~ state grammar Г129
finite-memory automaton A16
finite-state machine A11
Fire code K149
firing pulse И55
firmware П589, C205
first-in-first-out discipline Д317
fitted function Ф167
fitting criterion K342
~ curve K319
five-bit byte Б35
five-channel tape Л23
fixed error O362
~ head Г109, Г118
~ point 3196, T95
fixed-head disk Д258
fixed-length record 3135

FIXED-LOGIC

fixed-logic query З178
fixed-path protocol П627
fixed-point arithmetic A166
~ computation В392
~ data Д23
~ number Ч44
~ operation O215
~ type T73
fixed-point notation П414
fixed-program computer Э31
flag П486, Ф67
~ activation В358
~ bit P89
~ check K251
~ field П316
~ indicator И108
~ register P218
~ test П519
flat file Ф37
~ panel display И103
~ screen Э57
~ screen display Д301
flat-address architecture A189
flatbed plotter Г207
flexibility Г59
flexible Г58
~ automation A20
~ manufacturing system C105
flicker-free display Д290
flip-flop T122
~ circuit C258
~ register P214
floating control P230
~ controller P256
~ point З194, T91
~ point type T69
~ terminal В314
floating-point accumulator C228
~ arithmetic A165
~ computation В391
~ data Д22
~ features В179
~ notation П413
~ number Ч43
~ operation O213
flooding A92
floppy Г58
~ disk Д245
~ drive Н24
flow diagramm Б128
~ graph Г171
flow-of-control programming П576
flowchart Б128
flux П387
FMS C105
fold-down keyboard K72
follow-up system C132
follower Э82
font K212
~ style T76
foolproof design K230
~ guardian З216
foreground image И35

~ job З24
~ mode P311
~ operation P9
foreground/background multiprogramming M273
foregrounding O105, P374
foreign format Ф100
fork P34
form Б85
~ entry В28
~ filling З141
form-free entry В9
formal grammar Г150
format instruction K196
format-control character З259
formatless input В9
formatted data Д74
~ disk Д263
formatter Ф103
formatting З31, P58, Ф101
formless output В296
forms mode P287
formula Б345
~ computing В384
forward branching В111
forward-looking cache K355
foundation architecture A173
fraction Д399
fractional part Ч23
fragmentation Ф133
fragmented relation O315
frame K1, P94, Ф134
~ buffer Б174
frame-based Ф139
~ language Я56
~ model M228
framing K2, Ф108
free format Ф98
~ memory space O23
~ running mode P321
~ tape Л27
frequency Ч2
~ diagram Г73
~ response X3
front-end A39
~ processing O66
full bus Ш25
~ configuration K270
~ conjunctive normal form Ф86
~ disjunctive normal form Ф85
~ subtracter В407
full-drive pulse И61
full-duplex line Л48
full-page display Д293
full-screen editor P274
full-word buffer Б177
functional board tester T49
~ capabilities В183
~ decomposition Д133
~ key K103
~ keyboard K80
~ language Я57
~ test П520

functionality В183
functor Э86
fuse map K35
fuzzy H81
~ set M209

G

game tree Д155
gap П602
garbage Д40, И164
~ collection C10
gate В56
~ array M49
~ circuit C237
~ delay З58
~ driver В81
~ extraction В317
~ generator Г38
~ unit Б91
gated В80
~ decoder Д183
~ input В269
~ inverter И93
gateway M104
~ computer Э49
~ processor П667
gating Д108
~ pulse И75
~ signal C79
general-purpose register P198
generalized grammar Г137
generation Г50, Г54, П359
generative grammar Г143
generic frame Ф138
~ name И84
~ parameter П65
geometric database Б2
~ graphics Г188
gibberish Д40, И164
gigabyte Г62
gigacycle Г63
gigaflops Г64
gigahertz Г63
glass box Я69
glitch Г74, Д176
global Г75
~ assertion У188
glossary Г76
go/no-go tester T50
goal У107, Ц4
~ hypothesis Г71
goal-seeking behavior П241
graceful degradation У192
gradient Г126
grammar Г128
grandfather tape Л19
granularity Г77
graph Г156, Г179
~ model M216
~ path П689
~ theory T22

~ with loops Г176
graphic character C84
~ data Д28
~ form Ф76
~ input device У133
~ interface И143
~ primitive П492
graphical access method M151
~ display Д283
~ information И159
~ input B12
~ output B300
graphical-interface database Б9
graphics Г183, C203
~ adapter A33
~ bus Ш11
~ driver Д393
~ editor P269, P271
~ generator Г13
~ language Я12
~ manipulation M22
~ memory П18
~ mode P280
~ software O7
~ terminal T33
Gray code K126
gray-scale picture И37
great display Д310
green-phosphor display Д285
grey scale Ш39
groove Б148
gross error O349
group dynamics Д232
~ name И80
grouping Г221
guard ring K162

H

hacker X13
half-adder П336
half-bit П328
half-byte П327
half-current П337
half-drive pulse И62
half-duplex line Л56
half-page display Д294
half-select П329
half-subtracter П330
half-word П334
~ buffer Б179
halt O245
~ address A70
~ instruction K179
~ key K90
Hamming code K150
hand-held calculator K4
handheld computer M178
handler П549
handshaking K60

~ protocol П621
hang-up 36
hard A152, Ж3
~ disk Д247
~ image И31
hard-wared automation A21
hardcopy K291
hardcore Я2
hardware A152, A153, O2, O12, O42, C202
~ algorithm A123
~ check K244
~ compatibility C169
~ configuration K276
~ independence H56
~ interrupt П441
~ module M233
~ multiplication У28
~ program П532
~ redundancy P335
~ restriction O128
~ subprogram П266
~ support П250
~ system K208
hardware-compatible A151
hardware-controlled recovery B195
hardware-implemented A150
hardwired knowledge 3269
~ logic Л85
~ subprogram П268
hash Д40
~ chain Ц19
~ table X5
hashing X7
~ function Ф165, X6
hazard rate И125
head Г99
header 310
~ label M129
~ table T4
heap M41
heat-sensitive paper Б165
heavy line Л49
heavy-duty software O13
help information И163
~ menu M119
~ mode P295
~ request 3160
hexadecimal number Ч46
~ system C140
HF bus Ш9
hidden fault Д175
~ file Ф43
~ line Л65
hierarchical organization C220
hierarchy chart C251
high byte Б41
~ dimensionality P56
~ order P88
~ resolution P63
high-density recording 3132
high-end computer Э41
high-level signal C65
high-order digit Ц63
high-performance computer

HYSTERESIS

Э6
~ equipment O44
high-pin-count component K213
high-priority user П340
high-resistance paper Б167
high-speed B357
~ carry П135
~ circuit C236
~ memory П15
high-voltage level У83
higher-level language Я11
~ module M234
highest byte Б38
~ order P87
highway M1, Ш17
HIPO diagram Д203
histogram Г73
hit ratio K314
holding X11
~ area O28
~ circuit Ц21
~ register P175
~ time B238
hole П507
home computer Э5
~ key K85
~ position П323
~ record 3123
honored interrupt П470
hook Л75, Б95
hop П149, П484
Horn clause B350
host M81
~ board П229
~ bus Ш10
~ computer M81, Э7
~ processor П660
host-based network C53
hot line Л43
~ zone 3297
hot-potato routing M31
housekeeping Д117
~ data Д62
~ operation O211
human factor Ф53
~ factor error O350
~ failure O280
~ mistake O356
human-computer interface И156
human-readable language Я41
hybrid Г61
~ database Б13
hypergraph Г66
hypertext Г67
hypervisor Г65
hyphen П127
hyphenation П134
hysteresis Г72
~ loop П192

I/O

I

I/O B29
~ buffer Б170
~ channel K10
~ data Д18
~ request З165
IBM-compatible computer Э35
IC M192, C242
~ computer Э16
~ socket Г88
~ tester T47
icand M210
~ register P192
icon И25
identical transformation П429
identification И5, O222
~ byte Б28
~ card K32
identifier И2
identifying information И161
identity T78
~ operation O219
idle Б54
~ channel K13
~ mode P328
ier M211
illegal access Д375
~ access protection З217
~ instruction K171
illegal-command check K248
image И25
~ copy K292
~ processing O70
~ processor П661
~ restoration B197
~ storage З147
imager Б125
immediate access Д376
~ address A66
~ addressing A95
~ data Д43
~ operand O156
~ predecessor relation O305
~ processing O74
~ successor relation O306
implementation B10, P160
implication И45
implicit address A67
~ knowledge З264
implied operand O157
improper-command check K248
impulse И48
in-circuit B147
in-gate B57
in-house programming П582
in-line processing O75
in-process job P13
in-transit buffering Б188
inaccessibility H53
inaccessible H54
incidence matrix M53

incident vertex B101
inclusion B248
~ relation O301
inclusive disjunction Д228
~ tree Д151
incoming B273
~ flow П383
~ inspection K246
~ line Л60
incompatibility H76
incomplete data Д42
~ information И165
incompleteness H55, H74
inconsistency П617
increment П499
incremental vector B44
independent control P235
index И94, П311, У24
~ and base register addressing A107
~ file Ф21
~ register P185
indexed access Д367
~ addressing A89
~ file Ф20
indexed-sequential access Д366
~ access method M152
indexing A89, И99
~ hole O272
~ unit Б99
indicator И101, У24, У142
~ tube Л2
indirect action Д111
~ address A63
~ addressing A91
~ instruction K189
industrial computer Э23
~ data processing O83
inexact reasoning P141
infancy failure O282
inference B294, B307
~ chain Ц15
~ machine M86
~ operation O195
inferential logic Л90
inferencing B294, B307
~ algorithm A128
infinite looping З205
informatics И158
information algebra A120
~ center Ц6
~ collector Ц10
~ content unit E7
~ density И126
~ graph Г161
~ hiding У186
~ processing technology T61
~ retrieval П303
~ retrieval problem З43
~ retrieval time B233
~ science И158
~ theory T23
~ unit E6
information-oriented society O111

informational needs П389
inherent addressing A90
inheritance H39
inhibit circuit C241
inhibiting input B258
~ signal C68
inhibition З150
inhibitory pulse И54
initial address A64
~ condition У89
~ investigation step Э94
~ value З282
~ vertex B104
initialization З26, И111
initiating pulse И64
initiation B151
ink K317
~ ribbon Л13
ink-jet printing П203
inker M168
inking P386
inlatched input B254
inner vertex B98
input B8, B251, У129
~ action B164
~ capacitance E17
~ data Д25
~ file Ф23
~ format Ф90
~ line Л44
~ load H12
~ message C181
~ port П361
~ queue O335
~ variable П111
input/output B29
~ bus Ш7
~ channel K10
~ control У53
~ data Д18
~ interrupt П459
~ processor П656
~ register P172
~ request З165
input-output buffer Б170
~ device У123
~ channel K10
~ interface И142
~ library Б65
~ port П362
~ unit Б90
input-process-output diagram Д203
input-stimulus generator Г11
input-to-output delay З78
insertion B246, B248
~ mode P279
~ point T83
installation У97
instance Э50
instruction K165, O108
~ area O32
~ buffer Б175
~ code K130
~ cycle Ц38
~ decoder Д180
~ fetching B284

~ format Ф94
~ interpretation И140
~ length Д326
~ logic Л86
~ part of cycle Ч22
~ register Р188
~ set Н7, С113
~ tape Л21
~ time В215
instrument lag 365
integer arithmetic А167
~ operation О218
~ part Ч24
~ type Т74
integral control Р239
~ performance criterion К338
integrated circuit М192, С242
~ circuit package К296
~ circuit tester Т47
integrating unit 3229
integration И115
integrator И114
integrity Ц3
intelligence Л93
intelligent И123, М188
~ keyboard К78
~ terminal Т38
~ trouble diagnosis Д194
intentional error О365
interacting control Р248
interaction В118
interactive И128
~ control У54
~ editor Р270
~ graphics Г189
~ language Я18
~ mode Р291
~ operation Р5
~ processing О61
~ programming П578
~ query 3157
interchange 392
interchanging 392
intercomputer communication С14
interconnect board П228
~ matrix М55
interconnection М115
interdatabase query 3162
interdependent В123
interface И141, С185
~ adapter А34, А41
~ board П217
~ bus Ш15
~ kit Н5
~ processor П662
~ unit У167
interfacing С185
interference В144, П353
interleaved memory П52
interleaving Ч26
interlock В133
intermediate total И210
intermittent fault Н62
internetting В121

interpolation И137
~ formula Ф120
interpolator И136
interpretation И139
interpreted language Я19
interpreter И138
interpretive execution В334
interprocessor buffer Б176
~ interrupt П453
interregister transfer П79
interrogation О224
~ pulse И57
interrupt П440
~ call Б328
~ inhibit 3151
~ latency 373
~ level И57
~ location Я65
~ mask М34
~ processing О81
~ register Р205
~ request 3172
~ signal С74
~ trap Л77
~ vector В42
intersection point Т90
interval timer Д84
intrinsic accuracy Т97
invalid address А65
~ call О99
~ data Д38
invalidity Н52
inverse И90
~ matrix М59
~ relation 37
inversion О95
inverted file Ф19
~ list database Б10
~ output Б369
~ tree Д161
inverter И92
inverting input В259
~ output Б369
invertor И92
invocation point Т85
invoked procedure П638
irredundant Б58, Н58
isolated error О352
~ vertex В100
isometric display И30
item П294, П684, Э65
~ number Н83
iteration И207, Ц32, Ш1
~ method М156

J

J-K flip-flop Т135
jack Г83
jacket К219
job 322, Р1
~ account log Ж11
~ batching П9

~ control language Я55
~ file Ф16
~ processing О68
~ queue О337
~ setup Ф105
~ step Ш2
~ stream П385
joystick Р390
jump П153
~ address А73, А75
~ if above П167
~ if greater П167
~ if not above П168
~ if not below П169
~ if not equal П161
~ if not greater П168
~ if not less П169
~ if not overflow П172
~ if not parity П159
~ if not sign П160
~ if not zero П162
~ if overflow П165
~ if parity П171
~ if parity odd П163
~ if sign П164
junction П153
~ diode Д237
justification В341

K

Kalman filter Ф59
Karnaugh map К33
KBMS С143
key К82, К108
~ change И20
~ field П314
~ punch unit У144
key-driven calculator М85
key-to-tape unit У139
keyboard П56, К65, П681
~ decoding Д122
~ display Д300
~ entry В23
~ input В23
~ instruction К166
~ lockout Б136
~ mode Р278
~ punch П186
~ request 3174
~ unit У143
keyed access Д380
keying Р12
~ mistake О360
keypad К69, П56
keystroke entry В15
~ memory П28
~ operation О192
keyswitch П96
keyword parameter П66
keyword-oriented language Я20
kilobaud К63

KILOBIT

kilobit K62
kilobyte K61
kiloword K64
knowledge base management system C143
~ base manager A47
~ domain O26
~ engineer И109
~ engineering И110
~ frame Ф136
~ information И168
~ refinement Д167, O260
~ representation П410
~ representation language Я38
knowledgebase Б17
~ machine M77
known-good 32

L

label З240, M127
~ data Д69
~ variable П119
labeled graph Г170
~ statement O175
labelling M25, П504
lack of fit H51
lag З100
~ unit З228
LAN C46
landscape display Д299
language construct K232
~ extension P153
~ processor П665
laptop computer Э10
large-scale decomposition Д128
~ integration И117
~ integration circuit C235
~ system C103
last-in-first-out discipline Д318
latch З206
~ register P222
latched flip-flop T128
~ input B268
~ output B377
latching З213
latchup З213
latency З57
latent failure O285
~ fault H63
~ image И38
lattice P385
lay user П351
layer У70
layering P26
layout M4, P111, T80
~ chart C253
LCD И102
lead B294
~ hole O266

lead-in B8
lead-out B294
leaded carrier K336
leader K222, У194
leading digit Ц65
~ edge K315, Ф142
~ zero H94
leadless carrier K335
~ package K294
leaf Л69
learning O108
~ machine M92
leased line Л59
least significant byte Б31
~ significant digit Ц61
least-squares method M158
LED display И104
~ matrix M66
left angle З242
~ shift C23
left-hand justification B342
leftmost character З254
~ digit Ц55
~ position P81
leg B114
letter-quality printing П199
lettering O40
level У70
0-level У75
1-level У76
level indicator И107
~ latch З211
lexeme Л5
lexical analyzer A146
LF П74
librarian Б72
library access Д357
~ cell Э84, Я67
~ disk Д243
~ function Ф145
~ program П533
~ subprogram П267
~ tape Л25
life P359
~ test И190
lifelength H34
LIFO discipline Д318
light Л2
~ button K124
light-emitting-diode matrix M66
lightpen П180
limitation O127, П397
limiter O132
limiting value З287
line C215
~ access Д381
~ adjustment У100
~ delete character З258
~ discipline Д313
~ editor P273
~ feed П74
~ generator Г22, Г39
~ graph Г172
~ number H86
~ printing П202
~ spacing И133

~ starve B160
linear program part Ч14
linearization Л38
link И18
~ file Ф42
~ group Г217
~ protocol П620
linkage У109
~ editing P267
linker P272
linking C12
~ loader З20
liquid-crystal display И102
LISP-machine Л67
list П174, C194
~ data block Б94
~ processing O88
list-processing language Я32
list-structured data Д21
listing Л71, P100
literal K227, Л74
live keyboard K70
load address A60
~ mark M137
~ module M236
~ program П541
~ time B221
load-and-go З16
loader З18, П541
loading З11
local access Д372
~ area network C46
~ assertion У189
~ type T67
localization Л99
location M122, P111, Я59
~ addres A83
~ problem З48
locational data Д50
lock B131, З94
~ request З164
lock-and-key protection З223
lockable keyboard K76
locked resource P357
locking B131, З104
~ mechanism M167
lockout Б133
~ mechanism M167
lockup Б133
locus Г98, M122
log Ж8, З57, П618
log-in B256, H46
log-off K223
~ procedure П637
log-on procedure П636
log-out K223
logger P223, У160
logic У13, Л78, C260
~ chain Ц14
~ circuit C244
~ family C36
~ race Г121
logic-gate redundancy P333
logical "1" E9
~ action Д109
~ addition C164

294

~ component Э70
~ depth Г78
~ level У74
~ partitioning Р23
~ record З118
~ section У13
~ terminal Т39
~ unit У146
login name И82
logoff Б367
logon В256
logout В367, У190
long-haul network С42
long-term memory П25
long-wordlength machine М97
longevity test И190
look-ahead П609
~ carry П135
look-aside buffer Б182
look-up instruction К184
lookup П308, П608
~ table Т5
loop Ц32
~ body Т17
~ check К247
~ exit В368
~ halt О253
~ unwinding Р36
loopback З89
looping О242
~ execution В338
loose coupling С20
~ routing Т114
low byte Б30
~ order Р83
~ resolution Р67
low-bit-rate channel К14
low-end computer Э14
low-level signal С70
low-order digit Ц57
low-priority user П346
low-profile keyboard К73
low-scale integration И118
low-voltage level У84
lower case Р196
~ data bus Ш19
~ part of register Ч16
lower-level language Я31
lowercase alphabet А135
~ letter Б151, Б152
lowest byte Б37
~ order Р86
LSI С235
~ chip К323
~ socket Г86

M

machine М74
~ instruction К176
~ language Я26
~ register Р168

~ time В223
~ vision З298
machine-dependent М108
machine-independent М109
machine-oriented М105
machine-readable М110
~ character З241
~ data Д37
~ document Д334
~ form Ф79
~ medium Н91
machine-recognizable М106
machine-time scheduling Р121
machine-treatable М110
macro М18
~ language Я23
~ library Б61
macroassembler М8
macrocall М9
macrocell М20
macrocode М11
macrocommand М12
~ generator Г23
macrodeclaration М13
macrodefinition М14
macroexpansion М15
macrofunction М17
macroinstruction М12
~ generator Г23
~ language Я24
macrolanguage М19
macroname М10
macros М12
macrotracer М16
magnetic bubble domain Д339
~ disk Д250
~ document Д335
~ drum Б49
~ head Г106
~ medium Н90
~ recording З119
~ tape head Г103
magnetic-head assembly Б103
magnetic-ink reader У173
magnetization Н33
magneto-optical disk Д251
magnitude В49
~ relation О303
mail system С146
mailbox Я68
main loop Ц41
~ memory П33
~ menu М117
~ path В116
mainframe Э3, Э43
mainframer И12, Ф65
maintenance О107, Э63
major key К113
~ total И209
majority Б147, М3
~ circuit С245
~ element Э71
~ function Ф154
~ logic Л87

~ operation О196
~ principle П495
make contact К234
malfunction Н38, Р16, С8
~ diagnosis Д199
man-hours Т139
man-machine communication С21
~ system С144
management problem З54
~ science Т30
manager А44
mandatory attribute А210
~ member Э76
manual entry В21
~ operation О210
manufacturer И10
map К31
margin П318
mark З240, М24, М127
~ sense reader У174
marking М26
~ pulse И56
Markov chain Ц25
mask М33, Т117, Ф132
~ programmable logic array М57
~ register Р191
~ topography К271
maskable interrupt П452
masked interrupt П451
masking М36, Н32
mass data Д14
master В41
~ cell Я60
~ chip К321
~ controller Р257
~ copy Э52
~ file Ф35
~ index И98
~ processor П657
~ program П539
~ pulse И51
~ record З139
~ slice П212
~ tape Л36
master-slave interface И155
match С176
~ circuit С255
math instruction К170
mathematical model М220
matrix М47
~ display Д288
~ font Ш144
~ inversion О98
~ printing П198
~ rank Р95
maximum likelihood estimator О331
Mealy automaton А12
mean life Р364
~ time between failures В206
~ value З290
mean-square deviation О294
measurement И22
medium-scale integration

MEGABIT

И120
megabit M112
megabyte M111
megaflop M114
megaword M113
member Э65, Э74
~ record З128
membership П493
~ function Ф157
memo file Ф52
memory П10
~ access В283, Д371
~ address А72
~ allocating В318
~ allocation Р123
~ attaching З91
~ bank Г212
~ bit Б80
~ block Б109
~ byte Б33
~ cabinet Ш41
~ capacity Е20
~ chip К329
~ clearing Г6
~ collision К282
~ contention К282
~ cycle Ц42
~ depth Г79
~ driver Ф117
~ expansion Р150
~ guardian Б97
~ interleaving Ч27
~ limitation О129
~ location Я64
~ management unit Б124
~ manager А49, Б124
~ map К39
~ matrix М52
~ module М237
~ operand О154
~ paging Л70, Р27
~ printout П102
~ protection З219
~ protection interrupt П463
~ register Р200
~ size Е20
~ size unit Е4
~ space О21
~ unit Б109
~ write lock Б134
memory-mapped input/output В33
menu М116
~ dialog Д217
~ format Ф87
~ picking В279
~ selection В279
menu-based interface И147
menu-driven access Д362
~ interface И147
~ key К96
merge sort С187
mesh of cells С39
mesh-connected array М70
message block Б119
~ compression У42
~ routing М32

~ transport Т108
messaging П88
metainformation М125
metaknowledge М124
metarule М126
method М147
microbreak М183
microcircuit М192, М189
microcode М179, М184
~ memory П30
microcoding М185
microcomputer М195
microcontroller М180
microelectronics М196
microfiche М194
microfloppy М177
microfloppy-diskette drive Н25
micromodule М182
microprocessor М186
~ chip К327
~ exerciser Т48
~ set К209
microprocessor-based М188
~ system С115
microprogram unit Б104
microprogramming control У60
mid-range computer Э39
miltiwindowing О236
MIMD machine М95
minicomputer М198
minification У26
minifloppy М197
minimum length tree Д159
minor total И211
minterm М199
miroprocessor set Н10
miscalculation О347
miscellaneous time В218
mismatch Р135
mismatching Н77
misphasing Р145
miss Н78
missing page interrupt П447
~ variable П116
missort О361
misspelling О357
mistake О346
mistiming Р134
misuse failure О276
MMU Б124
mnemonic assembler А201
~ instruction К188
~ language Я28
mnemonics М200, С246
mod N check К250
mode Р275
~ setting У104
modeling М214
~ algorithm А129
modem М229
modification М230
modular approach П496
~ architecture А180
~ decomposition Д130, Р24

~ design К231
~ redundancy Р339
~ unit У148
modularity М246
module Б89, М232
modulo addition С165
~ N residue О257
modulo-two sum gate В74
monadic instruction К190
~ operation О212
monitor М247
~ control dump В316, Д5
~ display Д287
monitoring К257
monochrome display Д289
~ monitor М248
Moore automaton А13
MOS М263
~ flip-flop Т125
MOS-structure М263
most significant byte Б42
~ significant character З253
~ significant digit Ц62
motherboard П221
~ wiring М260
mounting Л54
~ hole О263
mouse М276
movable carriage К27
~ head Г112
move statement О174
moving-arm disk Д259
moving-head disk Д259
MPLA М57
MS flip-flop Т136
МТВF В206
muddle of cards З198
multi-MIPS computer Э22
multi-PU М274
multiaccess Д373, М268
multiaddress instruction К174
multibus architecture А179
multibutton mouse М277
multibyte М202
multichannel М203
~ tape Л15
multicolor plotter Г204
multidatabase М267
multidimensional array М40
~ scaling Ш40
multidrop line Л52
multierror correction И182
multifunctional controller Р258
multihead disk Д258
multihoming А98
multilayer card П219
~ routing Т112
~ wiring М257
multilength arithmetic А163
multilevel addressing А94
multilist М275
multiobjective optimization О225
multiple access Д373
~ head Г108

~ redundancy Р338
~ regression Р228
~ window display Д291
multiple-data stream machine М95, М96
multiple-instruction М95
multiple-key retrieval П305
multiple-pen plotter Г203
multiplex mode Р299
multiplexed bus Ш21
~ output В370
multiplexer М271
~ channel К12
multiplexing М270, П80, У41
multiplicand М210
multiplication П126, У27
multiplicity М207
multiplier М211, С180, У30
~ register Р193
~ unit У179
multiply-accumulator У35
multiply-adder У36
multipoint М206
~ network С47
multiport М204
multipriority Р11
multiprocessing М269
multiprocessor М274
~ system С116
multiprogramming М272
multirecord block Б98
multisite query З163
~ system С125
multistation network С48
multitask mode Р297
multitasking Р10
multiterminal М205
multithread architecture А179
~ processing О72
multithreading Р298
multitrack head Г107
~ recording З120
multiuser М201
~ architecture А178
~ computer Э11
~ database Б5
~ operating system С127
~ site У101
~ system С112
multivalued logic Л88
~ relation О304
multivariate control Р233
multivolume file Ф26
multiway branching В110
~ jump П170
multiword operand О155
multiprocessing О73
mutually exclusive access Д359

N

N-bit architecture А183
N-bit output В375
N-bounded waiting О143
N-column card К34
N-input gate В71
N-megabyte-disk Д252
N-pin package К297
N-segment display И105
N-tuple К304
N-way selector П98
nail К235
name И77, Н20
NAND gate В62
~ operation О204
native language Я27
~ mode Р322
natural language Я16
~ language processing О87
near-natural language Я9
near-normal distribution Р117
negation О319
negative jump П158
~ photoresist Ф127
negator И92
neighborhood О151
NEITHER-NOR operation О205
nest Г83
nested В143
~ dialog Д214
~ language Я47
~ loop Ц33
~ structure В140
nesting В139, В140
~ level У71
~ memory П29
~ of statements В142
network С40, С234
~ architecture А187
~ controller К243
~ database Б15
~ delay З81
~ diagram Г182
~ graph Г182
~ layer У82
~ model М226
~ node У19
~ protocol П626
~ resource manager А51
~ station С209
~ technique Т58
~ terminal Т44
networked computer Э30
networking О114
~ capabilities В176
neurocomputer Н69
nibble Н327
nine edge К316
no-op instruction К197
no-signal О326
no-wait memory П42
nocarbon-required paper Б155

NUMBER

node processor П676
noise П352
~ generation Г52
~ generator Г49
~ immunity П354
noiseless channel К9
noisy channel К21
non-numeric machine М83
non-return-to zero recording З106
nonconcurrency Н73
nonconjunction О321
noncontact recording З107
nondestructive Б52
~ reading С278
nondisjunction О320
nonformatted Н80
~ data Д45
nonglare screen Э54
nonimpact printing П195
noninterruption discipline Д312
nonmaskable interrupt П454
nonmonotonic conclusion В310
nonpacked format Ф95
nonpersistent screen Э55
nonpreemptive discipline Д312
nonprimitive operation О206
nonprintable character З243
nonpriority interrupt П455
nonprocedural language Я30
nonprogrammable action Д110
nonprogrammer user П350
nonredundancy Б57, О325
nonredundant Б58, Н75
nonrestoring division Д135
nonselective printout Р104
nonsignificant digit Р84
~ zero Н96
nonsingular matrix М58
nonstorage display Д281
nonuniform network С49
nonzero digit Ц58
NOR gate В61
normal distribution Р122
NOT Н48
~ AND Н49
~ function Ф155
~ gate В64
~ OR Н50
not-busy interrupt П467
not-carry О322
not-sum И91
notation З105, П415
notion П356
novice user П345
null device У183
~ hypothesis Г68
~ instruction К197
number generator Г47
~ range Д224
~ register Р221
~ sign З260
~ system С136

297

NUMBERING

numbering H100
numeral Ц48
numerator register P179
numeric display Д308
~ keyboard K81
~ type T75
numerical analysis A144
~ control У69
~ data Д77
~ expression B351
~ method M165
~ result P351
~ tape Л35
~ value 3292

O

object O115
~ file Ф33
~ instruction K175
~ language Я54
~ phase Ф5
object-oriented language Я33
objective function Ф166
occurence B274, H42
OCRA font Ш43
octal digit Ц49
~ number Ч34
~ system C137
oddness H82
OEM И11
off position П322
~ time B235
off-line A30
~ control У52
~ diagnosis Д189
~ mode P276
~ output B295
~ processing O54
~ system C119
off-punch O271
off-screen memory П23
office computer Э46
~ network C62
offset C166
~ address A71, A77
on position П321
~ time B236
~ unit У126
on-board logic Л189
on-chip B250
~ redundancy И8
on-demand processing O65
on-line adapter A37
~ computing B395
~ control У55
~ data Д51
~ diagnosis Д191
~ diagnostics Д195
~ file Ф34
~ mode P302
~ system C118

on-off action Д113
~ control P232
on-position П326
on-screen graphics Г198
~ menu M121
onboard B249
~ computer Э4
one E1
~ input B257
~ output B365
one-chip O136
one-digit number Ч40
one-dimensional O137
one-line assembler A199
one-out-of-ten code K133
one-shot job 329
one-step operation P7
one-to-one assembler A196
one-to-zero discrimination Д273
one-way interaction B119
one's complement Д342
~ complement number Ч33
op code K134
opcode register P186
open architecture A181
~ ciircuit Ц28
~ lead B311
~ loop K263
open-loop control P231, У51
open-system interconnection B120
operand O153
~ fetching B286
~ vector B47
operating Э63
~ life P365
~ mode B317
~ speed Б190
~ system C120
~ temperature T19
operation Д107, O186, P1, Ф144
~ environment У92
~ keyboard K75
~ loop Ц46
~ time B216, B240
operational reliability H16
~ unit Б126
operations research И191
operator O159
~ interrupt П479
~ notation H93
operator-entered B36
opposite logic value 3278
optical wand K25
optically-sensed document Д332
option B4, O229
optional H71
~ label M139, M146
~ member Э75
options B169, B182
OR function Ф150
~ gate B60
~ operation O191
order Д241, K165, P69, У47
~ range Д223
ordering У43
~ relation O308
organization C218
oriented graph Г166
origin H44
original equipment manufacturer И11
ORing O259
OSI B120
out-of-balance packet П7
out-of-range address A61
out-of-service time B226
outcome И198
outgoing flow П384
~ line Л62
output B294, B360, P349, У130
~ data Д27
~ format Ф91
~ port П363
~ queue O336
~ routine generator Г12
~ signal C66
overall maximum M21
~ optimization O227
overflow П139
~ area O24
~ pulse И60
overheads 3202, И15
overlap П107
overlapped access Д387
overlay H31, O126
~ module M241
~ program П552
~ tree Д165
overload П75
~ light Л3
~ protection 3218
overprinting 31
overshoot П146
owner record 3133
owner-member chain Ц16
~ relation O307
ownership П396

P

p-c board П223
pack П1
package П1
packaging K301
packed data Д19
~ decimal Ч45
~ format Ф99
packed-format record 3110
packet П1, П2
~ delay 376
~ protocol П624
packet-switched network C57
packetization П8

POP

packing density П237
pad П238
padding Д344, Н2
page locking Ф55
~ migration П150
~ mode Р284
~ printing П201
~ replacement 393
~ waiting О145
page-in 317
page-out У5
page-up key К92
pageable partitioning Р28
paged machine Э36
~ memory П44
pagination Р29
paging algorithm А127
~ area О31
~ rate И127
~ supervisor С233
paper feed П245
~ roller В1, Р387
~ sheet Л68
~ skip П522
~ tape Л7
paper-advance mechanism М173
paper-tape loop П191
paragraphing В7
parallel multiplier У34
~ port П365
~ subtracter В406
parallel-serial conversion П424
paralleling Р99
parallelism П63
parameters pack Б110
parent distribution Р120
~ group Г219
~ node У17
parent-child relation О314
parenthesis-free Б59
~ notation 3108, Н93
parity Ч31
~ check К252, П517
~ interrupt П464
parity-checking code К146
parity-odd check П515
parser А147, П562
parsing А141, Р31
~ automaton А15
partial order relation О317
~ solution Р384
~ sum gate В74
~ sum register Р219
partition Р42
partitioned access method М150
pass П521
passive redundancy Р342
password П69
~ protection З222
~ request З170
patch З140
patchboard Д354, П315
patchcord Ш42
patchhole Г94

patching a program В145
~ error О358
patchtip Ш47
path В114, П688, Т103, Т104, Ц20
pattern К154, О91, С218
~ generator Г19, Г21
~ recognition Р109
РС С272, Э20
~ network С51
РЕ Э79
peak discriminator Д269
pecker Ш48
peek-a-boo check П516
peer code review О332
~ modules М231
peer-to-peer Р21
~ network С60
pen-type plotter Г205
pending interrupt П458
percept О117
perception В191
perforation П508
performance К53, П600, Х1, Э95
peripheral adapter А38
~ buffer Б181
~ device У154
~ equipment О46
~ interrupt П457
~ slot Г87
permanent failure Н68
~ lag З101
permutation code К135
persistent screen Э61
personal computer К215, Э20
~ computer network С51
~ computing В397
~ system С122
personality card К32
perturbation В186
~ action В163
phosphor Ф123
photo-sensing mark М130
photodiode Ф125
photomask set К211
photomasking Ф126
photomultiplier Ф131
photoresistor Ф129
photosensor Ф124
phototransistor Ф130
phrase structure grammar Г136
physical address А79
~ link К23
~ record З134
PI controller Р259
picture element Э69
~ generation Ф106
~ processing О70
PID controller Р260
pie chart Д204, Д209
piece-linear function Ф153
piggyback memory П138
piling-up Н1
pilot survey О104

pin В294
~ compatibility С171
~ configuration К268
~ count Ч35
~ jack Г95
pin-feed paper Б161
pinch roller В3, Р388
pinout В308
pipeline К217
~ chip К325
~ mode Р294
~ multiplier У32
~ organization О231, С221
~ register Р189
~ system С114
pipelined architecture А176
~ processor П664
pipelining К218, О71
~ of data П148
pitch Ш1
pixel Э69
~ bus Ш24
~ data Д78
PLA М63
place value В106
placeholder Н99
plait Ж1
planar graph Г168
~ technology Т62
plant О120
plated hole О265
playback В192
~ head Г100
PLC К241
plot Г179
plotted output В297
plotter Г199, У134
plotting device У134
~ head Г102
plug Ш47
~ connection С178
plug-and-socket Р93
plug-compatible equipment О47
plug-in card П227
~ unit Б121
plug-to-plug compatibility С172
plugboard Д354, П60, П315
pocket calculator К4
point П684
~ of discontinuity Т93
point-to-point control Р237, У63
~ network С54
~ route М28
~ wiring М258
pointer У24
~ array М42
~ register Р216
Poisson distribution Р124
Polish notation З108
polling О224
~ interrupt П461
~ interval И134
pool П680
pop В359

POPULATED

populated board П225
~ database Б6
port П360
port-mapped input/output В34
portrait display Д298
position П294, Р69
~ control Р241
~ encoder Щ36
~ feedback С17
~ sensor Д88
positional code К138
positioning П293
~ time В231
positive jump П166
~ photoresist Ф128
post-run output В315
posterior distribution Р115
postlude Ч13
pot О22
potential divider Д143
power consumption М265
~ dissipation М266, Р133
~ fumction Ф161
~ lead В313
~ module Б111
~ protection 3220
~ series Р395
~ supply И195
power-fail interrupt П465
~ restart Р355
preamble 310
precedence П418
~ grammar Г147
~ relation О310
precision Т96
predicate П398
~ calculus И204
~ language Я37
~ logic language Я35
predicative calculus И204
predicted response О292
prediction П403
predictor П67
preemptive discipline Д319
preference П402
~ relation О309
prefetching В289
prefix byte Б34
~ notation 3129
preliminary design П592
preprocessing О79
preprocessor П439
prescriptive knowledge 3267
presentation layer У79
preset address А76
preventive maintenance О106
previewing О104
previous carry П130
primary data Д54
~ key К114
~ memory П34
prime implicant И44
primitive П491
print Р100
~ bar Ш46

~ chain Ц27
~ cycle Ц43
~ member Э77
~ program П555
~ spooler Б112
~ spooling В309
~ wheel К157
printed wiring М261
printer П155
~ circuit board П223
~ layout М6, Ф80
printer-plotter Г206
printing П194
~ format Ф96
~ head Г110
~ matrix М61
~ mechanism М170
printout В301, Р100
prior distribution Р116
~ probability В87
prioritization П505
priority П498
~ interrupt П472
~ level У81
~ network С59
~ number Н85
~ ordering У45
~ processing О82
~ queue О343
~ resolution О223
~ selection В288
priority-shifted interrupt П477
priorization Н19
privacy lock 398
~ protection 3221
private data Д35
privileged mode Р310
~ user П347
probability density П232
~ distribution Р118
~ theory Т21
problem 333
~ data Д32
~ file Ф39
~ frame Ф135
~ mode Р320
problem-oriented language Я39
problem-solving knowledge 3271
problem-statement language Я36
procedural П640
~ depth Г81
~ language Я44
~ reasoning Р143
procedure П634
~ deactivating Д106
~ deactivation Д106
~ knowledge 3265
~ library Б66
procedure-oriented П640
process automation А25
~ control computer Э9
~ dispatcher Д277
~ node У21

~ queue О341
~ under control П647
processing О53
~ block Б105
~ costs 3200
~ element Э79
~ power М264
~ speed С151
processor П652
processor-dependent interrupt П475
producer process П649
product register Р207
production control automation А27
~ control computer Э8
~ language Я42
~ rule П392
professional computer Э24
profile file Ф36
program П531
~ body Т16
~ composition С188
~ control У64
~ counter С272
~ counter addressing А101
~ division Р44
~ documentation Д336
~ entry В255
~ extension Р151
~ generator Г30
~ halt О252
~ kernel Я4
~ label М143
~ layout Р22
~ library Б64
~ location М123
~ loop Ц45
~ mask М35
~ medium П587
~ memory П37
~ relocation П125
~ resident Ч15
~ size Д328
~ specification С193
~ start 3189, Н45
~ test log Ж7
~ validation А215
~ verification П518
program-check interrupt П448
program-controlled interrupt П474
programm block Б113
programmable action Д114
~ automation А20, А23
~ calculator К7
~ delay 377
~ interface И149
~ logic Л92
~ logical controller К241
~ logic array М63
~ microcontroller М181
programmator У157
programmed check К254
~ control Р246
programmer П573, П585

programmer's workbench A170
programming П574
~ efforts T140
~ flowchart Б130
~ language Я5, Я40
prologue Ч12
prompted dialog Д216
~ entry B26
prompting query 3177
proof listing Л72
proofreading C280
propagation P131
~ delay 370
~ time B241
property sort C186
proportional control P240, P247
proposition B352
propositional algebra A119
~ calculus И203
protected file Ф17
~ memory П27
protection key K112
~ lock 395
~ ring K163
protocol П618
prototyping M7
PS C122
pseudoinstruction П678
PSL Я36
public data Д47
~ file Ф32
~ line Л64
~ resource P362
pull-down menu M120
pulled position П324
pulse И48
~ burst П71
~ rate Ч8
~ shaping Ф107
~ triggering 3184
pulse-height discriminator Д270
pulse-width discriminator Д271
punch П507
~ card K36, П181
~ position П325
~ tape П182
punched card K37
~ hole O268
~ tape Л20
~ tape code K137
~ tape input B25
puncher П184
punching П190
~ matrix M64
punctuation symbol 3248
purge date Д79
push-button dialing H6
~ entry B16
push-down queue O340
~ stack C211

Q

quad gate B76
quad-in-line package K300
qualified name И88
quantization K56
~ step Ш3
quenching pulse И50
query 3152
~ by example 3167
~ enhancement P148
~ execution И176
~ interrupt П462
~ language Я17
~ mode P288
~ processing O69
~ relation O302
~ solving И176
question/answer dialog Д213
queue O334, O333
~ discipline Д316
queued access method M154
queueing O235
~ problem 338
~ process П643
~ theory T25
QUIL package K300
quotation mark A149
quotient Ч1
~ register P220
qwerty keyboard K79

R

R-S flip-flop T131
rack mounting M256
radix O244
~ complement Д346
~ number system C139
RAM У168, П48
~ chip K328
ramp generator Г28
ramp-load head Г113
random access B290, Д383
~ action B166
~ function Ф160
~ number Ч41
~ order П371
~ sampling B292
~ search П310
~ sequence И377
~ value B53
random-access file Ф46
~ memory П48, У168
random-number generator Г37
range Д219
~ of options Д220
ranking P96
raster P144

~ count Ч47
~ graphics Г193
raster-scan device У159
~ display Д295
~ writing 3130
rate control P243
~ feedback C18
rating data Д53
ratio O300
rationale O52
raw data Д41
~ tape Л22
RCTL P366
reach-through hole O270
read buffer Б186
~ bus Ш32
~ driver Ф114
~ operation O216
~ pulse И73
read/write head Г117
~ memory П32, У152
read-back Э99
read-only memory П36, У156
read-write conflict K281
readability У7
readdressing П72
reader П535, У178, У185
reading C275, Ч48
~ head Г116
~ machine A18
readout O327
~ contact K236
~ gate B77
readset H11
ready flag Ф68
real number Ч32
~ time B242
~ user П342
~ variable П110
real-time access Д361
~ buffer Б184
~ clock Ч25
~ communication П77
~ computation B383
~ computer Э26
~ control У56
~ data Д55
~ input B11
~ mode Ф319
~ monitor M251
~ operation P8
~ output B299
~ problem 334
~ processing O58, O63
~ response P156
~ system C126
reallocation П145
reasoning P139
~ by analogy P142
~ chain Ц17
reboot 315
receiver П483
receiving process П648
reception П483
~ bin K30
recirculating shift register

RECLAIMING

P210
reclaiming В193
recognition О222
~ machine М175
~ matrix М65
recognizer У158
recognizing grammar Г145
reconfiguration Р352
record З105
~ block Б96
~ blocking Б132
~ format Ф93
~ instance Э51
~ label М133
~ lock З97
record-keeping В39
recorder Р223
recording З105
~ head Г104
~ track Д350
recoverable abend А7
recovery В153, В193
~ time В209
recursive computation В386
redifinition П138
redirection П72
reduced data Д61
~ instruction set Н9
~ instruction set computer Э40
reduction О80
redundancy И6, Р331, Р334
~ check К249
~ elimination У112
~ rate К318
redundant Р347
~ bit Р78
~ failure О283
~ replica Д402
~ system С128
reel Б143
reenterability В272
reenterable subprogram П270
reentrance В272
~ feature В185
reentrant program П556
reexecution В337
reference О95, С206
~ by meaning О103
~ by name О102
~ by value О101
~ instruction К178
~ name И81
~ pattern О93
~ recording З117
~ tag М131
referent О119
refined data Д72
reflection barrier Э56
reformatting И21
refresh buffer Б183
~ display Д304
~ rate Ч7
refreshing Р163
regeneration Р163
regionalization Р25

register Р165
~ addressing А105
~ file Ф41
~ operand О158
~ operation О208
~ printout Р103
register-oriented architecture А185
register-to-register instruction К173
regression Р227
regret matrix М62
regulator Р255
reiterative redundancy Р338
reject О275
~ bin К29
rekeying В24
relation О300
~ character С85
relational algebra А121
~ calculus И205
~ database Б8
~ language Я45
~ model М224
relationship record З125
relative address А71
~ addressing А96
~ programming П579
relator З244, С85
release В339, О243
~ key К89
reliability test И188
reload П91
relocatable address А74
~ assembler А198
~ library Б62
~ module М242
~ program П554
~ subprogram П269
relocating loader З19
remainder О256
~ register Р199
remote У6
~ access Д365
~ control Т15, У59
~ data Д56
~ diagnosis Д193
~ file Ф13
~ job З25
~ job entry В14
~ measurement И23
~ processing О67
~ request З156
~ terminal Т35
~ user П348
remote-access system С131
removable disk Д257
~ disk pack П3
removal И173
renaming П195
rendezvousing О238
reordering П151
reperforator Р353
repetition П243
repetitive mode Р329
replacement З92
~ redundancy Р337

replica К290
replication Д404, К288
~ of code Т77
report generation Г55
~ generator Г26
reporter Г26
repository Х12
representation С196, Ф81
reproducer Д403, Р353
reproducing В192
reproduction В192
reproductor Р353
reprogramming П144
request З152
~ for information З158
~ initiator И112
~ sheet Б87
~ stop О250
requirement Т119
rereading С279
rerun П527
~ point Т89
rescanning П610
rescue dump Д3
reserved word С156
reset В154, В193, С11, У98
~ input В265
~ mode Р286
~ pulse И67
resetting time В208
resident Р348, Ч18
~ assembler А200
~ program П559
resistor-capacitor transistor logic Р366
resolution Р62
~ cell К107
resolver У162
resource administrator Р113
~ allocation В320, Р126
~ allocation problem З50
~ deallocation О296
~ manager Р113
~ sharing И178
resource-sharing system С135
response Д112, О291, Р155
~ surface П242
restart З186, П93, П687, Р354
~ instruction К186
~ point Т94
restoring division Д138
restricted access Д379
restriction О127
restructurable chip К332
~ microprocessor М187
retarded control Р249
retention period П178
retiming В201
retrieval request З171
~ route М29
retry П243, В337
~ features В177
return address А57
~ from a subroutine В156
~ instruction К168

SEQUENTIAL

~ point T82
~ register P174
~ statement O161
reusability B184
reusable module M238
~ resource P360
reverse conversion П427
~ interrupt П456
rewrite П92
right angle 3232
~ shift C24
right-hand justification B343
rightmost character 3255
~ digit Ц56
~ position P82
ring bus Ш16
~ counter C271
~ database Б12
~ network C44
~ port П364
ripple carry П133
~ delay 362
ripple-carry adder C227
RISC-computer Э40
rise delay 371
~ time B225
rising delay 371
robustness Ж4
role name И89
roll-in П257
rollback O288
rollback-and-retry O289
rollout O290
ROM У156, П36
~ chip K330
room У193
root K293
~ directory K47
~ menu M117
~ node У12
~ vertex B103
root-mean-square criterion K339
~ error O363
rooted tree Д158
rotary head Г101
rotate instruction K198
rotating head Г101
round-robin discipline Д315
round-trip delay 364
~ time B224
rounding O152
roundoff accumulator C226
route M27
~ availability Д391
router T116
routine П565
~ library Б64
~ operation O209
routing B277, M30, T111
~ grid C38
~ indicator У25
~ problem 353
row C215
~ buffer Б178
~ decoder Д184
rule base Б18

run П521, П529
~ mode P312
~ schedule Г180
run-time output B303
runaway B366
running time B237

S

safety interlock Б135
~ margin 3103
sample B282, O327
~ estimate O330
~ estimation O328
~ pulse И71
~ size O121
sampled data Д26
sampled-data controller P262
sampler K55
sampling B282, Д267, K56
~ distribution P119
~ error O351
~ method M148
~ rate Ч3
sandwich tape Л16
sanity И185
saturating flip-flop T126
save area O30
sawtooth generator Г27
scalar operation O201
scale M43, Ш38
scaler Д145
scaling B278, Д140, M44
~ factor K310
~ multiplier M212
scan P33
~ graphics Г193
scanner Б102, У165
scanning machine M90
scatter P32
~ loading 312
schedule Г179, P106
scheduler П211
scheduling П210
~ problem 337
~ theory T27
schema C234
scheme C234
Schottky diode Д240
scientific notation П417
scissoring O324
score O329
scratch file Ф40
~ tape Л14
scratchpad Б140
screen И32, Э53
~ dump Д9
~ formatting Ф102
~ manipulation M23
~ memory П43
~ painter Б115
~ redraw O37

scrolling П601
search П297
~ attribute A211
~ cycle Ц44
~ key K115
~ problem 342
~ register P206
~ time B232
~ tree Д162
secondary key K110
sectioning C31
sector C30
security attribute A213
~ bit Б77
~ declaration O125
~ kernel Я3
~ terminal T37
segment C28
~ value 3275
segmentation C29
select statement O170
~ time B210
selected cell Я61
selective check П511
~ printout P101
~ writing З111
selector C32
~ channel K19
self-acting A29
self-checking code K148
~ features B180
self-contained module M239
self-correcting code K139
self-learning C5
~ system C129
self-loading C3
~ program П560
self-organizing machine M93
self-replication machine M91
self-reproducing automaton A14
self-testing C4
semantic analysis A140
~ network C56
~ node У18
semaphore C33
semicompiling П332
semiconductor П333
semicustom П331
semijoin П335
send buffer Б180
~ window O149
sending process П650
sense signal C80
sensing B191, C275
~ element Э87
~ head Г115
sensitivity Ч49
sensor Д81
sentence П399
separator З251, P50
~ symbol C89
sequence П372, П374
~ number H84
~ timer Д89
sequent О78
sequential access Д382

303

SEQUENTIAL-ACCESS

~ access method M153
~ circuit C250
~ decoding Д124
~ depth Г80
~ file Ф38
sequential-access memory П46
serial equipment O50
~ interface И148
~ output B302
~ port П366
~ subtracter B408
~ transfer П85
serial/parallel register P204
serial-parallel conversion П425
serialization П424
serializer П435
series P392
server У15
service delay 380
~ equipment O49
~ program П550
~ request 3166
serviceability У9
session C26
~ access Д363
~ protocol П625
set M208, C94, У97
~ input B266
~ member Э73
~ operation O200
~ pulse И76
~ theory T26
~ value 3277
set-reset flip-flop T123
setpoint У96
setting У97, У99
~ device 332, У138
settling time B244
setup H30, H41
~ time B230
seven-layer modell M225
seven-segment code K142
shakedown period П176
shape library Б71
shareable file Ф44
shared access Д370
~ data Д63
~ disk Д248
~ variable П117
sharing И179
sheet Б85
sheet-fed plotter Г209
shematic design П598
shield Э53
shielding Э62
shift C22
~ key K91
~ register P211
shifter У163
short-access memory П41
shortest route problem 335
shutdown O245
shuttle carriage K28
side-mounted keyboard K67
sifting O323

sign 3231
~ bit P75
~ changer 3263
~ control P238
~ position P76
~ register P183
~ reverser 3263
signal conditioner Ф112
~ extraction B321
~ generator Г34
~ level detector Д172
~ propagation П633
signaling П87
~ protocol П623
signed complement Д345
~ magnitude B54
~ number Ч42
signed-magnitude representation П408
significance 3293
~ test K337
significant 3273
~ byte Б27
~ digit P77
silicon chip K326
~ compiler K205
~ disk Д249
SILP K299
SIMD machine M96
simple grammar Г144
~ proposition B355
simulated result P350
simulation M214
~ language Я29
~ model M217
~ pass П523
~ program П546
~ run П526
simulator И42, У147
simultaneous access B287
~ input/output B30
single fault H61
~ hypothesis Г69
~ redundancy P341
single-address O133
single-board O138
single-button mouse M278
single-character O140
single-chip O136
~ processor П668
single-circuit O135
single-error correction И183
single-in-line package K299
single-instruction M96
single-pass assembler A197
~ compiler K206
single-precision computation B390
single-sheet feed П246
single-sided board П222
~ disk Д254
single-step execution И177
~ mode P309
single-user O139
~ computer Э15
single-valued O134
site У97

situation calculus И206
skeletal grammar Г141
skew П105, P145
skip П606
slack variable П122
slash Ч29
slave B40
~ controller P261
~ mode P305
~ node У16
~ process П645
~ processor П669
~ system C123
sleeping process П642
slice architecture A186
slim calculator K6
slot socket Г83
small computer Э13
small-scale integration И118
snapshot dump Д6
soft key K94, K104
soft-sectored disk Д255
software O10
~ catalog K48
~ compatibility C173
~ compatible П586
~ configuration K275
~ development methodology M164
~ driver Д394
~ engineering П588, T57
~ error O348
~ house Ф63, Ф64
~ industry П604
~ interrupt П473
~ managament У66
~ metrics M166
~ model M223
~ module M243
~ package П6
~ piracy H36
~ portability M213
~ product И13
~ restriction O130
~ support П252
~ system C124
~ workstation A170
software-controlled recovery B199
solderless wiring M255
solid graphics Г192
solution P370
~ by inspection P378
~ frame Ф137
solver P369
solving P370
son tape Л33
sort pass П632
sorter П564
sorting field П317
sortkey K118
source deck K159
~ grammar Г131
~ information И162
~ language Я53
~ library Б60
~ program П547

SUM

~ statement O165
space П506, П614
~ character C87
~ key K93
~ switching П103
~ typing П196
spacing P112
spare gate B65
specifications У93
specificator O221
specified behavior П240
~ life P361
specifier C192
speech data Д59
~ generator Г32, Г33
~ processor П672
~ recognition P110
~ understanding П355
spide-like lead B312
split screen Э59
split-screen format Ф97
~ mode P306
splitting Д398
spontaneous requst 3175
spool Б143
spooling П258
spreadsheet calculations B399
~ program П567
spring jack Г96
spurious capacitance E21
~ signal C72
stability У110
stack C210
~ architecture A191
~ instruction K185
~ operation O214
stack-to-stack paper Б162
stage K42
staircase generator Г40
stand-alone A30
~ device У116
~ processor П653
~ system C102
standardized interface И154
standby P331
~ block Б117
~ computer Э27
~ equipment O48
~ mode P323
~ redundancy P344
star network C43
star-wired network C52
start 3182
~ bit Б82
~ key K95
~ pulse И64
start-stop mode P324
start-up 3182
startup П686
state diagram Д210
~ graph Г175
~ transition diagram Д207
~ value 3284
~ vector B43
statement O159
~ label M140

static flip-flop T132
~ storage 3148
stating location Я63
stationery Б157
statistical access Д389
~ data bank Б48
~ test K343
status buffer Б185
~ byte Б39
~ data Д52
~ flag Ф71
~ flag latch 3212
~ register P213
~ scan П612
~ triggering 3188
~ variable П118
~ word C160
steady-state error O364
steepest descent method M159
steered latch 3210
steering tape Л31
step Ш1, Э93
~ control P251
~ disturbance B188
~ function Ф162
step-by-step computation B385
~ control P253
stepwise refinement Д168
stereotyped command K192
stick diagram Д206
stolen cycle Ц37
stop O245, O255
~ address A70
~ bit Б83
storage 3146, X8
~ bit Б80
~ capacity E18
~ cell Э68, Я62
~ decoder Д120, Д182
~ device У140
~ display Д296
~ medium C199
~ register P182, P184
~ scan П611
~ size E18
store address A81
stored carry П129
~ data Д75
~ information И170
~ program П572
stored-program computer Э42
storing 3146
stray capacitance E21
~ delay 374
streaming tape Л6
streaming-tape drive H23
strict implication И46
string C215
~ data Д64
~ item Э85
~ length Д330
~ operation O202
strip code K151
strobe pulse И71

strobed discriminator Д272
stroke generator Г48
~ writing 3136
stroked character 3261
strong lockout Б138
structural features B181
structure C218
structured data Д65
~ design П597
~ program П566
~ programming П583
~ walkover A143
~ walkthrough K255
stub 39
stuck-at one E8
stuck-at-1 fault H64
stuck-at-0 fault H67
stuck-at-X fault H65
stuck-open fault H66
Student's distribution P127
stuffing B246
stylus П179
subarray П260, Ч11
subassembly У11
subchain П291
subchannel П255
subcircuit П281, Ч20
subcontrol У20
subcycle П292
subdialogue Д215
subdirectory П278
subgraph П248
subheading П253
subimage Ч9
sublanguage П263
sublayer П289
sublist П277
submatrix П261
submodel П264
subnetwork П275
subproblem П254
subprogram П265
subroutine П272
~ call B324, O97
~ jump П156
~ library Б69
~ tape Л29
subschema П282
subscriber A2
~ cluster Г211
~ line Л40
subscript И97
~ expression B349
subsection П274
subset П262
substitution П279
substrate П259
substring П280
subsystem П276, Ч19
subtracter B405
subtraction B403
~ by addition B404
subtractor B405, У132
subtrahend B402
subtree П249
successive carry П132
sum output B379

SUM-OUT

~ readout gate B58
sum-out gate Б58
summation C231
~ sign З257
super language Я46
superscript И96
supervision У58
supervisor C232
supervisor-call interrupt П444
supply П208
support O1
~ equipment O43
~ processor П659
~ program П536
suppression Г3
surface-mountable package K295
survivability Ж4
swap gate B66
swap-in П256
sweep generator Г31
switch B330, K108, K201
~ register P215
~ variable П120
switchboard panel П57
switched capacitor K220
switching B331, K202
~ node У10
~ off B331
~ time B228
~ unit Б100
symbol C81
~ generator Г35
symbolic addressing A106
~ computation B389
~ label M144
~ language Я48
~ name И85
~ processing O86
synchronization overheads З201
syntactic graph Г174
syntax C92
~ tree Д153
synthetic speech P367
system C94
~ board П226
~ bus Ш29
~ compatibility C170
~ directory K50
~ expansion P152
~ generation Г53
~ house Ф62
~ key K117
~ loader З21
~ log Ж10
~ name И86
~ programming П581
~ requirements T120
~ reset У105
~ residence disk Д256
~ response delay З79
~ software O11
~ task З51
system-call interrupt П478
systems analysis A142

~ approach П290
~ engineering C147
systolic algorithm A130
~ array M68
~ chip K333

T

table function Ф163
~ lookup П307
~ memory П53
~ row C217
tabular data Д66
~ language Я51
tabulation T8
tactile-type sensor Д90
tag T11
take-up reel Б145
~ spool Б145
talker И196
tally E11, И208
tap O274
tape cassette K44
~ file Ф28
~ loading З149
~ punch П187
~ reader У175
~ recording З121
~ running П525
~ trailer X4
~ zone З295
tape-break stop O251
tape-drive mechanism M169
tape-feed roller B2
target computer Э47
~ label M141
~ language Я58
~ program П548
task З33
~ data Д32
~ dispatcher Д276
~ time B214
tasking O27
taught sequence П376
teaching machine M88
~ program П551
technology transfer П89
telecommunication П78
~ access method M155
~ line Л46
~ monitor M252
teleconferencing T13
telecontrol T15
teleprocessing T14
~ network C61
temporal decomposition Д129
tens digit Ц59
~ order P73
tension arm P391
term T31
terminal B294, T32
~ device У151

~ equipment O51
~ input B27
~ session C27
~ symbol C90
~ vertex B102
termination З3
terminator П488
test T46
~ answer evaluator Б108
~ data Д33, Д68
~ data generator Г43
~ deck K160
~ driver Д396
~ grammar Г148
~ mode P326
~ nest Г93
~ of normality K340
~ pattern generator Г44
~ problem З52
~ program П568
~ pulse И63
~ reading C277
~ run П530
~ sequence П378
~ simulator И43
~ subroutine П273
~ tape Л30
~ thoroughness Г82
~ vector B46
test-vector file Ф48
testability K238, T54
testing T51
~ equipment O45
tests И186
tetrad T55
text database Б20
~ file Ф47
~ processor П675
thermal paper Б164
thin window display Д306
thin-film disk Д262
~ technology T63
thrashing П139
thread testing T53
three-dimensional graphics Г196
three-input subtracter B407
three-state output B378
three-tuple T137
threshold Б51, П358
~ decoding Д123
~ gate B69
~ level У78
~ logic Л91
~ value З285
time chart Д202
~ delay З59
~ demultiplexing P47
~ horizon Г122
~ interrupt П460
~ interval И129
~ sampling K58
~ series P393
~ slack P332
~ slice K54
~ slicing K57
~ slot K54

~ slotting K57
~ step T9
~ unit E2
~ zero H97
time-consuming operation O189
time-out Б137
time-sharing P46, P318
~ driver Д395
~ operation P18
~ processing O62
~ system C134
timed delay 384
~ loop Ц36
~ pulse И68
timed-access register P212
timer Д82
timer-counter C267
timeshared bus Ш27
timetable P106
timing C93
~ analysis A138
~ channel K20
~ chart Д202
~ generator Г36
~ track Д352
~ verification B85
title H17
toggle switch П102
token Ж2
~ sound 3230
token-access protocol П630
token-passing network C58
token-ring architecture A175
tolerance range Д221, O17
toolkit И113
tools И113, C200
top B96
~ key K83
~ of stack B105
top-down design П596
~ testing T52
topography of mask K271
total И208
~ probability B92
~ test K256
touch display Д297
~ input B22
~ panel П58
~ sensor Д90
touch-control keyboard K77
touch-sensitive device У164
~ screen Э60
~ terminal T43
trace T110
~ file Ф49
~ statement O180
tracer У166
tracing П607, C154
track Д347
~ accuracy T100
~ density Ц236
~ hold 3203
~ label M132
~ overflow П140
tracking system C133
trade-off decision P376

traffic T118
trailer label M136
trailing edge Ф141
training computer Э18
~ mode P300
~ pattern O92
transaction T105
~ graph Г177
~ key K100
transducer Д81
transfer П153
~ function Ф156
~ instruction K181
~ of control П90
~ register P202
~ statement O173
transform П419
transformation П419
transformational grammar Г149
transient failure O284
~ fault H60
transistor logic Л96
transition graph Г167
~ matrix M60
~ probability B91
~ time B229
translate phase Ф6
translation T107
translational processing O59
translator T106
transmission delay 361
~ line Л54
~ loss П380
transparency П599
transparent interface И150
~ mode P313
transport layer У85
~ protocol П628
transportability П137
transportation П127
transputer T109
trap Л75, П466, П478
~ setting У102
trapping O232
tree chart C239
~ graph Г160
tree-coded menu M118
tree-structured architecture A174
tri-state gate B75
~ logic C261
~ output B378
triad T121
trial run П528
trial-and-error method M162
trigger button K123
~ decoder Д185
~ flip-flop T133
~ signal C69
triggering 3182
~ pulse И55
triple redundancy P346
tristate device У171
trouble lamp Л1
~ shooting П304

true И192
~ complement Д346
~ gate B70
~ output B374
~ proposition B353
~ representation П407
~ value 3280
trunk M1
~ group Г216
~ line Л51
truth table T2
~ value 3279
TTL logic T141
tuning H41
tunnel diode Д239
tuple K303
tuple-structured data Д20
Turing machine M101
turnkey Г124
turnoff time B212
turnon time B207
turnover time B228
twisted pair П61
two-address Д99
two-dimensional Д98
~ array M39
~ display Д284
two-input Д101
two-level memory П21
two-pass assembler A194
two's complement Д341, K141
~ complement representation П406
type action B167
~ ahead features B174
~ drum Б50
~ face Б125
~ wheel K158
type-checking K258
typed language Я50
typewriter type Ш45

U

ultimate load H13
ultra large-scale integration И121
ultrahigh-access memory П39
ultraviolet erasing C213
unambiguous grammar Г140
unassigned variable П112
unattended operation P2
~ start-up 3183
unauthorized access Д378
~ call B323
~ reference O100
~ user П344
unavailability H53
unavailable H54
unbiased sampling B285
unblocking P98, Д104, C167

UNCERTAINTY

uncertainty Н72
uncompatible data Д57
uncomplemented input В261
unconditional jump П154
~ probability В88
uncontrollable variable П115
undeclared variable П113
undefined variable П114
underflow И199, П382
undirected graph Г163
unformatted record З124
unidirectional printing П200
unified bus Ш22
Unified System of computers Е25
unified-bus architecture А188
uniform distribution Р125
uninitialized variable П112
unintentional access Д377
union О112
uniprocessor configuration К274
unique address А69
~ name И87
unit Б89, Е1, Е5, У115
~ assignment Р129
~ delay 363
~ digit Ц60
~ of language Е12
~ record З138
uniting О112
units order Р74
unlabeled file Ф9
~ statement О166
unlatched output В362
unleaded carrier К335
unload Р40
unlocking Р30
unoperable mode Р314
unpack Р97
unpacked chip К322
~ data Д58
unrestricted grammar Г138
unsharp image И33
untestable fault Д174
unused instruction К177
up counter С274
updatable data Д46
update file Ф31
updating А117, И17, О35
upper case Р173
~ data bus Ш31
~ part of register Ч17
uppercase alphabet А134
~ character З234
~ letter Б149
upside down tree Д156
uptime П177
upward compatibility С175
user А2, П339
~ area О25
~ group Г218
~ interaction В122
~ interface И152
~ label М142
~ options В6, В173

~ process П646
~ task 344
user-available memory П126
user-definable key К99
user-defined library Б63
user-friendliness У8
user-friendly interface И144
user-operating mode Р307
user-supplied subprogram П271
user-visible register Р180
usercode А8
userid И3
utility П319
~ program П563
~ ratio К309

V

vacant register Р181
valid data Д30
~ digit Ц53
validation А214, П287, П512
validity Д355
value В49
~ assignment П502
~ dispersion Р132
value-added network С55
~ service У95
variable В50, П108
~ feedback controller Р263
~ range О19
variable-length operation Р17
~ record З126
variable-reluctance transducer Д86
variance Д274
variate В53
variety Р60
vector address А55
~ generator Г8, Г9
~ graphics Г187
~ machine М82
~ operation О198
~ processing О56
~ processor П658
vectored interrupt П442
vectoring В48
Veitch chart Д200
Venn diagram Д201
verbal input/output В31
~ request З179
verification В84
~ mode Р296
verifier В82, К259
versatility Г60
version В4, В94
vertex В96
~ deletion У3
very large-scale integration И119

very-large-scale integration circuit С254
via О264
via-hole О267
video bus Ш8
~ controller В127
~ generator Г10
~ memory П16
~ monitor В128
videopulse В126
videosignal В129
viewing В131
viewport П313
virgin medium Н92
~ tape Л18
virtual В134
~ address А56
~ addressing А88
~ circuit К11
~ circuit protocol П619
~ key К84, К104
~ machine М79
~ memory П17
~ unit У125
virtualization В133
visible В130
vision system С141
visual recognition Р108
~ record З109
visualization В131
VLSI С254
~ chip К331
~ technology Т60
vocoder В189
voice command К187
~ digitization П428
~ input В20
~ output В376
voice-entry display Д305
void О207
volatile Э92
volatility Э91
voltage source И194
voltage-reference diode Д236
voltage-to-digital converter П434
volume Т79
~ mounting У106
voted redundancy Р343
voter С238
voting Г119

W

wafer П259, П213
wafer-scale integration И116
wait status С189
waiting О141
~ line О334
~ line model М219
~ line problem 338
~ mode Р301

ZONE

wake-up mode P289
walk-down У191
warranty live H35
watchdog C256
~ timer Д83
waveform Ф83
~ digitizer Д266
wavefront array M50
~ computations B393
~ processing O57
weak lockout Б139
~ precedence grammar Г146
wear-out failure O277
weight factor K306
~ function Ф147
weighted graph Г158
~ value З276
whiffletree multiplier У31
wide-area network C42
Winchester B132
winchester H21
Winchester disk Д244
window O146
~ manager A50
windowed memory reference O96
windowing O234
wire routing T115
wire-frame model M218
wire-wrap board П216
~ method M157
~ socket Г90
wire-wrapping M259
wired OR И41
~ program П542
wiretapping П152
wiring M254, P35

~ board П220
~ delay 360
~ error O353
word capacity E16
~ generator Г24
~ length Д329
~ location Л39
~ memory П47
~ processing O89, T12
~ pulse И49
~ selection B291
~ separation P49
~ size Д329
work P1
~ tape Л24
work-in-process queue O344
working accuracy T101
~ area O29
~ cell Я66
~ directory K49
~ register P208
~ set dispatcher Д278
workstation C208
worst-case conditions У91
wraparound B161
writable memory П35
write З105
~ buffer Б173
~ bus Ш14
~ driver Ф113
~ head Г105
~ protection З215
~ pulse И53
write-once disk Д253
write-protected memory П40
write-write conflict K280
writeset H3
writing З105

~ density П234
~ head Г105

X

X-Y coordinate plotter Г201

Y

yes-no question B190
yield B363

Z

zero adjustment У103
~ delay 372
~ elimination У113
~ fill З143
~ gate B79
~ input B262
~ offset indexed addressing A108
~ output B371
~ padding Д343
~ solution P380
zone З294

НЕМЕЦКИЙ УКАЗАТЕЛЬ

A

A/M-Schalter П100
Abbau Д148
Abbild И25
abbildendes System Б125
Abbildungskopie K292
Abbruch 34, O299, П440
ABEND A6
Abend O246
abfallende Flanke Ф141
Abfallverzögerungszeit 382
Abfrage 3152, O224
~ von Speicherplätzen П611
Abfrageausführung И176
Abfrageimpuls И57
Abfrageinterrupt П462
Abfrageintervall И134
Abfrageunterbrechung П462
Abfühlen B191
Abfühlstift Ш48
Abfühlwiederholung C279
Abgangsleitung Л62
abgehende Leitung Л62
abgekürzte Division Д139
abgeleitete Relation O312
abgeleiteter Typ T70
abhängige Regelung P248
Abholphase Ф1
Abholzeit B211
abklappbare Tastatur K72
Ablagefach K30
Ablauf B333
Ablaufdiagramm Д208, C234
ablauffähiger Modul M235
Ablauffolge T110
Ablaufgeplanung П210
Ablauffolgestörung H37
Ablaufinvarianz B272
Ablaufplan Г179, Г180, P106
Ablaufplanungsproblem 337
Ablaufprogrammierung П576
Ablaufprotokollierung P226
Ablaufteil Д275
Ablaufverfolgungsdatei Ф49
Ablaufzweig B115
Ableitung Д322
Ableitungsbaum Д152
Ablenkgenerator Г31
Ablesegenauigkeit T98
Ablesen C275
Abmeldeprozedur П637
Abmeldung B367, K223, У190

Abnahmeprüfung K253
abnehmender Prozeß П651
Abnehmerleitung Л62
Abnehmerprozeß П651
Abnormalhalt A6, O246
~ mit Wiederanlauf A7
Abrechnungsdatei Ф50
Abrechnungsproblem 355
Abruf-Ausführungs-Zyklus Ц34
Abrufbetrieb P288
Abrufen O224
Abrufinterrupt П461
Abrufintervall И134
Abrufunterbrechung П461
abrundender Akkumulator C226
Abrundung O152
Abschalten O245
Abschaltung O295
Abschätzungsformel Ф121
Abschätzungsproblem 340
Abschirmung Э62
Abschluß 39
Abschneiden O324
absichtlich eingeführter Fehler O365
absolute Adresse A53
~ Adressierung A86
~ Programmierung П577
absolutes Programm П534
Absorptionsschirm Э58
Abstand П602, P136
Abstandsbestimmung P112
absteigende Ordnung У46
absteigender Knoten У22
~ Schlüssel K119
Abstimmung H41
abstrakter Datentyp T64
abstraktes Objekt O116
Abstraktion K228, O116
Abtasten B191
Abtastfehler O351
Abtastimpuls И71
Abtastkopf Г115
Abtastrate Ч3
Abtastregler P262
Abtastsignal C79
Abtastung Д267, K56, P33, C275
Abtastwert O327
abtrennbare Tastatur K71
Abwandern der Parameter У191
Abwärtskompatibilität C174

Abwärtstesten T52
Abwärtszähler C268
Abweichung O293
Abzweigung O274
Achtung-Befehl K183
ad-hoc-Anwender П349
AD-Umsetzer П433
adaptieren A43
Addendregister P176
Adder C224
Addierer C224
Addierer-Subtrahierer-Werk C230
Addiergatter B73
Addiermaschine M98
Addition C162, C231
Additionstabelle T7
Addressenformat Ф89
Administrator A44
Adreßarithmetik A159
Adressat A84
Adreßbit P70
Adreßbuch T1
Adreßbus Ш6
Adreßdekodierer Д178
Adresse A52
~ außerhalb des Adreßraums A61
Adreßeingang B252
Adressenänderung И16
Adressenänderungsdetektor Д170
Adressenbus Ш6
adressenfrei Б53
Adressengenerierung Ф104
Adressenleitung Л41
adressenlos Б53
Adressenmodifikation И16
Adressenregister P166
Adressensignalspeicher 3207
Adressenstop O249
Adressentafel T1
Adressenteil Ч10
Adressentrap Л76
Adressenzähler C266
Adreßformat Ф89
Adreßhalteregister 3207
adressierbar A114
adressierbarer Cursor K352
~ Speicher П11
~ Speicherbereich O15
adressierbares Byte Б25
~ Register P167
Adressierbarkeit A113

ANTWORT

Adressiermodus C195
Adressierung A85
~ im laufenden Speicherabschnitt A102
Adressierungsart P277, C195
Adressierungsmodusbyte Б40
Adreßkapazität A112
Adreßlänge Д325
Adreßleitung Л41
Adreßleitungstreiber Ф111
Adreßraum П615
Adreßrechnen A159
Adreßregister P166
Adreßtrap Л76
Adreßwort C155
ADU П433
aggregierte Daten Д12
Akku A115, P194
Akkumulator A115, P194, C225
~ mit Abrundung C226
~ mit vorausermitteltem Übertrag C229
Akkumulatorregister A115, P194
akkumulierter Fehler O354
Aktentaschenrechner Э10
Aktion B162, Д107
aktive Warteschleife Ц40
aktiver Prozeß П641
aktives Warten O142
Aktivierung A116, B151
Aktivität P1
Aktivitätsgraph Г164
Aktualisieren O35
Aktualisierung A117, И17
Aktuator П481
aktuelle Daten Д67
aktueller Wert 3291
aktuelles Directory K49, K51
~ Verzeichnis K49, K51
Alarmlampe Л1
Alarmverwalter A45
Alarmverwaltungsprogramm A45
algorithmische Sprache Я5
Algorithmus A122
Aliasname И78
alleiniger Zugriff Д374
allgemein zugängliche Datei Ф32
~ zugängliche Daten Д47
allgemeine Betriebskosten И15
allgemeiner Name И84
allgemeines Register P198
Allzweckregister P198
Alphabet A133
alphabetisch A136, Б154
alphabetische Daten Д16
alphageometrische Grafik Г185
alphamosaische Grafik Г186
alphanumerisch Б153

alphanumerische Daten Д15
~ Konstante K226
~ Tastatur K66
alphanumerischer Generator Г7
alphanumerisches Bildschirmgerät Д282
~ Display Д282
~ Zeichen 3233, C82
Alternative B4
Alternativmodus P308
Alterungsausfall O277
ALU У119
Ampersand A137
Amplitudendiskriminator Д269
analog A148
Analog-Digital-Umsetzer П433
Analog-Digital-Umsetzung П420
Analog-Digital-Umwandlung П420
Analog-Digital-Wandler П433
Analogausgabe B361
Analogausgang B361
Analogdaten Д13
analoge Darstellung П404
~ Form Ф74
~ integrierte Schaltung M190
Analogeingabe B253
Analogeingangs B253
Analogeinheit У117
Analoggerät У117
Analogrechner M75, Э2
Analogschaltung M190
Analogsimulator У118
Analysator A145
analytische Form Ф73
~ Lösung P372
Änderung И18, П357
~ durch Schlüsselangabe И20
Änderungsdatei Ф18
Änderungsband Л12
Änderungsdatei Ф31
Änderungsdaten Д46
ANDing O258
Andruckrolle B3, P388
Anfangsadresse A64
Anfangsbedingung У89
Anfangsetikett M129
Anfangskennsatz M129
Anfangsknoten B104
Anfangsladen 313
Anfangspunkt H44
Anfangsspeicherzelle Я63
Anfangswert 3282
Anforderung 3152, T119
Anforderungsblatt Б87
Anforderungsformular Б87
Anforderungsinitiator И112
Anfrage 3152
~ mit einem Hinweis 3177
~ mit fester Logik 3178

~ mit Hilfe von Exempeln 3167
Anfragebearbeitung O69
Anfrageerweiterung P148
Anfragensprache Я17
Anfragerelation O302
angelochter Streifen Л17
angerufener Teilnehmer A3
angeschlossener Prozessor П670
angewandte Mathematik M46
Animationsbild И27, И34
ankommende Leitung Л60
Ankunftsrate И124, Ч5
Anlage У97
Anlagen O41, C200
Anlagenstörung mit begrenzter Betriebsfähigkeit У192
Anlauf 3182, П686, P38
Anlaufbetrieb P289
Anmeldeprozedur П636
Anmeldung B256, H46
Annäherung П480
Annahmeanweisung O176
Annulierung O299, У38
Anordnung P111, C218
~ mit Zwischenräumen P112
anpassen A43
Anpassung П482, C176
Anpassungseinheit И141, У167
Anpassungsfähigkeit Г60
Anpassungstest K342
Anruf B322
anrufender Teilnehmer A4
Anrufer A4
anschlagfreier Druck П195
Anschlagregelung P244
Anschlagsteuerung P244
Anschluß B294
Anschlußeinheit И141
Anschlußgerät У167
Anschlußleitung Л40
anschlußloser Chip-Carrier K335
~ Chipträger K335
anschlußloses Gehäuse K294
Anschlußstiftzahl Ч35
Ansprechen P155
Anstiegsflanke Ф142
Anstiegsverzögerungszeit 371
Anstiegszeit B225
anteilig genutzte Platte Д248
~ genutzte Variable П117
anteilige Nutzung И179
~ Nutzung gemeinsamer Betriebsmittel И178
Antivalenzgatter B74
Antrieb П481
Antwort Д112, O291, P155
~ auf eine Steuereinwirkung P158

313

ANTWORTFLÄCHE

Antwortfläche П242
Antwortsignal einer fehlerbehafteten Schaltung P159
~ einer fehlerfreien Schaltung P157
Anwahl B322
Anweisung Д241, K165, O159, П399
~ in Quellsprache O165
Anweisungsmarke M140
Anwender П339
~ mit hoher Priorität П340
~ mit niedriger Priorität П346
Anwender-Unterprogramm П271
Anwenderbereich O25
Anwenderbetrieb P307
Anwenderbibliothek Б63
Anwenderfreundlichkeit У8
Anwendergruppe Г218
Anwendermodus P307
Anwenderoptionen B6, B173
anwenderorientierte Parameterdatei Ф36
Anwenderparameterdatei Ф36
Anwenderprozeß П646
Anwendersoftware O8
Anwendersoftwaregenerator Г29
Anwendersoftwarepaket П5
Anwendertask 344
Anwendungsaufgabe 345
Anwendungsbereich O27
Anwendungsgebiet O27
Anwendungspaket П5
Anwendungsprogramm П557
Anwendungsprogrammierung П580
Anzahl der Anschlüsse Ч35
Anzapfen von Kommunikationsleitungen П152
Anzeige И25
Anzeigeanweisung O172
Anzeigeeinheit У142, У153
Anzeigegerät И101, У142, У153
Anzeigelampe Л2
Anzeigeleuchte Л2
Anzeiger И101, У142
Anzeigetafel П55
Anzeigevorrichtung У24
Aposteriori-Verteilung P115
Apostroph A149
Apparatur O41
Approximation П480
approximative Lösung P381
Apriori-Verteilung P116
Äquivalenzrelation O318
Arbeit P1
Arbeitsband Л14, Л24
Arbeitsbedingungen У92
Arbeitsbereich O29
Arbeitsdatei Ф40

Arbeitsgenauigkeit T101
Arbeitsmodus P317
Arbeitsplatz C208
~ eines Konstrukteurs A169
Arbeitsplatzrechner Э24
Arbeitsregister P208
Arbeitssatz-Zuteiler Д278
Arbeitssatzsteuerungsroutine Д278
Arbeitsspeicher П32
Arbeitsspeicherauszug Д7
Arbeitsstellung П324, П326
Arbeitsstunden T139
Arbeitstastatur K75
Arbeitstemperatur T19
Arbeitsvorgang Ф144
Arbeitszelle Я66
Arbiter A155, C252
Arbiterleitung Л42
Arbitrationslogik Л79
Arbitrationsschaltung C252
arbitriert A157
Arbitrierung A156
Arbitrierungslogik Л79
Architektur A172
~ mit gemeinsamem Bus A188
Archivar Б72
Archivierung X9
Archivierungsdatei Ф7
Argumentieren O52, P139
Arithmetik A158, O185
Arithmetik-Logik-Einheit У119
Arithmetikkomma 3191
Arithmetikoperationen O185
Arithmetikpunkt 3191
Arithmetikregister P169
arithmetisches Register P169
Array M47
Array-Dimension P57
Array-Multiplizierer У33
Array-Prozessor П666
Assembler A193
Assemblerlauf П631
Assemblerphase Ф4
Assemblersprache Я6
Assemblieren A203
Assemblierer A193
Assemblierphase Я6
Assemblierung A203
Assemulator A202
assoziativ A205, A205
assoziative Anfrage 3153
assoziatives Suchen П298
Assoziativprozessor П654
Assoziativspeicher П12
astatische Regelung P230
astatischer Regler P256
Asterisk 3226
atomare Operation O187
Attribut A208
Attributengraph Г165
Attributvektor B43
Attributwert 3274
auf dem Bildschirm

dargestellte Linie Л53
~ der Steckeinheit B249
~ einem Chip integriert O136
~ einer Leiterplatte O138
Auf-Zu-Regelung P232
Aufbau A172, H30, C218
Aufbereitung P264
Aufeinandertürmen der Zeichen H1
Auffangflipflop T128
Auffangsregister P222
Auffangsspeicher 3206
Auffrischen P163
Auffrischrate Ч7
Auffrischungspuffer Б183
Auffüllen B246, Д344, H2
~ mit Bits B247
~ mit Nullen 3143
~ von Bits 3142
~ von Nullen Д343
Aufgabe 322, 333
Aufgabenausführungszeit B214
Aufgabendaten Д32
Aufgabensteuerungsroutine Д276
Aufgabenzuweisung O237
aufgerufene Prozedur П638
aufgerufenes Programm П537
aufgetasteter Diskriminator Д272
Aufgliederung Д127, Д134
~ in Steuerebenen Д131
Aufhebung O299
~ der Betriebsmittelzuordnung O296
~ der Ressourcenzuordnung O296
Auflistung Л71, P100
Auflösung Д127, P62
Auflösungsraumelement K107
Aufnahmekopf Г104
Aufnahmeleistung M265
aufnehmende Spule Б145
Aufruf B322, O95
~ nach Benennung O102
~ nach Wert O101
Aufrufadresse A58, A68
Aufrufbefehl K169
aufrufendes Programm П538
Aufrufkette Ц12
Aufrufpunkt T85
Aufrufstelle T85
Aufspalten Д398
Aufspaltung Ф133
aufsteigend B205
aufsteigende Ordnung У44
aufsteigender Knoten У23
~ Schlüssel K109
Aufstellung У97
Auftastimpulsgenerator Г38

314

BAND

Aufteilen Д398
Aufteilung С31
Auftrag Д241, 322
Auftragsabrechnungsprotokoll Ж11
Auftragsverarbeitung О68
Auftragswarteschlange О337
Aufwärtskompatibilität С175
Aufwärtszähler С274
Aufwickelspule Б145
aufzählbarer Datentyp Т68
Aufzeichnung З105
~ mit doppelter Speicherdichte З114
~ mit hoher Speicherdichte З132
~ ohne Rückkehr zu Null З106
Aufzeichnungsdichte П234
Aufzeichnungsgerät Р223
Aufzeichnungskopf Г104
Aufzeichnungsspur Д350
Augenregister Р201
1-aus-10-Kode К133
"Aus"-Stellung П322
Ausbesserung З140
Ausbeute В363
Ausbildungsbetrieb Р300
Ausbildungsmuster О92
Ausbildungsrechner Э18
Ausbreitung Р131
Ausbreitungsverzögerung З70
Ausdruck В344, Р100
~ während der Ausführung Д8
Ausdrucken Р100
Ausdrucksanweisung О184
Ausdrucksmöglichkeiten В170
Ausfall О275
~ durch menschliches Versagen О280
~ während des Geräteeinsatzes О286
~ wegen des unsachgemäßen Einsatzes О276
Ausfalldiagnose Д196
ausfallfrei Б55
Ausfallgrenze Г154
Ausfallhäufigkeit И125
Ausfallrate И125
Ausfallstrom П388
Ausfallzeit В234
Ausfallzustand С190
ausführbare Anweisung О164
Ausführung В333, И175
~ der von der Tastatur eingegebenen Befehle В335
Ausführungsphase Ф2, Ч21
Ausführungszeit В213
Ausgabe Д294, В339, В360
~ nach Abschluß eines Programmlaufs В315
Ausgabedatei Ф11

Ausgabedaten Д27
Ausgabeeinheit У130
Ausgabeformat Ф91
Ausgabeport П363
Ausgabestrom П384
Ausgabewarteschlange О336
Ausgang В360
"1"-Ausgang В365
"0"-Ausgang В371
Ausgang mit drei Zuständen В378
~ ohne Latchregister В362
Ausgangsauffächerung К313
Ausgangsauffächerungsbaum Д163
Ausgangsbedingung У89
Ausgangssignal С66
Ausgangsinformation И162
Ausgangsposition П323
Ausgangsroutinengenerator Г12
ausgewählte Zelle Я61
Auskellern В359
Auslassen О261
Auslöseimpuls И64
Auslösen О243
Auslösesignal С69
Auslösetaste К89, К123
Auslösung З182, Р92
Ausnahme И173
Ausnahmebedingung У88
Ausnutzungsfaktor К309
Ausprüfanweisung О171
Ausrichten В340
Ausrüstung О41
Aussage В352
Aussagenkalkül И203
Aussagenlogik А119
Ausschalten В331
Ausschalter В330
Ausschaltstellung П322
Ausschaltung О295
Ausschaltzeit В212, В235
Ausschließungsbaum Д157
Ausschließzone З297
Ausschnittsdarstellung О234
Ausschnittdarstellungsbetrieb Р306
außer Betrieb Б54
äußerstes linkes Zeichen З254
~ rechtes Zeichen З255
Aussonderung И173
Ausspeichern О290
Austastung Г3
Austauschregister Р197
Austesten О297
Austrittspunkt Т86
Austrittsstelle Т86
Auswahl В282
Auswahlanweisung О162, О170
Auswählbarkeitsparameter П65
Auswahlkontrolle П511
Auswahlname И84
Auswahlprüfung П511

Auswahlredundanz Р343
auswechselbare Platte Д257
Ausweichgerät У161
Auswertung В382, И139, О80, О329
Authentifizierung П285, У108
Autokode А8
Automat А9
~ mit endlichem Speicher А16
Automatentheorie Т20
Automatik А28
Automatisation А19
automatisch А29
automatische Abfrage А31
~ Anrufbeantwortung А32, О273
~ Programmierung П575
~ Regelung Р229
~ Steuerung У49
~ Syntaxanalyse Р31
~ Worttrennung П134
automatischer Plotter Г200
~ Zyklusgeber Д91
Automatisierung А19
~ der Fertigungssteuerung А27
~ mit Anwendung von programmierbaren Steuereinheiten А23
autonom А30
~ arbeitender Prozessor П653
~ arbeitendes System С102
autonomer Betrieb Р276, Р322
~ Prozessor П653
autonomes Gerät У116
~ System С102
Autoplotter Г200
autorisierter Benutzer П341

B

B-Komplement Д346
Back-end-Prozessor П655
Back-up-System С108
Background-Betrieb Р327
Background-Job З30
Background-Programm П571
Backgrounding О241
Backout В155
Backslash Ч30
Backspace-Taste К86
Backtracking В158, П309
Backus-Notation Ф75
Bahn П688, Т103
Balkendiagramm Г73
Balkenkode К151
Balkenkodeleser У177
Band mit schnellem Stop

315

BAND-TRAILER

und schnellem Anlauf Л26
Band-Trailer X4
Bandanfang H43
Bandanfangsmarke M138
Bandaufzeichnung 3121
Banddatei Ф28
Bandende K221
Bandladen 3149
Bandlauf П525
Bandleser У175
Bandriß-Stopp O251
Bandvorsatzmarke M137
Bandvorschubeinrichtung M169
Bandvorschubrolle B2
Bank Б45, Г220
BASIC Б192
Basing Б22
Basis Б1
Basis... Б23
Basis O244, У77
~ von Regeln Б18
Basisadresse A54
Basisarchitektur A173
Basiskomplement Д346
Basiskonfiguration K266
Basisregister P170
Basisseitenadressierung A99
Batch П1
Batch-Betrieb P6, P304
Batch-Kommunikation П81
Batch-Monitor M250
Batch-Operation P6
Batteriereserve П251
Baud Б146
Baudrate C152
Baueinheit Б89
Bauelement Б101, Э65
~ mit hoher Pinzahl K213
Bauelemente И14
Bauelementedichte П235
Baugruppe Б89, У11
Baukasten Б101
Baukastenprinzip П494, П496
Baum minimaler Länge Д159
Baumarchitektur A174
Baumdiagramm C239
baumförmiges Menü M118
Baumgraph Г160
Baumstruktur A174
Baustein Б89, Б101, M232, Э65
Bausteinbibliothek Б68
Bausteinprinzip П494
Bauteile И14
Bayessche Formel Ф119
BCD-Arithmetik A161
BCD-Kode K127
beabsichtigter Fehler O365
Bearbeitung O53
Bearbeitungsprogramm П549
Bearbeitungswarteschlange O341

Bebugging П679
bedeutungslose Daten Д40, И164
Bediener O159
Bedienerinterrupt П479
Bedienpult П682
Bedienungdisziplin mit dynamischer Priorität Д320
Bedienungsanforderung 3166
Bedienungsaufruf 3166
Bedienungsdisziplin Д314, П370
Bedienungsfehler O356
bedienungsfreie Operation P2
bedienungsfreier Betrieb P2
Bedienungskonsole П682
Bedienungsmaßnahme B162
Bedienungstafel П59
Bedienungsverzögerung 380
bedingte Anweisung O182
~ Disjunktion Д231
~ Implikation И47
~ Verteilung P128
~ Verzweigung B113
~ Wahrscheinlichkeit B93
bedingter Halt O254
~ Sprung П173
~ Sprungbefehl K194
Bedingung У87
Beendigung 33
Beendigungsanzeiger П488
Beendigungsflag П488
Befehl K165
Befehlsauswertung И140
befehlsbedingte Unterbrechung П450
Befehlsbereich O32
Befehlsdatei Ф25
Befehlsdekoder Д180
Befehlsentschlüßler Д180
Befehlsformat Ф94
befehlsgesteuerte Schnittstelle И146
Befehlsholen B284
Befehlsinterpretation И140
Befehlskode K130
Befehlslänge Д326
Befehlslaufphase Ч22
Befehlslogik Л86
Befehlsprozessor П663
Befehlspuffer Б175
Befehlsregister P188
Befehlsrückweisung O279
Befehlssatz H7, C113
Befehlssteuereinheit B123
Befehlsvorrat H7, C113
Befehlswort C158
Befehlszähler C272
Befehlszähleradressierung A101
Befehlszeit B215
Befehlszyklus Ц38
Begleitprozessor C184

Begrenzer O132
Begrenzung O127
Begrenzungssymbol P39
Begriff П356
Behauptung У187
Beleg für optisches Lesen Д332
Beleggenerator Г15
Belegtflag П487
Belegtkennzeichen П487
Belegungsplan C253
Benchmarktest И510
Benennung H20
Benutzer A2, П339
~ der entfernten Datenstation П348
benutzerfreundliche Schnittstelle И144
Benutzerfreundlichkeit У8
Benutzerfunktionstaste K99
Benutzergruppe Г218
Benutzeridentifizierer И3
Benutzerkennsatz M142
Benutzerkennzeichen И3
Benutzerschnittstelle И152
berechneter Wert 3289
Berechnung Б382
Berechnungsformel Ф122
berechtigter Benutzer П341
~ Zugriff Д386
Berechtigung C6
Berechtigungserklärung O125
Berechtigungszuweisung П400, У108
Bereich Д219, O14, П614, P42
Bereichsfüllen 390
Bereichsunterteilung P25
Bereitschaftsanlagen O48
Bereitschaftsbetrieb P323
Bereitschaftsrechner Э27
Bereitschaftssystem C108
Berührungsbildschirm Э60
Berührungseingabe B22
Berührungssensor Д90
Berührungstafel П58
Berührungstastatur K77
Beschädigung Д173
Beschleunigung P38
beschränkte Optimierung O228
beschränkter Zugriff Д379
Beschränkung O127
beschreibende Anweisung O168
Beschreiber Д166, O221
Beschreibung O220
Beschreibungssprache Я13
Beschriftung M25, O40
besetzte Datenbasis Б6
Besetztflag Ф69
Bestätigung des Zugriffsrechtes П286
Bestätigungsbetriebsart P296
Bestimmungsdatei Ф11

BLOCKIERUNG

Bestimmungsort П685
Betrieb P1, P275, Э63
Betriebsart P275
~ "Formularauffüllen" P287
~ "geteilter Bildschirm" P306
~ "Nachschreiben" P282
~ "Rücksetzen" P286
~ "Zeicheneinfügen" P279
~ "Zyklusstehlen" P290
Betriebsarteinstellung У104
Betriebsartentaste K97
Betriebsautomatisierung A26
Betriebsdatenverarbeitung O83
Betriebsdauer P365
Betriebsfreundlichkeit У9
Betriebsführung Э63
Betriebsgüte K53
Betriebslebensdauerprüfung И190
Betriebsmittelverwalter P113
Betriebsmittelzuweisungsproblem 350
Betriebssicherheit Г2, H16
Betriebssprache Я55
Betriebsstellung П326
Betriebssystem C120
Betriebsverhalten X1
Betriebswissenschaft T30
Betriebszeit B236, B240, П177
Beurteilung O329
Bevorzugung П402
beweglicher Kopf Г112
beweglicher Wagen K27
Beweisführung P139
bewerteter Graph Г158
Bewertungsaufgabe 341
Bewertungsdaten Д53
Bewertungslauf П524
Bewertungsprüfung И189
Bezeichnung O39
Beziehung O300
~ des Enthaltenseins O301
Bezugsaufzeichnung 3117
Bezugsdatei Ф52
Bezugsmarke M131
Bezugsmuster O93
Bezugspunkt H44, T88
Bibliothek für grafische Grundelemente Б71
~ für Quellenmodule Б60
~ für vorformulierte Texte Б70
~ mit direktem Zugriff Б67
~ von Objektmoduln Б62
Bibliotheksband J25
Bibliotheksfunktion Ф145
Bibliotheksplatte Д243
Bibliotheksprogramm П533
Bibliotheksunterprogramm П267
Bibliotheksverwaltungsprogramm Б72
Bibliothekszugriff Д357
bidirektionales Drucken П197
Bild И25, И25
Bildauffrischung O37, P164
Bildaustastung Г5
Bildbearbeitung O70
Bildelement Э69
Bildelementübertragungsbus Ш24
Bilden der Warteschlangen O235
Bilderzeugung Ф106
Bildfenstertechnik O236
Bildgenerator Г10
Bildimpuls B126
Bildmonitor B128
Bildprozessor П661
Bildregenerierung B197
Bildschirm Д280, Э53
~ mit Bildwiederholung Д304
~ mit Direktablenkung Д303
~ ohne Nachleuchtung Э55
Bildschirm-Maler Б115
Bildschirmeditor P274
Bildschirmfenster O150
Bildschirmformatierung Ф102
Bildschirmgerät Д280, Д311
~ mit Berührungseingabe Д297
~ mit Eingabetastatur Д300
~ mit Speicherung Д296
~ mit Spracheingabe Д305
~ mit voller Punktadressierung Д292
~ ohne Speicherung Д281
Bildschirmgrafik Г198
Bildschirminhaltausdruck Д9
Bildschirmmanipulation M23
Bildschirmmenü M121
Bildschirmterminal T45
Bildsignal B129
Bildspeicher П23, П43
Bildspeicherung 3147
Bildverschiebung П601
Bildwiederholung P164
Bildwiederholungsspeicher Б174
binär Б73, Д96
~ kodierte Dezimalzahl Ч36
~ kodierte Ziffer Ц51
~ kodiertes Zeichen 3237
binär-dezimal Д94
Binär-Dezimal-Arithmetik A161
binär-dezimaler Kode K127
Binärarithmetik A160
Binärausgang Д364
Binärdaten Д29
binäre Division Д137
~ Eins E3
~ Logik Л81
~ Schreibweise П416
~ Zahl Ч37
~ Zahlendarstellung П416
Binärentscheidung B275
binärer Baum Д154
~ Exponent П368
binäres Bild И26
~ Komma 3190, 3192
Binärexponent П368
Binärkode K128
Binärkomma 3190, 3192
Binärstelle P71
Binärsystem C138
Binärzahl Ч37
Binärzähler C269
Binärziffer Ц50
Bindedatei Ф42
Bindelader 320
Binden C12
Binder P272
Bindung P267
biquinär Д95
bistabiles Schreiben 3127
Bit Б75, P71
bit/s Б76
Bit-für-Bit-Voting Г120
Bit-Map K38
Bit-map-Architektur A190
Bit-map-Display Д302
Bit-map-Grafik Г194
Bit-Map-Karte K38
Bit-map-Struktur A190
Bitadressierung A100
Bitauffüllen 3142
Bitdekoder Д181
Bitkapazität E15
Bitkonfiguration K267
Bitleitung Л57
Bitmuster K199
Bitratengenerator Г46
Bits je Sekunde Б76
~ je Zoll Б79
Bits/Zoll Б79
Bitscheibenprozessor П671
Bitstelle П295
Bitverlust П381
Bitversatz П105, P145
bitweiser Datentransfer П82
Black-Box Я70
Blatt П78
bleibende Störung H68
blendfreier Bildschirm Э54
Blindeinschub M245
blinkender Rechteckcursor K353
Block Б89
Blockaufbau K229
Blocken Б131
Blockgrafik Г184
Blockgröße P54
Blockieren Б131
Blockierimpuls И52
Blockiersignal C68
blockierte Ressource P357
blockierter Satz 3131
blockiertes Systemmittel P357
Blockierung Б133, 3104

317

BLOCKLADEN

Blockladen 314
blockmultiplex Б127
blockorientiert Б141
blockorientierte Datei Ф10
Blockschachtelung B141
Blocksperre 396
blockstrukturiert Б142
Blocktransfer П83
Blockung Б131, О113
blockweiser Datentransfer П83
Boolesche Algebra A118
~ Funktion Ф146
~ Logik Л80
~ Matrix M48
~ Operation O194
~ Sprache Я10
~ Variable П109
Boolescher Ausdruck B346
Bootstrap-Laden 313
Bootstrap-Programm П561
Bootstrapping 313, C3
Bordrechner Э4
Borgen 385, C67
Borgen-Signal C67
Bottom-up-Entwurf П595
Breadboard П218
Brettschaltung M4, П218
Briefkasten Я68
Bruch A5, Д399
Bruchteil Ч23
Buch T79
Buchse Г95
Buchstabenkennzeichnung O40
Buck-passing-Protokoll П622
Buck-Übertragungs-Verzögerung 369
Built-in-Test K245
Bündelleitung Л51
Bündelung M270
Büronetzwerk C62
Bürorechner Э46
Bus M1
~ auf der Rückwandplatine Ш20
~ für höherwertige Datenstellen Ш31
~ für niederwertige Datenstellen Ш19
~ mit Daisy-Chain-Struktur Ш30
~ mit zweifacher Redundanz Ш13
Busabschluß H14
Busadapter A42
Busanforderung 3180
Busarchitektur A192
Buskonflikt K278
Busleitung Л66
Busschnittstelle И157
Busschutz 3224
Busstruktur A192
Bustransfer П86
Bustreiber B148, Д397, Ф118

Busverkehr О34
Busy-Flag Ф69
Butterworth-Filter Ф58
Byte Б24
Byteadressierung A87
bytebreite Struktur O230
Bytegrenze Г152
byteorientiert Б44, C1
byteorientierte Datei Ф8
Bytestruktur O230
byteweise Struktur O230

C

C-Flag Ф70
Cache K354
Cache-Speicher K354
~ mit vorausschauendem Einholen K355
CACSD-System C99
CACSE-System C101
CAD-Arbeitsplatz A171
CAD-System C98
CAE/CAD/CAM-System C96
CAE-Arbeitsplatz A169
CAE-System C100
Call-Befehl K169
Cambridge-Ring K164
Carry-Ausgang B373
Carry-Bit P85
Carry-Eingang B263
Carry-Flag Ф70
Carry-Impuls И59
Carry-Signal C73
Cartesische Koordinaten K287
Cartridge-Bandlaufwerk H28
Cartridge-Laufwerk H28
charakteristisches Merkmal П489
Chi-Quadrat-Test K346
Child 3115
Chip K320, M189
Chip-Carrier K334
~ mit vorstehenden Anschlüssen K336
Chipdiode Д235
chipintegriert B250
chipintern B250
chipinterne Redundanz И8
Chipträger K334
~ mit vorstehenden Anschlüssen K336
Chipträgersockel Г89
Chiquadratverteilung P130
CISC-Computer Э38
Clampdiode Д234
Cluster K106
Cluster-Controller K240
CMOS-Struktur K121

Codec K152
Common-Daten Д48
Compiler K204
Computer K214, Э1
Computer-Beleg Д333
Computeralphabetismus Г151
Computerbediener О183
Computerfamilie C35
Computergaunerei И180
Computergeometrie Г56
Computergrafik Г191
Computerhersteller Ф66
Computerindustrie П603
Computerisierung K216
Computerlinguistik Л37
Computermodell M221
Computernull H95
Computerphobie M107
Computerpirat B124
Computerschwindel И180
Computerverwalter A48
Computervision 3298
Computervisions-System C141
Controller K239
Coprozessor C184
Copyright П394
Copyright-Besitzer B135
Copyright-Programm П543
Copyright-Software O4
Cross-Assembler K347
Cross-Compiler K348
Cross-Programm K349
Cross-Referenz C207
Cross-Software K350
Crossbar-Schaltmatrix П97
CRT-Display Д311
Cursor Я351
Cursorsteuereinheit У181
Cursorsteuertaste K101
Cycle-Stealing-Betrieb P290

D

D-Glied 3227
3D-Grafik Г196
D-Regelung P242
DA-Umsetzer П437
Dach B96
Daisy-Chain-Bus Ш30
Dämon Д147
Darstellung И25, C196, Ф81
Darstellungsart C196
Darstellungselement П492
Darstellungsfeld П313
Darstellungsschicht У79
Darstellungsweise Ф81
Datagramm Д80
Dataware О5
Datei M37
~ auf mehreren

Datenträgern Ф26
~ ohne Kennsätze Ф9
Dateiaktualisierung K302, O38
Dateiausdruck P105
Dateiausfüllung 3144
Dateiband Л32
dateibezogene Daten Д73
Dateidefinitionsanweisung O169
Dateieigentümer B138
Dateieintragung 399
Dateiende K224
Dateierstellung Ф109
dateigebundene Daten Д24
Dateikennung И4
Dateiorganisation O240, C222
Dateirückspeicherung B202
Dateispeicher П51, У182
Dateiverwalter P114
Dateiverzeichnis K52
Daten Д11
Daten-Multibank M267
Datenanforderung 3154
Datenannahmestation П338
Datenannehmer П338
Datenanschlußgerät A40
Datenattribut A209
Datenaufbereitung П247
Datenaufbewahrungszeit B243
Datenausgabe B298
Datenaustausch O33
Datenaustauschgatter B66
Datenaustauschgerät У150
Datenauswertung O66
Datenband Л28
~ der dritten Generation Л33
Datenbank Б46
Datenbankabruf 3159
Datenbankanfrage 3159
Datenbankaudit P161
Datenbankmaschine M76
Datenbankoperation O197
Datenbankverwalter A46, A46
Datenbankverwaltung У50
Datenbankverwaltungssystem C142
Datenbasis Б3
~ für Entscheidungsvorbereitung Б11
~ mit direkter Listenstruktur Б14
~ mit gemischter Struktur Б13
~ mit grafischer Anfragensprache Б9
~ mit grafischer Schnittstelle Б9
~ mit invertierter Listenstruktur Б10
~ mit Kettenstruktur Б16
~ mit Netzstruktur Б15

~ mit Ringstruktur Б12
Datenbasis-Managementsystem C142
Datenbasis-Rückspeicherung B196
Datenbasisaudit P161
Datenbasisindex И95
Datenbasisjournal Ж6
Datenbasismaschine M76
Datenbasisoperation O197
Datenbasispflege B37
Datenbasisrevision P161
Datenbasisverbund M267
Datenbasisverwaltung У50
Datenbasisverwaltungssystem C142
Datenbasiswartung B37
Datenbasiszugriff Д368
Datenbehandlungssprache Я25
Datenbeschreibungssprache Я34
Datenbestand M38, X12
Datenbit Б78, P79
Datenblock Б93
Datenbus Ш12
Datenbyte Б26, Б29
Datendarstellung П411
Datendefinitionssprache Я34
Datendisplay Д286
Datendurchsatz И126
Dateneigentümer B136
Dateneingabe B13
Dateneingabeeinheit У124
Dateneingabeterminal T36
Dateneingang B260
Datenelement Э65, Э66
Datenendgerät T32
Datenendplatz У151
Datenerfassung P224, C9
Datenerfassungsüberwacher A44
Datenfeld M37, M38
Datenfeld-Trennzeichen 3250
Datenfelddimension P57
Datenfernübertragung П78
Datenfernverarbeitung T14
Datenfernverarbeitungsnetz C61
Datenfluß П386
Datenflußarchitektur A182
Datenflußgraph Г162
Datenflußplan Б129
Datenflußrechner Э21
Datenflußstruktur A182
Datenformat Ф92
Datengenerator Г14
datengesteuerte Ein-/Ausgabe B35
~ Triggerung Э187
datengestertes Programm П569
Datengruppe Г214
Datennamen Ф36
Datenholen И9
Dateninterrupt П449

Datenkanal K15
Datenkassette K45
Datenkollision K279
Datenkommunikation O33
Datenkommunikationsrechner Э29
Datenkommunikationsverbundnetz C50
Datenkomprimierung C64
Datenlayout M5
Datenleitung Л47, M2
Datenmenge O122
Datenobjekt O118
Datenpaket П2
Datenpaketübertragung П81
Datenpin B305
Datenpipelining П148
Datenpuffer Б171
Datenquelle И193
Datenreduktion П422, У39
Datenregenerierung P163
Datenregister P177
Datenretrieval-System C109
Datenrichtungssteuerregister P195
Datensatz 3105, 3112
Datensatzerweiterung P149
Datenschutz 3214
~ über Paßwort 3222
Datensicherheit 3225
Datensichtgerät Д311, И101, T34
Datensichtstation T45
Datenspeicher П19
Datenspeicherung H29
Datenspeicherzeit B243
Datenspur Д351
Datenstation T32, У151
Datenstreifen Л28
Datenstrom П386
Datenstruktur C219
Datenstrukturmaschine M172
Datenträger H88, T79
Datenträgermontage У106
Datentransfer П147
~ zwischen den Registern П79
Datentransferbefehl K182
Datentransfergatter B66
Datentransferregister P202
Datentyp T66
Datentyptest K258
Datenübertragung П76
Datenübertragungs-Pufferspeicher Б172
Datenübertragungsblock K1
Datenübertragungsgeschwindigkeit C153
Datenübertragungskanal K15
Datenübertragungsleitung Л55
Datenübertragungsnetz C50
Datenübertragungsrate C153
Datenübertragungsterminal T42

DATENÜBERTRAGUNGSVERZÖGERUNG

Datenübertragungsverzögerung 368
Datenunterfeld Ч11
Datenverarbeitung О60
Datenverarbeitungskosten 3200
Datenverarbeitungssystem С117
Datenverarbeitungszentrum Ц9
Datenverdichtung С64, У39
Datenverfügbarkeit Д390
Datenverifizierung В86
Datenvermittlungsstelle Ц8
Datenverschiebung П123
Datenverwaltung У57
Datenvorverarbeitung О66
Datenweg М2, П691
Datenwiedergewinnungssystem С109
Datenziel П685
Datenzugriff Д369
Datum Д10, Е6
DAU П437
Dauerfehler Н68
Dauerspeicher П25
DB-Verwalter А46
DBMS С142
DDC У65
DE-Überwacher А44
Deaggregieren der Daten Д105
Deaktivieren einer Prozedur Д106
Debugger О298
Debugging О297
Debuginformation И166
deduktive Schlußfolgerung В304
Defekt Д173
defekte Spur Д349
Definition О220
degradierte Wiederherstellung В203
Dekade Д118
Dekadenzähler С270
Deklarationsfehler О359
deklaratives Wissen З266
Dekoder Д119, Д177, У135
~ mit Speicherung Д120, Д182
Dekodierer Д119, Д177, У135
Dekodiermatrix М51
Dekodierung Д121, Д186
Dekompilierer Д125
Dekompilierung Д126
Dekomposition Д127
~ großer Systeme Д128
~ in Steuerebenen Д131
Dekrement П500
Demodifizierer Д146
Demontage Д148
Demontierung Д148
Demultiplexen Д149
Demultiplexer Д150
Demultiplexieren Д149

Deskriptor Д166, О221
Deskriptorfolge Ц13
Deskriptorkette Ц13
Deskriptorsprache Я13
Desktop-Konfiguration К273
Detailentwurf П591
detaillierter Entwurf П591
Detektor Д169
~ der Adressenmodifikation Д170
dezentralisiertes System С125
Dezimal-Binär-Umsetzung П423
Dezimal-Binär-Umwandlung П423
dezimal-binärer Kode К127
Dezimalarithmetik А162
Dezimalkomma З193
Dezimalpunkt З193, Т87
Dezimalrechnung А162
Dezimalstelle Р72
Dezimaltastatur К68
Dezimalzahl Ч39
Dezimalziffer Ц52
Diagnose Д188, Д198
~ während der Kompilierung Д190
Diagnosefähigkeiten В172
Diagnoseprogramm П540
Diagnostik Д188
Diagnostizierung Д198
Diagramm Г179, П409
~ der Zustandsübergänge Д207
Dialog Д212
Dialog... Д218
Dialog durch Menüauswahl Д217
~ mit Benutzung von Aufforderungszeichen Д216
~ mit Prompts Д216
Dialogbetrieb Р4, Р281
Dialogführung В38
Dialogsprache Я14
Dialogverarbeitung О55
Dibit Д225
Dichotomie Д324
dichotomisches Suchen П301
Dichte Д231
dichte Packung У40
Dichtegradient Г127
Dichtpackung У40
Dienstdaten Д62
Dienstprogramm П550, П563
Differential Д321
Differentialregelung Р242
Differentiation Д322
Differenz Р61
Differenzierungsglied З227
Diffusion Д323
Digit Р69
Digital-Analog-Umsetzer П437

Digital-Analog-Umsetzung П431
Digital-Analog-Umwandlung П431
Digital-Analog-Wandler П437
Digitaldaten Д76
digitale Direktregelung У65
~ Filterung Ф61
~ Form Ф88
~ integrierte Schaltung М193
~ Regelung Р252
Digitaleinheit У184
digitaler Automat А17
~ Punktplotter Г210
digitales Display Д308
Digitalfilterung Ф61
Digitalgeber Д92
Digitalgerät У184
Digitalisiereinrichtung Д92, П438
Digitalisierer Д266, П438
digitalisiertes Bild И36
Digitalisierung П421
Digitalrechner З48
Digitalregelung Р252
Digitalschaltung М193
Digitleitung Л57
Dimension И22, Р55
Dimensionierung 328
Dioden-Transistor-Logik Д400, Л84
~ mit Z-Dioden Д401
Diodendekoder Д179
Diodenentschlüßler Д179
Diodenlogik Л83
Diodenmatrix Д179
DIP-Gehäuse К298
Directory К46, С198
Directory-Datei Ф45
Direktadressierung А103
Direktaktion Д115
Direktdaten Д43
direkte Abhängigkeit 38
~ Adressierung А103
~ digitale Regelung У65
~ Nachfolgebeziehung О306
~ Vorgängerbeziehung О305
direkter Zugriff Д384
direktes Kodieren П407
direktgekoppeltes Flipflop Т129
Direktkodeausgang В374
Direktkodedarstellung П407
Direktkodegatter В70
Direktkorrektur 3140
Direktleitung Л43
Direktmessung И24
Direktoperand О156
Direktzugriff Д384
Direktzugriffsbibliothek Б67
Direktzugriffsdatei Ф46
Direktzugriffsgerät У169
Direktzugriffsspeicher П49
Direktzugriffsverfahren

EFFEKTIVITÄT

M163
Disassembler A195
Disassemblierung A204
Disjunktion Д227
disjunktiv Д226
disjunktive Anfrage 3155
~ Normalform Ф77
Diskette Д245, Д265
Diskettenlaufwerk H24, H27
diskontinuierliche Regelung P245
diskontinuierlicher Regler P262
Diskretisierung Д267
Diskriminante Д268
Dispatcher Д275
Dispatcherverwaltung У58
Dispatching Д279, У58
Dispersion Д274
Display Д280
~ mit Eingabetastatur Д300
~ mit Speicherung Д296
~ mit Spracheingabe Д305
~ mit voller Punktadressierung Д292
~ ohne Speicherung Д281
Display-Datei Ф12
Distanz F136
distributives Band Л11
~ Speichermedium H89
Disziplin П370
Dividend Д141
Dividendregister P179
Division Д134
~ mit Bildung eines positiven Restes Д138
~ ohne Bildung eines positiven Restes Д135
Divisionsrest O256
Divisor Д142
DMA-Kanal K16
DMA-Schnittstelle И145
Dokumentationsabschnitt P43
Dokumentationszentrum Ц7
Dokumentieren Д337
Domäne Д338
Dominationsgrammatik Г130
Doppel Д402
Doppelaufzeichnung 3113
Doppelbyte... Д100
Doppeldichte П233
Doppeldruckverfahren 31
Doppeleingangsgatter B72
Doppelfehlerkorrektur И181
Doppelreihengehäuse K298
doppelseitig C2
doppelseitige Magnetplatte Д246
Doppelsystem C107
doppelt lange Zahl Ч38
doppelte Rechnung B388
Doppelwortregister P178
Drahtmodell M218
Drahtwickelleiterplatte П216
dreidimensionale Grafik Г196

dreifache Redundanz P346
Druck П194
druckempfindliches Papier Б155
Drucken П194
Drucker У155
Drucker-Plotter Г206
Drucker-Spooling B309
Druckerausgabe B301
Druckerpapier Б157
Druckerspooler Б112
Druckformat Ф96
Druckglied Э77
Druckkette Ц27
Druckkopf Г110
Drucklayout M6
Druckmatrix M61
Druckprogramm П555
Drucktasteneingabe B16
Drucktrommel Б50
Druckwerk M170
Druckzyklus Ц43
DTL Д400
Dual-Port-Speicher П20
Dualität Э97
Dump Д1, P41, P100
Dunkeltastung Г3
Dünnschichtplatte Д262
Dünnschichttechnologie T63
duodezimal Д93
Duplexleitung Л48
Duplikat Д402, K290
Duplikation Д404
Duplizierung Д404
Dupliziergerät Д403
durch Befehlsfluß gesteuerter Rechner Э44
~ Logikgatter betriebene Redundanz P333
~ Tastenanschlag eingegebene Operation O192
durchgängige Optimierung O227
Durchgangsloch O270
Durchgangsverzögerung 383
durchkontaktiertes Loch O265
Durchlauf П521
Durchlaufbetrieb P312
Durchlaufen von periodischen Arbeitsgängen 3205
Durchlaufzeit B237
durchmetallisiertes Loch O265
durchrieselnder Übertrag П133
Durchschalten K202
Durchschaltimpuls И75
Durchschreibpapier Б155
Durchsiebung O323
Durchsuchen П608
dyadische Verknüpfung O188
Dynamik des Steuersystems

Д233
dynamischer Fehler H59
~ Speicher П22
~ Speicherbereich O16
dynamisches Flipflop T124
DZTL Д401

E

E/A B29
E/A-Anforderung 3165
E/A-Baustein Б90
E/A-Bus Ш7
E/A-Daten Д18
E/A-Einheit У123
E/A-Interrupt П459
E/A-Kanal K10
E/A-Port П362
E/A-Programmbibliothek Б65
E/A-Prozessor П656
E/A-Puffer Б170
E/A-Schnittstelle И142
E/A-Steuerung У53
E/A-Unterbrechung П459
Ebene У70
Echoabbildung Э96
Echoabdruck Э97
Echodrucken Э97
Echokontrolle Э98
Echolesen Э99
Echoprüfung Э98
Echtzeit B242
Echtzeitaufgabe 334
Echtzeitausgabe B299
Echtzeitbetrieb P8, P319
Echtzeitdaten Д55
Echtzeiteingabe B11
Echtzeitkommunikation П77
Echtzeitmonitor M251
Echtzeitoperation P8
Echtzeitpuffer Б184
Echtzeitreaktion P156
Echtzeitrechnen B383
Echtzeitrechner Э26
Echtzeitsteuerung У56
Echtzeitsystem C126
Echtzeituhr Ч25
Echtzeitverarbeitung O58, O63
Echtzeitzugriff Д361
Editieranweisung O178
Editieren P264
Editierprogramm П558
Editierung P264
Editierzeichen 3252
Editor П558, P268
EDV-Anlage K214, O1
EDVA-Bediener O183
EDVA-Berechnung P146
effektive Adresse A62
effektives Byte Б36
Effektivität Э95

EIGENBETRIEB

Eigenbetrieb P322
eigene Genauigkeit T97
Eigenprüfung C4
Eigentümer/Glied-Kette Ц16
Eigentumsrecht П396
Ein-/Ausgabe B29
Ein-Aus-Aktion Д113
Ein-Aus-Regelung P232
Ein-Bit-Verzögerung 367
Ein-Schritt-Assembler A197
"Ein"-Stellung П321
Einadreß... O133
Einadressen... O133
Einbau M254
Einbettung B139
Einbringen B8
Einchip... O136
Einchipprozessor П668
eindeutig O134
eindeutige Adresse A69
~ Grammatik Г140
eindeutiger Name И87
eindimensional O137
Einer E1
Einerausgang B365
Einereingang B257
Einerkomplement Д342
Einerkomplementzahl Ч33
Einerstelle P74
Einerziffer Ц60
einfache Aussage B355
~ Grammatik Г144
~ Hypothese Г69
~ Redundanz P341
einfacher Befehlssatz H9
~ Rechner K3
Einfärbung P386
Einfügen B248
Einfügung B246
Einfügungsbaum Д151
Einfügungsmodus P279
Einfügungsstelle T83
Einführung B8
Eingabe B8, B251
~ durch Formularausfüllen B19
~ mit Bedienerhinweis B26
Eingabe-Ausgabe-Anforderung З165
Eingabe-Ausgabe-Baustein Б90
Eingabe-Ausgabe-Bus Ш7
Eingabe-Ausgabe-Daten Д18
Eingabe-Ausgabe-Einheit У123
Eingabe-Ausgabe-Interrupt П459
Eingabe-Ausgabe-Kanal K10
Eingabe-Ausgabe-Port П362
Eingabe-Ausgabe-Programmbibliothek Б65
Eingabe-Ausgabe-Prozessor П656
Eingabe-Ausgabe-Puffer Б170

Eingabe-Ausgabe-Register П172
Eingabe-Ausgabe-Schnittstelle И142
Eingabe-Ausgabe-Steuerung У53
Eingabe-Ausgabe-Unterbrechung П459
Eingabebestätigung П284
Eingabedatei Ф23
Eingabedaten Д25
Eingabeeinheit У129
Eingabeformat Ф90
Eingabeleitung Л44
Eingabemeldung C181
Eingabeport П361
Eingabeprogramm П535
Eingabestrom П383
Eingabewarteschlange O335
Eingang B251, Б251
"1"-Eingang B257
"0"-Eingang B262
Eingang mit Latchregister B268
~ ohne Latchregister B254
"Eingang-Prozeß-Ausgang"-Diagramm Д203
Eingang-zu-Ausgang-Verzögerung 378
Eingangsauffächerung K311
Eingangsbelastung H12
Eingangsdaten Д17
Eingangseinwirkung B164
Eingangsgatter B57
Eingangskapazität E17
Eingangskontrolle K246
Eingangsname И79
Eingangssignalgenerator Г11
Eingangsvariable П111
eingebaut B249
eingebaute Diagnose Д192
~ Funktion Ф148
~ Logik Л89
~ Prozedur П635
~ Redundanz И7, P336
~ Speichereinheit У128
eingebauter Datentyp T65
eingegebene Daten Д17
eingekapselter Datentyp T72
eingeschachtelt B143
eingeschaltetes Gerät У126
eingeschlossene Adressierung A90
eingeschränkter Zugriff Д379
Eingriff B144
Einheit Б89, E1, E5, У115
Einheitsverzögerung 363
Einkarten... O138
Einklammern 388
einkommend B273
Einkreis... O135
einkreisig O135
Einlagerung П256
Einleitung П686
Einleitungsteil Ч12
Einoperandenoperation O212
Einpaßcompiler K206
Einplatinen... O138
Einplatzbetrieb P292
Einprozessorkonfiguration K274
Einreihen in eine Warteschlange П379
Einrichten H30
Einrichtung У97, У115
Einrichtungen C200
Eins E1
"Eins-zu-Eins"-Assembler A196
Eins-zu-Null-Unterscheidung Д273
Einschachtelung B139
Einschachtelungsspeicher П29
Einschaltstellung П321
Einschaltzeit B207, B236
Einschleifen... O135
einschleifig O135
Einschließungsbaum Д151
Einschlußrelation O301
Einschränkung O127
Einschrittcompiler K206
Einschwingzeit B244
einseitige Leiterplatte П222
~ Magnetplatte Д254
~ Wechselwirkung B119
Einspeichern П257
Einstecken B248
einstellbares Komma З195
Einstellen P254
Einsteller 332
einstellige Zahl Ч40
Einstellung H41, P254, У97
~ der Betriebsart У104
Einteilen in Abstände P112
Einteilung in Kanäle P48
Eintreten B274
Eintritt B251, B274
eintrittsinvariantes Unterprogramm П270
Eintrittspunkt T84
Eintrittspunktadresse A78
Eintrittsstelle T84
Eintrittsstellenadresse A78
Einzeilenpuffer Б178
Einzelarbeitsplatzrechner Э15
Einzelblattzuführung П246
Einzelfehler H61
Einzelfehlerkorrektur И183
Einzelformularzuführung П246
Einzeloperandenbefehl K190
Einzelplatz... O139
Einzelschrittausführung И177
Einzeltasten-Maus M278
Einzelzeichen O140
elektrografischer Druck П205
Elektronenstrahlaufzeichnung З137

EXPLIZIT

elektronische
 Buchungsmaschine M103
~ Kartei K41
~ Post П390, C146
elektronischer Aktenschrank
 K41
~ Schalter K120
elektronisches
 Briefkastensystem C146
elektrosensitives Papier
 Б168
elektrostatisches Papier
 Б167
Element Э65
Elementarsatz 3138
Empfang П483
empfangender Prozeß П648
Empfänger П485
Empfängerprozeß П648
Empfangsbestätigung K59,
 П288
Empfangswiederholung
 П484
Empfindlichkeit Ч49
empirische Funktion Ф167
Emulation Э90
Emulator Э89
Endbenutzer П343
Endemarke M135
Endgerät У151
Endgeräte O51
endgültiges Editieren P266
Endknoten Б102
Endkunde П343
endlicher Automat A11
Endlosband Л9
Endlospapier Б156
Endnutzersprache Я22
Endprodukthersteller И11
Endpunkt B294
Endrouting T113
Endspeichermaschine M94
Endübertrag П136
energieabhängig Э92
Energieabhängigkeit Э91
Engpaßproblem 339
Entblockung Д104, P30,
 P45, P98
Enterprise-Ebene У72
entfernt У6
entfernte Datei Ф13
~ Datenstation T35
Entfernung И173
Entkellern B359
Entkopplung P37
Entladung P40, P69
Entlastung P40
Entpacken P97
Entpackung P97
entprelltes Flipflop T127
Entriegelung P30, C167
Entscheidung P370
Entscheidungsalgorithmus
 A125
Entscheidungsbaum Д164
Entscheidungsblock Б92
Entscheidungsfindung П497

Entscheidungsfunktion
 Ф159
entscheidungsorientierte
 Datenbasis Б11
Entscheidungsproblem 346
Entscheidungssymbol C88
Entscheidungstabelle T6
Entscheidungstheorie T28
Entscheidungsvorbereitung
 П497
Entschlüsselung Д186
Entschlüsselungsmatrix M51
Entschlüßler Д177
Entsperrung P30, C167
Entspiegelungstafel П54
Entwicklung П593
Entwurf П593, P382
~ von oben nach unten
 П596
~ von unten nach oben
 П595
Entwurfsalternative Б5
Entwurfsautomatisierung
 A22
Entwurfsbegrenzung O131
Entwurfsdatenraum П616
entwurfsorientierter
 Arbeitsplatz A171
Entwurfssprache Я43
Entwurfswissensbasis Б19
Erbung H39
Ereignis H42
Ereigniseintritt H42
Ereigniswahrscheinlichkeit
 B90
Ergebnis И198
Ergibtanweisung O177
Ergibtzeichen C86
Erhaltungszeit П178
erkennbarer Ausfall O278
Erkennung O222
Erkennungseinrichtung
 У158
Erkennungsmaschine
 M175
Erkennungsmatrix M65
Erklärungsgenerator Г25
Erklärungskomponente
 Б106, M240
Erklärungsmodul M240
erlaubter Zugriff Д386
Erneuerung nach Fehler
 B200
errechnete Adresse A59
erreichbarer Knoten B99
Ersatzfunktion H70
erschöpfendes
 Durchprobieren П73
~ Suchverfahren M161
Erschöpfung der Reserve
 И197
Ersetzung 392
erste Stelle P81
erwarteter Wert 3283
erwartungstreue Stichprobe
 B285
erwartungsuntreue

 Stichprobe B293
Erwartungswert O144
erweiterbare Adressierung
 A110
erweiterte Adressierung
 A104
~ Grammatik Г142
~ Möglichkeiten B178
~ Zugriffsmethode M154
Erweiterung P147
Erweiterungbus Ш26
Erweiterungsbaustein Б116,
 M244
Erweiterungsblock Б95
Erweiterungskarte П224
Erweiterungsleiterplatte
 П224
Erweiterungsmodul M244
Erweiterungsregister P209
Erweiterungsschaltung P154
Erweiterungsspeicher П24
Erweiterungssteckplatz Г92,
 Г97
erwiesenermaßen gut 32
Erzeugung Г50, Г54
ESC-Taste K87
ESC-Zeichen 3256
Escape П153
Escape-Sprache Я15
Escape-Taste K87
"Escape"-Zeichen C83
ESER-Reihe E25
Etikett 3240, M127
Etikettendaten Д69
Etikettieren П504
Etikettierung M25
Etikettvariable П119
exakte Division Д136
Exaktheit T96
EXE-Datei Ф15
Exekutivbefehl K193
Exemplar Э50
Exjunktion Д230
Exklusiv-Oder-Funktion
 O193
Exklusiv-ODER-Funktion
 Ф151
Exklusiv-ODER-Gatter B63,
 B74
Exklusiv-ODER-Operation
 O193
exklusive Disjunktion Д229
exklusiver
 Ausnutzungsbetrieb P292
~ Benutzungsbetrieb P292
EXOR-Gatter B63, B74
EXOR-Operation O193
Expander P154
experimenteller Rechner
 Э12
Experteneinschätzung eines
 Programms O332
expertengleiche Lösung
 P371
Expertensystem C145
Expertenwissen 3272
explizit Я1

323

EXPLIZITE

explizite Adresse A82
Exponent П312, П373
Exponentenarithmetik A164
Exponentenform Ф82
Exponentenüberlauf П143
Exponentenunterlauf И200
Exponentialdarstellung П417
Exponentzeichen 3246
externe Unterbrechung П443
externes Format Ф100
~ Gerät У127
extreme Genauigkeit T102

F

Fabrikautomation A26
Fachebene У72
Fachwissen 3270
Fadenkreuz П106
Fähigkeit C197
Fähigkeiten B169
Faktenbasis Б4
Fakteninformation И169
Faktor K305, П311
Faktorenplan П209
Faktorisierung P53
Faktwissen 3268
Falle Л75
falsch Л98
falsche Aussage B354
~ Daten Д36, Д44
~ Informationssuche П302
~ Suchinformation П302
~ Triggerung 3185
falscher Wert 3281
Faltungskode K140
Familie P392, C34
~ von kompatiblen Rechnern P394
Fan-in K311
Fan-out K313
Fan-out-Baum Д163
Farbband Л13
Farbbild И40
Farbbildschirm Д307, M253
Farbdisplay Д307
Farbgrafik Г197
Farbmonitor M253
Farbwalze M168
Farbwerk M168
Fassung Г83
~ für integrierte Schaltung Г88
Features B169
Federbuchse Г96
Federkontakt K235
Fehlanpassung H77, P135
Fehlbehandlung O364
Fehleintastung O360
fehlende Variable П116
Fehler Д173, O346, П244, C8
~ bei Direktkorrektur O358
~ durch menschliches Versagen O356
Fehler-Latch 3208
Fehlerbaum Д160
fehlerbedingte Beendigung A6, 34
fehlerbehaftete Reaktion P159
Fehlerbereich Д222
Fehlerbeseitigung O297, У114
Fehlerbündel П4
Fehlerbündelkorrektur И184
Fehlerbündelkorrekturkode K145
Fehlerbyte Б32
Fehlerdiagnose Д197
Fehlererkennungskode K147
Fehlererweiterungsgrenze Г155
Fehlerflag П490
fehlerfrei Б56
fehlerfreie Operation P3
~ Reaktion P157
fehlerfreier Betrieb P3
fehlerhafte Spur Д349
~ Taktierung P134
fehlerhafter Betrieb H38, P16
~ Schaltkreis C248
fehlerhaftes Byte Б32
Fehlerhäufigkeit Ч4
Fehlerinterrupt П468
Fehlerjournal Д331
Fehlerkennzeichen П490
Fehlerkontrolle П513
Fehlerkorrekturfähigkeiten B175
Fehlerkorrekturkode K144
fehlerkorrigierender Kode K144
Fehlerlatenzeit 375
Fehlerprotokoll Ж9
Fehlerprotokollierung P225
Fehlerprüfung П513
Fehlerrate И125, Ч4
Fehlersignal C71
Fehlersignalspeicher 3208
Fehlersuchbetrieb P303
Fehlersuche O297, П304, P303
Fehlersuchinformation И166
Fehlersuchprogramm O298
fehlertolerante Operation P15
fehlertoleranter Betrieb P15
fehlertolerantes Rechnen B396
~ System C121
Fehlertoleranz O287, У111
Fehlerunterbrechung П468
Fehlerverwaltung У61
Fehlfunktion P16
Fehlgriff H78
Fehllochung O271
Fehloperation P14
Fehlordnung H79
Fehlseitenunterbrechung П447
Fehlsuchen H78
Fehltaktung P134
Feld M37, M47
Feldausdruck B347
Felddatenblatt П70
Feldlänge Д327
Feldoperation O199
Fenster O146
Fensterbildschirm Д291
Fensterdisplay Д291
Fenstertechnik O234
Fern... У6
Fernanforderung 3156
Fernanfrage 3156
Fernauftrag 325
Ferndaten Д56
Ferndiagnose Д193
Fernjob 325
Fernmeldebetriebsgesellschaft B137
Fernmeldeleitung Л46, Л58
Fernmessung И23
Fernsteuerung T15, У59
Fernterminal T35
Fernterminalbenutzer П348
Fernübertragungs-Monitor M252
Fernverarbeitung O67, T14
Fernzugriff Д365
Fernzugriffsystem C131
Fertigkennzeichen Ф68
Fertigungsgemeinkosten И15
feste Kopplung C19
~ Zeitverzögerung 384
fester Fehler O362
Festkomma 3196, T95
Festkommaarithmetik A166
Festkommadaten Д23
Festkommaoperation O215
Festkommarechnung B392
Festkommatyp T73
Festkommazahl Ч44
Festkopf Г109, Г118
Festkopfplatte Д258
Festplatte Д247
festprogrammierter Rechner Э31
Festpunkt 3196, T95
Festpunktarithmetik A166
Festpunktdarstellung П414
Festpunktschreibweise П414
Festsetzung H18
Festspeicher П36
feststehender Magnetkopf Г109, Г118
festverdrahtete Logik Л85
festverdrahtetes Programm П532
~ Unterprogramm П266, П268
~ Wissen 3269
Festwertspeicher У156

FUSE-MAP

fette Linie Л49
FFS C105
fiduziäre Wahrscheinlichkeit B89
FIFO-Disziplin Д317
FIFO-Speicher П31
File-Speicher П51
Filing X10
Filter Ф57
Filterung Ф60
Fire-Kode K149
Firmware П589, C205
Fixpunktetikett M134
Fixpunktkopieren K289
Fixpunktwiederanlauf П94, P356
Fixpunktzeichen 3239
Flachadressenarchitektur A189
Flachbettplotter Г207
Flachbildschirm Э57
Flachdatei Ф37
Flachdisplay Д301
flache Datei Ф37
Flächendiode Д237
Flachrechner K6
Flachschirmanzeige И103
Flachschirmanzeigegerät Д301
Flachtastatur K73
Flag П486, Ф67
Flag-Bit P89
Flaganzeiger И108
Flagfeld П316
Flagprüfung K251, П519
Flagregister P218
Flagsetzen B358
Flanke Ф140
Flattern П139
flexibel Г58
Flexibilität Г59
flexible Automatisierung A20
~ Magnetplatte Д245
flexibles Fertigungssystem C105
fliegender Magnetkopf Г111
Fließbandorganisation C221
Fließbandsystem C114
flimmerfreies Bildschirmgerät Д290
~ Display Д290
Flipflop T122
~ mit RS-Tastung T123
Flipflop-Register P214
Flipflop-Schaltung C258
Flipflopschaltung T122
floatender Anschlußpunkt B314
Floppy-Disk Д245
Floppy-Disk-Laufwerk H24, H27
flüchtig Э92
Flüchtigkeit Э91
Flußdiagramm Б128, C234
Flußgraph Г171
Flüssigkristallanzeige И102

Flußplan C234
Folge O333, П372, П374, Ц20
Folgeeinrichtung У166
Folgeglied Э78
Folgenummer H84
Folger Э82
Folgeschaltung C250
Folgesystem C132
Folgezeitgeber Д89
Font K212
Forderung T119
formale Grammatik Г150
Formatbefehl K196
formatfrei H80
formatfreie Ausgabe B296
~ Eingabe B9
formatgebundene Eingabe B28
Formatieren 331
Formatierer Ф103
formatierte Daten Д74
~ Eingabe B28
~ Platte Д263
Formatierung P58, Ф101
Formatsteuerzeichen 3259
Formel B345
Formelauswertung B384
Formelrechnung B384
Formular Б85
Formularausfüllen 3141
Formularmodus P287
fortlaufender Übertrag П132
Fortschreiben O35
Fortschreibung И17
Fortschreibungsdatei Ф31
Forward-looking-Cache K355
Fotodiode Ф125
Fotoelektronvervielfacher Ф131
Fotofühlmarke M130
Fotolithografie Ф126
Fotomaske T117, Ф132
Fotomaskensatz K211
Fotomaskierung Ф126
Fotoschablone Ф132
Fotosensor Ф124
Fototransistor Ф130
Fotowiderstand Ф129
Frage-Antwort-Betrieb P288
Frage-Antwort-Dialog Д213
fragmentierte Relation O315
Frame K1, Ф134
frame-basiert Ф139
Frame-Modell M228
framebasierte Sprache Я56
Framing K2, Ф108
frei programmierbare Datenstation T38
Freiband Л27
freier Speicherbereich O23
freies Band Л27
~ Format Ф98
~ Zugriffsverfahren P321
Freigabe Д104, O243, P30, P62, C167

Freigabeeingang B264
Freigabeimpuls И58, И65
Freigabeinterrupt П467
Freigabesignal C75
freigegebene Unterbrechung П476
Freilaufbetrieb P321
Freiverdrahtung M258
"fremdes" Format Ф100
Fremdstörung B187
Frequenz Ч2
Frequenzgang X3
Frequenzkennlinie X3
Frequenzteiler Д145
Frequenzteilung Д140
Front-end-Adapter A39
Front-end-Verarbeitung O66
Frühausfall O282
Frühausfallperiode П176
Fühlelement Э87
führende Null H94
~ Ziffer Ц65
Führungsloch O269
Führungslöcher П188
Führungslochspur Д348
Führungsregier P257
Füllgebiet O18
Füllzeichen 3145, 3262
Fünf-Bit-Byte Б35
Fünf-Kanal-Lochstreifen Л23
Fünf-Spur-Lochstreifen Л23
fünffache Redundanz P345
funktionale Auflösung Д133
~ Dekomposition Д133
funktionelle Programmiersprache Я57
Funktionsbaustein Б126
funktionsbeteiligte Redundanz P342
Funktionselement Э86
Funktionsfehler H38
Funktionsfehlerdiagnose Д199
Funktionsgüte K53
Funktionsmöglichkeiten B183
Funktionsname И89
Funktionsprüfung П520
Funktionsstörung C8
Funktionstastatur K80
Funktionstaste K103
Funktionstest П520
Funktor Э86
für Anwender verfügbarer Speicher П126
~ Benutzer nicht geeignete Rechnerzeit B226
~ den Menschen lesbare Programmiersprache Я41
~ einen Anwender "sichtbares" Register P180
~ einen Anwender zugängliches Register P180
Fuse-Map K35

GABEL

G

Gabel P34
ganzer Teil Ч24
Ganzseitenbildschirm Д293
Ganzseitendisplay Д293
Ganzzahlarithmetik A167
ganzzahliger Teil Ч24
~ Typ T74
Ganzzahloperation O218
Garantie-Nutzungsdauer H35
Gate-Extraktion B317
Gateway M104
Gateway-Computer Э49
Gateway-Prozessor П667
Gateway-Rechner Э49
Gatter B56
~ mit drei Zuständen B75
~ mit N Eingängen B71
Gatteraktion Д108
Gattereinheit Б91
Gatterfeld M49
gattergesteuert B80
gattergesteuerter Dekoder Д183
~ Eingang B269
Gatterimpulsgenerator Г38
Gatterschaltkreis C237
Gatterschaltung C237
Gattertreiber B81
Gatterverzögerung 358
Gaußsche Verteilung P122
Geber Д81
Gebiet O14
Geborgtes 385
gedruckte Platte П223
~ Verdrahtung П261
gedruckter Schaltkreis M261
gegenseitig abhängig B123
~ ausschließender Zugriff Д359
gegenseitige Blockierung B117, T142
~ Verriegelung Б133
Gehäuse für Oberflächenmontage K295
~ mit einreihigem Anschluß K299
gehäuseloses Chip K322
geheime Daten Д60
Geheimnisschutz З221
geheimzuhaltende Daten Д49
gekettete Datei Ф51
geladene Datenbasis Б6
gelernte Bewegungsfolge П376
~ Folge П376
gelochte Karte K37
Gemeinkosten Б15
gemeinsam genutzte Datei Ф4
~ genutzte Daten Д63
~ verwendete Ressource P362
gemeinsame Daten Д48
~ Nutzung И179
~ Ressource P362
~ Sprache Я50
gemeinsamer Bus Ш22
~ Divisor Д144
~ Speicherbereich O20
~ Zugriff Д370
gemeinsames Betriebsmittel P362
gemeinschaftliche Datei Ф44
Gemeinschaftsrechner Э11
Gemeinsprache Я50
Genauigkeit T96
Genehmigung P62, У187
generalisierte Grammatik Г137
Generation П359, Э25
generative Grammatik Г143
Generator von Anwenderprogrammen Г29
~ von Makrobefehlen Г23
Generierung Г50, Г54, П359
generischer Name И84
~ Parameter П65
generisches Frame Ф138
Geometriegrafik Г188
geometrische Datenbasis Б2
~ Grafik Г188
geometrischer Ort M122
gepackte Daten Д19
~ Dezimalzahl Ч45
gepackter Satz З110
gepacktes Format Ф99
gepuffert Б189
gepufferter Kanal K17
~ Port П367
gerades Programmstück Ч14
Gerät У115
~ mit Berührungseingabe У164
~ mit direktem Zugriff У169
~ mit drei Ausgangszuständen У171
~ mit drei Zuständen У171
Geräte O41
Gerätefreigabezeit B227
Geräteredundanz P340
Gerätetechnik A153, O2, O12, O41, O42, C202
gerätetechnisch A152
~ realisiert A150
~ realisierter Algorithmus A123
Geräteverzögerung 365
Gerätewarteschlange O338
Gerätezuordnung P129
gerichtete Unterbrechung П442
gerichteter Graph Г166
geringe Auflösung Ф67
Gesamtbetrag И208
Gesamtergebnis И208

Gesamtwaferintegration И116
gesättigtes Flipflop T126
geschachtelte Schleife Ц33
~ Sprache Я47
geschalteter Kondensator K220
geschlossene Bogenfolge K260
~ Schleife K261
geschlossener Kantenzug K260
~ Stromkreis Ц24
~ Wirkungskreis K261
geschlossenes Netzwerk Ц24
geschützte Datei Ф17
geschützter Speicher П27
Geschwindigkeitsregelung P243
Geschwindigkeitsrückführung C18
gesicherte Datei Ф17
gesichertes Terminal T37
gespeicherte Daten Д75
~ Information И170
gespeicherter Übertrag П129
gespeichertes Programm П572
gesperrte Unterbrechung П445
gesperrter Interrupt П445
gestapeltes Papier Б162
gesteigerte Genauigkeit T99
Gestelleinbau M256
gesteuerte Variable П121
gesteuerter Prozeß П647
gesteuertes Latch З210
gestohlener Zyklus Ц37
gestörte Eins E10
~ Null H98
gestreckte Programmschleifennotierung P36
gestreutes Laden З12
getakteter Impuls И68
getaktetes Flipflop T134
~ Latch З209
geteilter Bildschirm Э59
geteiltes Bildschirmformat Ф97
getrennt A30
~ montierte Tastatur K67
gewichteter Graph Г158
~ Wert З276
Gewichtsfaktor K306
Gewichtsfunktion Ф147
GHz Г63
Gigabyte Г62
Gigaflops Г64
Gigahertz Г63
Gitter P385
Glas-Box Я69
Glättungskurve K319
gleichberechtigt P21
gleichberechtigte Module M231

HARDWARE-UNTERPROGRAMM

gleichgestellt P21
Gleichheitszeichen 3249
Gleichlaufsteuerung C93
gleichmäßige Verteilung P125
Gleichverteilung P125
gleichzeitig П64
gleichzeitige Ausführung B336
~ Verarbeitung O78
Gleitkomma 3194, T91
Gleitkommaarithmetik A165
Gleitkommadaten Д22
Gleitkommaoperation O213
Gleitkommarechnung B391
Gleitkommatyp T69
Gleitkommazahl Ч43
Gleitpunkt 3194, T91
Gleitpunktakkumulator C228
Gleitpunktarithmetik A165
Gleitpunktdarstellung П413
Gleitpunkteinrichtungen B179
Gleitpunktschreibweise П413
Glied 965, 974
Glitch Д176
global Г75
Globalbus Ш22
globale Behauptung У188
globales Maximum M21
Glossar Г76
Goal У107, Ц4
Gradient Г126
Grafik Г183
Grafikadapter A33
Grafikausgabe B300
Grafikdaten Д28
Grafikdatenausgabe B297
Grafikdatenbus Ш11
Grafikdisplay Д283
Grafikeditor P269, P271
Grafikeingabe B12
Grafikeingabeeinheit У133
Grafikform Ф76
Grafikgenerator Г13
Grafikinterface И143
Grafikmanipulation M22
Grafikmode P280
Grafikmodus P280
Grafikschnittstelle И143
Grafiksoftware O7
Grafikspeicher П18
Grafiksprache Я12
Grafiksymbol C84
Grafikterminal T33
Grafiktreiber Д393
grafische Ausgabe B300
~ Darstellung Г179, П409
~ Daten Д28
~ Eingabe B12
~ Form Ф76
~ Information И159
~ Mittel C203
~ Zugriffsmethode M151
grafischer Editor P269, P271

grafisches Bildschirmgerät Д283
~ Eingabegerät У133
~ Grundelement П492
~ Terminal T33
~ Zeichen C84
Grammatik Г128
~ mit begrenztem Kontext Г139
~ mit schwachen Vorgängerbeziehungen Г146
~ mit Vorgängerbeziehungen Г147
Graph Г156
~ mit Schleifen Г176
Graphenmodell M216
Graphentheorie T22
Graphenweg П689
Graubild И37
Graustufenskala Ш39
Graustufung Ш39
Gray-Kode K126
Grenzbelastung H13
Grenze Л397
Grenzfrequenz Ч6
Grenzpaar П62
Grenzwert 3287, П397
Grid P385
grober Fehler O349
Grobrecherche П300
Großbuchstabe Б149, Б150, 3234
Großbuchstabenalphabet A134
Großbuchstabenmodus P285
Großbuchstabenschreibung П173
Größe B49
Größenbeziehung O303
"Größer als"-Zeichen 3232
großes System C103
Großformat-Display Д310
Großintegration И117
Großrechner Э3
Großrechner-Hersteller Ф65
Großrechnerhersteller И12
Großsystem C103
Großvaterband Л19
Grundaufbau A173
Grundausrüstung K266
Grundbaustein Б120
Grundbus Ш23
Grundelement П491
Grundgesamtheitsverteilung П120
Grundsprache Я7
grüner Bildschirm Д285
grünes Display Д285
Gruppendynamik Д232
Gruppenname И80
Gruppensteuereinheit K240
Gruppenzugriff Д364
Gruppierung Г221
gültige Daten Д30
~ Ziffer Ц53

Gültigkeit Д355
Gültigkeitserklärung A214
Gültigkeitsnachweis A214, П287
~ eines Programms A215
Gültigkeitsprüfung П512

H

Hacker X13
haftende Eins E8
Haftfehler an Logikpegel "1" H64
~ an Logikpegel "0" H67
~ an Logikpegel "X" H65
~ "Leiterunterbrechung" H66
Halbaddierer П336
Halbbit П328
Halbbyte П327
Halbduplexleitung Л56
halber Treiberimpuls И62
Halbkompilierung П332
Halbleiter П333
Halbleiterscheibe П213
Halbseitenbildschirm Д294
Halbseitendisplay Д294
Halbstrom П337
Halbsubtrahierer П330
Halbverbindung П335
Halbwählen П329
Halbwort П334
Halbwortpuffer Б179
Halt O245
Halt-Taste K90
Haltadresse A70
Haltbefehl K179, O248
Halten X11
Haltepunkt O245, T92
Halteschaltung Ц21
Haltezeit B238
Halteregister P175
Hamming-Kode K150
Handshake K60
Handshaking K60
Handtastatur K69
hängender Knotenpunkt B97
Hantierer П549
Hardkopie K291
Hardware A153, O2, O12, O42, C202
hardware-kompatibel A151
Hardware-Modul M233
Hardware-Multiplikation У28
Hardware-Programm П532
hardware-realisiertes Unterprogramm П266
Hardware Redundanz P335
Hardware-Unterbrechung П441
Hardware-Unterprogramm П266

327

HARDWARE-UNTERSTÜTZUNG

Hardware-Unterstützung П250
Hardwarealgorithmus A123
Hardwarebaustein M233
Hardwarebeschränkung O128
hardwaregesteuerte Wiederherstellung B195
Hardwarekompatibilität C169
Hardwarekonfiguration K276
Hardwareprüfung K244
hardwarerealisiert A150
Hardwaresystem K208
Hardwareunabhängigkeit H56
hart Ж3
Hartautomation A21
hartes Bild И31
Hartkern Я2
Hash-Folge Ц19
Hash-Funktion Ф165, X6
Hash-Kette Ц19
Hash-Tabelle X5
Hashing X7
Häufung M41
Hauptbus Ш23
Hauptdatei Ф35
Hauptindex И98
Hauptkopie Э52
Hauptmenü M117
Hauptprogramm П539
Hauptprozessor П657, П660
Hauptprozessorbus Ш10
Hauptschleife Ц41
Hauptschlüssel K113
Hauptspeicher П33
Hauptsumme И209
Hauptzweig B116
Hauptzyklus Ц41
Haussatz 3123
Havarie A5
Header-Tabelle T4
Heimcomputer Э5
Help-Modus P295
Herausgabe B339
herausnehmbarer Plattenstapel П3
hereingeführter Anschluß B8
Hersteller И10
hexadezimale Zahl Ч46
Hexadezimalsystem C140
Hexadezimalzahl Ч46
HF-Bus Ш9
hierarchische Organisation C220
hierarchischer Aufbau C220
hierarchisches Ablaufdiagramm C251
high-aktiv B149
high-aktives Signal C76
High-end-Rechner Э41
High-Signal C65
Hilfen C200
Hilfsanforderung 3160
Hilfsanlagen O43

Hilfsausrüstung O43
Hilfsdialog Д215
Hilfsinformation И163
Hilfsmenü M119
Hilfsoperationszeit B218
Hilfsprogramm П536
Hilfsprozessor П659
hin- und herbewegbarer Wagen K28
hintereinandergeschaltete Gatter B55
Hinterflanke Ф141
Hintergrund Ф72
Hintergrund-Job 330
Hintergrundbetrieb P20, P327
Hintergrundbild И39
Hintergrundprogramm П571
Hintergrundverarbeitung O90, O241, P375
Hochformat-Bildschirm Д298
Hochformat-Display Д298
Hochfrequenzbus Ш9
Hochgeschwindigkeits... B357
Hochgeschwindigkeitsschaltkreis C236
Hochgeschwindigkeitsschaltung C236
Hochintegration И117
hochintegrierter Schaltkreis C235
Hochleistungsanlagen O44
Hochleistungsausrüstung O44
Hochleistungsrechner Э6
hochrangiger Anwender П340
Hochspannungspegel У83
Höchstbeanspruchung H13
Höchstbelastung H13
hochstehender Index И96
hochsteigend B205
höchstes Byte Б38
Höchstintegration И119
höchstintegrierter Schaltkreis C254
höchstwertige Stelle P81, P87
~ Ziffer Ц55, Ц62
höchstwertiges Zeichen 3253, 3254
hochwertiges Byte Б42
Hodograf Г98
hohe Auflösung P63
~ Dimension P56
höhere Programmiersprache Я11
höherwertige Stelle P88
~ Ziffer Ц63
höherwertiger Registerteil Ч17
hohes Byte Б41
Holen-Ausführungs-Zyklus Ц34

Holphase Ч22
Home-Computer Э5
Home-Taste K85
"Hop"-Transfer П149
Hornsche Klausel B350
Host-Computer Э7
hostbasiertes Netz C53
Hostkarte П229
Hostplatine П229
Hostrechner M81, Э7
Hot-potato-Routing M31
hybrid Г61
Hypergraph Г66
Hypertext Г67
Hypervisor Г65
Hysterese Г72
Hystereseschleife П192
Hysteresis Г72

I

I-Glied 3229
I-Regelung P230, P239
I-Regler P256
IBM-kompatibler Rechner Э35
IC M192, C242
IC-Anschluß B308
IC-Gehäuse K296
IC-Sockel Г88
IC-Tester T47
Identifikationskarte K32
Identifizierer И2
Identifizierung И5, O222
Identifizierungskennzeichen И2, T11
identische Transformation П429
Identität T78
Identitätsverknüpfung O219
Identmerkmal П489
Ikon И25
illegaler Zugriff Д375
im Ruhezustand Б54
~ Versuchsaufbau hergestellter Rechner Э12
Imager Б125
Implementierung B10, P160
Implikation И45
implizite Adresse A67
~ Adressierung A90
impliziter Operand O157
implizites Wissen 3264
Impuls И48
Impulsauslösung 3184
Impulsbreitendiskriminator Д271
Impulsbündel П71
Impulsformen Ф107
Impulsfrequenz Ч8
Impulshöhendiskriminator Д270
Impulspaket П71

ITERATIONSMETHODE

Impulsrate Ч8
in Sperrichtung vorgespannte Diode Д238
~ zusammenhängenden Speicherbereichen gespeicherte Datei Ф30
In-house-Programmierung П582
In-line-Verarbeitung O75
In-transit-Pufferung Б188
Inadäquatität H51
Inbetriebnahme 3182
Index И94, П311
Indexausdruck B349
Indexdatei Ф21
Indexloch O272
Indexregister P185
indexsequentieller Zugriff Д366
Indikator У24
indirekte Adresse A63
~ Adressierung A91
~ Aktion Д111
indirekter Befehl K189
indiziert-sequentielle Zugriffsmethode M152
indiziert-sequentieller Zugriff Д366
indizierte Adressierung A89
~ Basisadressierung A97
~ Basisregisteradressierung A107
~ Datei Ф20
~ Konstantenversatzadressierung A109
~ Nullversatzadressierung A108
indizierter Zugriff Д367
Indizierung И99
Indizierungsblock Б99
induktiver Geber Д86
industrielle Datenverarbeitung O83
inexactes Reasoning P141
Inferenz B294, B307
Inferenzalgorithmus A128
Inferenzfolge Ц15
Inferenzkette Ц15
Inferenzlogik Л90
Inferenzmaschine M86
Inferenzoperation O195
Informatik И158, T56
Informations- und Rechenzentrum Ц6
Informationsalgebra A120
Informationsanforderung 3158
Informationsbedarf П389
Informationsbit Б78
Informationseinheit E6
Informationserfassungszentrum Ц10
Informationsfang 3213
Informationsflußdichte И126
Informationsgehaltseinheit E7
Informationsgraph Г161

Informationsinhaltseinheit E7
informationsorientierte Gesellschaft O111
Informationsspur Д351
Informationstheorie T23
Informationsverarbeitungstechnologie T61
Informationsverheimlichung У186
Informationswiederauffindungszeit B233
Informationswiedergewinnung П303
Informationswiedergewinnungsproblem 343
Informationswiedergewinnungssystem C109
Informationszentrum Ц7
inhaltsadressierbar A205
inhaltsadressierbarer Prozessor П654
~ Speicher П12
Inhaltsverzeichnis K46
Inhibitimpuls И54
Initialisierung 326, И111
Initiierung B151
Inking P386
inklusive Disjunktion Д228
Inkompatibilität H76
Inkonsistenz П617
Inkrement П499
inkrementaler Vektor B44
innerer Knotenpunkt B98
Installation M254, У97
Instanz Э50
Instruktion O108
Instrumente И113
Instrumentenverzögerung 365
Intaktheit И185
integrales Gütekriterium K338
Integralregelung P230, P239
Integralregler P256
Integration И115
Integrator И114
Integrierglied 3229
integrierte Schaltung M189, M192, C242
integrierter Prozessor П670
~ Schaltkreis M192, C242
Integrität Ц3
intelligent И123, M188
intelligente Fehlerdiagnose Д194
~ Tastatur K78
intelligentes Terminal T38
Intelligenz Л93
Interaktion B118
interaktiv Д218, И128
interaktive Abfrage 3157
~ Anfrage 3157
~ Grafik Г189
~ Programmiersprache Я18
~ Programmierung П578
~ Steuerung У54

~ Verarbeitung O61
interaktiver Betrieb P5, P291
~ Editor P270
Intercomputerkommunikation C14
Interdatenbankanfrage 3162
Interface И141, C185
Interface-Adapter A34
Interface-Bus Ш15
Interfaceplatine П217
Interferenz П353
intermittierend auftretende Störung H62
intermittierender Fehler H62
Interpolation И137
Interpolationsformel Ф120
Interpolator И136
Interpretation И139
Interpreter И138
interpretierende Ausführung B334
~ Grammatik Г145
Interpretierer И138
interpretierte Sprache Я19
Interprozessorpuffer Б176
Interprozessorunterbrechung П453
Interregistertransfer П79
Interrupt П440
Interruptanforderung 3172
Interruptbearbeitungsverzögerung 373
Interruptbehandlung O81
Interruptebene У80
Interruptmaske M34
Interruptregister P205
Interruptsignal C74
Interruptsperre 3151
Interruptvektor B42
Intervall П602
Intervallzeitgeber Д84
inverse Abhängigkeit 37
~ Matrix M59
inverser Kode K132
Inversion И90
Inverter И92
~ mit Koinzidenzschaltung И93
invertierender Eingang B259
invertierte Datei Ф19
invertierter Ausgang B369
~ Baum Д161
~ logischer Wert 3278
Invertierung O95
Inzidenzknoten B101
Inzidenzmatrix M53
IS M192
isolierter Knoten B100
isometrische Darstellung И30
Istwert 3280
Iteration И207, Ш1
Iterationsmethode M156

JA-NEIN-FRAGE

J

Ja-Nein-Frage B190
JK-Flipflop T135
Job 322, P1
Job-Warteschlange O337
Jobabrechnungsprotokoll Ж11
Jobaufbau Ф105
Jobbetriebssprache Я55
Jobdatei Ф16
Jobferneigabe B14
Jobschritt Ш2
Jobstapelung П9
Jobsteuersprache Я55
Jobstrom П385
Jobverarbeitung O68
Journal Ж8
Joystick P390
Justieren P254
Justierung B340, B341, P254, У97

K

Kalkül И201
kalligrafischer Bildschirm Д303
~ Plotter Г202
kalligrafisches Display Д303
Kalman-Filter Ф59
Kanal K8
~ mit niedriger Bitfrequenz K14
8-Kanal-Kode K125
"Kanal-zu-Kanal"-Adapter A36
Kanaladapter A35
Kanalbündel Г215
Kanalgruppe Г215
Kanalkapazität E19
Kanaltransferkapazität E19
Kanalwarteschlange O339
Kantengraph Г172
Kapazität E13, E13, P91
kapazitiver Geber Д85
Kapselung K301
Karnaugh-Diagramm K33
Karnaugh-Tafel K33
Karte K31, П214
Kartenaufzeichnung 3122
Kartenbahn K22
Kartendoppler P353
Kartenleser У176
Kartenlocher П185
Kartensteckplatz Г91
Kartenzufuhreinrichtung M176
Kaskade K42
kaskadenartig geschaltete Gatter B55

Kaskadenübertrag П131
Kaskadenvervielfacher У31
Kassetenplattenlaufwerk H26
Kassette K43
Katalog K46
katalogisierte Datei Ф24
Katastrophenumspeicherung Д2
Kategoriengrammatik Г132
Katodenstrahlröhre T138
Kausalmodell M222
Kausalrelation O311
Kellerbefehl K185
Kelleroperation O214
Kellerspeicher П29, C210
Kellerspeicheraufbau A191
Kellerspeicherstruktur A191
Kennbyte Б28
Kennsatz M127
kennsatzloses Band Л18
~ Magnetband Л18
Kennwortanforderung 3170
Kennwortdatenschutz 3222
Kennzahl И94
Kennzeichen 3240, M127, П486, Ф67
Kennzeichenanzeiger И108
Kennzeichenbit P89
Kennzeichenfeld П316
Kennzeichenprüfung П519
Kennzeichenregister P218
Kennzeichnung И5, H18, П504
Kern C37
Kernmatrix M67
Kette C215, Ц20
Kettenrad K156
KI И122
KI-Maschine M100
KI-Sprache Я49
KI-System C110
Kilobaud K63
Kilobit K62
Kilobyte K61
Kilowort K64
Kippgenerator Г31
Kippschalter П102
klammerfrei Б59
klammerfreie Notation H93
~ Schreibweise 3108
Klartextdaten Д39
Klasseneinteilung Г221
Klassifizierer K105
klassifizierter Name И88
Klausel П399
Kleinbuchstabe Б151, Б152
Kleinbuchstabenalphabet A135
Kleinbuchstabenschreibung P196
"kleiner als"-Zeichen 3242
Kleinformat-Display Д306
Kleinintegration И118
Kleinrechner M198, Э13
Kleintastatur K69
Klemmrolle P388

Klemmschaltung Ф54
Knoten B96
Knotenprozessor П676
Knotenpunkt B96
Knotenpunktbeseitigung У3
Knowledge engineering И110
Kode-Umschaltzeichen 3256
Kodeabstand P137
Kodegenerator Г20
Kodek K152
Kodeloch O262
Kodemustergenerator Г21
Kodenkompatibilität K155
Koderegister P187
Kodeumsetzung П426
Kodewandlung П426
Kodewort C157
Kodezeichen 3238
Kodiereinrichtung У145, Ш35
~ Magnetband Л18 (corrected: Kodierer)
Kodierer У145, Ш35
Kodiermatrix M54, M73
kodierte Daten Д34
kodiertes Bild И28
Kodierung K153, Ш37
Kodierungsblatt Б86, Б88
Kodierungsformular Б86, Б88
Kodierungssystem C111
Kodierungstheorie T24
Kodogramm K154
Koeffizient K305
Kohlepapier Б158
Koinzidenz C176
Koinzidenzdetektor Д171
Koinzidenzschaltung C255
Kollision K277, C148
kombinatorische Schaltung C243
kombinierter Kopf Г117
Kommando K165
Kommandomodus P293
Kommandorückweisung O279
Kommandosprache Я21
Kommentar K200
kommerzielle Aufgabe 356
~ Rechenanlage M84
~ Software O6
kommerzielles Problem 356
~ Spiel И1
Kommunikation C13
Kommunikationsbarriere Б51
Kommunikationsindustrie П605
Kommunikationsprozessor П673
Kommunikationspuffer Б172
Kommunikationsrechner Э29
Kommunikationsschnittstelle И151
Kommunikationssteuereinheit K242
Kommunikationssteuerungs-

LEERBAND

protokoll П625
Kommunikationssystem C130
Kommunikationsterminal T42
Kommunikationstheorie T29
Kommunikationszugriffsmethode Д381
Kompaktbaustein M182
Komparator K203, У170
Kompatibilität C168
kompatible Rechnerfamilie P394
kompatibler Rechner Э34
Kompilationszeit П175
Kompilationszeit-Prozedur П639
Kompilieren K207
Kompilierer K204
Kompilieroptimierung O226
Kompilierphase Ф3
kompilierte Sprache Я52
Kompilierzeit-Prozedur П639
Komplement Д340, Д346
Komplementärausgänge B380
Komplementausgang B372
Komplementbildung O94
Komplementdarstellung П405
Komplementflipflop T130
Komplementgatter B67
Komplementierung O94
Komplementkode K129, K132
komplexe Aussage B356
Kompromiß P376
Kompromißlösung P376
Kondensator-Array M56
Kondensatoranordnung M56
Konfigurationsänderung И19
Konfigurator K265
Konfigurieren B276
Konflikt K277
~ bei überlappter Operationsausführung K283
Konfliktauflösung P64
Konfliktsituation C148
Konjunktion K285, У29
konjunktive Anfrage Э161
~ Normalform Ф78
Konkatenanz C177
Konkurrenz П63
Konkurrenzbetrieb P316
Konkurrenzfehlen H73
Konkurrenzmechanismus M174
Konkurrenzprozessor П674
Konkurrenztechnen Э19
Konkurrenzsteuerung У62
konkurrierende Ein-/Ausgabe B32
konkurrierender Prozeß П644

Konsolausgabedatei Ф12
Konsolbetriebsart P315
Konsole K225, П682
Konsolmodus P315
Konstante B52
Konstruktionskörpergeometrie Г57
Kontaktierungsinsel П238
Kontaktloch O264, O267
kontaktlose Aufzeichnung 3107
Kontaktöffnung O148
Kontaktstelle П238
Kontext K237
kontextabhängige Grammatik Г133
Kontexteditieren P265
kontextfreie Grammatik Г134
Kontextname И83
Kontextumschalten П104
kontinuierliche Regelung P234
~ Sprache P368
kontinuierliches Sprechen P368
Kontrolle П509, T46
kontrollierendes Unterprogramm П273
Kontrolliste T3
Kontrollsumme C223
Kontrollziffer Ц54
Konvergenz C262
Konverter K432
Konzentrator K284
Konzept П356
Konzeptentwurf П590
Koordinate K286
Koordinatengraphik Г190
Koordinatenursprung H44
Kopf Г99
~ mit veränderbarem Andruck Г113
Kopfangabentabelle T4
Kopfetikett M129
Kopfteil 310
Kopie K290, Э50
Kopieren K288
kopierter Satz 3116
Koppeleinheit И141
Koppelpunktmatrix П97
Koppler C179
Kopplung C13
Koprozessor C184
Körnigkeit Г77
Körpergeometrie Г57
Körpergrafik Г192
Korrektur B146
Kosten-Effektivität-Verhältnis C182
Kosten-Leistungs-Verhältnis C183
Kredit P66
Kreisdiagramm Д204, Д209
Kristall K320
Kugelschreiber Э88
kumulativer Fehler O354

Kunden-IC M191, C240
kundenspezifisch 387
kundenspezifische Software O3
kundenspezifischer integrierter Schaltkreis M191, C240
Kundenwunsch- Schaltkreis M191
Kundenwunschchip K324
Kundenwunschkonfiguration K269
künstliche Intelligenz И122
~ Sprache P367
künstliches Sprechen P367
Kurve Г179
Kurvenbild Г179
Kurvenschreiber Г199
Kurzwegproblem 335

L

Label-Variable П119
Ladeadresse A60
ladefähige Datei Ф15
ladefähiger Modul M235
Lademodul M236
Laden 311
~ und Ausführen 316
Ladeprogramm 318, П541
Lader 318, П541
Ladezeit B221
Ladung 3197
ladungsgekoppeltes Bauelement Э80
Lage П294, P111
Lagedaten Д50
Lageregelung P237, P241
Lagesensor Д88
LAN C46
langsamer Kanal K14
Laptop-Computer Э10
Latch 3206
Latch-Ausgang B377
Latchflipflop T128
Latching 3213
Latchregister P222
latenter Ausfall O285
~ Fehler H63
latentes Bild И38
Latentzeit 357
Lauf П521
laufende Operation P13
Laufzeit B241
Laufzeitausgabe B303
Lawinenadressierung A92
Layout M4, P111, C253, T80
LCD-Anzeige И102
Lebensdauer P359
LED-Anzeige И104
LED-Matrix M66
Leerband Л22

LEERBEFEHL

Leerbefehl K197
leeres Band Л22
Leerlaufbetrieb P328
Leerlaufbetriebsart P314
Leermodus P328
Leertaste K93
Leerzeichen 3247, П506, C87
Lehrautomat M88
Lehrmaschine M88
Lehrprogramm П551
Leistung П600
Leistungsfähigkeit E13, П600
Leiten von Nachrichten M32
Leiterplatte П214, П223
~ mit integrierten Schaltkreisen П225
Leiterplatten-Funktionstester T49
Leiterplattenchassis П221
Leiterplattensatz K210
leitfähiges Papier Б159
Leitimpuls И51
Leitkarte K315
Leitrechner Э45
Leitregler P257
Leitungsabschluß H14
Leitungsbündel Г216
Leitungsdisziplin Д313
Leitungsführung T111, T115
Leitungszugriff Д381
Leitweg M27
Leitweglenkung M30
Leitwegsuchen M30
Leitwegvermerk У25
Leporello-Papier Б163
Lernen O108
lernende Maschine M92
Lernmaschine M92
Lesbarkeit У7
Lese-Schreib-Konflikt K281
Lese-Schreib-Kopf Г117
Lesebus Ш32
Lesegatter B77
Lesegerät У178, У185
Leseimpuls И73
Lesekontakt K236
Lesekopf Г116
Leseleitungstreiber Ф114
Lesemaschine A18
Lesen C275, Ч48
Leseoperation O216
Lesepuffer Б186
Leser У178, У185
Lesesignal C80
Letter Л73
Leuchtdiodenanzeige И104
Leuchtdiodenmatrix M66
Lexem Л5
lexikalischer Analysator A146, Б102
Lichtgriffel K25
Lichtknopf K124
Lichtstift K25, П180
Lichttaste K124

LIFO-Disziplin Д318
LIFO-Warteschlange O340
Limes П397
linearer Programmteil Ч14
Linearisierung Л38
Liniengenerator Г22
Liniengrafik Г190
Link-Datei Ф42
linksbündige Justierung B342
Linksverschiebung C23
LISP-Maschine Л67
Liste Л71, П174, C194
Listenbild Ф80
Listendatenblock Б94
Listenerstellung Г55
Listengenerator Г26
listenstrukturierte Daten Д21
Listenverarbeitung O88
Listenverarbeitungssprache Я32
Listing P100
Literal K227, Л74
Litze Ж1
Loch П507
Lochband Л20, П182
Lochbandstanzer П187
Lochen П190
Locher П184
~ mit handbedienter Tastatur У144
Lochkarte K36, П181
Lochkartenaufzeichnung 3122
Lochkartenkapazität E22
Lochkartenkode K136
Lochkartenleser У176
Lochkartenstau 3198
Lochstelle O268, П325
Lochstreifen Л7, Л20, П182
Lochstreifendoppler P353
Lochstreifeneingabe B25
Lochstreifenkode K137
Lochteilung Ш4
Lochung O268
Logger P223, У160
Logik Л78, C260
Logikbaustein У13
Logikeinheit У146
Logikelement Э70
Logikfamilie C36
Logikgatterredundanz P333
Logikkette Ц14
Logikpegel У74
~ "0" У75
~ "1" У76
Logikschaltung C244
Logikschaltungen C260
Login H46
logische Addition C164
~ Aktion Д109
~ Eins E9
~ Tiefe Г78
~ Unterteilung P23
logischer Satz 3118
~ Zustand "1" E9

logisches Element Э70
~ Terminal T39
Logoff Б367, K223, У190
Logoff-Prozedur П637
Logon B256, H46
Logon-Prozedur П636
Logout У190
lokale Behauptung У189
lokaler Bus Ш18
~ Datentyp T67
~ Zugriff Д372
lokales Netz C46
lokalisierter Fehler O352
Lokalisierung Л99
Look-ahead П609
Look-ahead-Übertrag П135
Look-aside-Puffer Б182
Look-up П1308, П608
Look-up-Befehl K184
löschbare Platte Д260
löschbarer Speicher П50
Löschdatum Д79
Löschen B381, Г3, И173, C212
Löschimpuls И50, И70
Löschknopf Г114
Löschtaste K88, K98
Löschung Г3, O345, C212
lose Kopplung C20
loses Routing T114
Lösung P370
~ durch Überprüfen P378
~ in analytischer Form P372
Lösungs-Frame Ф137
lötfreie Verdrahtung M255
low-aktiv B150
low-aktives Signal C77
Low-end-Rechner Э14
Low-Signal C70
LSI И117
LSI-Chip K323
LSI-Schaltkreis C235
Lücke П602

M

Magnetaufzeichnung 3119
Magnetband-Erfassungsgerät У139
Magnetbanddatei Ф28
Magnetbandkassette K44
Magnetbandkopf Г103
Magnetbandzone 3295
Magnetblase Д339
Magnetblasendomäne Д339
magnetischer Fluß П387
Magnetisierung H33
Magnetkopf Г106
Magnetkopf-Positioniergenauigkeit T100
Magnetkopfeinheit Б103

MEHRSPURAUFZEICHNUNG

magnetooptische Platte Д251
Magnetplatte Д242, Д250
~ mit doppelter Schreibdichte Д261
Magnetplattendatei Ф27
Magnetplattenlaufwerk Н22
Magnetschriftbeleg Д335
Magnetschriftzeichenleser У173
Magnetspeichermedium Н90
Magnettrommel Б49
Mailbox Я68
Majorität Б147
Majoritäts... М3
Majoritätsfunktion Ф154
Majoritätsglied Э71
Majoritätslogik Л87
Majoritätslogikschaltkreis С245
Majoritätsoperation О196
Majoritätsprinzip П495
Makro М12
Makroablaufverfolgungsprogramm М16
Makroanweisung М12
Makroassembler М8
Makroaufruf М9
Makrobefehl М12
Makrobefehlssprache Я24
Makrobibliothek Б61
Makrodefinition М14
Makroelement М18
Makroerklärung М13
Makroexpansion М15
Makrofunktion М17
Makrogenerator Г23
Makrokode М11
Makroname М10
Makrosprache М19, Я23
Makroüberwacher М16
Makroüberwachungsprogramm М16
Makrozelle М20
"Makulatur" И164
manuelle Eingabe В21
~ Operation О210
~ Unterbrechung П479
Marke З240, М24, М127
Markierer М24
markierte Anweisung О175
markierter Graph Г170
Markierung М25, М26, М127, Р58
Markierungsimpuls И56
Markierungsleser У174
Markowsche Kette Ц25
Maschenanordnung М70
Maschenarray М70
Maschine М47
~ mit größerer Wortlänge М97
~ mit künstlicher Intelligenz М100
maschinell lesbare Daten Д37
~ lesbarer Beleg Д334

maschinelle Information И160
maschinelles Sehen З298
maschinenabhängig М108
Maschinenbefehl К172, К176
Maschinenkodeerzeugung Г51
maschinenlesbar М106, М110
maschinenlesbare Form Ф79
maschinenlesbarer Beleg Д334
~ Datenträger Н91
maschinenlesbares Zeichen З241
maschinennahe Programmiersprache Я31
Maschinennull Н95
maschinenorientiert М105
maschinenorientierte Programmiersprache Я31
Maschinenprogramm П545
Maschinenregister Р168
Maschinensprache Я26
maschinenunabhängig М109
Maschinenwort С159
Maschinenzeitplanung Р121
Maschinenzyklus Ц39
Maske М33, Т117, Ф132
maskenprogrammierbare Logikanordnung М57
Maskentopografie К271
maskierbare Unterbrechung П452
maskierbarer Interrupt П452
maskierte Unterbrechung П451
maskierter Interrupt П451
Maskierung М36, Н32
Maskierungsregister Р191
Maßeinteilung Ш38
Massendaten Д14
Massenspeicher П13, У120
Maßstab М43
Maßstabanpassung М44
Maßstabsfaktor К310
Master-... В41
Master-Chip К321
Master-Prozessor П657
Master-Slave-Flipflop Т136
Master-Slave-Schnittstelle И155
Master-Slice М49, П212
Master-Zelle Я60
Math-Befehl К170
mathematisches Modell М220
Matrix М47
Matrixdisplay Д288
Matrixdruck П198
Matrixinversion О98
Matrixrang Р95
Matrixraster М72
Matrixschrift Ш44
Matrixsensor Д87

Matrixzelle Э72
Maus М276
Maximum-Likelyhood-Schätzung О331
Mealy's Automat А12
Mealyscher Automat А12
Megabit М112
Megabyte М111
Megaflop М114
Megawort М113
Mehradreßbefehl К174
Mehrbyte... М202
mehrdeutige Grammatik Г135
~ Lösung Р379
~ Relation О304
mehrdimensionale Skalierung Ш40
Mehrebenenadressierung А94
Mehrebenenleiterplatte П219
mehrfach aufrufbarer Modul М238
mehrfache Regression Р228
Mehrfachfehlerkorrektur И182
Mehrfachregelung Р233
Mehrfachverarbeitung М269
Mehrfachzugriff Д370, Д373, М268
Mehrfarbenplotter Г204
mehrgängige Verarbeitung О72
mehrgängiger Betrieb Р298
Mehrheits... М3
Mehrheitslogik Л87
Mehrheitsprinzip П495
Mehrkanal... М203
Mehrlagen-Leitungsführung Т112
Mehrlagentrassierung Т112
Mehrlagenverdrahtung М257
Mehrnutzer... М201
Mehrnutzer-Betriebssystem С127
Mehrnutzer-Datenbasis Б5
Mehrnutzerarchitektur А178
Mehrnutzeraufruf З163
Mehrnutzerrechner Э11
Mehrnutzerstelle У101
Mehrnutzersystem С112
mehrparametrische Optimierung О225
Mehrplatzsystem У101
Mehrport... М204
Mehrprogrammbetrieb М272
Mehrprozessorbetrieb М269, О73
Mehrprozessorsystem М274, С116
Mehrpunkt... М206
Mehrpunktnetz С47
Mehrsatzblock Б98
Mehrschichtband Л16
Mehrseitenabfrage З163
Mehrspuraufzeichnung З120

MEHRSPURBAND

Mehrspurband Л15
Mehrspurmagnetkopf Г107
Mehrtasten-Maus M277
Mehrterminal... M205
Mehrweg-Verzweigung B110
Mehrwegsprung П170
mehrwertige Logik Л88
Mehrwort... M202
Mehrwortoperand O155
Mehrzweckregister P198
Meldeeinrichtung И101
Menge M208
Mengenelement Э73
Mengenlehre T26
Mengenoperation O200
Mengentheorie T26
Mensch-Maschine-Kommunikation C21
Mensch-Maschine-Schnittstelle И156
Mensch-Maschine-System C144
menschlicher Faktor Ф53
Menü M116
Menüauswahl B279
Menüauswahl-Dialog Д217
Menüformat Ф87
menügeführte Schnittstelle И147
menügeführter Zugriff Д362
menügesteuerte Schnittstelle И147
~ Taste K96
Merkmal П486
Merkmalextraktion B319
Meßeinheit E5
Messen И22
Meßfühler Э87
Messung И22
Metainformation M125
Metaregel M147
Metawissen M124
Methode M147
~ der kleinsten Quadrate M158
~ des steilsten Abstiegs M159
Methodologie der Softwareentwicklung M164
MFlop M114
Mietleitung Л59
Mikro-Floppy M177
Mikrobefehlskode M179
Mikrodiskette M177
Mikrodiskettenlaufwerk H25
Mikroelektronik M196
Mikrofiche M194
Mikrokode M179
Mikrokodierung M185
Mikromodul M182
Mikroprogramm M184
Mikroprogramm-Steuerwerk Б104
mikroprogrammierte Steuerung У60
Mikroprogrammierung M185

Mikroprogrammspeicher П30
Mikroprozessor M186
mikroprozessorbestückt M188
Mikroprozessorchip K327
Mikroprozessorprüfgerät T48
Mikroprozessorsatz K209, H10
Mikroprozessorsystem C115
Mikrorechner M195
Mikroschaltung M189
Mikrosteuereinheit M180
Mikrosteuerwerk Б104, M180
Mikrounterbrechung M183
MIMD-Maschine M95
MIMD-Rechner M95
Mini-Floppy M197
Minidiskette M197
Minimalkonfiguration K272
Minirechner M198
Minterm M199
Mischen O112
Mischsortierung C187
Mißbrauch Э64
Mißverhältnis H51
mit mehreren Ports M204
~ mehreren Terminalen M205
~ zwei Eingängen Д101
~ zwei Porten Д103
mitlaufende Diagnose Д195
~ Verarbeitung O65, O75
mitlaufendes Rechnen B395
Mittel C200
Mittelintegration И120
Mittelwert 3290
mittlere Integration И120
~ Lebensdauer P364
~ quadratische Abweichung O294
~ störungsfreie Betriebszeit B206
mittlerer Ausfallabstand B206
~ quadratischer Fehler O363
~ Wert 3290
MMU Б124
Mnemonik M200, C246
Mnemonikbefehl K188
Mnemonikplan C246
Mnemoniksprache Я28
mnemonische Sprache Я28
mnemonischer Assembler A201
~ Befehl K188
Mode P275
Modell mit sieben Schichten M225
Modellbildung M214
Modellierung M214
Modem M229
Modifizierung И18, M230
Modul M232

~ höheren Niveaus M234
Modulararchitektur A180
modulare Architektur A180
~ Dekomposition Д130
~ Redundanz P339
~ Unterteilung P24
Modulareinrichtung У148
modularer Aufbau K231
Modularität M246
Modulo-Addition C165
modulo-N-Prüfung K250
Modulo-N-Rest O257
Modus P275
Möglichkeiten B169
möglichkeitsbezogene Adressierung A93
monadische Verknüpfung O212
Monitor M247
Monitoring K257
Monitorsteuerauszug B316
Monochrom-Monitor M248
monochromer Bildschirm Д289
monochromes Display Д289
Montage M254, У97
~ im Gestellrahmen M256
Montageloch O263, O266
Montageplatte П220
Moore's Automat A13
Moorescher Automat A13
MOS-Flipflop T125
MOS-Struktur M263
MPLA M57
MS-Flipflop T136
Multi-MIPS-Rechner Э22
Multi-thread-Verarbeitung O72
Multibusarchitektur A179
Multibusstruktur A179
multidimensionales Datenfeld M40
Multiebenenadressierung A94
Multifunktionsregler P258
Multihoming A98
Multilayerleiterplatte П219
Multiliste M275
Multinutzer... M201
Multiplex У41
Multiplexausgang B370
Multiplexbetrieb П80, P299
Multiplexbus Ш21
Multiplexen M270, П80, У41
Multiplexer M271
Multiplexkanal K12
Multiplikand M210
Multiplikandenregister P192
Multiplikation П126, У27
Multiplikator M211, C180, У30
Multiplikator-Adder У36
Multiplikator-Akkumulator У35
Multiplikatorregister P193
Multipliziereinrichtung У30,

У179
Multiplizierer У30, У179
Multiplizierer-Addierer У36
Multiplizität M207
Multiport... M204
Multiprioritätsbetrieb P11
Multiprioritätsoperation P11
Multiprogrammierung M272
Multiprozessor M274
Multiprozessorsystem C116
Multisatzblock Б98
Multitask-Arbeit P10
Multitaskbetrieb P297
Multitasking O233, P10, P297
Multiterminal... M205
Multithread-Betrieb P298
Multiwindowing O236
Muster O91
Mustererkennung P109
Mustergenerator Г19, Г21
Mutterleiterplatte П221
Muttersprache Я27

N

N-Bit-Architektur A183
N-Bit-Ausgang B375
N-Megabyte-Platte Д252
N-poliges Gehäuse K297
N-Schritt-begrenztes Warten O143
N-Segment-Anzeige И105
N-Spalten-Karte K34
N-Tupel K304
N-Weg-Schalter П98
Nachbarmatrix f M69
Nachbarschaft O151
Nachführsystem C133
Nachlaufeinrichtung У166
nachleuchtender Bildschirm Э61
Nachleuchtschirm Э61
Nachlochen П189
nachrangige Verarbeitung O241, P375
nachrangiger Betrieb P20
Nachrichtenblock Б119
Nachrichtennetz mit mehreren Datenendgeräten C48
Nachrichtenrouting M32
Nachrichtentheorie T29
Nachrichtentransport T108
Nachrichtenübertragung П88
Nachrichtenverarbeitung O64
Nachrichtenverdichtung У42
Nachrichtenwarteschlange O342
Nachsatz M136
Nachschlagetabelle T5

Nachschreibmodus P282
Nachspann X4
Näherungslösung P381
Nahtstelle И141
Name И77, H17, H20
Namenaufruf B326
NAND-Funktion O204, O321
NAND-Gatter B62
NAND-Operation O204
NAND-Verknüpfung O204
Narrenschutz З216
narrensichere Konstruktion K230
Narrensicherheit З216
natürliche Sprache Я16
natürlichnahe Sprache Я9
NC-Lochstreifen Л35
Nebenstromkreis П281
Negation И90, O319
negative Rückführung C16
~ Rückkopplung C16
negatives Fotoresist Ф127
Negativresist Ф127
Negator И92
negierte Disjunktion O320
~ Konjunktion O321
negierter Übertrag O322
Netz C40
~ mit einem Hostrechner C53
~ mit gesteigertem Gebrauchswerk C55
~ mit gleichgestellten Knoten C60
~ mit Prioritätsbedienung C59
Netzarchitektur A187
Netzaufbaumöglichkeiten B176
Netzentwicklungstechnik T58
Netzplan M226
Netzressourcen-Manager A51
Netzstation C209
Netzstruktur A187
Netzwerk C40, C234, Ц20
Netzwerkaufbau O114
Netzwerkdiagramm Г182, M226
Netzwerkebene У82
Netzwerkknoten У19
Netzwerkkontroller K243
Netzwerkmodell M226
Netzwerkprotokoll П626
Netzwerkrechner Э30
Netzwerktechnik T58
Netzwerkterminal T44
Netzwerkverzögerung З81
Nouladen П91
Neuordnen П151
Neurocomputer H69
Neuzuweisung П145
NICHT H48
nicht abdruckbares Zeichen З243

NIEDERWERTIGER

~ behebbarer Fehler O355
~ druckbares Zeichen З243
~ markierte Anweisung O166
~ maskierbare Unterbrechung П454
~ programmierbare Datenstation T40
~ selbständig rückgangig zu machender Maschinenstopp O247
~ vorrangige Unterbrechung П455
~ zugelassene Unterbrechung П446
NICHT-Funktion Ф155
NICHT-Gatter B64
NICHT-ODER H50
NICHT-ODER-Gatter B61
NICHT-UND H49
NICHT-UND-Gatter B62
NICHT-UND-Verknüpfung O204, O321
nichtbenutzter Befehl K177
nichtformatiert H80
nichtformatierte Daten Д45
nichtfunktionsbeteiligte Redundanz P337
nichtgesperrte Tastatur K70
nichtinitialisierte Variable П112
nichtinvertierender Eingang B261
nichtkompatible Daten Д57
nichtmonotone Schlußfolgerung B310
nichtnumerische Maschine M83
nichtprimitive Operation O206
nichtprogrammierbare Aktion Д110
~ Anfrage З168
nichtprogrammierender Anwender П350
nichtprogrammierter Stop З6
nichtprozedurale Sprache Я30
nichtredundant Б58, H58, H75
Nichtredundanz Б57, O325
nichtselektiver Ausdruck P104
nichtsignifikante Null H96
~ Stelle P84
nichtsinguläre Matrix M58
Nichtübereinstimmung H77
nichtverdrängende Bedienungsdisziplin Д312
nichtvollständige Daten Д42
nichtzerstörend Б52
nichtzerstörendes Lesen C278
Niederspannungspegel У84
niederwertige Stelle P83
~ Zitter Ц57
niederwertiger Registerteil

335

NIEDERWERTIGES

Ч16
niederwertiges Byte Б31
niedrige Auflösung Р67
niedriges Byte Б30
niedrigstes Byte Б37
niedrigstwertige Stelle Р82, Р86
~ Ziffer Ц56, Ц61
niedrigstwertiges Zeichen 3255
Niveau У70
NOR H50
NOR-Funktion О205, О320
NOR-Gatter Б61
NOR-Operation О205
NOR-Verknüpfung О205
normal geschlossener Kontakt K233
~ offener Kontakt K234
normaler Implikant И44
normalnahe Verteilung Р117
Normalverteilung Р122
Normalverteilungstest K340
Notabschaltung О246
Notation 3105
Notfall-Wiederherstellung Б194
Notizblock Б140
Notizblockspeicher Б140
Notizdatei Ф40
Nottaste K122
NRZ-Schreibverfahren 3106
Nullabgleich У103
Nullausgang В371
Nulleingang В262
Nullenunterdrückung У113
Nullhypothese Г68
Nulloperation О207
Nullösung Р380
Nullpunkteinstellung У103
Nullsetzen О345
Nullsetzgatter Б79
Nullverzögerung 372
Numerierung H100
numerische Analyse A144
~ Daten Д77
~ Mathematik M45
~ Methode M165
~ Simulation M215
~ Steuerung У69
~ Tastatur K81
numerischer Ausdruck В351
~ Typ T75
~ Wert 3292
numerisches Display Д308
~ Ergebnis Р351
nur einmal ausgeführter Job 329
Nur-Lese-Speicher П36, У156
nutzbare Maschinenzeit В220
Nutzbit Б81
nutzerorientierter Speicher П26
Nützlichkeit П319
Nutzungsdauer H34

O

obere Grenze В96
~ Grenze des Kellerspeichers В105
oberer Index И96
"oberflächlicher" Anwender П351
Objekt О115
Objekt-Rollen-Diagramm Д205
Objekt-Rollen-Modell M227
Objekt-Rollen-Relation О313
Objektbefehl K175
Objektdatei Ф33
objektorientierte Sprache Я33
Objektphase Ф5
Objektsprache Я54
obligatorisches Attribut A210
~ Glied Э76
OCR-A-Schrift Ш43
ODER-Funktion О191, Ф150
ODER-Gatter Б60
ODER-Operation О191
ODER-Verknüpfung О191
OEM-Hersteller И11
OEM-Produkt И14
off-line A30
Off-line-Ausgabe В295
Off-line-Betrieb Р276
Off-line-Diagnose Д189
Off-line-Steuerung У52
Off-line-System C119
Off-line-Verarbeitung О54
offene Architektur A181
~ Schleife K263
offener Anschluß В311
~ Stromkreis Ц28
~ Wirkungskreis K263
öffentliche Leitung Л64
Öffnungskontakt K233
Offset C166
Offset-Adresse A71, A77
ohne Benutzer ausgeführter Job 323
~ Software lieferbarer Rechner M78
Oktalsystem C137
Oktalzahl Ч34
Oktalziffer Ц49
On-line-Adapter A37
On-line-Betrieb Р302
On-line-Datei Ф34
On-line-Daten Д51
On-line-Diagnose Д191, Д195
On-line-Rechnen В395
On-line-Steuerung У55
On-line-System C118
One-shot-Job 329
Op-Kode-Register Р186
Operand О153

Operandenabholen В286
Operandenvektor В47
Operateur О159
Operation Д107, О186, Р1, Ф144
~ mit doppelter Stellenzahl О203
~ mit doppelter Wortlänge О203
~ mit Wörtern variabler Länge Р17
Operationsforschung И191
Operationskode K134
Operationsregister Р186
Operationsschleife Ц46
Operationszeit В216
Option В4, О229
~ im Normallfall В280
optionell H71
Optionen В182
optisch lesbare Markierung M130
~ lesbarer Beleg Д332
Ordnung Р69, У43
~ nach Prioritäten У45
Ordnungsbereich Д223
Ordnungsbeziehung О308
Ordnungsrelation О308
Organisation C218
Organisationsaufwand 3202
organisatorische Operation О211
~ Operationen Д117
Original Э52
ORing О259
orthographischer Fehler О357
Overlay О126

P

Packungsdichte П237
Page-out У5
Page-up-Taste K92
Paginierung Р29
Paket П1
~ mit fehlerhafter Prüfsumme П7
Paketierung П8
Paketübertragungsprotokoll П624
Paketübertragungsverzögerung 376
Paketvermittlungsnetz C57
Papier mit Führungslochrand Б161
Papierandruckrolle Р387
Papierband Л7
Papierblatt Л68
Papierführungsrolle Р387
Papierlochband Л20
Papierrand П318
Papiersprung П522

PRIORITÄTSVERARBEITUNG

Papierstreifenschleife П191
Papiervorschub П245
Papiervorschubmechanismus M173
Papiervorschubrolle B1
Papierzuführung П245
Paragrapheneintragen B7
parallel П64
Parallel-Serien-Umsetzer П435
Parallel-Serien-Umsetzung П424
Parallelbetrieb P316
parallele Ein-/Ausgabe B30
paralleler Port П365
~ Prozeß П644
~ Subtrahierer B406
~ Zugriff B287
Parallelität П63
Parallellauf P99
Parallelmultiplizierer У34
Parallelrechner Э19
Parameterblock Б110
parasitäre Kapazität E21
"Parent-child"-Relation O314
Parität Ч31
Paritätsprüfung K252, П517
Paritätsprüfungkode K146
Paritätsunterbrechung П464
Parser A147, П562
Parsing A141, P31
partielle Ordnungsrelation O317
partikuläre Lösung P384
Partition P42
Paß П521
passive Redundanz P342
Paßwort П69
Paßwortanforderung 3170
PC Э20
PC-Netz C51
"Peer-to-peer"-Netz C60
Pegel У70
"0"-Pegel У75
"1"-Pegel У76
Pegelanzeiger И107
Pegelindikator И107
Pen-Plotter Г205
Perforation П190, П507, П508
Periode Ц32
peripheres Gerät У154
Peripherie O46
Peripherieadapter A38
Peripheriegerät У127, У154
Peripheriegeräte O46
Peripherieinterrupt П457
Peripheriepuffer Б181
Peripherieunterbrechung П457
permanente Verzögerung 3101
permanenter Fehler H68
Permutationskode K135
Personalcomputer K215, Э20

Personalcomputernetz C51
Personalrechner K215, Э20
Personalsystem C122
personelle Rechnungen B397
personenbezogene Datenbank Б47
persönliche Daten И161
Pfad Ц20
Phase Э93
Phasenabgleichfehler P145
Phosphor Ф123
Phrasenstrukturgrammatik Г136
physikalische Adresse A79
physischer Kanal K23
~ Satz 3134
PI-Regler P259
PID-Regler P260
Piggyback-Speicher П38
Pin B294
Pinkompatibilität C171
Pinkonfiguration K268
Pipeline K217
Pipeline-Architektur A176
Pipeline-Betrieb P294
Pipeline-Chip K325
Pipeline-Multiplizier У32
Pipeline-Organisation C221
Pipeline-Prozessor П664
Pipeline-Register P189
Pipeline-Struktur O231
Pipelinesystem C114
Pipelining K218, O71
Pixel Э69
Pixel-Bus Ш24
Pixeldaten Д78
PLA M63
planarer Graph Г168
Planargraph Г168
Planartechnologie T62
Planschirm Э57
Platine П214
Platinensteckplatz Г85
Platte Д242
~ mit positionierbaren Köpfen Д259
Plattenbetriebssystem C106
Plattendatei Ф27
Plattenhülle K219
plattenintegrierte Logik Л89
Plattenkassettenlaufwerk H26
Plattenlaufwerk H22
plattenresident Д264
Plattenspeicher Д242, У136
~ mit feststehenden Köpfen Д258
~ mit positionierbaren Köpfen Д259
Plattenspeichereinheit У136
Plattenverschachtelung Ч28
Plattenversion B95
Plausibilitätsprüfung П512
Plazierungsproblem 348
PLC-Steuerung K241
Plotter Г199, У134
PLotter mit Blattzuführung

Г209
Plotter mit mehreren Zeichenstiften Г203
Plotterkopf Г102
Pointer У24
Poisson-Verteilung P124
Poissonsche Verteilung P124
polnische Notation 3108, H93
~ Schreibweise 3108
Pool П680
Port П360
portzugeordnete Ein-/Ausgabe B34
Position П294
positionierbarer Kopf Г112
Positionierung П293
Positionierungsproblem 348
Positionierzeit B231
Positionsdaten Д50
Positionsgeber Д88
Positionskode K138
Positionskodierer Ш36
Positionsnummer H83
Positionsregelung P241
Positionsrückführung C17
Positionssensor Д88
Positionssteuerung У63
Positionssystem C139
positives Fotoresist Ф128
Positivresist Ф128
Posten П294, П684, Э65
potentialer Schlüssel K116
Potenzfunktion Ф161
Potenzierung B152
Potenzreihe P395
Präambel 310
Prädikat П398
Prädikatenkalkül И204
Prädikatenlogiksprache Я35
Prädikatensprache Я37
Prädiktor П67
Präfixbyte Б34
Präfixnotation 3129, H93
Präfixschreibweise 3108, 3129
Präzision T96
prellfreier Schalter П101
Preprozessor П439
Primärdaten Д54
Primärschlüssel K114
Primärspeicher П34
Printplatte П223
Priorisierung H19, П505
Priorität П402, П498
Prioritätsauflösung O223
Prioritätsauswahl B288
Prioritätsebene У81
Prioritätsentschlüsselung O223
prioritätsgeordnete Warteschlange O343
Prioritätsinterrupt П472
Prioritätsjob 324
Prioritätsnetz C59
Prioritätsnummer H85
Prioritätsverarbeitung O82

PRIORITÄTSZUORDNUNG

Prioritätszuordnung П505
Privatdaten Д35
private Daten Д35
privilegierter Anwender П347
~ Modus Р310
Probelauf П528
Problem 333
~ der Leitweglenkung 353
Problem-Frame Ф135
Problembereich О26
Problemdatei Ф39
Problemdaten Д32
Problemlösungswissen 3271
Problemmodus Р320
problemorientierte Sprache Я39
Problemstellungssprache Я36
Produktionsregel П392
Produktionssprache Я42
Produktionssteuerrechner Э8
Produktregister Р207
produzierender Prozeß П649
professioneller Rechner Э24
Programm П531
Programm-Direktkorrektur В145
Programm-Marke М143
Programm-Maske М35
Programmablauf П529
Programmablaufbedingungen У90
Programmablaufplan Б130, Г180
Programmabschnitt Р44
Programmeingang В255
Programmeinheit Б113
Programmeintritt В255
Programmentwicklung С188
Programmerweiterung Р151
Programmetikett М143
Programmfehlerunterbrechung П448
Programmgenerator Г30
programmgesteuerte Unterbrechung П474
Programmierarbeitsplatz А170
Programmieraufwand Т140
programmierbare Aktion Д114
~ Logik Л92
~ Logikanordnung М63
~ Mikrosteuereinheit М181

~ Schnittstelle И149
~ Taste К94
~ Verzögerung 377
programmierbarer Taschenrechner К7
Programmieren П574
Programmierer П585
Programmiergerät П573, У157
Programmiersprache Я5, Я40
~ mit Schachtelungsstruktur Я47
Programmierung П574, С188
Programmkern Я4
Programmkompatibilität С173
Programmlänge Д328
Programmlaufbetrieb Р312
Programmlayout Р22
Programmmodul М243
Programmpaket П6
Programmprüfung К254
Programmregelung Р246
Programmreplikation Т77
Programmrevisor Р162
Programmrichtigkeitsprüfung П518
Programmrumpf Т16
Programmsatz П399
Programmschleife Ц45
Programmspeicher П37
Programmspeicherplatz М123
Programmspezifikation С193
Programmstart Н45
Programmsteuerung У64
Programmstop О252
Programmstopp durch Dauerschleife О253
Programmteil Р44
Programmtestprotokoll Ж7
Programmträger П587
Programmtreiber Д394
Programmüberprüfung П518
Programmunterbrechung П473
Programmverbinder Р272
Programmverbindung Р267
Programmverschiebung П125
Programmvervielfältigung Т77
Programmzusammenstellung С188
Programmzweigauswahl В281
Projektlösung Р382
Prolog Ч12
proportional-integral-differenzierend wirkender Regler Р260
proportional-integraler Regler Р259
proportionale Regelung Р240, Р247

Protokoll Ж8, Л71, П618
~ der virtuellen Verbindung П619
~ mit fester Route П627
Prototypherstellung М7
Prozedur П634
prozedural П640
prozedurale Schlußfolgerung Р143
~ Sprache Я44
prozedurales Reasoning Р143
~ Wissen 3265
Prozedurbibliothek Б66
Prozedurtiefe Г81
Prozedurwissen 3265
Prozeß-Zuteiler Д277
Prozeßautomatisierung А25
Prozeßknoten У21
Prozessor П652
~ für verzahnt ablaufende Verarbeitung П674
prozessorabhängige Unterbrechung П475
Prozeßrechner Э8, Э9
Prozeßsteuerungsroutine Д277
Prüfaufgabe 352
Prüfbarkeit К238, Т54
Prüfbit Р80
Prüfer В82, К259
Prüffolge П378
Prüfklinke Т93
Prüfkode К131
Prüflesen С277, С280
Prüfliste Л72
Prüflösung Р377
Prüfmodus Р296
Prüfmustergenerator Г44
Prüfposition П296
Prüfpunkt Т88
Prüfpunkttest П510
Prüfregister Р190
Prüfstelle П296
Prüfung П509, Т46
~ auf Übereinstimmung П514
~ auf unzulässige Befehle К248
~ durch Rückübertragung Э98
Prüfungen И186
Prüfziffer Ц54
PS С122
Pseudoabschnitt М245
Pseudoaktivität Р19
Pseudobefehl П678
Pseudogerät У183
Pseudomodul М245
Puffer Б169, У121
Puffereinheit У121
Pufferregister Р171
Pufferspeicher П14
Pufferung Б187
Pull-down-Menü М120
Punkt П684
Punkt-zu-Punkt-Netz С54

Punkt-zu-Punkt-Regelung P237
Punkt-zu-Punkt-Route M28
Punkt-zu-Punkt-Steuerung У63
Punkt-zu-Punkt-Verdrahtung M258
punktadressierbare Grafik Г195
Punktdiagramm Д211
Punktdruck П204
Punktgenerator Г45
Punktmarke M128
Punktmatrix M72
Punktmatrixanzeige И106
Punktmatrixziffer Ц64
Punktraster M72
Punktrasteranzeige И106
Punktrasterziffer Ц64

Q

quadratisches Fehlerkriterium K341
~ Mittelwertkriterium K339
qualifizierter Name И88
Quantisierer K55
Quantisierung K56
Quantisierungsschritt Ш3
Quellenanweisung O165
Quellendatei Ф22
Quellengrammatik Г131
Quellenprogrammbibliothek Б60
Quellenprozeß П649
Quellensprache Я53
Quellprogramm П547
Querformat-Bildschirm Д299
Querformat-Display Д299
Querverweis C207
QUIL-Gehäuse K300
Quittierung K59
Quittung П288
Quittungsaustauschprotokoll П621
Quittungszeichen З245
Quotient Ч1
Quotientenregister P220

R

Race Г121
Rahmen K1, P94, Ф134
Rahmung K2, Ф108
RAM П48, У168
RAM-Chip K328
RAM-Speicher П48, У168
Randanschluß B306

Randzone З297
Rang P69
~ einer Matrix P95
Rangierung P96
Rangordnung У47
rastende Tastatur K76
Raster P144
Rasterdisplay Д295
Rastergitter für Routing C38
Rastergrafik Г193
Rastermaß Ш5
Rasterscan-Einrichtung У159
Rasterscan-Schreiben З130
Rasterzahl Ч47
Raum Г614
räumliche Dekomposition Д132
Rauschen П352
Rauschfestigkeit П354
rauschfreier Kanal K9
Rauschgenerator Г49
Rauschgenerierung Г52
Ready-Flag Ф68
Reaktion Д112, O291, P155
realer Anwender П342
Realisierung der Ersatzfunktion H70
Realzeit B242
Realzeituhr Ч25
Reasoning P139
~ anhand der Analogie P142
~ anhand des gesunden Menschenverstandes P140
Reassembler A195
Reassemblierung A204
Rechenalgorithmus A126
Rechenanlage У131, Э1
Rechenarten Д116
Rechenaufgabe 336
Rechenergebnis P349
Rechenfehler O347
Rechengerät B400, P369, У131
Rechengeschwindigkeit C150
Rechenmaschine M80, M99
Rechenmittel P358
Rechentechnik T56
Rechenvermögen B171
Rechenzeit B217, B223
Rechenzentrum Ц5
Recherche П303
Rechnen B382, И201
~ im Stapelbetrieb B394
~ mit mehrfacher Wortlänge A163
Rechner B400, K214, M80, Э1
~ auf IC-Basis Э16
~ der 5.Generation Э25
~ des mittleren Leistungsspektrums Э39
~ für Industrieanwendungen Э23

RECHTSVERSCHIEBUNG

~ im oberen Kostenbereich Э41
~ im unteren Kostenbereich Э14
~ mit größerer Wortlänge M97
~ mit Kassettenspeicher Э32
~ mit komplexem Befehlssatz Э38
~ mit möglichkeitsbezogener Adressierung Э33
~ mit reduziertem Befehlssatz Э40
Rechnerausfallzeit B239
Rechnerdienstleistungen У94
Rechnerdurchlaufplan Г181
Rechnerfamilie C35
Rechnergeschwindigkeit Б191
rechnergestützte Automatisierung A24
~ Entwurfshilfen C201
~ Entwurfsmittel C201
~ Steuerung У48
~ Technologie T59
rechnergestütztes Entwicklungssystem C100
~ Entwurfssystem C98
~ System C97
rechnerisch B401
rechnerische Aufgabe 336
~ Dienstleistungen У94
~ Leistung X2
rechnerischer Algorithmus A126
Rechnerleerzeit B239
Rechnerleistung M264
Rechnermaschine K3
Rechnermodell M221
Rechnernetz C41, C63
Rechnernetzaufbau O239
Rechnernetzwerk C41, C63
Rechnerprogrammierung П584
Rechnersystem C104
rechnerunterstützter Entwurf П594
~ Unterricht O109
Rechnerverbundbetrieb M269, O73
Rechnerverwalter A48
Rechnung B382
~ mit doppelter Genauigkeit B387
~ mit doppelter Stellenzahl B387
~ mit einfacher Genauigkeit B390
Rechnungskosten З199
Rechnungsverfahren mit fortschreitenden Näherungswerten M162
rechtsbündige Justierung B343
Rechtsverschiebung C24

339

RECHTWINKLIGE

rechtwinklige Koordinaten K287
Reduktion O80
redundant P347
redundantes Bit P78
~ System C128
Redundanz И6, P331, P334
~ durch Ersetzen P337
~ nach dem Votierungsprinzip P343
Redundanzausfall O283
Redundanzeliminierung У112
Redundanzprüfung K249
Redundanzrate K318
reduzierte Daten Д61
reduzierter Befehlssatz H9
reelle Variable П110
~ Zahl Ч32
Reenterabilität B272
Referenz O95, C206
~ nach Benennung O102
~ nach dem semantischen Inhalt O103
~ nach Wert O101
Referenzaufruf B329
Referenzbefehl K178
Referenzdiode Д236
Referenzmuster O93
Referenzname И81
Refresh P163
Refresh-Display Д304
Refresh-Puffer Б183
Refresh-Rate Ч7
Regelbasis Б18
Regelgerät P255
Regelgröße П68
Regelkreis K264, Ц29
Regelschleife K264
Regelstrecke O120
Regelung mit Hilfe von Festanschlägen P244
~ mit Totzeit P249
~ mit Vorhalt P242
~ nach der Abweichung P240
~ nach der Störgröße P236
Regelungsintervall И135
Regelwirkung B165
Regenerierung P163
Register P165
Register-zu-Register-Befehl K173
Registeradressierung A105
Registerarchitektur A185
Registerausdruck P103
Registerfeld Ф41
Registerfile Ф41
Registeroperand O158
Registeroperation O208
Registriergerät P223, У160
registrierter Name И82
Regler P255
~ mit nachgebender Rückführung P263
Regression P227
reguläre Anordnung M47,
M71
~ Grammatik Г129
Reihe P392
Reihenentwicklung P52
Reihenfolge O333, П372
Reinaufbereitung P266
Rekonfigurierung P352
rekursive Rechnung B386
Relation O300
relationale Rechnung И205
relationales Modell M224
relationelle Algebra A121
~ Sprache Я45
Relationenmodell M224
relationnele Datenbasis Б8
Relationszeichen C85
Relativadressierung A96
relative Adresse A71
~ Programmierung П579
Relativierungssatz З125
Release-Taste K89
Remote-Terminal T35
Rendezvous-Organisation O238
Rendezvous-Technik O238
repetierender Betrieb P329
Reproduktion B192
Reproduktor P353
Reserve P331
Reserve... P347
Reserveanlagen O48
Reserveblock Б117
Reserveerschöpfung И197
Reservegatter B65
Reservegerät У161
Reservemaschine M89
Reservenbildung P334
Reserverechner З27
reservierter Speicherbereich O22
reserviertes Wort C156
Resident P348
residenter Assembler A200
~ Programmteil Ч15
~ Teil Ч18
residentes Programm П559
Resolver P369, У162
Ressourcenteilung И178
Ressourcenzuordnung B320, P126
Restablagefach K29
Restart З186, P354
Restregister P199
restrukturierbares Chip K332
Retrieval-Anforderung З171
Retrieval-Problem 343
Retrieval-Route M29
Rettungsbereich O30
Rettungsumspeicherung Д3
Richtungsänderung П72
Ring-Shift-Befehl K198
Ringbogen 386
Ringbus Ш16
Ringnetz C44
Ringport П364
Ringschiebebefehl K198
Ringstruktur C44
~ mit Bussteuerrechtsumlaufverfahren C58
Ringtokenstruktur A175
Ringzähler C271
RISC-Computer Э40
Rohdaten Д41
Rollenpapier Б160
Rollout O290
ROM П36, У156
ROM-Chip K330
ROM-Speicher П36, У156
Rotationskopf Г101
Rotationsverschiebung C25
Round-trip-Zeit B224
Route M27
Router T116
Routeverfügbarkeit Д391
Routine П565
Routineoperation O209
Routing B277, M30, T111
Routing-Grid C38
Routing-Problem 353
RS-Flipflop T131
Rückflanke Ф141
Rückführung C15
Rückführungskreis Ц26
rückführungslose Regelung P231
~ Steuerung У51
Rückführungsregelung P250
Rückkehr O288
~ und Wiederholung O289
~ zum Wiederanlaufpunkt B155
Rückkehradresse A57
Rückkehranweisung O161
Rückkehrbefehl K168
Rückkehrregister P174
Rückkehrtaste K85
Rückkopplung C15
Rückkopplungskreis Ц26
Rücklaufübertrag П136
Rückmeldequittung П288
Rückschleifenbildung 389
Rücksetzeingang B265
Rücksetzen B154, B193, У98
~ auf Null O345
~ um eine Stelle B159
Rücksetzimpuls И67
Rücksetzung C11
Rücksetzzeit B208
Rücksprung aus dem Unterprogramm B156
Rücksprungpunkt T82
Rücksprungstelle T82
Rückstellen B154, У98
Rückstellung C11
Rückstrahlschirm Э56
Rückunterbrechung П456
Rückverdrahtungsbus Ш20
Rückverzweigung B158
Rückwandlung П427
Rückwärtsschritttaste K86

SCHUTZ

Rückwärtsschrittzeichen 3236
Rückwärtsverzweigung B112
Rückwärtszählen C264
Rückweisung O275
Rufanforderung 3176
Rufanweisung O163
Ruffolge П375
Ruhezeit B235
Rundsendeabfrage 3181
Rundsendebetrieb P330
Rundsendebus Ш33
Rundsendekanal K24
Rundsendeprotokoll П629
Rundsendungsbus Ш33
Rundspruchadressierung A111

S

Sägezahngenerator Г28
Sägezahnspannungsgenerator Г27
Sammelleitung M1, Ш17
Sammeln von bedeutungslosen Daten C10
Sammelschiene Ш34
Sampling Д267, K56
Satz 3105, П399, C94
~ fester Länge 3135
~ variabler Länge 3126
Satz-Instanz Э51
Satz-Keeping B39
Satzblock Б96
Satzblockierung Б132
Satzformat Ф93
Satzinstanz Э51
Satzmarke M133
Satzsperre 397
Satzstrukturgrammatik Г136
Satzzeichen 3248
Scanner У165
Scanning-Maschine M90
Schablone T117
Schachtelung Г83
Schägstrich Ч29
Schaltanlage K201
Schaltbaustein Б100
Schalteinheit Б100
Schalter B330, K108, K201
~ zur Informationseingabe in ein Computerprogramm П99
Schalterregister P215
Schaltfeld П57
Schaltkreis C234
schaltkreisintegriert B250
Schalttafel Д354, П57
Schaltung C234, Ц20
~ mit diskreten Bauelementen C247
Schaltungen C259
Schaltungsentwurf П598

schaltungsintegriert B147
schaltungsintern B147
Schaltungslogik Л95
Schaltungstechnik C259
Schaltvariable П120
Schaltzeit B228
Schaltzustandsfixierung 3213
Schätzintervall И130
Schätzung O329
Scheduler П211
Scheibe П259
Scheibenarchitektur A186
Scheibenhülle K219
Scheibenprozessor П671
Scheinadresse A80
Scheinbefehl K195
Scheinvariable П122
Schema C234
Schemadarstellung C234
Schicht У70
~ der Leitungsverbindungen У73
Schichtenbildung P26
Schiebeeinrichtung У163
Schieberegister P211
Schirm Э53
Schirmbild И32
schlechteste Betriebsbedingungen У91
Schleife Ц32
Schleifenausführung B338
Schleifenausgang B368
Schleifenrumpf T17
Schleifenstopp O253
Schleifenstreckung P36
Schleifentest K247
Schließen B307
Schließkontakt K234
Schlüssel K108
Sclüsseländerung И20
Schlüsselfeld П314
schlüsselfertig Г124
Schlüsselparameter П66
schlüsselwortorientierte Sprache Я20
Schlüsselwortsprache Я20
Schlüsselzugriff Д380
Schlußfolgerung B294, B307, P139
~ anhand der Analogie P142
~ anhand des gesunden Menschenverstandes P140
Schlußfolgerungsalgorithmus A128
Schlußfolgerungsmaschine M86
Schlußfolgerungsoperation O195
Schlußkette Ц17
Schlußteil Ч13
Schmelzsicherungskarte K35
Schnappschußspeicherauszug Д6
schnellarbeitende Einrichtung У122

schnelle Fourier-Transformation П430
schneller Suchvorgang П299
~ Zugriff Д358
schnelles Wiederauffinden П299
Schnellspeicher П15
Schnellübertragsaddierer C227
Schnellübertragsverzögerung 362
schnellwirkendes Gerät У122
Schnittpunkt T90
Schnittstelle И141, C185, У167
~ mit erweitertem Befehlssatz И153
Schnittstellenadapter A34, A41
Schnittstellenprozessor П662
Schnittstellenrealisierung C185
Schnittstellensatz H5
Schnittstellenbus Ш15
Schöndruck П199
Schottky-Diode Д240
Schräglauf П105
Schreib-Lese-Speicher П32, У152
Schreib-Schreib-Konflikt K280
Schreibbus Ш14
Schreibdichte П234
Schreiben 3105
~ in zwei Schichten 3127
~ mit doppelter Speicherdichte 3114
~ mit hoher Speicherdichte 3132
schreibgeschützter Speicher П40
Schreibimpuls И53
Schreibkopf Ф102, Г105
Schreibleitungstreiber Ф113
Schreibmaschinenschrift Ш45
Schreibpuffer Б173
Schreibschutz 3215
Schreibstift П179
Schreibverfahren ohne Rückkehr zu Null 3106
Schreibweise 3105
Schriftart T76
Schrifttyp B125
Schritt Ш1, Э93
2-Schritt-Assembler A194
Schrittbetrieb P7, P309
Schrittregelung P253
schrittweise Ausführung И177
~ Rechnung B385
~ Verfeinerung Д168
Schuppenlochstreifen Л17
Schutz der Daten gegen unberechtigten Zugriff

SCHUTZBIT

3221
- ~ gegen unbefugten Zugriff 3217
- ~ über den "Verschluß" 3223

Schutzbit Б77
Schutzring K162, K163
Schutzschlüssel K112
Schutzsperre 395
- ~ für personenbezogene Daten 398

schwarz-weißer Bildschirm Д309
schwarz-weißes Display Д309
Schwelle П358
Schwellenwert B51, 3285, П358
Schwellenwertgatter B69
Schwellenwertglied B69
Schwellenwertlogik Л91
Schwellpegel У78
Schwellwertdekodierung Д123
schwimmender Magnetkopf Г111
Scrolling П601
Segment C28
Segmentierung C29
Segmentwert 3275
seitenadressierter Rechner Э36
Seitenauslagerung У5
Seitendruck П201
Seitenersetzung 393
Seitenfixieren Ф55
seitenmontierte Tastatur K67
seitenorganisierte Unterteilung P28
seitenorganisierter Speicher П44
Seitenspeicher П44
Seitensupervisor C233
Seitenverhältnis O316
Seitenwanderung П150
Seitenwechselalgorithmus A127
Seitenwechselbereich O31
Seitenwechselrate И127
seitenweise Einlagerung 317
Seitenzugriffsmodus P284
Sektor C30
Sekundärschlüssel K110
selbständig A30
selbständiges Gerät У116
Selbstanlauf 3183
Selbsthaltung 3213
Selbstindizierung И100
Selbstkontrolle C4
selbstkorrigierender Kode K139
Selbstladen C3
selbstladendes Programm П560
Selbstlernen C5

selbstlernendes System C129
selbstorganisierende Maschine M93
Selbstprogrammierung П575
selbstprüfender Kode K148
Selbstprüfung C4
Selbstprüfungsfähigkeiten B180
Selbstregelung P229
selbstreproduzierbare Maschine M91
selbstreproduzierbarer Automat A14
selbstschreibendes Papier Б155
selbstwirkend A29
Selektierschreiben 3111
Selektion nach Eigenschaften C186
selektiver Ausdruck P101
Selektor C32
Selektorkanal K19
semantische Analyse A140
semantischer Knoten У18
semantisches Netz C56
Semaphor C33
Semikunden... П331
Sendefenster O149
sendender Prozeß П650
Sendepuffer Б180
Senderprozeß П650
Sensor Д81
Sensor-Display Д297
Sensor-Gerät У164
Sensor-Terminal T43
sequentielle Datei Ф38
- ~ Dekodierung Д124
- ~ Schaltung C250
- ~ Tiefe Г80
- ~ Zugriffsmethode M153

sequentieller Speicher П46
- ~ Zugriff Д382

Serie P392
serielle Ausgabe B302
- ~ Schnittstelle И148
- ~ Übertragung П85

serieller Port П366
- ~ Subtrahierer B408

Serien-Parallel-Register P204
Serien-Parallel-Umsetzer П436
Serien-Parallel-Umsetzung И425
Serienausrüstung O50
Seriengeräte O50
Server У15
Service-Programm П550
Servicefreundlichkeit У9
Session C26
Sessionszugriff Д363
Setz-Rücksetz-Flipflop T123
Setzeingang B266
Setzen У97, У99
- ~ eines Flags B358

Setzimpuls И76

Shift-Register P211
Shift-Taste K91
Sicherheit H15, У110
Sicherheitsattribut A213
Sicherheitskern Я3
Sicherheitsspanne 3103
Sicherheitssperre Б135
Sicherheitsspielraum 3103
Sicherheitsverriegelung Б135
Sicherstellungsbereich O30
Sicherstellungsdatei Ф14
Sicherungsdatei Ф14
Sicherungsprotokoll П620
Sicherungsschicht У73
Sichtanzeiger И101
sichtbar B130
Sichtbarmachung B131
Sichtprüfung П516
Sieben-Schicht-Modell M225
Siebensegmentkode K142
Signal mit aktivem H-Pegel C76
- ~ mit aktivem L-Pegel C77
- ~ mit hohem Pegel C65
- ~ mit niedrigem Pegel C70

Signalausbreitung П633
Signalaustauschprotokoll П623
Signaldigitalisierer Д266
Signalentzerrung B321
Signalform Ф83
Signalformer Ф112
Signalgenerator Г34
Signalisierungsprotokoll П623
Signallaufzeit B241
signalloser Zustand O326
Signallosigkeit O326
Signalpegel-Latch 3211
Signalpegeldetektor Д172
Signalpegelhaltespeicher 3211
Signalübertragung П87
Signalwettrennen Г121
signifikant 3273
signifikante Stelle P77
signifikantes Byte Б27
Signifikanztest K337
SIL-Gehäuse K299
Silicon-Compiler K205
Siliziumchip K326
Siliziumplatte Д249
SIMD-Maschine M96
SIMD-Rechner M96
Simulation M214
Simulationsalgorithmus A129
Simulationsergebnis P350
Simulationslauf П523, П526
Simulationsmodell M217
Simulationsprogramm П546
Simulationssprache Я29
Simulator И42, У147
Simultanbetrieb P316
simultane Ausführung B336
Simultanzugriff B287
Situationsrechnung И206

SPRACHEINGABE

Sitzung C26
Sitzungsprotokoll П625
Skala Ш38
Skalaroperation O201
Skale Ш38
Skalenfaktor M43
Skalierung B278, M44
Skalierungsfaktor K310, M212
Skelettgrammatik Г141
Skew П105
Slash Ч29
Slave-... B40
Slave-Knoten У16
Slave-Modus P305
Slave-Prozeß П645
Slave-Prozessor П669
Slave-System C123
SMD-Gehäuse K295
Sockel Г83
~ für Drahtwickelverbindung Г90
~ für integrierte Schaltung Г88
~ für LSI-Schaltkreise Г86
Sofort-Verarbeitung O63
Sofort-Zugriff Д376
sofortiges Routing M31
Softautomation A20, A23
Softkey K94
softsektorierte Platte Д255
Software-Dienstleistungsfirma Ф63
Software-Entwicklungstechnik П588, T57
Software-Fehler O348
Software-Haus Ф63, Ф64
Software-Managament У66
Software-Modell M223
Software-Modul M243
Software-Piraterie H36
Software-Unterbrechung П473
Software-Unterstützung П252
Softwarebeschränkung O130
softwaregesteuerte Wiederherstellung B199
Softwareindustrie П604
Softwarekatalog K48
softwarekompatibel П586
Softwarekompatibilität C173
Softwarekonfiguration K275
Softwaremetrik M166
Softwarepaket П6
Softwareprodukt И13
Softwaresystem C124
Softwaretechnik T57
Softwaretreiber Д394
Sofware O10
Sofwareportabilität M213
Sohnband Л33
Sollwert 3277, У96
Sollwertgeber 332, У138
Sortierdurchlauf П632

Sortierfehler O361
Sortierfeld П317
Sortierprogramm П564
Sortierschlüssel K118
Sortierung nach Eigenschaften C186
Sortiment Д219
~ von Optionen Д220
Space-Taste K93
Space-Umschalten П103
Spalte K161, C214
Spannbügel P391
Spannungs-Kode-Umsetzer П434
Spannungs-Kode-Wandler П434
Spannungsquelle И194
Spannungsteiler Д143
Speicher П10, У140
~ mit Adressenverschachtelung П52
~ mit Adressenverzahnung П52
~ mit kurzer Zugriffszeit П41
~ mit Seitenumlagerung auf Anfrage П45
~ mit sequentiellem Zugriff П46
~ mit seriellem Zugriff П46
~ mit wahlfreiem Zugriff П48, У168
~ ohne Wartezeit П42
Speicheradresse A72, A81
Speicheradressentreiber Ф117
Speicheranschluß 391
Speicherausdruck Д1, P102
Speicherauszug Д1, P41, P100
~ der Änderungen Д4
~ während der Ausführung Д8
Speicherbank Г212
Speicherbaustein Б109, M237
Speicherbegrenzung O129
Speicherbelegungskarte K39
Speicherbelegungsplan K39
Speicherbereich O21, У193
Speicherbit Б80
Speicherblock Б109
Speicherbyte Б33
Speicherchip K329
Speichereinheit Б109, У140
Speicherelement Э68
Speichererweiterung P150
Speichergröße E18, E20
Speichergrößeneinheit E4
Speicherkapazität E18, E20
Speicherlöschung Г6
Speichermatrix M52
Speichermedium C199
Speichermodul M237
Speichern X8
Speicheroperand O154

Speicherplatz M122, Я64
Speicherplatzzuordnung B318
speicherprogrammierter Rechner Э42
Speicherregister P182, P184, P200
speicherresidenter Programmteil Ч15
Speicherschrank Ш41
Speicherschreibsperre Б134
Speicherschutz 3219
Speicherschutzbaustein Б97
Speicherschutzunterbrechung П463
Speicherseitenbildung P27
Speicherseitenwechsel Л70
Speichertiefe Г79
Speicherung 3146, X8
~ in der Datei X10
Speicherverschachtelung Ч27
Speicherverwalter A49
Speicherverwaltungseinheit Б124
Speicherverwaltungsprogramm A49
Speicherzelle Э68, Я62
Speicherzellenadresse A83
speicherzugeordnete Ein-/Ausgabe B33
Speicherzugriff B283, Д371
~ mittels Fenstertechnik O96
Speicherzugriffskollision K282
Speicherzuordnung P123
Speicherzuweisung B318, P123
Speicherzyklus Ц42
Sperrdruck П196
Sperre Б133, Б133, 394, 3104, 3150
Sperreingang B258
Sperren Б131, П112
Sperrimpuls И52, И54
Sperrschaltung C241
Sperrsignal C68
Sperrung 3104, 3150
Sperrungsanforderung 3164
Spezialprozessor П655
Spezialwissen 3270
Spezifikationselement C192
Spezifizierer C192
Spielbaum Д155
Spielhebel P390
Spinnenanschluß B312
Splittern Д398
spontane Anforderung 3175
SPOOL-Betrieb П258
Spooling П258
Sprach-Ein-/Ausgabe B31
Sprach-Kode-Wandlung П428
Sprachausgang B376
Sprachdaten Д59
Spracheingabe B20

343

SPRACHEINHEIT

Spracheinheit E12
Spracherkennung P110
Spracherweiterung P153
Sprachgenerator Г32, Г33
Sprachkommando K187
Sprachkonstruktion K232
Sprachprozessor П672
Sprachverständnis П355
Sprung П90, П153
~ bei fehlendem Überlauf П172
~ bei größer als oder gleich Null П160
~ bei Minus П158, П164
~ bei Parität П171
~ bei Paritätsfehler П159
~ bei Plus П166
~ bei Überlauf П165
~ bei ungerader Parität П163
~ bei Ungleichheit П161
~ bei ungleich Null П162
~ in ein anderes Segment П155
~ nach Bedingung "größer" П167
~ nach Bedingung "nicht größer" П168
~ nach Bedingung "nicht kleiner" П169
Sprung-Marke M141
Sprungadresse A73, A75
Sprungbefehl K180
Sprungstörung B188
Spulbetrieb П258
Spule Б143
Spur Б148, Д347
Spurdichte П236
Spurengruppe Г213
Spuretikett M132
Spurhalten З203
Spurüberlauf П140
Stabdiagramm Д206
Stabilität У110
Stack C210
Stackbefehl K185
Stackoperation O214
Stammband Л36
Stammdatei Ф22
Stammeintrag З139
Stammgruppe Г219
Stammknoten У17
Standard-Unterprogramm П272
Standardannahme З286
Standardanweisung O181
Standardattribut A212
Standardbaustein Б120
Standardbefehl K192
Standardchip K321
Standardinterface И154
Standardoption B280
Standardprogramm П565
Standardschnittstelle И154
Standardtastatur K79
Standardtextbibliothek Б70
Standardvereinbarung O124, У37
Standardwert У37
Standardzelle Э84, Я67
Standardzuweisung П503
Standby-Betrieb P323
Standby-Block Б117
Standby-Redundanz P344
Standleitung Л61
Stanzer П184
Stanzmatrize M64
Stapel П1
Stapelaktualisierung O36
Stapelanfrage З169
Stapelbetrieb P6, P304
Stapelbetrieb-Monitor M250
Stapeleingabe B18
Stapeljob З27
Stapelspeicher C210, C211
Stapelstation T41
Stapelung П8
Stapelverarbeitung O77
Stapelverarbeitungsauftrag З27
Stapelverarbeitungsterminal T41
starre Kopplung C19
Start З182, П686
Start-Stopp-Betrieb P324
Startbit Б82
Starten З182
Startimpuls И64
Starttaste K95
Statement O159
Statementmarke M140
statische Speicherung З148
statischer Fehler O364
statisches Flipflop T132
statistische Datenbank Б48
statistischer Test K343
~ Zugriff Д389
Statusabfrage П612
Statusabtastung П612
Statusflag Ф71
Statusregister P213
Statusvariable П118
Statuswort C160
Steckbuchse Г95
Steckeinheit Б121
Stecker Ш47
Steckerbuchse Г83
Steckerkompatibilität C172
steckerkompatible Geräte O47
Steckfeld Г60, П315
Steckkarte П227
Steckplatz Г83
~ auf der Mutterplatine Г84
~ auf Kartenchassis Г84
~ einer Platine Г85
~ für Peripheriebausteine Г87
Steckschnur Ш42
Stecktafel Д354, Г60, П315
Steckverbinder C179
Steckverbindung P93, C178
Stelle П294, P69, Ц48
Stellenausfall B332
Stellenhalter H99
Stellenimpuls И66
Stellenkode K138
Stellenverzögerung З67
Stellenwert B106
Stellenwertsystem C139
Stellenzahl P91
Stellung P111
Stern З226
Sternchen З226
Sternnetz C43, C52
Sternstruktur C43, C52
stetige Regelung P234
Steuerband Л31, Л34
Steuerbaustein Б122
Steuerbit Б84
Steuerbyte Б43
Steuerdaten Д71
Steuereinheit Б122, K239, У180
Steuereinwirkung B168
Steuerelement Э81
Steuerflußrechner Э44
Steuergatter B78
Steuergerät У180
Steuerhebel P390
Steuerkarte K40
Steuerknoten У20
Steuerkriterium K345
Steuerlochband П183
Steuerlochstreifen П183
Steuerlogik Л97
Steuermarke M145
Steuerprogramm П570
Steuerpult П683
Steuerrechner Э45
Steuerregister P217
Steuerschaltkreis Ц31
Steuertafel П59, П683
Steuertaste K102
Steuerung mit Rückführung У67
Steuerungfunktion Ф164
Steuerungsalgorithmus A131
Steuerungsoperation O217
Steuerwarte Ц11
Steuerwerk K239, У180
Steuerwort C161
Steuerzeichen C91
Steuerzentrale Ц11
Stichprobe B282
Stichprobendaten Д26
Stichprobenentnahme B282, O328
Stichprobenschätzung O328, O330
Stichprobenumfang m O121
Stichprobenverfahren M148
Stichprobenverteilung P119
Stillstandzeit П613
stillstehend Б54
Stopbit Б83
Stopp O245
~ beim Bandriß O251
~ beim Papierfehlen O255
Stoppbefehl K179, O248
Störimpuls Г74

Störsicherheit П354
Störsignal C72
Störung B163, B186, П352, C8
Störungsbehebung У114
störungsfrei Б55
Störwirkung B163, B186
Streamer-Band Л6
Streamer-Laufwerk H23
Streamer-Magnetband Л6
Streamer-Magnetbandlaufwerk H23
Streichen B381
Streifendoppler P353
Streifenleser У175
Streifenvorschubrolle B2
Streukapazität E21
Streuung P32
Streuverzögerung 374
Strichkode K151
Strichkodeleser У177
Strichschreiben 3136
Strichzeichen 3261
Strichzeichengenerator Г48
strikte Implikation И46
String C215
Stringdaten Д64
Stringelement Э85
Stringlänge Д330
Stringoperation O202
Strobeimpuls И71
Stromausfallinterrupt П465
Stromausfallunterbrechung П465
Stromkreis Ц20
Stromquelle И195
Stromschiene Ш34
Stromschleife П193
Stromtreiber Ф116
Stromversorgung И195, П208
Stromversorgungsanschluß B313
Stromversorgungsschutz 3220
Struktur C218
Strukturanalyse A143
Strukturglied Э74
Strukturiermöglichkeiten B181
strukturierte Daten Д65
~ Durchgangsprüfung K255
~ Programmierung П583
strukturierter Entwurf П597
strukturiertes Programm П566
Stuck-open-Fehler H66
stückweise lineare Funktion Ф153
Studentsche Verteilung P127
Studentverteilung P127
Stufe K42, Э93
Stufenfunktion Ф162
stufenweise Regelung P251
Submatrix П261
Subroutine П272
Subschema П282

Substitution П279
Substrat П259
Subtrahend B402
Subtrahieren B403
~ mittels Addition B404
Subtrahierer B405, У132
~ mit drei Eingängen B407
Subtraktion B403
Subtraktor B405
Suchanfrage 3171
Suchattribut A211
Suchaufgabe 342
Suchbaum Д162
Suche П297
Suchen П297
~ anhand mehrerer Schlüssel П305
Suchproblem 342
Suchschleife Ц44
Suchschlüssel K115
Suchvorgang П297
Suchweg M29
Suchwortregister P206
Suchzeit B232
Suchzyklus Ц44
sukzessiver Übertrag П132
Summe И208
Summenausgabegatter B58
Summenausgang B379
Summennegation И91
Summenzeichen 3257
Summierung C231
superhöhere Programmiersprache Я46
Supervisor C232
Supervisor-Rufunterbrechung П444
Supervisormodus P325
Suspendieren 36
Swap-in П256
Symbol C81
symbolische Adressierung A106
~ Rechnung B389
~ Sprache Я48
symbolischer Name И85
symbolisches Etikett M144
Symbolkode K143
Symbolverarbeitung O86
Synchronisation C93
Synchronisationseinheit Б118
Synchronisationskanal K20
Synchronisierimpuls И69
Synchronisierungsaufwand 3201
Synchronisierungsfehler P145
syntaktischer Graph Г174
Syntax C92
Syntaxanalisator A147
Syntaxanalyse A141
Syntaxanalyseautomat A15
Syntaxanalyseprogramm П562
Syntaxbaum Д153
synthetische Sprache P367

TABELLENDATEN

synthetisches Sprechen P367
System C94
~ der künstlichen Intelligenz C110
~ für rechnergestützte Entwicklung von Steuerungssystemen C101
~ für rechnergestützten Entwurf von Steuerungssystemen C99
~ mit Ressourcenzuordnung C135
~ mit Systemmittelzuordnung C135
System-Directory K50
System-Haus Ф62
Systemanalyse A142
Systemanforderungen T120
Systemantwortverzögerung 379
systematischer Fehler O362
Systemaufgabe 351
Systemaufrufunterbrechung П478
Systembus Ш29
Systementwurfstechnik C147
Systemerweiterung P152
Systemgenerierung Г53
Systeminterrupt П478
Systemkarte П226
Systemkompatibilität C170
Systemlader 321
Systemlösung П290
Systemmittel P358
Systemmittelverwalter P113
Systemmittelzuordnung B320, P126
Systemnachweis Ж10
Systemname И86
Systemplatine П226
Systemprogrammierung П581
Systemprotokoll Ж10
systemresidente Magnetplatte Д256
Systemrücksetzen У105
Systemschlüssel K117
Systemsoftware O11
Systemtask 351
Systemverwaltungsdaten Д62
Systemverzeichnis K50
Systolic-Chip K333
systolischer Algorithmus A130
systolisches Array M68

T

T-Flipflop T133
tabellarische Aufstellung T8
Tabellendaten Д66

TABELLENFUNKTION

Tabellenfunktion Ф163
Tabellenkalkulation B399
Tabellenkalkulationsprogramm П567
Tabellenspeicher П53
Tabellensprache Я51
Tabellensuchen П307
Tabellenzeile C217
Tabellierung T8
Takt T9
Taktbus Ш28
Takteingang B267, B271
Taktgeberbaustein Б118
Taktgenerator Г16, Г36, Г41
taktgesteuertes Flipflop T134
Taktimpuls И69, И74
Taktimpulsflanke Ф143
Taktimpulsgenerator Г42
Taktloch O269
Taktsignal C78
Taktspur Д352
Takttreiber Ф115
Taktung T10
Talker И196
Taschenrechner K4, M178
~ in Flachausführung K6
Task 333
Task-Zuteiler Д276
Taskausführungszeit B214
Tastatur K65, У143
Tastatur-Befehl K166
Tastatur-Wiedereingabe B24
Tastaturanforderung 3174
Tastaturdekodierung Д122
Tastatureingabe B23
Tastatureingabebetrieb P278
tastaturgesteuerte Rechenmaschine M85
tastaturgesteuerter Locher У144
Tastaturlocher У144
Tastaturpufferspeicher П28
Tastatursperre Б136
Taste K82
~ für Vorwärtsblättern K92
Tasteinrichtung У143
Tasten P12
Tasteneigabe B15
Tastenfeld П56, П681
Tastenlocher П186
tastenprogrammierbare Steuereinheit K241
Tastenschalter П96
Tastenwahl H6
Tastfehler O360
Tastimpuls И71
Tätigkeit P1
technisch ausführbare Lösung P373
technische Bedingungen У93
~ Daten У93
~ Lösung P383
Technologietransfer П89
Teilabschnitt П274
Teilbild Ч9

Teiler Д142
Teilkette П280, П291
Teillösung P384
Teilmenge П262
Teilmodell П264
Teilnehmer A2
Teilnehmerbetrieb P318
Teilnehmerbetriebstreiber Д395
Teilnehmergruppe Г211
Teilnehmerleitung Л40
Teilnehmerrechensystem C134
Teilnetz П275
Teilordnungsrelation O317
Teilproblem П254
Teilschaltung П281, Ч20
Teilschema П282
Teilsperre Б139
Teilstring П280
Teilsumme И211
Teilsummenregister P219
Teilsystem П276, Ч19
Teilung Д134
teilverdrahtet П331
Teilverzeichnis П278
Teilzyklus П292
Telekommunikation П78
Telekommunikationsmonitor M252
Telekonferenz T13
Telekonferenz-Kommunikation T13
Term T31
Terminal T32, У151
~ für sichere Datenverarbeitung T37
~ mit Berührungseingabe T43
Terminaleingabe B27
Terminalsitzung C27
Terminalsymbol C90
Termination 33
Test И186, П509, T46
Test-Unterprogramm П273
Testanlage O45
Testaufgabe 352
Testband Л30
Testbetrieb P326
Testbit P80
Testdaten Д33, Д68
Testdatenauswerter Б108
Testdatengenerator Г43
Testen T51
~ von Funktionsmöglichkeiten T53
Tester für Gut-Schlecht-Entscheidung T50
~ für integrierte Schaltkreise T47
Testfolge П378
testfreundliche Architektur A177
Testgrammatik Г148
Testhilfeanweisung O171
Testhilfen C204

Testimpuls И63
Testlauf П530
Testlesen C277
Testmöglichkeit T54
Testmonitor M249
Testmustergenerator Г44
Testprogram П568
Testprogrammkartensatz K160
Testprogrammkartenstapel K160
Testpunktkopieren K289
Testpunktwiederanlauf П94
Testsimulator И43
Testtiefe Г82
Testtreiber Д396
Testüberwachungsanweisung O180
Testvektor B46
Testvektordatei Ф48
Tetrade T55
Textdatei Ф47
Textdatenbasis Б20
Textprozessor П675
Textverarbeitung O89, T12
thermisches Papier Б164
Thrasching П139
Time-Sharing P46
Time-sharing-Betrieb P18, P318
Time-sharing-Operation P18
Time-sharing-Treiber Д395
Time-sharing-Verarbeitung O62
Time-Slicing K57
Timeout Б137
Timer Д82
Tinte K317
Tintenstrahldruck П203
Tisch... H40
Tischrechenmaschine K5, M87
Tischrechner K5, M87, Э17
Titel H17
Tochterleiterplatte П215
Token Ж2, M24
Token-Klang 3230
Token-passing-Netz C58
Token-passing-Protokoll П630
Token-Ring-Architektur A175
Token-Schall 3230
Toleranzbereich Д221, O17
Tonsignalanlage У141
Top-down-Entwurf П596
Top-down-Testen T52
Top-Taste K83
Topologie T80
Tor П360
Torimpuls И75
Torimpulsgenerator Г38
Torschaltung C237
Torsteuerung Д108
Totalausfall O281
Totalblockierung Б133, C149

UNBEDINGTE

totale Wahrscheinlichkeit B92
Totalprüfung K256
Totzeit П613
Totzeitglied 3228
Totzone 3296
Tracing П607
Träger H87
Traileretikett M136
Transaktion T105
Transaktionsgraph Г177
Transaktionstaste K100
Transferanweisung O173
Transferbefehl K181
Transformation П419
Transformationsgrammatik Г149
Transformierte П419
Transistorlogik Л96
Transitionsgraph Г167
Transitionsmatrix M60
Transitpufferung Б188
Transitverzögerung 383
transparente Schnittstelle И150
transparenter Modus P313
Transparenz П599
Transport П127
Transportierbarkeit П137
Transportloch O269
Transportlochspur Д348
Transportlochteilung Ш4
Transportprotokoll П628
Transportschicht У85
Transportspurteilung Ш4
Transputer T109
Trap Л75, П466, П478
Trap-Setzen У102
Trapping O232
Trassierung T111
Trefferquote K314
Treiber Д392
Trennstrich П127
Trennsymbol P50, C89
Trennzeichen 3251, P39, P50, C89
Treppengenerator Г40
Treue T96
Treuekriterium K344
Triade T121
Trial-and-error-Methode M162
Trickbild И27, И34
Trigger T122
Triggerdekoder Д185
Triggerflipflop T133
Triggerimpuls И55
Triggerung 3182, 3184
Tripel T137
Tristate-Ausgang B378
Tristate-Gatter B75
Tristate-Gerät У171
Tristate-Logik C261
TTL-Logik T141
Tunneldiode Д239
Tupel K303
tupelstrukturierte Daten Д20

Turingmaschine M101
Type Л73
Typenangabefähigkeit B174
Typenrad K157, K158
Typenstange Ш46
Typenträger Э77
Typentrommel Б50
typische Wirkung B167

U

Übereinstimmung C176
Übergang П153
Übergangswahrscheinlichkeit B91
Übergangszeit B229
Übergehen O110
übergeordneter Satz 3133
Überlagerung H31
Überlagerungsbaum Д165
Überlagerungsmodul M241
Überlagerungsprogramm П552
überlappter Zugriff Д387
Überlappung H31, O126, П107
Überlastmeldelampe Л3
Überlastung П75
Überlastungsschutz 3218
Überlauf П139
~ beim Addieren П142
~ beim Dividieren П141
Überlaufbereich O24
Überlaufimpuls И60
Überlebenswahrscheinlichkeit Ж4
Überprüfungslesen C280
überschreibbarer Speicher П35
Überschwingen П146
Übersetzen T107
Übersetzer П665
übersetzter Befehl K175
Übersetzung T107
Übersetzungsphase Ф6
Übersetzungsprogramm П665, T106
Übersetzungszeit-Verarbeitung O59
Überspringen П606
übersteuertes Bild И31
Übertrag П127
~ aus der nächsthöheren Position П130
Übertragsausgang B373
Übertragsbit P85
Übertragseingang B263
Übertragsflag Ф70
Übertragsgatter Б68
Übertragsimpuls И59
übertragslose Addition C163
Übertragssignal C73
Übertragungsanweisung

O174
Übertragungsfunktion Ф156
Übertragungsgenehmigung P66
Übertragungskanal K18
Übertragungskanalbündel Г217
Übertragungsleitung Л54, Л58
~ mit mehreren Stationen Л52
Übertragungsleitungsbündel Г217
Übertragungsverlust П380
Übertragungsverzögerung 361
Überwachungsdisplay Д287
Überwachungsdump Д5
Überwachungsprogramm П544, C232
Überwachungssteuerung У58
Ultrahochintegration И121
ultrahohe Integration И121
ultrahöhere Programmiersprache Я46
ultraschneller Speicher П39
Ultraschnellrechner Э28
Umadressierung П72
Umbenennung П95
Umdefinieren П138
Umfang Д219
~ von Optionen Д220
Umformatieren И21
Umformer П432
Umgebung O151
Umgebungstemperatur T18
Umgebungstest И187
Umgehung O110
umgekehrter Baum Д156
~ Schrägstrich Ч30
Umkehrschaltung И92
Umkehrung И90
Umlauf O110
Umlaufschieberegister P210
Umlaufverschiebung C25
Umprogrammieren П144
Umschalten П153
Umschalttaste K91
Umschaltzeichen für Kodewechsel 3256
Umschaltzeit B228
Umsetzer П432
Umsetzung П419
umstrukturierbarer Mikroprozessor M187
Umstrukturierung P352
Umwandlung П419
unabhängige Regelung P235
unabhängiger Betrieb P276
~ Modul M239
unbeabsichtigter Zugriff Д377
unbediente Operation P2
unbedienter Betrieb P2
unbedingte Wahrscheinlichkeit B88

347

UNBEDINGTER

unbedingter Sprung П154
unbefreundete Daten Д57
unbefugter Zugriff Д378, О100
unbelegter Kanal К13
~ Speicherbereich О23
unbenutzter Kanal К13
unberechtigter Aufruf В323
~ Benutzer П344
unbeschränkte Grammatik Г138
Unbesetztregister Р181
Unbestimmtheit Н72
UND-Funktion О190, Ф149
UND-Gatter В59
UND-Operation О190
UND-Verknüpfung О190, У29
undefinierte Variable П114
UNDen О258
unerfahrener Anwender П345
unformatierter Satz З124
ungekapseltes Chip К322
ungekoppelte Regelung Р235
ungelochter Lochstreifen Л22
ungenutzte Datei Ф29
ungeordnete Datei М41
ungepackte Daten Д58
ungepacktes Format Ф95
ungerade Paritätsprüfung П515
Ungeradzahligkeit Н82
ungerechtfertigte Ignorierung des menschlichen Faktors О350
ungerichteter Graph Г163
ungesteuerte Variable П115
ungleichartiges Netz С49
ungültige Adresse А65
~ Daten Д38
ungültiger Aufruf О99
Ungültigkeit Н52
Unibusarchitektur А188
Unibusstruktur А188
unidirektionales Drucken П200
unintelligentes Terminal Т40
Universalrechner Э43
Universalrechner-Hersteller Ф65
Universalschaltkreis М49
Universalsoftware О13
unmittelbare Adresse А66
~ Adressierung А95
~ Verarbeitung О74
unmittelbarer Zugriff Д376
Unordnung Н79
Unpaarigkeit Н82
unprofessioneller Anwender П351
unprüfbarer Fehler Д174
unscharf Н81
unscharfe Menge М209

unscharfes Bild И33
Unsicherheit Н57
unstetige Regelung Р245
unstetiger Regler Р262
Unstetigkeitspunkt Т93
Unterbaum П249
Unterbrechung П440
~ auf Anfrage П462
~ durch Programmprüfung П448
~ durch Supervisoraufruf П444
~ mit änderbarer Priorität П477
~ mit Wechselpriorität П477
Unterbrechungs-Speicherzelle Я65
Unterbrechungsanforderung З172
Unterbrechungsbearbeitungsverzögerung З73
Unterbrechungsbehandlung О81
Unterbrechungsebene У80
unterbrechungsgesteuerter Aufruf В328
Unterbrechungsmaske М34
Unterbrechungspunkt Т92
Unterbrechungsregister Р205
Unterbrechungsschalter Л77
Unterbrechungssignal С74
Unterbrechungssperre З151
Unterbrechungsvektor В42
Unterbringung Р59
Unterdialog Д215
Unterdrückung Г3
untere Lochkartenkante К316
Untereinheit У11
unterer Index И97
Unterfeld П260
untergeordneter Regler Р261
~ Satz З128
untergliederte Zugriffsmethode М150
Untergraph П248
Untergruppe У11
Unterkanal П255
Unterkarte К316
Unterlage П259
Unterlauf И199, П382
Unterliste П277
Untermatrix П261
Untermenge П262
Unternehmensforschung И191
Unterordnungsbeziehung О307
Unterprogramm П265
Unterprogrammaufruf В324, О97
Unterprogrammband Л29
Unterprogrammbibliothek Б69

Unterprogrammsprung П156
Unterputzverlegung М262
Unterschaltung Ч20
Unterscheidungsfunktion Ф152
Unterschicht П289
Unterschreitung И199
Untersetzer Д145
Untersetzung Д140
Untersprache П263
Unterstützung О1
~ des Entscheidungsprozesses О9
Unterstützungsmittel О1
~ für Entscheidungsvorbereitung О9
Unterstützungsprogramm П536
Unterstützungsprozessor П659
Untersuchungsphase Э94
Untersystem П276, Ч19
Unterteilung С31
~ in einzelne Module Р24
~ in seitenwechselbare Bereiche Р28
Unterweisung О108
unvereinbarte Variable П113
unvollendete Operation Р13
unvollendeter Ablauf Р13
unvollständige Information И165
Unvollständigkeit Н55, Н74
unvorbereiteter Datenträger Н92
unzugänglich Н54
Unzugänglichkeit Н53
unzulässiger Aufruf О99
~ Befehl К171
Urband Л11
Urheberrecht П394
Urladen З13
Ursprungskartenstapel К159
UV-Löschung С213

V

Variable В50, П108
Variablenbereich О19
Variante В4
Varianz Д274
Varianzanalyse А139
Variationsrechnung И202
Vaterband Л10
Veitch-Diagramm Д200
Vektoradresse А55
Vektorgenerator Г8, Г9
Vektorgrafik Г187
Vektorinterrupt П442
Vektorisierung В48

VERZÖGERUNGSLEITUNG

Vektoroperation O198
Vektorprozessor П658
Vektorrechner M82
Vektorverarbeitung O56
Venn-Diagramm Д201
verallgemeinerte Grammatik Г137
Verarbeitung O53
~ im Teilnehmerbetrieb O62
~ mehrerer Datenströme O72
~ mit Verwendung natürlicher Sprache O87
~ nach Prioritäten O82
~ von Digitalsignalen O85
Verarbeitungsblock Б105
Verarbeitungsbreite P91
Verarbeitungselement Э79
Verarbeitungsgeschwindigkeit C151
verbale Anforderung Э179
Verband O112
Verbinden C12
~ durch logisches UND O258
~ durch logishes ODER O259
Verbindung O112, C13, C177
Verbindungsanforderung Э176
Verbindungsaufbau У109
Verbindungsglied Э83
Verbindungskanal K18
Verbindungskarte П228
Verbindungsleitung Л58
Verbindungsmatrix M55
Verbindungsstecker C179
Verbindungszug Ц30
Verbindungverzögerung 360
verborgene Datei Ф43
verbotener Zugriff Д375
Verbrauchsmittel P363
Verbreiterung P147
Verbundanweisung O179
verdeckte Linie Л65
verdeckter Fehler Д175
verdichtete Daten Д61
Verdichtung O80
verdrahtetes Programm П542
Verdrahtung M254, P35
~ auf dem Leiterplattenchassis M260
~ auf der Mutterleiterplatte M260
Verdrahtungs-ODER И41
Verdrahtungsfehler O353
verdrängende Bedienungsdisziplin Д319
verdrilltes Leitungspaar П61
Vereinbarung O123, O220
Vereinbarungsanweisung O167
Vereinbarungsfehler O359
Vereinigung O112

Verfahren M147
verfahrensorientiert П640
verfahrensorientierte Sprache Я44
Verfalldatum Д79
verfeinerte Daten Д72
Verfolgung П607, C154
verfügbare Daten Д31
~ Einrichtung У137
~ Rechnerzeit B220
verfügbares Gerät У137
Verfügbarkeit Г123, K308
Verfügbarkeitsgrad K308
Vergleicher У170
Vergleichsbefehl K191
Vergleichslauf П524
Vergleichspunkt T88
Vergleichstest П510
Verhältnis O300
Verhältniszeichen Э244
Verhütung П401
Verifizierung B84
~ von zeitlichen Ablauffolgen B85
Verkehr C13, T118
Verkettung C177, Ф110
Verkleinerung У26
Verklemmung Б133, B117, C149, T142
Verklemmungszustand C191
Verknüpfungsdatei Ф42
Verknüpfungselement Э83
Verknüpfungsschaltung C243
Verlustleistung M266, P133
Verlustmatrix M62
verminderte Wiederherstellung B203
Vermittelungseinheit Б100
Vermittlung K202
Vermittlungseinrichtung У150
Vermittlungsklinke Г94
Vermittlungsknoten У10
Vermittlungsprotokoll П626
Vermittlungsschicht У82
Vermittlungsstelle A154
Vermögen C197
vernetzter Rechner Э30
Veroderung O259
verrauschter Kanal K21
Verriegelung Б133, Э104
Verriegelungsmechanismus Э94, M167
Versatz C22, C166
verschachtelt B143
verschachtelte Struktur B140
verschachtelter Dialog Д214
Verschachtelung B139, B140, Ч26
~ von Anweisungen B142
Verschachtelungsebene У71
verschiebbare Adresse A74
~ Bibliothek Б62
verschiebbarer Assembler A198
~ Modul M242

verschiebbares Programm П554
Verschiebeeinrichtung У163
verschieblicher Assembler A198
~ Lader 319
verschiebliches Unterprogramm П269
Verschiebung C22, C166
Verschiebungsregister P211
Verschlüsselung Ш37
Verschlüsselungsmatrix M54, M73
Verschlüßler Ш35
versetzbare Adresse A74
Version B4, B94
Versorgungseinheit Б111
Versorgungspin B313
Verspätung Э100
Verstärker У86
Versuchsaufbau M4
Versuchsausführung M7
Versuchslauf П528
Versuchsschaltungsaufbau M7
verteilte Abfrage Э173
~ Anfrage Э173
~ Architektur A184
~ Datenbasis Б7
~ Kapazität E23
~ Rechnungen B398
~ Verarbeitung O84
verteilter Zugriff Д385
Verteilungsfunktion Ф158
Verträglichkeit C168
Vertrauensbereich И130
Vervielfacher У30
Vervielfältigen K288
Vervielfältiger Д403
Verwalter A44, A155, П553
Verwaltungsaufwand Э202
Verwaltungsproblem Э54
Verwaltungsprogramm П553
Verweis C206
Verweisname И81
Verweisobjekt O119
Verweistabelle T5
verzahnt ablaufende Verarbeitung O78
Verzeichnis K46, C198, У24
Verzeichnisdatei Ф45
Verzeichnissuchen П306
verzögerte Eingabe B17
~ Regelung P249
~ Verarbeitung O76
Verzögerung 357, Э100
~ der Steuerwirkung Э102
~ für eine Zeichendauer 367
~ in Verbindungsschaltkreisen Э60
~ wegen der Empfangsbestätigung 364
Verzögerungsgenerator Г17
Verzögerungsglied Э67
Verzögerungsleitung Л50

VERZÖGERUNGSSCHALTUNG

Verzögerungsschaltung Ц23
Verzögerungszeit B222
Verzug 3100
Verzweiger P34
Verzweigung B107, П157
Verzweigungsalgorithmus A124
Verzweigungsanweisung O160
Verzweigungsbefehl K167
Verzweigungsentscheidung B281
Verzweigungsfaktor K307
Verzweigungspunkt T81
Videobus Ш8
Videogenerator Г10
Videoimpuls B126
Videokontroller B127
Videomonitor B128
Videosignal B129
Videospeicher П16
Vielfachheit M207
Vielfachkopf Г108
Vielfachleitung M1, Ш17
Vielfachzugriff M268
Vielfalt P60
vielseitige Verwendbarkeit Г60
Vierfachgatter B76
Virtualisierung B133
virtuell B134
virtuelle Adresse A56
~ Adressierung A88
~ Maschine M79
~ Taste K84, K104
virtueller Kanal K11
~ Rechner M79
~ Speicher П17
virtuelles Gerät У125
Visionssystem C141
visuelle Erkennung P108
visueller Satz 3109
visuelles Erkennungssystem C141
VLSI И119
VLSI-Chip K331
VLSI-Schaltkreis C254
VLSI-Technologie T60
Vocoder B189
Voll-Bit-Bus Ш25
volladressierbares Display Д292
volle Information И167
voller Treiberimpuls И61
vollkommene disjunktive Normalform Ф85
~ konjunktive Normalform Ф86
Vollkonfiguration K270
Vollsperre Б138
vollständige Information И167
vollständiger Befehlssatz H8
~ Graph Г169
~ Halt O247
Vollständigkeit 35, П320
Vollsubtrahierer B407

Volltastatur K74
Vollwortpuffer Б177
vom Bediener eingegeben B36
~ Benutzer definierte Taste K99
von unten nach oben aufgehend B205
Vorausholen B289
voraussagbare Reaktion O292
Voraussage П403
Vorausschau П609
Vorbereitungszeit B230
vorbeugende Wartung O106
vordere Lochkartenkante K315
Vorderflanke Ф142
Vordergrund/Hintergrund-Multiprogrammierung M273
Vordergrund-Job 324
Vordergrundbetrieb P9, P311
Vordergrundbild И35
Vordergrundverarbeitung O105, P374
Vordruck Б85
voreingestellte Adresse A76
Vorentwurf П592
Vorgängerbeziehung O310
vorgegebene Ressource P361
vorgegebenes Verhalten П240
vorgeschriebene Ressource P361
vorgeschriebenes Verhalten П240
Vorhergehen П418
vorhergehende Beobachtung O104
~ Problemdatenerfassung O104
~ Untersuchungen O104
vorhergehender Überblick O104
Vorhersage П403
vorhersehbare Reaktion O292
Vorlagenprüfer B83
Vorprozessor П439
Vorrang П498
Vorrangauswahl B288
Vorrangbetrieb P311
Vorrangebene У81
vorrangige Ordnung У45
~ Verarbeitung O105, P374
vorrangiger Betrieb P9
Vorrangsunterbrechung П472
Vorrangszuordnung H19
Vorrangszuteilung H19
Vorrichtung У97, У115
Vorschubeinrichtung M171
Vorschubrad K156
Vorspann K222, У194
Vorspannband У194

Vorspannbandmarke M137
vorübergehender Ausfall O284
~ Fehler H60
Vorverarbeitung O79
Vorwärts-Rückwärts-Zähler C273
Vorwärtsregelung У68
Vorwärtsverzweigung B111
Vorzeichen 3231, 3260
vorzeichenbehaftete Darstellung П408
~ Größe B54
~ Zahl Ч42
vorzeichenbehaftetes Komplement Д345
Vorzeichenbit P75
Vorzeichenregelung P238
Vorzeichenregister P183
Vorzeichenstelle P76
Vorzeichenumkehrer 3263
vorzeitige Beendigung A6, 34
Vorzug П402
Vorzugsrelation O309
Voter C238
Votieren Г119
Votierschaltung C238
Voting Г119

W

Wafer П213, П259
Wagen K26
Wagenrücklauf B157
Wagenrücklaufzeichen 3235
Wagenvorschub П124
Wählanweisung O162
Wählen B327
Wähler C32
wahlfreie Ordnung П371
wahlfreier Zugriff B290, Д383
Wählleitung Л63
Wählnetz C45
Wählvermittlungsnetz C45
wahlweises Etikett M139, M146
~ Glied Э75
~ Kennzeichen M139, M146
wahre Aussage B353
Wahrheit И192
Wahrheitstabelle T2
Wahrheitswert 3279
Wahrheitswertetafel T2
Wahrnehmung B191
Wahrnehmungsobjekt O117
Wahrscheinlichkeit a priori B87
Wahrscheinlichkeitsdichte П232
Wahrscheinlichkeitstheorie T21

ZEHNERZIFFER

Wahrscheinlichkeitsverteilung P118
Wait-Betrieb P301
Walzenplotter Г208
Walzenschreiber Г208
Wandler П432
wärmeempfindliches Papier Б165
Wartemodus P301
Warten O141
~ auf einen Seitenwechsel O145
wartende Unterbrechung П458
wartender Prozeß П642
Warteschlange O333, O334
~ der laufenden Nachrichten O344
Warteschlangendisziplin Д316
Warteschlangenmodell M219
Warteschlangenorganisation O235
Warteschlangenproblem 338
Warteschlangentheorie T25
Warteschlangenverwaltungsprozeß П643
Wartezeit 357
Wartezeitfaktor K312
Wartezustand C189
Wartung O107, Э63
Wartungsgeräte O49
Watchdog C256
Watchdog-Schaltkreis C256
Wechsel 392
Wechseln Ч26
Wechselwirkung B118
~ von Netzen B121
~ von offenen Systemen B120
Weg П688, T104, Ц20
Wegewahl M30
Weglaufen B366
Weglenkung B277
Wegsuchen B277
Weiterleiten einer empfangenen Meldung П149
Wellenfront-Array M50
Wellenfrontanordnung M50
Wellenfrontrechnen B393
Wellenfrontverarbeitung O57
Weltdatennetz C42
Werk Ч97
Werkzeuge И113
Wert B49
Wertaufruf B325
Wertedispersion P132
Wertigkeit 3293
wertlose Daten И164
Wertzuweisung П502
Wickelverbindung M259
Wickelverbindungsverfahren M157
Widerstands-Kondensator-Transistor-Logik P366
Wiederabfrage П610

Wiederabfühlung C279
Wiederabtastung П610
Wiederanlauf 3186, П93, П687, P354
Wiederanlaufbefehl K186
Wiederanlaufpunkt T94
wiederaufrufbares Unterprogramm П270
Wiederausführung B337
Wiederbenutzbarkeit B184
Wiedereinschreiben П92
wiedereintrittsfähiges Programm П556
Wiedereintrittsfähigkeit B185, B272
Wiedergabe B192
Wiedergabekopf Г100
Wiedergewinnung B193
Wiederherstellung B153, B193
~ der Zeitsteuerung B201
~ nach Ausfall B198
Wiederherstellungszeit B209
wiederholte Redundanz P338
Wiederholung B337, П243
Wiederholungslauf П527
Wiederholungsmöglichkeiten B177
Wiederholungspunkt T89
Wiederschaltung nach dem Netzausfall P355
Wiederurladen 315
wiederverwendbare Ressource P360
Wiederverwendbarkeit B184
willkürliche Trennung П128
willkürlicher Stopp O250
Winchester-Laufwerk B132, H21
Winchester-Platte Д244
Window-Manager A50
Windowing O234
Wire-wrap-Karte П216
Wire-Wrap-Verfahren M157
Wire-Wrapping M259
Wirksamkeit Э95
Wirkungsgrad Э95
Wirkungsweg Ц22
Wirtsprozessor П660
Wirtsrechner M81, Э7
Wissen in Form von Fakten 3268
~ in Form von Vorschriften 3267
~ über einen Problembereich 3270
~ über Problemlösung 3271
Wissens-Frame Ф136
Wissensbasis Б17
Wissensbasismaschine M77
Wissensbasisverwalter A47
Wissensbasisverwaltungssystem C143
Wissensdarstellungssprache Я38
Wissensdaten И168

Wissensengineering И110
Wissensfachmann И109
Wissensingenieur И109
Wissensrepräsentation П410
Wissensrepräsentationssprache Я38
Wissensverfeinerung Д167, O260
Workstation C208
WORM-Platte Д253
Worst-case-Bedingungen У91
Wortauswahl B291
Wörterbuch-Suchverfahren M160
Wortgenerator Г24
Wortimpuls И49
Wortkapazität E16
Wortlänge Д329
Wortplatz Л39
Wortspeicher П47
Worttrennung P49
Wurzel K293
Wurzel-Directory K47
Wurzelbaum Д158
Wurzelknoten B103, У12
Wurzelverzeichnis K47

X

X-Dekoder Д184
X-Verteilung P130
X-Y-Plotter Г201

Z

Zahl Ц48
~ doppelter Länge Ч38
~ mit Vorzeichen Ч42
Zähleingang B270
Zähleinheit E11, У172
Zähleinrichtung У172
Zählen C263
Zahlenbereich Д224
Zahlendarstellung П415
Zahlengenerator Г47
Zahlenregister P221
Zahlensystem C136
Zähler C265
Zähler/Zeitgeber C267
Zählerkapazität E24
Zählimpuls И72
Zählröhre Л4
Zählschaltung C249, C257
Zählung П283
Zählvorgang C263
Zehnerpotenz П369
Zehnerstelle P73
Zehnerziffer Ц59

351

ZEICHEN

Zeichen 3231, Л73, C81
~ für positive Rückmeldung 3245
~ für Zeilenlöschung 3258
Zeichenabbild И29
Zeichenabstand И132
Zeichenabtastung C276
Zeichenausdruck B348
Zeichendarstellung П412
Zeicheneliminierung И174
Zeichenerkennung P107
Zeichenfolge Ц18
Zeichenfolgedaten Д70
Zeichenform Ф84
Zeichengenerator Г18, Г35
Zeichengrenze Г153
Zeichenidentifizierung P107
Zeichenkette C216, Ц18
Zeichenkode K143
Zeichenlöschung И174, У4
Zeichenlücke И132
zeichenorientierte Datei Ф8
~ Kommunikation П184
Zeichensatz H4
Zeichenstift-Plotter Г205
Zeichentyp T71
Zeichenumriß K262
Zeichenunterdrückung Г4
Zeichenvorlagenprüfer B83
Zeichenvorrat H4
Zeiger У24
Zeigerbereich M42
Zeigerfeld M42
Zeigerregister P216
Zeile C215
Zeilenabstand И133
Zeilenassembler A199
Zeilendekoder Д184
Zeilendruck П202
Zeileneditor P273
Zeilenentschlüßler Д184
Zeilengenerator Г39
Zeilengrundabstand P138
Zeilennummer H86
Zeilenrücktransport B160
Zeilenschaltung П103
Zeilenverschiebung У100
Zeilenvorschub П74
zeilenweises Verschieben П601
Zeit für Ausführung von Hilfsarbeiten B218
Zeitablaufanalyse A138
Zeitablaufverifizierung B85
zeitaufwendige Operation O189
Zeitdiagramm Д202
Zeiteinheit E2
Zeitgeber Д82
Zeitgeberunterbrechung П469
zeitgeteilter Bus Ш27
Zeithorizont Г122
Zeitinterrupt П460
Zeitintervall И129
zeitlich definierter Impuls И68

~ festgelegte Schleife Ц36
zeitliche Ablaufsteuerung C93
~ Dekomposition Д129
Zeitmultiplex P47
zeitmultiplex genutzter Bus Ш21
Zeitplan Г179, P106
Zeitplanungstheorie T27
Zeitquantisierung K58
Zeitreihe P393
Zeitreserve P332
Zeitscheibe K54
Zeitscheibenverfahren K57
Zeitsignalgenerator Г36
Zeitsperre Б137
Zeitsteuerung C93
Zeitteilung P46
Zeitteilungsbetrieb P318
Zeitüberwachungseinrichtung Д83
Zeitüberwachungsschaltkreis C256
Zeitunterbrechung П460
Zeitursprung H97
zeitverschachtelt arbeitende Struktur K217
Zeitverzögerung 359
Zeitvielfach P47
Zelle Э65, Я59
Zellenarray M71
Zellenfeld M71
Zellenmasche C39
zellulare Logik Л94
zellularer Automat A10
zentrale Verarbeitungseinheit П677
Zerlegung Д134, P51
zerstörendes Lesen C281
Zerstörung P68
zerstörungsfreies Lesen C278
Zertifizierung П286
zickzackgefaltetes Papier Б166
Ziel У107, Ц4
Zielfunktion Ф166
Zielhypothese Г71
Zielknoten У14
Zielmarke M141
Zielort П685
Zielprogramm П548
Zielrechner Э47
Zielregister P203
Zielsprache Я58
zielstrebiges Verhalten П241
Ziffer Ц48
~ ungleich Null Ц58
Ziffernfolge P90
Zone 3294
Zoomen У1
Zooming У1
zu bearbeitender Interrupt П470
~ lesender Satz H11
~ schreibender Satz H3

Zubringerleitung Л60
zufällige Auswahl B292
zufälliges Suchen П310
Zufallseinwirkung B166
Zufallsfolge П377
Zufallsfunktion Ф160
Zufallssuchen П310
Zufallsvariable B53
Zufallszahl Ч41
Zufallszahlengenerator Г37
Zuführungsspule Б144
Zugehörigkeit П493
Zugehörigkeitsfunktion Ф157
zugelassene Unterbrechung П471, П476
zugeordneter Wert 3288
zugeordnetes Systemmittel P361
zugewiesenes Gerät У149
Zugriff B282, Д356
~ im Stapelbetrieb Д360
~ über Schlüsselfeld Д380
~ über Tastatur Д388
~ während der Sitzung Д363
Zugriffsart P283
Zugriffsberechtigung P65
Zugriffsintervall И131
Zugriffsleitung Л45
Zugriffsloch O147
Zugriffsmethode Д356, M149
~ für Bildschirmgeräte M151
~ für Datenfernverarbeitung M155
~ für untergliederte Daten M150
Zugriffsöffnung O147
Zugriffspfad П690
Zugriffsrecht П395
Zugriffsschlüssel K111
Zugriffsverfahren M149
Zugriffszeit B210, B219
Zugriffszeitsteuerregister P212
Zugriffszyklus Ц35
zulässige Lösung P373
Zulassung У187
Zuleitung B8, B294
Zuordnung H18, П501, P59
Zuordnungsproblem 347, 349
Zurücksetzen B193
Zusammenbruch A5
zusammengesetzte Anweisung O179
~ Hypothese Г70
zusammenhängende Datei Ф30
zusammenhängender Graph Г173
Zusammenwirkung mit dem Benutzer B122
Zusatzblock Б95

ZYKLUSSTEHLEN

zusätzliche Dienstleistungen У95
Zustand "gegenseitige Blockierung" С191
Zustandsbyte Б39
Zustandsdaten Д52
Zustandsdiagramm Д210
Zustandsflaghaltespeicher З212
zustandsgesteuerte Triggerung З188
Zustandsgraph Г175
Zustandsgröße З284
Zustandsmarke Т11
Zustandspuffer Б185
Zustandsregister Р213
Zustandstriggerung З188
Zustandsvektor В45
Zuteiler Д275
Zuteilung Д279, Р59
Zuverlässigkeit Н15
Zuverlässigkeitstest И188
Zuweisung Д279, Н18, П501, Р59
Zuweisungsanweisung О177
zuweisungsfreie Sprache Я8
Zuweisungsproblem З47

ZVE П677
zweckorientierter Rechner Э37
Zwei-Schritt-Assembler А194
Zweiadreß... Д99
zweidimensional Д98
zweidimensionales Bildschirmgerät Д284
~ Datenfeld М39
~ Display Д284
Zweiebenenspeicher П21
Zweierkomplement Д341, К141
Zweierkomplementdarstellung П406
Zweig В114
Zweikanal... Д102
Zweikanallogik Л82
Zweioperandenoperation О188
Zweioperandenverknüpfung О188
Zweiport... Д103
Zweipunktregelung Р232
Zweipunktroute М28
Zweirichtungszähler С273

zweiteiliger Graph Г159
Zweitorspeicher П20
Zwischenraum П506, П602
Zwischenspeicherband Л8
Zwischenspeicherbereich О28
Zwischenspeicherregister Р171
Zwischenspeicherung Х11
Zwischenstopp О245, О248
Zwischensumme И210
Zwischenträgerbrückenanschluß В312
Zwischenüberschrift П253
Zwischenverbindung М115
zyklische Adreßfolge В161
~ Ausführung В338
~ Bedienungsdisziplin Д315
~ Verschiebung С25
zyklischer Graph Г178
zyklisches Abfragen О224
Zyklogramm Ц47
Zyklus Ц32
Zyklusaufbau О242
zyklusfreier Graph Г157
Zyklusrückstellung В204
Zyklusstehlen З204

ФРАНЦУЗСКИЙ УКАЗАТЕЛЬ

A

à adresse unique O133
~ bord B249
~ calculer B401
~ caractère unique O140
~ carte unique O138
~ circuit unique O135
~ deux adresses Д99
~ deux canaux Д102
~ deux dimensions Д98
~ deux entrées Д101
~ deux faces C2
~ deux octets Д100
~ deux ports Д103
~ deux voies Д102
~ la demande 387
~ microprocesseur M188
~ plusieurs octets M202
~ plusieurs ports M204
~ puce unique O136
~ une dimension O137
~ utilisateur unique O139
~ valeur unique O134
abandonnement d'un système У190
abonné A2
abstraction K228
accélération P38
accepteur de données П338
accès B282, Д356
~ à distance Д365
~ à la mémoire B283
~ arbitraire B290, Д383
~ à une base de données Д368
~ à une mémoire Д371
~ autorisé Д386
~ aux données Д369
~ avec chevauchement Д387
~ avec recouvrement Д387
~ chevauché Д387
~ direct Д384
~ distribué Д385
~ du type bibliothèque Д357
~ exclusif Д374
~ groupé Д364
~ illégal Д375
~ immédiat Д376
~ indexé Д367
~ local Д372
~ multiple Д373
~ mutuellement exclusif Д359
~ non autorisé Д378
~ non intentionnel Д377

~ parallèle B287
~ par clavier Д388
~ par clé Д380
~ par ligne de communication Д381
~ par lots de travaux Д360
~ par menu Д362
~ par partition Д357
~ par priorité B288
~ partagé Д370
~ par train de travaux Д360
~ pendant une session Д363
~ rapide Д358
~ réparti Д385
~ restreint Д379
~ séquentiel Д382
~ séquentiel indexé Д366
~ simultané B287
~ statistique Д389
~ superposé Д387
~ temps réel Д361
accessibilité de données Д390
accumulateur A115, C225
~ à arrondissement C226
~ à virgule flottante C228
accumulation de données H29
accusé d'entrée П284
~ de réception П288
acheminement B277, M30
~ de fils T115
~ de messages M32
achèvement 33, 35
~ de boucle B368
acquisition de données C9
acquittement П288
~ de mise en liaison K60
action B162, Д107
~ aléatoire B166
~ arithmétique Д116
~ de commande B165
~ de contrôle B168
~ d'entrée B164
~ de porte Д108
~ directe Д115
~ indirecte Д111
~ logique Д109
~ marche-arrêt Д113
~ non programmable Д110
~ perturbatrice B163
~ programmable Д114
~ spécifiée П240
~ type B167

actionneur П481
actions de service Д117
activation A116, B151, 3182, P30
~ d'un drapeau B358
activé par niveau bas de signal B150
~ par niveau haut de signal B149
activité P1
~ fictive P19
adaptateur canal-canal A36
~ de bus A42
~ de communication A40
~ de communication interprocesseur A37
~ de couplage A40
~ de l'acquisition de données A39
~ de liaison entre canaux A36
~ de périphériques A38
~ des canaux A35
~ des unités graphiques A33
~ d'interface A34, A41
~ périphérique A38
adapter A43
addition C162, C231
~ en modulo C165
~ logique C164
~ sans report C163
additionneur C224
~ à report anticipé C229
~ à report en travers C227
additionneur-soustracteur C230
administrateur A44, П553
~ d'une base de connaissances A47
~ d'une base de données A46
~ d'un ordinateur A48
adressabilité A113
adressable A114
~ par le contenu A205
adressage A85
~ absolu A86
~ basé indexé A97, A107
~ de bit A100
~ de byte A87
~ de mandat A93
~ direct A103
~ d'octet A87
~ en mode diffusion

ARCHITECTURE

générale A111
~ étendu A104
~ extensible A110
~ immédiat A95
~ indexé A89
~ indexé au déplacement constant A109
~ indexé au déplacement nul A108
~ indirect A91
~ indirect aux niveaux multiples A94
~ intrinsèque A90
~ par la page courante A102
~ par la page de base A99
~ par le computer des instructions A101
~ par registre A105
~ relatif A96
~ sous forme avalanche A92
~ symbolique A106
~ virtuel A88
adresse A52
~ absolue A53
~ calculée A59
~ d'appel A58, A68
~ d'arrêt A70
~ de base A54
~ de chargement initial A60
~ de début A64
~ de départ A64
~ de disposition A83
~ de memoire A72
~ de référence A68
~ de retour A57
~ de saut A73, A75
~ de stockage A81
~ d'un point d'entrée A78
~ établie A76
~ executive A62
~ explicite A82
~ fictive A80
~ hors de l'espace adressable A61
~ immédiate A66
~ implicite A67
~ indirecte A63
~ initiale A64
~ invalide A65
~ par rapport à la base A77
~ physique A79
~ relative A71, A71
~ translatable A74
~ unique A69
~ vectorielle A55
~ virtuelle A56
affectation H18, П501
~ de priorités H19
~ de valeurs П502
~ de valeurs par défaut П503
afficheur Б125, У153
affinement de connaissances O260
affirmation globale У188
~ locale У189

agenda P106
agrandissement de l'image У1
aides C200
~ de conception assistée par ordinateur C201
~ de conception automatisée C201
aiguilleur B330, K108
ajustage B340, P254, У97
~ de zéro У103
~ d'interligne У100
ajustement B340, H41
algèbre booléenne A118
~ de Boole A118
~ des propositions A119
~ d'information A120
~ relationnelle A121
algorithme A122
~ de branchement A124
~ de calcul A126
~ de commande A131
~ de contrôle A131
~ de prise de décision A125
~ de simulation A129
~ de substitution des pages A127
~ d'inférence A128
~ matériel A123
~ systolique A130
alias И78
alignement B340
alimentation П208
~ de papier П245
~ de papier feuille à feuille П246
allocation P59
~ de mémoire B318, P123
~ de ressources B320, P126
~ espacée П112
alphabet A133
~ de registre intérieur A135
~ de registre supérieur A134
alphabétique A136, Б154
alphanumérique Б153
alternance Ч26
alternative de conception Б5
alvéole Г95
amendement З140, П357
amorce З13, C3
~ de bande K222
amorce de bande У194
ampersand A137
amplificateur У86
analogique A148
analyse dispersive A139
~ grammaticale P31
~ numérique A144
~ sémantique A140
~ structurale A143
~ syntaxique A141
~ système A142
~ temporelle A138
analyseur A145

~ de lexique A146, Б102
~ syntaxique A147
anneau de Cambridge K164
~ de protection K163
annotation K200
annulation Г3, O299, У38
~ des caractères Г4
antémémoire K354
~ à prélecture K355
apostrophe A149
appareillage У97
appartenance П493
appel B322, O95
~ à l'instruction B284
~ de bus З180
~ de macro M9
~ de sous-programme B324
~ de sous-programme O97
~ diffusé З181
~ d'operande B286
~ invalide O99
~ non autorisé B323
~ par interruption B328
~ par nom B326
~ par numéro B327
~ par référence B329
~ par valeur B325
~ préalable B289
~ sélectif O224
~ sélectif automatique A31
appelant A4
appelation B322
appelé A3
application 345, O8
approbation У187
approche modulaire П496
~ système П290
approvisionnement d'information O5
approximation П480
arbitrage A156
arbitre A155, C252
arbitreur A155, C252
arbre à longueur minimale Д159
~ à racine Д158
~ binaire Д154
~ de décision Д164
~ de défauts Д160
~ de dérivation Д152
~ de jeu Д155
~ de recherche Д162
~ de recouvrement Д165
~ de sortance Д163
~ d'exclusions Д157
~ d'inclusions Д151
~ inverse Д156
~ inverti Д156 , Д161
~ syntaxique Д153
architecture A172
~ à pipeline A176
~ à plusieurs utilisateurs A178
~ arborescente A174
~ bit-map A190
~ contrôlable A177
~ d'arbre A174

357

ARCHIVAGE

- ~ de base A173
- ~ de bus A192
- ~ de bus commun A188
- ~ de bus générale A188
- ~ de bus unique A188
- ~ de flôt de données A182
- ~ de flux de données A182
- ~ de N bit A183
- ~ de pile A191
- ~ de réseau A187
- ~ de type pipeline A176
- ~ en anneau à jeton A175
- ~ en tranche A186
- ~ facile à tester A177
- ~ modulaire A180
- ~ multibus A179
- ~ multi-utilisateur A178
- ~ orientée registre A185
- ~ ouverte A181
- ~ pipeliné A176
- ~ plane A189
- ~ répartie A184

archivage X9
archives X12
argumentation logique O52
arithmétique A158
- ~ à précision élevée A163
- ~ binaire A160
- ~ d'adresse A159
- ~ décimale A162
- ~ décimale codée binaire A161
- ~ des exposants A164
- ~ entière A167
- ~ en virgule fixe A166
- ~ en virgule flottante A165

armoire de mémoire Ш41
arrangement P111
arrêt O245
- ~ à la demande O250
- ~ anormal A6, O246
- ~ anormal restaurable A7
- ~ avec attente O253
- ~ conditionnel O254
- ~ dans un point de reprise O248
- ~ de fin de papier O255
- ~ de programme O252
- ~ de refus 36
- ~ mort O247
- ~ par rupture de bande O251
- ~ recouvrable A7
- ~ sur l'adresse O249

arrivée B256
arrondissement O152
artère M1
- ~ de données M2
- ~ principale Л51

article 3105, Э65
- ~ logique 3118

ascendent B205
assemblage A203
- ~ de données У39
assembleur A193
- ~ à deux passages A194
- ~ à un passage A197

- ~ croisé K347
- ~ émulateur A202
- ~ mnémonique A201
- ~ par ligne A199
- ~ relogeable A198
- ~ résident A200
- ~ translatable A198
- ~ un à un A196

assemblage compact У40
assertion У187
- ~ globale У188
- ~ locale У189

assignement П501
- ~ des unités P129

associatif A205
association O112
astérisque 3226
attachement П482
- ~ de mémoire 391

attente O141
- ~ active O142
- ~ de chargement de page O145
- ~ limitée par N pas O143

attribut A208
- ~ de données A209
- ~ de recherche A211
- ~ de sécurité A213
- ~ obligatoire A210
- ~ pris par défaut A212

attribution de priorités П505
authentification П285, У108
authorisation П400
auto-apprentissage C5
auto-traceur Г200
autochargement C3
autocode A8
autocontrôle C4
autocycleur Д91
autodéclenchement 3183
autodémarrage 3183
autoguidage У52
autoindexage И100
autolecteur A18
automate A9
- ~ à mémoire finale A16
- ~ autoreproductible A14
- ~ cellulaire A10
- ~ d'analyse syntaxique A15
- ~ de Mealy A12
- ~ de Moore A13
- ~ digital A17
- ~ final A11
- ~ lecteur A18

automation A19
automatique A29
automatisation A19
- ~ de conception A22
- ~ de la gestion des entreprises A26
- ~ de la gestion industrielle A27
- ~ des processus A25
- ~ dure A21
- ~ flexible A20
- ~ numérique A24
- ~ programmable A20, A23

- ~ rigide A21
- ~ souple A20

automatisme A28
autonome A30
autoréponse O273
autorisation C6
- ~ d'accès P65

autotest C4
avance de papier П245
avancement de papier П245
- ~ d'interligne П174

avant-projet П592
avertisseur sonore У141

B

bague de garde K162
balayage П308, П608, P33
- ~ de mémoire П611
- ~ d'états П612
- ~ répétitif П610

balayeur У165
banc de mémoire Г212
bande Д219
- ~ à arrêt et lancement rapides Л26
- ~ à cinq canaux Л23
- ~ à plusieurs canaux Л15
- ~ d'amendement Л12
- ~ de commande Л31, Л34, П183
- ~ de données Л28
- ~ de la deuxième génération Л10
- ~ de la première génération Л19
- ~ de la troisième génération Л33
- ~ de papier Л7
- ~ de programme Л21
- ~ de référence Л36
- ~ de sous-programmes standards Л29
- ~ de test Л30
- ~ de travail Л24
- ~ de vidage Л8
- ~ d'instructions Л21
- ~ distributive Л11
- ~ fils Л33
- ~ grand-père Л19
- ~ libre Л27
- ~ magnétique de manœuvre Л14
- ~ magnétique mobile Л6
- ~ monofichier Л32
- ~ multicouche Л16
- ~ multipiste Л15
- ~ numerique Л35
- ~ père Л10
- ~ perforée Л20, П182
- ~ pilote Л31, Л34, П183
- ~ sandwich Л16
- ~ sans fin Л9

BOUCLE

- semi-perforée Л17
- vide Л22
- vierge Л18

bande-bibliothèque Л25
banque Б45
- de données Б46
- de données statistique Б48
- dossier Б47

barre de haut en bas Ч30
- d'impression Ш46
- électrique Ш34
- oblique Ч29
- oblique inverse Ч30
- penchée Ч29

barrière Э53
- de communication Б51

bascule T122
- binaire T133
- J-K T135
- MOS T125
- MS T136
- RS T131
- T T133

basculeur T122
- à commande asymétrique T131
- à couplage direct T129
- à deux entrées T131
- à liaisons directes T129
- asymétrique T131
- à verrou T128
- complémenteur T130
- dévacillant T127
- rythmé T134
- saturé T126
- statique T132

base Б1, У77
- de connaissances Б17
- de connaissances conceptionnelles Б19
- de données Б3
- de données à l'interface graphique Б9
- de données à structure coexistée Б13
- de données à structure mixte Б13
- de données aux listes directes Б14
- de données d'un système de prise de décision Б11
- de données du type multi-utilisateur Б5
- de données en anneau Б12
- de données en chaîne Б16
- de données en listes inversées Б10
- de données en réseau Б15
- de données géométriques Б2
- de données pour stocker des faits Б4
- de données relationnelle Б8
- de données remplie Б6
- de données répartie Б7
- de données textuelles Б20
- de règles Б18
- d'un système de numération О244

basé sur microprocesseur M188
Basic Б192
bâton Ж2,M24
baud Б146
besoins de données П389
- d'information П389

biais C166
bibliothécaire Б72
bibliothèque à accès direct Б67
- de macro-instructions Б61
- de macros Б61
- des modules d'origine Б60
- des modules relogeables Б62
- des modules standardisés Б68
- des modules translatables Б62
- des procédures Б66
- des programmes Б64
- des programmes d'entrée/sortie Б65
- des programmes d'E/S Б65
- des programmes d'origine Б60
- des sous-programmes standardisés Б69
- des textes standardisés Б70
- graphique Б71
- utilisateur Б63

bidimensionnel Д98
bifurcation P34
binaire Б73, Д96
binaire-décimal Д94
biquinaire Д95
bit Б75, P71
- d'adresse P70
- d'arrêt Б83
- de contrôle Б84, P80
- de début Б82
- de départ Б82
- de données P79
- de drapeau P89
- de mémoire Б80
- de protection Б77
- de report P85
- de signe P75
- de stop Б83
- d'information Б78
- efficace Б81
- redondant P78

bit-map K38
bits par pouce Б79

- par seconde Б76
blanc П506
blindage Э53, Э62
bloc Б89
- d'alimentation Б111
- de base Б120
- de commande Б123
- de décision Б92
- de données Б93
- de données en listes Б94
- de mémoire Б109
- de messages Б119
- d'enregistrements Б96
- de paramètres Б110
- de plusieurs enregistrements Б98
- de programme Б113
- de réserve Б117
- de synchronisation Б118
- détachable Б121
- de traitement Б105
- d'extension Б95
- d'un code Б114
- fonctionnel Б126
- standard Б120

blocage Б131, Б133, О113
- d'écriture Б134
- d'enregistrements Б132
- de protection Б135
- mutuel B117, C149

bloqueur Ф54
bobine Б143
- débitrice Б144
- réceptrice Б145

boîte aux lettres Я68
boîte en verre Я69
- noire Я70
- transparente Я69

boîtier à deux rangées de broches K298
- à montage sur une surface K295
- à N broches K297
- à quatre rangées de broches K300
- à simple rangée de broches K299
- à une rangée de broches K299
- de CI K296
- de circuit intégré K296
- sans sorties K294
- sans terminaisons K294

bon état И185
bord avant de carte K315
- de "neuf" de carte K316

bouchon 39
bouclage 389
boucle Ц32
- d'attente d'occupation Ц40
- de courant П193
- de programme Ц45
- de réglage К264
- de ruban de papier П191
- d'hystérésis П192
- fixée en durée Ц36

BOURRAGE

- ~ imbriquée Ц33
- ~ majeure Ц41
- ~ principale Ц41
- bourrage de cartes perforées 3198
- bout B294
- ~ coupé B311
- ~ en araignée B312
- ~ flottant B314
- ~ ouvert B311
- bouton "coup de poing" K122
- ~ de démarrage K123
- ~ de mise en marche K123
- ~ lumineux K124
- bpp Б79
- branche B114
- ~ d'exécution B115
- ~ exécutée B115
- ~ principale B116
- branchement B107, O274, П157
- ~ conditionnel B113
- ~ en arrière B112
- ~ en avant B111
- ~ multivoie B110
- bras de tension P391
- brique Б101
- broche B294
- ~ de données B305
- ~ d'information B305
- ~ d'un microcircuit B308
- brouillages mutuels П353
- bruit П352
- buffer Б169
- ~ d'entrée-sortie Б170
- ~ de rafraichissement Б183
- ~ d'E/S Б170
- bus à chaîne à marguerite Ш30
- ~ à daisychain Ш30
- ~ à fréquence haute Ш9
- ~ à nombre complet de lignes de données Ш25
- ~ à partage de temps Ш27
- ~ à pleine largeur Ш25
- ~ commun Ш22
- ~ d'adresse Ш6
- ~ de diffusion générale Ш33
- ~ de données Ш12
- ~ de données graphiques Ш11
- ~ de face sudure Ш20
- ~ de lecture Ш32
- ~ d'entrée/sortie Ш7
- ~ de pixel Ш24
- ~ de poids faibles de données Ш19
- ~ de poids forts de données Ш31
- ~ de processeur hôte Ш10
- ~ d'E/S Ш7
- ~ de transmission Ш17
- ~ d'expansion Ш26
- ~ d'extention Ш26
- ~ d'horloge Ш28
- ~ d'interface Ш15
- ~ dual redondant Ш13
- ~ en anneau Ш16
- ~ local Ш18
- ~ multiplexé Ш21
- ~ principal Ш23
- ~ système Ш29
- ~ vidéo Ш8
- but Ц4
- ~ de système d'intelligence artificielle У107
- byte Б24

C

- câblage M254, P35
- ~ à circuit imprimé M261
- ~ caché M262
- ~ multicouche M257
- ~ point à point M258
- ~ sans brasure M259
- ~ sans soudure M255
- ~ sur la carte mère M260
- câble Ш34
- cadenceur de chien de garde Д83
- ~ d'intervalles de temps Д84
- cadrage K2
- cadre K1, P94
- cahier Ж8
- ~ d'erreurs Д331
- ~ des charges T120, У93
- ~ électronique Б140
- calcul B382, И201, П283
- ~ à precision double B387
- ~ à precision simple B390
- ~ d'adresse Ф104
- ~ de situations И206
- ~ des prédicats И204
- ~ double B388
- ~ en batch B394
- ~ en forme de table B399
- ~ en ligne B395
- ~ en mode train de travaux B394
- ~ en temps réel B383
- ~ en virgule fixe B392
- ~ en virgule flottante B391
- ~ individuel B397
- ~ mathématique M45
- ~ ondulatoire B393
- ~ par lots B394
- ~ pas à pas B385
- ~ personnel B397
- ~ propositionnel И203
- ~ récursif B386
- ~ relationnel И205
- ~ réparti B398
- ~ sous forme de table B399
- ~ sur ordinateur P146
- ~ symbolique B389
- ~ tolérant de pannes B396
- ~ variationnel И202
- calculateur B400, B401, K3, M80, У131
- ~ à clavier M85
- ~ de bureau K5, M87
- ~ de poche K4
- ~ plat K6
- ~ programmable K7
- C.A.N. П433
- canal K8
- ~ à cadence de bit lente K14
- ~ ADM K16
- ~ à relâche K13
- ~ avec bruits K21
- ~ bufférisé K17
- ~ d'accès direct à la mémoire K16
- ~ de communication K18
- ~ de diffusion générale K24
- ~ d'entrée/sortie K10
- ~ d'E/S K10
- ~ de synchronisation K20
- ~ de transmission des données K15
- ~ d'horloge K20
- ~ disponible K13
- ~ LDC K14
- ~ libre K13
- ~ multiplex K12
- ~ sans bruits K9
- ~ sans parasites K9
- ~ sélecteur K19
- ~ tamponné K17
- ~ virtuel K11
- CAO П594
- capabilité C197
- capabilités B169
- ~ de calcul B171
- ~ de correction d'erreurs B175
- ~ de création de réseau B176
- ~ expressives B170
- ~ fonctionnelles B183
- capacitance d'entrée E17
- ~ distribuée E23
- ~ parasite E21
- ~ répartie E23
- capacité E13, P91
- ~ de canal E19
- ~ de carte perforée E22
- ~ de compteur E24
- ~ de garantie Г2
- ~ de mémoire E18 , E20
- ~ de production П600
- ~ de stockage E18
- ~ de voie de la communication E19
- ~ en bits E15
- ~ en mots E16
- ~ en octets E14
- capteur Д81
- ~ à variation de capacité Д85
- ~ capacitif Д85
- ~ digital Д92

CIRCUIT

~ du type tactile Д90
~ magnétique à induction Д86
~ photoélectrique Ф124
caractère 3231, Л73, С81, Ц48
~ alphanumérique 3233, С82
~ codé en binaire 3237
~ d'accusé de réception 3245
~ de changement de code 3256
~ d'échappement 3256, С83
~ de code 3238
~ de contrôle de format 3259
~ d'édition 3252
~ d'effacement de ligne 3258
~ de garnissage 3262
~ de registre supérieure 3234
~ de relation 3244, С85
~ de retour de chariot 3235
~ de séparation de champs 3250
~ d'espace 3247, С87
~ d'espace d'arrière 3236
~ de trait 3261
~ d'oblitération de ligne 3258
~ graphique С84
~ "inférieur à" 3242
~ le plus à droite 3255
~ le plus à gauche 3254
~ le plus significatif 3253
~ lisible par ordinateur 3241
~ non imprimable 3243
~ numérique dans une matrice de points Ц64
~ "plus grand que" 3232
~ "plus petit que" 3242
~ remplisseur 3262
~ "supérieur à" 3232
caractéristique П486, Х2
~ distinctive П489
~ fréquentielle Х3
~ particulière П489
caractéristiques Б169
carte К31, П214
~ à N colonnes К34
~ à perforation К36
~ à une face П222
~ d'allocation de la mémoire К39
~ de commande К40
~ de fusibles К35
~ de Karnaugh К33
~ de mappages par bit К38
~ de système П226
~ d'identification К32
~ enfichable П227
~ hôte П229
~ mère П221

~ multicouche П219
~ perforée К36, К37, П181
~ pilote К40
cartouche К43
case de rebut К29
~ de réception К30
case-mémoire Я64
cassette К43
~ à bande magnétique К44
~ de données К45
catalogue К46
~ de logiciel К48
cellule Э65, Я59
~ à couplage de charge Э80
~ choisie Я61
~ de base Я60
~ de clé Я60
~ de mémoire Я62, Я64
~ de stockage Я62
~ de travail Я66
~ maître Я60
~ principale Я60
~ sélectée Я61
~ standardisée Я67
cellule-mémoire Э68
centre de calcul Ц5
~ de commutation des messages Ц8
~ de contrôle Ц11
~ de documentation Ц7
~ de gestion Ц11
~ de traitement de données Ц9
~ informatique Ц6
certification П286
chaînage Ц12, Ф110
chaîne С215, Ц20
~ d'action Ц22
~ d'appels Ц12
~ de caractères С216, Ц18
~ de descripteurs Ц13
~ de Markov Ц25
~ de raisonnements Ц17
~ de randomisation Ц19
~ d'impression Ц27
~ d'inférence Ц15
~ logique Ц14
~ propriétaire-membre Ц16
champ de classement П317
~ de clé П314
~ de drapeau П316
~ de tri П317
~ de triage П317
changement 392
~ d'adresse И16
~ de configuration И19
~ de contexte П104
~ de destination П72
~ d'espace entre lignes d'impression П103
~ d'information И18
~ par clé И20
changeur de signe 3263
charge Э197
~ d'entrée Н12
~ limite Н13

chargement 311, П256, П257
~ avec lancement 316
~ de bande 3149
~ de page 317
~ dispersé 312
~ éclaté 312
~ éparpillé 312
~ initial 313
~ par blocs 314
chargeur 318
~ à enchaînement 320
~ à réallocation 319
~ système 321
~ translatant 319
chariot К26
~ à mouvement de navette К28
~ mobile К27
châssis d'extension Б116
chemin П688
~ d'accès П690
~ de données П691
~ de graphe П689
~ de recherche М29
chien de garde С256
chiffrage Ш37
chiffre Ц48
~ binaire Ц50
~ codé en binaire Ц51
~ décimal Ц52
~ de contrôle Ц54
~ de l'ordre le plus bas Ц61
~ de l'ordre le plus haut Ц62
~ de rang inférieur Ц57
~ de rang supérieur Ц63
~ des dizaines Ц59
~ des uns Ц60
~ de vérification Ц54
~ en tête Ц65
~ le plus à droite Ц56
~ le plus à gauche Ц55
~ non zéro Ц58
~ octal Ц49
~ valide Ц53
chiffreur Ш35
choix de branche В281
~ d'échelle В278
~ de configuration В276
~ partiel П329
CI С242
~ à la demande С240
circuit С234, Ц20
~ à bascule С258
~ à coïncidence С255
~ à composants discrets С247
~ bouclé К261, Ц24
~ combinatoire С243
~ comptant et décomptant Ц249
~ de commande Ц31
~ de communication Ц30
~ de comptage С257
~ de délai Ц23

CIRCUITERIE

- ~ de différentiation 3227
- ~ défaillant C248
- ~ défectueux C248
- ~ de réaction Ц26
- ~ de réglage K264, Ц29
- ~ de séquence C250
- ~ de verrouillage Ц21
- ~ d'inhibition C241
- ~ d'un graphe K260
- ~ échelle C249
- ~ en défaut C248
- ~ en porte C237
- ~ fermé K261
- ~ formateur de courant Ф116
- ~ intégré M192, C242
- ~ intégré à grande échelle C235
- ~ intégré à la demande C240
- ~ intégré à très grande échelle C254
- ~ logique C244
- ~ LSI C235
- ~ majoritaire C245
- ~ ouvert K263, Ц28
- ~ rapide C236
- ~ VLSI C254

circuiterie C259
classement Г221
classificateur K105
clause П399
- ~ de Horn B350

clavier K65
- ~ à bascule K72
- ~ alphanumérique K66
- ~ à microprocesseur incorporé K78
- ~ à verrouillage K76
- ~ comprehensif K74
- ~ décimal K68
- ~ détachable K71
- ~ fonctionnel K80
- ~ intelligent K78
- ~ méchaniquement séparé K67
- ~ non bloqué K70
- ~ non verrouillé K70
- ~ numérique K81
- ~ opérationnel K75
- ~ plat K73
- ~ qwerty K79
- ~ tactile K77

clé K108
- ~ ascendante K109
- ~ candidat K116
- ~ d'accès K111
- ~ de protection K112
- ~ de recherche K115
- ~ descendante K119
- ~ de système K117
- ~ de triage K118
- ~ majeure K113
- ~ primaire K114
- ~ secondaire K110

clef K82
cluster K106

C.N.A. П437
co-processeur C184
codage K153, Ш37
code П545
- ~ à barres K151
- ~ à essai de parité K146
- ~ à huit pistes K125
- ~ à sept segments K142
- ~ autocontrôlé K148
- ~ autocorrecteur K139
- ~ binaire K128
- ~ complémentaire K129
- ~ complémentaire à deux K141
- ~ complémenteur K129
- ~ convolutif K140
- ~ correcteur de paquets d'erreurs K145
- ~ correcteur d'erreurs K144
- ~ DCB K127
- ~ de bande perforée K137
- ~ de caractère K143
- ~ décimal codé binaire K127
- ~ de contrôle K131
- ~ de Fire K149
- ~ de Gray K126
- ~ de Hamming K150
- ~ de la carte K136
- ~ de permutation K135
- ~ de position K138
- ~ détecteur d'erreurs K147
- ~ d'instruction K130
- ~ d'opération K134
- ~ inverse K132
- ~ pondéré K138
- ~ un-sur-dix K133

codeur У145, Ш35
- ~ de position Ш36

codeur-décodeur K152
codogramme K154
coefficient K305
- ~ de pondération K306

coïncidence C176
collecteur d'information Ц10
collection de données C9
- ~ d'ordures C10

collision K277, C148
- ~ d'accès à bus K278
- ~ d'accès à la mémoire K282
- ~ de concurrence d'opérations K283
- ~ de données K279
- ~ écriture-écriture K280
- ~ lecture-écriture K281

colonne K161, C214
combinaison de bits K199, K267
commande K165
- ~ à distance T15, У59
- ~ assistée par ordinateur У48
- ~ automatique У49
- ~ automatisée У48
- ~ autonome У52
- ~ d'attention K183

- ~ de voix K187
- ~ en boucle ouverte У51
- ~ en chaîne ouverte У51
- ~ en ligne У55
- ~ en temps réel У56
- ~ hors ligne У52
- ~ interactive У54
- ~ microprogrammée У60
- ~ numérique У69
- ~ numérique directe У65
- ~ par réaction У67
- ~ point par point У63
- ~ programmée У64
- ~ stéréotype K192
- ~ vocale K187

commentaire K200
commodité d'exploitation У9
- ~ pour l'utilisateur У8

communication C13
- ~ en temps réel П77
- ~ entre ordinateurs C14
- ~ homme-machine C21
- ~ inter-ordinateurs C14
- ~ par bus П86
- ~ par lots П81
- ~ par téléconférence T13

commutateur K108, K201
- ~ à interrogation programmée П99
- ~ à N directions П98
- ~ à touches П96
- ~ automatique/manuel П100
- ~ basculeur П102
- ~ "crossbar" П97
- ~ électronique K120
- ~ matriciel П97
- ~ sans rebondissement П101

commutation K202
compagnie conceptrice de systèmes Ф62
- ~ constructeur d'ordinateurs Ф65, Ф66

comparateur K203, У170
compatibilité C168
- ~ ascendante C175
- ~ au niveau de système C170
- ~ de codes K155
- ~ descendante C174
- ~ logicielle C173
- ~ matérielle C169
- ~ par broches C171
- ~ par connecteur C172

compatible en matériel A151
- ~ IBM Э35
- ~ par logiciel П586

compilateur à un passage K206
- ~ croisé K348
- ~ de silicium K205

compilation K207
compilatuer K204
complément Д340
- ~ à deux Д341

CONVERTISSEUR

~ à la base Д346
~ à un Д342
~ à un de nombre binaire Ч33
~ avec signe Д345
~ vrai Д346
complémentation O94
complétude П320
comportement constamment orienté au but П241
~ spécifié П240
composant Э65
~ à nombre important de broches K213
~ à plusieurs broches K213
composants constitutifs И14
composition de code par boutons H6
~ de code par touches H6
~ de fichier Ф109
~ de programme C188
compréhension de la parole П355
compression de données C64
~ de message У42
compromis P376
comptage B382
~ récursif B386
compte B382, C263
~ régressif C264
compteur C265
~ additif C274
~ bidirectionnel C273
~ binaire C269
~ d'adresses C266
~ décimal C270
~ de commandes C272
~ de programme C272
~ de soustraction C268
~ en anneau C271
~ horaire C267
~ totalisateur C274
concaténation C177
concentrateur K284
concept П356
conception П593, P382
~ assistée par ordinateur П594
~ de bas en haut П595
~ de circuiterie П598
~ de haut en bas П596
~ factorielle П209
~ structurée П597
conclusion non monotone B310
concurrence П63
concurrent П64
condensateur réglable K220
condensation de données У39
condition У87
~ d'exception У88
~ initiale У89
conditions de cas pire У91
conduite principale M1
configurateur K265

configuration B276
~ à la demande K269
~ de base K266
~ de bits K267
~ de broches K268
~ de bureau K273
~ de logiciel K275
~ de matériel K276
~ maximale K270
~ minimale K272
~ uniprocesseur K274
confirmation de mise en liaison K60
~ de réception de message K59
conflit K277, C148
~ d'accès à bus K278
~ de concurrence , d'operations K283
conformateur de signaux Ф112
conjonction K285
connaissances en forme de prescriptions Э267
~ prescriptives Э267
connaissances descriptives Э266
~ des méthodes de solutions des problèmes Э271
~ d'experts Э272
~ d'un domaine particulier Э270
~ en forme de descriptions Э266
~ en forme de faits Э268
~ en forme de procédures Э265
~ implicites Э264
~ incorporées en matériel Э269
connecteur P93, C179
~ enroulé Г90
~ femelle pour la plaquette à circuit imprimé Г91
connexion C177
~ démontable C178
~ en réseau O114
connu correct 32
consignateur У138
console K225, П682
constante B52
~ alphanumérique K226
~ de poids K306
~ littérale K227
constitution de réseau d'ordinateurs O239
construction de langage K232
~ en blocs K229
~ modulaire K231
~ protégée contre des actions d'un ignorant K230
~ protégée contre des actions non correctes K230

consultation П308, П608
~ avancée П609
~ de répertoire П306
~ de table П307
~ répétitive П610
contact à fermeture K234
~ à ressort K235
~ de lecture K236
~ de repos K233
~ de travail K234
~ normalement fermé K233
~ normalement ouvert K234
~ ouvert au repos K234
contention C148
contexte K237
contournement O110
contradiction П617
contrainte O127
~ de projet O131
contrôle П509
~ à programme de test K254
~ courant K257
~ de fonctionnement П520
~ de non-contradiction П514
~ de redondance K249
~ d'erreur П513
~ incorporé K245
~ in situ K245
~ interne K245
~ modulo N K250
~ par comparaison des bilans K256
~ par écho Э98
~ par le matériel K244
~ par retour d'information Э98
~ programmée K254
contrôleur K239, P255
~ de communication K242
~ de grappe K240
~ de réseau K243
~ de visualisation B127
~ logique programmable K241
~ vidéo B127
convergence C262
conversationnel Д218
conversion П419
~ AD П420
~ analogique-digitale П420
~ décimale-binaire П423
~ de décimal en binaire П423
~ digitale-analogique П431
~ parallèle-série П424
~ série-parallèle П425
convertisseur П432
~ analogique-numérique П433
~ de tension en code numérique П434
~ numérique-analogique П437
~ parallèle-série П435
~ série-parallèle П436

COORDONNÉE

coordonnée K286
coordonnées cartésiennes K287
copie K290, Э50
~ dure K291
~ en clair K291
~ image K292
~ maître Э52
~ sur papier K291
coprocesseur C184
cordon de jonction enfichable Ш42
~ embrochable Ш42
corps de boucle T17
~ de programme T16
correction B146
~ de bogue B145, З140
~ de packet d'erreurs И184
~ des erreurs doubles И181
~ des erreurs multiples И182
~ des erreurs uniques И183
cortège K303
~ à N éléments K304
couche У70
~ de liaison У73
~ de présentation У79
~ de réseau У82
~ de transport У85
coupage П127
~ automatique de mot П134
~ de mot à la discrétion П128
~ de mot discrétionnaire П128
~ d'image graphique O324
couplage C13
~ faible C20
~ fort C19
~ lâche C20
~ serré C19
coupleur C179, У167
coupure O295
courbe Г179
~ de lissage K319
courrier électronique П390
courroie sans fin Л9
courses des signaux Г121
crash A5
crayon à bille Э88
~ lumineux K25
création de fichier O240
~ de modèle M214
~ de mode multitâche O233
~ de queues O235
~ de tâches O237
~ de trappes O232, У102
crédit P62, P66
cristal K320
critère de commande K345
~ de fidélité K344
~ de khi carré K346
~ de performance intégral K338
~ d'erreur quadratique K341
~ de X K346

~ du minimum d'erreur quadratique moyenne K339
~ statistique K343
croix des fils du réticule П106
croquis M4
crosée des fils du réticule П106
cross-assembleur K347
cross-compilateur K348
cross-logiciel K350
cross-programme K349
CRT T138
cryptoopération Ш37
curseur K351
~ adressable K352
~ en rectangle clignotant K353
cycle Ц32, Ц37
~ accès-exécution Ц34
~ d'accès Ц35
~ de recherche Ц44
~ de travail Ц46
~ d'impresssion Ц43
~ d'instruction Ц38
~ machine Ц39
~ mémoire Ц42
~ opératoire Ц46
cyclogramme Ц47

D

d'arbitrage A157
datagramme Д80
date de nettoyage Д79
de base Б23
~ bureau H40
~ dialogue Д218
~ porte B80
~ réserve P347
~ trame Ф139
déblocage Д104, P30, P45, P98, C167
débranchement B331, O295
début de bande H43, У194
~ de programme H45
~ de session H46
décade Д118
décalage C22, C166
~ à droite C24
~ à gauche C23
~ circulaire C25
~ temporel З100
décharge P69
déchargement P40
déchiffrement Д186
déchiffreur Д177
décision P370
~ binaire B275
~ de branchement B281
déclaration O123
~ de sécurité O125

~ par défaut O124
déclenchement З182
~ de session H46
~ faux З185
~ par données З187
~ par état З188
~ par impulsion З184
décodage Д121, Д186
~ de clavier Д122
~ de seuil Д123
~ séquentiel Д124
décodeur Д119, Д177, У135
~ à bascules Д185
~ à diodes Д179
~ à mémoire Д120, Д182
~ à portes Д183
~ d'adresse Д178
~ de bits Д181
~ de commandes Д180
~ de lignes Д184
~ d'instructions Д180
décompilateur Д125
décompilation Д126
décomposition Д127, P51
~ de gros systèmes Д128
~ en facteurs P53
~ fonctionnelle Д133
~ modulaire Д130, P24
~ par les niveaux de commande Д131
~ spatiale Д132
~ temporelle Д129
découpage en paragraphes B7
découplage P37
décrément П500
déduction B294
défaillance O275
~ de système redondant O283
~ détectable O278
~ d'usure O277
~ infantile O282
~ initiale O282
defaillance transitoire O284
défaut Д173, O275, O346, У37
~ caché Д175
~ chronique Д176
~ complet O281
~ de caractère permanent H68
~ de fonctionnement O286
~ de système redondant O283
~ de type coupure constante H66
~ de type incertitude constante H65
~ de type un constant H64
~ de type zéro constant H67
~ dynamique H59
~ humain O276, O280
~ intermittent H62
~ latent H63, O285
~ non testable Д174

DIALOGUE

- ~ non vérifiable Д174
- ~ opératoire O286
- ~ par inadvertance O276, O280
- ~ persistant H68
- ~ stable H68
- ~ transitoire H60, O284
- ~ unique H61
- défilement П601
- ~ de bande П525
- définition O220
- dégradation У192
- degré de redondance K318
- déjettement П105
- délai 357
- ~ à attendre un accusé de réception 364
- ~ à attendre un acquittement 364
- ~ à un digit 367
- ~ de communication 368
- ~ de descente de signal 382
- ~ de la montée de signal 371
- ~ de porte 358
- ~ de propagation 370
- ~ de propagation de signal de l'entrée à la sortie 378
- ~ de réponse de système 379
- ~ de report 362
- ~ de réseau 381
- ~ de retenue 362
- ~ d'erreur 375
- ~ de service 380
- ~ des interconnexions 360
- ~ de temps 359
- ~ de temps fixe 384
- ~ de transit 361, 383
- ~ de transmission 361
- ~ de transmission de lot 376
- ~ de transmission de marqueur 369
- ~ de transmission de paquet 376
- ~ d'interruption 373
- ~ nul 372
- ~ parasite 374
- ~ programmable 377
- ~ unitaire 363
- délimiteur P39
- ~ de fin П488
- demandé 387
- demande B322, 3152, T119
- ~ à suggestion 3177
- ~ d'aides 3160
- ~ d'appel 3176
- ~ de blocage 3164
- ~ d'entrée/sortie 3165
- ~ de passe-parole 3170
- ~ d'E/S 3165
- ~ de service 3166
- ~ d'interruption 3172
- ~ par clavier 3174
- ~ spontanée 3175
- demandeur A4

- démarrage 3182, П686
- ~ automatique 3183
- ~ de session H46
- demi-additionneur П336
- demi-bit П328
- demi-compilation П332
- demi-courant П337
- demi-mot П334
- demi-octet П327
- demi-soustracteur П330
- démodificateur Д146
- démon Д147
- démontage Д148
- démultiplexage Д149
- démultiplexeur Д150
- démultiplicateur Д142
- ~ de fréquence Д145
- densité П231
- ~ d'échange de page И127
- ~ de composants П235
- ~ de fautes И125
- ~ de flux d'information И126
- ~ d'enregistrement П234
- ~ de paquetage П237
- ~ de pistes П236
- ~ de probabilité П232
- ~ d'erreurs Ч4
- ~ double П233
- dépaquetage P97
- départ 3182
- dépassement П139
- ~ à l'addition П142
- ~ à la division П141
- ~ de capacité négatif de l'exposant И200
- ~ de capacité par valeurs inférieures И199
- ~ de caractéristique П143
- ~ de niveau de réglage П146
- ~ de piste П140
- ~ d'exposant П143
- ~ vers le bas И199
- dépendant de machine M108
- dépenses И15
- ~ de ressources de calcul 3199
- ~ de synchronisation 3201
- ~ de traitement 3200
- ~ improductives 3202
- déphasage P145
- dépilage B359
- dépilement B359
- déplacement C166
- dérivation Д322
- dérive У191
- dérouleur de bande dévideur H23
- ~ de bande magnétique à cartouche H28
- désactivation de procédure Д106
- désagrégation de données Д105
- désallocation de ressource O296

- désassemblage A204
- désassembleur A195
- descripteur Д166, O221
- description O220
- désignation H18, O39
- désordre H79
- dessin de caractère K262
- ~ detaillé П591
- destinataire A84
- ~ de données П338
- destination П685
- destruction P68
- désynchronisation P134
- détecteur Д169
- ~ de changement d'adresse Д170
- ~ de coïncidences Д171
- ~ de niveau de signal Д172
- ~ de transition d'adresse Д170
- détour O110
- développement P51
- ~ de boucle P36
- ~ en série P52
- déverrouillage P30, C167
- déviation O293
- diagnostic Д188
- ~ à distance Д193
- ~ autonome Д189
- ~ de défaillances Д196
- ~ de défauts Д196
- ~ de défauts intelligent Д194
- ~ de pannes Д196
- ~ de pannes intelligent Д194
- ~ d'erreurs Д197
- ~ en ligne Д191, Д195
- ~ hors ligne Д189
- ~ incorporé Д192
- ~ intégré Д192
- ~ pendant la compilation Д190
- diagramme П409, C234
- ~ à barres Д206
- ~ à bâtons Д206
- ~ à points Д211
- ~ arborescent C239
- ~ à secteurs Д209
- ~ circulaire Д204
- ~ de flux de données Д208
- ~ de passages Д207
- ~ de réseau Г182
- ~ d'état Д210
- ~ de temps Д202
- ~ d'Euler-Venn Д201
- ~ de Veitch Д200
- ~ de Venn Д201
- ~ "entité-relation" Д205
- ~ "entrée-processus-sortie" Д203
- dialogue Д212
- ~ à souffler Д216
- ~ imbriqué Д214
- ~ par menu Д217
- ~ par question-réponse Д213

365

DIBIT

dibit Д225
dichotomie Д324
différence Р61
différentiation Д322
différentielle Д321
diffusion Д323
digit Р69, Ц48
~ non significatif P84
~ significatif P77
digitalisation Д267, П421
~ de la parole П428
digitaliseur П438
~ de signaux analogiques Д266
dimension И22, Р55
~ de tableau Р57
~ haute Р56
dimensionnement 328
diode à effet de tunnel Д239
~ à jonction Д237
~ antibrouilleur Д234
~ antiparasite Д234
~ de chip Д235
~ de puce Д235
~ de référence de tension Д236
~ de Schottky Д240
~ en inverse Д238
~ Esaki Д239
~ planaire Д237
~ polarisée inversement Д238
~ tunnel Д239
~ Zener Д236
directive Д241
discipline П370
~ à priorité dynamique Д320
~ de file d'attente Д316
~ de ligne de communication Д313
~ de préemption Д319
~ de priorité prédominante Д319
~ de priorités tournantes Д315
~ "dernier arrivé - premier servi" Д318
~ de service Д314
~ FIFO Д317
~ LIFO Д318
~ "premier arrivé - premier servi" Д317
~ sans interruption Д312
discrétisation Д267
discriminant Д268
discriminateur Ф152
~ à validation Д272
~ d'amplitude Д269
~ d'amplitude d'impulsions Д270
~ de durée d'impulsions Д271
discrimination entre un et zéro Д273
disjonction inclusive Д228
disjonctif Д226

disjonction Д227
~ conditionnelle Д231
~ exclusive Д229, Д230
dispatcher Д275
~ d'ensembles de travail Д278
~ de processus Д277
~ de tâches Д276
dispatching Д279, У58
dispersion Д274, Р32
~ de valeurs Р132
display Д280, И101
disponibilité Г123
~ de données Д390
~ de route Д391
disponible pour "tourner la clé" Г124
~ pour utilisation immédiate Г124
dispositif У115
~ à clavier У143
~ analogique У117
~ analogue У117
~ à trois états У171
~ autonome У116
~ d'affichage У153
~ d'asservissement У166
~ de calcul У131
~ d'échange de données У150
~ de codage У145
~ de commande У180
~ de comptage У172
~ de contrôle У180
~ d'entrée У129
~ d'entrée de données У124
~ d'entrée graphique У133
~ d'entrée-sortie У123
~ de réserve У161
~ d'E/S У123
~ de sortie У130
~ de stockage dévideur Н23
~ de stockage streamer Н23
~ d'excitation 332
~ d'impression У155
~ extérieur У127
~ nulle У183
~ numérique У184
~ périphérique У154
disposition Р111
disque Д242
~ à double densité d'enregistrement Д261
~ à double face Д246
~ à écrire une seule fois Д253
~ amovible Д257
~ à têtes fixes Д258
~ à têtes mobiles Д259
~ à une face Д254
~ commun Д248
~ de bibliothèque Д243
~ découpé en secteurs par logiciel Д255
~ de N méga-octets Д252
~ de N Mo Д252

~ de N Moctets Д252
~ de système Д256
~ effaçable Д260
~ en silicium Д249
~ en technologie "film mince" Д262
~] flexible Д245
~ floppy Д245
~ formaté Д263
~ irréversible Д253
~ magnétique Д250
~ optique magnétique Д251
~ partagé Д248
~ rigide Д247
~ Winchester В132, Д244
disque-résident Д264
disquette Д265
dissimulation d'information У186
dissipation de puissance Р133
distance Р136
~ de code Р137
~ entre lignes de base Р138
~ entre lignes standardisée Р138
distribution a posteriori Р115
~ a priori Р116
~ conditionnelle Р128
~ d'échantilonage Р119
~ de parent Р120
~ de Poisson Р124
~ de probabilité Р118
~ de Student Р127
~ de X Р130
~ gaussienne Р122
~ normale Р122
~ postérieure Р115
~ presque normale Р117
~ uniforme Р125
dividende Д141
diviseur Д142
~ commun Д144
~ de fréquence Д145
~ de tension Д143
division Д134
~ abrégée Д139
~ à restitution de reste Д138
~ courte Д139
~ de fréquence Д140
~ de programme Р44
~ en binaire Д137
~ en couches Р26
~ exacte Д136
~ sans restauration de reste Д135
~ sans restitution de reste Д135
document à lecture magnétique Д335
~ à lecture optique Д332
~ à lecture par machine Д334
~ électronique Д333

~ lisible par machine Д334
documentation Д337
~ de programme Д336
domaine Д219, Д338, O14
~ d'application O27
~ de connaissance O26
~ de nombres Д224
~ des valeurs O19
~ de tolérance O17
~ d'exposants Д223
~ magnétique cylindrique Д339
~ magnétique en bulle Д339
donnée Д10
données Д11
~ à accès restreint Д49
~ accessibles Д31
~ à distance Д56
~ agrégées Д12
~ alphabétiques Д16
~ alphanumériques Д15
~ analogiques Д13
~ analogues Д13
~ brutes Д41
~ chargées Д17
~ codées Д34
~ communes Д48
~ condensées Д19
~ confidentielles Д60
~ courantes Д67
~ crues Д41
~ d'accès Д26
~ de chaîne Д64
~ de commande Д71
~ de fichier Д73
~ de label Д69
~ de la parole Д59
~ de masse Д14
~ d'entrée Д25
~ d'entrée-sortie Д18
~ de position Д50
~ de problème Д32
~ de renouvellement Д46
~ d'E/S Д18
~ de service Д62
~ de sortie Д27
~ d'essais Д68
~ d'estimation Д53
~ d'état Д52
~ de test Д33
~ digitales Д76
~ d'un pixel Д78
~ d'un point d'image Д78
~ du type chaîne Д64
~ du type chaîne de caractères Д70
~ du type étiquette Д69
~ échantillonnées Д26
~ en binaire Д29
~ en fichier Д24
~ en format condensé Д19
~ en ligne Д51
~ en virgule fixe Д23
~ en virgule flottante Д22
~ erronées Д36 , Д44
~ fausses Д36
~ formatées Д74

~ graphiques Д28
~ immédiates Д43
~ incompatibles Д57
~ incomplètes Д42
~ invalides Д38
~ lisibles par ordinateur Д37
~ mémorisées Д17
~ movaises Д44
~ non condensées Д58
~ non formatées Д45
~ non paquetées Д58
~ numériques Д77
~ paquetées Д19
~ partagées Д63
~ primaires Д54
~ privées Д35
~ publiques Д47
~ pures Д39
~ réduites Д61
~ saines Д30
~ sans valeur Д40
~ sous forme de cortèges Д20
~ sous forme de liste Д21
~ spécifiées Д72
~ stockées Д75
~ structurécs Д65
~ structurées en cortèges Д20
~ structurées en liste Д21
~ tabulaires Д66
~ temps réel Д55
~ valides Д30
dormant Б54
douille Г83
~ à contact Г95
~ de circuit LSI Г86
~ de connexion enroulée Г90
~ de connexion par torsade Г90
~ de monture du cristal Г89
~ de support du cristal Т89
drapeau И108, П486 , Ф67
~ de report Ф70
~ d'erreur П490
~ d'état Ф71
~ d'occupation П487 , Ф69
~ fait Ф68
~ prêt Ф68
driver Д392
~ de logiciel Д394
~ de test Д396
~ en temps partagé Д395
~ graphique Д393
droit à la propriété personnelle П396
~ d'accès П395
~ d'auteur П394
dualité Д97
duodécimal Д93
duplicata Д402, К290
duplication Д404
~ de code Т77
durée de bon fonctionnement П177

ÉCRAN

~ de vie H34
~ de vie réglementaire H35
~ d'utilisation H34
dynamique de groupe Д232
~ de système de commande Д233
~ de système de contrôle Д233

E

E/S B29
écart O293
~ quadratique moyen O294
échange de données O33
~ par bus O34
échantillon B282, O327
échantillonnage B282, Д267, К56
~ aléatoire B292
~ au hasard B292
~ biais B293
~ dans le temps К58
~ hasardé B292
~ sans biais B285
échantillonneur К55, Ф54
échappement П153
échelle M43, Ш38
~ de niveau de gris Ш38
écho-contrôle Э98
écho-impression Э97
écho-lecture Э99
écho-représentation Э96
écran Д280, Э53
~ à balayage de trame У159
~ absorbant Э58
~ à caractères Д282
~ à clavier Д300
~ à demi-page Д294
~ à deux dimensions Д284
~ à entrée de voix Д305
~ à entrée vocale Д305
~ à fenêtrage multiple Д291
~ à fenêtre mince Д306
~ à lancer de rayon Д303
~ alphanumérique Д282
~ à luminophore vert Д285
~ à matrice Д288
~ à mémoire Д296
~ à persistance Э61
~ à phosphore vert Д285
~ à pleine page Д293
~ à plusieurs fenêtres Д291
~ à points tous adressables Д292
~ à postluminescence Э61
~ à réfraîchissement d'image Д304
~ à régénération d'image Д304
~ à rémanence Э61
~ bidimensionnel Д284

ÉCRITURE

- ~ bit-map Д302
- ~ calligraphique Д303
- ~ cathodique Д311
- ~ coloré Д307
- ~ de données Д286
- ~ de portrait Д298
- ~ digital Д308
- ~ d'information Д286
- ~ dot-matrice Д295
- ~ en couleur Д307
- ~ en 2D Д284
- ~ en noir et blanc Д309
- ~ graphique Д283
- ~ gros Д310
- ~ matriciel Д288
- ~ moniteur Д287
- ~ monochromatique Д289
- ~ monochrome Д289
- ~ multi-fenêtre Д291
- ~ numérique Д308
- ~ panoramique Д299
- ~ partagé en régions Э59
- ~ plat Д301, Э57
- ~ réfléchissant Э56
- ~ réflecteur Э56
- ~ sans clignotement Д290
- ~ sans mémoire Д281
- ~ sans postluminescence Э55
- ~ sans taches de lumière Э54
- ~ sensoriel Д297
- ~ tactile Э60

écriture Э105
écriture dans un fichier Э99
- ~ de contrôle Э117
- ~ de référence Э117

écriture hachurée Э136
écriture sans contact Э107
- ~ sélective Э111

éditeur П558, P268
- ~ d'écran P274
- ~ des liens P272
- ~ des lignes P273
- ~ graphique P269, P271
- ~ interactif P270

édition Л71, P264
- ~ d'épreuve Л72
- ~ des liens P267
- ~ d'essai Л72
- ~ finale P266
- ~ par contexte P265

éducation O108
effacement Б381, C212
- ~ ultraviolet C213

efficacité Э95
efforts de programmation T140
égal-à-égal P21
élargissement P147
élément П294, Э65
- ~ à chaîne Э85
- ~ à retard Э67
- ~ conventionnel Э84
- ~ de bibliothèque Э84
- ~ de commande Э81
- ~ de temporisation Э228

- ~ de traitement Э79
- ~ différentiateur Э227
- ~ d'image Э69
- ~ d'impression Э77
- ~ d'un ensemble Э73
- ~ fonctionnel Э86
- ~ intégrateur Э229
- ~ logique Э70
- ~ majoritaire Э71
- ~ matriciel Э72
- ~ sensible Э87

éléments constitutifs И14
élimination И173
- ~ de caractères И174
- ~ de redondance У112
- ~ de zéros non significatifs У113

éloigné У6
emboîtement B139
embrassement mortel Б133, B117, C149
empilement de signes H1
emplacement M122, P111, Я59
- ~ de début Я63
- ~ de mémoire Я62, Я64
- ~ de programme M123
- ~ de stockage Я62
- ~ d'interruption Я65

emprunt Э85, C67
- ~ circulaire Э86

émulateur Э89
émulation Э90
en-tête Э10
encapsulation K301
enchaînement Ф110
encombrement П139
encrage P386
encre d'impression K317
engendrement de travail Ф105
enquête pilote O104
enregistrement Э105, Э105
- ~ à densité haute Э132
- ~ à deux niveaux Э127
- ~ à double densité Э114
- ~ au format comprimé Э110
- ~ au format condensé Э110
- ~ bloqué Э131
- ~ copie Э116
- ~ de début Э123
- ~ de données Э112, P224
- ~ de longueur fixe Э135
- ~ de longueur variable Э126
- ~ de relation Э125
- ~ d'erreurs P225
- ~ de sous-niveau Э128
- ~ de trame Э130
- ~ d'exécution P226
- ~ double Э113
- ~ élémentaire Э138
- ~ fils Э115
- ~ logique Э118
- ~ magnétique Э119
- ~ maître Э117
- ~ multipiste Э120
- ~ non formaté Э124

- ~ par rayon électronique Э137
- ~ physique Э134
- ~ propriétaire Э133
- ~ réplique Э116
- ~ sans retour au zéro Э106
- ~ sélectif Э111
- ~ sur bande Э121
- ~ sur carte perforée Э122
- ~ visible Э109

enregistreur P223, У160
- ~ graphique У134

enseignement O108
- ~ assisté par ordinateur O109

ensemble Б89, M208, C94, У97
- ~ à écrire H3
- ~ à lire H11
- ~ de caractères H4
- ~ de cartes K210
- ~ de microprocesseurs K209, H10
- ~ de photomasques K211
- ~ de plaques K210
- ~ des valeurs O19
- ~ de têtes magnétiques Б103
- ~ d'instructions H7, C113
- ~ d'interface H5
- ~ flou M209
- ~ fonctionnel У21

entité O115
entraînement П481
entrance K311
entrant B273
entrée B8, B251, П684, У129
- ~ analogique B253
- ~ à registre verrou B268
- ~ d'adresse B252
- ~ d'autorisation B264
- ~ de 1 B257
- ~ de défense B258
- ~ de données B13, B260
- ~ de fenêtre B269
- ~ de porte B269
- ~ de programme B255
- ~ de remise à zéro B265
- ~ de report B263
- ~ de rythme B267
- ~ de signal de basculement B270
- ~ de synchronisation B267
- ~ de travaux à distance B14
- ~ de un B257
- ~ de validation B264
- ~ de voix B20
- ~ de zéro B262
- ~ d'horloge B267, B271
- ~ différée B17
- ~ d'inhibition B258
- ~ d'interdiction B258
- ~ d'inversion B259
- ~ d'une unité B257
- ~ du signal de mise à un

EXTRACTION

B266
- ~ formatée B28
- ~ graphique B12
- ~ manuelle B21
- ~ non inversante B261
- ~ par bande perforée B25
- ~ par bouton B16
- ~ par clavier B23
- ~ par lots B18
- ~ par remplissage des blancs B19
- ~ par terminal B27
- ~ par touches B15
- ~ répétée par clavier B24
- ~ sans format B9
- ~ sans registre verrou B254
- ~ sensorielle B22
- ~ suggérée B26
- ~ temps réel B11
- ~ vocale B20

entrée/sortie B29
- ~ avec répartition de mémoire B33
- ~ avec répartition entre des ports B34
- ~ concurrente B32
- ~ contrôlée par les données B35
- ~ de voix B31
- ~ simultanée B30
- ~ vocale B31

entreprise O26
environnement O151
- ~ d'exécution У90
- ~ opérationnel У92

équation d'estimation Ф121
equipe d'abonnés Г211
équipement A153, O41
- ~ automatique A28
- ~ auxiliaire O43
- ~ complètement compatible O47
- ~ de haute perfomance O44
- ~ de secours O48
- ~ de série O50
- ~ de service O49
- ~ d'essai O45
- ~ périphérique O46
- ~ terminal O51

erreur O346, П244
- ~ constante O362
- ~ cumulée O354
- ~ d'amendement O358
- ~ de câblage O353
- ~ d'echantillonnage O351
- ~ de classement O361
- ~ de connexion O353
- ~ de déclaration de variable O359
- ~ de logiciel O348
- ~ de tri O361
- ~ de triage O361
- ~ d'ignorance de facteur humain O350
- ~ fatale O353
- ~ fixe O362
- ~ grossière O349

- ~ humaine O356
- ~ incorrigible O355
- ~ intentionnelle O365
- ~ irrécupérable O355
- ~ isolée O352
- ~ moyenne quadratique O363
- ~ orthographique O357
- ~ statique O364
- ~ stupide O349
- ~ systématique O362

escalier de demi-teintes Ш39
esclave B40
espace O14, П506, П614
- ~ adressable O15 , П615
- ~ de mémoire O21
- ~ de mémoire libre O23
- ~ de mémoire réservé O22
- ~ de paramètres de conception Б616
- ~ de travail O29
- ~ d'instructions O32
- ~ d'utilisateur O25
- ~ entre caractères И132

espacement П112
- ~ arrière B159
- ~ entre lignes И133

espérance mathématique O144
essais И186
- ~ climatique И187
- ~ de fiabilité И188

essayeur des microprocesseurs T48
estimateur O329, Ф121
- ~ de maximum de vraisemblance O331

estimation O329, П283
- ~ d'échantillon O330
- ~ de maximum de vraisemblance O331
- ~ par échantillonnage O328

établissement de communication У109
étage K42
étape Э93
- ~ de travail Ш2

état d'attente C189
- ~ défaillant C190
- ~ de marche И185
- ~ d'impasse C191
- ~ sain И185

étiquetage M25, П504
étiquette 3240, M127, T11
- ~ d'arrière M136
- ~ d'enregistrement M133
- ~ d'en-tête M129
- ~ de piste M132
- ~ de point de reprise M134
- ~ de référence M131
- ~ d'instruction destinataire M141
- ~ d'opérateur M140
- ~ optionnelle M139
- ~ symbolique M144
- ~ trailer M136

- ~ traîneur M136

étreinte fatale C149
etude préalable O104
évaluation B382, O329, П283
- ~ d'expertise d'un programme O332
- ~ par formule B384

évitement П401
exactitude T96
- ~ actuelle T101
- ~ de lecture sur cadran T98
- ~ extrême T102
- ~ intrinsèque T97

examination préalable O104
exception И173
excitateur 332, У138
exécution B333, И175
- ~ bouclée B338
- ~ concurrente B336
- ~ cyclique B338
- ~ de requête И176
- ~ d'interprétation B334
- ~ directe des instructions chargées par clavier B335
- ~ d'opération ET O258
- ~ d'opération OU O259
- ~ immédiate des instructions chargées par clavier B335
- ~ pas à pas И177

exemplaire Э50
- ~ d'enregistrement Э51

exhaustion de redondance И197
- ~ de réserve И197

exigène T119
expanseur P154
expansion P147
- ~ de système P152

explicite Я1
exploitation Э63
exploration préalable O104
exponent П312
exponentiation B152
exposant П373
- ~ binaire П368

expression B344
- ~ à caractères B348
- ~ analytique B345
- ~ à tableaux B347
- ~ booléenne B346
- ~ indicée B349
- ~ numérique B351

extenseur P154
extension P147
- ~ de langage P153
- ~ de mémoire P150
- ~ d'ensemble de données P149
- ~ de programme P151
- ~ d'interrogation P148

extraction B282
- ~ d'atributs B319
- ~ de caractéristiques B319
- ~ de données И9
- ~ de l'instruction B284

EXTRÉMITÉ

~ de portes B317
~ de signal B321
~ d'operande B286
extrémité B294
~ en araignée B312

F

fabricant И10
~ d'équipement original И11
facilité de réentrance B185
facilités B169, C200
~ avancées B178
~ d'autocontrôle B180
~ de repassage B177
~ de structuration B181
~ diagnostiques B172
~ virgule flottante B179
facteur K305, M211
~ de branchement K307
~ d'échelle K310, M212
~ d'utilisation K309
~ humain Ф53
factorisation P53
faisceau Ж1
famille P392, C34
~ de machines compatibles P394
~ d'ordinateurs C35
~ logique C36
faute O275, O346
~ de calcul O347
~ de frappe de touche O360
~ transitoire O284
faux Л98
fenêtrage O234
fenêtre Ф146
~ d'envoi O149
~ de transmission O149
~ sur écran O150
feuille Б85
~ d'arbre Л69
~ de codage Б86
~ de papier Л68
~ de programme Б88
~ de requête Б87
fiabilité d'exploitation H16
~ fonctionnelle H15
~ opérationnelle H16
fiche Ш47
fichier à distance Ф13
~ à mise à jour Ф31
~ à modifier Ф31
~ archivé Ф7
~ barème Ф50
~ caché Ф43
~ catalogué Ф24
~ chaîné Ф51
~ commun Ф44
~ continu Ф30
~ d'accès aléatoire Ф46
~ d'accès arbitraire Ф46

~ d'affichage Ф12
~ de bande Ф28
~ de changements Ф18
~ de commande Ф25
~ de consultation Ф45
~ de contrôle Ф50
~ d'écran Ф12
~ de destination Ф11
~ de disque Ф27
~ de liens Ф42
~ de manœuvre Ф40
~ d'entrée Ф23
~ de problème Ф39
~ de profil Ф36
~ de référence Ф45
~ de registre Ф41
~ de routage Ф49
~ de secours Ф14
~ de sécurité Ф14
~ de sortie Ф11
~ de source Ф23
~ de texte Ф47
~ de traçage Ф49
~ de travail Ф16, Ф40
~ de vecteurs de test Ф48
~ d'images Ф12
~ d'index Ф21
~ directoire Ф45
~ d'origine Ф22
~ doubleur Ф14
~ électronique K41
~ éloigné Ф13
~ en ligne Ф34
~ étalon Ф52
~ EXE Ф15
~ exécutable Д275, Ф15
~ indexé Ф20
~ inutilisé Ф29
~ inversé Ф19
~ maître Ф35
~ mort Ф29
~ multiaccès Ф44
~ multivolume Ф26
~ objet Ф33
~ orienté bloc Ф10
~ orienté caractère Ф8
~ orienté octet Ф8
~ partagé Ф44
~ plat Ф37
~ principal Ф35
~ protégé Ф17
~ public Ф32
~ sans étiquettes Ф9
~ sans labels Ф9
~ séquentiel Ф38
fidélité T96
FIFO П31
file d'attente O334
~ d'attente de canal O339
~ d'attente d'entrée O335
~ d'attente de sortie O336
~ d'attente de tâches O337
~ d'attente de travaux O337
filtrage Ф60
~ digital Ф61
~ d'information O80

filtre Ф57
~ de Butterworth Ф58
~ de Kalman Ф59
fin 33, O245
~ anormale A6, 34, O246
~ arrière de bande X4
~ de bande K221
~ de fichier K224
~ de session K223
firme conceptrice de systèmes Ф62
~ constructeur d'ordinateurs Ф65, Ф66
firmware C205
fixation de données Ф56
~ de page Ф55
flag Ф67
flanc arrière d'impulsion Ф141
~ avant d'impulsion Ф142
~ d'impulsion Ф140
~ d'impulsion d'horloge Ф143
flexibilité Г59
~ d'usage Г60
flexible Г58
flot de défauts П388
~ de données П386
~ de travaux П385
~ d'information П386
~ entrant П383
~ sortant П384
flou H81
flux entrant П383
~ magnétique П387
~ sortant П384
fonction Ф150
~ aléatoire Ф160
~ booléenne Ф146
~ d'appartenance Ф157
~ de bibliothèque Ф145
~ de Boole Ф146
~ de but Ф166
~ de commande Ф164
~ de décision Ф159
~ de distribution Ф158
~ défectueuse H38, P16, C8
~ de majorité Ф154
~ de pondération Ф147
~ de puissance Ф161
~ de randomisation Ф165, X6
~ de répartition Ф158
~ de table Ф163
~ de transfert Ф156
~ discriminante Ф152
~ d'objectif Ф166
~ empirique Ф167
~ en escalier Ф162
~ ET Ф149
~ hash Ф165, X6
~ incorporée Ф148
~ linéaire par morceaux Ф153
~ NON Ф155
~ OU exclusif Ф151

GESTIONNAIRE

fonctionnement P1, Ф144
~ conversationnel P4
~ sans surveillance d'operateur P2
~ troublé H38
fond Ф72
fonte de caractères optiques standard Ш43
~ OCR-A Ш43
format comprimé Ф99
~ condensé Ф99
~ d'adresse Ф89
~ de données Ф92
~ d'enregistrement Ф93
~ d'entrée Ф90
~ de sortie Ф91
~ dilaté Ф95
~ d'impression Ф96
~ d'instruction Ф94
~ du type menu Ф87
~ étranger Ф100
~ libre Ф98
~ multifenêtre Ф97
~ non condensé Ф95
formatage З31, Р58, Ф101
~ d'écran Ф102
formateur Ф103
~ d'adresse Ф111
~ de courant de sélection Ф117
~ de documents Г15
~ de signaux de bus Ф118
~ de signaux d'écriture Ф113
~ de signaux de lecture Ф114
~ de signaux d'horloge Ф115
formation des impulsions Ф107
forme à E Ф82
~ à exposant Ф82
~ analogique Ф74
~ analytique Ф73
~ condensée Ф99
~ conjonctive normale Ф78
~ conjonctive normale parfaite Ф86
~ de Backus-Naur Ф75
~ de caractère Ф84
~ de signal Ф83
~ digitale Ф88
~ d'impression Ф80
~ disjonctive normale Ф77
~ disjonctive normale parfaite Ф85
~ d'onde Ф83
~ exponentielle Ф82
~ graphique Ф76
~ lisible par machine Ф79
formulaire Б85
formule de Bayes Ф119
~ de calcul Ф122
~ d'interpolation Ф120
fraction Д399
fragmentation Ф133
frais И15

frame Ф134
fréquence Ч2
~ d'arrivées Ч5
~ d'échantillonnage Ч3
~ de coupure Ч6
~ de rafraîchissements Ч7
~ de répétition d'impulsions Ч8

G

gâchissement П105
galet de pression Р388
~ presseur Р388
galette П259
~ à contacts П238
~ porte contacts П238
gamme Д219
~ de capacités Д220
~ de possibilités Д220
~ d'options Д220
garde-temps Д82
garnissage Н2
~ de bits З142
~ d'espaces Д344
~ de zéros Д343, З143
générateur alphanumérique Г7
~ d'applications Г29
~ de balayage Г31
~ de bruit Г49
~ de caractères Г18, Г35
~ de code Г20
~ de combinaisons de test Г44
~ de délai Г17
~ de documents Г15
~ de données Г14
~ de données de test Г43
~ de fonction en dents de scie Г28
~ de fonction en escalier Г40
~ de fréquence de bits Г46
~ de graphiques Г13
~ de jeu d'essais Г44
~ de la parole Г33
~ de lignes Г22, Г39
~ de macro-instructions Г23
~ de mots Г24
~ de points Г45
~ de programme de sortie Г12
~ de programmes Г30
~ de rapports Г26
~ de retard Г17
~ de rythme Г41, Г42, Ф115
~ des combinaisons codées Г21
~ de signaux Г34
~ de signaux d'entrée Г11
~ de signaux vocaux Г32

~ des nombres Г47
~ des nombres aléatoires Г37
~ de succession d'impulsions Д89
~ de suite d'impulsions Д89
~ des vecteurs Г9
~ de symboles Г35
~ de tension en dents de scie Г27
~ de tops de synchronisation Г36
~ de train d'impulsions Д89
~ de traits Г48
~ de vecteur Г8
~ d'explication Г25
~ d'images Г19
~ d'impulsions de fenêtre Г38
~ d'impulsions de synchronisation Г36
~ d'impulsions d'horloge Г42
~ d'impulsions sélectrices Г38
~ vidéo Г10
génération Г50, Г54, П359
~ d'adresse Ф104
~ de bruit Г52
~ de code Г51
~ de rapports Г55
~ de système Г53
~ d'i mage Ф106
génie logiciel T57
géométrie calculatrice Г56
~ constructive des solides Г57
~ de type CSG Г57
gestion de base de données У50
~ de boucles О242
~ de concurrence У62
~ de donnees У57
~ de fichier О240
~ de logiciel У66
~ d'entrée/sortie У53
~ de queues О235
~ de rendez-vous О238
~ de réseau d'ordinateurs О239
~ d'erreurs У61
~ de tâches О237
~ de traitement d'arrière-plan О241
~ de traitement de fond О241
~ de trappes О232
~ multitâche О233
~ prévisionnelle У68
gestionnaire А44, П553
~ d'alarme А45
~ de fenêtres А50
~ de fichiers Р114
~ de la mémoire А49
~ de mémoire Б124
~ de mise au point О298

GIGAFLOPS

~ de ressources P113
~ de ressources de réseau A51
~ d'une base de données A46
gigaflops Г64
gigahertz Г63
gigaoctet Г62
glissement У191
glitch Г74, Д176
global Г75
glossaire Г76
gradient Г126
~ de densité Г127
grammaire Г128
~ à contexte dépendant Г133
~ à contexte libre Г134
~ à contexte limité Г139
~ ambiguë Г135
~ à prédécession faible Г146
~ augmentée Г142
~ catégorielle Г132
~ de catégories Г132
~ de composants immediats Г136
~ de dominance Г130
~ de prédécesseur Г147
~ de reconnaissance Г145
~ d'états finis Г129
~ de test Г148
~ formelle Г150
~ généralisée Г137
~ générative Г143
~ initiale Г131
~ non ambiguë Г140
~ sans contexte Г134
~ sans contraintes Г138
~ simple Г144
~ source Г131
~ squelettique Г141
~ transformationnelle Г149
grand système C103
granularité Г77
graphe Г156
~ acyclique Г157
~ à label Г170
~ arborescent Г160
~ avec les boucles Г176
~ biparti Г159
~ complet Г169
~ connexe Г173
~ cyclique Г178
~ d'activité Г164
~ d'arête Г172
~ d'attributs Г165
~ de flux Г171
~ de flux de données Г162
~ d'états Г175
~ de transactions Г177
~ de transitions Г167
~ d'information Г161
~ dirigé Г166
~ étiqueté Г170
~ non orienté Г163
~ orienté Г166

~ plan Г168
~ plat Г168
~ pondéré Г158
~ sans cycles Г157
~ syntaxique Г174
graphique Г179, Г183, C203
~ à bit-map Г194
~ à l'adressage par points Г195
~ alpha-géométrique Г185
~ alpha-mosaïque Г186
~ à trois dimensions Г196
~ coloré Г197
~ conversationnel Г189
~ coordonné Г190
~ de balayage Г193
~ de couleur Г197
~ de rastre Г193
~ de réseau Г182
~ de scrutation Г193
~ de solides Г192
~ de trame Г193
~ de visualisation par bits Г194
~ en 3D Г196
~ en trois dimensions Г196
~ géométrique Г188
~ interactif Г189
~ par blocs Г184
~ sur écran Г198
~ tridimensionnel Г196
~ vectoriel Г187
grappe K106
grille de routage C38
groupage Г221
groupe d'abonnés Г211
~ de canaux Г215
~ de dispositifs Г220
~ de données Г214
~ de liaisons Г217
~ de lignes Г217
~ de pistes Г213
~ de voies magistral Г216
~ de voies principal Г216
~ d'utilisateurs Г218
~ parent Г219
groupement Г221
guide C198

H

halte O245
~ subite 36
héritage H39
heurt de signes H1
histogramme Г73
hodographe Г98
homme-heures T139
horaire d'un ordinateur Г181
horizon de temps Г122
~ temporel Г122
horloge principale Г16

~ temps réel Ч25
hors ligne A30
hôte M81, Э7
hybride Г61
hypergraphe Г66
hypertexte Г67
hyperviseur Г65
hypothèse complexe Г70
~ composée Г70
~ de but Г71
~ d'objectif Г71
~ nulle Г68
~ simple Г69
hystérésis Г72

I

icône И25
identificateur И2
~ de fichier И4
~ d'utilisateur И3
identification И5, O222
~ de caractères P107
identité T78
image И25, O91
~ animée И27, И34
~ binaire И26
~ cachée И38
~ codée И28
~ contrastée И31
~ de caractère И29
~ de fond И39
~ de niveau gris И37
~ de référence O93
~ digitalisée И36
~ en couleurs И40
~ enseignante O92
~ floue И33
~ grise И37
~ latente И38
~ non distincte И33
~ principale И35
~ sur l'écran И32
imbrication B139, B140
~ de blocs B141
~ d'operateurs B142
imbriqué B143
immunité aux brouillages П354
~ aux bruits П354
~ aux perturbations П354
imparité H82
impasse C149, T142
implantation P111
implicant simple И44
implication И45
~ conditionnelle И47
~ stricte И46
impression П194, P100
~ à deux directions П197
~ à espacement П196
~ bidirectionnelle П197
~ de fichier P105

INSTRUCTION

~ de mémoire P102
~ de qualité dactylographique Π199
~ de registres P103
~ électrographique Π205
~ ligne par ligne Π202
~ matricielle Π198
~ non sélective P104
~ page par page Π201
~ par jet d'encre Π203
~ par points Π204
~ sans impact Π195
~ sélective P101
~ unidirectionnelle Π200
imprimante У155
impulsion И48
~ de blocage И52
~ d'échantillonage И71
~ de comptage И72
~ d'écriture И53
~ de déblocage И58 , И65
~ de débordement И60
~ de déclenchement И55 , И64
~ de découpage du faisceau И50
~ de démarrage И55 , И64
~ de demi-sélection И62
~ de digit И66
~ de fenêtre И71
~ d'effacement И70
~ de fixation И71
~ de lecture И73
~ de marquage И56
~ de mise à un И76
~ de mot И49
~ d'encadrement И71
~ de porte И71, И75
~ de remise à zéro И67
~ de report И59
~ de retenue И59
~ de rythme И69 , И74
~ de sélection И71
~ de sélection totale И61
~ de séquence И74
~ de suppression du faisceau И50
~ de synchronisation И69
~ de test И63
~ de verrouillage И52
~ d'horloge И69 , И74
~ d'inhibition И54
~ d'interrogation И57
~ d'ouverture И58
~ principale И51
~ synchronisée И68
~ vidéo В126
impulsion-marqueur И56
inaccessibilité Н53
inaccessible Н54
inadaptation P135
incertitude Н72
inclusion В248
incompatibilité Н76
incomplétude Н55, Н74
incorporé В249
incrément Π499

indépendance de matériel Н56
indépendant de machine M109
index И94, Π311, У24
~ de base de données И95
~ maître И98
indexage И99
~ automatique И100
indicateur И101, T11, У24, У142
~ à cristaux liquides И102
~ à diode EL И104
~ à diode électroluminescente И104
~ à matrice de points И106
~ à N segments И105
~ de condition И108
~ de niveau И107
~ d'itinéraire У25
~ dot-matrice И106
~ drapeau И108
~ plat И103
indice И94, Π311, Π486
~ de base de données И95
~ de fin Π488
~ d'erreur Π490
~ d'occupation Π487
~ inférieur И97
~ supérieur И96
industrie de communications Π605
~ de logiciel Π604
~ d'ordinateurs Π603
inférence В294, В294, В307
infographie Γ191
~ sur écran Γ198
~ tridimensionnelle Γ196
information à représentation machine И160
~ complète И167
~ d'aide И163
~ de faits И169
~ de mise au point И166
~ de source И162
~ de type connaissances И168
~ graphique И159
~ identifiante И161
~ incomplète И165
~ sans valeur И164
~ stockée И170
informatique И158, T56
informatisation K216
ingénierie de connaissance И110
~ de systèmes C147
~ logicielle Π588
ingénieur de connaissances И109
inhibition Э150
~ d'interruption Э151
initialisation З26, И111
~ de système У105
initiateur de requête И112
initiation В151
insertion В246, В248

~ dans un fichier З99
~ de bits В247
inspection d'acceptabilité K253
~ de base de données P161
~ d'entrée K246
~ préalable О104
installation У97, У97
~ multiposte У101
~ multi-utilisateur У101
instruction K165, О108, О159
~ à adresse indirecte K189
~ absolue K176
~ à opérande unique K190
~ à plusieurs adresses K174
~ composée О179
~ conditionnelle О182
~ d'acceptation О176
~ d'affection О177
~ d'affichage О172
~ d'appel K169, О163
~ d'arrêt K179
~ de branchement K167, О160
~ de cas О162
~ d'échange entre registres K173
~ d'échange registre-registre K173
~ déclarative О167
~ de comparaison K191
~ de consultation K184
~ de débogage О171
~ de décalage circulaire K198
~ de déclaration О167
~ de définition de fichier О169
~ de description О168
~ d'édition О178
~ de format K196
~ de mise au point О171
~ de mouvement de données K182
~ de pile K185
~ de référence K178
~ de reprise K186
~ de restart K186
~ de retour K168, О161
~ de rupture de séquence О173
~ de saut K180
~ de saut conditionnel K194
~ descriptive О168
~ de sélection О170
~ de superviseur K193
~ de transfert K181
~ de transfert de données О174
~ d'objet K175
~ d'opération mathématique K170
~ d'ordinateur K172
~ en code machine K176
~ en langage machine K176
~ étiquetée О175

373

INSTRUCTION

- ~ exécutable O164
- ~ exécutive K193
- ~ expression O184
- ~ factice K197
- ~ fictive K195
- ~ illégale K171
- ~ informatique Г151
- ~ introduite par clavier K166
- ~ labellée O175
- ~ marquée O175
- ~ mnémonique K188
- ~ multiadresse K174
- ~ non étiquetée O166
- ~ non utilisée K177
- ~ nulle K197
- ~ par défaut O181
- ~ source O165
- instruction de tracé O180
- ~ de tracement O180
- instruments И113
- intégrateur И114
- intégration И115
  - ~ à faible échelle И118
  - ~ à grande échelle И117
  - ~ à l'échelle de la galette de sémi-conducteur И116
  - ~ à moyenne échelle И120
  - ~ à très grande échelle И119
  - ~ à ultra-grande échelle И121
- intégré B249
  - ~ sur la puce B250
- intégrité Ц3
- intelligence Л93
  - ~ artificielle И122
- intelligent И123, M188
- intensité d'arrivées И124
  - ~ de défauts И125
  - ~ de flux d'entrée И124
  - ~ de pannes И125
- interactif И128
- interaction B118
  - ~ avec l'utilisateur B122
  - ~ des réseaux B121
  - ~ unilatérale B119
- interblocage Б133
- intercalation B246
- interception d'information dans une ligne de communication И152
- interconnection des systèmes ouverts B120
- interconnexion M115
- interconnexions P35
- interdépendant B123
- interdiction З104, З150
  - ~ d'écriture Б134
  - ~ d'interruption З151
- interfaçage C185
- interface И141, C185
  - ~ à déclenchement par commande И146
  - ~ à jeu de commandes étendu И153
  - ~ à menu И147

- ~ amicale pour l'utilisateur И144
- ~ d'accès direct à la mémoire И145
- ~ d'ADM И145
- ~ de bus И157
- ~ de communication И151
- ~ d'entrée-sortie И142
- ~ d'utilisateur И152
- ~ graphique И143
- ~ homme-machine И156
- ~ maître-esclave И155
- ~ programmable И149
- ~ série И148
- ~ standardisée И154
- ~ transparente И150
- interférence B144
- interlaçage Ч26
- ~ des adresses Ч27
- ~ de secteurs Ч28
- interligne И133
- interpolateur И136
- interpolation И137
- interprétation И139
- ~ d'instructions И140
- interpréteur И138
- interrogation З152, O224
- ~ ad hoc З168
- ~ associative З153
- ~ à traitement fixe З178
- ~ conjonctive З161
- ~ d'accès multiples З163
- ~ de base de données З159
- ~ disjonctive З155
- ~ entre bases de données З162
- ~ interactive З157
- ~ multiaccès З163
- ~ par des exemples З167
- ~ par lot З169
- ~ répartie З173
- ~ spontanée З175
- ~ verbale З179
- interruption П440
- ~ activée П471
- ~ à priorité variable П477
- ~ d'appel au superviseur П444
- ~ de défaillance au niveau de programme П448
- ~ de défaut secteur П465
- ~ de faute de page П447
- ~ de libération d'un accès П467
- ~ de non occupation П467
- ~ d'entrée/sortie П459
- ~ dépendante de processeur П475
- ~ de programme П473
- ~ de protection de mémoire П463
- ~ d'erreur au niveau de programme П448
- ~ d'erreur de parité П464
- ~ désarmée П446
- ~ différée П458
- ~ d'interrogation П462

- ~ du superviseur П444
- ~ exception П466
- ~ extérieure П443
- ~ ignorée П446
- ~ inhibée П445
- ~ interprocesseur П453
- ~ inverse П456
- ~ masquable П452
- ~ masquée П451
- ~ matérielle П441
- ~ non masquable П454
- ~ non prioritaire П455
- ~ par appel П461
- ~ par horloge П469
- ~ par le temps П460
- ~ par périphérique П457
- ~ par pupitre opérateur П479
- ~ prioritaire П472
- ~ prise en compte П470
- ~ programmée П474
- ~ provoquée par commande П450
- ~ provoquée par données П449
- ~ sur erreur П468
- ~ suspendue П458
- ~ système П478
- ~ de temps П478
- ~ validée П476
- ~ vectorisée П442
- intervalle Б137, П602
- ~ d'accès И131
- ~ de confiance И130
- ~ de contrôle И135
- ~ de réglage И135
- ~ de temps И129
- ~ entre requêtes И134
- intracircuit B147
- invalidité H52
- inverseur И92
- ~ à bascule П102
- ~ à circuit de coïncidence И93
- ~ de signe З263
- inversion И90, O95
- ~ de somme И91
- ~ de matrice O98
- invitation à émettre O224
- ISO B120
- issue И198
- item Э65
- itération И207, Ц32, Ш1

J

- jack Г83
- ~ à ressort Г96
- ~ de broche Г95
- ~ de circuit intégré Г88
- ~ de connexion Г94
- ~ de panneau Г85
- ~ de plaque de connexion

LIGNE

Г84
~ de raccordement extérieur Г87
~ d'essai Г93
~ d'expansion Г92, Г97
jacket K219
jaquette K219
jeton M24
jeu de caractères K212, H4
~ de cartes K210
~ de gestion И1
~ de microprocesseurs K209
~ d'entreprise И1
~ de photomasques K211
~ de plaques K210
~ des cartes d'essai K160
~ des cartes de test K160
~ des cartes originales K159
~ d'instructions H7, C113
~ d'instructions complet H8
~ d'instructions réduit H9
jonction П153, C185
journal Ж8
~ de base de données Ж6
~ de bord Ж10
~ d'erreurs Д331
joystick P390
justification B340, B341
~ à droite B343
~ à gauche B342

K

kilobaud K63
kilobit K62
kilomot K64
kilooctet K61

L

label Э240, M127
~ d'arrière M136
~ de début de bande M138
~ d'enregistrement M133
~ d'en-tête M129
~ de piste M132
~ de point de reprise M134
~ de programme M143
~ de référence M131
~ d'instruction destinataire M141
~ d'opérateur M140 établi par utilisateur M142
~ optionnel M146
~ symbolique M144
trailer M136
~ traîneur M136

lampe d'alarme Л1
~ d'alerte Л1
~ témoin Л2
lancement З182
~ de programme З189
~ faux З185
langage à échappement Я15
~ à famille Я47
~ à imbrication Я47
~ algorithmique Я5
~ à références externes Я15
~ assembleur Я6
~ compilé Я52
~ compréhensible Я41
~ conversationnel Я14
~ d'assemblage A193, Я6
~ de Boole Я10
~ de commande Я21
~ de commande des travaux Я55
~ de compilateur Я52
~ de conception Я43
~ de définition de données Я34
~ de définition de problème Я36
~ de dialogue Я14
~ de logique des prédicats Я35
~ de macro-instructions Я24
~ de manipulation de données Я25
~ de niveau bas Я31
~ de niveau haut Я11
~ de procédure Я44
~ de programmation Я40
~ de programmation de bas niveau A8
~ de représentation de connaissances Я38
~ descripteur Я13
~ de simulation Я29
~ des prédicats Я37
~ des productions Я42
~ de traitement de listes Я32
~ de très haut niveau Я46
~ d'IA Я49
~ d'intelligence artificielle Я49
~ d'interrogation Я17
~ d'ordinateur but Я58
~ d'ordinateur cible Я58
~ fonctionnel Я57
~ graphique Я12
~ hôte Я7
~ interactif Я18
~ interprétatif Я19
~ machine Я26
~ macroassembleur Я23
~ mnémonique Я28
~ naturel Я16
~ non procédurel Я30
~ objet Я54
~ orienté mot-clé Я20
~ orienté objet Я33

~ orienté problème Я39
~ orienté trame Я56
~ propre d'ordinateur Я27
~ quasi naturel Я9
~ relationnel Я45
~ sans affectations Я8
~ source Я53
~ standardisé Я50
~ symbolique Я48
~ tabulaire Я51
language d'utilisateur terminal Я22
lecteur У178, У185
~ de bande У175
~ de bandes magnétiques У173
~ de cartes perforées У176
~ de code à barres У177
~ de documents magnétiques У173
~ de marques У174
lecture C275, Ч48
~ de caractères C276
~ de contrôle C277
~ de l'instruction В284
~ d'épreuve C280
~ destructive C281
~ non destructive C278
lettre Л73
~ de registre supérieur Б149
~ majuscule Б150
~ minuscule Б151, Б152
levant B205
lexème Л5
libellé Л74
libération O243, P92
lien C13
lieu M122
LIFO O340
ligne C215, C215
~ à multipoints Л52
~ à plusieurs déroutements Л52
~ à retard Л50
~ attribuée Л61
~ bi-directionnelle non simultanée Л56
~ bi-directionnelle simultanée Л48
~ cachée Л65
~ chaude Л43
~ commutée Л63
~ d'abonné Л40
~ d'accès Л45
~ d'adresse Л41
~ d'arbitre Л42
~ de bit Л57
~ de bus Л66
~ de communication Л58
~ de délai Л50
~ dédicacée Л61
~ dédiée Л61
~ de digit Л57
~ de données Л47
~ d'enregistrement Ш14
~ d'entrée Л44

375

LIMITATION
- ~ de table C217
- ~ de télécommunication Л46
- ~ de transmission Л54
- ~ de transmission de données Л55
- ~ entrante Л60
- ~ louée Л59
- ~ principale Л51
- ~ privée Л59
- ~ publique Л64
- ~ semi-duplex Л56
- ~ sortante Л62

limitation O127
- ~ de mémoire O129

limite П397
- ~ de caractère Г153
- ~ de défaillance Г154
- ~ de défaut Г154
- ~ de panne Г154
- ~ d'octet Г152

limiteur O132
linéarisation Л38
linguistique calculatrice Л37
lisibilité У7
lisible par machine M110
listage Л71
liste Л71, П174, П618, P100, C194
- ~ de contrôle T3
- ~ d'épreuve Л72

listing Л71
- ~ d'épreuve Л72
- ~ d'essai Л72

littéral K227, Л74
livraison B339
localisation Л99
location de mot Л39
logiciel O10
- ~ à la demande O3
- ~ commercial O6
- ~ d'application O8
- ~ de base П589
- ~ graphique O7
- ~ protégé par le droit d'auteur O4
- ~ système O11
- ~ universel O13

logique Л78, C260, У13
- ~ à bord Л89
- ~ à deux voies Л82
- ~ à diodes Л83
- ~ à diodes et transistors Д400
- ~ à diodes Zener et transistors Д401
- ~ à transistors Л96
- ~ binaire Л81
- ~ booléenne Л80
- ~ câblée Л85
- ~ cellulaire Л94
- ~ d'arbitrage Л79
- ~ de circuits Л95
- ~ de commande Л97
- ~ de seuil Л91
- ~ d'inférence Л90
- ~ d'instruction Л86

- ~ diode-transistor Л84
- ~ incorporée Л89
- ~ intégrée Л89
- ~ majoritaire Л87
- ~ multivalente Л88
- ~ programmable Л92
- ~ résisteur-condensateur-transistor P366
- ~ ternaire C261
- ~ TTL T141

"1" logique E9
longueur P91
- ~ d'adresse Д325
- ~ de chaîne Д330
- ~ de champ Д327
- ~ de mot Д329
- ~ de programme Д328
- ~ d'instruction Д326

lot П1

M

machine M74
- ~ à additionner M98
- ~ à auto-apprentissage M92
- ~ à auto-organisation M93
- ~ à autoreproduction M91
- ~ à balayage optique M90
- ~ à calcul électronique Э1
- ~ à calculer M80, M99
- ~ à capabilité Э33
- ~ à enseigner M88
- ~ à intelligence artificielle M100
- ~ à lecture automatique de texte sous forme imprimée M90
- ~ à mémoire en pages Э36
- ~ à mémoire finie M94
- ~ à mots de longueur agrandie M97
- ~ à mots longs M97
- ~ à scrutation optique M90
- ~ autoreproductrice M91
- ~ commerciale M84
- ~ comptable electronique M103
- ~ de base de connaissances M77
- ~ de base de données M76
- ~ de gestion économique M84
- ~ de Turing M101
- ~ d'inférence M86
- ~ du type MIMD M95
- ~ en réserve M89
- ~ enseignante M92
- ~ LISP Л67
- ~ non numérique M83
- ~ porte M104
- ~ réservée M89
- ~ sans logiciel M78
- ~ vectorielle M82

- ~ vierge M78
- ~ virtuelle M79

macro M12
macro-élément M18
macro-instruction M12
macroassembleur M8
macrocellule M20
macrocode M11
macrodéclaration M13
macrodéfinition M14
macroexpansion M15
macroextension M15
macrofonction M17
macrolangage M19
macronom M9
macrotraceur M16
maculature Д40, И164
magnétisation H33
maille Я59
maintenance O107, Э63
- ~ de base de données B37
- ~ d'enregistrements B39
- ~ préventive O106

maintien par batteries П251
maître B41
- ~ de ligne de télécommunications B137

majoritaire M3
majorité Б147
majuscule Б150
manche à balai P390
manipulation d'images sur l'écran M23
- ~ graphique M22

manque П606
- ~ d'adéquation H51
- ~ de protection H57
- ~ de sécurité H57

manufacturier И10
- ~ d'équipement original И11
- ~ d'ordinateurs universels И12

mappe K31
maquettage M7
maquette M4
marche à balai P390
marche de bande П525
marge П318
- ~ de fiabilité З103

marquage M26
marque З240, M127
- ~ d'amorce de bande M137
- ~ de contrôle M145
- ~ fin M135
- ~ point M128

marqueur З240, M24
- ~ optique M130
- ~ photosensible M130

masquage M36, H32
masque M33, T117
- ~ de programme M35
- ~ d'interruption M34

matériel A152, A153, O2, O12, O42, C202
- ~ d'échange A154

mathématiques appliquées

M46
matrice M47
~ à diodes Д179
~ à diodes EL M66
~ à diodes électroluminescentes M66
~ adjacente M69
~ à ferrites M67
~ à tores en ferrite M67
~ à vaque M50
~ booléenne M48
~ cellulaire M71
~ de codage M54, M73
~ de condensateurs M56
~ de décodage M51
~ de mémorisation M52
~ de pertes M62
~ de poinçons M64
~ de points M72
~ de portes M49
~ de reconnaissance M65
~ de transition M60
~ d'imprimante M61
~ d'incidence M53
~ d'interconnexion M55
~ en grille de cellules M71
~ en nid d'abeille M70
~ inverse M59
~ logique programmable M63
~ logique programmable par masque M57
~ non singulière M58
~ régulière M58
~ systolique M68
maximum global M21
mécanisme d'alimentation M171
~ d'avancement de papier M173
~ de blocage M167
~ d'encrage M168
~ d'enroulement de bande M169
~ d'entraînement de bande M169
~ d'entraînement de papier M173
~ de reconnaissance M175
~ de résolution de contentions M174
~ de résolution des conflits M174
~ de restructuration de données M172
~ de transport des cartes M176
~ de verrouillage M167
~ d'impression M170
méga-bit M112
méga-mot M113
méga octet M111
membre Э65, Э74
~ de sequence Э78
~ d'un ensemble Э73
~ obligatoire Э76
~ optionnel Э75

mémoire П10, У140
~ à accès aléatoire П48 , У168
~ à accès au hasard П48
~ à accès court П41
~ à accès direct П49
~ à accès en série П46
~ à accès par mots П47
~ à accès partagé en réception et en émission П38
~ à accès rapide П15
~ à accès séquentiel П46
~ à accès ultrarapide П39
~ à adresses interlacées П52
~ à deux niveaux П21
~ à double ports П20
~ adressable П11
~ adressable par contenu П12
~ à interlaçage d'adresses П52
~ à la demande de pages П45
~ à la portée d'utilisateur П26
~ à lecture seule У156
~ à long terme П25
~ associative П12
~ cache K354
~ cache à prélecture K355
~ centrale П33
~ de données П19
~ de données graphiques П18
~ de fichier У182
~ de grande taille П13, У120
~ de lecture/écriture У152
~ de masse У120
~ de microprogrammes П30
~ de programmes П37
~ d'extension П24
~ d'image de l'écran П43
~ dynamique П22
~ effaçable П50
~ en pages П44
~ FIFO П31
~ graphique П18
~ incorporée У128
~ "le premier venu - le premier servi" П31
~ morte П36 , У156
~ organisée en fichiers П51
~ organisée en pile П29
~ organisée en tableaux П53
~ permanente П36
~ piggyback П38
~ primaire П34
~ principale П32 , П33
~ protégée П27
~ protégée en écriture П40
~ RAM П48
~ réinscriptible П35
~ sans état d'attente П42

~ "scratchpad" Б140
~ séquentielle П46
~ supplémentaire d'écran П23
~ tampon П14
~ tampon de clavier П28
~ tampon d'écran П23
~ vidéo П16
~ virtuelle П17
~ vive П32 , У152
mémorisation Э146
~ d'images Э147
~ statique Э148
menu M116
~ arborescent M118
~ d'aides M119
~ d'écran M121
~ de racine M117
~ deroulant à pousser dehors la ligne de bas M120
~ principal M117
message d'entrée C181
mesure И22
~ à distance И23
~ directe И24
métaconnaissances M124
métainformation M125
métarègle M126
méthode M147
~ d'accès M149
~ d'accès à queues M154
~ d'accès de télécommunication M155
~ d'accès direct M163
~ d'accès graphique M151
~ d'accès par partition M150
~ d'accès séquentielle M153
~ d'accès séquentielle indexée M152
~ de câblage sans brasure M157
~ de câblage sans soudure M157
~ d'échantillonnage M148
~ de la plus rapide descente M159
~ de montage sans brasure M157
~ de montage sans soudure M157
~ d'épreuves et d'erreurs M162
~ des moindres carrés M158
~ d'essais et d'erreurs M162
~ d'itération M156
~ exhaustive M161
~ itérative M156
~ numérique M165
méthodologie de développement de logiciel M164
métrique de logiciel M166
MFlop M114

MICRO-INTERRUPTION

micro-interruption M183
micro-ordinateur M195
micro-programmation M185
micro-programme M184
microcalculateur M178
microcircuit M189, M192
~ à la demande M191
~ analogique M190
~ digital M193
microcode M179
microcontrôleur M180
~ programmable M181
microdisque flexible M177
microélectronique M196
microfiche M194
micrologie C205
micromodule M182
microprocesseur M186
~ restructurable M187
migration des pages П150
milieu de programme П587
~ de stockage C199
mini-disque flexible M197
mini-disquette M197
mini-ordinateur M198
miniaturisation У26
minterme M199
minuscule Б151
mise У97
~ à jour A117, И17
~ à jour de données O35
~ à jour de fichier K302, O38
~ à jour par lots de données O36
~ à l'échelle M44
~ à l'état initial B154
~ à un У99
~ au point H30, O297, P254
~ au point fictive П679
~ en échelle multidimensionnelle Ш40
~ en fichier O240
~ en file d'attente O235, П379
~ en marche B10, З182
~ en mode У104
~ en queue O235, П379
~ entre parenthèses З88
mnémonique M200, C246
mode P275
~ à réservation P323
~ autonome P276, P322
~ clavier P278
~ concurrent P316
~ conversationnel P281
~ d'accès P283
~ d'adressage P277, C195
~ d'aides P295
~ d'ajout P282
~ d'alternance P308
~ d'apprentissage P300
~ d'attente P301
~ d'augmentation P282
~ d'avant-plan P311
~ de commande P293

~ de console P315
~ de contrôle P296
~ de diffusion P330
~ de flux multiple P298
~ de fond P327
~ de formation P300
~ de formes P287
~ de marche à vide P328
~ de marche libre P321
~ de mise au point P303
~ de mise en marche P289
~ de multifenêtrage P306
~ d'enseignement P300
~ de page P284
~ de partage de temps P318
~ de passage P312
~ de remise P286
~ de répétition P329
~ de superviseur P325
~ de temps mort P314
~ de test P326
~ de vérification P296
~ d'impression P165
~ d'impression majuscule P173
~ d'impression minuscule P196
~ d'insertion P279
~ d'usage exclusif P292
~ d'utilisateur P307
~ du train de travaux P304
~ du traitement par lots P304
~ en ligne P302
~ esclave P305
~ graphique P280
~ hors ligne P276
~ interactif P291
~ majuscule P285
~ marche-arrêt P324
~ multifenêtre P306
~ multiplex P299
~ multitâche P297
~ opérationnel P317
~ parallèle P316
~ pas à pas P309
~ pipeline P294
~ prioritaire P311
~ privilégié P310
~ problème P320
~ question-réponse P288
~ temps réel P319
~ transparent P313
~ vol de cycle P290
modèle à sept couches M225
~ basé sur les trames M228
~ de cause M222
~ de files d'attente M219
~ de graphe M216
~ de réseau M226
~ d'ordinateur M221
~ entité-relation M227
~ mathématique M220
~ relationnel M224
~ structurel M218
modem M229
modification M230

~ de configuration И19
~ d'information И18
modularité M246
module Б89, M232
~ chargeable M236
~ de logiciel M243
~ de matériel M233
~ de mémoire M237
~ de niveau plus haut M234
~ de recouvrement M241
~ d'explication M240
~ d'extension M244
~ d'overlay M241
~ exécutable M235
~ factice M245
~ fictif M245
~ indépendant M239
~ relogeable M242
~ réutilisable M238
modules égales M231
moniteur M247
~ d'affichage en couleurs M253
~ de débogage M249
~ de mise au point M249
~ de télécommunication M252
~ de train de travaux M250
~ de traitement par lots M250
~ de visualisation B128
~ monochrome M248
~ temps réel M251
~ vidéo B128
monitorage У58
montage M254, M254
~ de volume У106
~ en bâti M256
~ pendu M258
montant B205
mot d'adresse C155
~ de code C157
~ de commande C158, C161
~ de passe П69
~ d'état C160
~ machine C159
~ réservé C156
mouvement de chariot П124
~ de données П123
multiutilisateur M201
multi-adressage A98
multiaccès M268
multibase de données M267
multicanal M203
multifenêtrage O236
multiliste M275
multioctet M202
multiplet Б24
~ de cinq bits Б35
multiplexage M270, У41
multiplexé par blocs Б127
multiplexeur M271
multiplicande M210
multiplicateur M211, C180, У30
~ additionneur У36

OPÉRATION

~ arborescent У31
~ matriciel У33
~ parallèle У34
~ pipeline У32
multiplication П126, У27
~ logique У29
~ matérielle У28
multiplicité M207
multiplieur У30
~ accumulateur У35
~ arborescent У31
~ matriciel У33
~ parallèle У34
~ pipeline У32
multipoint M206
multiport M204
multiprocesseur M274
multiprogrammation M272
~ à arrière-avant-plan M273
multiterminal M205
multitraitement M269, O73

N

N-tuple K304
négateur И92
négation O319
nettoyage Г3, O345
~ de mémoire Г6
neuroordinateur H69
nid Г83
niveau У70
~ bas de signal У84
~ bas de tension У84
~ d'entreprise У72
~ de priorité У81
~ de référence У77
~ de seuil У78
~ d'imbrication У71
~ d'interruption У80
~ haut de signal У83
~ haut de tension У83
~ logique У74
~ logique faux У75
~ logique vrai У76
nœud ancêtre У23
~ de commutation У10
~ de destination У14
~ de racine У12
~ descendant У22
~ du réseau У19
~ esclave У16
~ parent У17
~ sémantique У18
nom И77, H17, H20
~ alternatif И78
~ de contexte И83
~ de groupe И80
~ de log И82
~ de macro M10
~ d'entrée И79
~ de référence И81

~ de rôle И89
~ de système И86
~ enregistré И82
~ générique И84
~ qualifié И88
~ symbolique И85
~ unique И87
nombre à double-longueur Ч38
~ aléatoire Ч41
~ à soustraire B402
~ à un chiffre Ч40
~ à une position Ч40
~ avec signe Ч42
~ à virgule fixe Ч44
~ à virgule flottante Ч43
~ binaire Ч37
~ d'adresses dans une instruction A112
~ de broches Ч35
~ décimal Ч39
~ décimal codé binaire Ч36
~ décimal en format condencé Ч45
~ d'éléments de trame Ч47
~ de pixels de trame Ч47
~ de points de trame Ч47
~ hexadécimal Ч46
~ octal Ч34
~ réel Ч32
~ signé Ч42
NON H48
non destructif Б52
~ disponible H54
~ formaté H80
~ redondant H58
~ redondant H75
non-coïncidence H77
non-concurrence H73
non-conjonction O321
non-disjonction O320
non-disponibilité H53
NON-ET H49
NON-OU H50
non-redondance Б57, O325
non-redondant Б58
non-report O322
non-signal O326
non-somme И91
normes techniques У93
notation 3105, П415
~ alphabétique O40
~ binaire П416
~ en virgule fixe П414
~ en virgule flottante П413
~ exponentielle П417
~ polonaise 3108 , H93
~ préfixée 3129
~ sans parenthèses 3108 , H93
~ scientifique П417
note O329
notion 11356
noyau C37
~ de programme Я4
~ de sécurité Я3
~ matériel Я2

numéral Ц48
numération H100
numérisation Д267
numériseur П438
~ de signaux analogiques Д266
numéro de ligne H86
~ de position H83
~ de priorité H85
~ de séquence H84
~ de série H84
~ d'ordre H84
~ prioritaire H85

O

objectif Ц4
~ de système d'intelligence artificielle У107
objet O115
~ abstrait O116
~ de commande O120
~ de données O118
~ de perception O117
~ de référence O119
occurence B274
occurrence H42
octet Б24
~ adressable Б25
~ de commande Б43
~ de contrôle Б43
~ de données Б26
~ de l'ordre bas Б30
~ de l'ordre haut Б41
~ de l'ordre le plus bas Б37
~ de l'ordre le plus haut Б38
~ de mémoire Б33
~ de mode d'adressage Б40
~ d'état Б39
~ d'identification Б28
~ d'information Б29
~ effectif Б36
~ faux Б32
~ identifiant Б28
~ préfixe Б34
~ significatif Б27
~ significatif de l'ordre le plus bas Б31
~ significatif de l'ordre le plus haut Б42
omission П606
opérande O153
~ à plusieurs mots O155
~ immédiat O156
~ implicite O157
~ mémoire O154
~ registre O158
opérateur O159
~ d'ordinateur O183
opération Д107, O186, P1
~ atomique O187
~ auxiliaire O211

OPÉRATIONS

- ~ booléenne O194
- ~ d'arrière plan P20
- ~ de commande O217
- ~ de dilemme O193
- ~ défectueuse P14
- ~ de fond P20
- ~ de lecture O216
- ~ de longue durée O189
- ~ de pile O214
- ~ de service O211
- ~ diadique O188
- ~ d'identité O219
- ~ d'inférence O195
- ~ élémentaire O187
- ~ en double longueur O203
- ~ ensembliste O200
- ~ en temps partagé P18
- ~ en temps réel P8
- ~ entière O218
- ~ en virgule fixe O215
- ~ en virgule flottante O213
- ~ ET O190
- ~ exécutée par un appui sur la touche O192
- ~ initiée par un appui sur la touche O192
- ~ interactive P5
- ~ logique O194
- ~ longue O189
- ~ majoritaire O196
- ~ manuelle O210
- ~ monadique O212
- ~ multitâche P10
- ~ NON-ET O204
- ~ non primitive O206
- ~ nulle O207
- ~ OU O191
- ~ OU exclusive O193
- ~ OU-NON O205
- ~ par lots P6
- ~ par train de travaux P6
- ~ pas à pas P7
- ~ primitive O187
- ~ routinière O209
- ~ scalaire O201
- ~ sur chaînes O202
- ~ sur ensembles O200
- ~ sur la base de données O197
- ~ sur les registres O208
- ~ sur tableau O199
- ~ tolérante aux fautes P15
- ~ vectorielle O198

opérations arithmétiques O185

optimisation contrainte O228
- ~ globale O227
- ~ multicritère O225
- ~ multiparamétrique O225
- ~ par compilateur O226

option B4, O229
- ~ par défaut B280

optionnel H71

options B169, B182
- ~ d'utilisateur B6, B173

ordinateur K214, Э1
- ~ à architecture CISC Э38
- ~ à architecture RISC Э40
- ~ à cassette Э32
- ~ à CI Э16
- ~ à circuits intégrés Э16
- ~ à flux de données Э21
- ~ à flux d'instructions Э44
- ~ à jeu d'instructions complet Э38
- ~ à jeu d'instructions conventionnel Э38
- ~ à jeu d'instructions réduit Э40
- ~ analogique M75
- ~ analogue Э2
- ~ à neurones formels H69
- ~ à programme fixe Э31
- ~ à programme mémorisé Э42
- ~ à programme stocké Э42
- ~ à une puissance de traitement de plusieurs MIPS Э22
- ~ à usage monopole Э15
- ~ à usages divers Э43
- ~ bas de gamme Э14
- ~ cible Э47
- ~ compatible Э34
- ~ compatible avec ceux d'IBM Э35
- ~ concurrent Э19
- ~ de bord Э4
- ~ de bureau Э17
- ~ de bureautique Э46
- ~ de cinquième génération Э25
- ~ de commande Э45
- ~ de commande de processus Э9
- ~ de commande industrielle Э9
- ~ de communication Э29
- ~ de gestion de production Э8
- ~ de grande puissance Э6
- ~ de haute performance Э6
- ~ de moyenne puissance Э39
- ~ d'enseignement Э18
- ~ de petite taille Э13
- ~ de poche Э10
- ~ de réseau Э30
- ~ de type "gateway" Э49
- ~ de type porte d'écluse Э49
- ~ digitale Э48
- ~ domestique Э5
- ~ du type SIMD M96
- ~ embarqué Э4
- ~ en veille Э27
- ~ gros Э3
- ~ haut de gamme Э41
- ~ hôte M81, Э7
- ~ industriel Э23
- ~ "laptop" Э10
- ~ maquette Э12
- ~ moyen Э39
- ~ multiusager Э11
- ~ multi-utilisateur Э11
- ~ neuronal H69
- ~ parallèle Э19
- ~ personnel K215, Э20
- ~ portatif Э10
- ~ professionnel Э24
- ~ spécialisé Э37
- ~ surpuissant Э28
- ~ travaillant en temps réel Э26

ordonnance У43

ordonnancement У43
- ~ ascendent У44
- ~ descendant У46
- ~ par priorité У45

ordre Д241, K165, P69, У47
- ~ au hasard П371
- ~ décimal П369
- ~ de dizaines P73
- ~ de poids bas P83
- ~ de poids haut P88
- ~ de poids le plus bas P86
- ~ de poids le plus haut P87
- ~ des unités P74

ordure Д40, И164

organigramme Б128
- ~ de programme Б130
- ~ de traitement Б129
- ~ hiérarchique de programme C251

organisation C218
- ~ de fichier C222
- ~ en octets O230
- ~ en pipeline O231, C221
- ~ hiérarchique C220
- ~ pipeliné O231

organization de travaux par lots П9
- ~ de traveaux par train П9

orienté bloc Б141
- ~ machine M105
- ~ octet Б44, C1
- ~ procédure П640

origine H44

OU câblé И41

outils И113, C200
- ~ de mise au point C204

overlay O126

P

pageage de mémoire Л70

pagination P29
- ~ de mémoire Л70, P27

paire de limite П62
- ~ torsadée П61

panne A5, O275, C8

panneau à suppression des reflets de lumière П54
- ~ à touches П56
- ~ d'affichage П55

POINT

~ de commande П59, П683
~ de commutation П57
~ sensitif П58
papier Б157
~ à perforation pour transport Б161
~ carbone Б158
~ conducteur Б159
~ électrosensible Б168
~ électrostatique Б167
~ en accordéon Б163
~ en continu Б156, Б160
~ en feuille à feuille Б162
~ non carbone Б155
~ plié en zig-zag Б166
~ sans fin Б156, Б160
~ thermographique Б164
~ thermosensible Б165
paquet П1
~ à somme de contrôle erronée П7
~ d'application П5
~ de disques amovible П3
~ de données П2
~ d'erreurs П4
~ d'impulsions П71
paquetage П8
parallèle П64
parallélisation P99
parallélisme П63
paramètre ajustable П68
~ de clé П66
~ générique П65
parcours structural de part en part K255
parité Ч31
parole continue P368
~ synthétique P367
partage Д134, Д398, И179
~ de ressources И178
~ de temps P46, P318
partie adresse d'une commande Ч10
~ de poids faible de registre Ч16
~ de poids fort de registre Ч17
~ d'exécution de cycle Ч21
~ d'instruction de cycle Ч22
~ entière Ч24
~ fractionnaire Ч23
~ linéaire de programme Ч14
~ résidente Ч18
~ résidente d'un programme Ч15
parties constitutives И14
partition Д398, P42
~ logique P23
partitionnement logique P23
~ paginé P28
pas Ш1, Э93
~ de grille Ш5
~ de perforation Ш4
~ de quantification Ш3
~ de travail Ш2

passage П521
~ d'assembleur П631
~ de classement П632
~ de contrôle П524
~ de programme П529
~ de simulateur П526
~ de simulation П523
~ d'essai П528
~ de test П530
~ de tri П632
~ de triage П632
~ hors contrôle B366
patte B294
~ d'un microcircuit B308
pause Б137, O245
pavé de clavier K69
perception B191
perforateur П184
~ à clavier П186, У144
~ de bande П187
~ de cartes П185
~ de ruban П187
perforation П190, П507, П508
~ d'alimentation O269
~ décadrée O271
~ de code O262
~ d'entraînement O269, П188
~ intercalée O271
perforatrice П184
performance K53, X1, Э95
période de la "mortalité infantile" П176
~ de rétention П178
périphérique У154
perte de bit П381
~ de chiffre B332
pertes de transmission П380
perturbation B163, B186
~ de saut B188
~ extérieure B187
phase Э93
~ d'assemblage Ф4
~ de compilation Ф3
~ de premier passage de programme Ф5
~ de prise en charge de l'instruction Ф1
~ de traduction Ф6
~ d'étude préliminaire Э94
~ d'exécution Ф2
~ d'extraction de l'instruction Ф1
phobie d'ordinateurs M107
phosphore Ф123
photodiode Ф125
photolithographie Ф126
photomasque Ф132
photomultiplicateur Ф131
photorésist négatif Ф127
~ positif Ф128
photorésistance Ф129
photostyle K25, П180
phototransistor Ф130
pièce-raccord Э83
piège Л75

pile П1, C210
~ refoulée C211
"pipage" de données П148
pipelinage K218
~ de données П148
pipeline K217
piratage de logiciel H36
~ informatique И180
pirate d'ordinateur B124
piste Д347
~ de cartes perforées K22
~ défectueuse Д349
~ d'enregistrement Д350
~ de rythme Д352
~ de synchronisation Д352
~ de temps Д352
~ de transport Д348
~ d'horloge Д352
~ d'information Д351
~ mauvaise Д349
pixel Э69
PLA M63
plage Д219
~ de capacités Д220
~ de nombres Д224
~ de possibilités Д220
~ d'erreurs Д222
~ d'exposants Д223
~ d'options Д220
plan Г179, P106, C253
~ de démarrage d'un programme Г180
~ de travail d'un ordinateur Г181
planificateur П211
planification П210
~ de temps machine P121
planning П210
plaque à câblage imprimé П223
~ à circuit imprimé П223
~ à une face П222
~ de câblage par enroulement de fil П216
~ de câblage sans brasure П216
~ de circuits intégrés П225
~ de fiches П60
~ de mémoire П218
~ de montage П220
~ d'extension П224
~ d'interconnexion П228
~ d'interface П217
~ enfichable П227
~ fille П215
~ hôte П229
~ mère П221
plaquette П214
~ maître П212
~ semi-conductrice П213
poids de position B106
poinçon Ш148
point П684
~ de branchement T81
~ décimal T87
~ de contrôle T88
~ de destination П685

381

POINTAGE

- ~ de discontinuité T93
- ~ d'entrée T84
- ~ de redémarrage T94
- ~ de reprise T89, T94
- ~ de résolution K107
- ~ de restart T89, T94
- ~ de retour T82
- ~ de rupture T93
- ~ de sortie B360, T86
- ~ de test T88
- ~ de trame K107
- ~ d'insertion T83
- ~ d'interruption T92
- ~ d'intersection T90
- ~ d'invocation T85
- ~ fixe T95
- ~ flottante T91
- ~ zéro H44

pointage K289
pointe Э88
pointeur У24
police de caractères K212, H4, T76
- ~ de caractères optiques standard Ш43
- ~ matricielle Ш44
- ~ OCR-A Ш43

polling O224
pool П680
port П360
- ~ à tampon П367
- ~ d'entrée П361
- ~ d'entrée-sortie П362
- ~ de réseau bouclé П364
- ~ d'E/S П362
- ~ de sortie П363
- ~ parallel П365
- ~ série П366
- ~ tamponné П367

portabilité de logiciel M213
porte B56, C237
- ~ à deux entrées B72
- ~ à N entrées B71
- ~ à trois états B75
- ~ contrôlable B78
- ~ d'addition B73
- ~ d'addition en module 2 B74
- ~ d'addition sans retenue B74
- ~ d'échange de données B66
- ~ d'échange d'information B66
- ~ de code droit B70
- ~ de complément B67
- ~ de la somme partielle B74
- ~ de lecture B77
- ~ de lecture de somme B58
- ~ d'entrée B57
- ~ de report B68
- ~ de seuil B69
- ~ de total B58
- ~ ET B59
- ~ ET NON B62
- ~ formateur B81
- ~ NON B64
- ~ ON B61
- ~ OU B60
- ~ OU exclusif B63
- ~ OU-NON B61
- ~ quadruple B76
- ~ réservée B65
- ~ zéro B79

portée de panne Г155
portes en cascade B55
porteur H87
position П294, P69
- ~ arrêt П322
- ~ de bit П295
- ~ décimale P72
- ~ de contrôle П296
- ~ de coupure П322
- ~ de digit P90
- ~ de fonctionnement П326
- ~ de mise en marche П321
- ~ de signe P76
- ~ de travail П326
- ~ d'une perforation П325
- ~ d'un trou de perforation П325
- ~ initiale П323
- ~ lâchée П324
- ~ la plus à droite P82
- ~ la plus à gauche P81
- ~ retirée П324

positionnement H41, П293
possibilités de définition des types B174
poste П684
- ~ de travail C208
- ~ de travail de constructeur A169
- ~ de travail de programmeur A170
- ~ de travail d'un concepteur A171

postlude Ч13
poursuite C154
préambule 310
précédence П418
précision T96
- ~ accrue T99
- ~ de positionnement de tête T100

prédicat П398
prédicateur П67
prédiction П403
préférence П402
prélecture B289
premier article de chaîne 3123
préparation de données П247
préprocesseur П439
prérecherche П609
présentation de données П411
prétraitement O66, O79, O80
primitive П491
- ~ graphique П492

principe de la construction par blocs П494
- ~ majoritaire П495
- ~ modulaire П496

priorité П498
prise de décision П497
- ~ de piste 3203
- ~ de vue B131
- ~ femelle Г83

probabilité a priori B87
- ~ complète B92
- ~ conditionelle B93
- ~ de confidence B89
- ~ de transition B91
- ~ d'événement B90
- ~ inconditionnelle B88
- ~ totale B92

problème 333
- ~ à calculer 336
- ~ benchmark 341
- ~ calculateur 336
- ~ d'affectation 347
- ~ d'allocation 348
- ~ d'assignement 347
- ~ de comptabilité 355
- ~ de distribution 349
- ~ de distribution de ressources 350
- ~ de gestion 354
- ~ de goulot d'étranglement 339
- ~ de la plus courte route 335
- ~ de planification 337
- ~ de prise de décision 346
- ~ de recherche 342
- ~ de recherche d'information 343
- ~ de répartition 349
- ~ de routage 353
- ~ des files d'attente 338
- ~ d'estimation 340
- ~ de test 341, 352
- ~ du plus court chemin 335
- ~ économique 356
- ~ temps réel 334

procédural П640
procédure П634
- ~ d'abandonnement de système П637
- ~ d'arrivée au système П636
- ~ de logoff П637
- ~ de logon П636
- ~ de temps de compilation П639
- ~ incorporée П635
- ~ invoquée П638

procès-verbal Ж8
- ~ de machine Ж10
- ~ d'erreurs Ж9
- ~ de test de programme Ж7
- ~ de travaux Ж11

processeur П652
- ~ à adressage par contenu П654
- ~ asservi П669
- ~ associatif П654
- ~ attaché П670

382

PUCE

- ~ autonome Π653
- ~ auxiliaire Π659
- ~ concurrent Π674
- ~ de base de données Π655
- ~ de commande Π663
- ~ de communication Π673
- ~ de langage Π665
- ~ de la parole Π672
- ~ de nœud Π676
- ~ d'entrée/sortie Π656
- ~ de secours Π659
- ~ de texte Π675
- ~ d'images Π661
- ~ d'interface Π662
- ~ d'interface interréseaux Π667
- ~ en tranches de bit Π671
- ~ esclave Π669
- ~ hôte Π660
- ~ maître Π657
- ~ matriciel Π666
- ~ parallèle Π674
- ~ pipeline Π664
- ~ pipeliné Π664
- ~ sur une puce unique Π668
- ~ sur un seul chip Π668
- ~ vectoriel Π658
- processus actif Π641
- ~ attendant Π642
- ~ commandé Π647
- ~ concurrent Π644
- ~ consommateur Π651
- ~ de diagnostic Д198
- ~ de dialogue B38
- ~ de files d'attente Π643
- ~ destinataire Π648
- ~ diagnostique Д198
- ~ diagnostique de fonctionnement mauvais Д199
- ~ d'obtention d'une inférence B307
- ~ émetteur de message Π650
- ~ esclave Π645
- ~ producteur Π649
- ~ récepteur Π648
- ~ utilisateur Π646
- producteur И10
- ~ d'ordinateurs universels И12
- production Γ54, Π600
- productivité Π600
- produit logiciel И13
- produits d'information O5
- profondeur de mémoire Γ79
- ~ de test Γ82
- ~ logique Γ78
- ~ procédurale Γ81
- ~ séquentielle Γ80
- progiciel Π6
- programmateur Π573, У157
- programmation Π574
- ~ absolue Π577
- ~ automatique Π575
- ~ conversationnelle Π578

- ~ d'applications Π580
- ~ de flux de commandes Π576
- ~ d'ordinateur Π584
- ~ intéractive Π578
- ~ interne Π582
- ~ relative Π579
- ~ structurée Π583
- ~ système Π581
- programme Π531
- ~ absolu Π534
- ~ appelant Π538
- ~ appelé Π537
- ~ autochargeur Π560
- ~ auxiliaire Π536
- ~ câblé Π542
- ~ d'administration Π553
- ~ d'amorce Π561
- ~ d'analyse syntaxique Π562
- ~ d'application Π557
- ~ de bibliothèque Π533
- ~ de chargement Π541
- ~ de classement Π564
- ~ de contrôle Π544
- ~ d'édition Π558
- ~ de flot de données Π569
- ~ de fond Π571
- ~ de gestion Π553, Π570
- ~ de mise au point O298
- ~ d'enseignement Π551
- ~ d'entrée Π535
- ~ de recouvrement Π552
- ~ de service Π550
- ~ de simulation Π546
- ~ de source Π547
- ~ de test Π568
- ~ de traitement Π549
- ~ de tri Π564
- ~ de triage Π564
- ~ diagnostique Π540
- ~ d'impression Π555
- ~ en langage objet Π548
- ~ maître Π539
- ~ matériel Π532
- ~ principal Π545
- ~ protégé par le droit d'auteur Π543
- ~ réentrant Π556
- ~ relogeable Π554
- ~ résidant Π559
- ~ standard Π565
- ~ stocké Π572
- ~ structuré Π566
- ~ support Π536
- ~ tableur Π567
- ~ translatable Π554
- ~ utilitaire Π563
- programmes encastrés Π589
- ~ incorporés Π589
- programmeur Π585
- ~ expérimenté X13
- ~ expert X13
- projet conceptuel Π590
- ~ détaillé Π591
- ~ préliminaire Π592
- prologue Ч12

- propagation P131
- ~ de signal Π633
- proposition B352, Π399
- ~ composée B356
- ~ fausse B354
- ~ simple B355
- ~ vraie B353
- propriétaire de données B136
- ~ de droit d'auteur B135
- ~ d'un ensemble de données B138
- propriétés de repassage B177
- protection contre les pannes d'alimentation 3220
- ~ contre les pannes de courant 3220
- ~ contre un accès interdit 3217
- ~ contre une action imbécile 3216
- ~ contre une surcharge 3218
- ~ de bus 3224
- ~ de confidentialité 3221
- ~ de données 3214
- ~ de mémoire 3219
- ~ du type verrou-et-clé 3223
- ~ en ecriture 3215
- ~ par passe-parole 3222
- protocole Π618, P100
- ~ d'accès par jeton Π630
- ~ d'échange de signaux Π623
- ~ de chemin fixe Π627
- ~ de circuit virtuel Π619
- ~ de communication par paquets Π624
- ~ de confirmation de signal de télécommande Π621
- ~ de diffusion multipoint Π629
- ~ de liaison Π620
- ~ de passage de jeton Π622
- ~ de réseau Π626
- ~ de session Π625
- ~ de transmission de paquets Π624
- ~ de transport Π628
- pseudo-instruction Π678
- puce K320, M189
- ~ à la demande K324, M191
- ~ de base K321
- ~ de circuit intégré à grande échelle K323
- ~ de circuit intégré de très grande échelle d'intégration K331
- ~ de mémoire K329
- ~ de mémoire à accès aléatoire K328
- ~ de mémoire morte K330
- ~ de microprocesseur K327
- ~ de pipeline K325

383

PUISSANCE

~ de silicium K326
~ LSI K323
~ RAM K328
~ restructurable K332
~ ROM K330
~ sans boitier K322
~ systolique K333
~ VLSI K331
puissance absorbée M265
~ consommée M265
~ de calcul M264
~ de traitement M264
~ dissipée M266
pupitre à clavier П681
~ de commande П683

Q

qualité de fonctionnement K53
quantification K56
quartet П327
question oui-non B190
queue O333, O334
~ de canal O339
~ de messages O342
~ de messages en état de traitement O344
~ d'entrée O335
~ de priorité O343
~ de requêtes d'un dispositif O338
~ de sortie O336
~ de tâches O337
~ de traitement O341
~ de travaux O337
~ "le dernier venu - le premier servi" O340
~ LIFO O340
quintet Б35
quotient Ч1

R

racine K293
raffinement de connaissance Д167
~ pas à pas Д168
rafraîchissement P163
~ d'image P164
raisonnement P139
~ de bon sens P140
~ déductif B304
~ inexact P141
~ par analogie P142
~ procédural P143
RAM П48
randomisation X7
rang P69

~ de bit П295
~ de matrice P95
rangement P96
rapide B357
rapidité de traitement C151
~ de transfert de données C153
~ de transfert en bauds C152
~ de transmission de données C153
~ de transmission en bauds C152
rapport O300
~ caractéristique O316
~ cout/performance C183
~ prix/efficacité C182
raté H78
réaction C15
réadressage П72
réalisation P160, Э50
~ d'enregistrement Э51
réalisé en matériel A150
réallocation П145
~ de programme П125
rebouclage З205
récepteur П485
réception B191, П483
~ de messages répétée П484
rechargement П91
~ initial З15
recherche П297
~ aléatoire П310
~ associative П298
~ binaire П301
~ dans une table П307
~ dans un répertoire П306
~ des pannes П304
~ dichotomique П301
~ d'information П303
~ exhaustive П73
~ fausse П302
~ multi-clé П305
~ opérationnelle И191
~ par contenu П298
~ par dichotomie П301
~ par domaine П300
~ par l'aire П300
~ rapide П299
~ simple П308
reconfiguration P352
reconnaissable par machine M106
reconnaissance O222
~ de caractères P107
~ de la parole P110
~ des images P109
~ visuelle P108
reconnaisseur У158
recouvrement B153, B193, H31, O126, П107
~ dégradé B203
~ d'horloge B201
recul O288
~ avec reprise de traitement O289

récupération de défaut H70
~ de défauts У114
~ de pannes У114
redéfinition П138
~ d'écran O37
redémarrage З186
~ après un défaut secteur P355
~ reprise P354
redistribution П145
redondance И6, P331, P334
~ active P344
~ à porte logique P333
~ à substitution P344
~ à votation P343
~ de dispositifs P340
~ froide P344
~ incorporée И7, P336
~ interne de circuit sur puce И8
~ matérielle P335
~ modulaire P339
~ multiple P338
~ par remplacement P337, P344
~ passive P342
~ quintuple P345
~ réitérative P338
~ shaude P342
~ triple P346
~ unique P341
redondant P347
réduction de données O66, П422
~ d'information O80
réécriture П92
réenclenchement З186
réenregistrement П92
réentrance B272
réexécution B337
référence O95, C206
~ à la mémoire par fenêtrage O96
~ à la mémoire par fenêtres O96
~ croisée C207
~ non autorisée O100
~ par nom O102
~ par signification O103
~ par valeur O101
réformatage P165
refus O275
régénération P163
région Д219
~ commune O20
~ d'acceptabilité Д221
~ de nombres Д224
~ de tolérance Д221
~ d'exposants Д223
régionalisation P25
registre P162
~ à bascules P214
~ accessible à l'utilisateur P180
~ accessible par l'utilisateur P180

~ accumulateur A115, P194
~ adressable P167
~ arithmétique P169
~ banalisé P198
~ d'adresse P166
~ de base P170
~ d'échange P197
~ de code P187
~ de code d'opération P186
~ de commande P217
~ de commutateurs P215
~ de contrôle P190
~ de décalage P211
~ de décalage annulaire P210
~ de décalage circulaire P210
~ de destination P203
~ de deuxième opérande de somme P176
~ de direction de données P195
~ de dividende P179
~ de données P177
~ de double-mot P178
~ de drapeau P218
~ de masque P191
~ de mémoire P182, P184, P200
~ de multiplicande P192
~ de multiplicateur P193
~ de nombre P221
~ d'entrée/sortie P172
~ de premier opérande de somme P201
~ de produit P207
~ de quotient P220
~ de recherche P206
~ de reste P199
~ de retour P174
~ de signe P183
~ de somme partielle P219
~ de stockage P182, P184
~ de synchronisation d'accès P212
~ d'état P213
~ de transfert P202
~ de travail P208
~ d'extension P209
~ d'horloge Д82
~ d'index P185
~ d'instructions P188
~ d'interruption P205
~ d'IT P205
~ d'opérande antécédent de somme P201
~ général P198
~ machine P168
~ pipeline P189
~ pointeur P216
~ programmable P180
~ série/parallèle P204
~ tampon P171
~ temporaire P175
~ universel P198
~ vacant P181
~ verrou P222

réglage У96
~ à boucle ouverte P231
~ à deux positions P232
~ à programme P246
~ astatique P230
~ automatique P229
~ continu P234
~ d'accord H41
~ digital P252
~ discontinu P245
~ en position P241
~ flottant P230
~ indépendant P235
~ intégral P239
~ intermittent P245
~ lié P248
~ multiconnexe P233
~ par anticipation P236
~ par bonds P251
~ par butées P244
~ par chocs P244
~ par dérivation P242
~ par impacts P244
~ par position P241
~ par prédiction P236
~ par réaction P250
~ par signe P238
~ par "tout ou rien" P232
~ par vitesse P243
~ pas à pas P253
~ permanent P234
~ point par point P237
~ proportionnel P240, P247
~ réciproque P248
~ retardé P249
règle de production П392
régler P255
régression P227
~ multiple P228
régulateur P255
~ à action intermittente P262
~ à réaction non proportionnelle P263
~ astatique P256
~ esclave P261
~ flottant P256
~ maître P257
~ multifonctionnel P258
~ PI P259
~ PID P260
~ proportionnel-intégral-dérivé P259
~ proportionnnel et intégral P259
réitération B337
rejet O275
~ d'instruction O279
relance П93, P354
~ après un défaut secteur P355
~ au point de contrôle P356
~ au point de reprise B155, П94
relation O300
~ cause-effet O311

~ d'appartenance O307
~ de demande O302
~ de grandeur O303
~ de précédence O310
~ de précédence immédiate O305
~ de prédécesseur immédiat O305
~ de préférence O309
~ de préordre O317
~ d'équivalence O318
~ de requête O302
~ dérivative O312
~ de successeur immédiat O306
~ de succession immédiate O306
~ d'inclusion O301
~ d'interrogation O302
~ directe 38
~ d'ordre O308
~ d'ordre partiel O317
~ entité/lien O313
~ fragmentée O315
~ inverse 37
~ multivoque O304
~ parent-enfant O314
~ propriétaire-membre O307
relecture C279
remise B193
~ à l'état initial B154
~ après une erreur B200
~ à zéro C11, У98
~ de boucle B204
~ de cycle B204
~ de système У105
~ en marche П687
~ en service après une panne B194
remplacement 392
~ de page 393
remplissage de bits 3142
~ de fichier 3144
~ d'espaces Д344
~ de zéros 3143
~ de zones 390
~ d'une forme 3141
~ par zéros Д343
remplisseur 3145
rendement B363
renomination П95
renvoi de page У5
réordonnancement П151
répartition a posteriori P115
~ a priori P116
~ d'échantillonage P119
~ de mémoire P123
~ de parent P120
~ de probabilité P118
~ de ressources P126
~ des voies dans le temps P47
~ en canaux P48
~ postérieure P115
~ presque normale P117
repassage П527

REPERFORATEUR

reperforateur P353
reperforation П189
répertoire K46, C198
~ courant K51
~ de caractères H4
~ de fichiers K52
~ de racine K47
~ de système K50
~ d'instructions H7
~ d'instructions complet H8
~ d'instructions réduite H9
~ opérationnel K49
répétition B337, П243
réplique Д402
réponse Д112, O291, P155
~ à une commande P158
~ automatique A32
~ de circuit défaillant P159
~ de circuit défectueux P159
~ de circuit sans défaillance P157
~ en temps réel P156
~ prédicable O292
~ prévue O292
~ prognostiquée O292
report П127, C73
~ accéléré П135
~ anticipé П135
~ circulaire П136
~ cyclique П136
~ de rang précédent П130
~ en cascade П131
~ en travers П133
~ mémorisé П129
~ négatif C67
~ séquentiel П132
~ stocké П129
~ successif П132
représentation C196, Ф81
~ analogique П404
~ avec signe П408
~ basée Б22
~ complémentaire П405
~ de connaissances П410
~ en complément П405
~ en complément à deux П406
~ en valeur signée П408
~ isométrique И30
~ par caractères П412
~ par écho Э96
~ vraie П407
reprise П93
~ après un défaut secteur P355
~ après une erreur B200
~ après une panne B198
~ au point de contrôle P356
~ commandée par le logiciel B199
~ commandée par le matériel B195
~ d'horloge B201
reproduction B192, K288
reproductrice Д403, P353
reprogrammation П144

requête 3152
~ à distance 3156
~ de base de données 3159
~ de données 3154
~ de recherche 3171
~ d'information 3158
réseau C40, C234
~ à communication de paquets C57
~ à communication par paquets C57
~ à hôte C53
~ à passage de jeton C58
~ à traitement prioritaire C59
~ aux services complémentaires C55
~ commuté C45
~ de cellules C39
~ de mailles C39
~ d'entreprise C62
~ de télétraitement C61
~ de traitement à distance C61
~ de transmission de données C50
~ d'OP C51
~ d'ordinateurs C41, C63
~ d'ordinateurs personnels C51
~ égal-à-égal C60
~ en boucle C44
~ en étoile C43
~ global C42
~ hétérogène C49
~ informatique C50
~ intelligent C55
~ local C46
~ multipoint C47
~ multiposte C48
~ multistation C48
~ non uniform C49
~ point à point C54
~ radial C52
~ sémantique C56
réservation P334
réserve P331
~ de temps P332
résident P348, Ч18
~ d'un programme Ч15
résidu de division O256
~ modulo N O257
résolution P62, P370
~ basse P67
~ de priorité O223
~ des conflits P64
~ des tâches de basse priorité P375
~ des tâches de dernier plan P375
~ des tâches de fond P375
~ des tâches de haute priorité P374
~ des tâches de premier plan P374
~ haute P63
résolveur P369, У162

ressource bloquée P357
~ commune P362
~ consommée P363
~ de calcul P358
~ de vie P359
~ publique P362
~ réutilisable P360
~ spécifiée P361
~ verrouillée P357
restart 3186
restauration B153, B193
~ commandée par le logiciel B199
~ commandée par le matériel B195
~ de base de données B196
~ d'images B197
~ d'un fichier B202
reste de division O256
restriction O127
~ de logiciel O130
~ matérielle O128
résultat numérique P351
~ simulé P350
rétablissement B193
retard 357, 3100
~ constant 3101
~ de contrôle 3102
~ d'instrument 365
~ permanent 3101
retassement C10
retenue 385, C67
réticule П106
retour à la ligne B160
~ arrière B158
~ de chariot B157
~ d'un sous-programme B156
~ en arrière П309
~ en boucle B161
rétroaction C15
~ dérivée C18
~ négative C16
~ par dérivation C18
~ par position C17
rétrocouplage C15
réunion О112
~ logique Д227
~ stricte Д230
réutilisabilité B184
réviseur de programme P162
révision de base de données P161
rigide Ж3
roll-in П257
rollout O290
ROM П36
roue de caractères K158
~ de lettres K158
~ d'entraînement K156
~ de types K158
~ d'impression K157
rouleau d'entraînement de bande B2
~ d'entraînement de papier B1
~ d'entraînement de papier

SORTIE

P387
~ de pression B3 , P388
~ pinceur B3
~ presseur B3 , P388
roulement en arrière O288
routage B277, M30, T111
~ de messages M32
~ final T113
~ "hot potato" M31
~ lâche T114
~ multicouche T112
~ sans retard M31
route M27
~ de point à point M28
~ de recherche M29
ruban de commande П183
~ d'encrage Л13
~ de papier Л7
~ encreur Л13
~ perforé П182
rupture П440
~ de séquence П153
~ de séquence entre segments П155
rythme T10
~ d'échange de page И127
~ de pannes И125
rythmeur Г41, Г42
~ principale Г16

S

saisie C275
sans adresse Б53
~ destruction Б52
~ erreurs Б56
~ pannes Б55
~ parenthèses Б59
saut П153
~ à un sous-programme П156
~ conditionnel П173
~ de ligne П601
~ de papier П522
~ inconditionnel П154
~ multivoie П170
~ négatif П158 , П164
~ positif П166
~ si débordement П165
~ si différent П161
~ si non égal à zéro П162
~ si non inférieur de zéro П160
~ si non parité П159
~ si parité П171
~ si pas de débordement П172
~ si pas inférieur П169
~ si pas supérieur П168
~ si supérieur П167
~ si supérieur ou égal à zéro П160
~ sur imparité П163

~ sur inégalité П161
~ sur le moins П158
~ sur le plus П166
~ sur le signe moins П164
~ sur violation de parité П159
scheduler П211
schéma C234
~ de données M5
~ de vote C238
~ d'impression M6
schéma-bloc C234
science de gestion T30
secteur C30
section de documentation P43
~ logique У13
sectionnement C31
sécurité de données 3225
segment C28
~ de tableau Ч11
segmentation C29
sélecteur C32
~ à clavier П96
sélection B282
~ de mot B291
~ d'operande B286
~ par menu B279
~ par priorité B288
sémaphore C33
semi-commandé П331
semi-conducteur П333
semi-jonction П335
senseur Д81
~ du type tactile Д90
~ matriciel Д87
sensibilité Ч49
sentence П399
séparateur 3251, P50
~ de champs 3252
séparation des mots P49
séquence П372, П374
~ aléatoire П377
~ d'appel П375
~ d'enseignement П376
~ de test П378
série P392
~ de puissances P395
~ du temps P393
Série Unifiée des ordinateurs E25
serveur У15
service complémentaire У95
~ informatique У94
session C26
~ à terminal C27
seuil П358
SGBC C143
SGBD C142
signal actif à niveau bas C77
actif à niveau haut C76
~ de déclenchement C69
~ de lecture C80
~ d'emprunt C67
de niveau bas C70
~ de niveau haut C65
~ de porte C79

~ de report C73
~ d'erreur C71
~ de sortie C66
~ de synchronisation C78
~ de validation C75
~ d'horloge C78
~ d'inhibition C68
~ d'interdiction C68
~ d'interruption C74
~ parasite C72
~ pilote C69
~ trigger C69
~ vidéo B129
signe 3231
~ d'égalité 3249
~ de nombre 3260
~ de punctuation 3248
~ de sommation 3257
~ d'exposant 3246
significatif 3273
signification 3293
sillon Б148
simulateur И42, M217, П546, У147
~ analogique У118
~ de logiciel M223
~ de test И43
simulation M214
~ numérique M215
société conceptrice de systèmes Ф62
~ constructeur d'ordinateurs Ф65 , Ф66
~ de logiciel Ф63 , Ф64
~ informatique O111
~ logicielle Ф63 , Ф64
solution P370
~ admissible P373
~ ambiguë P379
~ approchée P381
~ approximative P381
~ de contrôle P377
~ nulle P380
~ par inspection P378
~ particulière P384
~ possible P373
~ proche d'experte P371
~ sous forme analitique P372
~ technique P383
sommation C231
somme de contrôle C223
sommet B96
~ accessible B99
~ de racine B103
~ d'une pile B105
~ incident B101
~ initial B104
~ intérieur B98
~ isolé B100
~ pendant B97
~ terminal B102
son d'étalon 3230
sortance K313
sortie B294, B360, P349, C66, У130
~ analogique B361

SORTIES

- ~ à N bits B375
- ~ à registre verrou B377
- ~ à trois états B378
- ~ binaire B364
- ~ d'alimentation B313
- ~ de code complémentaire B372
- ~ de code droit B374
- ~ de complément B372
- ~ de données B298
- ~ de données graphiques B297
- ~ de l'unité B365
- ~ de report B373
- ~ de résultat d'éxecution B315
- ~ de somme B379
- ~ de voix B376
- ~ de zéro B371
- ~ d'un microcircuit B308
- ~ d'un système У190
- ~ en série B302
- ~ graphique B300
- ~ hors ligne B295
- ~ hors système B367
- ~ inverse B369
- ~ multiplexée B370
- ~ par impression B301
- ~ par impression à multiconversion B309
- ~ par impression à spoulage B309
- ~ pendant le déroulement de programme B303
- ~ sans format B296
- ~ sans registre verrou B362
- ~ séquentielle B302
- ~ successive B302
- ~ temps réel B299
- ~ vocale B376

sorties complémentaires B380
source d'alimentation И195
- ~ de données И193
- ~ de messages И196
- ~ de tension И194

souris M276
- ~ à bouton unique M278
- ~ à plusieurs boutons M277

sous-arbre П249
sous-boucle П292
sous-canal П255
sous-chaîne П291
sous-circuit П281, Ч20
sous-couche П289
sous-cycle П292
sous-dialogue Д215
sous-ensemble П262, У11
sous-graphe П248
sous-image Ч9
sous-langage П263
sous-ligne П280
sous-liste П277
sous-matrice П261
sous-modèle П264
sous-niveau П289
sous-passement de capacité П382
sous-problème П254
sous-programme П265
- ~ câblé П268
- ~ de bibliothèque П267
- ~ de test П273
- ~ d'utilisateur П271
- ~ matériel П266
- ~ réentérable П270
- ~ réentrant П270
- ~ relogeable П269
- ~ translatable П269

sous-répertoire П278
sous-réseau П275
sous-routine П272
sous-schéma П282
sous-section П274
sous-système П276, Ч19
- ~ de commande У20

sous-tableau П260
sous-titre П253
soustracteur B405, У132
- ~ à trois entrées B407
- ~ complet B407
- ~ parallèle B406
- ~ successif B408

soustraction B403
- ~ par addition B404

spécificateur O221, C192
spécification de programme C193
spécifications У93
spooling П258
spoulage П258
spoule d'impression Б112
stabilité У110
stade Э93
station de développement de logiciel A170
- ~ de réseau C209
- ~ de travail C208
- ~ de travail de constructeur A169
- ~ de travail d'un concepteur A171

stockage Э146, X8
- ~ d'images Э147
- ~ en fichier X10
- ~ intermédiaire X11
- ~ statique Э148

stop O245
structure C218, С218
- ~ CMOS K121
- ~ de données C219

structuré en blocs Б142
structure en octets O230
- ~ en pipeline O231
- ~ imbriquée B140
- ~ modulaire de programme P22
- ~ MOS M263
- ~ pipeliné O231

style П179
- ~ de caractères T76

substitution П279
substrat П259
suiveur Э82

superlangage Я46
superposition H31
superviseur C232
- ~ de pagination C233

supervision У58
support H87, O1
- ~ de décision O9
- ~ de données H88
- ~ de données lisibles par machine H91
- ~ de puce K334
- ~ de puce avec sorties K336
- ~ de puce sans sorties K335
- ~ distributif H89
- ~ logiciel П252
- ~ magnétique H90
- ~ matériel П250
- ~ non formaté H92
- ~ vierge H92

suppression Б133, B381, Г3, И173, O299
- ~ de caractère У4
- ~ des caractères Г4
- ~ de sommet У3
- ~ de zéros non significatifs У113
- ~ d'image Г5

surcharge П75
surface de réponse П242
surimpression Э1
swap-in П256
symbole C81
- ~ d'assignement C86
- ~ de contrôle C91
- ~ de décision C88
- ~ de point d'arrêt Э239
- ~ graphique C84
- ~ séparateur C89
- ~ terminal C90

synchronisation C93
syntaxe C92
système C9
- ~ à auto-apprentissage C129
- ~ à microprocesseur C115
- ~ à partage de ressources C135
- ~ à partage de temps C134
- ~ à redondance C128
- ~ asservi C132
- ~ assisté par ordinateur C97
- ~ à temps partagé C134
- ~ automatisé C97
- ~ autonome C102
- ~ binaire C138
- ~ d'accès à distance C131
- ~ d'asservissement C132
- ~ de CAO C98
- ~ de CAO pour systèmes de commande C99
- ~ de codage C111
- ~ de conception assistée par ordinateur C98
- ~ de conception automatisée de systèmes de commande C99

~ de courrier électronique C146
~ de fabrication flexible C105
~ de gestion de base de connaissances C143
~ de gestion de base de données C142
~ de grande taille C103
~ de numération C136
~ de numération de position C139
~ de recherche informationnel C109
~ de télécommunication C130
~ de traçage C133
~ de traitement de données C117
~ de vision C141
~ d'exploitation C120
~ d'exploitation multi-utilisateur C127
~ d'exploitation sur disque C106
~ d'IA C110
~ d'IAO C100
~ d'IAO pour systèmes de commande C101
~ d'ingénierie assistée par ordinateur C100
~ d'intelligence artificielle C110
~ d'ordinateur C104
~ double C107
~ doubleur C108
~ dual C107
~ en ligne C118
~ esclave C123
~ expert C145
~ hexadécimal C140
~ homme-machine C144
~ hors ligne C119
~ IAO/CAO/FAO C96
~ logiciel C124
~ matériel K208
~ multiprocesseur C116
~ multisite C125
~ multi-utilisateur C112
~ octal C137
~ personnel C122
~ pipeline C114
~ pondérée C139
~ redondant C128
~ temps réel C126
~ tolérant à fautes C121

T

table à consulter T5
~ d'addition T7
~ d'adresses T1
~ de décision T6
~ de hash-code X5
~ d'en-têtes T4
~ de randomisation X5
~ de temps P106
~ de vérité T2
tableau M37
~ à deux dimensions M39
~ à fiches П60
~ d'affichage П313
~ de composition П315
~ de connexion Д354, П315
~ de données M38
~ de pointeurs M42
~ multidimensionnel M40
~ non ordonné M41
~ systolique M68
tablette graphique Г207
tableur П567
tabulation T8
tâche 333
~ de système 351
~ d'utilisateur 344
taille d'adresse Д325
~ de bloc P54
~ de champ Д327
~ d'échantillon O121
~ de mémoire E20
~ de programme Д328
~ d'une mémoire E18
tambour d'impression Б50
~ magnétique Б49
tamisage O323
tampon Б169, У121
~ à un demi-mot Б179
~ à un mot Б177
~ de communication Б172
~ d'écriture Б173
~ de données Б171
~ de lecture Б186
~ de ligne Б178
~ de l'information précédente Б182
~ de mode temps réel Б184
~ d'enregistrement Б173
~ d'entrée-sortie Б170
~ de rafraîchissement Б183
~ d'E/S Б170
~ des instructions Б175
~ des périphériques Б181
~ d'état Б185
~ de trame Б174
~ de transfert Б180
~ en mot entier Б177
~ interprocesseur Б176
~ "look-aside" Б182
tamponnage Б187
~ de communication Б188
~ des messages Б188
~ de transfert Б188
tamponné Б189
tamponnement Б187
taux d'arrivées Ч5
~ d'échange de page И127
~ de défaillances И125
~ de disponibilité K308
~ d'entrée И124
~ de répétition d'impulsions Ч8
~ de réussite K314
~ d'erreurs Ч4
~ de temps mort K312
~ d'utilisation K309
technique de recherche par dictionnaire M160
~ de réseaux T58
technologie à couches minces T63
~ automatisée T59
~ de traitement d'information T61
~ d'intégration à très grande échelle T60
~ planaire T62
~ VLSI T60
télécommande T15, У59
télécommunication П78
télémesure И23
téléterminal T35
télétraitement O67
~ de données T14
témoin de surcharge Л3
température ambiante T18
~ d'utilisation T19
temps T9
~ d'accès Б210, Б219
~ d'accès à la mémoire centrale Б211
~ d'arrêt П613
~ de basculement Б228
~ de calcul Б217
~ de chargement Б221
~ de commutation Б228
~ de compilation П175
~ de cycle Б245
~ de débranchement Б212
~ de délai Б222
~ de déroulement Б237
~ de détachement d'un dispositif Б227
~ de libération d'un dispositif Б227
~ de machine Б223
~ de machine disponible Б220
~ de marche Б237
~ de montée d'impulsion Б225
~ d'enclenchement Б207
~ de passage Б229, Б237
~ de positionnement Б231
~ de préparation au travail Б230
~ de propagation de signal Б241
~ de recherche Б232
~ de recouvrement Б209
~ de retard Б222
~ de rétention de données Б243
~ de retour Б208
~ de stockage temporaire Б238
~ d'établissement de signal Б244

TERME

- ~ d'état en circuit B236
- ~ d'état hors circuit B235
- ~ de transition B229
- ~ de transmission et d'accusé de réception B224
- ~ de travaux auxiliaires B218
- ~ d'exécution B213
- ~ d'exécution d'une instruction B215
- ~ d'exécution d'une opération B216
- ~ d'exécution d'une tâche B214
- ~ d'extraction B210
- ~ d'occupation B240
- ~ d'ordinateur B223
- ~ hors service B226
- ~ mort П613
- ~ mort d'un ordinateur B239
- ~ moyen entre défaillances B206
- ~ moyen entre défauts B206
- ~ moyen entre erreurs B206
- ~ moyen entre pannes B206
- ~ nécessaire à retrouver une information B233
- ~ perdu à cause de défauts B234
- ~ perdu d'un ordinateur B239
- ~ réel B242

terme T31
- ~ conjonctif M199

terminaison B294, 33
- ~ de bord B306
- ~ de bus H14
- ~ en araignée B312
- ~ flottante B314

terminal C90, T32, У151
- ~ à console de visualisation T34
- ~ à distance T35
- ~ à l'écran T34, T45
- ~ à sécurité T37
- ~ à TRC T45
- ~ à tube cathodique T45
- ~ d'entrée de données T36
- ~ de réseau T44
- ~ de traitement par lots T41
- ~ de transmission de données T42
- ~ éloigné T35
- ~ graphique T33
- ~ intelligent T38
- ~ logique T39
- ~ muet T40
- ~ sensoriel T43
- ~ vidéo T45

test П509, T46, T51
- ~ benchmark П510
- ~ d'accord K342
- ~ dans les points de contrôle П510
- ~ de drapeau П519
- ~ de normalité K340
- ~ de parité K252, П517
- ~ descendant T52
- ~ de signification K337
- ~ des possibilités fonctionnelles T53
- ~ de types de données K258
- ~ d'imparité П515
- ~ d'importance K337
- ~ d'indice П519
- ~ d'instructions illégales K248
- ~ par drapeaux K251
- ~ par la fonction de rebouclage K247
- ~ statistique K343

testabilité K238, T54
testeur de CI T47
- ~ des circuits intégrés T47
- ~ fonctionnel des cartes T49
- ~ oui-non T50

tests И186
- ~ d'évaluation И189
- ~ de vie И190

tête B96, Г98
- ~ à plusieurs pistes Г107
- ~ à pression variable Г113
- ~ combinée Г117
- ~ de bande magnétique Г103
- ~ d'écriture Г105
- ~ d'effacement Г114
- ~ de lecture Г100, Г115, Г116
- ~ de lecture-enregistrement Г117
- ~ d'enregistrement Г104, Г105
- ~ de reproduction Г115, Г116
- ~ de traçage Г102
- ~ d'impression Г110
- ~ d'une pile B105
- ~ fixe Г109, Г118
- ~ flottante Г111
- ~ imprimante Г110
- ~ lectrice Г116
- ~ magnétique Г106
- ~ mobile Г112
- ~ multipiste Г107
- ~ multiple Г108
- ~ rotative Г101

tétrade T55
théorie de codage T24
- ~ de l'information T23
- ~ de communication T29
- ~ de gestion T30
- ~ des automates T20
- ~ des décisions T28
- ~ des ensembles T26
- ~ des files d'attente T25
- ~ des graphes T22
- ~ des horaires T27
- ~ des probabilités T21

ticket de tableau П70
timer Д82
titre H17, H20
TMEE B206
tolérance aux pannes O287
- ~ de fautes У111
- ~ de pannes У111

tome T79
topographie de masque K271
topologie T80
total И208
- ~ intermédiaire И210
- ~ majeur И209

touche K82
- ~ à dérouler un menu K96
- ~ d'annulation K88
- ~ d'arrêt K90
- ~ de changement de mode K97
- ~ d'échappement K87
- ~ de commande K102
- ~ de contrôle K102
- ~ de décalage des registres K91
- ~ de déplacement d'un curseur K101
- ~ d'effacement K98
- ~ définissable par l'utilisateur K99
- ~ de marche K95
- ~ de pageage K92
- ~ de rappel arrière à une position K86
- ~ de registre supérieur K83
- ~ de relâchement K89
- ~ de remise en position K85
- ~ de renversement K85
- ~ d'espacement K93
- ~ de transaction K100
- ~ dynamique de l'écran K104
- ~ fonctionnelle K103
- ~ programmable K94
- ~ virtuelle K84

traçage П607, C154
trace T103
tracé Г110
tracement T111
traceur Г199, T116, У166
- ~ à deux coordonnées Г201
- ~ à plume Г205
- ~ automatique Г200
- ~ calligraphique Г202
- ~ digital à coordonnées Г210
- ~ en feuilles Г209
- ~ en rouleau Г208
- ~ multicouleur Г204
- ~ multiplume Г203
- ~ X-Y Г201

traceur-imprimante Г206
traducteur T106
traduction T107
trafic T118
train П1

UNITÉ

~ de travaux 327
~ d'impulsions П71
trait d'écran Л53
~ gras Л49
traitement O53
~ à distance O67
~ à la demande O65
~ à la suite O63
~ à vague O57
~ basé sur langage naturel O87
~ conversationnel O55
~ d'avant plan O105
~ décalé O76
~ de demandes O69
~ de données O60
~ de données de communication O64
~ de données industrielles O83
~ de flux multiple O72
~ de fond O90
~ de listes O88
~ de premier plan O105
~ de requêtes O69
~ des travaux O68
~ de texte O89, T12
~ différé O76
~ digital de signaux O85
~ d'images O70
~ d'interruptions O81
~ distribué O84
~ en compilation O59
~ en ligne O75
~ en pipeline O71
~ en temps partagé O62
~ en temps réel O58, O63
~ hors ligne O54
~ immédiat O74
~ interactif O61
~ multiple M269
~ par lots O77
~ par priorités O82
~ pipeline O71
~ préalable O66, O79, O80
~ prioritaire O82
~ réparti O84
~ symbolique O86
~ vectoriel O56
trajet T103
tramage Ф108
tranche de mémoire У193
~ de temps K54
tranchage de temps K57
transaction T105
transducteur Д81
transfer П127
~ de contrôle П90
transfert bit à bit П82
~ de blocs П83
~ de données П76, П147
~ de données en mode pipeline П148
~ de messages T108
~ de technologie П89
~ d'un message reçu П149
~ en série П85
~ entre registres П79
~ par blocs П83
~ par bus П86
~ par caractères П84
~ séquentiel П85
transformation П419
~ de code П426
~ de Fourier rapide П430
~ identique П429
~ inverse П427
~ réciproque П427
transformé П419
transmetteur Д81
~ de bus B148, Д397
~ de position Д88
transmission à distance П78
~ de données П76
~ des messages П88
~ des signaux П87
~ en série П85
~ multiplexée П80
~ par bus П86
~ séquentielle П85
transparence П599
transport П127
~ de messages T108
transportabilité П137
transputer T109
trappe Л75, П466, П478
~ d'adresse Л76
~ d'interruption Л77
tratement concurrent O78
~ parallèle O78
travail 322, P1
~ à distance 325
~ à plusieurs priorités P11
~ à une fois 329
~ d'arrière plan 330
~ d'avant-plan 324
~ de fond 330
~ de premier plan P9
~ de priorité haute P9
~ en absence d'utilisateur 323
~ en temps réel P8
~ inachevé P13
~ prioritaire 324
~ sans défaillance P3
TRC T138
treillis P385
tri par attribut C186
~ par fusion C187
triade T121
triage par attribut C186
trigger T122
~ de service T123
~ dynamique T124
triplet T137
troncation O261
trou П507
~ à travers O270
~ d'accès O147
~ d'alimentation O269
~ de câblage O266
~ de changement de couche O264
~ de code O262
~ de contact O148
~ de montage O263
~ d'entraînement O269
~ de passage O267
~ de perforation O268
~ d'index O272
~ intercouche O264
~ métallisé O265
tube à comptage Л4
~ à rayon cathodique T138
~ indicateur Л2
type abstrait de données T64
~ de caractère T71
~ de caractères B125
~ de données T66
~ de machine à écrire Ш45
~ d'énumeration T68
~ dérivé T70
~ de virgule fixe T73
~ de virgule flottante T69
~ encapsulé T72
~ entier T74
~ incorporé T65
~ local T67
~ numérique T75

U

UAL У119
UCT П677
un E1
~ binaire E3
~ logique E9
~ perturbé E10
unidimensionnel O137
union O112
unité Б89, E1, У115
~ à accès direct У169
~ à clavier У143
~ affectée У149
~ arithmétique et logique У119
~ binaire E3
~ centrale de traitement П677
~ constante E8
~ d'affichage visuel Д280
~ d'aiguillage Б100
~ d'alimentation Б111
~ d'assemblage Б101
~ de calcul У131
~ de capacité de mémoire E4
~ de coloriage de l'écran Б115
~ de commande У180
~ de commande de

UTILISATEUR

déplacements de curseur У181
~ de commutation Б100
~ de comptage Е11
~ de contenu d'information Е7
~ de contrôle Б122, У180
~ d'écriture sur bande par clavier У139
~ de décalage У163
~ de disque Н22, У136
~ de disque à cartouche Н26
~ de disque flexible Н24
~ de disque magnétique Winchester Н21
~ de disquette Н27
~ de données Э66
~ de gestion mémoire Б124
~ de langage Е12
~ de mémoire Б109
~ de mesure Е5
~ de microdisque flexible Н25
~ de multiplication У179
~ d'entrée У129
~ d'entrée de données У124
~ d'entrée graphique У133
~ d'entrée-sortie Б90, У123
~ de perforation à clavier У144
~ de portes Б91
~ de programmation У157
~ de protection de mémoire Б97
~ de quantité d'information Е7
~ de réserve У161
~ d'E/S У123
~ de sortie У130
~ détachable Б121
~ de taille de mémoire Е4
~ de temps Е2
~ de traçage У166
~ d'évaluation du résultat de test Б108
~ de visualisation Д280
~ d'explication Б106
~ d'horloge Б118
~ d'indexation Б99
~ d'interface У167
~ disponible У137
~ élémentaire d'information Е6
~ fonctionnelle Б126
~ linguistique Е12
~ logique У146
~ microprogrammée Б104
~ mise en marche У126
~ modulaire У148
~ multipliante У179
~ rapide У122
~ sensorielle У164
~ virtuelle У125
utilisateur А2, П339
~ ad hoc П349
~ à distance П348
~ à haute priorité П340
~ à priorité basse П346
~ autorisé П341
~ éloigné П348
~ final П343
~ non autorisé П344
~ non professionnel П351
~ novice П345
~ privilégié П347
~ réel П342
utilisateur-non-programmeur П350
utilisation de clavier Р12
~ d'ordinateur frauduleuse И180
~ d'un prototype М7
utilité П319

V

valeur В49
~ assignée З288
~ attendue З283
~ conçue З289
~ courante З291
~ d'adresse de base d'un segment З275
~ d'attribut З274
~ de réglage У96
~ de seuil В51, З285
~ d'état З284
~ de vérité З280
~ donnée З277
~ d'origine З282
~ établie З277
~ "faux" З281
~ initiale З282
~ limite З287
~ logique inverse З278
~ moyenne З290
~ numérique З292
~ par défaut З286
~ pondérée З276
~ prédéterminée З277
~ signée В54
~ spécifiée З277
~ "vrai" З279
~ vraie З280
validation А214, П287, П512, Р62
~ d'un programme А215
validité Д355
variable В50, П108
~ aléatoire В53
~ booléenne П109
~ commandée П121
~ d'aiguillage П120
~ d'entrée П111
~ d'état П118
~ factice П122
~ fictive П122
~ identifiante une étiquette П119
~ manquante П116
~ non affectée П112
~ non assignée П112
~ non contrôlable П115
~ non déclarée П113
~ non définie П114
~ non initialisée П112
~ partagée П117
~ réelle П110
variance Д274
variante alternative В4
variété Р60
vecteur d'attributs В43
~ d'état В45
~ de test В46
~ d'incrément В44
~ d'interruptions В42
~ opérande В47
vectorisation В48
vérificateur В82
~ des schémas topologiques В83
vérification В84, П509
~ de données В86
~ de parité П517
~ de programme П518
~ de validité П512
~ des relation temporelles В85
~ d'imparité П515
~ sélective П511
~ visuelle П516
vérificatrice К259
verrou З94, З206, Р222
~ au niveau de bloc de données З96
~ au niveau d'enregistrement З97
~ conduit З210
~ d'adresse З207
~ de confidentialité З98
~ de drapeau d'état З212
~ de niveau de signal З211
~ de protection З95
~ d'erreur З208
~ synchronisé З209
verrouillage Б131, Б133, З104, З213
~ de clavier Б136
~ d'écriture Б134
~ de données Ф56
~ de protection Б135
~ faible Б139
~ fort Б138
versatilité Г60
version В4, В94
~ sur disques В95
viabilité Ж4
vidage Д1, Р41, Р100
~ d'écran Д9
~ de dépannage Д2
~ de mémoire centrale Д7
~ des données changées Д4
~ exécutif Д8
~ instantané Д6
~ moniteur В316, Д5

wake-up mode Р289
walk-down У191
warranty live Н35
watchdog С256
~ timer Д83
waveform Ф83
~ digitizer Д266
wavefront array М50
~ computations В393
~ processing О57
weak lockout Б139
~ precedence grammar Г146
wear-out failure О277
weight factor К306
~ function Ф147
weighted graph Г158
~ value З276
whiffletree multiplier У31
wide-area network С42
Winchester В132
winchester Н21
Winchester disk Д244
window О146
~ manager А50
windowed memory reference О96
windowing О234
wire routing Т115
wire-frame model М218
wire-wrap board П216
~ method М157
~ socket Г90
wire-wrapping М259
wired OR И41
~ program П542
wiretapping П152
wiring М254, Р35

~ board П220
~ delay 360
~ error О353
word capacity Е16
~ generator Г24
~ length Д329
~ location Л39
~ memory П47
~ processing О89, Т12
~ pulse И49
~ selection В291
~ separation Р49
~ size Д329
work Р1
~ tape Л24
work-in-process queue О344
working accuracy Т101
~ area О29
~ cell Я66
~ directory К49
~ register Р208
~ set dispatcher Д278
workstation С208
worst-case conditions У91
wraparound В161
writable memory П35
write З105
~ buffer Б173
~ bus Ш14
~ driver Ф113
~ head Г105
~ protection З215
~ pulse И53
write-once disk Д253
write-protected memory П40
write-write conflict К280
writeset Н3
writing З105

~ density П234
~ head Г105

X

X-Y coordinate plotter Г201

Y

yes-no question В190
yield В363

Z

zero adjustment У103
~ delay 372
~ elimination У113
~ fill 3143
~ gate В79
~ input В262
~ offset indexed addressing А108
~ output В371
~ padding Д343
~ solution Р380
zone З294

Евгений Константинович
Масловский

Борис Исаевич
Зайчик

Нина Сергеевна
Скороход

**РУССКО-
АНГЛО-
НЕМЕЦКО-
ФРАНЦУЗСКИЙ
СЛОВАРЬ ПО
ВЫЧИСЛИТЕЛЬНОЙ
ТЕХНИКЕ**

ОСНОВНЫЕ ТЕРМИНЫ

Редакция научно-технических
словарей на немецком языке
Зав. редакцией Л.Л. Погребная
Ведущий редактор А.В. Панкин
Редактор А.Ю. Васильева
Художественный редактор
Ю.А. Цветаев
Редакция автоматизации
издательских процессов
Зав. редакцией В.В. Гурьянов
Редактор А.Ю. Покрас

ИБ № 5346

Подписано в печать 15.02.90. Формат 84х108/32. Бумага книжно-журнал. Гарнитура таймс. Печать офсетная (оригинал-макет). Усл. печ. л. 21,0. Усл. кр.-отт. 21,21. Уч.-изд. л. 37,47. Тираж 30000 экз. Заказ № 1558. Цена 3 р. 70 к.

Издательство „Русский язык" В/О „Совэкспорткнига" Государственного комитета СССР по печати. 103012 Москва, Старопанский пер., 1/5.

Можайский полиграфкомбинат В/О „Совэкспорткнига" Государственного комитета СССР по печати. 143200 Можайск, ул. Мира, 93.

ДЛЯ ЗАМЕТОК
А
Б
В
Г
Д
Е Ё
Ж
З

| И |
| Й |
| К |
| Л |
| М |
| Н |
| О |
| П |
| Р |
| С |

| Т |
| У |
| Ф |
| Х |
| Ц |
| Ч |
| Ш |
| Щ |
| Э |
| Ю |
| Я |

FOR NOTES
A
B
C
D
E
F
G
H

I
J
K
L
M
N
O
P
Q

R

S

T

U

V

W

X

Y

Z